초간본과 중간본을 함께 읽는
두시언해

- 초간본, 중간본 10권, 15권, 16권, 23권, 24권, 25권 -

엮은이 황구태

[엮으며 하는 말]

[분류두공부시언해] 통해 순우리말 조우

 이 글을 쓰고 있는 날, 북쪽의 한기가 이곳 따뜻한 남쪽 땅끝까지 밀고 내려와 하늘과 땅 사이에 존재하는 온갖 사물뿐만 아니라 사람의 몸과 마음을 얼어붙게 만들고 있습니다.
 얼어붙은 몸은, 몸이 의지하고 있는 공간을 따뜻하게 데움으로써 해결할 수 있지만, 마음은 해결 방법을 찾기가 쉽지 않습니다. 두 손을 비비며 나름의 해결책을 모색해 보지만 뚜렷한 방법이 머리에 떠오르지 않습니다. 삶의 문제만큼 어려운 것이 없다고 생각해 왔지만 지금 이 순간은 삶의 문제보다 내 앞에 놓여 있는 문제인 마음을 따뜻하게 하는 문제를 해결하는 것이 선결 과제인 것 같습니다.
 문학은 오래전 아주 먼 옛날부터 사람의 마음을 따뜻하게 하는 데 사용되어왔습니다. 우리의 마음속에 드리워진 아픔을 따뜻하게 감싸 안아 주는 것도 어찌 보면 문학이 지닌 기능 중의 하나였던 것 같습니다.

한 편의 시를 읽고 스스로 가슴을 쓸어내려 본 경험이라든지 아니면 시를 읽고 두 주먹을 움켜 지고 마음속으로 자신을 다잡아 본 경험, 이런저런 경험 정도는 한두 번 겪어 보았을 것입니다. 오늘처럼 마음이 추운 날 당나라 시성(詩聖)인 두보(杜甫)의 시를 통하여 얼었던 마음을 녹여 보는 것도 좋은 일인 것 같습니다.

분류두공부시언해(分類杜工部詩諺解)는 두 번에 걸쳐 우리말로 번역되어 간행되었습니다. 초간본은 세종·성종 대에 걸쳐 왕명으로 유윤겸(柳允謙) 등의 문신들과 승려 의침(義砧)이 우리말로 번역하여 1481년(성종 12)에 간행하였습니다. 그리고 중간본은 목판본으로서 초간본 발간 이후 150여 년 뒤인 1632년(인조 10년)에 간행되었습니다. 경상감사 오숙(吳翻)이 초간본 한 질을 얻어 베끼고 교정하여 영남의 여러 고을에 나누어 간행시켰다고 합니다.

내가 두보(杜甫)라는 시인을 만난 것은 오래전의 일이지만, 분류두공부시언해(分類杜工部詩諺解)를 직접 접하게 된 것은 그 후 고등학교에서 문학을 가르칠 때의 일입니다. 문학 시간 고전문학을 학생들에게 가르치게 되었을 때, 그때 만난 두보의 시가 강남봉이구년(江南逢李九年), 등고(登高), 그리고 절구(絶句)라는 시입니다. 고전문학 시간에 가르친 두보의 시는 초간본이었습니다. 물론 당시에 가르친 초간본의 시어는 초간본 판본의 형식 그대로 갖추어진 것은 아니었습니다. 성조(聲調)를 표현한 방점(傍點)은 사용되지 않았으며, 그리고 초성에서 사용된 옛이응(ㆁ)이 생략된 시어들이었습니다. 문학 시간에 초간본과 중간본을 비교하여 학생들에게 우리말이 어떻게 변해 왔는지 변화된 우리말의 모습을 보여 주고 싶었으나 그것은 마음으로 끝나고 끝까지 실행해 보지 못했습니다.

분류두공부시언해(分類杜工部詩諺解) 총 25권으로 이루어져 있습니다. 총 25권 중 초간본 6권(10권, 15권, 16권, 23권, 24권, 25권)과 중간본 6권(10권, 15권, 16권, 23권, 24권, 25권)을 엮어 보았습니다. 초간본과 중간본을 함께 읽으면서 150여 년이라는 세월에 우리말이 어떻게 변해 왔는지 살펴보며 읽는 것도 재미있는 읽기가 될 것입니다.

[분류두공부시언해(分類杜工部詩諺解)] 일부를 이번에 엮으면서 '아스라지(앵두), 이바지(잔치), 사옹(남편)'과 같은 아름다운 우리말도 알게 되었습니다. 어렸을 때, '이바지 음식'이라는 말을 듣고 '이바지 음식'이 무엇인지 궁금하였으나 그동안 잊고 지냈는데 분류두공부시언해(分類杜工部詩諺解)를 엮으면서 새롭게 이 말의 뜻도 되새기게 되는 행운을 얻었습니다.

끝으로 두보의 시 한 편을 소개하겠습니다. 이 시는 초간본과 중간본을 책에 실어 두었습니다. 천천히 음미하면서 읽어 보시길 바랍니다.

飜手作雲覆手雨紛紛經薄何須數(번수자운복수우분분경박하수수)
소눌 두위혀 구루믈 짓고 소눌 업더리혀 비룰 ᄒᆞᄂᆞ니 어즈러운 가ᄇᆡ얍고 열운 사ᄅᆞ믈 엇뎨 구틔여 혜리오.
君不見管鮑貧時交此道今人棄如土(군불견관포빈시교차도금인기여토)
그듸ᄂᆞᆫ 管仲鮑叔의 가난ᄒᆞᆫ 젯 사괴요믈 보디 아니 ᄒᆞᄂᆞ다 이 道ᄅᆞᆯ 이젯 사ᄅᆞᄆᆞᆫ ᄇᆞ료믈 ᄒᆞᆰᄀᆞ티 ᄒᆞᄂᆞ다.

두보의 빈교행(貧交行)이라는 시입니다. 이 시에서 우리가 알 수 있는 시어가 있습니다. 바로 '管鮑(관포)'라는 시어입니다. 여기서 管(관)은 管仲(관중)을 의미하고 鮑(포)는 鮑叔牙(포숙아)를 의미하고 있습니다. 관중과 포숙아에 대한 이야기는 많이 들어 잘 알고 있는 내용입니다. 우리

사회에서 널리 회자 되는 '관포지교(管鮑之交)'라는 한자성어가 더욱 우리를 이 시와 가깝게 묶어 주고 있습니다. 빈교행(貧交行)을 통하여 우리 자신과 현실을 뒤돌아보고, 깊이 사색하는 계기가 되었으면 합니다.

 이 책이 세상으로 나올 수 있게 옆에서 조용히 응원한 아내(언제쯤 책이 나올 수 있을지? 아니면 책이 나오지 못할지? 무척 궁금해하였습니다), 그리고 언제나 아버지를 믿고, 아버지에게 조언을 아끼지 않았던 큰딸과 작은딸, 그리고 아버지와 어머니의 사랑과 믿음이었던 큰아들, 막내에게 감사를 표합니다. 끝까지 지켜보시면서 응원을 아끼지 않으신 여러 동료 선생님들께 이 글을 통하여 감사 인사를 전합니다.

2023년 3월
엮은이
황구태

알아두기

1. 분류두공부시언해(分類杜工部詩諺解) 총 25권 17책 중 초간본을 구할 수 있었던 영인본 6권의 분류두공부시언해(分類杜工部詩諺解)만 엮게 되었습니다.
2. 초간본의 방점은 생략하였습니다.(생략은 전적으로 엮은이의 기술적인 문제입니다)
3. 초성에서 사용된 옛이응(ㆁ)은 표기하지 못 하였습니다.
4. 초간본과 중간본에서 문자가 변한 곳은 최대한 찾아 표기를 하였습니다. 중간본의 낱말에 밑금을 그었습니다.
5. 낱말의 뜻은 고어사전을 사용하여 뜻을 기입하였습니다. (혹 뜻이 잘못 기입된 경우도 있을 수 있습니다. 그것은 전적으로 저의 능력 부족입니다.)
6. 한자에 대한 능력이 부족하였습니다. 초간본과 중간본의 한자를 비교하여 음을 달았습니다.
7. 초간본의 한자와 중간본의 한자가 변한 경우 초간본의 한자를 사용하였습니다.

목 차

엮으며 하는 말 _ 2
알아두기 _ 6

1. 分類杜工部詩卷之十(분류두공부시권지십) _ 25

四時 古詩(고시) 一首 律詩(율시) 三十九首
春日戱題惱郝使君兄(춘일희제뇌학사군형)
正月三日歸溪上有作簡院內諸公(정월삼일귀계상유작간원내제공)
奉酬李都督表丈早春作(봉수이도독표장조춘작)
春歸(춘귀)
暮寒(모한)
春水生 二絶(춘수생 이절)
漫成 二首(만성 이수)
春遠(춘원)
春水(춘수)
春望(춘망)
漫興 九首(만흥 구수)
傷春 五首(상춘 오수)

春日江村 五首(춘일강촌 오수)

早起(조기)

畏人(외인)

可惜(가석)

落日(낙일)

絶句 二首(절구 이수)

絶句(절구)

卽事(즉사)

暮春(모춘)

夏日歎(하일탄)

夏夜嘆(하야탄)

毒熱寄簡崔評事十六第(독열기간최평사십육제)

熱 三首(열 삼수)

多病執熱奉懷李之芳尙書(다병집열봉회이지방상서)

秋(추) 古詩(고시) 五首 律詩(율시) 二十首 七月 三日 亭午已後

秋風 二首(추풍 이수)

早秋苦熱堆案相仍(조추고열퇴안상잉)

立秋後題(입추후제)

立秋日雨院中有作(입추일우원중유작)

軍城早秋(군성조추)

奉和(봉화)

秋野 五首(추야 오수)

秋興 三首(추흥 삼수)

登高(등고)

傷秋(상추)

悲秋(비추)

薄遊(박유)

搖落(요락)

季秋江村(계추강촌)

大歷二年九月三十日(대력이년구월삼십일)

秋淸(추청)

秋盡(추진)

冬(동) 古詩(고시) 四首 律詩(율시) 九首

前苦寒行 二首(전고한행 이수)

後苦寒行 二首(후고한행 이수)

十月一日(시월일일)

初冬(초동)

孟冬(맹동)

至後(지후)

冬深(동심)

十二月一日 三首(십이월일일 삼수)

歲暮(세모)

2. 分類杜工部詩卷之十五(분류두공부시권지십오) _ 117

園林(원림) 古詩(고시) 三首 律詩(율시) 二十四首

樂遊園歌(낙유원가)

9

阻雨不得歸瀼西甘林(조우부득귀회서감림)

甘林(감림)

奉陪鄭駙馬韋曲 二首(봉배정부마위곡 이수)

陪鄭廣文遊河將軍山林 十首(배정광문유하장군산림 십수)

重過何氏 五首(중과하씨 오수)

園(원)

小園(소원)

寒雨朝行見園樹(한우조행견원수)

將別巫峽(장별무협)홀시 贈南卿兄(증남경형)을 瀼西果園 四十畝(회서과원 사십무)

課小堅(과소견)ᄒᆞ야 鉏斫舍北果林(서작사북과림)이 枝蔓荒穢(기만황예)ᄒᆞ야 淨訖(정흘)ᄒᆞ고 移床(이상)ᄒᆞ리 三首(삼수)

果實(과실) 古詩(고시) 一首 律詩(율시) 十一首

園人送瓜(원인송과)

詣徐卿覓果子栽(예서경멱과자재)

甘園(감원)

解悶 五首(해민 오수)

題桃樹(제도수)

豎子至(수자지)

野人送朱櫻(야인송주앵)

蕭八明府寔處覓桃栽(소팔명부식처멱도재)

池沼(지소) 律詩(율시) 九首

秋日寄題鄭監湖上亭 三首(추일기제정감호상정 삼수)
暮春陪李尙書李中丞過鄭監湖亭汎舟得過字(모춘배이상서이중승과정감호정범주득과자)
晚秋陪嚴鄭公摩訶池泛舟得溪字(만추배엄정공마가지범주득계자)
陪王漢州(배왕한주)ᄒᆞ야셔 留杜綿州(유두면주)ᄒᆞ야 泛房公西湖(범방공서호)호라
荅楊梓州(답양재주)
與任城許主簿遊南池(여임성허주부유남지)
溪上(계상)

舟楫(주즙) 律詩 十二首

放船(방선)
數陪李梓州泛江有女樂在諸舫戲爲豔曲 二首(수배이재주범강유녀락재제방희위염곡 이수)
陪諸貴公子丈八溝携妓納凉晚際遇(배제귀공자장팔구휴기납량만제우) 雨 二首(우 이수)
泛江(범강)
陪王使君晦日泛江就黃家亭子 二首(배왕사군회일범강취황가정자 이수)
進艇(진정)
城西陂泛舟(성서피범주)
覆舟 二首(복주 이수)

橋梁(교량) 律詩(율시) 三首

陪李七司馬皂(배이칠사마조)ᄒᆞ야 江上(강상)애 觀造竹橋(관조죽교)호니 卽

日成(즉일성)ᄒ야 往來之人(왕래지인)이 免冬寒(면동한)애 入水(입수)ᄒᆞᆯ시 聊題短作(료제단작)ᄒ야 簡李公(간이공)ᄒ노라.
觀作橋成(관작교성)ᄒ고 月夜舟中(월야주중)에 有述(유술)ᄒ야 還呈李司馬(환정이사마)ᄒ노라.
李司馬橋了(이사마교료)ㅣ어늘 承高使君(승고사군)이 自成都廻(자성도회)ᄒ라.

燕飮(연음) 古詩(고시) 七首 律詩(율시) 二十首
醉詩歌(취시가)
蘇端薛復筵簡薛華醉歌(소단벽복연간벽화취가)
飮中八仙歌(음중팔선가)
遭田父泥飮(조전부니음)호니 美嚴中丞ᄒ(미엄중승)ᄒ더라.
陪王侍御(배왕시어)ᄒ야 同登東山最高頂(동등동산최고정)ᄒ야 宴(연)ᄒ다니 姚通泉(요통천)이 晚(만)애 携酒泛江(휴주범강)ᄒ다.
冬末(동말)애 以事之東都(이사지동도)ᄒ다가 湖城(호성)애 遇孟雲卿(우맹운경)ᄒ야 復歸劉顥宅(복귀유호댁)ᄒ야 宿宴飮(숙연음)ᄒ고 散(산)ᄒᆞᆯ제 因爲 醉歌(인위취가)ᄒ노라.
鄭駙馬宅宴洞中(정부마댁연동중)
崔駙馬山亭宴集(최부마산연집)
鄭駙馬池臺喜過鄭廣文同飮(정부마지대희과정광문동음)
陪李金吾花下飮(배이금오화하음)
宴胡侍御書堂(연호시어서당)
書堂(서당)애 飮(음)ᄒ고 旣夜(기야)ㅣ어늘 復邀李尙書(복요이상서)ᄒ야 下馬(하마)ᄒ야 月下 (월하)에 賦絶句(부절구)호라.
春夜峽州田侍御長史津亭留宴得筵字(춘야협주전시어장사진정유연득연자)

陪王侍御宴通泉東山野亭(배왕시어연통동산야정)

宴王使君宅題 二首(연왕사군댁제 이수)

宴戎州楊使君東樓(연융주양사군동루)

季秋蘇五弟纓(계추소오제영)이 江樓(강루)에 夜宴崔十三評事(야연최십삼평사)와 韋少府姪(위소부질)호라. 三首(삼수)

劉九法曹鄭瑕丘石門宴集(유구법조정하구석문연집)

與鄠縣源大少府宴渼陂得寒字(여호현원대소부연미피득한자)

和江陵宋大少府(화강릉송대소부)ㅣ 暮春雨後(모춘우후)에 同諸公及舍弟(동제공급사제)ᄒ야 宴書齋(연서재)ᄒ노라.

夜宴在氏莊(야연재씨장)

王十五前閣會(왕십오전각회)

獨酌(독작)

獨酌成詩(독작성시)

3. 分類杜工部詩卷之十六(분류두고부시권지십육) _ 225

文章(문장) 古詩(고시) 二首 律詩(율시) 十四首

夜聽許十誦詩愛而有作(야청허십송시애이유작)

贈蜀僧閭丘師兄(증촉승려구사형)

寄李十二白二十韻(기이십이백이십운)

送竇九歸成都(송두구귀성도)

偶題(우제)

戲爲 六絶(희위 육절)

解悶 五首(해민 오수)

書畫(서화) 古詩(고시) 十八首 律詩(율시) 六首
李潮八分小篆歌(이조팔분소전가)
送顧八分文學適洪吉州(송고팔분문학적홍길주)
殿中楊監見示張旭草書圖(전중양감견시장욱초서도)
寄張十二山人彪三十韻(기장십이산인표삼십운)
丹靑引贈曹將軍覇(단청인증조장군패)
觀薛稷少保書畵壁(관설직소보서화벽)
奉先劉少府新畵山水障歌(봉선유소부신화산수장가)
戲題王帝畵山水圖歌(희제왕제화산구도가)
題李尊師松樹障子歌(제이존사송수장자가)
戲韋偃爲雙松圖歌(희위언위쌍송도가)
通泉縣署屋壁後薛少保畵鶴(통천현서옥벽후설소보화학)
姜楚公畵角鷹歌(강초공화각응가)
楊監又出畵鷹十二扇(양감우출화응십이선)
畵鶻行(화골행)
韋諷錄事宅觀曹將軍畵馬圖引(위풍록사댁관조장군화마도인)
天育驃騎歌(천육표기가)
題壁上韋偃畵馬歌(제벽상위언화마가)
奉觀嚴鄭公廳事岷山沱江畵圖十韻(봉관엄정공청사민산타강화도십운)
觀李固請司馬弟山水圖 三首(관이고청사마제산수도 삼수)
嚴公廳宴同詠蜀道畵圖得松字(엄공청연동영촉도화도득송자)
畵鷹(화응)

音樂(음악) 古詩(고시) 三首 律詩(율시) 五首

觀公孫大娘弟子舞劍器行(관공손대랑제자무검기행)

聽楊氏歌(청양씨가)

夜聞觱篥(야문필률)

吹笛(취적)

秋笛(추적)

卽事(즉사)

贈花卿(증화경)

江南逢李龜年(강남봉이구년)

器用(기용) 古詩(고시) 四首 律詩(율시) 三首

石硯(석연)

荊南兵馬使太常趙公大食刀歌(형남병마사태상조공대식도가)

桃竹杖引贈章留後(도죽장인증장유후)

椶拂子(종불자)

蕃劍(번검)

銅瓶(동병)

又於韋處乞大邑瓷盌(우어위처걸대읍자완)

食物(식물) - 古詩(고시) 八首 律詩(율시) 四首

閿鄕姜七少府設膾戱贈長歌(문향강칠소부설회희증장가)

觀打魚歌(관타어가)

又觀打魚(우관타어)

槐葉冷淘(괴엽랭도)

種萵苣(종와거)

園官送菜(원관송채)

暇日小園(가일소원)에 散病(산병)ᄒᆞ야 將種秋菜(장종추채)ᄒᆞ야 督勤耕牛(독근경우)ᄒᆞ고 兼書觸目(겸서촉목)ᄒᆞ노라.

驅竪子摘蒼耳(구수자적창이)

江閣臥病走筆寄呈崔盧兩侍御(강각와병주필기정최로양시어)

秋日阮隱居致薤三十束(추일완은거치해삼십속)

除架(제가)

廢畦(폐휴)

4. 分類杜工部詩卷之二十三 _ 353

送別下 律詩(율시) 八十首

奉送郭中丞兼太僕卿充隴右節慶使三十韻(봉송곽중승겸태복경충롱우절경사삼십운)

奉送嚴公入朝十韻(봉송엄공입조십운)

奉濟驛重送嚴公四韻(봉제역중송엄공사운)

奉送韋中丞之晉赴湖南(봉송위중승지진부호남)

留別賈嚴二閣老兩院補闕得聞字(유별가엄이각노양원보궐득문자)

送賈閣老出汝州(송가각노출여주)

暮春江陵에셔 送馬大卿公이 恩命ᄋᆞ로 追赴闕下ᄒᆞ노라

季夏送鄕弟韶陪黃門從叔朝謁(계하송향제소배황문종숙조알)

送梓州李使君之任(송재주이사군지임)

送陵州路使君之任(송릉주로사군지임)

江亭王閬州筵餞蕭遂州(강정왕랑주연전소수주)

送鮮于萬州遷巴州(송선우만주천파주)

潭州送韋員外迢牧韶州(담주송위원외초목소주)

潭州留別杜員外院長(담주유별두원외원장)

奉送王信州崟北歸(봉송왕신주음북귀)

奉送蘇州李二十五長史丈之任(봉송소주이이십오장사장지임)

湖中送敬十使君適廣陵(호중송경십사군적광릉)

巫山縣에 汾州唐十八使君第ㅣ宴別이어늘 兼諸公이 携酒樂相送ᄒ더니 率題小詩ᄒ야 留于屋壁ᄒ노라

章梓州橘亭餞成都竇少尹得凉字(장재주귤정전성도두소윤득량자)

江亭送眉州辛別駕昇之得蕪字(강정송미주신별가승지득무자)

奉送蜀州栢二別駕ㅣ將中丞命ᄒ야 赴江陵ᄒ야 起居衛尙書ㅅ 太夫人이어늘 因示行軍司馬位 ᄒ노라.

送田四弟將軍이 將虁州栢中丞命ᄒ야 起居江陵節度陽城郡王衛公幕ᄒ노라.

送蔡希魯都尉還隴石因寄高三十五書記(송채희노도위환롱석인기고삼십오서기)

送路六侍御入朝(송로육시어입조)

送何侍御歸朝(송하시어귀조)

魏十四侍御就弊廬相別(위십사시어취폐려상별)

送許八拾遺의 歸江寧觀省ᄒ노라 甫ㅣ昔時에 嘗客遊此縣ᄒ야 於許生處에 乞ㅇ楶寺ㅅ 維摩 圖ㅇᄒ오니 志諸篇末ᄒ노라.

惠義寺園送辛員外(혜의사원송신원외)

又送(우송)

惠義寺送王少尹赴成都(혜의사송왕소윤부성도)

送翰林張司馬南海勒碑(송한림장사마남해륵비)

贈韋贊善別(증위찬선별)

送韋郞司直歸成都(송위항사직귀성도)

送魏二十四司直이 充嶺南掌選崔郞中의 判官ᄒ노니 兼寄韋韶州ᄒ노라

送楊六判官使西蕃(송양육판서사서번)

送李八秘書赴杜相公幕(송이팔비서부두상공막)

送王十五判官扶侍還黔中得開字(송왕십오판관부시환검중득개자)

送韋書記赴安西(송위서기부안서)

郪城西原送李判官兄武判官弟赴成都府(처성서원송이판관형무판관제부성도부)

別崔潩因寄薛璩孟雲卿(별최이인기설거맹운경)

送王十六判官(송왕십육판관)

覃二判官(담이판관)

重送劉十弟判官(중송유십제판관)

別蘇徯赴湖南幕(별소혜부호남막)

暮春將歸秦留別湖南幕府親友(모춘장귀진유별호남막부친우)

送李功曹之荊州充鄭侍御判官重贈(송이공조지형주충정시어판관중증)

東津送韋諷攝閬州綠事(동진송위풍섭랑주녹사)

送趙十七明府之縣(송조십칠명부지현)

送鄭十八虔貶台州司戶ᄒ노라 傷其臨老陷賊之故호ᄃ 闕爲面別ᄒ야 情見于詩ᄒ노라.

暮冬送蘇四郞徯兵曹適桂州(모동송소사랑혜병도적계주)

送段工曹歸廣州(송가공조귀광주)

送孟十二倉曹赴東京選(송맹십이창조부동경선)

晩秋長沙蔡五侍御飮筵送殷六叅軍歸澧州覲省(만추장사채오시어음연송은육참군귀위주근성)

送司馬入京(송사마입경)

送張二十叅軍赴蜀州因呈楊五侍御(송장이십참군부촉주인정양오시어)

泛江送魏十八倉曹還京因寄岑中充參范朗中季明(범강송위십팔창조환경인기잠중충참범랑중계명)

送裴二虬作尉永嘉(송배이규작위영가)

公安送韋二少府匡贊(공안송위이소부광찬)

冬晚送長孫漸舍人歸州(동만송장손점사인귀주)

奉送卿二翁統節度鎭軍還江陵(봉송경이옹통절도진군환강릉)

送韓十四江東省覲(송한십사강동성근)

長沙送李十二一銜(장사송이십이일함)

別常徵君(별상징군)

涪江泛舟送韋班歸京得山字(부강범주송위반귀경득산자)

公安애서 送李二十九弟晉肅의 入蜀ᄒ노니 余ᄂᆞᆫ 下沔鄂ᄒ노라.

送元二適江左(송원이적강좌)

送裴五赴東川(송배오부동천)

贈別何邕(증별하옹)

贈別鄭鍊赴襄陽(증별정동부회양)

重贈鄭鍊絶句(중증정동절구)

送人從軍(송인종군)

送遠(송원)

泛江送客(범강송객)

夏夜李尚書筵送宇文石首赴縣聯句(하야이상서연송자문석수부현련구)

宇文晃ᄂᆞᆫ 尙書之甥이오 崔或은 司業之孫이오 尙書之子로 重泛鄭監 審 前湖ᄒᆞ니라.

章留後新亭會送諸君(장유후신정회송제군)

夏日楊長寧宅崔侍御常正字入京探韻得深字(하일양장녕댁최시어상정자입
경탐운득심자)
送靈州李判官(송영주이판관)
與嚴二郞奉禮別(여엄이랑봉례별)
巴西聞收京送班司馬入京(파서문수경송반사마입경)

5. 分類杜工部詩卷之二十四(분류두공부시권이십사) _ 459

慶賀(경하) - 古詩(고시) 一首, 律詩(율시) 四首
覽栢中丞兼子姪數人의 除官制詞ᄒᆞ고 因述父子兄弟四羙코 載歌絲綸ᄒᆞ노라.
奉賀陽城郡王ㅅ 太夫人을 恩命으로 加鄧國太夫人ᄒᆞ노라.
秦州셔 見勑自호니 薛三璩ᄂᆞᆫ 授司議郞이오 畢四曜ᄂᆞᆫ 除監察ᄒᆞ니 與二子로
有故ᄒᆞ더니 遠   喜遷官ᄒᆞ고 兼述索居ᄒᆞ노니 三十韻이라.
承沈八丈東美除膳部員外郞阻雨未遂馳賀奉寄此詩(승침팔장동미제선부원
외랑조우미수치하봉의차시)
虢國夫人(호국부인)

傷悼(상도) - 古詩(고시) 八首 律詩(율수) 二十二首
八哀詩(팔애시)
贈司公(증사공)ᄒᆞᆫ 王公思禮(왕공사례)라.
故司徒李光弼(고사도이광필)
贈左僕射(증좌복사)ᄒᆞᆫ 鄭國公嚴武(정국공엄부)ㅣ라
贈太子太師(증태자태사)ᄒᆞᆫ 汝陽郡王璡(여양군왕진)이라.
贈秘書監(증비서감)ᄒᆞᆫ 江夏李公邕(강하이공옹)이라

故祕書少監武功蘇公源明(고비서소감무공소공원명)
故著作郎貶台州司戶滎陽鄭公虔(고저작랑폄태주사호형양정공건)
故右僕射相國張公九齡(고우복사상국장공구령)
別房太尉墓(별방태위묘)
承聞故房相公靈櫬自閬啓殯歸葬東都有作 二首(승문고방상공영츤자랑계빈귀장동도유작 이수)
哭嚴僕射歸櫬(곡엄복사귀츤)
哭李尙書(곡이상서)
重題(중제)
送盧十四弟侍御護韋尙書靈櫬歸上都二十四韻(송로십사제시어호위상서영츤귀상도이십사운)
哭李常侍嶧 二首(곡이상시역 이수)
哭韋大夫之晉(곡위대부지진)
聞高常侍亡(문고상시망)
哭張孫侍御(곡장손시어)
哭王彭州掄(곡왕팽주륜)
奉漢中王手札報韋侍御蕭尊師亡(봉한중왕수찰보위시어소존사망)
哭台州鄭司戶蘇少監(곡태주정사호소소감)
過故斛斯校書莊 二首(과고곡사교서장 이수)
不歸(불귀)
故武衛將軍挽詞 三首(고무위장군만사 삼수)
存歿口號 二首(존몰구호 이수)

6. 分類杜工部詩卷之二十五(분류두공부시권지이십오) _ 547

雜賦 古詩(고시) 十三首 律詩(율시) 六首 絶句(절구) 二十七首 謌(가) 九首 行(행) 十七首

課伐木(과벌목)

上後園山脚(상후원산각)

又上後園山脚(우상후원산각)

信行遠修水筒(신행원수수통)

引水(인수)

可嘆(가탄)

火(화)

曲江三章章五句(곡강삼장장오구)

三韻三篇(삼운삼편)

示獠奴阿段(시료노아가)

白露(백로)

擣衣(도의)

少年行 二首(소년행 이수)

少年行(소년행)

絶句 六首(절구 육수)

絶句 四首(절구 사수)

漫成 一首(만성 일수)

絶句 三首(절구 삼수)

答鄭十七郞 一絶(답정십칠랑 일절)

三絶句(삼절구)

解悶 二首(해민 이수)

復愁 十一首(부수 십일수)

乾元中寓居同谷縣作歌 七首(건원중우거동곡현작가 칠수)
相從歌贈嚴二別駕(상종가증엄이별가)
戲贈閿鄕秦少府短歌(희증문향진소부단가)
同元使君舂陵行 幷序(동원사군용릉행 병서)
舂陵行 元結 次山(용릉행 원결 차산)
退職示官吏 幷序 元結 次山(퇴직시관리 병서 원결 차산)
偪側行(핍측행)
錦樹行(금수행)
嚴氏溪放歌(엄씨계방가)
虎牙行(호아행)
負薪行(부신행)
최능행(最能行)
惜別行送向卿進奉端午御衣之上都(석별행송향경진봉단오어의지상도)
醉歌行贈公安顏少府請顧八題壁(취가행증공안안소부청고팔제벽)
白絲行(백사행)
百憂集行(백우집행)
莫相疑行(막상의행)
短歌行贈王郎司直(단가행증왕랑사직)
赤霄行(적소행)
去矣行(거의행)
貧交行(빈교행)
短歌行送邛州錄事歸合州因寄蘇使君(단가행송공주록사귀합주인기소사군)

참고 문헌 _ 645

分類杜工部詩卷之十
(분류두공부시권지십)

四時

古詩(고시) 一首 律詩(율시) 三十九首

春日戲題惱郝使君兄
춘일희제뇌학사군형

使君意氣凌靑霄憶昨歡娛常見招(사군의기릉쳥소억작환오상견초)
使君의 뜯과 氣運괘 하놀흘 凌犯ᄒ리로소니 녜 歡娛홀 졔 샹녜 블리던 이를 ᄉ랑ᄒ노라
細馬時鳴金騕褭佳人屢出董嬌饒(셰마시명금요뇨가인루츌동교요)
터리 ᄀᆞ는 ᄆᆞᆯ 時時예 金騕褭ㅣ 울오 고온 사ᄅᆞᆷ 董嬌饒를 ᄌᆞ조 내더라.
東流江水西飛燕可惜春光不相見(동류강수셔비연가셕츈광불상견)
東으로 흐르는 ᄀᆞᄅᆞᆷ 믈와 西로 ᄂᆞ라가는 져비 ᄀᆞᆮᄒ야 可히 슬프다 봆비쳬 서르 보디 몯ᄒ리로다.
願携王趙兩紅顔再聘肌膚如素練(원휴왕조양홍안재빙기부여소련)
願ᄒᆞᆫ든 王趙 두 블근 ᄂᆞᄎᆞᆯ 자바 술히 흰 깁 ᄀᆞᆮᄒ닐 다시 돌여 보내라
通泉百里近梓州請公一來開我愁(통쳔백리근재쥬청공일래개아수)
通泉이 百里만 梓州에 갓가오니 請ᄒᆞᆫ든 그듸는 ᄒᆞᆫ 번 와 내 시르믈 열아
舞處重看花滿面樽前還有錦纏頭(무처중간화만면준젼환유금젼두)
춤 츠는 ᄃᆡ 다시 고지 ᄂᆞᄎᆡ ᄀᆞᄃᆞᆨᄒ야쇼믈 보리니 樽 알ᄑᆡ 도로혀 錦纏頭ㅣ 잇다.

[중간본]

使君의 ᄠᅳᆮ과 氣運괘 하ᄂᆞᆯ흘 凌犯ᄒᆞ리로소니 녜 歡好홀 제 샹녜 블리던 이룰 ᄉᆞ랑ᄒᆞ노라

터리 ᄀᆞᆫ는 ᄆᆞ론 時時예 金騕褭ㅣ 울오 고온 사ᄅᆞ문 董嬌饒룰 조초 내더라

東으로 흐르는 ᄀᆞᄅᆞ맷 믈와 西로 ᄂᆞ라가는 져비 곧ᄒᆞ야 可히 슬프다 봆비체 서르 보디 몯ᄒᆞ리로다.

願ᄒᆞ던 王趙 두 불근 ᄂᆞᆾ을 자바 솔히 흰 깁 곧ᄒᆞ닐 다시 돌여 보내라

通泉이 百里만 梓州예 갓가오니 請ᄒᆞ던 그듸는 ᄒᆞᆫ 번 와 내 시르믈 열라

춤 츠는 ᄃᆡ 다시 고지 ᄂᆞ치 ᄀᆞ득ᄒᆞ야쇼ᄆᆞᆯ 보리니 樽 알피 도ᄅᆞ혀 錦纏頭ㅣ 잇다.

1) ᄠᅳᆮ : 뜻 2) 氣運괘 : 氣運과 3) 샹녜 : 늘, 항상 4) ᄉᆞ랑ᄒᆞ노라 : 생각하다 5) 金騕褭 : 名馬(훌륭한 말의 한 종류) 6) 董嬌饒 : 舞姬를 이름 7) 王趙 : 妓의 이름 8) 믈 : 물 9) 져비 : 제비 10) 돌여 : 달리어, (두려 : 더불어) 11) 고지 : 꽃 12) ᄀᆞ득ᄒᆞ야쇼ᄆᆞᆯ : ᄀᆞ득ᄒᆞ다, 가득하다, 가득하였음이 13) 錦纏頭(纏頭) : 가무가 끝났을 때 가무자에게 상으로 주는 상

正月三日歸溪上有作簡院內諸公
정월삼일귀계상유작간원내제공

白幕府(백막부)로 歸浣花溪草堂也(귀완화계초당야)ㅣ라

野外堂依竹籬邊水向城(야외당의죽리변수향성)

믈 밧긔 지비 댓수흘 브텟고 욿 ᄀᆞᅀᅵ 므른 城으로 向ᄒᆞ야 흐르ᄂᆞ다.
蟻浮仍臘味鷗泛已春聲(의부잉랍미구핍이춘성)
개야미 ᄠᅳᆫ 수른 臘月엣 마시 仍ᄒᆞ야 잇고 글며기 ᄠᅥ슈믄 ᄒᆞ마 보밋 소리로다.
藥許隣人斸書從稚子擎(약허린인촉서종치자경)
藥으란 이웃 사ᄅᆞ미 파 가물 許ᄒᆞ고 書冊으란 져믄 아히 가져 ᄃᆞ뇨ᄆᆞᆯ 므던히 너기노라
白頭趍幕府深覺負平生(백두추막부심각부평생)
셴 머리예 幕府에 와 ᄃᆞ뇨니 平生앳 ᄆᆞᅀᆞᆷ 져ᄇᆞ료ᄆᆞᆯ 기피 아노라.

[중간본]

믳 밧긔 지비 댓수흘 브텟고 욿 ᄀᆞ이 므른 城으로 向ᄒᆞ야 흐르ᄂᆞ다.
개야미 ᄠᅳᆫ 수른 臘月엣 마시 仍ᄒᆞ야 잇고 글며기 ᄠᅥ슈믄 ᄒᆞ마 보밋 소리로다.
藥으란 이웃 사ᄅᆞ미 파 가물 許ᄒᆞ고 書冊으란 져믄 아히 가져 ᄃᆞ뇨ᄆᆞᆯ 므던히 너기노라
셴 머리예 幕府에 와 ᄃᆞ뇨니 平生앳 ᄆᆞᅀᆞᆷ 져ᄇᆞ료ᄆᆞᆯ 기피 아노라.

---

1) 믈 : 들 2) 댓수흘 : 대숲 3) ᄀᆞᅀᅵ : ᄀᆞᇫ, 가(邊)의 4) ᄠᅳᆫ(뜬) : 뜬 5) 臘月 : 섣달 6) 仍ᄒᆞ야 : 그대로) 개야미 : 개미 8) ᄠᅥ슈믄 : ᄠᅳ다, 떴음은 9) 므던히 : 소홀히, 대수롭지 않게 10) 져ᄇᆞ료ᄆᆞᆯ : 저버리다, 약속을 어기다 11) 브텟고 : 브텟다, 붙어 있다, 의지하여 있다 12) 幕府 : 代宗 廣德 2년(764) 6월에 嚴武가 成都尹 兼 劍南節度使를 맡은 지 얼마 되지 않아 杜甫를 자신의 幕府 참모로 부름 13) 초간본의 'ᄠᅳᆫ'은 'ᄠᅳᆫ'의 오기가 아닌지?

奉酬李都督表丈早春作
봉수이도독표장조춘작

力疾坐曉來詩悲早春(역질좌효래시비조춘)
病을 견듸여 물ㄱ 새배 안자쇼니 온 그른 이른 보믈 슬허 짓도다.
轉添愁伴客覺老隨人(전첨수반객각노수인)
그장 시르미 나그내롤 벋호물 더으ᄂ니 또 늘구미 사롬 조차 오몰 아노라.
紅入桃花嫩靑歸柳葉新(홍이도화노청귀유엽신)
블근 비츤 복성홧고지 드러 보드랍고 프른 비츤 버듨 니페 가 새롭도다.
望鄕應未已四海尙風塵(망향응미이사해상풍진)
本鄕 ᄇ라오믈 당당이 마디 몯ᄒ리소니 四海예 오히려 風塵이 잇도다.

[중간본]

病을 견듸여 물ㄱ 새배 안자쇼니 온 그른 이른 보믈 슬허 짓도다.
그장 시르미 나그내롤 벋호물 더으ᄂ니 또 늘구미 사롬 조차 오몰 아노라
블근 비츤 복셩화고지 드러 보드랍고 프른 비츤 버듨 니페 가 새롭도다
本鄕 ᄇ라오믈 당당이 마디 몯ᄒ리소니 四海예 오히려 風塵이 잇도다.

---

1) 벋호믈 : 벗함을 2) 더으ᄂ니 : 더하다 3) 복셩홧고지 : 복숭아꽃 4) 마디 : 말다, 말지, 그만두다 5) 새배 : 새벽 6) 니페 : 닢, 잎, 잎에

春歸
춘귀

苔徑臨江竹茅簷覆地花(태경임강죽모첨복지화)
잇 씬 길헨 ㄱㄹ믈 디렛는 대오 새집 기슬겐 짜흘 두펫는 고지로다
別來頻甲子歸到忽春華(별래빈갑자귀도홀춘화)
여희여 오매 날 드리 줏더니 도라오니 忽然히 봆비치로다
倚杖看孤石傾壺就淺沙(의장간고석경호취천사)
막대를 지여셔 외로왼 돌흘 보고 酒壺를 기우려 머구리라 여튼 몰애에 나ᅀᅡ가라.
遠鷗浮水靜輕燕受風斜(원구부수정경연수풍사)
머리 ᄀᆞᆯ며기는 므레 뻐 ᄀᆞ마니 잇고 가비야온 져비는 ᄇᆞᄅᆞ믈 바다 빗기 ᄂᆞ놋다.
世路雖多梗吾生亦有涯(세로수다경오생역유애)
世上앳 길히 비록 해 어즈러우나 내의 사롬도 쏘ᄒᆞᆫ ᄀᆞᆺ이 잇ᄂᆞ니라
此身醒復醉乘興卽爲家(차신성복취승흥즉위가)
이 모미 씨락 도로 醉ᄒᆞ락 ᄒᆞ야 興을 토니 곧 지비 ᄃᆞ외얫도다

[중간본]

잇 씬 <u>길헤</u> ㄱㄹ믈 디렛는 대오 새집 기슬겐 짜흘 <u>두페</u>는 고지로다
여희여 오매 날 드리 <u>즏더니</u> 도라오니 忽然히 봆비치로다.
막대를 지여셔 외로왼 돌흘 보고 酒壺를 기우려 머구리라 여튼 몰애에 <u>나아가라</u>.

머리 골며기는 므레 떠 그마니 잇고 가비야온 져비는 브르믈 바다 빗기 ᄂᆞ놋다.
世上애 길히 비록 해 어즈러우나 내의 사롭도 ᄯᅩ한 그의 인ᄂᆞ니라
이 모미 ᄭᅵ락 도로 醉ᄒᆞ락 ᄒᆞ야 興을 투니 곧 지비 ᄃᆞ외얏도다.

───────────

1) 잇 : 이끼 2) 디렛ᄂᆞ : 디르다, 임하다, 다다르다 3) 새집 : 띠집, 초가집 4) 기슬겐 : 처마엔 5) ᄡᅡ홀 : 땅을
6) 두페ᄂᆞ : 둪다, 덮다 7) 날 드리 : 날과 달 8) 좃더니 : 좃다, 잦다 9) 몰애 : 모래 10) ᄂᆞ놋다 : 날다 11) 해 : 많이 12) 사롬 : 삶, 사람 13) ᄀᆞ싀 : 乊, 끝 14) ᄭᅵ락 : ᄭᅢ다, 술을 깨다 15) ᄃᆞ외얏도다 : ᄃᆞ외다, 되다 16) 지여셔 : 의지하여서 17) 토니(투니) : 투다, 타다 18) 여희여 : 여희다, 이별하다 19) 외로왼 : 외로운 20) 골며기 : 갈매기 21) 믈레 : 믈, 물에 22) ᄠᅥ : 떠 23) 가비야온 : 가비얍다, 가벼운 24) 빗기 : 비스듬히 25) 토니(투니) : 투다, 타다

暮寒
모한

霧隱平郊樹風含廣岸波(무은평교수풍함광안파)
雲霧엔 平ᄒᆞᆫ 드르헷 남기 그ᅀᅳᆨᄒᆞ얏고 ᄇᆞᄅᆞ믄 너븐 두들겟 믌겨를 머겟도다
沈沈春色靜慘慘暮寒多(침침춘색정참참모한다)
沈沈한 봄비치 寂靜ᄒᆞ고 슬픈 나죗 치위 하도다.
戍鼓猶長擊林鶯遂不歌(수고유장격림앵수불가)
防戍ᄒᆞ논 부픈 오히려 기리 티ᄂᆞ니 수프렛 곳고리ᄂᆞᆫ 지즈로 놀애 브르디

아니ᄒᆞ놋다.
忽思高宴會朱袖拂雲和(홀사고연회주수불운화)
忽然히 녯 노푼 이바디를 ᄉᆞ랑ᄒᆞ니 블근 ᄉᆞ매 거믄고애 다티더니라.

[중간본]

雲霧엔 ᄧᅮ흔 드르헷 남기 그윽ᄒᆞ얏고 ᄇᆞᄅᆞ문 너븐 두들겟 믌결을 멋겟도다
沈沈한 봆비치 寂靜ᄒᆞ고 슬픈 나죄 치위 하도다
防戍ᄒᆞᄂᆞᆫ 부픈 오히려 기리 티ᄂᆞ니 수프렛 곳고리ᄂᆞᆫ 지즈로 놀애 브르디
아니ᄒᆞ놋다
忽然히 녯 노푼 이바디를 ᄉᆞ랑ᄒᆞ니 블근 ᄉᆞ매 거믄고애 다티더니라.

---

1) 드르헷 : 들, 벌판   2) 남기 : 나무   3) 그ᅀᅳᆨᄒᆞ얏고 : 그윽하다   4) 두들겟 : 두둑에, 둔덕에   5) 멋겟도다 : 먹다
6) 나죗 : 저녁   7) 하도다 : 많다   8) 부픈 : 북은   9) 기리 : 길게   10) 곳고리 : 꾀꼬리   11) 지즈로 : 인하여, 말
미암아, 드디어   12) 이바디를 : 잔치를   13) ᄉᆞ랑ᄒᆞ니 : 생각하니   14) ᄉᆞ매 : 소매   15) 다티더니라 : 스치다, 건
드리다, 부딪히다   16) 티ᄂᆞ니 : 티다, 치다

春水生 二絶
춘수생 이절

二月六夜春水生門前小灘渾欲平(이월육야춘수생문전소탄혼욕평)
二月ㅅ 여ᄉᆡᆺ 바미 봄므리 나니 門 알ᄑᆡᆺ 죠고맛 여흐리 다 ᄑᆞ코져 ᄒᆞ놋다

鸕鷀鸂鶒莫漫喜吾與汝曹俱眼明(노자계칙막만희오여여조구안명)
가마오디와 믌돌가 쇽졀업시 ᄒᆞ오ᅀᅡ 깃디 말라 나도 네 믈와 다뭇ᄒᆞ야 다 누니 번호라
一夜水高二尺強數日不可更禁當(일야수고이척강수일불가경금당)
ᄒᆞᄅᆞᆺ바미 므리 두 자히나마 노ᄑᆞ니 두ᅀᅥ 나리면 可히 다시 이긔디 몯ᄒᆞ리로다
南市津頭有舡賣無錢卽買繫籬傍(남시진두유강매무전즉배계리방)
南녁 져젯 ᄂᆞᄅᆞᆺ 머리예셔 ᄇᆡ 풀 리 잇건마ᄅᆞᆫ 곧 사 욿 ᄀᆞᅀᅵ 미욜 도니 업세라

[중간본]
二月ㅅ 여ᅀᅢᆺ 바미 봄므리 나니 門 알ᄑᆡ 죠고맛 여흐리 다 ᄯᅩ코져 ᄒᆞ놋다
가마오디와 믌돌가 쇽졀업시 ᄒᆞ오와 깃디 말라 나도 네 믈와 다뭇ᄒᆞ야 다 누니 번호라
ᄒᆞᄅᆞᆺ바미 므리 두 자히나마 노ᄑᆞ니 두어 나리면 可히 다시 이긔디 몯ᄒᆞ리로다
南녁 져젯 ᄂᆞᄅᆞᆺ 머리예셔 ᄇᆡ 풀 리 잇건마ᄂᆞᆫ 곧 사 욿 그이 미욜 도니 업세라.

───────────────
1) 여흐리 : 여울, 개울 2) 믌돌가 : 물닭 3) 쇽졀업시 : 속절없다 4) ᄒᆞ오ᅀᅡ : 홀로(혼자) 5) 깃디 : 기뻐하다
6) 믈와 : 무리와 7) 다뭇ᄒᆞ야 : 같이 하다, 더불어 하다 8) 번호라 : 훤하다 9) ᄒᆞᄅᆞᆺ바미 : 하룻밤에 10) 자히나마 : 자(尺)나마 11) 두ᅀᅥ : 두어, 둘쯤 12) 이긔디 : 이기다 13) 져젯 : 저자, 시장(市場) 14) ᄂᆞᄅᆞᆺ : 나루 15) ᄇᆡ : 배(舟) 16) ᄀᆞᅀᅵ : ᄀᆞᆺ, 가(邊)에 17) 미욜 : 매다(매달다) 18) 욿 : 울, 울타리 19) 여ᅀᅢᆺ : 여쐐, 엿새 20) 곧 : 즉시(卽)

漫成 二首
만성 이수

野日荒荒白江流泯泯淸(야일황황백강류민민청)
미햇 힛비츤 거츤디 볼갯고 그룹 흘루믄 소리업고 몱도다.
渚蒲隨地有村逕遂門成(저포수지유촌경수문성)
믌ᄀᆞᆺ 즐퓌는 ᄯᅡ홀 조차 잇고 ᄆᆞᅀᆞᆯ 길흔 門을 조차 이렛도다
只作披衣慣常從漉酒生(지작피의관상종록주생)
오직 옷 가슴 헤혐호물 니기 ᄒᆞ고 샹녜 술 거르는 사ᄅᆞᄆᆞᆯ 좃노라
眼邊無俗物多病也身輕(안변무속물다병야신경)
눈 ᄀᆞᅀᅴ 塵俗앳 거시 업스니 病이 하도 ᄯᅩ 모미 가빅얍도다.
江皐已仲春花下復淸晨(강고이중춘화하복청신)
그ᄅᆞᆺ 두들게 ᄒᆞ마 仲春이오 곳 아래 ᄯᅩ ᄆᆞᆯᄀᆞᆫ 새배로다.
仰面貪看鳥回頭錯應人(앙면탐간조회두착응인)
ᄂᆞᄎᆞᆯ 울워러 새 보ᄆᆞᆯ 貪ᄒᆞ다가 머리 도ᄅᆞ혀 사ᄅᆞᆷ 對答호ᄆᆞᆯ 그르호라
讀書難字過對酒滿壺頻(독서난자과대주만호빈)
글 닐구메 어려운 字란 그저 디내오 수를 相對ᄒᆞ얀 壺樽에 ᄀᆞᄃᆞ기 호ᄆᆞᆯ 조조 ᄒᆞ노라
近識峨眉老知余懶是眞(근식아미노지여뢰시진)
요ᄉᆞᅀᅴ예 峨眉山ㅅ 老人을 아노니 내의 게을우미 이 眞性인디 아ᄂᆞ니라

[중간본]
미햇 <u>히비츤</u> 거츤디 볼갯고 그룹 흘루믄 소리 업고 몱도다.

묽ㄱ 즐퓌는 싸홀 조차 잇고 ᄆᆞᇰ 길흔 門을 조차 이렛도다
오직 옷 가슴 헤혐호물 니기 ᄒᆞ고 샤ᇰ녜 술 거르는 사ᄅᆞ믈 좃노라
눉 그의 塵俗앳 거시 업스니 病이 하도 ᄯᅩ 모미 가ᄇᆡ얍도다.
ᄀᆞᄅᆞᇝ 두들게 ᄒᆞ마 仲春이오 곳 아래 ᄯᅩ 묽ᄀᆞᆫ 새배로다
ᄂᆞ출 울워러 새 보믈 貪ᄒᆞ다가 머리 도로혀 사ᄅᆞᆷ 對答호믈 그르 호라
글 닐구메 어려운 字란 그저 지내오 술을 相對ᄒᆞ얀 壺樽에 ᄀᆞᄃᆞ기 호믈 즈조 ᄒᆞ노라
요ᄉᆞ이예 峨眉山ㅅ 老人을 아노니 내의 게을우미 이 眞性인 디 아ᄂᆞ니라.

---

1) 붉갯고 : 밝고 2) 흘루믄 : 흐르다 3) 묽갓 : 물가 4) 즐퓌 : 부들 5) 조차 : 좇아 6) ᄆᆞᇰ : 마을 7) 이렛도다(이르다 : 成) : 이루다 8) 헤혐호물(헤혐ᄒᆞ다) : 헤치다 9) 니기(닉이) : 익히 10) 샤ᇰ녜 : 늘, 항상 11) 좃노라 : 따르다, 좇다 12) 두들게 : 둔덕에, 언덕에 13) 새배로다 : 새벽이로다 14) 그르 : 잘못 15) 닐구메 : 읽다 16) 요ᄉᆞ이예 : 요사이에, 요즈음에 17) 게을우미 : 게을음 18) 묽ᄀᆞᆫ : 맑다, 맑은 19) 거츤 : 거츨다, 거칠다, 허황하다, 허망하다 20) 붉갯고 : 붉다, 붉앳고, 밝았고

春遠
춘원

肅肅花絮晚霏霏紅素輕(숙숙화서만비비홍소경)
肅肅ᄒᆞᆫ 곳과 버듨가야짓 나조히 霏霏히 블근 곳과 힌 가야지 가ᄇᆡ얍도다.
日長唯鳥雀春遠獨柴荊(일장유조작춘원독시형)

힌 긴 저긔 오직 새뿌니오 보미 머리 와 이쇼니 ᄒᆞ올로 柴荊뿌니로다
數有關中亂何曾劒外淸(수유관중란하증검외청)
ᄌᆞ조 關中에 亂이 잇ᄂᆞ니 엇뎨 일즉 劍閣ㅅ 밧기 몱ᄀᆞ리오
故鄕歸不得地入亞夫營(고향귀부득지입아부영)
故鄕애 가몰 얻디 몯ᄒᆞ리로소니 짜히 亞夫의 營에 드롓도다.

[중간본]

肅肅ᄒᆞᆫ 곳과 버듨가야짓 나조히 霏霏히 블근 곳과 힌 가야지 가ᄇᆡ얍도다
힌 긴 저긔 오직 새뿌니오 보미 머리 와 이쇼니 ᄒᆞ올로 柴荊뿌니로다
ᄌᆞ조 關中에 亂이 잇ᄂᆞ니 엇뎨 일즉 劍閣ㅅ 밧기 몱ᄀᆞ리오
故鄕애 가몰 얻디 몯ᄒᆞ리로소니 짜히 亞夫의 營에 드롓도다.

---

1) 곳 : 꽃 2) 버듨가야짓 : 버들가지 3) 나조히 : 저녁에 4) 肅肅한 : 고요하고 엄숙하다 5) 霏霏히 : 비나 눈이 부슬부슬 오는 모양 6) 힌 : 해 7) 營 : 軍營(주아부의 군영) 8) 亞夫 : 周亞夫

春水
춘수

三月桃花浪江流復舊痕(삼월도화랑강류복구흔)
三月에 桃花ㅅ 믌겨리 ᄀᆞ룸 흘루미 녯 그제예 도로 ᄀᆞ독ᄒᆞ도라.
朝來沒沙尾碧色動柴門(조래몰사미벽색동시문)

아츠미 오매 몰앳 그티 다 둡기니 프른 비치 柴門에 뮈놋다.
接縷垂芳餌連筒灌小園(졉루수방이연통관소원)
시룰 니서 곳다온 낛바볼 드리우고 대롱올 니서 져근 園圃룰 믈 흘려 저쥬라
已添無數鳥爭浴故相喧(이쳠무수조쟁욕고상훤)
ᄒᆞ마 數 업슨 새 더으니 다토아 沐浴ᄒᆞ야 짐즛 서르 숫어리ᄂᆞ다

[중간본]

三月에 桃花ㅅ 믌겨리 ᄀᆞ롬 흘루미 녯 그제예 도로 ᄀᆞ득ᄒᆞ도라
아츠미 오매 모랫 그티 다 둡기니 프른 비치 柴門에 뮈놋다
시룰 니어 곳다온 낛바볼 드리우고 대롱올 니어 져근 園圃룰 믈 흘려 저쥬라
ᄒᆞ마 數 업슨 새 더으니 다토아 沐浴ᄒᆞ야 짐즌 서르 숫어리ᄂᆞ다.

---

1) 그제예 : 자리, 흠, 허물, 흔적 2) 그티 : 끝이 3) 뮈놋다 : 움직이다 4) 시룰 : 실을 5) 니서 : 이어 6) 낛바볼 : 낛밥, 낛싯밥 7) 저쥬라 : 젖다 8) 더으니 : 더하니 9) 다투아 : 다투어 10) 짐즛 : 짐짓 11) 숫어리ᄂᆞ다(숫이다) : 떠들썩하다

春望
춘망

國破山河在城春草木深(국파산하재성춘초목심)
나라히 破亡ᄒ니 뫼콰 ᄀᆞ롬뿐 잇고 잣 앉 보미 플와 나모쁜 기펫도다.
感時花濺淚恨別鳥驚深(감시화천한별조경심)
時節을 感嘆호니 고지 눉므를 ᄲᅳ리게코 여희여슈믈 슬후니 새 ᄆᆞᅀᆞ믈 놀래ᄂᆞ다
烽火連三月家書抵萬金(봉화연삼월가서저만금)
烽火ㅣ 석 ᄃᆞᆯ 니ᅀᅦ시니 지븻 音書는 萬金이 ᄉᆞ도다
白頭搔更短渾欲不勝簪(백두소경단혼욕불승잠)
셴 머리를 글구니 ᄯᅩ 뎌르니 다 빈혀를 이긔디 몯홀 ᄃᆞᆺᄒᆞ도다.

[중간본]

나라히 破亡ᄒ니 뫼콰 ᄀᆞ롬뿐 잇고 잣 앉 보미 플와 나모쁜 기펫도다
時節을 感嘆호니 고지 눈믈롤 ᄲᅳ리게코 여희여슈믈 슬호니 새 ᄆᆞᄋᆞ믈 놀래노다
烽火ㅣ 석 돌롤 니어시니 지븻 音書는 萬金이 ᄉᆞ도다
셴 머리를 글구니 ᄯᅩ 뎌르니 다 빈혀를 이긔디 몯홀 ᄃᆞᆺᄒᆞ도다.

1) 잣 : 성(城) 2) 앉 : 안 3) ᄲᅳ리게코 : 뿌리다, 뿌리게 하다 4) 여희여슈믈 : 여희다, 여의다, 이별하다, 여의었음, 이별하였음을 5) ᄆᆞᅀᆞ믈 : 마음을 6) 烽火ㅣ : 봉화가, 전쟁이 7) 니ᅀᅦ시니 : 이어지니 8) 音書는 : 편지는 9) ᄉᆞ도다(ᄉᆞ다) : 싸도다 10) 뎌르니 : 짧으니 11) 빈혀 : 비녀 12) 이긔디 : 이기지 13) 기펫도다 : 기피다, 깊게 하다 14) 글구니 : 긁다

漫興 九首
만흥 구수

眼見客愁愁不醒無賴春色到江亭(안견객수수불성무뢰춘색도강정)
누네 나그내 시르믈 보니 시르미 씨디 아니ᄒᆞ니 依賴티 몯홀 봆비치 ᄀᆞᄅᆞᆷ
亭子애 니르렛도다
卽遣花開深造次便敎鶯語太丁寧(즉견화개심조차편교앵어태정령)
곧 고ᄌᆞ로 ᄒᆡ여 픠게 호ᄆᆞᆯ 아니한더데 기피ᄒᆞ고 곧 곳고리 말로 ᄒᆡ여 ᄀᆞ장
丁寧케 ᄒᆞᄂᆞᆺ다.
手種桃李非無主野老墻低還是家(수종도리비무주야로장저환이가)
손ᅀᅩ 桃李를 심구니 님재 업ᄉᆞᆫ디 아니로다 ᄆᆡ햇 늘그늬 집 다미 ᄂᆞᆺ가오나
도ᄅᆞ혀 이 지비로다.
恰似春風相欺得夜來吹折數枝花(흡사춘풍상기득야래취절수기화)
마치 봆 ᄇᆞᄅᆞ미 서르 欺弄ᄒᆞᄂᆞᆫ ᄃᆞᆺᄒᆞ야 바ᄆᆡ 두ᅀᅥ 가짓 고ᄌᆞᆯ 부러 것거 ᄇᆞ
리ᄂᆞ다
熟知茅齊絶低小江上鷰子故來頻(숙지모제절저소강상연자고래빈)
새지비 ᄀᆞ장 ᄂᆞᆺ갑고 져고ᄆᆞᆯ 니기 아라 ᄀᆞᄅᆞᆷ 우흿 져비 삿기 짐즛 오ᄆᆞᆯ ᄌᆞ
조 ᄒᆞᄂᆞ다.
嘀泥點汙琴書內更接飛蟲打著人(함니점오금서내갱접비충타저인)
훌긔 므러 거믄고와 書冊 안해 더러이고 ᄯᅩ ᄂᆞᆫ 벌어질 잡노라 사ᄅᆞ믈
그리티ᄂᆞ다.
二月已破三月來漸老逢春能幾回(이월이파삼월점노봉춘능기회)
二月이 ᄒᆞ마 헐오 三月이 오ᄂᆞ니 漸漸 늘구메 봄 맛나ᄆᆞᆫ 能히 몃 디위리오

莫思身外無窮事且盡生前有限杯(막사신외무궁사차진생전유한배)
몸 바긧 다ㅇ업슨 일란 ᄉ랑티 말오 사라실 젯 그지 잇ᄂ 숤盞을 ᄯ 다 머굴 디니라
腸斷春江欲盡頭杖藜徐步立芳洲(장단춘강욕진두장려서보립방주)
봄 ᄀᆞ르미 다ㅇ고져 ᄒᆞᄂ 그ᄃᆡ셔 애를 긋노니 도ᄐᆞ랏 딥고 날호야 거러 곳다온 믌 ᄀᆞᅀᆡ 셔쇼라
顚狂柳絮隨風去輕薄桃花逐水流(전광류서수풍거경박도화축수류)
업드러 미친 버듨가야지ᄂ ᄇᆞ르믈 조차 가고 가ᄇᆡ얍고 열운 복셨고즌 므를 조차 흐르ᄂ다.
懶慢無堪不出村呼兒日在掩柴門(라만무감불출촌호아일재엄시문)
게을우믈 이긔디 몯ᄒᆞ야 ᄆᆞᄋᆞᆯ히 나들 아니ᄒᆞ야 아히를 블러 나날이 셔셔 柴門을 다도라
蒼苔濁酒林中靜碧水春風野外昏(창태탁주림중정벽수춘풍야외혼)
프른 잇과 흐린 수레 수픐 가온ᄃᆡ 寂靜ᄒᆞ니 프른 믈와 봄 ᄇᆞ르매 믯밧기 어득ᄒᆞ도다.
糝徑楊花鋪白氈點溪荷葉疊靑錢(삼경양화포백전점계하엽첩청전)
길헤 브드뎃ᄂ 버듨 고즌 힌 시우기 폣ᄂ ᄃᆞᆺᄒᆞ고 시내해 버렛ᄂ 蓮ㅅ 니픈 프른 도니 답사햇ᄂ ᄃᆞᆺᄒᆞ도다
筍根稚子無人見沙上鳧雛傍母眠(순근치자무인견사상부추방모면)
竹筍ㅅ 미틧 져믄 아히를 볼 사ᄅᆞ미 업스니 몰애 우흿 올히 삿기ᄂ 어미를 바라셔 조오ᄂ다.
舍西柔桑葉可拈江上細麥復纖纖(사서유상엽가념강상세맥부섬섬)
집 西ㅅ녀긧 보ᄃᆞ라온 ᄲᅩᇰ니픈 어루 자바 ᄲᅳ리오 ᄀᆞᄅᆞᆷ 우흿 ᄀᆞᄂ 보리ᄂ ᄯᅩ ᄀᆞᄂ도다

人生幾何春已夏不放香醪如蜜甛(인생기하춘이하불방향료여밀첨)
사르미 사라쇼문 언머만 ᄒᆞ뇨 보미 ᄒᆞ마 녀르미 ᄃᆞ외노소니 고소 수리
ᄯᆞᆯᄀᆞ티 ᄃᆞ닐 노티 아니호리라
隔戶楊柳弱嫋嫋恰似十五兒女腰(격호양류약뇨뇨흡사십오아녀요)
이플 즈슴ᄒᆞ얏ᄂᆞᆫ 버드리 보ᄃᆞ라와 노혼노혼ᄒᆞ니 마치 열다ᄉᆞ신 져믄 겨
지븨 허리 ᄀᆞᆮ도다.
誰謂朝來不作意狂風挽斷最長條(수위조래부작의광풍만잔최장조)
뉘 닐오ᄃᆡ 아ᄎᆞ미 오매 ᄠᅳ들 니르왇디 아니ᄒᆞ다 ᄒᆞᄂᆞ뇨 미친 ᄇᆞᄅᆞ미 안
직 긴 가지를 ᄃᆞᆯ이야 그처 ᄇᆞ리ᄂᆞ다

[중간본]
누네 나그내 시르믈 보니 시르미 ᄭᅵ디 아니ᄒᆞ니 依賴티 몯홀 ᄂᆞᆲ비치 ᄀᆞᄅᆞᆷ
亭子애 니르렛도다
곧 고ᄌᆞ로 히여 픠게 호ᄆᆞᆯ 아니한데 기피ᄒᆞ고 곧 곳고리 말로 히여 ᄀᆞ장
丁寧케 ᄒᆞᄂᆞ다
손오 桃李ᄅᆞᆯ 심구니 님재 업순디 아니로다 미햇 늘그늬 집 다미 ᄂᆞᆺ가오나
도로혀 이 지비로다.
마치 ᄂᆞᆲ ᄇᆞᄅᆞ미 서르 欺弄ᄒᆞᄂᆞᆫ ᄃᆞᆺᄒᆞ야 바미 두어 가짓 고ᄌᆞᆯ 부러 것거 ᄇᆞ
리ᄂᆞ다
새지비 ᄀᆞ장 ᄂᆞᆺ갑고 져고ᄆᆞᆯ 니기 아라 ᄀᆞᄅᆞᆷ 우흿 져븨 삿기 집즌 오ᄆᆞᆯ ᄌᆞ
조 ᄒᆞᄂᆞ다.
홀골 므러 거믄고와 書冊 안해 더러이고 ᄯᅩ ᄂᆞᆫ 벌어질 잡노라 사ᄅᆞᄆᆞᆯ
ᄀᆞ리티ᄂᆞ다
二月이 ᄒᆞ마 헐오 三月이 오ᄂᆞ니 漸漸 늘구메 봄 맛나ᄆᆞᆫ 能히 몃 디위리오

몸 밧긧 다없업슨 일란 스랑티 말오 사라실 제 그지 잇노 숤盞을 쏘 다 머굴 디니라

봆 그르미 다오고져 ᄒᆞ논 그테셔 애롤 긋노니 도틱랏 딥고 날호야 거러 곳다온 믌 그의 셔쇼라

업드리 미친 버듨가야지논 브루믈 조차 가고 가비얍고 열운 복셨고존 므를 조차 흐르ᄂᆞ다.

게을우믈 이긔디 몯ᄒᆞ야 ᄆᆞᄋᆞ히 나돌 아니ᄒᆞ야 아히롤 블러 나날이 셔셔 柴門을 다도라

프른 잇과 흐린 수레 수픐 가온ᄃᆡ 寂靜ᄒᆞ니 프룬 믈와 봆 브르매 빗 밧기 어득ᄒᆞ도다.

길헤 브드톈논 버듨 고존 힌 시욱기 편논 듯ᄒᆞ고 시내해 버렛논 蓮ㅅ니픈 프른 도니 답사핸논 듯ᄒᆞ도다

竹筍ㅅ 미틧 져믄 아히롤 볼 사르미 업스니 물애 우횟 올히 삿기논 어미롤 바라셔 조오ᄂᆞ다.

집 西ㅅ녀긧 보드라온 뽕니픈 어루 자바 ᄯᅳ리오 그룸 우횟 ᄀᆞ논 보리논 쏘 ᄀᆞᄂᆞ도다

사르미 사라쇼몬 언머 만ᄒᆞ니오 보미 ᄒᆞ마 녀르미 드외노소니 고손 수리 ᄲᆞᆯㄱ티 드닐 노티 아니호리라

이플 즈음ᄒᆞ얏논 버드리 보드라와 노혼노혼ᄒᆞ니 마치 열다ᄉᆞ신 져믄 겨지븨 허리 ᄀᆞᆮ도다

뉘 닐오ᄃᆡ 아ᄎᆞ미 오매 ᄯᅳ들 니르왇디 아니혼다 ᄒᆞᄂᆞ니오 미친 브ᄅᆞ미 안직 긴 가지롤 돌이야 그처 브리ᄂᆞ다.

---

1) ᄭᅵ디 : 깨다(깨지) 2) 니르렛도다 : 이르렀도다 : 이르다, 도착하다 3) 고조로 : 꽃으로 4) 손ᄉᆞ : 손수 5)

놋가오나 : 낮다, 낮으나, 놋갑다 6) 도루혀 : 도리어 7) 져고몰 : 작음을 8) 두ᅀᅥ : 둘 9) 부러 것거 : (바람이) 불어 (가지를)꺾어 10) 부리ᄂᆞ다 : 버리다 11) 니기 : 누가 12) 삿기 : 새끼 13) 짐즛 : 짐짓 14) 홀골 : 흙을 15) 더러이고 : 더러이다, 더럽히다 16) 벌어질 : 벌레 17) 그리티ᄂᆞ다 : 후리다, 공략하다, 후려치다 18) 헐오 : 헐다, 무너뜨리다 19) 맛나몬 : 만남은 20) 몃 : 몇 21) 디위 : 번 22) 다ᄋᆞᆸ슨 : 다함이 없다 23) 그지 : 끝 24) 다ᄋᆞ고져 : 다ᄋᆞ다, 다하다, 없어지다 25) 그테서 : 끝에서 26) 도투랏 : 명아주(명아주로 만든 지팡이) 27) 날호야 : 더디게, 천천히 28) 열운 : 엷은 29) 복셨고즌 : 복숭꽃은 30) 게을우믈 : 게으름 31) ᄆᆞᅀᆞᆯ히 : 마을, 마을에 32) 나돌 : 나오다 33) 잇 : 이끼 34) 어득ᄒᆞ도다 : 어둑하도다 35) 브드텟ᄂᆞᆫ : 부드티다, 부딪치다 36) 시우기 : 시욱, 전(氈), 전방석(氈方席) 37) 버렛ᄂᆞᆫ : 벌이다, 펼쳐진 38) 도니 : 돋이 39) 답사햇ᄂᆞᆫ : 첩첩이 쌓은 40) 올히 : 오리 41) 조오ᄂᆞ다 : 졸다, 자다 42) ᄲᅩᆼ니픈 : 뽕잎 43) 어루 : 가(可)히 44) ᄲᅮ리오 : 따다 45) ᄀᆞᄂᆞᆫ : 가는(細) 46) 언머만 : 얼마만 47) 녀르미 : 여름이 48) 고소 : 고소한, 향기로운 49) ᄢᅮᆯ 그티 : 꿀같이 50) 두닐 : 두다(甘), 달다 51) 노티 : 놓다, 놓지 52) 즈슴ᄒᆞ얏ᄂᆞᆫ : 즈슴ᄒᆞ다, 사이에 두다 53) 겨집븨 : 여자의, 계집의 54) 닐오ᄃᆡ : 이야기하다, 말하다 55) ᄠᅳ들 : 뜻을 56) 니르완디 : 일으키다, 일으키지 57) 안직 : 가장 58) 돌이야 : 당기다(挽) 59) 그처 : 끊어 60) 아니한더데 : 아니한덛, 잠시, 잠시에 61) 애 : 창자 62) 긋노니 : 긋다, 그치다, 끊어지다, 쉬다 63) 이플 : 잎, 문호, 문, 문을 64) 열다스신 : 열다ᄉᆞᆺ, 열다섯인

傷春 五首
상춘 오수

天下兵雖滿春光日自濃(천하병수만춘광일자농)
天下애 兵馬ㅣ 비록 ᄀᆞ득ᄒᆞ나 봆비치 날마다 제 둗겁도다.
西京疲百戰北闕任群兇(서경피백전북궐임군흉)
西京은 온 번 사호매 ᄀᆞᆺ갯고 北闕엔 뭀 모딘 사ᄅᆞ믈 맛뎻도다

關塞三千里煙花一萬重(관새삼천리연화일만중)
關塞ᄂᆞᆫ 三千里오 니 씬 고즌 一萬 부리로다
蒙塵淸露急御宿且誰供(몽진청로급어숙차수공)
蒙塵ᄒᆞ야 겨샤매 몰곤 이스리 섈리 오ᄂᆞ니 님금 자샤매 ᄯᅩ 뉘 供奉 ᄒᆞᄋᆞᆸ
ᄂᆞᆫ고
殷復前王道周遷舊國容(은복전왕도주천구국용)
殷은 前王ㅅ 道ᄅᆞᆯ 興復ᄒᆞ니 周ᄂᆞ 녯 나랏 양지 올모니라
蓬萊足雲氣應合總從龍(봉래족운기응합총종룡)
蓬萊殿에 구룺 氣運이 하니 당당이 다 龍을 조초미 맛당ᄒᆞ니라
鶯入新年語花開滿故枝(앵입신년어화개만고지)
곳고린 새힛 마리 드렛ᄂᆞ니 고즌 퍼 녯 가지예 ᄀᆞ득ᄒᆞ얫도다.
天淸風卷幔草碧水通池(천청풍권만초벽수통지)
하ᄂᆞ리 몰갯거늘 ᄇᆞᄅᆞ미 帳을 걷고 프리 프른 ᄃᆡ 므리 모새 ᄉᆞᄆᆞ차 가놋다
牢落官軍遠蕭條萬事危(뢰락관군원소조만사위)
牢落ᄒᆞᆫ 官軍이 머리 갯ᄂᆞ니 蕭條ᄒᆞᆫ 萬事ㅣ 바ᄃᆞ랍도다.
鬢毛元自白淚點向來垂(빈모원자백루점향래수)
귀미틧 터리ᄂᆞᆫ 본디 절로 셰오 눈믌 點은 뎌주움쁴브터 드리옛다
不是無兄弟其如有別離(불시무형제기여유별리)
이 兄弟ㅣ 업슨디 아니언마ᄅᆞᆫ 그 여희여 이슈메 엇뎨ᄒᆞ리오
巴山春色靜北望轉逶迤(파산춘색정북망전위이)
巴山애 봆비치 寂靜ᄒᆞ니 北녀글 ᄇᆞ라오니 ᄀᆞ장 길히 머도다
日月還相鬪星辰屢合圍(일월환상투성신루합위)
ᄒᆡ 두리 도ᄅᆞ혀 서르 사호며 星辰이 ᄌᆞ조 모다 ᄢᅳ리놋다.
不成誅執法焉得變危機(불성주집법언득변위기)

執法 주규믈 일우디 몯ᄒᆞ면 어느 시러곰 危亂호 조가골 改變ᄒᆞ리오
大角纏兵氣鉤陳出帝畿(대각전병기구진출제기)
大角애는 兵馬ㅅ 氣運이 얼겟고 鉤陳은 님긊 畿甸으로 나가놋다.
烟塵昏御道耆舊把天衣(연진혼어도기구파천의)
닋와 드틀왜 님긊 길헤 어드웻ᄂᆞ니 늘근 사ᄅᆞ미 하ᄂᆞᆯ 오슬 잡놋다.
行在諸軍關來朝大將稀(행재제군궐래조대장희)
行在所애 여러 軍士ㅣ 關ᄒ며 와 朝謁홀 大將도 드므도다
賢多隱屠釣王肯載同歸(현다은도조왕긍재동귀)
어딘 사ᄅᆞ미 해 고기 다히며 고기 낛는 ᄃᆡ 수멧ᄂᆞ니 님그믄 술위예 시러 ᄒᆞᆢ 오몰 즐겨ᄒᆞ실가
再有朝廷亂難知消息眞(재유조정란난지소식진)
다시 朝廷ㅅ 亂이 잇ᄂᆞ니 消息의 眞實호믈 아로미 어렵도다
近傳王在洛復道使歸秦(근전왕재락부도사귀진)
요ᄉᆞᅵ 님그미 洛陽애 겨시다 傳ᄒᆞ고 ᄯᅩ 使臣이 秦으로 가ᄂᆞ다 니르ᄂᆞ다
奪馬悲公主登車泣貴嬪(탈마비공주등거읍귀빈)
ᄆᆞᆯ 아ᅀᆞ니 公主ㅣ 슬코 술위를 타셔 貴嬪이 우놋다
蕭關迷北上滄海欲東巡(소관미북상창해욕동순)
蕭關애 北녀그로 올아가모란 迷失ᄒᆞ시고 滄海예 東녀그로 巡幸ᄒᆞ고져 ᄒᆞ시놋다.
敢料安危體猶多老大臣(감료안위체유다로대신)
國體의 安危를 구틔여 혜여리아 오리려 늘근 大臣이 하 잇ᄂᆞ니라
豈無嵇紹血霑灑屬車塵(기무혜소혈점쇄속거진)
엇뎨 嵇紹의 피 屬車ㅅ 드트레 ᄲᅳ리리 업스리오.
聞說初東幸孤兒却走多(문설초동행고아각주다)

니르거늘 드르니 처섬 東녀그로 巡幸ᄒᆞ실 제 孤兒ㅣ 믈러 드로믈 해 ᄒᆞ니라
難分太倉粟競棄魯陽戈(난분태창속경기로양과)
太倉애 조ᄡᆞᆯ 논화 주미 어려우니 드토아 魯陽이 戈ᄅᆞᆯ 브리ᄂᆞ다
胡虜登前殿王公出御河(호로등전전왕공출어하)
胡虜ᄂᆞᆫ 앏 殿에 오ᄅᆞ고 王公은 御河로 나가놋다
得無中夜舞誰憶大風歌(득무중야무수억대풍가)
시러곰 밦中에 춤 추미 업스리아 뉘 大風歌ᄅᆞᆯ ᄉᆞ랑ᄒᆞ리오
春色生烽燧幽人泣薜蘿(춘색생봉수유인읍벽라)
봄비츤 烽燧ㅅ 서리예 냇고 幽隱ᄒᆞᆫ 사ᄅᆞᄆᆞᆫ 薜蘿ㅅ 서리예셔 우놋다
君臣重修德猶足見時和(군신중수덕유족견시화)
님금과 臣下왜 德 닷고ᄆᆞᆯ 重히 ᄒᆞ시면 오히려 足히 時節의 和호ᄆᆞᆯ 보리라.

[중간본]

天下애 兵馬ㅣ 비록 ᄀᆞ독ᄒᆞ나 봄비치 날마다 제 둗겁도다
西京은 온 번 사호매 긋갯고 北闕엔 뭀 모딘 사ᄅᆞᄆᆞᆯ 맛뎻도다
關塞ᄂᆞᆫ 三千里오 니 낀 고즌 一萬 브리로다
蒙塵ᄒᆞ야 겨샤매 몰곤 이스리 ᄲᆞᆯ리 오ᄂᆞ니 님금 자샤매 ᄯᅩ 뉘 供奉ᄒᆞᆸᄂᆞᆫ고
殷은 前王ㅅ 道ᄅᆞᆯ 興復ᄒᆞ니 周ᄂᆞᆫ 녯 나랏 양지 올ᄆᆞ니라
蓬萊殿에 구룸 氣運이 하니 당당이 다 龍을 조초미 맛당ᄒᆞ니라.
곳고린 새힛 마리 드렛ᄂᆞ니 고즌 퍼 녯 가지예 ᄀᆞ독ᄒᆞ얫도다
하ᄂᆞᆯ히 물갯거늘 ᄇᆞᄅᆞ미 帳을 걷고 프리 프른 딕 므리 모새 ᄉᆞᄆᆞ차 가놋다
牢落ᄒᆞᆫ 官軍이 머리 갯ᄂᆞ니 蕭條ᄒᆞᆫ 萬事ㅣ 바드랍도다
귀 미틧 터리ᄂᆞᆫ 본딕 절로 셰오 눈믈 點은 뎌주움쁴브터 드리옛다

이 兄弟ㅣ 업순 디 아니언마ᄂᆞᆫ 그 여희여 이슈메 엇뎨ᄒᆞ리오
巴山애 눐비치 寂靜ᄒᆞ니 北녀글 ᄇᆞ라오니 ᄀᆞ장 길히 머도다
히 두리 도ᄅᆞ혀 서르 사호며 星辰이 ᄌᆞ조 모다 ᄠᅳ리놋다
執法 주규믈 일우디 몯ᄒᆞ면 어느 시러곰 危亂ᄒᆞᆫ 조가ᄀᆞᆯ 改變ᄒᆞ리오
大角애ᄂᆞᆫ 兵馬ㅅ 氣運이 얼겟고 鉤陳은 님금 畿甸으로 나가놋다
니와 드틀왜 님금 길헤 어드웻ᄂᆞ니 늘근 사ᄅᆞᄆᆞᆫ 하ᄂᆞᆯ 오ᄉᆞᆯ 잡놋다
行在所애 여러 軍士ㅣ 闕ᄒᆞ며 와 朝謁ᄒᆞᆯ 大將도 드므도다
어딘 사ᄅᆞ미 해 고기 다히며 고기 낛ᄂᆞᆫ 디 수멧ᄂᆞ니 님그믄 술위예 시러 ᄒᆞᆫᄢᅴ 오ᄆᆞᆯ 즐겨ᄒᆞ실가
다시 朝廷ㅅ 亂이 잇ᄂᆞ니 消息의 眞實호ᄆᆞᆯ 아로미 어렵도다
요ᄉᆞ이 님그미 洛陽애 겨시다 傳ᄒᆞ고 ᄯᅩ 使臣이 秦으로 가ᄂᆞ다 니ᄅᆞᄂᆞ다
ᄆᆞ룰 아ᄋᆞ니 公主ㅣ 슬코 술위ᄅᆞᆯ 타셔 貴嬪이 우놋다
蕭關애 北녀그로 올아가ᄆᆞ란 迷失ᄒᆞ시고 滄海예 東녀그로 巡幸ᄒᆞ고져 ᄒᆞ시놋다.
國體의 安危ᄅᆞᆯ 구틔여 혜여리야 오리려 늘근 大臣이 하 잇ᄂᆞ니라
엇뎨 嵇紹의 피 屬車ㅅ 드트레 ᄲᅳ리리 업스리오.
니ᄅᆞ거놀 드로니 처엄 東녀그로 巡幸ᄒᆞ실 제 孤兒ㅣ 믈러 드로ᄆᆞᆯ 해 ᄒᆞ니라
太倉애 조ᄡᆞᆯ 논화 주미 어려우니 ᄃᆞ토아 魯陽이 戈ᄅᆞᆯ ᄇᆞ리ᄂᆞ다
胡虜ᄂᆞᆫ 앏殿에 오르고 王公ᄋᆞᆫ 御河로 나가놋다
시러곰 밦中에 춤 추미 업스리아 뉘 大風歌ᄅᆞᆯ ᄉᆞ랑ᄒᆞ리오
눐비츤 烽燧ㅅ 서리에 낫고 幽隱ᄒᆞᆫ 사ᄅᆞᄆᆞᆫ 薜蘿ㅅ 서리에서 우놋다
님금과 臣下왜 德 닷고ᄆᆞᆯ 重히 ᄒᆞ시면 오히려 足히 時節의 和호ᄆᆞᆯ 보리라.

---

1) 제 : 스스로, 제가, 제때 2) 둗겁도다 : 두껍다, 짙다 3) 온 : 백 4) ᄀᆞᆺ갯고 : ᄀᆞᆺ갯다, 가빠했다, 힘 겨워 했다

4) 뭀 : 무리 5) 맛뎻도다 : 맡겼도다, 맛뎌, 맡기어 6) 닉 : 연기 7) 부리로다(블(重)) : 겹, 겹이로다 8) 자샤매(자시다) : 주무시다 9) 양지 : 모습, 얼굴의 생김새 10) 올므니라(올므샴) : 옮다, 옮기다 11) 하니 : 많으니 12) 조초미 : 조촘, 좇음이 13) 맛당ᄒᆞ니라 : 맛당ᄒᆞ다, 마땅하다, 알맞다 14) 드렛느니 : 들레다, 야단스레 떠들다, 들에다 : 들에ᄒᆞ다, 들게 하다 15) 퍼 : 피어 16) 스무차 : 사무쳐 17) 갯ᄂᆞ니 : 갯다, 가 있다, 돌아가 있다 18) 바ᄃᆞ랍도다 : 위태롭다 19) 뎌주숨쁴브터 : 뎌주숨쁴, 저즈음께부터, 지난날 20) 드리옛다 : 드리다, 드리우다, 드리워지다(물체가 위에서 아래로 처져 내리다), 눈물을 흘리다 21) 사호며 : 싸우며 22) ᄲᅳ리놋다 : 꾸리다, 메우다, 싸다, 안다 23) 주규믈 : 주굼, 죽임 24) 일우디 : 이루다 25) 시러곰 : 얻어, 능히 26) 조가골 : 조각, 틈, 기틀(幾) 27) 얼겟느 : 얼기다, 얽혀 28) 드틀왜 : 티끌과, 먼지와 29) 어드웻ᄂᆞ니 : 어드우믈, 어듭다, 어드웟나니 30) 드므다 : 드므다, 드물다 31) 해 : 많은 32) 다히며 : 잡다 33) 수멧ᄂᆞ니 : 숨다, 숨었느니 34) 술위 : 술래 35) 흔쁴 : 함께 36) 니ᄅᆞ다 : 니ᄅᆞ다, 이르다 37) 아ᅀᆞ니 : 아ᅀᆞᆯ(빼앗을), 빼앗으니 38) 슬코 : 슬퍼하다 39) 올아가모란 : 올라가다 40) 구틔여 : 구태여, 억지로 41) 혜여리아 : 혜여하다. 생각하다, 혜아리니, 헤아리다 42) ᄲᅳ리리 : 뿌리다, 뿌릴 일 43) 드트레 : 티끌에, 먼지에 44) 술위 : 수레 45) 처섬 : 처음 46) 믈러 : 물러 47) ᄃᆞ로믈 : 돌음, 달림, 달리는 일 48) 해 : 많이 49) 조ᄡᆞᆯ : 조ᄡᆞᆯ(좁쌀) 50) 부리ᄂᆞ다 : 버리다 51) 앏 : 앞 52) 시러곰 : 능히, 얻어 53) 스랑ᄒᆞ리오 : 생각하리오 54) 서리예 : 사이에 55) 냇고 : 냇다, 났다, 나고 56) 닷고믈 : 닷다, 닦다, 닦음을 57) 새힛 마리 : 새해 말, 새해를 노래하다 58) 어느 : 어찌 59) 시러곰 : 능히 60) 제 : 때 61) 모다 : 모이어

春日江村 五首
춘일강촌 오수

農務村村急春流岸岸深(농무촌촌급춘류안안심)
녀름지슬 이론 ᄆᆞᄉᆞᆯ마다 섈리 ᄒᆞ고 봆 흐르ᄂᆞᆫ 므른 두듥마다 깁도다
乾坤萬里眼時序百年心(건곤만리안시서백년심)

하놀콰 짜쾃 스시예 萬里를 보아 둔니는 누니오 四時 추례로 가맨 百年 안햇 무수미로다

茅屋還堪賦桃源自可尋(모옥환감부도원자가심)
새지비 도르혀 글 지섬직호니 桃源을 내 어루 초졸 디로다

艱難昧生理飄泊到如今(간난매생리표박도여금)
어려운 제 生理홀 이룰 아줄호야 두루 뼈둔녀 이제 니르렛노라

迢遞來三蜀蹉跎又六年(초체래삼촉차타우육년)
머리 三蜀애 오니 蹉跎호미 또 여슷 히로다.

客身逢故舊發興自林泉(객신봉고구발흥자림천)
나그내 모미 녯 버들 맛보니 興心 베푸믄 林泉으로브테로다

過懶從衣結頻遊任履穿(과라종의결빈유임리천)
너무 게을어 옷 미자쇼믈 므던히 너기고 주조 노녀셔 신 들우믈 므던히 너기노라

藩籬頗無限恣意向江天(번리파무한자의향강천)
울히 주모 그지 업스니 뜯 구장 구룹 하놀홀 向호노라

種竹交加翠栽桃爛熳紅(종죽교가취재도란만홍)
대롤 심구니 프른 비치 서르 더으고 복성을 심구니 고지 爛熳호얫도다

經心石鏡月到面雪山風(경심석경월도면설산풍)
무수매 디나오누닌 石鏡에 비취옛는 두리오 누치 니르누닌 雪山앳 부루미로다

赤管隨王命銀章付老翁(적관수왕명은장부로옹)
블근 대룡이 님굼 命을 좃누니 銀印을 늘근 한아비룰 주놋다.

豈知牙齒落名玷薦賢中 (개지아치락명점천현중)
니 빠디거사 일후미 어딘 사룸 擧薦호는 中에 더러욜 고돌 어느 알리오

扶病垂朱紱歸休步紫苔(부병수주불귀휴보자태)
病호 모물 扶持ᄒ야셔 印ㅅ 긴흘 드리오고 도라와 쉬여셔 블근 莓苔예 건니노라
郊扉存晚計幕府愧群材(교비존만계막부괴군재)
미햇 지븨 늘것 活計ᄅᆞᆯ 뒷노니 幕府에 모돈 어딘 材質엣 사ᄅᆞ믈 붓그리노라
燕外晴絲卷鷗邊水葉開(연외청사권구변수엽개)
져비 ᄂᆞ라가는 밧긔 갠 遊絲ㅣ 거뎻고 ᄀᆞᆯ며기 볏는 ᄀᆞᅀᅢ 믌 니플 열옛도다.
隣家送魚鼈問我數能來(인가송어별문아수능래)
이웃 지비 고기와 쟈래와 보내야셔 날 더브러 ᄌᆞᄌᆞ 能히 올다 묻ᄂᆞ다
群盜哀王粲中年召賈生(군도애왕찬중년소가생)
뭀 盜賊에 王粲이 슬허ᄒᆞ고 中年에 賈生을 브르시니라
登樓初有作前席竟爲榮(등루초유작전석경위영)
樓 우희 올아 처엄 賦 지ᅀᅮ미 잇고 돗ᄀᆡ 나ᅀᅡ가 ᄆᆞᄎᆞ매 榮華로이 ᄒᆞ시니라
宅入先賢傳才高處士名(택입선현전재고처사명)
지븐 녯 어딘 사ᄅᆞ믜 그레 드렛고 지조는 隱處ᄒᆞ얏ᄂᆞᆫ 사ᄅᆞ믜 일후메 노프니라
異時懷二子春日復含情(이시회이자춘일복함정)
다ᄅᆞᆫ ᄢᅦ 두 사ᄅᆞ믈 ᄉᆞ랑코 봄나래 ᅂᅩ 셜운 ᄠᅳ들 머겟노라

[중간본]

녀름지으리ᄅᆞᆫ 모올마다 ᄲᆞᆯ리 ᄒᆞ고 봀 흐르는 므른 두듥마다 깁도다
하ᄂᆞᆯ과 짜쾃 소이예 萬里ᄅᆞᆯ 보아 ᄃᆞ니는 누니오 四時 ᄎᆞ례로 가맨 百年 안햇 ᄆᆞᄋᆞ미로다

새지비 도르혀 글 지엄직ᄒ니 桃原을 내 어루 츠졸 디로다
어려운 제 生理를 이룰 아졸ᄒ야 두루 뼈둔녀 이제 니르럿노라.
머리 三蜀애 오니 蹉跎호미 ᄯ 여슷 히로다
나그내 모미 녯 버들 맛보니 興心 베푸믄 林泉으로브테로다
너무 게을어 옷 미자쇼믈 므던히 너기고 ᄌᄌ 노녀셔 신 들우믈 므던히 너기노라
울히 ᄌ모 그지 업스니 쁜 ᄀ장 ᄀ룐 하ᄂᆯᄒ 向ᄒ노라.
대롤 심구니 프른 비치 서르 더으고 복셩을 심구니 고지 爛熳ᄒ도다
ᄆᆞ매 디나오ᄂᆞ닌 石鏡에 비취엿ᄂ 드리오 ᄂ치 니르ᄂᆞ닌 雪山앳 ᄇ르미로다
블근 대룡이 님긊 命을 좃ᄂ니 銀印을 ᄅᆞ근 한아비를 주놋다
니 ᄲ디거야 일후미 어딘 사룸 擧薦ᄒᄂ 中에 더러욤 고ᄃᆞᆯ 어느 알리오.
病ᄒᆫ 모믈 扶持ᄒ야셔 印ㅅ 긴ᄒᆞᆯ 드리오고 도라와 쉬여셔 블근 莓苔예 건니노라
미햇 지븨 늘것 活計를 뒷노니 幕府에 모든 어딘 材質엣 사ᄅᆞ믈 붓그리노라
져비 ᄂ라가ᄂ 밧긔 갠 遊絲ㅣ 거뎃고 골며기 뼛ᄂ ᄀᆞ인 믌 니플 열엣도다
이웃 지븨 고기와 쟈래와 보내야셔 날 더브러 ᄌᄌ 能히 올다 묻노다.
뭀 盜賊에 王粲이 슬허ᄒ고 中年에 賈生을 브르시니라
樓 우희 올아 처엄 賦 지우미 잇고 돗기 나아가 ᄆᆞ차매 榮華로이 ᄒ시니라
지븐 녯 어딘 사ᄅᆞ미 그레 드롓고 지조는 隱處ᄒ얏ᄂ 사ᄅᆞ미 일후메 노프니라
다ᄅᆞᆫ ᄢᅵ 두 사ᄅᆞ믈 ᄉᆞ랑코 봄나래 ᄯᅩ 셜운 ᄠᅳ들 머겟노라

1) 녀름지슬 : 녀름(농사), 지슬(지을) 농사지을 일 2) ᄆᆞᄉᆞᆯ : 마을 3) ᄲᆞ리 : 빨리 4) 두듬 : 둔덕, 두둑 5) ᄯ

쾃 : 땅과 6) 수ㅣ예 : 사이에 7) 새지비 : 띠집(초가집) 8) 도로혀 : 돌이켜, 돌리어, 도리어 9) 지섬직ᄒᆞ니 : (지숨 : 지음) 10) 어루 : 가(可)히 11) 아즐ᄒᆞ야 : 아질아질하다, 혼미하다 12) ᄲᅥ든녀 : 떠다녀(방황하여) 13) 머리 : 멀리 14) 차타(蹉跎)호미 : 미끄러져 넘어짐, 시기를 잃음, 이룬 일 없이 나이만 먹음 15) 맛보니 : 만나다 16) 미자쇼믈 : (미)다 매다, 동여매다, 묶다, 깁다 17) 므뎐히 : 므던히, 소홀히, 대소롭지 않게 18) 노녀셔 : 노니다, 노닐다 19) 들우물 : 들우다, 뚫다, 뚫음을 20) 울히 : 울타리 21) 그지 : 끝 22) ᄠᅳᆮ : 뜻 23) 더으고 : 더하다 24) 爛熳ᄒᆞ얫도다 : 곱고 빛나다, 꽃이 만발하다 25) 디나오ᄂᆞ닌 : 디니다, 디니오ᄂᆞ닌, 지니고 온 것은 26) 니르ᄂᆞ닌 : 이르다, 도착하다 27) 한아비 : 할아버지 28) ᄲᅡ디거ᅀᅡ : 빠지다 29) 일후미 : 일홈, 이름 30) 어딘 : 어진 31) 더러욤 : 더러욤, 더럽힘 32) 긴홀 : 끈을 33) 莓苔(매태) : 이끼 34) 늘것 : 늙어 35) 뒷노니 : 뒷다, 두었다, 두어 있다 36) 붓그리노라 : 붓그리다, 부끄러워하다 37) 거뎃고 : 걷히고 38) 遊絲(유사) : 아지랑이 39) ᄠᅦᆮ는 : 떴는 40) ᄀᆞᆫᆯ : 가엔 41) 열옛도다 : 열다, 열었도다 42) 더브러 : 더불어 43) 뭀 : 무리 44) 처섬 : 처음 45) 지ᅀᅮ미 : 짓다, 지움 46) 돗기 : 돗, 돗자리, 자리 47) 나ᅀᅡ가 : 나아가 48) ᄆᆞᄎᆞ매 : 마침내 49) 드렛고 : 들어 있고 50) 지조 : 재주 51) ᄢᅴ : 때 52) ᄉᆞ랑코 : 생각고 53) ᄯᅩ : 또 54) 머겟노라 : 먹었노라 55) 쟈래 : 자라

早起
조기

春來常早起幽事頗相關(춘래상조기유사파상관)
보미 오매 샹녜 일 니로니 幽閑ᄒᆞ 이리 ᄌᆞ모 서르 거리ᄭᅵ놋다
帖石防隤岸開林出遠山(첩석방퇴안개림출원산)
돌ᄒᆞᆯ 사하 믈어진 두들글 막고 수프를 여러 먼 뫼ᄒᆞᆯ 나게 ᄒᆞ노라
一丘藏曲折緩步有躋攀(일구장곡절완보유제반)
ᄒᆞᆫ 두들기 曲折을 갈맷ᄂᆞ니 날호야 거러 더위자바 올오미 이쇼라

童僕來城市甁中得酒還(동복래성시병중득주환)
아히 종이 잣 앉 져제로셔 오니 甁中에 수를 어더 도라 오도다.

[중간본]
보미 오매 샹녜 일 니로니 幽閑훈 이리 주모 서르 거리끼놋다
돌훌 사하 믈어진 두들글 막고 수프를 여러 먼 뫼훌 나게 ᄒ노라
훈 두들기 曲折을 갈맷ᄂ니 날호야 거러 더위자바 올오미 이쇼라
아히 종이 잣 앉 져제로셔 오니 甁中에 수를 어더 도라 오도다.

---

1) 샹녜 : 항상, 늘 2) 일 : 일찍이 3) 니로니 : 닐다, 일어나다 4) 주모 : 자못 5) 거리끼놋다 : 거리끼다, 거리끼다 6) 사하 : 쌓아 7) 믈어진 : 무너진 8) 두들글 : 둔덕을, 둑 9) 갈맷ᄂ니 : 갈맷다, 간직하였다 10) 날호야 : 천천히 11) 더위자바 : 더위잡다, 붙잡다, 부축하다 12) 아히 : 아이 13) 잣 : 성 14) 져제 : 져자, 시장

畏人
외인

早花隨處發春鳥異方啼(조화수처발춘조이방제)
이른 고존 곧마다 조차 펫고 봆 새는 異方애셔 우놋다.
萬里淸江上三年落日低(만리청강상삼년락일저)
萬里ㅅ 물곤 ᄀᆞᄅᆞᆷ 우희 三年을 디ᄂᆞᆫ 히 ᄂᆞ죽ᄒ도다
畏人成小築褊性合幽棲(외인성소축편성합유서)

사루믈 므싀여 죠고맛 지블 일웟노니 조보왠 性이라 幽棲ᄒ야쇼매 맛도다.
門逕從榛草無心待馬蹄(문경종진초무심대마제)
門 앞 길헤 플 기서쇼믈 므던히 너기노니 물발 기들오는 ᄆᆞᅀᆞ미 업소라

[중간본]

이른 고ᄌᆞᆫ 곧마다 조차 펫고 봆 새ᄂᆞᆫ 異方애셔 우놋다
萬里ㅅ 물곤 ᄀᆞᄅᆞᆷ 우희 三年을 디ᄂᆞ 히 ᄂᆞ즉ᄒ도다
사루믈 므싀여 죠고맛 지블 일웟노니 조보왠 性이라 幽捿ᄒ야쇼매 맛도다.
門 앞 길헤 플 기어쇼믈 므던히 녀기노니 물발 기들오는 ᄆᆞᄋᆞ미 업소라

---

1) 디ᄂᆞ : 디다. 떨어지다 2) ᄂᆞ즉ᄒ도다 : 나직하다 3) 므싀여 : 므싀다, 무서워하다 4) 일웟노니 : 일워시니, 이루시니, 이루다 5) 조보왠 : 조보왜다, 좁다 6) 幽棲 : 속세를 떠나 조용히 삶 7) 기서쇼믈 : 깄어시다, 무성하게 자라 있다 8) 기들오는 : 기들우다, 기다리다

可惜
가석

花飛有底急老去願春遲(화비유저급로거원춘지)
고지 ᄂᆞ로ᄆᆞᆫ 므슷 일로 ᄲᆞ르니오 늘거 가매 보미 더듸 가과뎌 願ᄒ노라
可惜歡娛地都非小壯時(가석환오지도비소장시)
可히 슬프다 오ᄂᆞᆯ 즐겨ᄒᆞᄂᆞᆫ 싸히여 다 져믄 ᄢᅴ 아니로다.

55

寬心應是酒遣興莫過詩(관심응시주견흥막과시)
此意陶潛觧吾生後汝期(차의도잠해오생후여기)
모ᅀᆞ물 어위에 홀 거슨 당당이 이 수리오. 興心을 펼 거슨 그레 너믄 거시 업스니라.
이 ᄠᅳ들 陶潛이 아더니 내 나미 네 期約애 뻐듀라.

[중간본]

고지 ᄂᆞ로문 므읏 일로 ᄲᆞ르니오 늘거 가매 보미 더듸 가과뎌 願ᄒᆞ노라
可히 슬프다 오ᄂᆞᆯ 즐겨ᄒᆞ논 싸히여 다 져믄 ᄢᅴ 아니로다.
모ᅀᆞ물 어위게 홀 거슨 당당이 이 수리오. 興心을 펼 거슨 그레 너믄 거시 업스니라.
이 ᄠᅳ들 陶潛이 아더니 내 나미 네 期約애 뻐듀라.

---

1) ᄂᆞ로문 : 날다 2) 므읏 : 무슨 3) ᄲᆞ르니오 : 빠르니오 4) 더듸 : 더디게, 늦게 5) 가과뎌 : 가고자(가기를)
6) ᄢᅴ : 끼, 때 7) 어위에 : 어위(흥), 어위다, 넓다, 너그럽다, 넉넉하다 8) 陶潛 : 陶淵明의 호 9) 나미 : 남이(태어남) 10) 뻐듀라 : 뒤떨어지노라

落日
낙일

落日在簾鉤溪邊春事幽(낙일재렴구계변춘사유)

디는 히 발 거는 쇠예 잇ᄂ니 시냇ᄀ시 봄 이리 幽閑ᄒ도다
芳菲緣岸圃樵爨倚灘舟(방비연안포초찬의탄주)
곳다온 프른 두들글 버므렛ᄂ 園圃ㅣ오 나모 뷔여 밥 짓ᄂ닌 여흐레 지옛
ᄂ 비로다.
啅雀爭枝墜飛蟲滿院遊(탁작쟁지추비충만원유)
딕먹ᄂ 새ᄂ 나못가지를 ᄃ토아 ᄯ듣고 ᄂᄂ 벌에ᄂ 지븨 ᄀᄃ기셔 노놋다
濁醪誰造汝一酌散千憂(탁료수조여일작산천우)
흐린 수라 뉘 너를 밍ᄀ니오 ᄒ번 브ᅀᅥ 머구메 즈믄 시르미 흗ᄂ다

[중간본]

디는 히 발 거는 쇠예 잇ᄂ니 <u>시냇ᄀ이</u> 봄 이리 幽閑ᄒ도다
곳다온 프른 두들글 버므렛ᄂ 園圃ㅣ오 나모 뷔여 밥 짓ᄂ닌 여흐레
<u>지엿ᄂ</u> 비로다.
딕먹ᄂ 새ᄂ 나못가지를 ᄃ토아 ᄯ듣고 ᄂᄂ 벌에ᄂ 지븨 ᄀᄃ기셔 노
놋다
흐린 수라 뉘 너를 밍ᄀ니오 ᄒ번 <u>브어</u> 머구메 즈믄 시르미 흗ᄂ다

---

1) 시냇ᄀ시 : 시냇가의 2) 버므렛ᄂ : 버므러, 버물다, 둘러 3) 두들글 : 둔덕, 언덕 4) 여흐레 : 여울 5) 지옛ᄂ : 지여다, 의지하다 6) 딕먹ᄂ : 딕먹다, 찍어 먹다, 쪼아 먹다 7) **ᄯ듣고** : **ᄯ듣다**, 떨어지다 8) ᄀᄃ기셔 : ᄀᄃ기, 가득하다 9) 밍ᄀ니오 : 만들다 10) 즈믄 : 천 11) 흗ᄂ다 : 흩어지다

絶句 二首
절구 이수

遲日江山麗春風花草香(지일강산려춘풍화초향)
긴 히예 フ룸과 뫼쾌 빗나니 봆 ᄇᆞᄅᆞ매 곳과 플왜 곳답도다.
泥融飛燕子沙暖睡鴛鴦(이융비연자사난수원앙)
훌기 노フ니 져비 ᄂᆞᆯ오 몰애 더우니 鴛鴦이 ᄌᆞ오놋다.
江碧鳥逾白山靑花欲燃(강벽조유백산청화욕연)
フᄅᆞ미 푸ᄅᆞ니 새 더욱 히오 뫼히 퍼러ᄒᆞ니 곳비치 블 븓ᄂᆞᆫ 둣도다
今春看又過何日是歸年(금춘간우과하일시귀년)
옰 보미 본ᄃᆡᆫ ᄯᅩ 디나가ᄂᆞ니 어느 나리 이 도라갈 히오

[중간본]

긴 히예 フ룸과 뫼쾌 빗나니 봆 ᄇᆞᄅᆞ매 곳과 플왜 곳답도다
훌기 노フ니 져비 ᄂᆞᆯ오 몰애 더우니 鴛鴦이 ᄌᆞ오놋다
フᄅᆞ미 푸ᄅᆞ니 새 더욱 히오 뫼히 퍼러ᄒᆞ니 곳비치 블 븓ᄂᆞᆫ 둣도다
옰 보미 본ᄃᆡᆫ ᄯᅩ 디나가ᄂᆞ니 어느 나리 이 도라갈 히오

1) 훌기 : 흙이 2) ᄌᆞ오놋다 : ᄌᆞ오다, 졸다 3) 블 : 불

絶句
절구

江邊踏靑罷廻首見旌旗(강변답청파회수견정기)
ㄱ롮ㄱㅅ애셔 프른 플 볼오몰 뭇고 머릴 횟돌아 旌旗롤 보라
風起春城暮高樓鼓角悲(풍기춘성모고루고각비)
ㅂ르미 니렛는 봀 城 나조히 노폰 樓에 붑과 吹角ㅅ 소리 슬프도다.

[중간본]

ㄱ롮ㄱ애셔 프른 플 볼오몰 뭇고 머릴 횟돌아 旌旗롤 보라
ㅂ르미 니렛는 봀 城 나조히 노폰 樓에 붑과 吹角ㅅ 소리 슬프도다.

1) ㄱ롮ㄱ쇄셔 : 강가에서   2) 볼오몰 : 볼옴, 밞음, 밟다   3) 뭇고 : 멈추고   4) 나조히 : 저녁에   5) 붑 : 북

卽事
즉사

暮春三月巫峽長晶晶行雲浮日光(모춘삼월무협장효효행운부일광)
暮春 三月에 巫峽이 기니 晶晶흔 녀는 구루미 힛비체 뗏도다
雷聲忽送千峯雨花氣渾如百和香(뢰성홀송천봉우화기혼여백화향)

울엣 소리 忽然히 즈믄 묏부리옛 비를 보내니 곳 氣運은 다 온 가짓 것 섯거 밍ᄀ론 香 ᄀᆮ도다.

黃鶯過水翻迴去燕子啣泥濕不妨(황앵과수번회거연자함니습불방)

곳고리는 므를 디나 두위텨 도라가거놀 져비는 ᄒᆞᆯ골 므러 저저도 妨害티 아니ᄒᆞ도다.

飛閣卷簾圖畵裏虛無只少對瀟湘(비각권렴도화리허무지소대소상)

ᄂᆞᄂᆞᆫ 듯ᄒᆞᆫ 지븨 발 거든 그림 ᄀᆮᄒᆞᆫ 소개 업슨 거슨 오직 瀟湘을 相對홀 거시 젹도다

[중간본]

暮春 三月에 巫峽이 기니 晶晶ᄒᆞᆫ 녀는 구루미 힛비체 뗏도다

울엣 소리 忽然히 즈믄 묏부리옛 비를 보내니 곳 氣運은 다 온 가짓 것 섯거 밍ᄀ론 香 ᄀᆮ도다

곳고리는 므를 디나 두위텨 도라가거놀 져비는 ᄒᆞᆯ골 므러 저저도 妨害티 아니ᄒᆞ도다

ᄂᆞᄂᆞᆫ 듯ᄒᆞᆫ 지븨 발 거든 그림 ᄀᆮᄒᆞᆫ 소개 업슨 거슨 오직 瀟湘을 相對홀 거시 젹도다.

---

1) 녀는 : 녀다, 가다 2) 뗏도다 : 뗏다, 떠 있다 3) 울엣 : 우레 4) 곳 : 꽃 5) 온 : 백 6) 두위텨 : 두위티다, 번드치다(물건을 한 번에 뒤집다, 마음을 바꾸다) 7) 곳고리 : 꾀꼬리 8) 져비 : 제비 9) 저저 : 젖다 10) 발 : 발(簾)

暮春
모츈

臥病擁塞在峽中瀟湘洞庭虛映空(와병옹새재협중소상동정허영공)
病ᄒᆞ야 누워 ᄢᅵ려 峽中에 이쇼니 瀟湘과 洞庭괘 뷔여 훤ᄒᆞᆫ ᄃᆡ 비취옛도다
楚天不斷四時雨巫峽長吹萬里風(초천불단사시우무협장취만리풍)
楚ㅅ 하ᄂᆞᆯ핸 四時예 비 긋디 아니코 巫峽엔 萬里옛 ᄇᆞᄅᆞ미 長常 부ᄂᆞ다.
沙上草閣柳新暗城邊野池蓮欲紅(사상초각유신암성변야지연욕홍)
몰애 웃 플 니윤 지븨 버들리 새려 어드웻고 城ㅅ ᄀᆞᆺ 미햇 모새ᄂᆞᆫ 蓮ㅅ 고
지 븕고져 ᄒᆞᄂᆞ다.
暮春鴛鷺立洲渚挾子翻飛還一叢(모츈원로립주저협자번비환일총)
暮春에 鴛鷺ㅣ 믌 ᄀᆞᅀᅵ 셧ᄂᆞ니 삿기를 ᄃᆞ려 두위텨 ᄂᆞ라 ᄒᆞᆫ 퍼기예 도로
오ᄂᆞ다

[중간본]

病ᄒᆞ야 누워 ᄢᅵ려 峽中에 이쇼니 瀟湘과 洞庭괘 뷔여 훤ᄒᆞᆫ ᄃᆡ 비취옛도다
楚ㅅ 하ᄂᆞᆯ핸 四時예 비 긋디 아니코 巫峽엔 <u>萬里예</u> ᄇᆞᄅᆞ미 長常 부ᄂᆞ다
몰애 웃 플 니윤 지븨 버들리 새려 어드웻고 城ㅅ ᄀᆞᆺ 미햇 모새ᄂᆞᆫ 蓮ㅅ 고
지 븕고져 ᄒᆞᄂᆞ다
暮春에 鴛鷺ㅣ 믌 <u>ᄀᆞ인</u> 셧ᄂᆞ니 삿기를 ᄃᆞ려 두위텨 ᄂᆞ라 ᄒᆞᆫ 퍼기예 도로
오ᄂᆞ다

---

1) ᄢᅵ려 : ᄢᅳ리다, 꾸리다, 메우다, 싸다, 안다 2) 몰애 : 모래 3) 플 : 풀 4) 니윤 : 이은 5) 새려 : 새로이 6) 삿
기 : 새끼 7) 두위텨 : 두위티다, 번드치다(물건을 한 번에 뒤집다, 마음을 바꾸다) 8) 퍼기예 : 포기

夏日歎
하일탄

夏日出東北陵天經中街(하일출동북릉천경중가)
녀름 히 東北ㅅ 모해 나 하놀홀 陵犯ᄒᆞ야 가온딋 길흐로 디나오놋다
朱光徹厚地鬱蒸何由開(주광철후지울증하유개)
블근 비치 둗거운 싸해 ᄉᆞᄆᆞ챗ᄂᆞ니 더우믈 어느 말미로 열리오
上蒼久無雷無乃號令乖(상창구무뢰무내호령괴)
하놀히 오래 울에 업스니 아니 號令이 어긔르츠니아
雨降不濡物良田起黃埃(우강불유물량전기황애)
비 ᄂᆞ려 萬物을 저지디 아니ᄒᆞ니 됴ᄒᆞᆫ 바틔 누른 드트리 니렛도다
飛鳥苦熱死池魚涸其涯(비조고열사지어학기애)
ᄂᆞ는 새는 苦熱에 주겟고 모샛 고기는 믈ᄀᆞᅀᅵ 여위놋다
萬人尙流冗擧目唯蒿萊(만인상류용거목유호래)
萬人이 오히려 流移散冗ᄒᆞ니 누늘 드러보니 오직 다봇 ᄲᅮ니로다
至今大河北盡作虎與豺(지금대하북진작호여시)
이제 니르리 大河ㅅ 北녀긔 다 범과 다못 일히 ᄃᆞ외옛도다
浩蕩想幽薊王師安在哉(호탕상유계왕사안재재)
훤히 幽薊ㅅ 녀글 ᄉᆞ쵸니 王師ᄂᆞᆫ 어듸 가 잇ᄂᆞᆫ고
對食不能餐我心殊未諧(대식불능찬아심수미해)
바볼 相對ᄒᆞ야셔 能히 먹디 몯ᄒᆞ니 내 ᄆᆞᅀᆞ미 ᄀᆞ장 諧和티 몯ᄒᆞ얘라
眇然貞觀初難與數子偕(묘연정관초난여수자해)
아ᅀᆞ란 貞觀ㅅ 처ᅀᅥ미여 두서 사ᄅᆞᆷ과 다못ᄒᆞ야 글오미 어렵도다

[중간본]

녀름 히 東北ㅅ 모해 나 하놀홀 陵犯ᄒ야 가온딧 길흐로 디나오놋다
블근 비치 둗거운 ᄯᅡ해 ᄉᆞᄆᆞ챳ᄂᆞ니 더우믈 어느 말미로 열리오
하놀히 오래 울에 업스니 아니 號令이 어긔르츠니아
비 ᄂᆞ려 萬物을 저지디 아니ᄒᆞ니 됴ᄒᆞᆫ 바텨 누른 드트리 니렛도다
ᄂᆞᆫ 새ᄂᆞᆫ 苦熱에 주겟고 모샛 고기ᄂᆞᆫ 믌ᄀᆞ이 여위놋다
萬人이 오히려 流移散冗ᄒ니 누늘 드러 보니 오직 다봇 ᄲᅮ니로다
이제 니르리 大河ㅅ 北녀긔 다 범과 다못 일히 ᄃᆞ외엿도다
훤히 幽蘇ㅅ 녀글 스쵸니 王師ᄂᆞᆫ 어듸 가 잇ᄂᆞᆫ고
바볼 相對ᄒᆞ야셔 能히 먹디 몯ᄒᆞ니 내 ᄆᆞᄋᆞ미 ᄀᆞ장 諧和티 몯ᄒ얘라
아ᄋᆞ란 貞觀ㅅ 처어미여 두어 사ᄅᆞᆷ과 다못 ᄒᆞ야 ᄀᆞᆯ오미 어렵도다.

---

1) 모해 : 모에, 모퉁이에 2) 둗거운 : 두꺼운 3) ᄉᆞᄆᆞ챳ᄂᆞ니 : ᄉᆞᄆᆞ챳다, 사무쳐 있다 4) 말미 : 까닭, 사유, 연유, 말미 5) 울에 : 우레 6) 어긔르츠니아 : 어긔다, 어긔치다, 어르츠다, 어기다 7) 됴ᄒᆞᆫ : 둏다, 좋다 8) 드트리 : 먼지, 티끌 9) 여위놋다 : 여위다, 마르다 10) 다봇 : 다북쑥 11) 일히 : 이리, 일희(豺, 이리) 12) ᄃᆞ외엿도다 : 되다 13) 훤히 : 훤히, 시원히 14) 스쵸니 : 스쵬, 스치다, 생각하다, 스츄니 15) 아ᄋᆞ : 아이 16) 처어미여 : 처섬이여, 처음이여 17) 두ᅀᅥ : 두어(數) 18) ᄀᆞᆯ오미 : ᄀᆞᆯ오다, 함께 나란히 하다, 맞서서 견주다

夏夜嘆
하야탄

永日不可暮炎蒸毒我腸(영일불가모염증독아장)
긴 히 可히 나조히 두외디 마ᄂ니 더위 내 애ᄅᆞᆯ 모딜오 ᄒᆞᄂ다.
安得萬里風飄颻吹我裳(안득만리풍표요취아상)
어ᄃᆡ ᄒᆞ야ᅀᅡ 시러곰 萬里옛 ᄇᆞᄅᆞ미 飄颻히 내 衣裳을 불려뇨
昊天出華月茂林延疏光(호천출화월무림연소광)
昊天에 빗난 ᄃᆞ리 도ᄃᆞ니 거츤 수프레 드믄 비치 머므렛도다,
仲夏苦夜短開軒納微涼(중하고야단개헌납미량)
仲夏ㅣ ᄀᆞ장 바미 뎌르니 軒檻을 여러 잢간 서늘호ᄆᆞᆯ 드리노라
虛明見纖毫羽蟲亦飛揚(허명견섬호우충역비양)
뷔여 ᄇᆞᆰ가 ᄀᆞᄂᆞᆫ 터리도 보리로소니 짓 가진 벌이지 ᄯᅩ ᄂᆞ라ᄃᆞ니ᄂᆞ다,
物情無巨細自適固其常(물정무거세자적고기상)
萬物의 ᄠᅳ디 크니 져그니 업시 제게 마조미ᅀᅡ 眞實로 그 常性이니라
念彼荷戈士窮年守邊疆(염피하과사궁년수변강)
뎌 干戈멘 軍士ㅣ 히 뭇ᄃᆞ록 邊疆을 防守ᄒᆞ야쇼ᄆᆞᆯ 念ᄒᆞ노라
何由一洗濯執熱互相望(하유일세탁집열호상망)
어느 말ᄆᆡ로 ᄒᆞ번 시서 ᄇᆞ리려뇨 더위ᄅᆞᆯ 자바 서르 ᄇᆞ라놋다.
竟夕擊刀斗喧聲連萬方(경석격도두훤성연만방)
나조히 뭇도록 刀斗ᄅᆞᆯ 티ᄂᆞ니 수수는 소리 萬方애 니ᅀᅦᆺ도다,
靑紫雖被體不如早還鄕(청자수피체불여조환향)
靑紫ㅣᅀᅡ 비록 모매 니브나 일 本鄕애 도라옴만 ᄀᆞ디 몯ᄒᆞ니라

北城悲笳發鸛鶴號且翔(북성비가발관학호차상)
北城에 슬픈 픗뎌소리 나ᄂ니 鸛鶴이 우르며 ᄯㅗ ᄂ솟ᄂ다.
况復煩促倦激烈思時康(황복번촉권격열사시강)
ᄒ믈며 ᄯㅗ 어즈러운 더위예 굿고니 므ᅀᆞ물 니르와다셔 時節의 安康호ᄆᆞᆯ ᄉᆞ랑ᄒ노라

[중간본]

긴 히 可히 나조히 도오디 마ᄂ니 더위 내 애ᄅᆞᆯ 모딜오 ᄒᄂ다
어ᄃᆡᄒ야아 시러곰 萬里옛 ᄇᆞᄅᆞ미 飄飆히 내 衣裳을 불려뇨
昊天에 빗난 ᄃᆞ리 도ᄃᆞ니 거츤 수프레 드믄 비치 머므렛도다
仲夏ㅣ ᄀᆞ장 바미 뎌르니 軒檻을 여러 잢간 서늘호ᄆᆞᆯ 드리노라
뷔여 볼가 ᄀᆞᄂᆞᆫ 터리도 보리로소니 짓 가진 벌이지 ᄯㅗ ᄂᆞ라든니ᄂ다
萬物의 ᄠᅳ디 크니 져그니 업시 제게 마조미아 眞實로 그 常性이니라
뎌 干戈앳 軍士ㅣ 히 ᄆᆞᆺ도록 邊疆을 防守ᄒ야쇼ᄆᆞᆯ 念ᄒ노라
어느 말미로 ᄒᆞᆫ번 시서 ᄇᆞ리려뇨 더위ᄅᆞᆯ 자바 서르 ᄇᆞ라ᄂᆞᆺ다
나조히 ᄆᆞᆺ도록 刀斗ᄅᆞᆯ 티ᄂ니 수우ᄂᆞᆫ 소리 萬方애 니엣도다
青紫ㅣ아 비록 모매 니브나 일 本鄉애 도라옴만 굳디 몯ᄒ니라
北城에 슬픈 픗뎟소리 나ᄂ니 鸛鶴이 우르며 ᄯㅗ ᄂ솟ᄂ다
ᄒ믈며 ᄯㅗ 어즈러운 더위예 굿고니 므ᅀᆞ물 니르와다셔 時節의 安康호ᄆᆞᆯ ᄉᆞ랑ᄒ노라.

---

1) 나조히 : 저녁 2) 도외디 : 되다 3) 모딜오 : 모딜다, 모질다, 사납다, 나쁘다 4) 시러곰 : 능히 5) 머므렛도다 : 머므렛다, 머물러 있다 6) 뎌르니 : 짧다 7) 볼가 : 밝다 8) ᄀᆞᄂᆞᆫ : 가늘다 9) 짓 : 깃 10) 마조미ᅀᅣ : 마좀, 마좀, 마침(適) 11) 수우 : 수우다, 떠들다 12) 니브나 : 닙다(입다) 13) 일 : 일찍이 14) 픗뎌소리 : 풀피리 소리 15) ᄂ솟ᄂ다 : ᄂ솟다, 날아 솟다 16) 굿고니 : 굿고다, 가쁘게 하다, 괴롭게 하다 17) 니르와다셔 : 니르왓다, 니르왇다, 일으키다 18) ᄉᆞ랑ᄒ노라 : 생각하다 19) 애 : 창자 20) ᄆᆞᆺ도록 : ᄆᆞᆺ다, 마치다 21) 시서 : 씻다

毒熱寄簡崔評事十六第
독열기간최평사십육제

大火運金氣荊揚不知秋(대화운금기형양부지추)
大火星이 金ㅅ 氣運에 運行ᄒᆞ니 荊州 揚州예 ᄀᆞᅀᆞᆯ훌 아디 못ᄒᆞ리로다.
林下有塌翼水中無行舟(임하유탑익수중무행주)
수플 아래ᄂᆞᆫ 놀개 드리운 새 잇고 믌 가온ᄃᆡᆫ 녈 비 업도다
千室但掃地閉關人事休(천실단소지폐관인시휴)
즈믄 지비 오직 ᄯᅡᄒᆞᆯ ᄡᅳᆯ오 門 닫고 사ᄅᆞ미 이롤 말오 잇도다.
老夫轉不樂旅次兼百憂(노부전부락려차겸백우)
늘근 노미 ᄀᆞ장 즐기들 몯ᄒᆞ노니 나그내로 머므러 이쇼매 온 시르믈 兼ᄒᆞ라
蝮蛇暮偃蹇空床難暗投(복사모언건공상난암투)
모딘 ᄇᆞ야미 나조ᄒᆡ 偃蹇ᄒᆞ니 뷘 平床애 어두운 ᄃᆡ 가디 어렵도다.
炎宵惡明燭況乃懷舊丘(염소오명촉황내회구구)
더운 바미 ᄇᆞᆯ곤 燭ㅅ 브를 아쳗노니 ᄒᆞ몰며 녯 ᄯᅡᄒᆞᆯ ᄉᆞ랑호미ᄯᆞ녀
開襟仰內第執熱露白頭(개금앙내제집열로백두)
가ᄉᆞᄆᆞᆯ 헤여셔 집안홀 울월오 더위를 자바셔 셴 머리를 나토라
束帶負芒刺接居成阻脩(속대부망자접거성조수)
ᄯᅴ를 ᄯᅴ요니 가시를 즌 ᄃᆞᆺᄒᆞ니 니어 사ᄂᆞᆫ ᄯᅡ히 멀오 긴 길히 ᄃᆞ외옛도다.
何當淸霜飛會子臨江樓載聞大易義諷咏詩家流(하당청상회자임강루재문대이의풍영시가류)
언제 물곤 서리 ᄂᆞ러든 너를 ᄀᆞᄅᆞ몰 디렛ᄂᆞᆫ 樓의 모다셔 큰 周易ㅅ 義理를 드르며 글ᄒᆞᄂᆞᆫ 짒 무렛 거슬 이프려뇨

蘊籍異時輩檢身非苟求(온적이시배검신비구구)
지죄 하 一時ㅅ 무레 다르니 모몰 檢察ᄒ야 苟且히 求ᄒ디 아니ᄒ놋다
皇皇使臣體信是德業優(황황사신체신시덕업우)
빗난 使臣의 모미로소니 眞實로 이 德業이 어위 크도다
楚材擇杞梓漢苑歸驊騮(초재택기재한원귀화유)
楚앳 材木올 杞梓를 골히오 漢苑에 驊騮ㅣ 가는 듯ᄒ도다
短章達我心理爲識者籌(단장달아심리위식자주)
뎌른 글월로 내 ᄆᆞᅀᆞ믈 니르노니 理예는 알 사ᄅᆞ미 혜욜디니라

[중간본]
大火星이 金ㅅ 氣運에 運行ᄒ니 荊州 揚州예 그올홀 아디 못ᄒ리로다
수플 아래ᄂᆞᆫ 놀개 드리운 새 잇고 믌 가온딘 녈 비 업도다
즈믄 지비 오직 싸홀 쁠오 門 닫고 사ᄅᆞ미 이룰 말오 잇도다
늘근 노미 ᄀᆞ장 즐기믈 몯ᄒ노니 나그내로 머므러 이쇼매 온 시르믈 兼호라
모딘 부야미 나조히 偃蹇ᄒ니 뷘 平床애 어드운 딘 가디 어렵도다
더운 바미 볼곤 燭ㅅ브를 아쳗노니 ᄒ믈며 녯 싸홀 ᄉᆞ랑호미ᄯ녀
가ᄉᆞ믈 헤여셔 집안홀 울월오 더위를 자바셔 셴 머리를 나토라
쯰를 씌요니 가식를 준 듯ᄒ니 니어 사는 싸히 멀오 긴 길히 두외옛도다
언제 몰곤 서리 놀어든 너를 ᄀᆞᄅᆞ몰 디렛는 樓의 모다셔 큰 周易ㅅ 義理
를 드르며 글ᄒ는 긼 무롓 거슬 이프려뇨
지죄 하 一時ㅅ 무레 다르니 모몰 檢察ᄒ야 苟且히 求ᄒ디 아니ᄒ놋다
빗난 使臣의 모미로소니 眞實로 이 德業이 어위 코도다
楚앳 材木올 杞梓를 골히오 漢苑에 驊騮ㅣ 가는 듯ᄒ도다
뎌른 글월로 내 ᄆᆞᄋᆞᆯ 니르노니 理예는 알 사ᄅᆞ미 혜욜디니라.

1) ᄀ술 : 가을 2) 녈 : 녀다, 가다 3) 이롤 : 일올, 일 4) 말오 : 말다, 그만두다, 쉬다 5) 온 : 백 6) 모딘 : 모진 7) 부야미 : 뱀 8) 아쳗노니 : 아쳗다, 싫어하다 9) ᄉ랑호미ᄯ녀 : -ᄯ녀(-랴, -이랴), 생각함이랴 10) 헤여서 : 헤치다 11) 울월오 : 우러르다, 우월다 12) 나토라 : 나타내다 13) ᄯᅴ : 띠 14) ᄯᅴ요니 : 띠니 15) 가시 : 가시(刺), 각시 16) 니서 : 이어 17) 디렛는 : 디러, 디르다, 임하여 18) 무렛 : 물엣 무리 19) 이프려뇨 : 이피, 읊기 20) 어위 : 홍 21) 글희오 : 가래다, 가르다, 분별하다, 가리다 22) 혜욜디니라 : 혜욤, 헤아림 생각함 23) ᄉ랑호미ᄯ녀 : 사랑호미 + ᄯ녀, -ᄯ녀, -랴, -이랴

熱 三首
열 삼수

雷霆空霹靂雲雨竟虛無(뇌정공벽력운우경허무)
울에 속절업시 霹靂ᄒᆞᄂᆞ니 구롬과 비는 ᄆᆞᄎᆞ매 업도다.
炎赫衣流汗低垂氣不蘇(염혁의류한저수기불소)
더위 盛ᄒᆞ니 오새 ᄯᆞ미 흐르ᄂᆞ니 氣運이 低垂ᄒᆞ야 ᄭᅵ디 몯ᄒᆞ얘라
乞爲寒水玉願作冷秋菰(걸위한수옥원작랭추고)
츤 므렛 玉이 두외오져 빌며 서늘흔 ᄀᆞᅀᆞᆯ 菰蒲ㅣ 두외오져 願ᄒᆞ노라
何似兒童歲風凉出舞雩(하사아동세풍량출무우)
져믄 젯 나해 ᄇᆞᄅᆞ미 서늘커든 舞雩애셔 나몰 엇뎨 곧ᄒᆞ려뇨
瘴雲終不滅瀘水復西來(장운종불멸로수복서래)
더운 구루미 ᄆᆞᄎᆞ매 업디 아니코 瀘水ㅣ ᄯᅩ 西로셔 오놋다
閉戶人高臥歸林鳥却回(폐호인고와귀림조각회)

門 닫고 사르미 노피 누웻고 수플로 가던 새 도로 도라오놋다.
峽中都似火江上只空雷(협중도사화강상지공뢰)
峽ㅅ 가온되 다 블 곧ᄒ니 그룹 우흰 오직 ᄒᆞᆫ갓 울엣 ᄲᅮ니로다
想見陰宮雪風門颯沓開(상견음궁설풍문삽답개)
陰宮ㅅ 누네 브롬 부는 門이 서늘히 여러쇼믈 스쳐보노라
朱李沉不冷雕胡炊屢新(주리침불랭조호취루신)
블근 오야지 므레 두마도 추디 아니ᄒ고 雕胡로 밥 지수믈 ᄌᆞ조 새로이 ᄒ노라
將衰骨盡痛被喝味空頻(장쇠골진통피갈미공빈)
쟝ᄎᆞ 늘구메 ᄲᅧ 다 알ᄑᆞ니 더윗 病을 어두니 飮食ㅅ 마ᄉᆞᆯ ᄒᆞᆫ갓 ᄌᆞ조 밍글 ᄲᅮ니로다
欻翕炎蒸景飄飄征伐人(훌흡염증경표요정벌인)
더위 ᄢᅵ는 듯흔 힛비치 盛ᄒ니 征伐ᄒᆞ는 사르문 飄飄히 돈니놋다
十年可解甲爲爾一霑巾(십년가해갑위이일점건)
열 ᄒᆡ예 어루 甲을 바사도 ᄒ리니 너를 爲ᄒᆞ야 ᄒᆞᆫ 번 手巾을 젓긔 우노라

[중간본]

울에 쇽졀업시 霹靂ᄒᆞ니 구롬과 비는 ᄆᆞᄎᆞ매 업도다
더위 盛ᄒ니 오새 ᄯᆞ미 흐르ᄂᆞ니 氣運이 低垂ᄒᆞ야 ᄭᅵ디 몯ᄒᆞ얘라
춘 므렛 玉이 두외오져 빌며 서늘흔 그ᇫ 筠蒲ㅣ 두외오져 願ᄒ노라
져믄 젓 나해 ᄇᆞᄅᆞ미 서늘커든 舞雩애셔 나몰 엇뎨 곧ᄒ려뇨
더운 구루미 ᄆᆞᄎᆞ매 업디 아니코 瀘水ㅣ ᄯᅩ 西로셔 오놋다
門 닫고 사르미 노피 누웻고 수플로 가던 새 도로 도라오놋다.
峽ㅅ 가온되 다 블 곧ᄒ니 그룹 우흰 오직 ᄒᆞᆫ갓 울엣 ᄲᅮ니로다

陰宮ㅅ 누네 ᄇᆞᄅᆞᆷ 부는 門이 서늘히 여러쇼몰 스쳐보노라
블근 오야지 므레 ᄃᆞ마도 ᄎᆞ디 아니ᄒᆞ고 雕胡로 밥 지우믈 ᄌᆞ조 새로이 ᄒᆞ노라
쟝ᄎᆞ 늘구메 쎼 다 알ᄑᆞ니 더윗 病을 어두니 飮食ㅅ 마ᄉᆞᆯ ᄒᆞᆫ갓 ᄌᆞ조 밍글 ᄲᆞ니로다
더위 ᄢᅵ는 ᄃᆞᆺᄒᆞᆫ 힛비치 盛ᄒᆞ니 征伐ᄒᆞ는 사ᄅᆞᄆᆞᆫ 飄颻히 ᄃᆞ니놋다
열 히예 어루 甲을 바사도 ᄒᆞ리니 너를 爲ᄒᆞ야 ᄒᆞᆫ 번 手巾을 젓긔 우노라.

---

1) 울에 : 우레 2) ᄆᆞᄎᆞ매 : 마침내 3) ᄯᆞ미 : 땀 4) ᄭᅵ디 : ᄭᅵ다, 깨다 5) ᄀᆞᅀᆞᆶ : 가을 6) 나해 : 나이 7) 젯 : 때 8) 스쳐보노라 : 생각하여보다 9) 여러쇼믈 : 열다, 열였음을 10) 오야지 : 오얏 11) ᄃᆞ마도 : 담다 12) 지수믈 : 짓다 13) 쎼 : 뼈 14) 알ᄑᆞ니 : 아프니 15) 어두니 : 얻다 16) 밍골 : 만들다 17) ᄢᅵ는 : ᄭᅵ다, 찌다 18) 어루 : 可히 19) 바사도 : 벗다, 벗어 20) 젓긔 우노라 : 젖게 운다 21) 스쳐보노라 : 스쳐보다, 생각하여 보다

多病執熱奉懷李之芳尙書
다병집열봉회이지방상서

衰年正苦病侵陵首夏何須氣鬱蒸(쇠년정고병침릉수하하수기울증)
늘근 나해 正히 病ㅣ 侵陵ᄒᆞ요ᄆᆞᆯ 苦로이 너기노니 첫 녀르메 엇뎨 모로매 氣運이 ᄢᅵ는 ᄃᆞᆺ거니오
大水淼茫炎海接奇峯硉矹火雲升(대수묘망염해접기봉률올화운승)
큰 므리 아ᅀᆞ라ᄒᆞ야 더운 바ᄅᆞ래 니엣고 奇異ᄒᆞᆫ 묏부리 노ᄑᆞ니 블 ᄀᆞᆮᄒᆞᆫ

구루미 오른놋다,
思霑道渴黃梅雨敢望宮恩玉井冰(사점도갈황매우감망궁은옥정빙)
길헤 더윗 病ᄒ야 누른 梅花ㅅ 時節ㅅ 비로 저지고져 ᄉ랑ᄒ노니 宮闕ㅅ 恩惠로 주시논 玉井엣 어르믈 敢히 ᄇ라리아
不是尙書期不顧山陰野雪興難乘(불시상서기불고산음야설흥난승)
이 尙書의 期約을 도라보디 아니ᄒ논 주리 아니라 山陰ㅅ 미햇 누네 興心을 토미 어려웨니라

[중간본]

늘근 나해 正히 病ㅣ 侵陵ᄒ요믈 苦로이 너기노니 첫 녀르메 엇뎨 모로매 氣運이 ᄢᅵ논 듯거니오
큰 므리 아ᅀᆞ라ᄒ야 더운 바ᄅ래 니엇고 奇異ᄒᆫ 묏부리 노프니 블 ᄀᆞᄐᆞᆫ 구루미 오ᄅᄂᆞᆺ다
길헤 더윗 病ᄒ야 누른 梅花ㅅ 時節ㅅ 비로 저지고져 ᄉ랑ᄒ노니 宮闕ㅅ 恩惠로 주시논 玉井엣 어르믈 敢히 ᄇ라리아
이 尙書의 期約을 도라보디 아니ᄒ논 주리 아니라 山陰ㅅ 미햇 누네 興心을 토미 어려웨니라

---

1) 녀르메 : 여름에 2) ᄢᅵ논 : ᄢᅵ다, 찌다 3) 아ᅀᆞ라ᄒ야 : 아득하다 4) 바ᄅ래 : 바다에 5) 저지고져 : 젖다, 젖고져 6) 어르믈 : 어름을 7) ᄇ라리아 : 바라겠는가 8) 토미(ᄐᆞ미) : 톰, 탐(乘)

秋
추

古詩 五首 律詩 二十首

七月(칠월) 三日(삼일) 亭午已後(정오이후)애 較熱退(교열퇴)ᄒ고 晩加小凉(만가소량)이어늘 穩睡有詩(온수유시)ᄒ야 因論壯年樂事(인론장년락사)ᄒ야 戱呈元一十一曹長(희정원일십일조장)ᄒ노라.

今茲商用事餘熱亦已末(금자적용사여열역이말)
이제 淸商이 이룰 ᄡᅳᄂᆞ니 나몬 더위 ᄯᅩ ᄒᆞ마 업서 가놋다.
衰年旅炎方生意從此活(쇠년려염방생의종차활)
늘근 나해 더운 ᄯᅡ해 나그내 ᄃᆞ외요니 사롤 ᄠᅳ디 일로브터 사라나리로다
亭午減汗流北隣耐人聒(정오감한류북린내인괄)
낫만ᄒᆞ야 ᄯᆞᆷ 흘로미 더ᄂᆞ니 北녁 이우제셔 사ᄅᆞ미 들에ᄂᆞ다
晩風爽烏匼筋力蘇摧折(만풍상오암근력소최절)
나죗 ᄇᆞᄅᆞ매 서늘호미 모ᄃᆞ니 것거뎃던 筋力이 씌놋다
閉目逾十旬大江不止渴(폐목유십순대강부지갈)
눈 곰고 누워쇼미 열 열흐리 남더니 큰 그룹도 목몰로믈 그치디 몯ᄒᆞ더라
退藏恨雨師健步聞旱魃(퇴장한우사건보문한발)
믈러가 갈맷는 雨師를 츠기 너기고 健壯이 건는 旱魃을 듣다라
園蔬抱金玉無以供採掇(원소포금옥무이공채철)
위안햇 ᄂᆞ물훈 金玉을 아나 가도 뻐곰 키요믈 ᄒᆞ디 몯ᄒᆞ리로다
密雲雖聚散徂暑終衰歇(밀운수취산조서종쇠헐)
흐린 구루미 비록 모ᄃᆞ락 흐르락 ᄒᆞ나 더위 디나가 마ᄎᆞ매 衰歇ᄒᆞ도다,

前聖愼焚巫武王親救暍(전성신분무무왕친구갈)
녯 님그미 스승 스로믈 삼가시고 武王이 親히 더윗 病ᄒ니ᄅᆞᆯ 救ᄒ시니라
陰陽相主客時序遞回斡(음양상주객시허체회알)
陰氣와 陽氣왜 서르 主客이 ᄃᆞ외오 時節이 서르 횟도라 가ᄂᆞ니라
灑落唯淸秋昏霾一空闊(쇄락유청추혼매일공활)
灑落ᄒᆞ요믄 오직 ᄆᆞᆯᄀᆞᆫ ᄀᆞᅀᆞᆯ히니 어득ᄒᆞᆫ 氣運이 ᄒᆞᆫ 디위 뷔여 훤ᄒᆞ도다
蕭蕭紫塞鴈南向欲行列(소소자새안남향욕행렬)
蕭蕭ᄒᆞᆫ 블근 ᄀᆞᅀᆡ 그려기 南녀글 向ᄒᆞ야 行列ᄒᆞ야 ᄂᆞ오져 ᄒᆞᄂᆞᆺ다
欻思紅顔日霜露凍階闥胡馬挾雕弓鳴弦不虛發(훌사홍안일상로동계달호마협조궁명현불허발)
믄득 ᄉᆞ랑호니 紅顔인 저긔 서리와 이슬리 階砌와 門의 어렛거든 되ᄆᆞᆯ 타고 그륜 활ᄭᅵ고 시울 울여 虛히 쏘디 아니ᄒᆞ다라
長鈚逐狡兎突羽當滿月(장비축교토돌우당만월)
긴 살로 간곡ᄒᆞᆫ 톳기ᄅᆞᆯ ᄡᅩ초니 ᄲᆞᄅᆞᆫ 사리 ᄀᆞ득ᄒᆞᆫ ᄃᆞ래 當ᄒᆞ더라
惆悵白頭吟蕭條遊俠窟(추창백두음소조유협굴)
셴 머리예 글 이푸믈 슬노니 遊俠의 노니던 굼기 蕭條ᄒᆞ도다
臨軒望山閣縹渺安可越(임헌망산각표묘안가월)
軒檻을 디러셔 묏지블 ᄇᆞ라오니 아ᄉᆞ라 ᄒᆞ거니 어느 可히 너머 가리오
高人鍊丹砂未念將朽骨(고인련단사미념장후골)
노폰 사ᄅᆞ미 丹砂ᄅᆞᆯ 鍊服ᄒᆞ야셔 쟝ᄎᆞ ᄲᅧ 서굴이ᄅᆞᆯ 念ᄒᆞ디 아니ᄒᆞᄂᆞᆺ다
少壯迹頗踈歡樂曾焂忽(소장적파소환락증숙홀)
져믄 젯 자최 ᄌᆞ모 드므니 깃거 즐기던 이리 일즉 믄득 디나가도다
杖藜風塵際老醜難翦拂(장려풍진제로추난전불)
風塵ㅅ ᄀᆞᅀᆡ 도투랏 디포니 늙고 더러우믈 버히며 ᄠᅥ러ᄇᆞ료미 어렵도다

吾子得神仙本是池中物(오자득신선본시지중물)
吾子ㅣ 神仙ㅅ 이를 得ᄒ니 本來 이 못 가온딧 神物이니라
賤夫美一睡煩促嬰詞筆(천부미일수번촉영사필)
賤ᄒᆞᆫ 노미 ᄒᆞᆫ 번 ᄌᆞ오로믈 됴히 ᄒᆞ야셔 어즈러우메 글 짓ᄂᆞᆫ 부데 버므럿노라

[중간본]

이제 淸商이 이를 ᄡᅳᄂᆞ니 나몬 더위 ᄯᅩ ᄒᆞ마 업서 가놋다
늘근 나해 더운 ᄯᅢ해 나그내 ᄃᆞ외요니 사롤 ᄠᅳ디 일로브터 사라나리로다
낫만ᄒᆞ야 ᄯᆞᆷ 흘로미 더ᄂᆞ니 北녁 이우제셔 사ᄅᆞ미 들에ᄂᆞ다
나죗 ᄇᆞᄅᆞ매 서늘호미 모ᄃᆞ니 것거뎻던 筋力이 ᄭᅵ놋다
눈 곰고 누워쇼미 열 열흐리 남더니 큰 ᄀᆞ롭도 목믈로믈 그치디 몯ᄒᆞ더라
믈러가 갈맷ᄂᆞᆫ 雨師를 츠기 너기고 健壯히 건ᄂᆞᆫ 旱魃을 듣더라
위안햇 ᄂᆞ믈홀 金玉을 아나 가도 뼈곰 키요믈 ᄒᆞ디 몯ᄒᆞ리로다
흐린 구루미 비록 모ᄃᆞ락 흐트락 ᄒᆞ나 더위 디나가 마ᄎᆞ매 衰歇ᄒᆞ도다,
녜 님구미 스승 스로믈 삼가시고 武王이 親히 더윗 病ᄒᆞ니를 救ᄒᆞ시니라
陰氣와 陽氣왜 서르 主客ㅣ ᄃᆞ외오 時節이 서르 횟도라 가ᄂᆞ니라
灑落ᄒᆞ요믄 오직 믈곤 ᄀᆞ올히니 어득ᄒᆞᆫ 氣運이 ᄒᆞᆫ 디위 뷔여 훤ᄒᆞ도다
蕭蕭ᄒᆞᆫ 블근 ᄀᆞ잇 그려기 南녀글 向ᄒᆞ야 行列ᄒᆞ야 놀오져 ᄒᆞ놋다
믄득 ᄉᆞ랑호니 紅顔인 저긔 서리와 이슬리 階砌와 門의 어렛거든 되 ᄆᆞᆯ 타고 그륜 활 ᄢᅵ고 시울 울여 虛히 쏘디 아니ᄒᆞ다라
긴 살로 간곡ᄒᆞᆫ 톳기를 ᄡᅩ초니 ᄲᅡᄅᆞᆫ 사리 ᄀᆞ득ᄒᆞᆫ ᄃᆞ래 當ᄒᆞ더라
셴 머리예 글 이푸믈 슬노니 遊俠의 노니던 굼기 蕭條ᄒᆞ도다
軒檻을 디러셔 뫼ㅅ지블 ᄇᆞ라오니 아으라 ᄒᆞ거니 어느 可히 너머 가리오

노푼 사ᄅᆞ미 丹砂ᄅᆞᆯ 鍊服ᄒᆞ야셔 쟝ᄎᆞ ᄡᅥ 서굴 이ᄅᆞᆯ 念ᄒᆞ디 아니ᄒᆞ놋다
져믄 젯 자최 ᄌᆞ모 드므니 깃거 즐기던 이리 일즉 믄득 디나가도다
風塵ㅅ 그ᅀᅦ 도ᄐᆞ랏 디포니 늙고 더러우믈 버히며 ᄯᅥ러ᄇᆞ료미 어렵도다
吾子ㅣ 神仙ㅅ 이ᄅᆞᆯ 得ᄒᆞ니 本來 이 못 가온딧 神物이니라
賤ᄒᆞᆫ 노미 ᄒᆞᆫ 번 ᄌᆞ오로믈 됴히 ᄒᆞ야셔 어즈러우메 글 짓ᄂᆞᆫ 부데 버므렛
노라

---

1) ᄡᅳᄂᆞ니 : ᄡᅳ다 2) 이롤 : 일을(일을) 3) 사롤 : 살 4) ᄠᅳ디 : 뜻이 5) 일로브터 : 이로부터, 이것으로부터 6) 사라나리로다 : 살아나다 7) 낫만 : 한낮 8) ᄯᆞᆷ : 땀 9) 더ᄂᆞ니 : 덜다(減) 10) 이우제셔 : 이웃에서 11) 들에ᄂᆞ다 : 들레다, 떠들다. 들레옴(들렘, 떠듦) 12) 나죗 : 저녁 13) 모ᄃᆞ니 : 모이니 14) 것거뎬던 : 것거디다, 꺾어지다 15) ᄭᅵ놋다 : ᄭᅵ다, 깨다 16) 목ᄆᆞ로믈 : 목마름을 17) 갈맷ᄂᆞ : 갈맷다, 간직하여 있다 18) 츠기 : 측은히, 섭섭히 19) 건ᄂᆞ : 건나다, 건너다 20) 듣다라 : 듣다, 듣노라 21) 위안 : 동산, 전원 22) ᄂᆞ물 : 나물 23) 아나 가도 : 안아 가도 24) ᄡᅥ곰 : 써 25) 키요믈 : 키다, 캐다, 캠을 26) 모ᄃᆞ락 : 모이락 27) 흐르락 : 흩어지락 28) ᄉᆞ로믈 : ᄉᆞ롬, 사라지게 함 29) 횟도라 : 횟돌다 30) 디위 : 번 31) ᄀᆞᇫ : 가(邊) 32) 져긔 : 적의, 적, 때 33) 어렛거든 : 얼다, 얼었거던 34) 그륜 : 그린 35) ᄢᅵ고 : ᄢᅵ다, 끼다 36) 시울 : 현, 시욹 37) 간곡히 : 간사히 38) 톳기 : 토끼 39) ᄧᅩᆺ니 : 쫓다 40) ᄀᆞ득ᄒᆞᆫ : 가득한 41) 이푸믈 : 읊다 42) 굼기 : 구멍, 궁긔, 굼글 43) ᄲᅡᄅᆞᆫ 사리(突羽 : 疾飛之箭이다, 빠른 화살) 44) 縹渺(표묘) : 高遠皃이다 45) 디러셔 : 디르다. 임하다 46) 아ᅀᅵ : 아이 47) ᄲᅧ : 뼈 48) 서굴 : 썩다 49) 자최 : 자취 50) 깃거 : 기뻐하다 51) 도ᄐᆞ랏 : 지팡이, 막대 52) 디포니 : 짚다 53) 버히며 : 버히다, 베다, 자르다 54) ᄯᅥ러ᄇᆞ료미 : 떨어버리다 55) ᄌᆞ오로믈 : ᄌᆞ오롬, 졸음 56) 됴히 : 좋다 57) 어즈러우메 : 어즈럽다, 어지럽다 58) 부데 : 붇, 붓 59) 버므렛노라 : 버믈다, 얽매이다, 걸리다

※ ᄡᅳ, ᄧᅳ, ᄢᅵ, 비, 시((때, 끼)

秋風 二首
추풍 이수

秋風淅淅吹巫山上牢下牢修水關(추풍석석취무산상뢰하뢰수수관)
ᄀᆞᅀᆞᆳ ᄇᆞᄅᆞ미 淅淅히 巫山을 부ᄂᆞ니 上牢와 下牢예셔 水關을 닷놋다.
吳檣楚柁牽百丈暖向神都寒未還(오장초타견백장난향신도한미환)
吳ㅅ 비와 楚ㅅ 비를 百丈으로 잇거 더운 제 셔울 가니 칩ᄃᆞ록 도라오디 몯ᄒᆞ얫도다.
要路何日罷長戟戰自青羌連白蠻(요로하일파장극전자청강연백만)
조ᅀᆞ로왼 길헤 어느 나래아 긴 戈戟을 말꼬 사호미 青羌ᄋᆞ로부텨셔 白蠻에 니ᅀᅦᆺ도다.
中巴不得消息好暝傳戍鼓長雲間(중파부득소식호명전수고장운간)
中巴애 消息의 됴호ᄆᆞᆯ 얻디 몯ᄒᆞ리로소니 나조히 防戍ᄒᆞ는 딋 붑소리 긴 구룺 ᄉᆞᅀᅵ예 傳ᄒᆞ놋다.
秋風淅淅吹我衣東流之外西日微(추풍석석취아의동류지외서일미)
ᄀᆞᅀᆞᆳ ᄇᆞᄅᆞ미 淅淅히 내 오ᄉᆞᆯ 부ᄂᆞ니 東으로 흘러가는 믈 밧긔 西ㅅ녁 ᄒᆡᆺ비치 殘微ᄒᆞ도다
天晴小城擣練急石古細路行人稀(천청소성도련급석고세로행인희)
하ᄂᆞᆯ히 갠 져근 城에셔 깁 디호ᄆᆞᆯ ᄲᆞ리 ᄒᆞ고 돌히 오란 ᄀᆞᄂᆞᆫ 길헨 길 녈 사ᄅᆞ미 드므도다.
不知明月爲誰好早晚孤帆他夜歸(부지명월위수호조만고범타야귀)
아디 몯ᄒᆞ리로다 ᄇᆞᆰᄀᆞᆫ ᄃᆞᄅᆞᆫ 누를 爲ᄒᆞ야 됴ᄒᆞ니오 언제 외ᄅᆞ왼 ᄇᆡ로 다ᄅᆞᆫ 바ᄆᆡ 도라가려뇨

會將白髮倚庭樹故園池臺今是非(회장백발의정수고원지대금시비)
모로매 白髮을 가져 뜰헷 남기 가 비교리니 故園엣 못과 臺와는 이제 올흔가 왼가

[중간본]

ᄀᆞᇫ ᄇᆞᄅᆞ미 淅淅히 巫山을 부ᄂᆞ니 上牢와 下牢예셔 水關을 닷놋다
吳ㅅ 비와 楚ㅅ 비를 百丈ᄋᆞ로 잇거 더운 제 셔울 가니 칩ᄃᆞ록 도라오디 몯ᄒᆞ얫도다
조ᄋᆞ로왼 길헤 어느 나래아 긴 戈戟을 말꼬 사호미 靑羌ᄋᆞ로부텨셔 白蠻에 니엣도다
中巴애 消息의 됴호ᄆᆞᆯ 얻디 몯ᄒᆞ리로소니 나조히 防戍ᄒᆞᄂᆞᆫ 딋 붑소리 긴 구룸 ᄉᆞ이예 傳ᄒᆞ놋다
ᄀᆞᇫ ᄇᆞᄅᆞ미 淅淅히 내 오ᄉᆞᆯ 부ᄂᆞ니 東으로 흘러가는 므를 밧긔 西ㅅ녁 힛비치 殘微ᄒᆞ도다
하ᄂᆞᆯ히 갠 져근 城에셔 깁 디호ᄆᆞᆯ ᄲᆞ리 ᄒᆞ고 돌히 오란 ᄀᆞᄂᆞᆫ 길헨 길 녈 사ᄅᆞ미 드므도다.
아디 몯ᄒᆞ리로다 블근 ᄃᆞ른 누를 爲ᄒᆞ야 됴ᄒᆞ니오 언제 외ᄅᆞ왼 ᄇᆡ로 다른 바ᄆᆡ 도라가려뇨
모로매 白髮을 가져 뜰헷 남기 가 비교리니 故園엣 못과 臺와는 이제 올흔가 왼가.

---

1) ᄀᆞᇫ : 가을 2) 닷놋다 : 닷다, 닦다 3) 잇거 : 이끌어 4) 조ᅀᆞ로왼 : 종요로운 5) 니엣도다 : 이었도다 6) 붑소리 : 북소리 7) ᄉᆞᅵ : 사이 8) 깁 : 비단 9) 디호ᄆᆞᆯ : 짓다, 지음 10) ᄀᆞᄂᆞᆫ : 가늘다 11) 녈 : 녀다, 가다
12) 뜰헷 : 뜰에 13) 남기 : 나무 14) 올흔가 왼가 : 옳은 것인가 그른 것인가 15) 모로매 : 모름지기, 반드시
16) 비교리니 : 의지하다(倚)

早秋苦熱堆案相仍
조추고열퇴안상잉

七月六日苦炎蒸對食暫飡還不能(칠월육일고염증대식잠찬환불능)
七月ㅅ 엿쇗날 더운 氣運이 ᄢᅵ는 듯ᄒᆞ미 苦ᄅᆞ외니 바볼 相對ᄒᆞ야 잢간 머구믈 도ᄅᆞ혀 能히 몯호라
每愁夜中自足蝎況乃秋後轉多蠅(매수야중자족갈황내추후전다승)
미양 밤中에 스싀로 소ᄂᆞᆫ 벌어지 하몰 시름ᄒᆞ다니 ᄒᆞ몰며 ᄀᆞᅀᆞᆯ 後에 ᄀᆞ장 포리 하도다,
束帶發狂欲大呌簿書何急來相仍(속대발광욕대규부서하급래상잉)
ᄯᅴ를 ᄯᅴ요니 미츄미 나 ᄀᆞ장 우르고져 식브니 簿書ᄂᆞᆫ 엇뎨 ᄲᆞᆯ리 오몰 서르 지즈ᄂᆞ뇨
南望靑松架短壑安得赤脚踏層冰(남망청송가단학안득적각답층빙)
南녀글 ᄇᆞ라니 프른 소리 뎌른 묏고리 ᄀᆞᄅᆞ딜엣ᄂᆞ니 엇뎨 시러곰 블근 허튀로 層層인 어르믈 ᄇᆞᆯ오러뇨.

[중간본]

七月ㅅ 엿쇗날 더운 氣運이 ᄢᅵ는 듯ᄒᆞ미 苦ᄅᆞ외니 바볼 相對ᄒᆞ야 잢간 머구믈 도ᄅᆞ혀 能히 몯호라
미양 밤中에 스싀로 소ᄂᆞᆫ 벌어지 하몰 시름ᄒᆞ다니 ᄒᆞ몰며 ᄀᆞᅀᆞᆯ 後에 ᄀᆞ장 포리 하도다,
ᄯᅴ를 ᄯᅴ요니 미츄미 나 ᄀᆞ장 우르고져 시브니 簿書ᄂᆞᆫ 엇뎨 ᄲᆞᆯ리 오몰 서르 지즈ᄂᆞ뇨

南녀글 브라니 프른 소리 뎌른 묏고릭 그로딜엇ᄂᆞ니 엇뎨 시러곰 블근
허튀로 層層인 어르믈 볼오러뇨.

---

1) 띄는 : 띄다, 찌다 2) 미샹 : 항상, 늘 3) 스싀로 : 스스로 4) 소늬 : 소다, 쏘다 5) 벌어지 : 벌레 6) 푸리 : 파리(蠅) 7) 미츄미 : 미츔, 미침(狂) 8) 지즈누뇨 : 지즈누다, 거듭 그래로 잇달아 하다 9) 소릭 : 솔이 10) 그로딜엣ᄂᆞ니 : 그로딜이다, 가로질리다 11) 시러곰 : 능히 12) 허튀 : 다리, 종아리, 장딴지 13) 볼오러뇨 : 밟다 14) 씌 : 띠 15) 씌요니 : 씌다, 띠다 16) 시브니 : 시브다, 싶다 17) 湌, 餐은 同字임

立秋後題
입추후제

日月不相饒節序昨夜隔(일월불상요절서작야격)
히 두리 서르 饒티 아니 ᄒᆞᄂᆞ니 節序ㅣ 어젯 바믹 즈음츠도다.
玄蟬無停號秋燕已如客(현선무정호추연이여객)
가믄 미야미 우루믈 머믈우디 아니ᄒᆞᄂᆞ니 ᄀᆞ옰 져비는 ᄒᆞ마 손 곧도다.
平生獨往願悵悵年半百(평생독왕원추창년반백)
平生애 ᄒᆞ오사 隱居ᄒᆞ야 가리라 ᄒᆞ논 願으로 나히 百年에 半 두외야 가ᄆᆞᆯ 슬노라
罷官亦由人何事拘形役(파관역유인하사구형역)
구위실 마로미 ᄯᅩ 사ᄅᆞᄆᆞ로브테어ᄂᆞᆯ 므슷 일로 얼구릐 브류메 걸위옛가니오

[중간본]

히 두리 서르 饒티 아니 ᄒᆞᄂᆞ니 節序ㅣ 어젯 바미 즈음츠도다.

가ᄆᆞ 미야미 우루믈 머믈우디 아니ᄒᆞᄂᆞ니 ᄀᆞ옰 져비ᄂᆞᆫ ᄒᆞ마 손 곧도다.

平生애 ᄒᆞ오아 隱居ᄒᆞ야 가리라 ᄒᆞ논 願으로 나히 百年에 半 두외야 가 ᄆᆞᆯ 슬노라

구위실 마로미 ᄯᅩ 사ᄅᆞᄆᆞ로브테어ᄂᆞᆯ 므슷 일로 얼구릐 브류메 걸위옛가니오

_____

1) 즈음츠도다 : 즈슴츠다, 격하다, 가로막히다 2) 가ᄆᆞ : 검은 3) 미야미 : 매미 4) ᄒᆞ오ᅀᅡ : 혼자, 홀로 5) 구위 : 관아, 구위실, 구실, 구위실ᄒᆞ다(벼슬하다) 6) 마로미 : 마롬, 맔, 말다 7) 브류메 : 브룸, 부림, 부리다 8) 걸위옛가니오 : 걸위다, 거리끼다

立秋日雨院中有作
입추일우원중유작

山雲行絶塞大火復西流(산운행절새대화복서류)

묏 구루미 먼 邊塞예 녀ᄂᆞ니 큰 火星이 ᄯᅩ 西ㅅ 녀그로 흘러 가놋다.

飛雨動華室蕭蕭梁棟秋(비우동화실소소양동추)

ᄂᆞᄂᆞᆫ 비 빗난 지븨 뮈ᄂᆞ니 서늘ᄒᆞᆫ 梁棟앳 ᄀᆞ을히로다

窮途媿知已暮齒借前籌(궁도괴지이모치차전주)

窮ᄒᆞᆫ 길헤 날 아ᄂᆞ닐 붓그려 ᄒᆞ노니 늘근 나해 알픳 져룰 비러 혜노라.

已費淸晨謁那成長者謨(이비청신알나성장자모)

물ᄀᆞ 새배 가 뵈요물 ᄒᆞ마 虛費ᄒᆞ나 어느 얼우늬 쇠로 일우리오
解衣開北戶高枕對南樓(해의개북호고침대남서)
옷 밧고 北戶를 열오 노피 벼개 베여 南樓를 相對호라
樹濕風凉進江喧水氣浮(수습풍량진강훤수기부)
남기 저즈니 ᄇᆞᄅᆞ미 서늘ᄒᆞ미 나ᅀᅡ오고 ᄀᆞᄅᆞ미 우르니 믌 氣運이 ᄠᅦᆺ도다
禮寬心有適節爽病微瘳(예관심유적절상병미추)
禮度호미 어위커 ᄆᆞᅀᆞ매 마ᄌᆞ니 時節이 서늘ᄒᆞ야 病이 져기 됸ᄂᆞ다
主將歸調鼎吾還訪舊丘(주장귀조정오환방구구)
主將이 소틧 마ᄉᆞᆯ 調和ᄒᆞ라 도라 니거시든 나는 도라 녜 사던 ᄯᅡ홀 무러 가리라

[중간본]

묏 구루미 먼 邊塞에 녀ᄂᆞ니 큰 火星이 ᄯᅩ 西ㅅ 녀그로 흘러 가놋다
ᄂᆞᆫ 비 빗난 지븨 뮈ᄂᆞ니 서늘ᄒᆞᆫ 梁棟앳 그읋히로다
窮ᄒᆞᆫ 길헤 날 아ᄂᆞ닐 붓그려 ᄒᆞ노니 늘근 나해 알ᄑᆡᆺ 겨를 비러 혜노라
물ᄀᆞ 새배 가 뵈요물 ᄒᆞ마 虛費ᄒᆞ나 어느 얼우늬 쇠로 일우리오
옷 밧고 北戶를 열오 노피 벼개 베여 南樓를 相對호라
남기 저즈니 ᄇᆞᄅᆞ미 서늘ᄒᆞ미 나아오고 ᄀᆞᄅᆞ미 우르니 믌 氣運이 ᄠᅦᆺ도다
禮度호미 어위커 ᄆᆞᅀᆞ매 마ᄌᆞ니 時節이 서늘ᄒᆞ야 病이 져기 됸ᄂᆞ다
主將이 소틧 마ᄉᆞᆯ 調和ᄒᆞ라 도라 니거시든 나는 도라 녜 사던 ᄯᅡ홀 무러 가리라

---

1) 녀ᄂᆞ니 : 녀다, 가다 2) 뮈ᄂᆞ니 : 움직이다 3) 붓그려 : 부끄리어 4) 져 : 산가지(籌) 5) 비러 : 빌리다 6) 혜노라 : 헤아리다, 생각하다 7) 얼운 : 어른 8) 쇠 : 꾀, 계책 9) 나ᅀᅡ오고 : 나아오다 10) 우르니 : 우르다, 부

르짖다, 울부짖다 11) 뻗도다 : 뻗다, 떠 있다 12) 어위커 : 관대하게 13) 져기 : 적이, 좀 14) 됴누다 : 좋아지다 15) 소텻 : 솥에 16) 니거시든 : 니거든(가거든) 17) 무러 가리라 : 찾아 가리라 18) 됴누다 : 좋아지다

軍城早秋
군성조추

昨夜秋風入漢關朔雲邊雪滿西山(작야추풍입한관삭운변설만서산)
어젯 바미 ᄀᆞᅀᆞᆯ ᄇᆞᄅᆞ미 漢ㅅ 關塞예 드니 北엣 구룸과 ᄀᆞᅀᇫ 누니 西ㅅ녁 뫼해 ᄀᆞᄃᆞᆨᄒᆞ도다.
更催飛將追驕虜莫遣沙場匹馬還(갱최비장추교로막견사장필마환)
다시 ᄂᆞᄂᆞᆫ 將軍을 뵈아 驕慢ᄒᆞᆫ 되ᄅᆞᆯ ᄯᅩ차 沙場애 匹馬도 히여 돌아 보내디 아니호리라

[중간본]

어젯 바미 ᄀᆞᅀᆞᆯ ᄇᆞᄅᆞ미 漢ㅅ 關塞예 드니 北엣 구룸과 ᄀᆞᅀᇹ 누니 西ㅅ녁 뫼해 ᄀᆞᄃᆞᆨᄒᆞ도다
다시 ᄂᆞᄂᆞᆫ 將軍을 뵈아 驕慢ᄒᆞᆫ 되ᄅᆞᆯ ᄯᅩ차 沙場애 匹馬도 히여 돌아 보내디 아니호리라

1) 드니 : 들다 2) ᄀᆞᅀᇫ : 가(邊)의 3) 히여 : 하여금 4) 되 : 오랑캐(戎,虜) 5) ᄯᅩ차 : 쫓다, 쫓다

奉和
봉화

秋風嫋嫋動高旌玉帳分弓射虜營(추풍뇨뇨동고정옥장분궁사로영)
ᄀᆞᅀᆞᆶ ᄇᆞᄅᆞ미 嫋嫋히 부러 노폰 旌旗ᄅᆞ 뮈우ᄂᆞ니 玉帳애셔 화ᄅᆞᆯ ᄂᆞ화 되 軍營을 소놋다
已收滴博雲閒戍欲奪蓬婆雪外城(이수적박운간수욕탈봉파설외성)
滴博ㅅ 구룸 ᄉᆡ옛 防戍란 ᄒᆞ마 갇고 蓬婆ㅅ 눈 밧긧 城을 앗고져 ᄒᆞ놋다

[중간본]

ᄀᆞᅀᆞᆶ ᄇᆞᄅᆞ미 嫋嫋히 부러 노폰 旌旗ᄅᆞ 뮈우ᄂᆞ니 玉帳애셔 화ᄅᆞᆯ ᄂᆞ화 되 軍營을 소놋다
滴博ㅅ 구룸 <u>ᄉᆞ이</u>옛 防戍란 ᄒᆞ마 갇고 蓬婆ㅅ 눈 밧긧 城을 앗고져 ᄒᆞ놋다

---

1) 뮈우ᄂᆞ니 : 뮈다, 움직이다 2) 화ᄅᆞᆯ : 활을 3) ᄂᆞ화 : ᄂᆞ호다, 나누다 4) 소놋다 : 소다, 쏘다 5) 앗고져 : 앗다, 빼앗다 6) 갇고 : 갇다, 걷다, 거두다, 걷히다

秋野 五首
추야 오수

秋野日荒蕪寒江動碧虛(추야일황무한강동벽허)
ᄀᆞᅀᆞᆯ 미히 나날 거츠니 찬 ᄀᆞᄅᆞ미 프른 빈 거시 뮈놋다.
繫舟蠻井絡卜宅楚村墟(계주만정락복택초촌허)
蠻人ㅅ 井絡애 ᄇᆡᄅᆞᆯ 미오 楚ㅅ 村墟애 사롤 ᄃᆡᆯ 占卜호라
棗熟從人打葵荒欲自鋤(조숙종인타규황욕자서)
대최 닉거든 사ᄅᆞ미 텨 머구믈 므던히 너기고 아옥 바티 거츨ᄉᆡ ᄂᆡ 미오져 ᄒᆞ노라
盤飧老夫食分減及溪魚(반손노부식분감급계어)
늘그늬 머글 盤앳 바ᄇᆞᆯ 눈화 더러 시내햇 고기게 밋게 ᄒᆞ노라
易識浮生理難敎一物違(이부생리난교일물위)
浮生앳 理ᄅᆞᆯ 수이 알리로소니 ᄒᆞᆫ 것도 히여곰 제 性을 그릇게 호미 어렵도다
水深魚極樂林茂鳥知歸(수심어극락림무조지귀)
므리 기프니 고기 ᄀᆞ장 즐기고 수프리 거츠니 새 가몰 아놋다.
吾老甘貧病榮華有是非(오로감빈병영화유시비)
나는 늘거 가난과 病을 ᄃᆞᆯ히 너기노니 榮華히 ᄃᆞ니ᄂᆞ닌 올ᄒᆞ며 외니 잇ᄂᆞ니라
秋風吹几杖不厭北山薇(추풍취궤장불염북산미)
ᄀᆞᅀᆞᆯ ᄇᆞᄅᆞ미 几와 막대ᄅᆞᆯ 부ᄂᆞ니 北山앳 고사리ᄅᆞᆯ 아쳗디 아니ᄒᆞ노라
禮樂攻吾短山林引興長(예락공오단산림인흥장)

禮樂이 내의 사오나오믈 攻治ᄒᆞᄂᆞ니 山林에 갈 興을 혀미 기도다
掉頭紗帽側曝背竹書光(도두사모측폭배죽서광)
머릴 ᄲᅥᆯ튜니 사뫼 기울오 등어리를 벼틔 ᄧᅬ요니 竹書ㅣ빗나도다.
風落收松子天寒割蜜房(풍락수송자천한할밀방)
ᄇᆞᄅᆞ미 디어든 솘씨를 收拾ᄒᆞ고 하놀히 서늘커ᄂᆞᆯ ᄢᅮᆯ 지엣ᄂᆞᆫ 버릐 지블 버히노라
稀踈小紅翠駐展近微香(희소소홍취주극근미향)
稀踈ᄒᆞᆫ 져근 블근 곳과 프른 닙 서리예 격지를 머믈워 殘微ᄒᆞᆫ 香氣를 갓가이 ᄒᆞ라
遠岸秋沙白連山晚照紅(원안추사백연산만조홍)
먼 두들게 ᄀᆞᅀᆞᆯ 몰애 허여ᄒᆞ고 니슨 뫼해 나죄 비취옛ᄂᆞᆫ 히 붉도다.
潛鱗輸駭浪歸翼會高風(잠린수해랑귀익회고풍)
ᄌᆞᄆᆡᆫᄂᆞᆫ 고기ᄂᆞᆫ 놀라온 믌겨레 옮기여 가고 가ᄂᆞᆫ 새ᄂᆞᆫ 노ᄑᆞᆫ ᄇᆞᄅᆞ매 맛드럿도다
砧響家家發樵聲箇箇同(침향가가발초성개개동)
방핫 소리ᄂᆞᆫ 집마다 나고 나모 뷔ᄂᆞᆫ 놀앳 소리ᄂᆞᆫ 낫나치 ᄀᆞᆮ도다.
飛霜任靑女賜被隔南宮(비상임청녀사피격남궁)
서리 놀이ᄂᆞᆫ 靑女를 므던히 너기노니 니블 주시ᄂᆞᆫ 南宮이 즈음쳇도다.
身許騏驎畵年衰鴛鷺群(신허기린화년쇠원로군)
모믈 騏驎閣애 그리게호믈 許ᄒᆞ나 나히 鴛鷺ㅅ 무레 늘구나
大江秋易盛空峽夜多聞(대강추이성공협야다문)
큰 ᄀᆞᄅᆞ미 ᄀᆞᅀᆞᆯ히 수이 盛ᄒᆞᄂᆞ니 뷘 峽엔 바미 드를 소리 하도다
逕隱千重石帆留一片雲(경은천중석범유일편운)
길흔 즈믄 넚 돌서리예 그ᅀᅳᆨᄒᆞ얫고 빗돗건 一片ㅅ 구루미 머므렛도다

兒童解蠻語不必作參軍(아동해만어불필작참군)
아히둘히 蠻人의 마롤 아ᄂ니 구틔여 參軍이 ᄃ외디 아니ᄒ야도 ᄒ리로다

[중간본]

ᄀᆞᆯ 미히 나날 거츠니 츤 ᄀᆞᄅᆞᆷ 프른 뷘 거시 뮈놋다.
蠻人ㅅ 井絡애 비롤 미오 楚ㅅ 村墟애 사롤 딜 占卜ᄒ오라
대최 닉거든 사ᄅᆞ미 텨 머구믈 므던히 너기고 아옥 바티 거츨ᄉᆡ 내 미오져 ᄒ노라
늘그늬 머글 盤앳 바볼 눈화 더러 시내햇 고기게 밋게 ᄒ노라
浮生앳 理롤 수이 알리로소니 ᄒᆞᆫ 것도 히여곰 제 性을 그릇게 호미 어렵도다
므리 기프니 고기 ᄀᆞ장 즐기고 수프리 거츠니 새 가ᄆᆞᆯ 아놋다.
나ᄂᆞᆫ 늘거 가난과 病을 둘히 너기노니 榮華히 ᄃᆞ니ᄂᆞᆫ 올ᄒᆞ며 외니 잇ᄂᆞ니라
ᄀᆞᆯ ᄇᆞᄅᆞ미 几와 막대롤 부ᄂᆞ니 北山앳 고사리롤 아쳗디 아니ᄒ노라
禮樂이 내의 사오나오믈 攻治ᄒᆞᄂᆞ니 山林에 갈 興을 혀미 기도다
머릴 썰튜니 사뫼 기울오 둥어리롤 벼틔 뙤요니 竹書ㅣ 빗나도다.
ᄇᆞᄅᆞ미 디어든 솘씨롤 收拾ᄒᆞ고 하ᄂᆞᆯ히 서늘커놀 뿔 지엣ᄂᆞᆫ 버릐 지블 버히노라
稀踈ᄒᆞᆫ 져근 블근 곳과 프른 닙 서리예 격지롤 머믈워 殘微ᄒᆞᆫ 香氣롤 갓가이 ᄒᆞ라
먼 두들게 ᄀᆞᆯ 믈애 허여ᄒ고 니슨 뫼해 나죄 비취옛ᄂᆞᆫ 히 븕도다.
ᄌᆞ맷ᄂᆞᆫ 고기ᄂᆞᆫ 놀라온 믌결에 옮기여 가고 가ᄂᆞᆫ 새ᄂᆞᆫ 노ᄑᆞᆫ ᄇᆞᄅᆞ매 맛드랫도다

방핫 소리는 집마다 나고 나모 뷔는 놀앳 소리는 낫나치 곧도다.
서리 놀이는 靑女를 므던히 너기노니 니블 주시는 南宮이 즈음쳇도다.
모몰 騏驎閣애 그리게코져 호몰 許ᄒ나 나히 鴛鷺ㅅ 무레 늘구나
큰 그루미 ᄀᆞᄋᆞᆯ회 수이 盛ᄒᆞ니 뷘 峽엔 바미 드를 소리 하도다
길흔 즈믄 봀 돌 서리예 그윽ᄒᆞ얫고 빗돛건 一片ㅅ 구루미 머므렛도다
아히돌히 蠻人의 마롤 아ᄂᆞ니 구틔여 參軍이 두외디 아니ᄒᆞ야도 ᄒᆞ리로다

---

1) 거츠니 : 거츨다, 거칠다 2) 사롤 : 살다, 살 3) 대최 : 대추 4) 텨 : 쳐(치다, 털다) 5) 아옥 : 아욱, 채소의 한 종류 6) **믜오져** : **믜**다, 매다, 김을 매다 7) 고기게 : 고기에게 8) 밋게 : 밋다, 미치다 9) 수이 : 쉽게 10) 히여곰 : 하여금 11) 그릇게 : 그릇, 그릇게, 그릇다, 그르치다 12) 돌히 : 달게 13) 올ᄒᆞ며 : 옳다 14) 외니 : 그르다 15) 아쳗디 : 아쳗다, 싫어하다 16) 내의 : 나의 17) 혀미 : 혐이, 혐, 셈, 생각 18) **떨튜니** : **떨**티다, 떨치다 19) 사뫼 : 사모 20) **뙤**요니 : **뙤**다, 쬐다 21) 디어든 : 디다, 떨어지다 22) **뿔** : 꿀 23) 지셋는 : 짓다 24) 버리 : 벌의 25) 버히노라 : 버히다, 베다, 자르다 26) 허여ᄒᆞ고 : 하얗다, 희다 27) 즈맷는 : 즈맛도다, 잠기었다 28) 맛드랫도다 : 맛든다, 맞닥뜨리다, 맞닥치다 29) 낫나치 : 낱낱이 30) 즈믐쳇도다 : 즈믐츠다, 격하다, 가로막히다 31) 봀 : 겹(重), 벌 32) 그윽ᄒᆞ얫고 : 그윽하다 33) 빗돛건 : 배의 돛 34) 머므렛도다 : 머므렛다, 머물러 있다 35) 격지 : 나막신 36) 봀 : 볼, 겹(重)

秋興 三首
추흥 삼수

玉露凋傷楓樹林巫山巫峽氣蕭森(옥로조상풍수림무산무협기소삼)
玉 ᄀᆞ튼 이스레 싣나못 수프리 뜯드러 히야디니 巫山과 巫峽엣 氣運이

蕭森ᄒ도다
江間波浪兼天湧塞上風雲接地陰(강간파랑겸천용새상풍운접지음)
ᄀᆞᄅᆞᆷ ᄉᆡ옛 믌겨른 하ᄂᆞᆯ해 兼ᄒᆞ야 솟고 邊塞ㅣ 우흿 ᄇᆞᄅᆞᆷ과 구루믄 ᄯᅡ해 니서 어득ᄒ도다.
叢菊兩開他日淚孤舟一繫故園心(총국양개타일루고주일계고원심)
퍼기옛 菊花ㅣ 두 번 프거늘 다ᄅᆞᆫ 날브터 우노라 외ᄅᆞ왼 ᄇᆡᄅᆞᆯ ᄒᆞᆫ 번 ᄆᆡ야 이쇼니 故園에 가고져 ᄒᆞ논 ᄆᆞᅀᆞ미로다.
寒衣處處催刀尺白帝城高急暮砧(한의처처최도척백제성고급모침)
치운 젯 오ᄉᆞᆯ 곧마다 ᄀᆞ새와 자콰로 지소ᄆᆞᆯ ᄇᆡ아ᄂᆞ니 白帝城ㅅ 노ᄑᆞᆫ ᄃᆡ셔 나죗 방하ᄅᆞᆯ ᄲᅡᆯ리 딘놋다.

夔府孤城落日斜每依南斗望京華(기부고성낙일사매의남두망경화)
夔府ㅅ 외ᄅᆞ왼 城에 디ᄂᆞᆫ ᄒᆡ 기우니 ᄆᆡ양 南斗星을 브텨셔 京華ᄅᆞᆯ ᄇᆞ라노라
聽猿實下三聲淚奉使虛隨八月查(청원실하삼성루봉사허수팔월사)
나븨 듣고 세 소리예 眞實로 눉므를 디노니 奉命使者ᄂᆞᆫ 八月ㅅ ᄠᅳ구를 虛히 조차 갯도다
畫省香爐違伏枕山樓粉堞隱悲笳(화성향로위복침산루분첩은비가)
그륜 省ㅅ 香爐란 벼개예 굽스러셔 여희요니 묏 樓 하얀 城엔 슬픈 픐뎌히 그ᅀᅳᆨᄒᆞ얫도다
請看石上藤蘿月已映洲前蘆荻花(청간석상등라월이영주전로적화)
請ᄒᆞ든 돌 우흿 藤蘿애 비취던 ᄃᆞᄅᆞᆯ 보라 ᄒᆞ마 믌ᄀᆞᆺ 알ᄑᆡᆺ ᄀᆞᆯ고지 비취ᄂᆞ다
千家山郭靜朝暉日日江樓坐翠微(천가산곽정조휘일일강루좌취미)
즈믄 집 잇ᄂᆞᆫ 묏 城郭애 아ᄎᆞᆷ 힛비치 寂靜ᄒᆞ니 나날 ᄀᆞᄅᆞᆷ 樓에 翠微예 안ᄌᆞ라

信宿漁人還汎汎淸秋燕子故飛飛(신숙어인환범범쳥추연자고비비)
이틋밤 잔 고기 잡눈 사루문 도로 비롤 씌오고 물군 ᄀᆞᆶ 져븨 삿기눈 부러 ᄂᆞ니놋다
匡衡抗疏功名簿劉向傳經心事違(광형항소공명부유향젼경심사위)
匡衡이 抗疏호매 功名이 엷고 劉向傳經ᄒᆞ야놀 ᄆᆞᅀᆞᆷ맷 이리 어긔르체라.
同學少年多不賤五陵衣馬自輕肥(동학쇼년다불쳔오릉의마자경비)
ᄒᆞᆫ듸셔 글 비호던 져믄 사ᄅᆞ미 해 賤ᄒᆞ디 아니ᄒᆞ니 五陵에셔 옷과 물왜 제 가비야오며 솔지도다.

[중간본]

玉 ᄀᆞ튼 이스레 싣나못 수프리 뜯드러 히야디니 巫山과 巫峽엣 氣運이 蕭森ᄒᆞ도다
ᄀᆞᄅᆞᆷ 소이옛 믈겨른 하놀해 兼ᄒᆞ야 솟고 邊塞ㅣ 우흿 ᄇᆞᄅᆞᆷ과 구루믄 싸해 니어 어득ᄒᆞ도다.
퍼기옛 菊花ㅣ 두 번 픠거늘 다른 날브터 우노라 외ᄅᆞ왼 ᄇᆡ룰 ᄒᆞᆫ 번 ᄆᆡ야 이쇼니 故園에 가고져 ᄒᆞᄂᆞᆫ ᄆᆞᅀᆞ미로다.
치운 젯 오솔 곧마다 ᄀᆞ애와 자콰로 지ᅀᅩ몰 뵈아ᄂᆞ니 白帝城ㅅ 노폰 듸셔 나죗 방하롤 ᄲᆞ리 딘놋다.
夔府ㅅ 외ᄅᆞ왼 城에 디눈 히 기우니 ᄆᆡ양 南斗星을 브텨셔 京華롤 ᄇᆞ라노라
나볼 듣고 세 소리예 眞實로 눉므를 디노니 奉命使者는 八月ㅅ 들구를 虛히 조차 갯도다
그륜 省ㅅ 香爐란 벼개예 굽스러셔 여희요니 뫼ㅅ 樓 하얀 城엔 슬픈 픐뎌히 그윽ᄒᆞ얫도다

請ᄒᆞᆫ 돌 우흿 藤蘿애 비취던 ᄃᆞᄅᆞᆯ 보라 ᄒᆞ마 ᄆᆞᆰᄀᆞᆺ 알픠 ᆪ고지 비취ᄂᆞ다 즈믄 집 잇는 묏 城郭애 아ᄎᆞᆷ 힛비치 寂靜ᄒᆞ니 나날 ᄀᆞᇗ 樓에 翠微예 안조라

이틄밤 잔 고기 잡는 사ᄅᆞ문 도로 ᄇᆡᄅᆞᆯ ᄯᅴ오고 ᄆᆞᆯ근 ᄀᆞᇗ ᄌᆞ븨 샷기는 부러 ᄂᆞ니놋다

匡衡이 抗疏호매 功名이 엷고 劉向傳經ᄒᆞ야ᄂᆞᆯ ᄆᆞᄋᆞ매 이리 어긔르체라. 흔뎌셔 글 비호던 져믄 사ᄅᆞ미 해 賤ᄒᆞ디 아니ᄒᆞ니 五陵에셔 옷과 ᄆᆞᆯ왜 제 가븨야 오며 슬지도다.

---

1) 싣나못 : 신나무, 단풍나무 2) ᄠᅳᆮ드러 : 떨어져 3) 히야디니 : 히야디다, 헤어디다 4) 퍼기 : 포기 5) ᆪ애 : 가위 6) ᄌᆞ콰 : 자와 7) 지ᄉᆞᆯ : 짓다 8) ᄇᆡ아ᄂᆞ니 : ᄇᆡ아다, 재촉하다 9) 딘놋다 : 찧다 10) 나븕 : 납을, 납(원숭이) 11) 들구 : 뗏목 12) 갯도다 : 가 있다 13) 벼개 : 베개 14) 굽스려서 : 엎드리다 15) 픐뎌 : 풀피리 16) ᆪ고지 : 갈대꽃 17) 어긔르체라 : 어긔르츠다, 어긔다, 어긋나게 하다 18) 가븨야 : 가볍다

※ ᄀᆞᇗ : 'ᄀᆞᄅᆞᆷ'의 오기인 듯함.

登高
등고

風急天高猿嘯哀渚淸沙白鳥飛迴(풍급천고원소애저청사백조비회)

ᄇᆞᄅᆞ미 ᄲᆞᄅᆞ며 하ᄂᆞᆯ히 놉고 나븨 되푸라미 슬프니 ᄆᆞᆰᄀᆞᄉᆡ ᄆᆞᆯᄀᆞ며 몰애 ᄒᆡᆫᄃᆡ 새 ᄂᆞ라 도라오놋다.

無邊落木蕭蕭下不盡長江袞袞來(무변락목소소하부진장강곤곤래)
ᄀᆞᆺ업슨 디는 나못니픈 蕭蕭히 ᄂᆞ리고 다ᄋᆞᆷ업슨 긴 ᄀᆞᄅᆞ믄 니섬니서 오ᄂᆞᆺ다.
萬里悲秋常作客百年多病獨登臺(만리비추상작객백년다병독등대)
萬里예 ᄀᆞᄋᆞᆯ홀 슬허셔 샹녜 나그내 두외요니 百年ㅅ 한 病에 ᄒᆞ올로 臺예 올오라
艱難苦恨繁霜鬢潦倒新停濁酒杯(간난고한번상빈료도신정탁주배)
艱難애 서리 ᄀᆞᆮᄒᆞᆫ 귀믿터리 어즈러우믈 심히 슬허ᄒᆞ노니 늙고 사오나오매 흐린 숤 盞ᄋᆞᆯ 새려 머믈웻노라

[중간본]

ᄇᆞᄅᆞ미 ᄲᆞᄅᆞ며 하ᄂᆞᆯ히 놉고 나비 되프라미 슬프니 ᄆᆞᆲᄀᆞ이 ᄆᆞᆲᄀᆞ며 몰애 힌 ᄃᆡ 새 ᄂᆞ라 도라오ᄂᆞᆺ다.
ᄀᆞᆺ업슨 디는 나못니픈 蕭蕭히 ᄂᆞ리고 다ᄋᆞᆸ슨 긴 ᄀᆞᄅᆞ믄 니엄니어 오ᄂᆞᆺ다.
萬里예 ᄀᆞᄋᆞᆯ홀 슬허셔 샹녜 나그내 두외요니 百年ㅅ 한 病에 ᄒᆞ올로 臺예 올오라
艱難애 서리 ᄀᆞᆮᄒᆞᆫ 귀믿터리 어즈러우믈 심히 슬허ᄒᆞ노니 늙고 사오나오매 흐린 숤 盞ᄋᆞᆯ 새려 머믈웻노라

---

1) ᄲᆞᄅᆞ며 : 빠르다 2) 나비 : 원숭이 3) 되프라미 : 휘파람 4) 새려 : 새로이 5) 머믈웻노라 : 머믈다, 머물다
6) 다ᄋᆞᆸ슨 : 다ᄋᆞᆸ다, 다함이 없다 7) 니섬니서 : 이엄이엄, 잇달아

傷秋
상추

林僻來人少山長去鳥微(임벽래인소장거조미)
수프리 幽僻ᄒ니 올 사ᄅ미 젹고 뫼히 기니 가는 새 져거 뵈ᄂᆞ다.
高秋收畵扇久客掩柴扉(고추수화선구객엄시비)
노푼 ᄀᆞᄋᆞᆯ히 그륜 부체ᄅᆞᆯ ᄀ초고 오란 나그내 柴扉ᄅᆞᆯ 다도라
懶慢頭時櫛艱難帶減圍(라만두시즐간난대감위)
게을어 머리ᄅᆞᆯ 時로 빗고 艱難호매 ᄯᅴ 둘에 더ᄂᆞ다.
將軍思汗馬天子尙戎衣(장군사한마천자상융의)
將軍은 ᄆᆞᆯ ᄯᆞᆷ 나게 ᄐᆞᆯ 스랑ᄒ고 天子ᄂᆞᆫ 오히려 戎衣ᄅᆞᆯ 니버 겨시도다.
白蔣風飇脆殷檉曉夜稀(백장풍표취은정효야희)
힌 菰蔣은 ᄇᆞᄅᆞ매 보ᄃᆞ랍고 검블근 버듨니픈 새배와 바ᄆᆡ 드므러 가ᄂᆞ다.
何年減豺虎似有故園歸(하년감시호사유고원귀)
어느 ᄒᆡ예 豺虎ㅣ 덜리어뇨 本鄕애 가미 이실 ᄃᆞᆺᄒ니라

[중간본]

수프리 幽僻ᄒ니 올 사ᄅᆞ미 젹고 뫼히 기니 가는 새 져거 뵈ᄂᆞ다.
노푼 ᄀᆞ올히 그륜 부체ᄅᆞᆯ 곰초고 오란 나그내 柴扉ᄅᆞᆯ 다도라
게을어 머리ᄅᆞᆯ 時로 빗고 艱難호매 ᄯᅴ 둘에 더ᄂᆞ다.
將軍은 ᄆᆞᆯ ᄯᆞᆷ 나게 ᄐᆞᆯ 스랑ᄒ고 天子ᄂᆞᆫ 오히려 戎衣ᄅᆞᆯ 니버 겨시도다.
힌 菰蔣은 ᄇᆞᄅᆞ매 보ᄃᆞ랍고 검블근 버듨니픈 새배와 바ᄆᆡ 드므러 가ᄂᆞ다.
어느 ᄒᆡ예 豺虎ㅣ 덜리어뇨 本鄕애 가미 이실 ᄃᆞᆺᄒ니라

1) 그초고 : 그초다, 갖추다 2) 오란 : 오랜 3) 씌 : 띠 4) 둘에 : 둘레 5) 더놋다 : 덜다 6) 씀 : 땀 7) 토몰 : 탐을, 타다 8) 새배 : 새벽 9) 덜리어뇨 : 덜다, 덜리이다, 덜리다(減)

悲秋
비추

凉風動萬里群盜尙縱橫(양풍동만리군도상종횡)
서늘흔 브르미 萬里예 뮈ᄂᆞ니 뭀 盜賊은 오히려 縱橫ᄒᆞ얫도다.
家遠傳書日秋來爲客情(가원전서일추래위객정)
지비 먼 디 글워리 傳ᄒᆞ야 오ᄂᆞᆫ 나리오 ᄀᆞ술히 오매 나그내 두외옛ᄂᆞᆫ ᄠᅳ디로다.
愁窺高鳥過老逐衆人行(수규고조과노축중인행)
시름ᄒᆞ야셔 노피 새 디나가몰 여ᅀᅥ보노니 늘거셔 衆人을 조차 ᄃᆞ니노라.
始欲投三峽何由見兩京(시욕투삼협하유견양경)
비루수 三峽으로 가고져 ᄒᆞ노니 어느 젼ᄎᆞ로 두 셔울ᄒᆞᆯ 보리오.

[중간본]

서늘흔 브르미 萬里예 뮈ᄂᆞ니 뭀 盜賊은 오히려 縱橫ᄒᆞ얫도다.
지비 먼듸 글워리 傳ᄒᆞ야 오ᄂᆞᆫ 나리오 ᄀᆞ올히 오매 나그내 두외옛ᄂᆞᆫ ᄠᅳ디로다.
시름ᄒᆞ야셔 노피 새 디나가몰 여어보노니 늘거셔 衆人을 조차 ᄃᆞ니노라.

비루수 三峽으로 가고져 ᄒ노니 어느 젼ᄎ로 두 셔울흘 보리

---

1) 뮈ᄂ니 : 움직이다 2) 두외옛ᄂ : 되다 3) ᄠᅳ디로다 : 뜻이로다 4) 여ᄭ보노니 : 여ᄭ보다, 엿보다 5) 비루수 : 비로소

薄遊
박유

浙浙風生砌團團月隱墻(절절풍생체단단월은장)
浙浙ᄒᆞᆫ ᄇᆞᄅᆞ미 階砌에셔 나고 도렫ᄒᆞᆫ ᄃᆞᄅᆞᆫ 다매 그ᅀᆨᄒᆞ놋다.
遙空秋鴈滅半嶺暮雲長(요공추안멸반령모운장)
아ᅀᆞ란 虛空앤 ᄀᆞᅀᆞᆯ 누라가는 그려기 업서 가고 半만 냇는 묏부리옌 나죗 구루미 기도다.
病葉多先墜寒花只暫香(병엽다선추한화지잠향)
이운 니픈 해 몬져 디고 치운 젯 고ᄌᆞᆫ 오직 잢간 곳답도다.
巴城添淚眼今夕復淸光(파성첨루안금석부청광)
巴城에 눉믈 더으ᄂᆞᆫ 누네 오ᄂᆞᆳ 나조히 ᄯᅩ ᄆᆞᆯ곤 비치로다.

[중간본]

浙浙ᄒᆞᆫ ᄇᆞᄅᆞ미 階砌에셔 나고 도렫ᄒᆞᆫ ᄃᆞᄅᆞᆫ 다매 <u>그윽ᄒᆞ놋다</u>.
<u>아오란</u> 虛空앤 <u>ᄀᆞᅀᆞᆯ</u> 누라가는 그려기 업서 가고 半만 냇는 묏부리옌 나죗

구루미 기도다.
이운 니픈 해 몬져 디고 치운 젯 고즌 오직 잢간 곳답도다.
巴城에 눉믈 더으는 누네 오놄 나조히 또 믈곤 비치로다.

---

1) 도렫ᄒᆞᆫ : 도렫ᄒᆞ다, 둥글다 2) 아ᅀᆞ란 : 아ᅀᆞ라ᄒᆞ다, 아득하다, 까마아득하다 3) 그려기 : 기러기 4) 냇는 : 냇다, 났다 5) 이운 : 이온, 시들은, 마른, 이올다, 시들다 6) 더으는 : 더으다, 더하다

搖落
요락

搖落巫山暮寒江東北流(요락무산모한강동북류)
이어 뻐러디는 巫山ㅅ 나조히 촌 ᄀᆞ르미 東北으로 흐르놋다.
煙塵多戰鼓風浪少行舟(연진다전고풍랑소행주)
니와 드트레 사호맷 붑소리 하니 ᄇᆞ룸 부는 믌겨레 녈 ᄇᆡ 젹도다.
鵝費羲之墨貂餘季子裘(아비희지묵초여계자구)
그려기는 羲之의 머글 虛費ᄒᆞ고 貂皮는 季子의 갓오시 나맷도다.
長懷報明主臥病復高秋(장회보명주와병복고추)
長常 明主ㅅ 德을 갑습고져 ᄉᆞ랑칸마른 病ᄒᆞ야 누어쇼매 또 노픈 ᄀᆞ슬히 ᄃᆞ외도다.

[중간본]

이어 뻐러디는 巫山ㅅ 나조히 츤 그르미 東北으로 흐르놋다.
늬와 드트레 사호맷 붑소리 하니 브룸 부는 믌겨레 녈 비 젹도다.
그려기는 羲之의 머글 虛費ᄒ고 貂皮는 季子의 갓오시 나맷도다.
長常 明主ㅅ 德을 갑ᄉ고져 ᄉ랑칸마룬 病ᄒ야 누어쇼매 또 노푼 그올히
두외도다.

---

1) 이어 : 이어다, 흔들다, 흔들리다 2) 이어 뻐러디는 : 흔들려 떨어지는 3) 늬 : 연기 4) 드트레 : 먼지, 티끌
5) 붑소리 : 북소리 6) 녈 : 녀다, 가다 7) 갓오시 : 가죽옷 8) 나맷도다 : 남다 9) 갑ᄉ고져 : 갚다, 갚고자

季秋江村
계추강촌

喬木村墟古疎籬野蔓懸(교목촌허고소리야만현)
늘근 나모 션 村墟ㅣ 오라니 설쯴 울헷 미햇 너추리 둘엿도다.
素琴將暇日白首望霜天(소금장가일백수망상천)
힌 거믄고룰 閑暇한 나래 가지고 셴 머리에 서리 오난 하ᄂᆞᆯ홀 ᄇᆞ라노라.
登俎黃柑重支牀錦石圓(등조황감중지상금석원)
도마애 올이니 누른 柑子ㅣ 므겁고 平牀을 괴오니 어르누근 돌히 두렵도다
遠遊雖寂寞難見此山川(원유수적막난견차산천)
머리 와 노로미 비록 寂寞ᄒ나 이 ᄀᆞᆮᄒᆞᆫ 山川을 보미 어렵도다.

[중간본]

늘근 나모 션 村墟ㅣ 오라니 설퓐 울헷 미햇 너추리 둘엿도다.

힌 거믄고를 閑暇한 나래 가지고 셴 머리예 서리 오난 하놀흘 브라노라.

도마애 올이니 누른 柑子ㅣ 므겁고 平牀을 괴오니 어르누근 돌히 두렵도다

머리 와 노로미 비록 寂寞ㅎ나 이 곧흔 山川을 보미 어렵도다.

───────────

1) 오라니 : 오래 되다 2) 설퓐 : 설픠다, 설피다, 내지 않다, 성기다 3) 너추리 : 넌출 4) 어르누근 : 어르누기, 얼룩지게, 어르눅다, 얼룩얼룩하다 5) 두렵도다 : 둥글다, 원만하다, 온전하다

大歷二年九月三十日
대력이년구월삼십일

爲客無時了悲秋向夕終(위객무시료비추향석종)

나그내 두외요미 무출 쩨 업스니 ᄀ슬 슬후믈 나조홀 向ᄒ야 뭇놋다.

瘴餘夔子國霜薄楚王宮(장여기자국상박초왕궁)

더위는 夔子ㅅ 나라해 나맷고 서리는 楚王ㅅ 宮에 열웻도다.

草敵虛嵐翠花禁冷蘂紅(초적허람취금랭예홍)

프른 뷘 雲嵐ㅅ 퍼런 빗과 곱고 고즌 츤 곳부리 벌거호미 이긔엿도다.

年年小搖落不與故園同(연년소요락불여고원동)

ᄒᆡ마다 이어 ᄠᅥ러듀미 져거 故園과 다뭇 곧디 아니ᄒ도다.

[중간본]

나그내 두외요미 무춤 니 업스니 ᄀᆞ올 슬후믈 나조홀 向ᄒᆞ야 몯놋다.
더위는 夔子ㅅ 나라해 나맷고 서리는 楚王ㅅ 宮에 열웻도다.
프른 뷘 雲嵐ㅅ 퍼런 빗과 굽고 고즌 츤 곳부리 벌거ᄒᆞ미 이긔엿도다.
ᄒᆡ마다 이어 ᄠᅥ러듀미 져거 故園과 다ᄆᆞᆺ ᄀᆞᆮ디 아니ᄒᆞ도다.

―――――――
1) ᄢᅵ : 때 2) 몯놋다 : 마치다 3) 프른 : 풀은 4) 열웻도다 : 열다, 엷다, 얇다 5) 굽 : 겹, 함께, 나란히 6) 곳부리 : 꽃부리 7) 이긔엿도다 : 이기다 8) 이어 ᄠᅥ러듀미 : 흔들려 떨어지다

秋淸
추청

高秋蘇肺氣白髮自能梳(고추소폐기백발자능소)
노푼 ᄀᆞ을히 肺病ㅅ 氣運이 ᄭᅵ니 셴 머리를 내 能히 빗노라.
藥餌憎加減門庭悶掃除(약이증가감문정민소제)
藥餌를 더으락 덜락 호몰 믜다니 門庭을 닶겨셔 ᄡᅳ어리 ᄒᆞ노라.
杖藜還客拜愛竹遣兒書(장려환객배애죽견아서)
도톳랏 디퍼셔 나그내 저를 도로코 대를 ᄉᆞ랑ᄒᆞ야셔 아히 보내야 그를 스이노라.
十月江平穩輕舟進所如(시월강평온경주진소여)
十月에 ᄀᆞᄅᆞ미 平ᄒᆞ야 安穩커든 가비야온 비를 제 갈 조초 나ᅀᅩ아 가리라

[중간본]

노푼 ᄀᆞ옰히 肺病ㅅ 氣運이 씨니 셴 머리를 내 能히 빗노라.
藥餌를 더으락 덜락 호몰 믜다니 門庭을 닶겨셔 쓰어리 ᄒᆞ노라.
도틱랏 디퍼셔 나그내 저를 도로코 대를 ᄉᆞ랑ᄒᆞ야셔 아히 보내야 그를 스이노라.
十月에 ᄀᆞ르미 平ᄒᆞ야 安穩커든 가비야온 비를 제 갈 조초 나ᅀᅩ아 가리라

―――――

1) 씨니 : 깨다 2) 더으락 : 더하다 3) 덜락 : 덜다, 감하다 4) 믜다니 : 믜다, 미워하다 5) 닶겨셔 : 닶기다, 답답해지다 6) 쓰어리 : 쓰어리ᄒᆞ다, 쓰레질하다 7) 도틱랏 : 지팡이, 막대 8) 저를 : 절을(拜) 9) 도로코 : 도로 10) 스이노라 : 쓰다 11) 나ᅀᅩ아 : 나ᅀᅩ, 나ᅀᅩ다, 나아가다, 나수다 12) 藥餌(약이) : 약이 되는 음식

秋盡
추진

秋盡東行且未廻茅齊寄在少城隈(추진동행차미회모제기재소성외)
ᄀᆞ을히 다ᄋᆞ거늘 東녀그로 녀 와 ᄯᅩ 도라가디 몯ᄒᆞ니 새지블 少城ㅅ 뛰메 브텨 뒷노라.
籬邊老却陶潛菊江上徒逢袁紹盃(이변노각도잠국강상도봉원소배)
옰 ᄀᆞᅀᅵᆫ 陶潛의 菊花ㅣ 늘겟ᄂᆞ니 ᄀᆞᄅᆞᆷ 우희 ᄒᆞᆫ갓 袁紹의 盞올 맛냇노라.
雪嶺獨看西日落劍門猶阻北人來(설령독간서일락검문유조북인래)
雪嶺에 西ㅅ 녀긔 ᄒᆡ 디물 ᄒᆞ올로 보노니 劍門엔 北녁 사르미 오미 오히

려 阻隔ᄒ도다.
不辭萬里長爲客懷抱何時得好開(불사만리장위객회포하시득호개)
萬里예 長常 나그내 ᄃ외요믈 마디 몯ᄒ노니 므슷 므를 어느 ᄢᅴ 시러곰 됴히 열려뇨

[중간본]

ᄀᆞᄋᆞᆯ히 다ᄋᆞ거ᄂᆞᆯ 東녀그로 녀 와 ᄯᅩ 도라가디 몯ᄒ오니 새지블 少城ㅅ ᄯᅵ메 브텨 뒷노라.
욼 ᄀᆞᄋᆡᄂᆞᆫ 陶潛의 菊花ㅣ 늘겟ᄂᆞ니 ᄀᆞ롭 우희 ᄒᆞᆫ갓 袁紹의 盞을 맛냇노라.
雪嶺에 西ㅅ 녀긔 히 듀믈 ᄒᆞ올로 보노니 劒門엔 北녁 사ᄅᆞ미 오미 오히려 阻隔ᄒ도다.
萬里예 長常 나그내 ᄃ외요믈 마디 몯ᄒ노니 므ᄋᆞ믈 어느 ᄢᅴ 시러곰 됴히 열려뇨

---

1) ᄯᅵ메 : ᄠᅵᆷ에, 틈에 2) 브텨 : 붙어, 의지하여 3) 뒷노라 : 뒷다, 두어 있다, 두다 4) ᄀᆞᄋᆡᄂᆞᆫ : 가에는 5) 맛냇노라 : 맛내, 맛나게, 맛있게 6) 듀믈 : 듦을, 떨어짐 7) ᄒᆞ올로 : 홀로 8) ᄢᅴ : 때 9) 시러곰 : 능히, 얻어

冬
동

古詩四首 律詩九首

前苦寒行 二首
전고한행 이수

漢時長安雪一丈牛馬毛寒縮如蝟(한시장안설일장우마모한축여위)
漢ㅅ 時節에 長安애 누니 열 자히 오니 쇼와 물왜 터리 치워 움치혀 고솜돋 곧더니라.
楚江巫峽冰入懷虎豹哀號又堪記(초강무협빙입회호표애호우감기)
楚江과 巫峽에 어로미 푸메 드는 돗ᄒ니 虎豹의 슬허 우로물 ᄯᅩ 記錄ᄒ얌직도다.
秦城老翁荊楊客慣習炎蒸歲絺綌(진성노옹형양객관습염증세치격)
秦城ㅅ 늘근 한아비 荊楊애 와 나그내 ᄃᆞ외어서 더위룰 니거 히마다 츩옷 니버
玄冥祝融氣或交手持白羽未敢釋(현명축융기혹교수지백우미감석)
玄冥과 祝融과 氣運이 시혹 섯글 제 소내 白羽扇을 자바 敢히 노티 아니ᄒ더라.
去年白帝雪在山今年白帝雪在地(거년백제설재산금년백제설재지)
니건 ᄒᆡ옌 白帝城에 누니 뫼헤 잇더니 올ᄒᆡ는 白帝城에 누니 ᄯᅡ해 잇도다.
凍埋蛟龍南浦縮寒刮肌膚北風利(동매교룡남포축한괄기부북풍리)

어러 蛟龍을 무더 南녁 갯므리 움치혓ᄂ니 치위 슬흘 부리는 둣ᄒ 北녁 부르미 놀캅도다.
楚人四時皆麻衣楚天萬里無晶輝(초인사시개마의초천만리무정휘)
楚ㅅ 사ᄅ미 四時예 다 뵈오슬 닙더니 楚ㅅ 하ᄂᆯ해 萬里예 힛비치 업도다.
三足之烏足恐斷羲和迭送將安歸(사목지오족공단희화실송장안귀)
세 발 가진 가마괴를 바리 어러 버흘가 전노니 羲和ㅣ 서르 보내야 쟝ᄎ 어드러 갈꼬

[중간본]

漢ㅅ 時節에 長安애 누니 열 자히 오니 쇼와 ᄆᆯ왜 터리 치위 움치혀 고솜돋 ᄀᆞ더니라.
楚江과 巫峽에 어ᄅ미 푸메 드는 둣ᄒ니 虎豹의 슬허 우로믈 쏘 記錄ᄒ얌직도다.
秦城ㅅ 늘근 한아비 荊楊애 와 나그내 ᄃᆞ외어서 더위를 니거 히마다 춋옷 니버
玄冥과 祝融괏 氣運이 시혹 섯글 제 소내 白羽扇을 자바 敢히 노티 아니ᄒ더라
니건 ᄒᆡ옌 白帝城에 누니 뫼헤 잇더니 올ᄒᆡ는 白帝城에 누니 ᄯᅡ해 잇도다.
어러 蛟龍을 무더 南녁 갯므리 움치혓ᄂ니 치위 슬흘 부리는 둣ᄒ 北녁 부르미 놀캅도다.
楚ㅅ 사ᄅ미 四時예 다 뵈오슬 닙더니 楚ㅅ 하ᄂᆞᆯ해 萬里예 힛비치 업도다.
세 발 가진 가마괴를 바리 어러 버흘가 전노니 羲和ㅣ 서르 보내야 쟝ᄎ 어드러 갈고

1) 움치혀 : 움치다, 움츠리다 2) 고솜돝 : 고슴도치 3) 푸메 : 품, 가슴 4) 후얌직도다 : 후얌직후다, 하염직하다 5) 한아비 : 할아버지 6) 니거 : 닉다, 익다 7) 츩옷 : 칡옷 8) 니버 : 닙다, 입다 9) 시혹 : 혹시 10) 소내 : 손에 11) 니건 : 지난, 간 12) 어러 : 얼다 13) 무더 : 묻다 14) 갯므리 : 갯물이 15) 움치혓ᄂᆞ니 : 움치혀다, 움츠러지게 하다 16) 부리논 : 바르다, 베다 17) 버흘가 : 버흐다, 베다, 자르다 18) 전놋다 : 두려워하노라

後苦寒行 二首
후고한행 이수

南紀巫廬瘴不絶太古以來無尺雪(남기무려장부절태고이래무척설)
南紀ㅅ 巫山 廬山애 더운 氣運이 긋디 아니ᄒᆞ야 太古로브터 오매 ᄒᆞᆫ 잣기픳 눈도 업더니라.
蠻夷長老怨苦寒崑崙天關凍應折(만이장로원고하곤륜천관동응절)
蠻夷옛 늘근 사ᄅᆞᆷ돌히 심히 치우믈 怨嘆ᄒᆞᄂᆞ니 崑崙과 天關괘 어러 당당이 것거디리로다
玄猿口噤不能嘯白鵠翅垂眼流血安得春泥補地裂(현원구금불능소백곡지수안류혈안득춘니보지렬)
거믄 나비 이비 미조자 能히 뒷ᄑᆞ람 몯ᄒᆞ고 힌 鴻鵠이 놀개ᄅᆞᆯ 드리워 누네 피ᄅᆞᆯ 흘리ᄂᆞ니 엇뎨 봆 흘ᄀᆞᆯ 어더 싸 ᄢᅴ여딘 ᄯᅡᄅᆞᆯ 기우려뇨
晚來江閒失大木猛風中夜飛白屋(만래강간실대목맹풍중야비백옥)
나조ᄒᆡ ᄀᆞᄅᆞᆷ ᄉᆞᅀᅵ예 큰 남ᄀᆞᆯ 일흐니 미온 ᄇᆞᄅᆞ미 밦中에 새지블 ᄂᆞᆯ이 놋다.
天兵斷斬青海戎殺氣南行動坤軸不爾苦寒何太酷(천병단참청해융살기남

행동곤츅불이고한하태혹)
天兵이 靑海옛 되롤 버히니 殺伐ᄒᆞᄂᆞᆫ 氣運이 南녀그로 녀 와 坤軸을 뮈우노소니 이러티 아니ᄒᆞ면 심히 치우믄 엇뎨 ᄀᆞ장 모딜리오.
巴東之峽生凌澌彼蒼廻幹人得知(파동지협생릉시피창회알인득지)
巴東ㅅ 山峽엔 어름 노ᄀᆞ 므리 나ᄂᆞ니 뎌 하ᄂᆞᆯ히 두루 힐후ᄆᆞᆯ 사ᄅᆞ미 시러곰 알리아

[중간본]

南紀ㅅ 巫山 廬山애 더운 氣運이 긋디 아니ᄒᆞ야 太古로브터 오매 ᄒᆞᆫ 잣기핏 눈도 업더니라.
蠻夷옛 늘근 사ᄅᆞᆷ돌히 심히 치우믈 怨嘆ᄒᆞᄂᆞ니 崑崙과 天關괘 어러 당당이 것거디리로다
거믄 나비 이비 미조자 能히 뒷ᄑᆞ람 몯ᄒᆞ고 힌 鴻鵠이 놀개ᄅᆞᆯ 드리워 누네 피ᄅᆞᆯ 흘리ᄂᆞ니 엇뎨 봃 훌곤 어더 싸 ᄢᅴ여딘 ᄃᆡᄅᆞᆯ 기우려뇨
나조히 ᄀᆞᄅᆞᆷ 소이예 큰 남ᄀᆞᆯ 일ᄒᆞ니 미온 ᄇᆞᄅᆞ미 밠中에 새지블 ᄂᆞ리놋다.
天兵ㅣ 靑海옛 되롤 버히니 殺伐ᄒᆞᄂᆞᆫ 氣運이 南녀그로 녀 와 坤軸을 뮈우노소니 이러티 아니ᄒᆞ면 심히 치우믄 엇뎨 ᄀᆞ장 모딜리오.
巴東ㅅ 山峽엔 어름 노ᄀᆞ 므리 나ᄂᆞ니 뎌 하ᄂᆞᆯ히 두루 힐후ᄆᆞᆯ 사ᄅᆞ미 시러곰 알리아

---

1) 것거딜로라 : 것거디다, 꺾어지다 2) 이비 : 입이 3) 미조자 : **미좇다**. 입이 다물어지다 4) 뒷ᄑᆞ람 : 휘파람 5) 흘곤 : 흙을 6) ᄢᅴ여딘 : **ᄢᅴ여디다**, 찢어지다 7) 기우려뇨 : 깁다(補) 8) 일ᄒᆞ니 : 일타, 잃다 9) 미온 : 매운 10) 버히니 : 베다 11) 뮈우노소니 : 움직이다 12) 힐후ᄆᆞᆯ : 힐후다, 힐난하다, 말썽부리다

十月一日
시월일일

有瘴非全歇爲冬不亦難(유장비전헐위동불역난)
더운 氣運이 오로 歇티 아니ᄒᆞᄂᆞ니 겨을 두외요ᄆᆞᆫ ᄯᅩ 어렵디 아니ᄒᆞ니아
夜郞溪日暖白帝峽風寒(야랑계일난백제협풍한)
夜郞앤 시내햇 ᄒᆡ 덥고 白帝예는 山峽엣 ᄇᆞᄅᆞ미 서늘홀 만ᄒᆞ도다.
蒸裏如千室燋糖幸一柈(증리여천실초당행일반)
蒸裏ㅣ 즈믄 지비 ᄀᆞᄐᆞ니 燋糖은 幸혀 ᄒᆞᆫ 盤이로다
玆展南國重舊俗自相歡(자전남국중구속자상환)
이 ᄲᅮᆯ 南國이 重히 녀겨 녯 風俗이 저희 서르 즐겨 ᄒᆞ놋다.

[중간본]

더운 氣運이 오로 歇티 아니ᄒᆞᄂᆞ니 <u>겨</u>을 두외요ᄆᆞᆫ ᄯᅩ 어렵디 아니ᄒᆞ니아
夜郞앤 시내햇 ᄒᆡ 덥고 白帝예는 山峽엣 ᄇᆞᄅᆞ미 서늘홀 만ᄒᆞ도다.
蒸裏ㅣ 즈믄 지비 ᄀᆞᄐᆞ니 燋糖은 幸혀 ᄒᆞᆫ 盤이로다
이 ᄲᅮᆯ 南國이 重히 녀겨 녯 <u>風俗ㅣ</u> 저희 서르 즐겨 ᄒᆞ놋다.

---

1) 오로 : 온전히 2) ᄲᅮᆯ : 때를 3) 녀겨 : 넉기다, 여기다 4) 즈믄 : 천

初冬
초동

垂老戎衣窄歸休寒色深(수노융의착귀휴한색심)
늘구메 다드라 戎衣ㅣ 품 조브니 도라와 쉬유메 치윗 비치 깁도다.
漁舟上急水獵火著高林(어주상급수렵화저고림)
고기 잡눈 비 색론 믈로 올아가고 畋獵ᄒᆞ는 브른 노폰 수프레 브텟도다.
日有習池醉愁來梁甫吟(일유습지취수래량보음)
나날 習池예 醉ᄒᆞ미 잇ᄂᆞ니 시르미 오거든 梁甫吟 ᄒᆞ노라
干戈未偃息出處遂何心(간과미언식출처수하심)
干戈ㅣ 긋디 아니ᄒᆞ니 出仕ᄒᆞ며 隱處호매 므슷 ᄆᆞᅀᆞ믈 일우리오

[중간본]

늘구메 다드라 戎衣ㅣ 품 조브니 도라와 쉬유메 치윗 비치 깁도다.
고기 잡눈 비 색론 믈로 올아가고 畋獵ᄒᆞ는 브른 노폰 수프레 브텟도다.
나날 習池예 醉ᄒᆞ미 잇ᄂᆞ니 시르미 오거든 梁甫吟 ᄒᆞ노라
干戈ㅣ 긋디 아니ᄒᆞ니 出仕ᄒᆞ며 隱處호매 므슷 ᄆᆞᄋᆞᆯ믈 일우리오.

---

1) 조브니 : 좁다 2) 쉬유메 : 쉬윰, 쉼, 쉬다 3) 므슷 : 무슨 4) 브텟도다 : 브텟다, 붙어 있다 5) 다드라 : 다드라다, 다다르다

孟冬
맹동

殊俗還多事方冬變所爲(수속환다사방동변소위)
다른 風俗이 도르혀 이리 ᄒᆞ니 보야ᄒᆞ로 겨ᄉᆞ레 ᄒᆞ논 이리 改變ᄒᆞ놋다,
破柑霜落爪嘗稻雪翻匙(파감상락조상도설번시)
柑子ᄅᆞᆯ ᄢᅢ혀니 서리 ᄀᆞᄐᆞᆫ 거시 손토배 디고 稻米ᄅᆞᆯ 맛보니 누니 수레 두위티ᄂᆞᆫ ᄃᆞᆺ도다,
巫峽寒都薄烏蠻瘴遠隨(무협한도박오만장원수)
巫峽에 치위 다 열우니 烏蠻애 더운 氣運이 머리 조차 오놋다,
終然減灘瀨暫喜息蛟螭(동연감탄뢰잠희식교리)
ᄆᆞᄎᆞ매 여흘 므리더니 蛟螭ㅣ 업수믈 잢간 깃노라.

[중간본]

다른 風俗이 도르혀 이리 ᄒᆞ니 보야ᄒᆞ로 겨으레 ᄒᆞ논 이리 改變ᄒᆞ놋다,
柑子ᄅᆞᆯ ᄢᅢ혀니 서리 ᄀᆞᄐᆞᆫ 거시 손토배 디고 稻米ᄅᆞᆯ 맛보니 누니 수레 두위티ᄂᆞᆫ ᄃᆞᆺ도다,
巫峽에 치위 다 열우니 烏蠻애 더운 氣運이 머리 조차 오놋다,
ᄆᆞᄎᆞ매 여흘 므리더니 蛟螭ㅣ 업수믈 잢간 깃노라

---

1) 도르혀 : 돌이켜, 돌리어, 도리어 2) 겨ᄉᆞ레 : 겨울에 3) ᄢᅢ혀니 : ᄢᅢ혀다, 깨뜨리다 4) 손토배 : 손톱에 5) 수레 : 술에, 숟가락에 6) 두위티ᄂᆞᆫ : 두위티다, 번드치다(물건을 한 번에 뒤집다) 7) 여흘 : 여울 8) 깃노라 : 깃다, 기뻐하다 9) 열우니 : 열운, 엷은

至後
지후

冬至至後日初長遠在劒南思洛陽(동지지후일초장원재검남사낙양)
冬至 니른 後에 힌 처엄 기니 머리 劒南애 와 이셔셔 洛陽올 스랑ᄒ노라.
靑袍白馬有何意金谷銅駝非故鄕(청포백마유하의금곡동타비고향)
靑袍와 白馬ᄂ 므슷 ᄯ디 잇ᄂ뇨 金谷과 銅駝와ᄂ 故鄕이 아니가
梅花欲開不自覺棣萼一別永相望(매화욕개자불각체악일별영상망)
梅花ㅣ 프고져커놀 슬퍼 내 아디 몯ᄒ니 棣萼올 ᄒᆞᆫ 번 여희오 기리 서르 ᄇᆞ라노라
愁極本憑詩遣興詩成吟詠轉凄凉(수극본빙시견흥시성음영전처량)
시르미 ᄀ쟝 오매 本來ㅣ 그르부터 興을 펴다니 詩句ㅣ 일어ᄂᆞᆯ 이푸니 도로 ᄀ쟝 슬프도다,

[중간본]

冬至 니른 後에 힌 처엄 기니 머리 劒南애 와 이셔셔 洛陽올 스랑ᄒ노라.
靑袍와 白馬ᄂ 므슷 ᄯ디 잇ᄂ뇨 金谷과 銅駝와ᄂ 故鄕이 아니가
梅花ㅣ 프고져커놀 슬퍼 내 아디 몯ᄒ니 棣萼올 ᄒᆞᆫ 번 여희오 기리 서르 ᄇᆞ라노라
시르미 ᄀ쟝 오매 本來ㅣ 그르부터 興을 펴다니 詩句ㅣ 일어ᄂᆞᆯ 이푸니 도로 ᄀ쟝 슬프도다,

---

1) 니른 : 이르다 2) 처엄 : 처음 3) ᄯ디 : 뜻이 4) 프고져커놀 : 프다, 피다, 피고자하거늘 5) 이푸니 : 이품, 읊음

冬深
동심

花葉隨天意江溪共石根(화엽수천의강계공석근)
곳과 니픈 하늜 뜨들 좃고 그룸과 시내흔 돐불휘와 다뭇 ᄒᆞ얏도다.
早霞隨類影寒水各依痕(조하수류영한수각의량)
이른 雲霞ᄂᆞᆫ 類를 조츤 그르메오 ᄎᆞᆫ 므른 제여곰 그제를 브텟도다,
易下楊朱淚難招楚客魂(역하양주루난초초객혼)
楊朱의 눖므를 수이 디노니 楚ㅅ 나그내 넉슬 블로미 어렵도다.
風濤暮不穩捨棹向誰門(풍도모불온사도향수문)
ᄇᆞᄅᆞᆷ 부는 믌겨리 나조히 어려우니 비츨 ᄇᆞ리고 뉘 짓 門을 向ᄒᆞ야 가려뇨

[중간본]

곳과 니픈 하늜 뜨들 좃고 그룸과 시내흔 돐불휘와 다뭇 ᄒᆞ얏도다.
른 雲霞ᄂᆞᆫ 類를 조츤 그르메오 ᄎᆞᆫ 므른 제여곰 그제를 브텟도다,
楊朱의 눖므를 수이 디노니 楚ㅅ 나그내 넉슬 블로미 어렵도다
ᄇᆞᄅᆞᆷ 부는 믌겨리 나조히 어려우니 비츨 ᄇᆞ리고 뉘 짓 門을 向ᄒᆞ야 가려뇨

---

1) 돐불휘 : 돌부리 2) 다뭇 : 더불어, 함께 3) 그르메 : 그림자 4) 제여곰 : 제가끔, 제각기 5) 그제를 : 자리, 흠, 허물, 흔적 6) 블로미 : 블롬이, 부름 7) 짓 : 집, 집의 8) 수이 : 쉽게 9) 디노니 : 디다, 떨어지다 10) 넉슬 : 넋, 넋을 11) 비츨 : 상앗대를, 노를

十二月一日 三首
십이월일일 삼수

今朝臘月春意動雲安縣前江可憐(금조랍월춘의동운안현전강가련)
오눌 아춤 섯드래 봆 뜨디 뮈니 雲安縣ㅅ 알핏 ㄱㄹ미 어루 ᄉᆞ랑ᄒᆞ리로다.
一聲何處送書雁百丈誰家上瀨船(일성하처송서안백장수가상뢰선)
ᄒᆞᆫ 소리는 어딋 글월 보내는 그려기오 百丈은 뉘 집 여흘로 오ᄅᆞ는 비오
未將梅蕊驚愁眼更取椒花媚遠天(미매화예경수안갱취초화미원천)
梅花ㅅ 고ᄌᆞᆯ 가져다가 시름드왼 누늘 놀래디 몯ᄒᆞ고 ᄯᅩ 椒花ᄅᆞᆯ 아ᅀᅡ다가 먼 하늘해셔 媚愛ᄒᆞ노라
明光起草人所羨肺疾幾時朝日邊(명광기초인소선폐질기시조일변) 갱
明光殿에 起草호ᄆᆞᆯ ᄉᆞᄅᆞ미 브논 배언마ᄅᆞᆫ 肺疾이어니 어느 제 힛ᄀᆞᅀᅵ 朝會ᄒᆞ리오
寒輕市上山煙碧日滿樓前江霧黃(한경시상산연벽일만루전강무황)
서늘코 가비야온 져젯 우흿 묏 니 퍼러ᄒᆞ고 힛비치 ᄀᆞ득ᄒᆞᆫ 樓ㅅ 알피는 ᄀᆞᄅᆞ맷 雲霧ㅣ 누러ᄒᆞ도다.
負塩出井此溪女打鼓發船何郡郎(부염출정차계녀타고발선하군랑)
소금 져 우므레셔 나ᄂᆞ닌 이 시내예 사는 겨지비로소니 붑 티고 ᄇᆡ 내야 가ᄂᆞ닌 어느 ᄀᆞ옰 郞고
新亭擧目風景切茂陵著書消渴長(신정거목풍경절무릉저서소갈장)
新亭에서 누늘 드러 보니 風景이 ᄀᆞ장 ᄒᆞ니 茂陵이 글워를 밍ᄀᆞ로매 消渴ㅅ 病이 기도다.
春花不愁不爛熳楚客唯聽櫂相將(춘화불수불란만초객유청도상장)

볋 고졸 므르듣게 피디 아니ᄒᆞ려다 시름 아니카니와 楚ㅅ 나그내를 비츨
서르 가져 가몰 오직 듣고져 ᄒᆞ노라
卽看燕子入山扉豈有黃鶯歷翠微(즉간연자입산비기유황앵력취미)
져비 묏 집 이페 드러오믈 곧 보리니 엇뎨 곳고리 翠微예 디내 ᄂᆞ로미 잇
디 아니ᄒᆞ리오.
短短桃花臨水岸輕輕柳絮點人衣(단단도화임수안경경류서점인의)
뎌른 복셩홧 고즌 므를 디렛는 드들기오 가비야온 버듨가야지는 사ᄅᆞ미
오새 버렛놋다.
春來準擬開懷久老去親知見面稀(춘래준의개회구노거친지견면희)
보미 오나ᄃᆞᆫ 懷抱 펴몰 오래 ᄒᆞ고져 너기간마른 늘거 가매 ᄌᆞ올아이 아논
사ᄅᆞ미 ᄂᆞ출 보미 드므도다.
他日一盃難强進重嗟筋力故山違(타일일배난강진중차근력고사위)
다ᄅᆞᆫ 나래 ᄒᆞᆫ 盞을 고돌파 나소아 머구미 어려우니 내 히미 故鄕ㅅ 뫼해
그르추믈 다시곰 슬허ᄒᆞ노라

[중간본]

오ᄂᆞᆳ 아ᄎᆞᆷ 섯ᄃᆞ래 볋 ᄠᅳ디 뮈니 雲安縣ㅅ 알ᄑᆡᆺ ᄀᆞ르미 어루 ᄉᆞ랑ᄒᆞ리로다.
ᄒᆞᆫ 소리는 어듸 글월 보내는 그려기오 百丈은 뉘 집 여흘로 오르는 비오
梅花ㅅ 고졸 가져다가 시름ᄃᆞ왼 누늘 놀래디 몯ᄒᆞ고 ᄯᅩ 椒花를 아아다가
먼 하ᄂᆞᆯ해셔 媚愛ᄒᆞ노라
明光殿에 起草호ᄆᆞᆯ ᄉᆞᄅᆞ미 브논 배언마ᄅᆞᆫ 肺疾이어니 어느 제 횟 ᄀᆞ의
朝會ᄒᆞ리오
서늘코 가비야온 져젯 우흿 묏 니 퍼러ᄒᆞ고 힛비치 ᄀᆞ독ᄒᆞᆫ 樓ㅅ 알ᄑᆡ는
ᄀᆞᄅᆞ맷 雲霧ㅣ 누러ᄒᆞ도다.

소금 져 우므레셔 나ᄂ닌 이 시내예 사논 겨지비로소니 붑 티고 비 내야 가ᄂ닌 어느 그옰 郎고

新亭에셔 누늘 드러 보니 風景이 ᄀ장 ᄒ니 茂陵이 글워를 밍ᄀ로매 消渴ㅅ 病ㅣ 기도다.

봄 고즐 므르듣게 피디 아니ᄒ려다 시름 아니커니와 楚ㅅ 나그내를 비츨 서르 가져 가몰 오직 듣고져 ᄒ노라

져비 뭿 집 이페 드러오몰 곧 보리니 엇뎨 곳고리 翠微예 디내 누로미 잇디 아니ᄒ리오.

뎌른 복셩홧 고즌 뭇곳 두들글 디러 잇고 가비야온 버들가야지는 사ᄅ미 오새 버렛놋다.

보미 오나든 懷抱 펴몰 오래 ᄒ고져 너기간마른 늘거 가매 조올아이 아논 사ᄅ미 누츨 보미 드므도다,

다른 나래 ᄒᆫ 盞을 고돌파 나ᅀᅡ 머구미 어려우니 내 히미 故鄕ㅅ 뫼해 그르추믈 다시곰 슬허ᄒ노라

---

1) 섯ᄃ래 : 섣달(12월) 2) 어루 : 可히 3) 아ᅀᅡ다가 : 아ᅀᅡ, 빼앗아 4) 브노라 : 부러워하노라 5) 배언마른 : 바이지마는 6) 져젯 : 저자, 시장 7) ᄀ옰 : 고을 8) 밍ᄀ로매 : 밍글다, 만들다 9) 므르듣게 : 무르녹게, 난만히 10) 아니카니와 : 아니커니와 11) 비츨 : 상앗대를, 노를 12) 이페 : 잎, 어귀, 문호 13) 뎌른 : 작은 14) 디렛논 : 디러, 임하여, 디렛셔, 임하여서 15) 두들글 : 두둑이, 두듥, 둔덕 16) 버렛놋다 : 버라놋다, 묻어 있다 17) 너기간마론 : 너기다, 여기다, 여기건마는 18) 조올아이 : 친하게 19) 나ᅀᅡ : 나아가 20) 그르추믈 : 그르츠다, 그르치다 21) 다시곰 : 다시금 22) 힘 : 힘살, 근육, 힘줄(筋)

歲暮
세모

歲暮遠爲客邊隅還用兵(세보원위객변우환용병)
歲暮애 머리 와 나그내 ᄃᆞ외요니 ᄀᆞᅀᅵ셔 도ᄅᆞ혀 兵戈를 쓰ᄂᆞ다.
煙塵犯雪嶺鼓角動江城(연진범설령고각동강성)
니와 드틀왜 雪嶺에 侵犯ᄒᆞ얏고 붐과 吹角ㅅ 소리ᄂᆞᆫ 江城에 뮈옛도다
天地日流血朝廷誰請纓(천지일류혈조정수청영)
天地ㅅ ᄉᆞᅀᅵ예 나날 피 흐르ᄂᆞ니 朝廷엔 뉘 노홀 請ᄒᆞᄂᆞ니오.
濟時敢愛死寂寞壯心驚(제시감애사적막장심경)
時節 거리츄메 敢히 주구믈 앗기려마ᄅᆞᆫ 寂寞ᄒᆞ야 壯ᄒᆞᆫ ᄆᆞᅀᆞ믈 놀라노라.

[중간본]

歲暮애 머리 와 나그내 ᄃᆞ외요니 <u>ᄀᆞ이셔</u> 도ᄅᆞ혀 兵戈를 쓰ᄂᆞ다.
니와 드틀왜 雪嶺에 侵犯ᄒᆞ얏고 붐과 吹角ㅅ 소리ᄂᆞᆫ 江城에 뮈옛도다
天地ㅅ <u>소이예</u> 나날 피 흐르ᄂᆞ니 朝廷엔 뉘 노홀 請ᄒᆞᄂᆞ니오.
時節 거리츄메 敢히 주구믈 앗기려마ᄅᆞᆫ 寂寞ᄒᆞ야 壯ᄒᆞᆫ <u>ᄆᆞ오믈</u> 놀라노라

---

1) ᄀᆞᅀᅵ셔 : 가에서, 변방에서 2) 노홀 : 노, 노끈 3) 거리츄메 : 거리츔, 건짐, 구제 4) 앗기려마ᄅᆞᆫ : 앗기다, 아끼다

-分類杜工部詩卷之一十-

分類杜工部詩卷之十五
(분류두공부시권지십오)

園林
원림

古詩 三首, 律詩 二十四首

樂遊園歌
낙유원가

樂遊古園崒森爽烟緜碧草萋萋長(낙유고원줄삼상연면벽초처처장)
樂園ㅅ 녯 園ㅣ 노파 서늘ᄒᆞ니 늬 버므렛는 프른 프리 다복다보기 기렛도다.
公子華筵勢最高秦州對酒平如掌(공자화연세최고진주대주평여장)
公子의 빗논 돗기 勢ㅣ ᄀᆞ장 노ᄑᆞ니 秦州에 수를 相對ᄒᆞ니 平ᄒᆞ미 手掌 굳도다.
長生木瓢示眞率更調鞍馬狂歡賞(장생목표시진솔갱조안마관환상)
길에 내와둔 나모 바곤 眞率호ᄆᆞᆯ 뵈ᄂᆞ니 다시 기르마지혼 ᄆᆞᄅᆞᆯ 調習ᄒᆞ야 어러이 즐겨 賞玩ᄒᆞ놋다.
靑春波浪芙蓉園白日雷霆夾城仗(청춘파랑부용원백일뢰정협성장)
靑春엣 믌겨른 芙蓉園이오 白日엣 雷霆ㅅ 소리는 夾城엣 儀仗이로다.
閶闔晴開詄蕩蕩曲江翠幕排銀牓(창합청개질탕탕곡강취막배은방)
閶闔을 갠 나래 여니 詄蕩蕩ᄒᆞ고 曲江ㅅ 프른 帳幕앤 銀牓ㅣ 버렛도다.
拂水低回舞袖翻緣雲淸切歌聲上(불수저회무수번연운청절가성상)
므를 ᄲᅳᆯ텨 ᄂᆞᆽ기 횟도는 춤 츠는 ᄉᆞ매 두위잇고 구루믈 바라 淸切ᄒᆞᆫ 놀앳 소리 오ᄅᆞ놋다.

却憶年年人醉時只今未醉已先悲(각억년년인취시지금미취이선비)
도ᄅᆞ혀 히마다 사ᄅᆞᆷ 醉ᄒᆞ던 저글 ᄉᆞ랑코 이제 醉티 아니ᄒᆞ야셔 ᄒᆞ마 몬져 슬노라.
數莖白髮那抛得百罰深盃亦不辭(수경백발나포득백벌심배역불사)
두어 줄깃 셴 머릿터리를 어느 ᄇᆞ리리오 온 번 罰ᄒᆞᄂᆞᆫ 기픈 잔ᄋᆞᆯ ᄯᅩ 마디 아니ᄒᆞ노라.
聖祖已知賤士醜一物自荷皇天慈(성조이지천사추일물자하황천자)
聖朝ㅣ ᄒᆞ마 賤士ㅣ 더러우믈 아르시니 一物이 스스로 皇天ㅅ 恩慈를 니벳노라.
此身飮罷無歸處獨立蒼茫自詠詩(차신음파무귀처독립창망자영시)
이 모미 술 머굼 ᄆᆞᆺ고 갈 ᄃᆡ 업서 ᄒᆞ오ᅀᅡ 셔셔 괴외히 내 그를 읍노라.

[중간본]

樂園ㅅ 녯 園ㅣ 노파 서늘ᄒᆞ니 니 버므렛ᄂᆞᆫ 푸른 프리 다복다보기 기렛도다.
公子의 빗난 돗기 勢ㅣ ᄀᆞ장 노ᄑᆞ니 秦州에 수를 相對호니 ᄑᆞ호미 手掌 ᄀᆞᆮ도다.
길에 내와ᄃᆞᆫ 나모 바ᄀᆞᆫ 眞率호ᄆᆞᆯ 뵈ᄂᆞ니 다시 기르마지흔 ᄆᆞᆯ 調習ᄒᆞ야 어러이 즐겨 賞玩ᄒᆞ놋다.
靑春엣 믌겨른 芙蓉園ㅣ오 白日엣 雷霆ㅅ 소리ᄂᆞᆫ 夾城엣 儀仗ㅣ로다.
閶闔을 갠 나래 여니 䟱蕩蕩ᄒᆞ고 曲江ㅅ 프른 帳幕앤 銀牓ㅣ 버렛도다.
ᄆᆞ를 ᄲᅥᆯ텨 ᄂᆞ즈기 횟도ᄂᆞᆫ 춤 츠ᄂᆞᆫ ᄉᆞ매 두위잇고 구루믈 바라 淸切ᄒᆞᆫ 놀앳 소리 오ᄅᆞ놋다.
도ᄅᆞ혀 히마다 사ᄅᆞᆷ 醉ᄒᆞ던 저글 ᄉᆞ랑코 이제 醉티 아니ᄒᆞ야셔 ᄒᆞ마 몬져 슬노라.

두어 줄깃 셴 머릿터리롤 어느 브리리오 온 번 罰ᄒᆞ는 기픈 잔을 또 마디 아니ᄒᆞ노라.

聖朝ㅣ ᄒᆞ마 賤士이 더러우믈 아르시니 一物이 스스로 皇天ㅅ 恩慈롤 니벳노라.

이 모미 술 머굼 못고 갈 듸 업서 ᄒᆞ오아 셔서 괴외히 내 그를 읍노라.

---

1) 버므렛는 : 버므리다, 얽매다, 버믈다, 두르다 2) 다복다보기 : 다복다복이 3) 돗기 : 돗자리 4) 내와든 : 내왇다, 내밀다 5) 기르마지혼 : 기르마지타, 길마짓다(鞍) 6) 어러이 : 미친 듯이 7) 버렛도다 : 벌다, 벌이다, 늘리다(排) 8) 떨텨 : 떨티다, 떨치다 9) 두위잇고 : 번드치다 10) 바라 : 의지하다, 곁따라 11) 도르혀 : 돌이켜 12) 브리리오 : 브리다, 버리다(抛) 13) 괴외히 : 고요히

阻雨不得歸瀼西甘林
조우부득귀회서감림

三伏適已過驕陽化爲霖(삼복적이과교양화위림)
三伏이 마초아 ᄒᆞ마 디나니 驕陽이 變化ᄒᆞ야 霖雨ㅣ 두외도다.
欲歸瀼西宅阻此江浦深(욕귀회서택조차강포심)
瀼西ㅅ 지븨 가고져 ᄒᆞ나 이 江浦의 기푸메 阻隔호라.
壞舟百板坼峻岸復萬尋(괴주백판기준안복만심)
헌 ᄇᆡ는 온 너리 ᄢᅥ뎃고 노폰 두들근 또 萬尋이나 ᄒᆞ도다.

121

篙工初一棄恐泥勞寸心(고공초일기공니노촌심)
빅 달홀 사르미 처서믜 혼 번 브리니 泥滯ᄒ야 寸心을 잇블가 저토다.
佇立東城隅悵望高飛禽(저립동성우창망고비금)
東城ㅅ 모해 오래 셔서 노피 ᄂ라가는 새롤 슬허 브라노라.
草堂亂玄圃不隔崑崙岑(초당란현포불격곤륜잠)
草堂이 玄圃와 ᄒ야 相亂ᄒ니 崑崙ㅅ 뫼콰 限隔디 아니ᄒ니라.
昏暉衣裳外曠絶同層陰(혼휘의상외광절동층음)
어드워 내 옷 밧근 먼 싸히 ᄒ가지로 여러 녨 陰氣로다.
園甘長成時三寸如黃金(원감장성시삼촌여황금)
위안햇 柑子ㅣ ᄌ랄 쩨 기릐 세 寸 만ᄒ야 비치 黃金 ᄀᆞᄂ니라.
諸侯舊上計厥貢傾千林(제후구상계궐공경천림)
諸侯ㅣ 녜 計簿를 올이니 그 貢올 즈믄 수프를 기우려 ᄒ더니라.
邦人不足重所迫豪吏侵(방인부족중소박호리침)
이 ᄀᆞ옰 사르미 足히 重히 너기둘 아니ᄒᄂ니 豪吏의 侵奪호매 逼迫ᄒ얘니라.
客居暫封殖日夜偶瑤琴(객거잠봉식일야우요금)
나그내로 사로매 쟈간 심거 낫바물 瑤琴과 짝ᄒ야 뒷다라.
虛徐五株態側塞煩胸襟(허서오주태측새번흉금)
드믓ᄒ 다ᄉᆞᆺ 株ㅅ 양지 가ᄉᆞ매 칙치기 어즈러이 담겨셰라.
焉得轍雨足杖藜出嶇嶔(언득철우족장려출구금)
엇뎨 시러곰 빗바리 긋거든 도틱랏 디퍼 노폰 뫼ᄒ로 나가려뇨.
條流數翠實偃息歸碧潯(조류수취실언식귀벽심)
나못가지에 흘려 프른 여르믈 혜옥 프른 믌ᄀᆞᅀᅵ 가 히즈려서 쉬요리라.
拂拭烏皮几喜聞樵牧音(불식오피궤희문초목음)

거믄 가추로 밍ᄀ론 几를 스저 지여셔 나모 지며 ᄆ쇼 머기는 놀앳 소리
를 즐겨 듣곡
슈兒快搔背脫我頭上簪(령아쾌소배탈아두상잠)
아히로 훤히 등어리 글키고 내 머리 우흿 빈혀를 바사 ᄇ료리라.

[중간본]

三伏ㅣ 마초아 ᄒ마 디나니 驕陽ㅣ 變化ᄒ야 霖雨ㅣ 도외도다.
漢西ㅅ 지븨 가고져 ᄒ나 이 江浦의 기푸메 阻隔호라.
헌 비는 온 너리 ᄠᅥ뎻고 노ᄑᆫ 두들근 ᄯᅩ 萬尋이나 ᄒ도다.
비 달홀 사ᄅ미 처어믜 ᄒ 번 ᄇ리니 泥滯ᄒ야 寸心을 잇블가 저토다.
東城ㅅ 모해 오래 셔서 노피 ᄂ라가는 새를 슬허 ᄇ라노라.
草堂ㅣ 玄圃와 ᄒ야 相亂ᄒ니 崑崙ㅅ 뫼과 限隔디 아니ᄒ니라.
어드워 내 옷 밧근 먼 ᄯ싸히 ᄒ가지로 여러 볹 陰氣로다.
위안햇 柑子ㅣ ᄌ랄 ᄢᅵ 기릐 세 寸 만ᄒ야 비치 黃金 ᄀᆞᄂ니라.
諸侯ㅣ 녜 計薄를 올이니 그 貢을 즈믄 수프를 기우려 ᄒ더니라.
이 ᄀᆞ옰 사ᄅ미 足히 重히 너기둘 아니ᄒᄂ니 豪吏의 侵奪호매 逼迫ᄒ얘
니라.
나그내로 사로매 ᄌᆞᆫ간 심거 낫밤믈 瑤琴과 ᄧᅡᆨᄒ야 뒷다라.
드믓흔 다ᄉᆞᆺ 株ㅅ 양지 가ᄉ매 칙치기 어즈러이 담겨셰라.
엇데 시러곰 빗바리 긋거든 도토랏 디퍼 노ᄑᆫ 뫼ᄒ로 나가려뇨.
나못가디예 흘려 프른 여르믈 혜오 프른 믌ᄀᆡ 가 히즈려셔 쉬요리라.
거믄 가추로 밍ᄀ론 几를 스저 지여셔 나모 지며 ᄆ쇼 머기는 놀앳 소리
를 즐겨 듯고
아히로 훤히 등어리 글키고 내 머리 우흿 빈혀를 바사 ᄇ료리라.

1) 마초아 : 마침 2) 뻐뎻고 : 뻐디다, 터지다 3) 두들근 : 두둙, 두둑, 둔덕 4) 달홀 : 달호다, 다루다, 다스리다 5) 잇블가 : 잇브다(勞), 가쁘다, 피곤하다, 수고롭다 6) 저토다 : 두려워하다 7) 모해 : 모퉁이 8) 붔 : 불, 겹, 층, 벌 9) 위안햇 : 동산에, 전원에 10) 기릐 : 길이 11) 사로매 : 삶 12) 딱ᄒᆞ야 : 짝하다 13) 딋다라 : 딋다, 두어 있다. 두었다 14) 드믓흔 : 드믓ᄒᆞ다, 엉성드믓하다 15) 가ᄉ매 : 가슴 16) 칙치기 : 빽빽이 17) 담겨셰라 : 담기다 18) 시러곰 : 능히 19) 도ᄐᆞᆺ : 막대, 지팡이 20) 여르믈 : 여름, 열매 21) 혜옥 : 혜다, 헤아리다 22) 히즈려셔 : 히즈리다, 드러눕다 23) 가ᄎᆞ로 : 갖으로, 갖, 가죽 24) 스저 : 스저니, 씻어 25) 훤히 : 시원히 26) 글키고 : 글키다, 긁게 하다 27) 바사 : 벗어

甘林
감림

捨舟越西岡入林解我衣(사주월서강입림해아의)
비 ᄇᆞ리고 西ㅅ녁 뫼홀 나미 수프레 드러 내 오ᄉᆞᆯ 바소라.
青芻適馬性好鳥知人歸(청추적마성호조지인귀)
프른 꼬리 ᄆᆞ리 性에 마츠니 됴ᄒᆞᆫ 새 사ᄅᆞ미 도라와쇼믈 아놋다.
晨光映遠岫夕露見日晞(신광영원수석로견일희)
새뱃 비치 먼 묏 그테 비취엿고 나좃 이스른 ᄒᆡ를 보아 ᄆᆞᄅᆞ놋다.
遲暮少寢食淸曠喜荊扉(지모소침식청광희형비)
늘거셔 좀과 밥 머기와 져구니 ᄆᆞᆰ고 훤ᄒᆞᆫ 荊扉를 즐기노라.
經過倦俗態在野無所違(경과권속태재야무소위)
디나ᄃᆞᆫ뇨매 俗人이 양ᄌᆡ애 굿가ᄒᆞ다니 미해 와 이쇼니 ᄆᆞᅀᆞ매 어그리츤 배 업도다.

試問甘藜藿未肯羨輕肥(시문감려곽미긍선경비)
藜藿 머굼 둘히 너교모란 비르서 묻고 가비야온 옷과 슬진 물 브러호모란 즐기디 아니ᄒ노라.
喧靜不同科出處各天機(훤정부동과출처각천기)
喧雜ᄒ며 寂靜호미 科等이 곧디 아니ᄒ니 나 구실ᄒ며 隱處호미 제여곰 天機니라.
勿矜朱門是陋此白屋非(물긍주문시루차백옥비)
블근 칠혼 門으란 올ᄒ니라 ᄒ야 쟈랑ᄒ곡 이 새지브란 외다 ᄒ야 더러이 너기디 말라.
明朝步隣里長老可以依(명조보린리장노가이의)
이틋날 아ᄎ미 이우제 거로니 늘근 사롭 둘히 可히 브텀직ᄒ도다.
時危賦斂數脫粟爲爾揮(시위부감수탈속위이휘)
時節이 危亂ᄒ야 賦斂이 ᄌᄌ니 것 바손 조ᄡᆞᆯ룰 爲ᄒ야 흘노라.
相携行豆田秋花藹菲菲(상휴행두전추화애비비)
서르 자바 콩 바틱 녀 보니 ᄀ옰 고지 盛ᄒ야 菲菲ᄒ도다.
子實不得喫貨市送王畿(자실부득끽화시송왕기)
여르믈 시러 먹디 몯ᄒ고 財貨롤 사 王畿로 보내놋다.
盡添軍旅用迫此公家威(진첨군려용박차공가위)
다 軍旅ㅅ 쑤메 더으ᄂ니 이 구윗 威嚴에 逼迫ᄒ애로다.
主人長跪辭戎馬何時稀(주인장궤사융마하시희)
主人이 기리 꾸러셔 닐오디 戎馬논 어느 時節에 드믈려뇨 ᄒᄂ다.
我衰易悲傷屈指數賊圍(아쇠이비상굴지수적위)
내 늘거 수이 슬허 ᄒ노니 숟가라글 구펴 盜賊 ᄡ렛논 디롤 혜노라.
勸其死王命愼勿遠奮飛(권기사왕명신물원분비)

125

그 님금 命하샨 이레 주거 삼가 머리 느라 가디 말라 勸하노라.

[중간본]

비 부리고 西ㅅ녁 뫼흘 나미 수프레 드러 내 오솔 바소라.
프른 꼬리 무뤼 性에 마즈니 됴흔 새 사르미 도라와쇼믈 아놋다.
새뱃 비치 먼 뫼 그테 비최엿고 나죗 이스른 히롤 보아 므르놋다.
늘거셔 좀과 밥 머기와 져구니 묽고 훤흔 荊扉롤 즐기노라
디나든뇨매 俗人이 양조애 긋가하다니 미해 와 이쇼니 모오매 어그리춘 배 업도다.
藜藿 머굼 둘히 너교모란 비르서 묻고 가비야온 옷과 술딘 몰 브러호모란 즐기디 아니하노라.
喧雜하며 寂靜호미 科等ㅣ 곳디 아니하니 나 구실하며 隱處호미 제여곰 天機니라.
블근 칠흔 門으란 올하니라 하야 쟈랑하고 이 새지브란 외다 하야 더러이 너기디 말라.
이틋날 아추미 이우제 거로니 늘근 사롬돌히 可히 브텀직하도다.
時節ㅣ 危亂하야 賦斂ㅣ 즈즈니 것 바손 조뿔롤 너희롤 爲하야 흣노라.
서르 자바 콩 바틔 녀 보니 그윐 고지 盛하야 菲菲하도다.
여르믈 시러 먹디 몯하고 財貨롤 사 王畿로 보내놋다.
다 軍旅ㅅ 뿌매 더으노니 이 구윗 威嚴에 逼迫하얘로다.
主人ㅣ 기리 쑤러셔 닐오디 戎馬는 어느 時節에 드믈려뇨 하느다.
내 늘거 수이 슬허하노니 숟가라골 구펴 盜賊 쁘렷논 디롤 혜노라.
그 님금 命하샨 이레 주거 삼가 머리 느라가디 말라 勸하노라.

1) 바소라 : 벗다 2) 꼬리 : 꼴(말과 소에게 먹이는 풀) 3) 마츠니 : 맞다, 맞으니 4) 무루놋다 : 무르다, 마르다 5) 긋가ᄒ다니 : 긋가ᄒ다, 가빠하다, 겨워하다, 힘들어하다 6) 어그러츤 : 어그러츠다, 어기다, 어긋나게 하다 7) 머굼 : 먹음 8) 됴히 : 달게 9) 너교ᄆ란 : 너기다, 생각하다, 여기다 10) 비르서 : 비로소 11) 브러호ᄆ란 : 브러ᄒ다, 브러워하다 12) 구실ᄒ며 : 구실ᄒ다, 벼슬하다 13) 올ᄒ니라 : 옳다 14) 새지브란 : 새집, 띠집, 초가집 15) 외다 : 그르다 16) 더러이 : 더러워 17) 너기디 : 여기지 18) 이틋날 : 이튿날 19) 이우제 : 이웃에 20) 브텀직ᄒ도다 : 의지하다, 의지함 21) ᄌᄌ니 : 잦다 22) 것 : 겉, 껍질 23) 바ᄉ : 벗은 24) 흗노라 : 흗다(훗다), 흩다 25) 시러 : 능히 26) ᄲ ᅮ메 : ᄲ ᅮᆷ, 씀 27) ᄭ ᅮ려셔 : 꿇어서 28) 솑가라골 : 손가락 29) 구펴 : 굽히다 30) ᄲ ᅳ렛논 : 끓다 31) 혜노라 : 헤아리다

奉陪鄭駙馬韋曲 二首
봉배정부마위곡 이수

韋曲花無賴家家惱殺人(위곡화무뢰가가뇌살인)
韋曲앳 고즐 依賴홀 줄 업도다 집마다셔 사ᄅ ᆞ물 ᄒ놀이놋다.
淥樽須盡日白髮好禁春(록준수진일백발호금춘)
淥樽으로 모로매 나ᄅ ᆞᆯ 다ᄋ ᆞᄃ ᆞ록 머굴디니 셴 머리 보믈 됴히 이긔ᄂ ᆞ다.
石角鉤衣破藤枝刺眼新(석각구의파등지자안신)
돌 쓰른 오ᄉ ᆞᆯ 걸위여 헐우고 藤ㅅ가지는 누늘 ᄣ ᅵᆯ어 새롭도다.
何時占叢竹頭戴小烏巾(하시점총죽두대소오건)
어느 제 퍼 깃대ᄅ ᆞᆯ 占得ᄒ ᆞ야 머리예 져근 거믄 頭巾을 스고 이시려뇨.
野寺垂楊裏春畦亂水間(야사수장리춘휴란수간)
미햇 뎌른 드린 버듨 소기오 봆 받 두들근 어즈러운 믌 ᄉ ᆞ이로다.

127

美花多映竹好鳥不歸山(미화다영죽호조불귀산)

됴훈 고지 해 대예 비취엣고 됴훈 새 뫼해 가디 아니ᄒᆞ야 잇도다.

城郭終何事風塵豈駐顔(성곽종하사풍진기주안)

城郭ㅅ 안해는 ᄆᆞᄎᆞ매 므슷 이리 이시리오 風塵이 어느 져믄 ᄂᆞᄎᆡ 머믈우리오.

誰能共公子薄暮欲俱還(수능공공자박모욕구환)

뉘 能히 公子와 다못 ᄒᆞ야 어스르매 ᄒᆞᆫ찍 도라가고져 ᄒᆞ리오.

[중간본]

韋曲앳 고졸 依賴홀 줄 업도다 집마다셔 사ᄅᆞ믈 ᄒᆞ놀이놋다.

淥樽으로 모로매 나ᄅᆞᆯ 다ᅌᆞᄃᆞ록 머굴디니 셴 머리 보ᄆᆞᆯ 됴히 이긔ᄂᆞ다.

돌 쓰른 오솔 걸위여 헐우고 藤ㅅ가지ᄂᆞᆫ 누늘 ᄢᅵ러 새롭도다.

어느 제 펄 깃대롤 占得ᄒᆞ야 머리예 져근 거믄 頭巾을 쓰고 이시려뇨.

믠해 뎌른 드린 버듨 소기오 볽 받 두들근 어즈러운 믌 스이로다.

됴훈 고ᄃᆡ 해 대예 비취엿고 됴훈 새 뫼해 가디 아니ᄒᆞ야 잇도다.

城郭ㅅ 안해ᄂᆞᆫ ᄆᆞᄎᆞ매 므스 이리 이시리오 風塵ㅣ 어느 져믄 ᄂᆞᄎᆡ 머믈우리오.

뉘 能히 公子와 다못ᄒᆞ야 어으르매 ᄒᆞᆷ찍 도라가고져 ᄒᆞ리오.

---

1) ᄒᆞ놀이놋다 : ᄒᆞ놀이다, 희롱하다, 괴롭히다 2) 모로매 : 모름지기, 반드시 3) 이긔ᄂᆞ다 : 이긔다, 이기다 4) 쓰른 : 뿔 5) 걸위여 : 걸위다, 걸리게 하다 6) 헐우고 : 헐우다, 헐게 하다 7) ᄢᅵ러 : 찔러 8) 뎌른 : 뎔은, 절은 9) 드린 : 드리다, 드리우다, 드리워지다(垂) 10) 받 : 밭 11) 므슷 : 무슨 12) 다못ᄒᆞ야 : 다못ᄒᆞ다, 같이하다, 더불어 하다 13) 어스르매 : 어스름, 어스름 14) ᄒᆞᆫ찍 : 함께

陪鄭廣文遊河將軍山林 十首
배정광문유하장군산림 십수

不識南塘路今知第五橋(불식남당로금지제오교)
南塘ㅅ 길흘 아디 몯ᄒᆞ다니 이제 第五橋를 알와라.
名園依綠水野竹上靑霄(명원의록수야죽상청소)
일훔난 위안흔 프른 므를 브텟고 미햇 대는 프른 하ᄂᆞᆯ로 오ᄅᆞᄂᆞ다.
谷口舊相得濠梁同見招(곡구구상득호량동견초)
谷口ᄅᆞᆯ 녜브터 相得ᄒᆞ다니 濠梁애 ᄒᆞᆫᄢᅴ 블료ᄆᆞᆯ 보라.
平生爲幽興未惜馬蹄遙(평생위유흥미석마제요)
平生애 幽閑ᄒᆞᆫ 興을 爲ᄒᆞ야 ᄆᆞᆯ 바리 머리 갈 이ᄅᆞᆯ 앗기디 아니ᄒᆞ노라.
百頃風潭上千章夏木淸(백경풍담상천장하목청)
온 이럼만ᄒᆞᆫ ᄇᆞ람 뷔ᄂᆞᆫ 못 우희 즈믄 낫 녀르ᇝ 남기 ᄆᆞᆰ도다.
卑枝低結子接葉暗巢鶯(비지저결자접엽암소앵)
ᄂᆞᆺ가온 가지옌 미즌 여르미 ᄂᆞ즉ᄒᆞ고 니ᅀᆞᆫ 니페는 깃기 셧ᄂᆞᆫ 곳고리 어득
ᄒᆞ얏도다.
鮮鯽銀絲膾香芹碧澗羹(선즉은사회향근벽간갱)
銀실 ᄀᆞᆮᄒᆞᆫ 膾ᄂᆞᆫ 新鮮ᄒᆞᆫ 鯽魚ㅣ오 프른 시내햇 거스로 밍ᄀᆞ론 羹은 곳다온
미나리로다.
飜疑柂樓底晩飯越中行(번의이루저만반월중행)
도ᄅᆞ혀 疑心호디 柂樓ㅅ 미틔셔 나죗밥 먹고 越ㅅ 中에셔 녀논가 ᄒᆞ노라.
萬里戎王子何年別月支(만리융왕자하년별월지)
萬里옛 戎王子ㅣ 어느 ᄒᆡ예 月支를 여희여 오니오.

異花開絶域滋蔓迊淸池(이화개절역자만잡청지)
奇異ᄒᆞᆫ 고지 먼 ᄀᆞᅀᅢ셔 프더니 퍼뎟ᄂᆞᆫ 너추리 몰곤 모ᄉᆞᆯ 횟돌앳도다.
漢使徒空到神農竟不知(한사도공도신농경부지)
漢ㅅ 使者ㅣ 혼갓 뷔여 가고 神農도 ᄆᆞᄎᆞ매 아디 몯ᄒᆞ니라.
露飜兼雨打開折漸離披(노번겸우타개절점리피)
이스레 두위티며 비 튜믈 조쳐ᄒᆞ니 펴 漸漸 펴뎟도다.
旁舍連高竹踈籬帶晩花(방사연고죽소리대만화)
ᄀᆞᇫ 지븐 노푼 댓 서리예 니셋고 설퓐 울흔 나죗 고졸 帶ᄒᆞ얫도다.
碾渦深沒馬藤蔓曲藏蛇(연와심몰마등만곡장사)
믉 뉘누리ᄂᆞᆫ 기퍼 ᄆᆞ리 줌기고 藤ㅅ 너추른 고바 ᄇᆡ야ᄆᆞᆯ 갈맷도다.
詞賦工無益山林跡未賖(사부공무익산림적미사)
詞賦ㅣ 바지로이 ᄒᆞ야도 利益호미 업스니 山林에 갈 자최 머디 아니ᄒᆞ니라.
盡拈書籍賣來問爾東家(진념서적매래문이동가)
書冊을 다 자바다가 ᄑᆞ라 네 東녁 지블 와 무러 사로리라.
剩水滄江破殘山碣石開(잉수창강파잔산갈석개)
나믄 므른 滄江을 허러 가져오고 殘微ᄒᆞᆫ 뫼흔 碣石ᄀᆞ티 여렛도다.
綠垂風折笋紅綻雨肥梅(녹수풍절순홍탄우비매)
프른 거시 드려시니 ᄇᆞᄅᆞ매 竹笋이 것거뎻고 블근 거시 ᄩᅥ뎨시니 비예 梅花ㅅ 여르미 솔졋도다.
銀甲彈箏用金魚換酒來(은갑탄쟁용김어환주래)
銀으로 밍ᄀᆞ론 瓜甲은 箏ᄠᅩ매 ᄡᅳᄂᆞ니 金魚帶로 수를 밧과 오ᄂᆞ다.
興移蕪酒掃隨意坐蒼苔(흥이무주소수의좌창태)
乘興ᄒᆞ야 올마 ᄡᅳ서리 아니ᄒᆞ야 ᄠᅳ들 조차 프른 이ᄭᅵ 안조라.

風磴吹陰雪雲門吼瀑泉(풍등취음설운문후폭천)

보룸 부는 돌드리엔 어드운 누니 불이고 구룸 씬 山門엔 瀑布ㅣ 우르놋다.

酒醒思臥簟衣冷欲製縣(주성사와점의냉욕제면)

수리 씌어놀 사티 눕고져 ᄉ랑ᄒ고 오시 서늘홀ᄉㅣ 소오모로 쑤미고져 ᄒ노라.

野老來看客河魚不取錢(야노래간객하어불취전)

민햇 늘근 사ᄅ미 와 나그낼 보아 ᄀᄅ맷 고기예 도놀 받디 아니ᄒᆞ니

只疑淳朴處自有一山川(지의순박처자유일산천)

오직 疑心ᄒ오디 淳朴ᄒᆞᆫ ᄯᅡ히 스스로 ᄒᆞᆫ 山川이 잇ᄂᆞᆫ가 ᄒ노라.

棘樹寒雲色茵蔯春藕香(극수한운색인진춘우향)

棘樹ᄂᆞᆫ ᄎᆞᆫ 구룸 빗 ᄀᆞᆮ고 茵蔯은 봆 蓮ㅅ 불휘 곳다온 ᄃᆞᆺᄒᆞ도다.

脆添生菜美陰益食單凉(취첨생채미음익식단량)

보ᄃᆞ라온 生菜ㅣ 됴ᄒᆞ니ᄅᆞᆯ 더 이받ᄂᆞ니 ᄀᆞ늘ᄒᆞᆫ 밥 다믄 그르셋 서늘호ᄆᆞᆯ 더으ᄂᆞ다.

野鶴淸晨出山精白日莊(야학청신출산정백일장)

민햇 鶴은 ᄆᆞᆯᄀᆞᆫ 새배 냇고 뫼ᄉᆞ리ᄂᆞᆫ 나지 갈맷도다.

石林蟠水府百里獨蒼蒼(석림반수부백리독창창)

돌 잇ᄂᆞᆫ 수프레 水府ㅣ 서롓ᄂᆞ니 百里예 ᄒᆞ올로 퍼러 ᄒᆞ얏도다.

憶過楊柳渚走馬定昆池(억과양류저주마정곤지)

버드나모 션 믌ᄀᆞ᠊ᅀᅩ로 디나 定昆池로 ᄆᆞᆯ 돌여오던 이ᄅᆞᆯ ᄉᆞ랑ᄒ노라.

醉把靑荷葉狂遺白接䍦(취파청하엽광유백접리)

醉코 프른 蓮니플 자바 어러이 白接䍦ᄅᆞᆯ 버서 디요라.

刺船思郢客解水乞吳兒(자선사영객해수걸오아)

빗대 디ᄅᆞᆫ 郢客을 ᄉᆞ랑ᄒ다니 믈 아ᄂᆞᆫ 吳ㅅ 아히ᄅᆞᆯ 주ᄂᆞ다.

坐對泰山晩江湖興頗隨(좌대태산만강호흥파수)
泰山ㅅ 나조흘 안자셔 相對ᄒ야쇼디 江湖앳 興心이 ᄌ모 좃누다.
床上書連屋階前樹拂雲(상상서연옥계전수불운)
床 우흿 書冊이 지븨 니엣고 階砌ㅅ 알픳 남ᄀᆫ 구루믈 떨티놋다.
將軍不好武稚子摠能文(장군불호무치자총능문)
將軍이 武事를 즐기디 아니ᄒ니 져믄 아ᄃ리 다 그를 能히 ᄒ놋다.
醒酒微風入聽詩靜夜分(성주미풍입청시정야분)
술 ᄭᅵ올 微微ᄒᆫ ᄇᆞᄅᆞ미 드ᄂᆞ니 글 닑ᄂᆞᆫ 소릴 드로니 寂靜ᄒᆫ 바미 ᄂᆞ호놋다.
絺衣掛蘿薜凉月白紛紛(치의괘라벽량월백분분)
츩오ᄉ᠊ᆯ 蘿薜에 거로니 서늘ᄒᆫ ᄃᆞᆯ비치 하야ᄒ야 어즈럽도다.
幽意忽不愜歸期無奈何(유의홀불협귀기무내하)
幽僻ᄒᆫ ᄃᆡᆺ ᄠᅳ디 忽然히 맛디 아니ᄒ니 돌라갈 期約이라 어데 ᄒ려뇨 호미 업도다.
出門流水住回首白雲多(출문류수주회수백운다)
門의 나 보니 흐르ᄂᆞᆫ 믈도 잇고 머리 도ᄅᆞ혀 보니 힌구룸도 하도다.
自笑燈前舞誰憐醉後歌(자소등전무수련취후가)
블 현 알퓌셔 츔 츠던 이룰 내 웃노니 醉ᄒᆫ 後에 브르던 놀애를 뉘 愛憐ᄒ려뇨.
秖應與朋好風雨亦來過(저응여붕호풍우역래과)
오직 당당이 버드로 다믓ᄒ야 ᄇᆞ롬 비예도 ᄯᅩ 올디로다.

[중간본]
南塘ㅅ 길흘 아디 몯ᄒ다니 이제 第 五橋룰 알와라.
일훔난 위안흔 프른 므를 브텟고 미햇 대ᄂᆞᆫ 프른 하ᄂᆞᆯ로 오ᄅᆞ놋다.

谷口룰 녜브터 相得ᄒ다니 濠梁애 ᄒᆞᄭᅴ ᄇᆞ료믈 보다.
平生애 幽閑ᄒᆞᆫ 興을 爲ᄒᆞ야 몰 바리 머리 갈 이룰 앗기디 아니ᄒᆞ노라.
온 이럼만ᄒᆞᆫ ᄇᆞ룸 뷔ᄂᆞᆫ 못 우희 즈믄 낫 녀릆 남기 믉도다.
ᄂᆞᆺ가온 가지옌 미죈 여르미 ᄂᆞ죽ᄒᆞ고 니은 니폐ᄂᆞᆫ 깁기 섯ᄂᆞᆫ 곳고리 어득ᄒᆞ얏도다.
銀실 ᄀᆞᄐᆞᆫ 膾ᄂᆞᆫ 新鮮ᄒᆞᆫ 鯽魚ㅣ오 프른 시내햇 거스로 밍ᄀᆞ론 羹ᄋᆞᆫ 곳다온 미나리로다.
도ᄅᆞ혀 疑心호ᄃᆡ 桅樓ㅅ 미틔셔 나죗밥 먹고 越ㅅ 中에셔 녀논가 ᄒᆞ노라.
萬里옛 戎王子ㅣ 어ᄂᆡ 히예 月支룰 여희여 오ᄂᆞ오.
奇異ᄒᆞᆫ 고지 먼 ᄀᆞ애셔 픠더니 퍼뎟ᄂᆞᆫ 너추리 몰ᄀᆞᆫ 모ᄉᆞᆯ 횟돌앳도다.
漢ㅅ 使者ㅣ ᄒᆞᆫ갓 뷔여 가고 神農도 ᄆᆞᄎᆞ매 아디 몯ᄒᆞ니라.
이스레 두우티며 비 튜믈 조쳐ᄒᆞ니 펴 漸漸 펴뎟도다.
그잇 지븐 노폰 대 서리예 니엣고 설푄 울ᄒᆞᆫ 나죄 고ᄌᆞᆯ 帶ᄒᆞ얏도다.
믌 뉘누리ᄂᆞᆫ 기퍼 머리 ᄌᆞᆷ기고 藤ㅅ 너추른 고바 비야ᄆᆞᆯ 갇맷도다.
詞賦ㅣ 바지로이 ᄒᆞ야도 利益호미 업스니 山林에 갈 자최 머디 아니ᄒᆞ니라.
書冊을 다 자바다가 ᄑᆞ라 네 東녁 지블 와 무러 사로리라.
나모 므른 滄江을 허러 가져오고 殘微ᄒᆞᆫ 뫼ᄒᆞᆫ 磶石ᄀᆞ티 여렛도다.
프른 거시 드려시니 ᄇᆞᄅᆞ매 竹笋ㅣ 것거뎻고 블근 거시 ᄲᅥ뎃시니 비예 梅花ㅅ 여르미 솔겻도다.
銀으로 밍ᄀᆞ론 瓜甲은 笋 ᄯᅩ매 ᄡᅳᄂᆞ니 金魚帶로 수를 밧과 오ᄂᆞ다.
乘興ᄒᆞ야 올마 ᄠᅳ어리 아니ᄒᆞ야 ᄠᅳ들 조차 프른 이싀 안조라.
ᄇᆞ룸 부는 돌ᄃᆞ리엔 어드운 누니 블이코 구룸 ᄭᅵᆫ 山門엔 瀑布ㅣ 우르놋다.
수리 ᄭᆡ어ᄂᆞᆯ 사ᄐᆡ 눕고져 ᄉᆞ랑ᄒᆞ고 오시 서늘ᄒᆞᆯᄊᆡ 소오ᄆᆞ로 ᄭᅮ미고져 ᄒ

노라.
미햇 늘근 사르미 와 나그낼 보아 그르맷 고기예 도놀 받디 아니ᄒᆞᄂᆞ니
오직 疑心ᄒᆞ디 淳朴ᄒᆞᆫ ᄯᅡ히 스스로 ᄒᆞᆫ 山川ㅣ 잇ᄂᆞᆫ가 ᄒᆞ노라.
棘樹ᄂᆞᆫ 츤 구룸 빗 곧고 茵蔯은 눲 蓮ㅅ 불휘 곳다온 ᄃᆞᆺᄒᆞ도다.
보ᄃᆞ라온 生菜ㅣ 됴ᄒᆞ니ᄅᆞᆯ 더 이받ᄂᆞ니 그ᄂᆞᆯᄒᆞᆫ 밥 다ᄆᆞᆫ 그르셋 서늘호ᄆᆞᆯ
더으ᄂᆞ다.
미햇 鶴은 몰ᄀᆞ 새배 냇고 뫼아리ᄂᆞᆫ 나죄 갈맷도다.
돌 읻ᄂᆞᆫ 수프레 水府ㅣ 서렷ᄂᆞ니 百里예 ᄒᆞ올로 퍼러 ᄒᆞ얏도다.
버드나모 션 믌ᄀᆞ오로 디나 定昆池로 믈 둘여오던 이를 ᄉᆞ랑ᄒᆞ노라.
醉코 프른 蓮니플 자바 어러이 白接䍦를 버서 디요라.
빗대 디르ᄂᆞᆫ 郢客을 ᄉᆞ랑ᄒᆞ다니 믈 아ᄂᆞᆫ 吳ㅅ 아히를 주ᄂᆞ다.
泰山ㅅ 나조ᄒᆞᆯ 안자셔 相對ᄒᆞ야쇼디 江湖앳 興心ㅣ ᄌᆞ모 좃ᄂᆞ다.
床 우흿 書冊ㅣ 지븨 니옛고 階砌ㅅ 알핏 남ᄀᆞᆫ 구루믈 떨티놋다.
將軍ㅣ 武事ᄅᆞᆯ 즐기디 아니ᄒᆞ니 져믄 아ᄃᆞ리 다 그를 能히 ᄒᆞ놋다.
술 씨올 微微ᄒᆞᆫ ᄇᆞᄅᆞ미 드ᄂᆞ니 글 닑ᄂᆞᆫ 소릴 드로니 寂靜ᄒᆞᆫ 바미 눈호놋다.
흙오ᄉᆞᆯ 蘿薜에 거로니 서늘ᄒᆞᆫ ᄃᆞᆲ비치 하야ᄒᆞ야 어즈럽도다.
幽僻ᄒᆞᆫ 뒷 ᄠᅳ디 忽然히 맏디 아니ᄒᆞ니 돌라갈 期約ㅣ라 어ᄃᆡ ᄒᆞ려뇨 호미
업도다.
門의 나 보니 흐르ᄂᆞᆫ 믈도 잇고 머리 도르혀 보니 힌구룸도 하도다.
블 현 알ᄑᆡ셔 춤 츠던 이ᄅᆞᆯ 내 웃노니 醉ᄒᆞᆫ 後에 브르던 놀애ᄅᆞᆯ 뉘 愛憐ᄒᆞ
려뇨.
오직 당당이 버드로 다ᄆᆞᆺᄒᆞ야 ᄇᆞᄅᆞᆷ 비예도 ᄯᅩ 올디로다.

---

1) 위안 : 동산, 정원 2) 브뎃고 : 의지하다 3) 블료믈 : 블룸, 불림 4) 앗기디 : 앗기다, 아끼다(惜) 5) 이럼 : 이

랑 6) 낫 : 개 7) 녀름 : 여름 8) 놋가온 : 낮은 9) 깃기 : 깃 10) 섯는 : 섯다, 섯다 11) 어득후얏도다 : 어득후다, 어둑하다 12) 거스로 : 거스리, 거슬러 13) 곳다온 : 향기로운 14) 도르혀 : 도리어 15) 프더니 : 프다, 피다 16) 너추리 : 너출이(蔓) 17) 튜믈 : 튬, 치움, 침 18) 조쳐후니 : 조치다, 겸하다, 아우르다 19) 설펀 : 설피다, 설피다, 배지 않다, 성기다 20) 뉘누리 : 물살 21) 고바 : 곱다, 굽다 22) 비야몰 : 뱀을 23) 갈맷도다 : 갈맷다, 가직하여 있다. 간직하였다 24) 바지로이 : 공교로이, 공교히 25) 머디 : 멀다(賖) 26) 허러 : 헐다, 무너뜨리다(破) 27) 여렛도다 : 열다 28) 드려시니 : 드리다, 드리우다, 드리워하다 29) 것거뎃고 : 것거지다, 꺾어지다 30) 뻐데시니 : 뻐지다, 터지다 31) 또매 : 똠, 탐, 뚜다, 연주하다 32) 밧과 : 밧고다, 바꾸다 33) 쓰서리 : 쓰레질 34) 이싀 : 잇의, 이끼 35) 씨어늘 : 씨다, 깨다 36) 사티 : 삳, 삿자리 37) 소오무로 : 솜 38) 꾸미고져 : 꾸미다 39) 곳다온 : 향기로운 40) 이받니 : 이받다, 이바지하다, 바라지하다, 잔치하다 41) 더으누다 : 더으다, 더하다 42) 뫼아리 : 메아리 43) 서렛누니 : 서리다(몸을 감고 엎드려 있다)(蟠) 44) 어러이 : 미친 듯이 45) 디로는 : 디루다, 찌르다 46) 주누다 : 주다(乞) 47) 나조홀 : 나조, 저녁 48) 떨티놋다 : 떨티다, 떨치다 49) 눈호놋다 : 눈호다, 나누다 50) 츰오솔 : 칡옷을 51) 하야후야 : 하야후다, 하얗다 52) 현 : 켜다, 켠

重過何氏 五首
중과하씨 오수

問訊東橋竹將軍有報書(문신동교죽장군유보서)
東橋앳 대룰 무로니 將軍이 對答훈 글워리 잇도다
倒衣還命駕高枕乃吾廬(도의환명가고침내오려)
옷술 갓ㄱ로 니버 도로 술위 머여 타 와 벼개 노피 벼여 누우니 내 집 곧도다.
花妥鶯捎蝶溪喧獺趁魚(화타앵소접계훤달진어)
고지 뻐러디니 곳고리 나비룰 티고 시내 우로니 水獺이 고기룰 뚓놋다.

重來休浴地眞作野人居(중래휴욕지진작야인거)
쉬며 沐浴ᄒᆞᄂᆞᆫ 짜해 다시 오니 眞實로 내 사ᄂᆞᆫ 지비 두외얫도다.
山雨樽仍在沙沈榻未移(산우준잉재사침탑미이)
뫼 비예 酒樽이 仍ᄒᆞ야 잇고 몰애 무데시니 坐榻이 옮기디 아니ᄒᆞ얫도다.
犬迎曾宿客鴉護落巢兒(견영증숙객아호락소아)
가히ᄂᆞᆫ 일즉 와 잔 소ᄂᆞᆯ 맞고 가마괴ᄂᆞᆫ 기세 디ᄂᆞᆫ 삿기ᄅᆞᆯ 救護ᄒᆞ놋다.
雲薄翠微寺天淸皇子陂(운박취미사천청황자피)
구루믄 翠微寺애 열웟고 하ᄂᆞᆯ흔 皇子陂예 몰갯도다.
向來幽興極步屣過東籬(향래유흥극보사과동리)
요ᄉᆞ이예 幽深ᄒᆞᆫ 興이 ᄀᆞ장훌시 신 신고 거러 東녁 울흘 디나오라.
落日平臺上春風啜茗時(낙일평대상춘풍철명시)
디ᄂᆞᆫ 힛 平호 臺 우희 봆 ᄇᆞᄅᆞ매 차 마시ᄂᆞᆫ ᄢᅵ로다.
石欄斜點筆桐葉坐題詩 (석란사점필동엽좌제시)
돌 欄干애셔 비스기 부들 무텨 머귓니페 안자셔 그를 스노라.
翡翠鳴衣桁蜻蜓立釣絲(비취명의형청정립조사)
翡翠ᄂᆞᆫ 옷 거론 남ᄀᆡ셔 울오 준자리ᄂᆞᆫ 고기 낛ᄂᆞᆫ 주레 셋도다.
自今幽興熟來往亦無期(자금유흥숙래왕역무기)
이제로브터 幽深ᄒᆞᆫ 興이 니그니 오며 가몰 ᄯᅩ 期約 업시 훌디로다.
頗怪朝參懶應耽野趣長(파괴조삼라응탐야취장)
朝參 게을이 호몰 ᄌᆞ모 怪異히 너기다니 미햇 興趣 기루믈 당당히 貪ᄒᆞ닷다.
雨抛金鎖甲苔臥綠沈槍(우포금쇄갑태와록침창)
비예ᄂᆞᆫ 쇠로 얼군 甲이 ᄇᆞ롓고 이싄 프른 칠혼 槍이 누엣도다.
手自移蒲柳家纔足稻粱(수자이포류가재족도량)

손소 제 蒲柳를 옮겨 심겻도소니 지븐 애야라 稻粱이 足홀 만ᄒ도다.
看君用幽意白日到羲皇(간군용유의백일도희황)
그듸의 幽深ᄒᆞᆫ ᄠᅳᆮ 뿌믈 보니 나지도 羲皇애 가리로다.
到此應嘗宿相留可判年(도차응상숙상유가판년)
예 와 당당이 일즉 자니 서르 머므로미 어루 半 히나 ᄒᆞ도다.
蹉跎暮容色悵望好林泉(차타모용색창망호림천)
蹉跎ᄒᆞᆫ 늘근 양ᄌᆞ로 됴ᄒᆞᆫ 林泉을 슬허 브리노라.
何日霑微祿歸山買薄田(하일점미록귀산매박전)
어느 나래 져고맛 祿을 저저 뫼해 가 사오나온 바툴 사려뇨.
斯遊恐不遂把酒意茫然(사유공불수파주의망연)
이 노로믈 일우디 몯홀가 저후니 수를 자바셔 ᄠᅳ디 茫然ᄒᆞ얘라.

[중간본]
東橋앳 대를 무로니 將軍ㅣ 對答ᄒᆞᆫ 글워리 잇도다. 옷ᄉᆞᆯ 갓ᄀᆞ로 니버 도
로 술위 머여 타 와 벼개 노피 벼여 누우니 내 집 ᄀᆞᆮ도다.
고지 ᄠᅥ러디니 곳고리 나비를 티고 시내 우르니 水獺ㅣ 고기를 뜻놋다.
쉬며 沐浴ᄒᆞ는 ᄯᅡ해 다시 오니 眞實로 내 사는 지비 두외얏도다.
뫼 비예 酒樽ㅣ 仍ᄒᆞ야 잇고 몰애 무데시니 坐榻ㅣ 옮기디 아니ᄒᆞ얏도다.
가히는 일즉 와 잔 소늘 맛고 가마괴는 기세 드는 삿기를 救護ᄒᆞ놋다.
구루믄 翠微寺애 열웟고 하ᄂᆞᆯ흔 皇子陂예 물갯도다.
요ᄉᆞ이예 幽深ᄒᆞᆫ 興ㅣ ᄀᆞ장 홀시 신 신고 거러 東녁 울흘 디나오라.
디는 힛 平ᄒᆞᆫ 臺 우희 봆 ᄇᆞᄅᆞ매 차마시는 ᄢᅵ로다.
돌 欄干애셔 비스기 부들 무텨 머귓니페 안자셔 그를 스노라.
翡翠는 옷 거론 남기셔 울오 ᄌᆞᆫ자리는 고기 낛는 주레 셋도다.

이제로브터 幽深흔 興 l 니그니 오며 가믈 쪼 期約 업시 홀디로다.
朝參 게을이 호몰 즈모 怪異히 너기다니 미햇 興趣 기루믈 당당히 貪ᄒ닷다.
비예는 쇠로 얼군 甲이 브렛고 이쉰 프른 칠혼 槍 l 누엣도다.
손오로 제 蒲柳를 옮겨 심겟도소니 지븐 애야라 稻粱 l 足홀 만ᄒ도다.
그듸의 幽深흔 뜻 쁘믈 보니 나지도 義皇애 가리로다.
예 와 당당이 일즉 자니 서르 머므로미 어루 半 히나 ᄒ도다.
蹉跎흔 늘근 양즈로 됴흔 林泉을 슬허 부리노라.
어느 나래 져고맛 祿을 저져 뫼해 가 사오나온 바톨 사려뇨.
이 노로믈 일우디 몯홀가 저후니 수를 자바셔 쁘디 茫然ᄒ얘라.

---

1) 갓그로 : 거꾸로 2) 머여 : 머이다, 메우다, 메다 3) 티고 : 티다, 치다 4) 뽓놋다 : 쫓다 5) 무데시니 : 묻다 6) 가히는 : 개는 7) 기세 : 깃에 8) 열윗고 : 열위더니, 엷더니, 엷다 9) 비스기 : 비스듬하게 10) 즌자리 : 잠자리 11) 니그니 : 닉다, 익다 12) 얼군 : 얼기다, 얽히다 13) 브렛고 : 부리다, 버리다(抛) 14) 이쉰 : 잇, 이끼는 15) 칠혼 : 칠 16) 손오 : 손수 17) 애야라 : 겨우, 애우라지 18) 저저 : 젖다, 젓다 19) 저후니 : 저후다, 두려워하다

園
원

仲夏流多水淸晨向小園(중하류다수청신향소원)
仲夏애 한 므리 흐르ᄂ니 물곤 새배 小園을 向하야 오라.
碧溪遙艇闊朱果爛枝繁(벽계요정활주과란지번)

프른 시내는 비롤 이어오매 어위니 블근 果實은 가지예 므르니거 하도다.
始爲江山靜終防市井喧(시위강산정종방시정훤)
처어믠 江山이 寂靜호믈 爲호니 ᄆᆞᄎᆞ맨 市井의 들에요믈 마ᄀᆞ리로다.
畦蔬繞茅屋自足媚盤飱(휴소요모옥자족미반손)
이러멧 菜蔬ㅣ 새지븨 둘엣ᄂᆞ니 스스로 죡히 盤飱을 됴히 ᄒᆞ리로다.

[중간본]

仲夏애 한 므리 흐르ᄂᆞ니 ᄆᆞᆰ 새배 小園을 向하야 오라.
프른 시내는 비롤 이어오매 어위니 블근 果實은 가지예 므르니거 하도다.
처어믠 江山이 寂靜호믈 爲호니 ᄆᆞᄎᆞ맨 市井의 들에요믈 마ᄀᆞ리로다.
이러멧 菜蔬ㅣ 새지븨 둘엣ᄂᆞ니 스스로 죡히 盤飱을 됴히 ᄒᆞ리로다.

---

1) 이어 : 이어다, 흔들다, 흔들리다, 이어오매, 흔들려오다   2) 어위니 : 어위다, 넓다   3) 므르니거 : 므르닉다, 무르익다   4) 들에요믈 : 들에욤, 들렘, 떠듦   5) 이러멧 : 이럼엣 이렁에   6) 둘엣ᄂᆞ니 : 둘에, 둘레, 둘렀나니

小園
소원

由來巫峽水本自楚人家(유래무협수본자초인가)
녜로브터 오매 巫峽엣 므리오 本來로 제 楚ㅅ 사ᄅᆞ미 지비로다.
客病留因藥春深買爲花(객병유인약춘심매위화)

나그내 病ᄒ야 머르러슈믄 藥을 因ᄒ얘오 보미 깁거늘 사믄 고츨 爲ᄒ얘니라.

秋庭風落果灉岸雨頹沙(추정풍락과회안우퇴사)

ᄀᆞᅀᆞᆯ 뜰헤ᄂᆞᆫ 부르미 果實을 디오 灉水ㅅ 두들겐 비 몰애ᄅᆞᆯ 믈허놋다.

問俗營寒事將詩待物華(문속영한사장시대물화)

風俗을 무러 치위옛 이룰 일우고 그를 가져셔 萬物ㅅ 비츨 待接ᄒ노라.

[중간본]

녜로브터 오매 巫峽엣 므리오 本來로 제 楚ㅅ 사ᄅᆞ미 지비로다.

나그내 病ᄒ야 머르러슈믄 藥을 因ᄒ얘오 보미 깁거늘 사믄 고츨 爲ᄒ얘니라.

ᄀᆞᅀᆞᆯ 뜰헤ᄂᆞᆫ 부르미 果實을 디오 灉水ㅅ 두들겐 비 몰애ᄅᆞᆯ 믈허놋다.

風俗을 무러 치위옛 이룰 일우고 그를 가져셔 萬物ㅅ 비츨 待接ᄒ노라

---

1) 뜰헤ᄂᆞᆫ : 뜰에는 2) 디오 : 디다, 떨어지다 3) 믈허놋다 : 믈헐다, 허물다, 무너뜨리다 4) 일우고 : 일우다, 이루다

寒雨朝行見園樹
한우조행견원수

柴門雜樹向千株丹橘黃甘此地無(시문잡수향천주단귤황감차지무)

柴門엣 雜남기 즈믄 나치 두외야 가ᄂᆞ니 블근 橘와 누른 甘子ᄂᆞᆫ 이 ᄯᅡ해 업도다.
江上今朝寒雨歇籬中秀色畫屏紆(강상금조한우헐리중수색화병우)
그룹 우희 오ᄂᆞᆳ 아ᄎᆞ매 치운 비가 歇ᄒᆞ니 욿 가온딧 됴ᄒᆞᆫ 비츤 그린 屛風이 버므렛ᄂᆞᆫ ᄃᆞᆺᄒᆞ도다.
桃蹊李徑年雖故梔子紅椒豔色殊(도혜이경년수고치자홍초염색수)
복셩화 션 길과 외얏 션 길히 ᄒᆡ 비록 오라나 梔子와 紅椒와ᄂᆞᆫ 고온 비치 殊異ᄒᆞ도다.
鏁石藤梢元自落到天松骨見來枯(쇄석등초원자락도천송골견래고)
돌해 얼겟ᄂᆞᆫ 藤ㅅ 가지ᄂᆞᆫ 본ᄃᆡ 제 드렛고 하ᄂᆞᆯ해 니르렛ᄂᆞᆫ 소남ᄀᆞᆫ 보매 이우렛도다.
林香出實垂將盡葉蔕辭枝不重蘇(임향출실수장진엽체사지불중소)
수프레 곳다온 남ᄀᆞᆫ 여르믈 내야 쟝ᄎᆞᆺ 업수메 다ᄃᆞ랏고 닙과 고고리ᄂᆞᆫ 가지를 여희여 다시 ᄭᅴ디 몯ᄒᆞᆫ놋다.
愛日恩光蒙借貸淸霜殺氣得憂虞(애일은광몽차대청상살기득우우)
ᄉᆞ랑ᄒᆞ온 ᄒᆡᆯ 恩惠ᄅᆞ왼 비츨 빌요믈 니부니 ᄆᆞᆯ곤 서리이 肅殺ㅅ氣運을 시름ᄒᆞ리아.
衰顔動覓藜床坐緩步仍須竹杖扶(쇠안동멱려상좌완보잉수죽장부)
늘근 ᄂᆞ치 뮌다마다 도ᄐᆞ랏 平床을 어더 앉고 날회여 거로매 지즈로 대막대를 어더 잡노라.
散騎未知雲閣處啼猿僻在楚山隅(산기미지운각처제원벽재초산우)
散騎省ㅅ 구룸 낀 집 잇ᄂᆞᆫ ᄯᅡ홀 아디 몯ᄒᆞ리로소니 납 우ᄂᆞᆫ ᄯᅡ해 幽僻히 楚山ㅅ 모해 잇노라.

[중간본]

柴門엣 雜남기 즈믄 나치 ᄃ외야 가ᄂ니 블근 橘와 누른 甘子ᄂ 이 싸해 업도다.

ᄀ룸 우희 오눌 아ᄎ매 치운 비가 歇ᄒ니 욽 가온딧 됴ᄒᆫ 비츤 그린 屛風이 버므렛ᄂᆫ 듯ᄒ도다.

복셩화 션 길콰 외얏 션 길히 히 비록 오라나 梔子와 紅椒와ᄂ 고온 비치 殊異ᄒ도다.

돌해 얼겟ᄂ 藤ㅅ 가지ᄂ 본더 제 드렷고 하눌해 니르렛ᄂ 소남ᄀ 보매 이우렛도다.

수프레 곳다온 남ᄀ 여르믈 내여 쟝ᄎᆺ 업수메 다ᄃ랏고 닙과 고고리ᄂ 가지를 여희여 다시 ᄭᅵ디 몯ᄒ놋다.

ᄉ랑ᄒ온 히이 恩惠ᄅ 왼 비츨 빌요믈 니부니 믈ᄀ 서리이 殺氣를 시름ᄒ리아.

늘근 ᄂ치 뮌다마다 도ᄐ랏 平床을 어더 앉고 날회여 거로매 지즈로 대막대를 어더 잡노라.

散騎省ㅅ 구룸 씬 집 잇ᄂ 싸홀 아디 몯ᄒ리로소니 납 우ᄂ 싸해 幽僻히 楚山ㅅ 모햇 잇노라.

---

1) 나치 : 낯, 낱 2) 버므렛ᄂ : 둘렀다 3) 얼겟ᄂ : 얽혀 4) 드렛고 : 드렛다, 드리워 있다, 드리우다 5) 이우헷도다 : 이울다, 시들다 6) 다ᄃ랏고 : 다ᄃ라다, 다다르다 7) 고고리 : 꼭지 8) ᄭᅵ디 : ᄭᅵ다, 깨다 9) 날회여 : 천천히, 더디게 10) 지즈로 : 인하여, 말미암아, 드디어 11) 납 : 원숭이

將別巫峽(장별무협)홀시 贈南卿兄(증남경형)을 瀼西果園 四十畝(회서과원 사십무)

苔竹素所好萍蓬無定居(태죽소소호평봉무정거)
잇 무든 대는 본디로 즐기논 거시언 무른 말왐과 다봇 곧호야 安定호야 사로미 업소라.

遠遊長兒子幾地別林廬(원유장아자기지별임려)
머리 노뇨매 아히돌히 즈라 나니 몇 싸해 수풊 서리옛 지블 여희아뇨.

雜蘂紅相對他時錦不如(잡예홍상대타시금불여)
雜 고지 블거 서르 對호얏 나니 다른 삑논 錦도 곧디 몯호리라.

具舟將出峽巡圃念携鋤(구주장출협순포념휴서)
비를 ㄱ초호야 장춧 峽으로 나가노니 園圃를 巡行호야 호미 가져셔 미던 이를 ᄉ랑호노라.

正月喧鶯末玆辰放鷁初(정월훤앵말자진방익초)
正月에 곳고리 우는 그티 이 삐 비를 노홀 처서미니라.

雪籬梅可折風榭柳微舒(설리매가절풍사류미서)
눈 왯논 울헤 梅花를 이루 것그리오 부룸 부는 亭榭애 버드리 잢간 펴뎻도다.

托贈卿家有因歌野興疎(탁증경가유인가야흥소)
그딋 지븨 브텨 주어 두게 호고 미햇 興의 疎放호믈 지즈로 브르노라.

殘生逗江漢何處狎魚樵(잔생두강한하처압어초)
衰殘호 人生애 江漢으로 가노니 어듸가 고기 자부며 나모 지ᄂ닐 親狎호려뇨.

[중간본]

잇 무든 대논 본더로 즐기논 거시언마론 말왐과 다봇 곧ㅎ야 安定ㅎ야 사로미 업소라.
머리 노뇨매 아히돌히 ᄌ라ᄂ니 몃 ᄣ해 수픐 서리옛 지블 여희야뇨.
雜고지 블거 서르 對ㅎ얫ᄂ니 다론 ᄢᅴ는 錦도 곧디 몯ㅎ리라.
비를 ᄀ초ㅎ야 쟝ᄎᆺ 峽으로 나가노니 園圃를 巡行ㅎ야 호미 가져셔 미던 이를 ᄉ랑ㅎ노라.
正月에 곳고리 우ᄂ 그티 이 ᄢᅴ 비를 노ᄒᆯ 처어미니라.
눈 왯ᄂ 울헤 梅花를 이로 것그리오 ᄇ롬 부논 亭榭애 버드리 잢간 퍼뎻도다.
그딋 지븨 브텨 주어 두게 ㅎ고 미햇 興의 疎放호몰 지즈로 브르노라.
衰殘ᄒ 人生애 江漢으로 가노니 어듸 가 고기 자브며 나모 지ᄂ닐 親狎ㅎ려뇨.

---

1) 말왐 : 마름   2) 다봇 : 다복쑥   3) ᄀ초ㅎ야   4) ᄀ초ㅎ야 : ᄀ초ㅎ다, 갖추다   5) 호미 : 호미   6) 비 : 배(鴿)
7) 브텨 : 붙다, 붙이다   8) 지ᄂ닐 : 지다, 지는 이

課小堅(과소견)ㅎ야 鉏斫舍北果林(서작사북과림)
이 枝蔓荒穢(기만황예)ㅎ야 淨訖(정흘)ㅎ고
移床(이상)ㅎ리 三首(삼수)

病枕依茅棟荒鉏淨果林(병침의모동황서정과림)

病엣 벼개롤 새지븨 브툐니 거츤 딜 미야 果林을 조케 호라.
背堂資僻遠在野興淸深(배당자벽원재야흥청심)
지블 지옛는 僻遠훈 디롤 資賴호니 미해 이쇼니 興이 몱고 깁도다.
山雉防求敵江猿應獨吟(산치방구적강원응독음)
뫼햇 꿩이 제 짝 어두믈 막도소니 ᄀᆞ르맷 나븐 당당이 호오ᅀᅡ셔 이프리로다.
洩雲高不去隱几亦無心(설운고불거은궤역무심)
펴뎻는 구루미 노피셔 나가디 아니ᄒᆞ느니 几룰 지여셔 쏘 ᄆᆞᅀᆞ미 업소라.
衆壑生寒早長林卷霧濟(중학생한조장림권무제)
여러 묏고래 치움 나미 이르니 긴 수프레 안개 거두미 ᄀᆞ죽ᄒᆞ도다.
靑蟲懸就日朱果落封泥(청충현취일주과락봉니)
푸른 벌어지는 돌여 힛비체 나앳고 블근 果實은 떠러뎌 홁기 얼겟도다.
薄俗防人面全身學馬蹄(박속방인면전신학마제)
사오나온 風俗올 사르미 ᄂᆞ출 막조르고 몸 올에 호ᄆᆞ란 물 바롤 비호노라.
吟詩坐回首隨意葛巾低(음시좌회수수의갈건저)
그를 이프며 안자셔 머리룰 도ᄅᆞ혀 ᄇᆞ라고 ᄠᅳ들 조차 葛巾을 ᄂᆞᆽ기 ᄒᆞ노라.
籬弱門何向沙虛岸只摧(이약문하향사허안지최)
울히 여리니 門을 어드러 向ᄒᆞ리오 몰애 섭거우니 두들기 오직 믈어디놋다.
日斜魚更食客散鳥還來(일사어갱식객산조환래)
히 기울어ᄂᆞᆯ 고기 ᄯᅩ 나 먹고 소니 흗거ᄂᆞᆯ 새 도로 오놋다.
寒水光難定秋山響亦哀(한수광란정추산향역애)
ᄎᆞᄆᆞ른 비치 一定호미 어렵고 ᄀᆞᅀᆞᆶ 뫼햇 소리 슬푸미 쉽도다.

145

天涯稍曛黑倚杖更徘徊(천애소훈흑의장갱배회)
ᄒᆞᄂᆞᆯ ᄀᆞᅀᅵ 져기 어듭거늘 막대 지여 다시 머므로라.

[중간본]

病엣 벼개ᄅᆞᆯ 새지븨 브티니 거츤 딜 미야 果林을 조케 호라.
지블 지옛ᄂᆞᆫ 僻遠ᄒᆞᆫ 디ᄅᆞᆯ 資賴ᄒᆞ니 미해 이쇼니 興이 ᄆᆞᆰ고 깁도다.
뫼햇 쥥이 제 짝 어두믈 막도소니 ᄀᆞᄅᆞ맷 나본 당당이 ᄒᆞ오ᅀᅡ셔 이프리로다.
펴뎻는 구루미 노피셔 나가디 아니ᄒᆞᄂᆞ니 几ᄅᆞᆯ 지여셔 ᄯᅩ ᄆᆞᅀᆞ미 업소라.
여러 묏고래 치운 나미 이르니 긴 수프레 안개 거두미 ᄀᆞ죽ᄒᆞ도다.
푸른 벌어지는 둘여 횟비체 나앳고 블근 果實은 ᄠᅥ러뎌 홀기 얼겟도다.
사오나온 風俗ᄋᆞᆯ 사ᄅᆞ미 ᄂᆞ출 막ᄌᆞ르고 몸 올에 호ᄆᆞ란 믈 바ᄅᆞᆯ 비호노라.
그를 이프며 안자셔 머리ᄅᆞᆯ 도ᄅᆞ혀 ᄇᆞ라고 ᄠᅳ들 조차 葛巾을 ᄂᆞ즈기 ᄒᆞ노라.
울히 여리니 門을 어드러 向ᄒᆞ리오 ᄆᆞ래 섭거우니 두들기 오직 문어디놋다.
ᄒᆡ 기울어늘 고기 ᄯᅩ 나 먹고 소니 훗거늘 새 도로 오놋다.
ᄎᆞᆫ 므른 비치 一定호미 어렵고 ᄀᆞᅀᆞᆶ 뫼ᄒᆞᆫ 소리 슬푸미 쉽도다.
ᄒᆞᄂᆞᆯ ᄀᆞᅀᅵ 져기 어듭거늘 막대 지여 다시 머모로라.

---

1) 브티니 : 의지하다 2) 조케 : 깨끗하다 3) 쥥 : 꿩 4) 짝 : 짝 5) 이프리로다 : 읊다 6) 나본 : 납은, 원숭이는 7) 펴뎻는 : 펴다, 펴지다 8) ᄀᆞ죽ᄒᆞ도다 : ᄀᆞ죽하다, 가지런하다 9) 벌어지는 : 벌레는 10) 나앳고 : 나ᅀᅡ가다, 나아가다 11) ᄠᅥ러뎌 : 떨어져 12) 얼겟도다 : 얼거, 얽혀, 얽혀도다 13) 막ᄌᆞ르고 : 막ᄌᆞ르다, 맞지르다 14) 올에 : 올다, 온전하다 15) 섭거우니 : 섭겁다, 나약하다 16) 믈어디놋다 : 믈어디다, 무너지다 17) 훗거늘 : 훗다, 흩다

果實
과실

古詩 一首 律詩 十一首

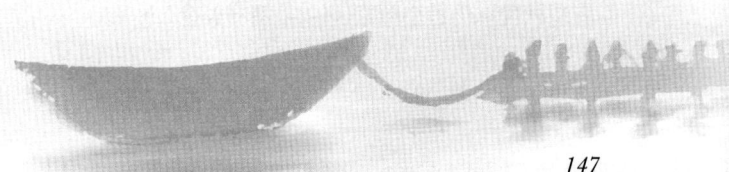

園人送瓜
원인송과

江閒雖炎瘴瓜熟亦不早(강간수염장과숙역불조)
ᄀᆞᄅᆞᆷ ᄉᆞᅀᅵ 비록 더우나 외 니구믄 ᄯᅩ 이르디 아니ᄒᆞ도다.
栢公鎭夔國滯務玆一掃(백공진기국체무자일소)
栢公이 夔國을 鎭定ᄒᆞ시니 留滯ᄒᆞᆫ 이를 이 ᄒᆞᆫ 번 ᄡᅳ러 ᄇᆞ리도다.
食新先戰士共少及溪老(식신선전사공소급계로)
새 것 머구메 戰士를 몬져 ᄒᆞ고 져근 것 다ᄆᆞᆺ호믈 시내해 늘그네게 밋게 ᄒᆞ도다.
傾筐蒲鴿靑滿眼顏色好(경광포합청만안안색호)
筐을 기우리니 蒲鴿이 퍼러ᄒᆞ니 누네 ᄀᆞᄃᆞ기 비치 됴토다.
竹竿接嵌竇引注來鳥道(죽간접감두인주래조도)
댓 나촐 바횟 굼긔 다혀 므를 혀 흘려 새 ᄃᆞ니ᄂᆞᆫ 길ㅎ로셔 오놋다.
浮沉亂水玉愛惜如芝草(부침란수옥애석여지초)
ᄠᅳ락 ᄃᆞᄆᆞ락 호미 水玉이 어즈러오니 ᄉᆞ랑ᄒᆞ야 앗교ᄆᆞᆯ 芝草ᄀᆞ티 ᄒᆞ노라.
落刀嚼冰霜開㗖慰枯槁(낙도작빙상개위고고)
갌놀해 디여 氷霜 곧ᄒᆞ니를 십고 ᄆᆞᅀᆞ물 여러 枯槁ᄒᆞᆫ 모ᄆᆞᆯ 慰勞ᄒᆞ노라.
許以秋蔕除仍看小童抱(허이추체제잉간소동포)

許호디 ᄀᆞᅀᆞ히 너출 아ᅀᆞᆯ 제 小童이 아나가몰 지즈로 보라 ᄒᆞ도다.
東陵跡蕪絶楚漢休征討(동릉적무절초한휴정토)
東陵의 자최 긋고 楚漢이 征討호미 업스니
園人非故侯種此何草草(원인비고후종차하초초)
園人은 녯 侯ㅣ 아니니 이룰 심고미 ᄌᆞ모 草草ᄒᆞ도다.

[중간본]

ᄀᆞ륐 소이 비록 더우나 외 니구믄 ᄯᅩ 이르디 아니ᄒᆞ도다.
栢公ㅣ 虁國을 鎭定ᄒᆞ시니 留滯ᄒᆞᆫ 이룰 이 ᄒᆞᆫ 번 쓰러 부리도다.
새 것 머구매 戰士ᄅᆞᆯ 몬져 ᄒᆞ고 져근 것 다뭇호몰 시내해 늘그늬게 밋게 ᄒᆞ도다.
筐을 기우리니 蒲鴿ㅣ 퍼러ᄒᆞ니 누네 ᄀᆞᄃᆞ기 비치 죠토다.
댓 나출 바횟 굼긔 다혀 므를 혀 흘려 새 ᄃᆞ니는 길흐로셔 오놋다.
ᄯᅳ락 ᄃᆞᄆᆞ락 호미 水玉ㅣ 어즈러오니 스랑ᄒᆞ야 앗교몰 芝草ᄀᆞ티 ᄒᆞ노라.
갑ᄅᆞᆯ해 디여 氷霜 ᄀᆞᄐᆞ니를 십고 ᄆᆞᅀᆞ물 여러 枯槁ᄒᆞᆫ 모믈 慰勞ᄒᆞ노라.
許호디 ᄀᆞᅀᆞ히 너출 아ᅀᆞᆯ 제 小童이 아나가몰 지즈로 보라 ᄒᆞ도다.
東陵의 자최 긋고 楚漢이 征討호미 업스니
園人은 녯 侯ㅣ 아니니 이룰 심고미 ᄌᆞ모 草草ᄒᆞ도다.

---

1) 니구믄 : 니굼, 익음 2) 이르디 : 이르다, 일찍 3) 쓰려 : 쓸다 4) 다뭇호몰 : 함께, 더불어 5) 다혀 : 닿다
6) 혀 : 끌다 7) ᄯᅳ락 : 뜨다 8) ᄃᆞᄆᆞ락 : ᄃᆞᆷ다, 담그다 9) 앗교몰 : 앗기다, 아끼다, 아낌 10) 디여 : 디다, 떨어지다 11) 십고 : 십다, 씹다(嚼) 12) 아ᅀᆞᆯ : 빼앗을, 거두어 없애다 13) 지즈로 : 인하여, 말미암아, 드디어
14) 긋고 : 긋다, 그치다, 끊어지다

詣徐卿覓果子栽
예서경멱과자재

草堂小花今欲栽不問綠李與黃梅(초당소화금욕재불문록이여황매)
草堂애 고지 져글시 이제 시므고져 ᄒᆞ야 프른 외얏과 누른 梅花를 골히야 묻디 아니 ᄒᆞ노라.
石筍街中却歸去果園坊裏爲求來(석순가중각귀거과원방리위구래)
石筍ㅅ 긿 가온더로 도로 가 果園坊ㅅ 안해 爲ᄒᆞ야 거드라 오라.

[중간본]

草堂애 고지 져글시 이제 시므고져 ᄒᆞ야 프른 외얏과 누른 梅花를 골히야 묻디 아니 ᄒᆞ노라.
石筍ㅅ 긿 가온더로 도로 가 果園坊ㅅ 안해 爲ᄒᆞ야 거드라 오라

---

1) 져글시 : 적다 2) 시므고져 : 심다 3) 골히야 : 골히다, 가대다, 가르다, 분별하다 4) 거드라 : 걷다(求)

甘園
감원

春日淸江岸千甘二頃園(춘일청강안천감이경원)
봄낤 몰군 ᄀᆞ룺 두들게 즈믄 甘子ㅅ 남기 두 이럼 만훈 위안히로다.
靑雲羞葉密白雪避花繁(청운수엽밀백설피화번)
프른 구루미 니픠 칙칙호물 붓그리고 힌 누니 고지 하몰 避ᄒᆞ리로다.
結子隨邊使開筒近至尊(결자수변사개통근지존)
여름을 여러 邊方앳 使者를 조차 筒을 여러 님금끠 갓가이 ᄒᆞ놋다.
後於桃李熟終得獻金門(후어도리숙종득헌금문)
복셩화와 외야지 니구매 後ᄒᆞ디 ᄆᆞᄎᆞ매 시러곰 金門에 進獻ᄒᆞ놋다.

[중간본]

봄낤 몰군 ᄀᆞ룺 두들게 즈믄 甘子ㅅ 남기 두 이럼 만훈 위안히로다.
프른 구루미 니픠 칙칙호물 붓그리고 힌 누니 고지 하몰 避ᄒᆞ리로다.
<u>여름</u> 여러 邊方앳 使者를 조차 筒을 여러 님금끠 갓가이 ᄒᆞ놋다.
<u>복셩화와</u> 외야지 <u>니구매</u> 後ᄒᆞ디 ᄆᆞᄎᆞ매 시러곰 金門에 進獻ᄒᆞ놋다.

---

1) 두들게 : 둔덕, 언덕 2) 이럼 : 이랑 3) 위안 : 동산, 정원 4) 붓그리고 : 부끄러워 하다 5) 하몰 : 많음 6) 여름 : 열매 7) 後ᄒᆞ디 : 뒤호디, 뒤늦게 익다 8) 시르곰 : 능히 9) **칙칙호몰** : **칙칙**하다, 빽빽하다, 다븟다븟하다

解悶五首
해민 오수

一辭故園十經秋每見秋瓜憶故丘(일사고원십경추매견추과억고구)
ᄒᆞᆫ 번 故園을 여희요매 열 ᄀᆞᇫᄒᆞᆯ 디내요니 미양 ᄀᆞᇫ 외롤 보고 녜 사던 ᄯᅡᄒᆞᆯ ᄉᆞ랑ᄒᆞ노라.
今日南湖采薇蕨何人爲覓鄭瓜州(금일남호채미궐하인위멱정과주)
오ᄂᆞᆯ날 南湖애셔 고사리ᄅᆞᆯ 키노니 어느 사ᄅᆞ미 날 爲ᄒᆞ야 鄭瓜州ᄅᆞᆯ 어드려뇨.
先帝貴妃俱寂寞荔枝還復入長安(선제귀비구적막려지환복입장안)
先帝와 貴妃왜 다 寂寞ᄒᆞ뎌 荔枝ᄂᆞᆫ 도르혀 ᄯᅩ 長安ᄋᆞ로 드러오놋다.
炎方每續朱櫻獻玉座應悲白露團(염방매속주앵헌옥좌응비백로단)
더운 ᄯᅡ해셔 미양 이스라쥴 니ᅀᅥ 進獻ᄒᆞ더니 玉座애셔 당당이 힌 이스리 도려오ᄆᆞᆯ 슬ᄒᆞ시니라.
憶過瀘戎摘荔枝靑楓隱映石透迤(억과로융적협지청풍은영석위이)
瀘戎을 디나가 荔枝 ᄠᅥ던 이ᄅᆞᆯ ᄉᆞ랑ᄒᆞ니 프른 싣남기 비취옛고 돌히 니ᅀᅥ 취엿더니라.
京華應見無顔色紅顆酸甛只自知(경화응견무안색홍과산첨지자지)
셔울셔 당당이 보면 비치 업스러니 블근 나치 싀오 ᄃᆞ로ᄆᆞᆯ 오직 제 아ᄂᆞ니라.
翠瓜碧李沈玉甃赤梨蒲菊寒露成(취과벽리침옥추적리포국한로성)
프른 외와 프른 외야즌 玉ᄋᆞ로 ᄯᅩᆫ 우므레 ᄃᆞ맷고 블근 ᄇᆡ와 蒲菊은 ᄎᆞᆫ 이스레 이ᄂᆞ니라.

可憐先不異枝蔓此物娟娟長遠生(가련선불이지만차물연연장원생)
可히 슬프도다 볼셔 가지와 너출왜 다르디 아니칸마른 이 거시 고아 長常 먼 디셔 날시니라.
側生野岸及江蒲不熟丹宮滿玉壺(측생야안급강포불숙단궁만옥호)
뫼햇 두듥과 ᄀ룺 蒲애 ᄀ쇠 나ᄂ니 블근 宮殿에서 닉디 아니호ᄃ 玉壺애 ᄀᄃ기 담놋다.
雲壑布衣鮐背死勞人害馬翠眉須(운학포의태배사노인해마취미수)
구룸 낀 묏 고릿 뵈옷 니븐 등어리 어르누근 사르미 주그니 사르믈 굿기며 ᄆᄅᆯ 害ᄒ야 翠眉를 爲ᄒ야 어더 오놋다.

[중간본]

ᄒᆞᆫ 번 故園을 여희요매 열 ᄀᄋᆞᆯᄒᆞᆯ 디내요니 ᄆᆡ양 ᄀᄋᆞᆳ 외를 보고 녜 사던 ᄯᅡᄒᆞᆯ ᄉᆞ랑ᄒᆞ노라.
오ᄂᆞᆳ날 南湖애셔 고사리를 키노니 어느 사ᄅᆞ미 날 爲ᄒᆞ야 鄭瓜州를 어드려뇨.
先帝와 貴妃왜 다 寂寞호ᄃ 荔枝ᄂ 도로혀 ᄯᅩ 長安ᄋ로 드러오놋다.
더운 ᄯᅡ해셔 ᄆᆡ양 이스라츨 니어 進獻ᄒ더니 玉座애셔 당당이 힌 이스리 도려오믈 슬ᄒ시니라.
瀘戎을 디나가 荔枝 ᄠᅥ던 이를 ᄉᆞ랑ᄒᆞ니 프른 싣남기 비취옛고 돌히 니우취엿더니라.
셔울셔 당당이 보면 비치 업스리니 블근 나치 식오 ᄃᆞ로믈 오직 제 아ᄂ니라.
프른 외와 프른 외야즌 玉ᄋ로 뽄 우무레 ᄃᆞ맷고 블근 비와 蒲菊ᄂ 춘 이스레 이ᄂ니라.

可히 슬프도다 볼셔 가지와 너출왜 다르디 아니컨마른 이 거시 고아 長常
먼 디셔 날시니라.
미햇 두듥과 ᄀ룷 蒲애 ᄀ이 디ᄂ니 블근 宮殿에셔 닉디 아니호더 玉壺애
ᄀ두기 담놋다.
구룸 낀 묏고릿 뵈옷 니븐 등어리 어르느근 사ᄅᆷㅣ 주그니 사ᄅᆞᄆᆞᆯ 굿비며
ᄆᆞᄅᆞᆯ 害ᄒᆞ야 翠眉ᄅᆞᆯ 爲ᄒᆞ야 어더 오놋다.

---

1) 이스하즐 : 이스랏, 앵두 2) 도려오ᄆᆞᆯ : 도렷ᄒᆞ다, 둥글다, 도려옴, 둥금 3) 싀오 : 시다(酸) 4) 니수취엿더
니라 : 니수취다, 잇달다, 잇대다 5) ᄃᆞ로ᄆᆞᆯ : ᄃᆞ롬, 닮(甘) 6) 외야즌 : 외얏, 오얏 7) ᄯᆞᆫ : ᄭᅳᆫ 8) 고릿 : 골짜기
9) 어르누근 : 어르눅다, 얼룩얼룩하다, 무늬지다 10) 굿기며 : 굿기다, 가쁘게 하다, 애쓰게 하다

題桃樹
제도수

小逕升堂舊不斜五株桃樹亦從遮(소경승당구불사오주도수역종차)
져고맛 길로 지븨 올오미 녜는 기우디 아니ᄒᆞ더니 다숫 복셩남기 ᄯᅩ ᄀ리
오ᄆᆞᆯ 므더니 너기노라.
高秋惣餒貧人實來歲還舒滿眼花(고추총위빈인실래세환서만안화)
노ᄑᆞᆫ ᄀᆞᅀᆞᆯᄒᆡ 다 가난ᄒᆞᆫ 사ᄅᆞᄆᆞᆯ 여르믈 머거리니 오ᄂᆞᆫ ᄒᆡ엔 도로 누네
ᄀᆞᄃᆞ기 뵈ᄂᆞᆫ 고지 프리다.
簾戶每宜通乳鷰兒童莫信打慈鴉(렴호매의통유연아동막신타자아)

발와 이페는 미샹 삿기 치는 져비 스므차 든뇨미 됴ᄒ니 아히들히 慈孝
ᄒ는 가마괴 튜믈 듣디 아니ᄒ노라.
寡妻郡盜非今日天下車書正一家(과처군도비금일천하거서정일가)
ᄒ올어미와 뭀 盜賊괘 오눐날 곧디 아니터니 天下애 술위와 글월왜 正히
ᄒᆞᆫ 지비러니라.

[중간본]

져고맛 길로 지븨 올오미 녜는 기우디 아니ᄒ더니 다삿 복셩남기 또 ᄀ리
오믈 므더니 너기노라.
노푼 ᄀᆞ올ᄒᆡ 다 가난ᄒᆞᆫ 사ᄅᆞ믈 여르믈 머기리니 오ᄂᆞᆫ 히옌 도로 누네
ᄀᆞ득기 뵈는 고지 프리다.
발와 이페는 미양 삿기 치는 져비 스므차 든뇨미 됴ᄒ니 아히들히 慈孝
ᄒ는 가마괴 튜믈 듣디 아니ᄒ노라.
ᄒ올어미와 뭀 盜賊괘 오눐날 곧디 아니터니 天下애 술위와 글월왜 正히
ᄒᆞᆫ 지비러니라.

---

1) 올오미 : 오르다 2) 다삿 : 다섯 3) 복셩남기 : 복숭나무 4) ᄀ리오믈 : 가리오다, 가리다(遮) 5) 이페는 : 어귀, 문호에는 6) 스므차 : 사무쳐 7) 가마괴 : 까마귀 8) 튜믈 : 튬, 티다, 치움 9) ᄒ올어미 : 홀어미, 과부

豎子至
수자지

樝梨且綴碧梅杏半傳黃(사리차철벽매행반전황)
樝梨 쪼 프른 거시 니서 여럿고 梅杏이 半만 누른 비치 傳ᄒ얏도다.
小子幽園至輕籠熟柰香(소자유원지경롱숙내향)
져근 아히 幽園에셔 오니 가븨야온 籠애 니근 머지 곳답도다.
山風猶滿把野露及新嘗(산풍유만파야로급신상)
뫼햇 ᄇᆞᄅᆞ미 오히려 자뱃논 소내 ᄀᆞ득ᄒᆞᆫ 둣ᄒᆞ니 미햇 이스리 새려 머구메 밋도다.
欹枕江湖客提携日月長(의침강호객제휴일월장)
벼개예 기우롓논 江湖앳 나그내 잡드런디 나ᄃᆞ리 길어다.

[중간본]

樝梨 쪼 프른 거시 니어 여럿고 梅杏ㅣ 半만 누른 비치 傳ᄒ얏도다.
져근 아히 幽園에셔 오니 가븨야온 籠애 니근 비치 곳답도다.
뫼햇 ᄇᆞᄅᆞ미 오히려 자배논 소내 ᄀᆞ득ᄒᆞᆫ 둣ᄒᆞ니 미햇 이스리 새려 머구메 밋도다.
벼개예 기우롓논 江湖앳 나그내 잡드런디 나ᄃᆞ리 길어다.

---

1) 여럿고 : 열리다 2) 머지 : 멎, 능금 3) 곳답도다 : 향기롭다 4) 자뱃논 : 잡은 5) 새려 : 새로이 6) 밋도다 : 밋다, 미치다(及) 7) 잡드런디 : 잡들다, 붙들다, 부추기다 8) 나ᄃᆞ리 : 나달이, 세월

野人送朱櫻
야인송주앵

西蜀櫻桃也自紅野人相贈滿筠籠(서촉앵도야자홍야인상증만균롱)
西蜀앳 이스라지 또 제 블그니 뫼햇 사ᄅ미 서ᄅ 주니 대籠애 ᄀ둑ᄒ도다.
數回細寫愁仍破萬顆勻圓訝許同(수회세사수잉파만과균원아허동)
두서 디위ᄅ ᄀ느리 브어 지즈로 헐가 시름ᄒ노니 一萬 나치 골오 두려우니 더러히 ᄀᆮ호믈 疑心ᄒ노라.
憶昨賜霑門下省退朝擎出大明宮(억작사점문하성퇴조경출대명궁)
ᄉᆞ랑혼딘 녜 門下省애셔 주어시든 霑恩ᄒ야 朝會ᄅ 믈러 大明宮으로셔 바다 나오다라.
金盤玉筯無消息此日嘗新任轉蓬(금반옥저무소식차일상신임전봉)
金盤과 玉져왜 消息이 업스니 이 나래 새ᄅ 맛보고 다봇 올마 ᄃᆞ니ᄃᆞᆺᄒ오믈 므더니 너기노라.

[중간본]

西蜀앳 이스라치 또 제 블그니 뫼햇 사ᄅ미 서ᄅ 주니 대籠애 ᄀ둑ᄒ도다.
두어 디위ᄅ ᄀ느리 브어 지즈로 헐가 시름ᄒ노니 一萬 나치 골오 두려우니 더러히 ᄀᆮ호믈 疑心ᄒ노라.
ᄉᆞ랑혼딘 녜 門下省애셔 주어시든 霑恩ᄒ야 朝會ᄅ 믈러 大明宮으로셔 바다 나오다라.
金盤과 玉筯왜 消息ㅣ 업스니 이 나래 새ᄅ 맛보고 다봇 올마 ᄃᆞ니ᄃᆞᆺᄒ오믈 므더니 너기노라.

1) 이스라지 : 이스랏, 앵두 2) 디위 : 번 3) ᄀ누리 : 가늘다 4) 브ᅀᅥ : 부어 5) 헐가 : 헐다, 무너뜨리다 6) 나치 : 낯, 낱 7) 골오 : 고루, 고르다 8) 두려우니 : 두려운 9) 더러히 : 저렇게, 저러하게 10) 새롤 : 새로 11) 맛보고 : 맛보다 12) 다봇 : 다북쑥 13) 올마 : 옮겨

蕭八明府寔處覓桃栽
소팔명부식처멱도재

奉乞桃栽一百根春前爲送浣花村(봉걸도재일백근춘전위송완화촌)
복셩홧 栽種 一百 불휘를 奉乞ᄒ노니 春前에 浣花村애 爲ᄒ야 보내라.
河陽縣裏雖無數濯錦江邊未滿園(하양현리수무수탁금강변미만원)
河陽縣ㅅ 안해사 비록 數업시 이시나 濯錦江ㅅ ᄀ샏 위안히 ᄎ디 몯ᄒ얘라.

[중간본]

복셩홧 栽種 一百 불휘를 奉乞ᄒ노니 春前에 浣花村애 爲ᄒ야 보내라.
河陽縣ㅅ 안해아 비록 數업시 이시나 濯錦江ㅅ ᄀ앤 위안히 ᄎ디 몯ᄒ얘라.

1) 복셩홧 : 복숭아 2) 안해사 : 안해, 안에 3) 위안 : 동산, 정원 4) ᄎ디 : 차다(滿)

池沼
지소

律詩 九首

秋日寄題鄭監湖上亭 三首
추일기제정감호상정 삼수

碧草違春意沅湘萬里秋(벽초위춘의원상만리추)
프른 프리 봄 뜨디 어긔르츠니 沅湘ㅅ 萬里옛 ᄀᆞᅀᆞᆯ히로다.
池要山簡馬月靜庾公樓(지요산간마월정유공루)
모ᄉᆞᆫ 山簡이 ᄆᆞᄅᆞᆯ 맛고 ᄃᆞᄅᆞᆫ 庾公의 樓에 寂靜ᄒᆞ얏노라.
磨滅餘篇翰平生一釣舟(마멸여편한평생일조주)
磨滅ᄒᆞ매 글ᄒᆞ기옷 나맷ᄂᆞ니 平生애 고기 잡ᄂᆞᆫ ᄇᆡ ᄒᆞ나 ᄲᅮ니로다.
高唐寒浪減髥髴識昭丘(고당한랑감방불식소구)
高唐ㅅ 츤 믌겨리 더ᄂᆞ니 스ᄆᆞ시 昭丘ᄅᆞᆯ 아노라.
新作湖邊宅還聞賓客過(신작호변댁환문빈객과)
새려 ᄀᆞᄅᆞᆷ ᄀᆞᅀᅢ 지블 지으니 도로 손돌히 디나가ᄌᆞ다 듣노라.
自須開竹徑誰道避雲蘿(자수개죽경수도피운라)
스싀로 모로매 댓수페 길홀 여러 내ᄂᆞ니 뉘 닐오디 雲蘿애 隱避ᄒᆞ얏다 ᄒᆞ리오.
官序潘生拙才名賈誼多(관서반생졸재명가의다)
벼슰 次第ᄂᆞᆫ 潘生이 疎拙ᄒᆞ고 지조ᄒᆞᄂᆞᆫ 일후믄 賈誼 하도다.
捨舟應卜地隣接意如何(사주응복지린접의여하)
ᄇᆡᄅᆞᆯ ᄇᆞ리고 당당이 사롤 싸홀 占卜ᄒᆞ리니 이우제 브툴 ᄠᅳ디 엇더ᄒᆞ니오.

暫住蓬萊閣終爲江海人(잠주봉래각종위강해인)
蓬萊閣애 잢간 머믈오 ᄆᆞᄎᆞ매 江海옛 사르미 ᄃᆞ외옛도다.
揮金應物理拖玉豈吾身(휘금응물리타옥기오신)
黃金을 揮散ᄒᆞ요미 당당ᄒᆞ나 物理 그러ᄒᆞ니 玉올 긋우믄 어데 내 모매 홀 이리리오.
羹煮秋蒓弱盃迎露菊新(갱자추순약배영로국신)
羹은 ᄀᆞᅀᆞᆳ 蒓이 보ᄃᆞ라오닐 글히고 잔온 이슬 마존 菊花ㅣ 새로외닐 맛놋다.
賦詩分氣象佳句莫頻頻(부시분기상가구막빈빈)
글 지수메 氣象을 ᄂᆞ화 주니 됴ᄒᆞᆫ 긼句는 ᄌᆞ디 아니ᄒᆞ니아.

[중간본]

프른 프리 봆 ᄠᅳ디 어긔르츠니 沅湘ㅅ 萬里옛 ᄀᆞ올히로다.
모슨 山簡이 ᄆᆞᄅᆞᆯ 맛고 두른 庾公의 樓에 寂靜ᄒᆞ얏노라.
磨滅호매 글ᄒᆞ기옷 나맷ᄂᆞ니 平生애 고기 잡ᄂᆞᆫ 비 ᄒᆞ나 ᄲᅮᆫ이로다.
高唐ㅅ 츤 믌겨리 더ᄂᆞ니 스므시 昭丘ᄅᆞᆯ 아노라.
새려 ᄀᆞᄅᆞᆷ ᄀᆞ인 지블 지으니 도로 손둘히 디나가ᄌᆞ다 든노라.
스싀로 모로매 댓수페 길흘 여러 내ᄂᆞ니 뉘 닐오디 雲蘿애 隱避ᄒᆞ얏다 ᄒᆞ리오.
벼슳 次第ᄂᆞᆫ 潘生ㅣ 疎拙ᄒᆞ고 지조ᄒᆞᄂᆞᆫ 일후믄 賈誼 하도다.
비ᄅᆞᆯ 브리고 당당이 사롤 싸ᄒᆞᆯ 占卜ᄒᆞ오리니 이우제 브틀 ᄠᅳ디 엇더ᄒᆞ니오.
蓬萊閣애 잢간 머믈오 ᄆᆞᄎᆞ매 江海엿 사ᄅᆞ미 ᄃᆞ외였도다.
黃金을 揮散ᄒᆞ요미 당당ᄒᆞ나 物理 그러ᄒᆞ니 玉올 긋우믄 어데 내 모매 홀 이리리오.
羹은 ᄀᆞᅀᆞᆳ 蒓ㅣ 보ᄃᆞ라오닐 글히고 잔온 이슬 마존 菊花ㅣ 새로외닐 맛놋다.

글 지우메 氣象올 눈화 주니 됴훈 긄句는 줏디 아니ᄒ니아.

---

1) 쁘디 : 뜻이 2) 어긔르츠니 : 어긔릇츠다, 어기다, 어긋나게 하다 3) 맛고 : 맞다, 맞이하다 4) 글ᄒ기옷 : 글ᄒ기 + 옷(--만), 글하기만 5) 더ᄂ니 : 덜다 6) 스ᄆ시 : 방불하게(髣髴) 7) 스싀로 : 스스로 8) 모로매 : 모름지기, 반드시 9) 댓수페 : 대숲에 10) 이우제 : 이웃에 11) 브튤 : 붙을 12) 굿우믄 : 굿움, 꿈 13) 글히고 : 끓이다 14) 맛놋다 : 맞이하다 15) 지수메 : 짓다, 지으며 16) 새려 : 새로이 17) 줏디 : 줏다, 잦다(頻)

暮春陪李尙書李中丞過鄭監湖亭汎舟得過字
모춘배이상서이중승과정감호정범주득과자

海內文章伯湖邊意緒多(해내문장백호변의서다)
海內옛 文章애 위두훈 사ᄅ미 ᄀ롮 ᄀ새 쁘디 하도다.

玉樽移晚興桂楫帶酣歌(옥준이만흥계즙대감가)
玉樽을 나죗 興에 옮기ᄂ니 桂楫은 醉ᄒ야셔 브르는 놀애를 帶ᄒ얏도다.

春日繁魚鳥江天足芰荷(춘일번어조강천족기하)
봄나래 고기와 새왜 하고 ᄀ롮 하놀해 말왐과 蓮괘 足ᄒ도다.

鄭莊賓客地衰白遠來過(정장빈객지쇠백원래과)
鄭莊이 손 對接ᄒ는 짜해 늘거 셴 머리예 머리 오라.

[중간본]
海內옛 文章애 위두훈 사ᄅ미 ᄀ롮 ᄀ새 쁘디 하도다.

玉樽을 나죗 興에 옮기ᄂᆞ니 桂楫은 醉ᄒᆞ야셔 브르는 놀애ᄅᆞᆯ 帶ᄒᆞ엿도다.
봄나래 고기와 새왜 하고 ᄀᆞ룺 하ᄂᆞᆯ해 말왐과 蓮괘 足ᄒᆞ도다.
鄭莊이 손 對接ᄒᆞ는 ᄯᅡ해 늘거 셴 머리예 머리 오라.

───────────

1) 위두혼 : 으뜸가는   2) 말왐 : 마름

晩秋陪嚴鄭公摩訶池泛舟得溪字
만추배엄정공마가지범주득계자

湍駃風醒酒船行霧起隄(단결풍성주선생부기제)
믈 ᄲᆞᆯ리 흐르는 ᄃᆡ ᄇᆞᄅᆞ미 수를 ᄭᅴ오ᄂᆞ니 ᄇᆡ 녀가매 안개 두들게셔 니놋다.
高城秋自落雜樹晩相迷(고성추자락잡수만상미)
노ᄑᆞᆫ 城에 ᄀᆞᅀᆞᆯ 거시 절로 디ᄂᆞ니 雜남ᄀᆞᆫ 나조히 서르 迷失ᄒᆞ리로다.
坐觸鴛鴦起巢傾翡翠低(좌촉원앙기소경비취저)
안자셔 鴛鴦ᄋᆞᆯ 다딜어 닐에 ᄒᆞ니 기시 기우니 翡翠ㅣ ᄂᆞ죽ᄒᆞ도다.
莫須驚白鷺爲伴宿靑溪(막수경백로위반숙청계)
모로매 白鷺ᄅᆞᆯ 놀래디 마라 벋ᄒᆞ야 靑溪예 잘디로다.

[중간본]
믈 ᄲᆞᆯ리 흐르는 ᄃᆡ ᄇᆞᄅᆞ미 수를 ᄭᅴ오ᄂᆞ니 ᄇᆡ 녀가매 안개 두들게셔 니놋다

노폰 城에 그윽 거시 절로 디느니 雜남곤 나조히 서르 迷失ᄒ리로다.
안자셔 鴛鴦ᄋᆞᆯ 다딜어 닐에 ᄒᆞ니 기시 기우니 翡翠ㅣ ᄂᆞ죽ᄒ도다.
모로매 白鷺를 롤래디 마라 벋ᄒᆞ야 靑溪에 잘지로다.

---

1) 니놋다 : 일어나다 2) 다딜어 : 들이받아, 대질어 3) 닐 : 날다, 일어나다 4) 기시 : 깃이 5) 벋ᄒᆞ야 : 벋ᄒᆞ다, 벗하다

陪王漢州(배왕한주)ᄒᆞ야셔 留杜綿州(유두면주)ᄒᆞ야 泛房公西湖(범방공서호)호라

舊相恩追後春池賞不稀(구상은추후춘지상불희)
녯 宰相이 恩命으로 블려 간 後에 봄 모새 賞玩ᄒᆞ미 드므디 아니ᄒᆞ도다.
闕庭分未到舟楫有光輝(궐정분미도주즙유광휘)
大闕ㅅ 뜰헤 分이 니르디 몯ᄒᆞ니 비예 빗나미 잇도다.
跂化蓴絲熟刀鳴鱠縷飛(시화박사숙도명회루비)
젼구기 노ᄀᆞ니 蓴ㅅ 시리 닉고 갈히 우니 膾ㅣ 실ᄀᆞ티 ᄂᆞ놋다.
使君雙皂盖灘淺正相依(사군쌍조개탄천정상의)
使君의 두 거믄 盖ㅣ 여흘 녀튼 ᄃᆡ 正히 서르 브텃도다.

[중간본]
녯 宰相ㅣ 恩命으로 블려 간 後에 봄 모새 賞玩ᄒᆞ미 드므디 아니ᄒᆞ도다.
大闕ㅅ 뜰헤 分ㅣ 니르디 못ᄒᆞ니 비예 빗나미 잇도다.

젼구기 노ᄀ니 蕈ㅅ 시리 닉고 갈히 우니 膾ㅣ 실ᄀ치 ᄂᆞ놋다.
使君의 두 거믄 盖ㅣ 여흘 녀튼 ᄃᆡ 正히 서르 브텃도다.

---

1) 니르디 : 이르다 2) 젼구기 : 젼국, 약젼국 3) 노ᄀ니 : 녹다 4) 시리 : 실이 5) ᄂᆞ놋다 : 날다 6) 여흘 : 여울 7) 녀튼 : 옅은 8) 브텃도다 : 의지하다

苔楊梓州
답양재주

悶到房公池水頭坐逢楊子鎭東州(민도방공지수두좌봉양자진동주)
답가와 房公이 못 우희 갓다가 안자셔 楊子이 東州에 鎭ᄒᆞ요ᄆᆞᆯ 맛보라.
却向青溪不相見回船應載阿戎遊(각향청계불상견회선응재아융유)
도로 靑溪ᄅᆞᆯ 向ᄒᆞ야 가 서르 보디 몯ᄒᆞ니 ᄇᆡ 돌아올 저긔 당당이 阿戎을 시러 놀리로다.

[중간본]

답가와 房公이 못 우희 갓다가 안자셔 楊子이 東州에 鎭ᄒᆞ요ᄆᆞᆯ 맛보라.
도로 靑溪ᄅᆞᆯ 向ᄒᆞ야 가 서르 보디 몯ᄒᆞ니 ᄇᆡ 돌아올 저긔 당당이 阿戎을 시러 놀리로다.

---

1) 답가와 : 답답하여 2) 시러 : 싣다

與任城許主簿遊南池
여임성허주부유남지

秋水通溝洫城隅集小船(추수통구혁성우집소선)
ㄱ옰 므리 溝洫에 스ᄆᆞ챗ᄂᆞ니 城ㅅ 모해 효근 빅 모댓도다.
晚涼看洗馬森木亂鳴蟬(만량간세마삼목란명선)
나죄 서늘호매 ᄆᆞᆯ 싯교ᄆᆞᆯ 보니 설ᄑᆡᆫ 남기ᄂᆞᆫ 우ᄂᆞᆫ 미야미 어즈럽도다.
菱熟經時雨蒲荒八月天(릉숙경시우포황팔월천)
말와ᄆᆞᆫ 時節을 디내오ᄂᆞᆫ 비예 니겟고 즐피ᄂᆞᆫ 八月ㅅ 하ᄂᆞᆯ해 거츠렛도다.
晨朝降白露遙憶舊靑氈(신조강백로요억구청전)
새배 힌 이스리 ᄂᆞ리ᄂᆞ니 녯 프른 시우글 아ᅀᆞ라히 ᄉᆞ랑ᄒᆞ노라.

[중간본]

ㄱ옰 므리 溝洫에 스ᄆᆞ챗ᄂᆞ니 城ㅅ 모해 효근 빅 모댓도다.
나죄 서늘호매 ᄆᆞᆯ 싯교ᄆᆞᆯ 보니 설ᄑᆡᆫ 남기ᄂᆞᆫ 우ᄂᆞᆫ 미야미 어즈럽도다.
말와ᄆᆞᆫ 時節을 디내오ᄂᆞᆫ 비예 니겟고 즐피ᄂᆞᆫ 八月ㅅ 하ᄂᆞᆯ해 거츠렛도다.
새배 힌 이스리 ᄂᆞ리ᄂᆞ니 녯 프른 시우글 아오라히 ᄉᆞ랑ᄒᆞ노라.

---

1) ᄉᆞᄆᆞ챗ᄂᆞ니 : ᄉᆞᄆᆞ차다, 사무치다 2) 효근 : 효근, 작은 3) 설ᄑᆡᆫ : 설픠다, 설피다, 배지 않다, 성기다 4) 말와ᄆᆞᆫ : 마름은 5) 니겟고 : 익다 6) 즐피 : 부들 7) 시우글 : 시욱, 전(氈) 짐승 털로 짠 방석 8) 아ᅀᆞ라히 : 아득히

溪上
계상

峽內淹留客溪邊四五家(협내엄유객계변사오가)
峽 안해 와 머므는 나그내여 시냇 ᄀᆞ새 너덧 지비로다.
古苔生迮地秋竹隱疎花(고초생책지추죽은소화)
녯 苔草는 조븐 ᄯᅡ해 냇고 ᄀᆞᅀᆞᆯ 대옌 드믄 고지 ᄀᆞ옥ᄒᆞ얫도다.
塞俗人無井山田飯有沙(새속인무정산전반유사)
邊塞옛 風俗은 사ᄅᆞ미 우므리 업스니 묏바틴 바배 몰애 잇도다.
西江使船至時復問京華(서강사선지시복문경화)
西ㅅ녁 ᄀᆞᄅᆞ매 使臣의 빗 왜시니 時로 ᄯᅩ 셔욿 이를 믇노라.

　　　　　　　[중간본]

峽 안해 와 머므는 나그내여 시냇 ᄀᆞ애 너덧 지비로다.
녯 苔草는 조븐 ᄯᅡ해 냇고 ᄀᆞᅀᆞᆯ 대옌 드믄 고지 ᄀᆞ옥ᄒᆞ얫도다.
邊塞옛 風俗은 사ᄅᆞ미 우므리 업스니 묏바틴 바배 몰애 잇도다.
西ㅅ녁 ᄀᆞᄅᆞ매 使臣의 빗 와시니 時로 ᄯᅩ 셔욿 이를 믇노라.

---

1) 조븐 : 좁은 2) 묏바틴 : 묏밭의 3) 왜시니 : 와시니 4) 우므리 : 우믈, 우물

舟楫

주즙

律詩 十二首

放船
방선

送客蒼溪縣山寒雨不開(송객창계현산한우불개)
蒼溪縣에셔 소놀 보내요니 뫼히 츠고 비 번히 여디 아니ᄒᆞ누다.
直愁騎馬滑故作泛舟廻(직수기마활고작범주회)
곧 물 토매 믯그러우믈 시름ᄒᆞ야 부러 비 ᄯᅴ워 도라오믈 지소라.
靑惜峯巒過黃知橘柚來(청석봉만과황지귤유래)
프른 거스란 峯巒이 디나가몰 앗기고 누른 거스란 橘柚ㅣ 오ᄂᆞᆫ 둘 아노라.
江流大自在坐穩興悠哉(강류대자재좌온흥유재)
ᄀᆞᄅᆞ미 흘루미 키 自在ᄒᆞ니 안자쇼미 편안ᄒᆞ니 興이 기리 나ᄂᆞ다.

[중간본]

蒼溪縣에셔 소놀 보내요니 뫼히 츠고 비 번히 여디 아니ᄒᆞ누다.
곧 물 토매 믯그러우믈 시름ᄒᆞ야 부러 비 ᄯᅴ워 도라오믈 <u>지오라</u>.
프른 거스란 峯巒이 디나가몰 앗기고 누른 거스란 橘柚ㅣ 오ᄂᆞᆫ <u>딜</u> 아노라.
ᄀᆞᄅᆞ미 흘루미 키 自在ᄒᆞ니 안자쇼미 편안ᄒᆞ니 興이 기리 나ᄂᆞ다.

---

1) 번히 : 번히, 훤하게 2) 믯그러우믈 : 믯그럽다, 미끄럽다 3) 지소라 : 지솜, 지음 4) 앗기고 : 아끼다 5) 키 : 크다

數陪李梓州泛江有女樂在諸舫戲爲豔曲 二首
수배이재주범강유녀락재제방희위염곡 이수

上客回空騎佳人滿近船(상객회공기가인만근선)
노푼 소니 뷘 무를 돌아보내니 고온 사루미 갓가온 비예 フ둑ᄒ얫도다.
江淸歌扇低野曠舞衣前(강청가선저야광무의전)
フ루먼 놀애 브르는 부쳇 미틔 믈갯고 드르흔 춤 츠는 옷 알픠 훤ᄒ도다.
玉袖凌風並金壺隱浪偏(옥수릉풍병금호은랑편)
玉으로 꾸민 스매는 부루매 凌犯ᄒ야 골오고 金壺는 믌겨레 그슥ᄒ야 기우렛도다.
競將明媚色偸眼豔陽天(경장명미색투안염양천)
두토아 고온 비츨 가져셔 艷陽天에셔 일버서 보놋다.
白日移歌袖靑霄近笛床(백일이가수청소근적상)
볽고 희는 놀애 브르는 스매예 옮고 프른 하놀흔 져 부는 平床애 갓갑도다.
翠眉縈度曲雲鬢儼分行(취미영도곡운빈엄분행)
프른 눈서벤 브르는 놀앳 소리 버므렛고 구룸フ톤 귀미톤 儼然히 行列을 눈횃도다.
立馬千山暮回舟一水香(입마천산모회주일수향)
즈믄 뫼 나조히 무를 셔옛고 흔 므리 곳다온 딕 비를 도루놋다.
使君自有婦莫學野鴛鴦(사군자유부막학야원앙)
使君이 스싀로 겨지비 잇ᄂ니 미햇 鴛鴦새 이를 비호디 말라.

[중간본]

노푼 소니 뷘 무롤 돌아보내니 고온 사루미 갓가온 비예 구독호얫도다.

구루믄 놀애 브르는 부쳇 미틔 물갯고 드르훈 춤 츠는 옷 알픠 훤호도다.

玉으로 꾸민 스매는 부루매 凌犯호야 골왓고 金壺는 믌겨레 그윽호야 기우렛도다.

드토아 고온 비츨 가져셔 艶陽天에서 일버어 보놋다.

불근 히는 놀애 브르는 스매예 옮고 프른 하놀훈 져 부는 平床애 갓갑도다.

프른 눈서벤 브르는 놀앳 소리 버므렛고 구룸 구튼 귀미튼 儼然히 行列을 눈화도다.

즈믄 묏 나조히 무롤 셔옛고 훈 므리 곳다온 더 비룰 도루놋다.

使君ㅣ 스싀로 겨지비 잇느니 미햇 鴛鴦새 이룰 비호디 말라.

─────────

1) 드르훈 : 드르, 들, 드르ㅎ + 은, 들은   2) 스매는 : 소매는   3) 골오고 : 골오다, 가루다, 함께 나란히 하다   4) 일버서 : 도둑질하여   5) 져 : 피리   6) 버므렛고 : 버므러, 둘러(縈)   7) 귀미튼 : 구렛나루

陪諸貴公子丈八溝携妓納凉晚際遇
배제귀공자장팔구휴기납량만제우
雨 二首
우 이수

落日放船好輕風生凉遲(낙일방선호경풍생량지)

디는 히예 비롤 노호미 됴ᄒᆞ니 가ᄇᆡ야온 ᄇᆞᄅᆞ매 믌결 나미 더듸도라.
竹深留客處荷淨納凉時(죽심유객처하정납량시)
대는 손 머믈웟는 따해 깁고 蓮은 서늘호ᄆᆞᆯ 드리는 ᄢᅴ 조햇도다.
公子調氷水佳人雪藕絲(공자조빙수가인설우사)
公子는 어름 므를 調和ᄒᆞ고 고온 사ᄅᆞ몬 蓮ㅅ시를 싯놋다.
片雲頭上黑應是雨催詩(편운두상흑응시우최시)
片雲이 머리 우희 거므니 당당이 비 글 지우믈 뵈아놋다.
雨來簟席上風急打船頭(우래점석상풍급타선두)
비 와 돗 우흘 저지니 ᄇᆞᄅᆞ미 ᄲᆞᆯ라 빗머리를 티놋다.
越女紅裙濕燕姬翠黛愁(월녀홍군습연희취대수)
越ㅅ 겨지븨 블근 ᄀᆞ외 젓고 燕ㅅ 겨지븨 프른 눈서비 시름 두외도다.
纜侵堤柳繫幔卷浪花浮(남침제유계만권랑화부)
빗주를 두들겟 버드를 侵犯ᄒᆞ야 ᄆᆡ요니 帳을 거두니 믌겨리 뻿도다.
歸路翻蕭颯陂塘五月秋(귀로번소삽피당오월추)
도라가는 길히 도ᄅᆞ혀 서늘ᄒᆞ니 陂塘이 五月에 ᄀᆞᅀᆞᆯ 곧도다.

[중간본]

디는 히예 비롤 노호미 됴ᄒᆞ니 가ᄇᆡ야온 ᄇᆞᄅᆞ매 믌결 나미 더듸도라.
대는 손 머믈웟는 따해 깁고 蓮은 서늘호ᄆᆞᆯ 드리는 ᄢᅴ 조햇도다.
公子는 어름므를 調和ᄒᆞ고 고온 사ᄅᆞ몬 蓮ㅅ시를 싯놋다.
<u>片雲</u>ㅣ 머리 우희 거므니 <u>당당이</u> 비 글 <u>지우믈</u> 뵈아놋다.
비 와 돗 우흘 저지니 ᄇᆞᄅᆞ미 ᄲᆞᆯ라 빗머리를 티놋다.
越ㅅ 겨지븨 블근 ᄀᆞ외 젓고 燕ㅅ 겨지븨 프른 눈서비 시름 두외도다.
빗주를 두들겟 버드를 侵犯ᄒᆞ야 ᄆᆡ요니 帳을 <u>거드니</u> 믌겨리 <u>뻬도다</u>.

도라가는 길히 도르혀 서늘ᄒ니 陂塘ㅣ 五月에 ᄀᆞ올 ᄀᆞᆮ도다.

---

1) 조햇도다 : 깨끗하다, 맑다 2) 싯놋다 : 씻다(雪 : 더러움을 씻다) 3) 지수믈 : 지숨, 지음 4) 뵈아놋다 : 뵈아다, 재촉하다(催) 5) 돗 : 돗자리 6) 저지니 : 젖다 7) ᄀᆞ외 : 아랫도리옷 8) 빗주를 : 뱃줄 9) ᄯᅦᆺ도다 : ᄯᅦᆺ다, 떠 있다

泛江
범강

方舟不用楫極目惣無波(방주불요즙극목총무파)
方舟호매 비츨 ᄡᅳ디 아니ᄒᆞ노소니 ᄀᆞ장 눈 ᄠᅥ 보니 다 믌겨리 업도다.
長日容盃酒深江淨綺羅(장일용배주심강정기라)
긴 나ᄅᆞᆯ 술 머구믈 容許ᄒᆞᄂᆞ니 기픈 ᄀᆞᄅᆞ믄 기비 조ᄒᆞᆫ ᄃᆞᆺᄒᆞ도다.
亂離還奏樂飄泊且聽歌(난이환주락표박차청가)
亂離ᄒᆞᆫ 제 도ᄅᆞ혀 音樂ᄋᆞᆯ ᄒᆞᄂᆞ니 飄泊애셔 놀애ᄅᆞᆯ 듣노라.
故國流淸渭如今花正多(고국류청위여금화정다)
故國에 ᄆᆞᆯᄀᆞᆫ 渭水ㅣ 흐르ᄂᆞ니 이제 고지 正히 하거니라.

[중간본]

方舟호매 비츨 ᄡᅳ디 아니ᄒᆞ노소니 ᄀᆞ장 눈 ᄠᅥ 보니 다 믌겨리 업도다.
긴 나ᄅᆞᆯ 술 머구믈 容許ᄒᆞᄂᆞ니 기픈 ᄀᆞᄅᆞ믄 기비 조ᄒᆞᆫ ᄃᆞᆺᄒᆞ도다.
亂離ᄒᆞᆫ 제 도로혀 音樂ᄋᆞᆯ ᄒᆞᄂᆞ니 飄泊애셔 놀애ᄅᆞᆯ 든로라.

故國에 믈곤 渭水ㅣ 흐르ᄂᆞ니 이제 고지 正히 ᄒᆞ거니라.

1) 비츨 : 샹앗대, 노 2) 기비 : 깁, 비단 3) 조ᄒᆞ : 깨끗하다, 맑다 4) 제 : 때 5) 도루혀 : 도리어

陪王使君晦日泛江就黃家亭子 二首
배왕사군회일범강취황가정자 이수

山豁何時斷江平不肯流(산활하시단강평부긍류)
뫼히 훤ᄒᆞ니 어느 제 그츠리오 ᄀᆞᄅᆞ미 平ᄒᆞ니 즐겨 흐르디 아니ᄒᆞ놋다.
稍知花改岸始驗鳥隨舟(초지화개안시험조수주)
져기 고지 두들게 改變ᄒᆞᄂᆞᆫ 돌 알며 비르서 새 ᄇᆡ 좃ᄂᆞᆫ 돌 아노라.
結束多紅粉歡娛恨白頭(결속다홍분환오한백두)
ᄆᆡ무은 사ᄅᆞ미 紅粉이 하니 歡娛호매 셴머리를 슬노라.
非君愛人客晦日更添愁(비군애인객회일갱첨수)
그ᄃᆡ옷 나그내를 ᄉᆞ랑티 아니ᄒᆞ더든 그몸 나래 ᄯᅩ 시르믈 더으리랏다.
有徑金沙軟無人碧草芳(유경금사연무인벽초방)
길 잇ᄂᆞᆫ ᄃᆡ 金 ᄀᆞᄐᆞᆫ 몰애 보ᄃᆞ라오니 사ᄅᆞᆷ 업슨 ᄃᆡ 프른 프리 곳답도다.
野畦連蛺蝶江檻俯鴛鴦(야휴연협접강함부원앙)
ᄆᆡ햇 받이러믄 나븨 ᄂᆞᆫ ᄃᆡ 니엣거놀 ᄀᆞᄅᆞᆷ맷 軒檻은 鴛鴦을 俯臨ᄒᆞ얫도다.

日晩煙花亂風生錦繡香(일만연화난풍생금수향)

힛 나조히 닉 씬 고지 어즈러우니 ᄇᆞᄅᆞ미 나니 錦繡ㅣ 곳다온 둣ᄒᆞ도다.

不須吹急管衰老易悲傷(불수취급관쇠노이비상)

구틔여 ᄲᆞᄅᆞᆫ 뎌피리ᄅᆞᆯ 부디 마롤디니 늘거 쉬이 슬노라.

[중간본]

뫼히 훤ᄒᆞ니 어느 제 그츠리오 ᄀᆞᄅᆞ미 ᄶᆞᄒᆞ니 즐겨 흐르디 아니ᄒᆞ놋다.

져기 고지 두들게 改變ᄒᆞᄂᆞᆫ 둘 알며 비르서 새 비 좃ᄂᆞᆫ 둘 아노라.

미무은 ᄉᆞᄅᆞ미 紅粉이 하니 歡娛ᄒᆞ매 셴머리ᄅᆞᆯ 슬로라.

그듸옷 나그내ᄅᆞᆯ ᄉᆞ랑티 아니ᄒᆞ더든 그몸 나래 ᄯᅩ 시르믈 더으리랏다.

길 잇ᄂᆞᆫ 디 金 ᄀᆞᄐᆞᆫ 몰애 보ᄃᆞ라오니 사ᄅᆞᆷ 업슨 디 프른 프리 곳답도다.

미햇 받이러믄 나비 ᄂᆞᄂᆞᆫ 디 니엣거ᄅᆞᆯ ᄀᆞᄅᆞ맷 軒檻은 鴛鴦을 俯臨ᄒᆞ옛도다.

힛 나조히 닉 씬 고지 어즈러우니 ᄇᆞᄅᆞ미 나니 錦繡ㅣ 곳다온 둣ᄒᆞ도다.

구틔여 ᄲᆞᄅᆞᆫ 뎌피리ᄅᆞᆯ 부디 마롤디니 늘거 쉬이 슬로라.

---

1) 저기 : 적이, 좀 2) 둘 : 것을, 줄을 3) 비르서 : 비로소 4) **미무은** : 매무시하다 5) 그듸옷 : 그듸 +옷, 옷, -만, -곧 6) 그몸 : 그믐 7) 받이러믄 : 밭이랑은 8) **니엣거늘** : 이어거늘

進艇
진정

南京久客耕南畝北望傷神臥北窓(남경구객경남묘북망상신와북창)
南京ㅅ 오란 나그내 南녁 이러믈 가노니 北녀글 브라 精神을 슬허셔 北녁 窓애 누엣노라.
晝引老妻乘小艇晴看稚子浴淸江(주인노처승소정청간치자욕청강)
나지 늘근 겨지블 혀 죠고맛 비를 트고 갠 나래 져믄 아드리 물곤 ㄱ르매 沐浴호몰 보노라.
俱飛蛺蝶元相逐並蔕芙蓉本自雙(구비협접원상축병체부용본자쌍)
훈쁴 ᄂᆞᄂᆞᆫ 나뵈ᄂᆞᆫ 본디로 서르 좃고 고고리 ᄀᆞᆯ온 芙蓉은 本來 제 훈 雙이로다.
茗飮蔗漿携所有瓷罌無謝玉爲缸(명음자장휴소유자앵무사옥위항)
차와 蔗漿을 잇ᄂᆞᆫ 양ᄌᆞ로 가죠니 구운 그르시 玉ᄋᆞ로 밍ᄀᆞ론 缸애셔 디디 아니토다.

[중간본]

南京ㅅ 오란 나그내 南녁 이러믈 가노니 北녀글 브라 精神을 슬허셔 北녁 窓애 누엇노라.
나지 늘근 겨지블 혀 죠고맛 비를 트고 갠 나래 져믄 아드리 물곤 ㄱ르매 沐浴호몰 보노라.
훈쁴 ᄂᆞᄂᆞᆫ 나뵈ᄂᆞᆫ 본디로 서르 좃고 고고리 ᄀᆞᆯ온 芙蓉은 本來 제 훈 雙ㅣ로다.

차와 蔗漿을 잇논 양조로 가죠니 구운 그르시 玉으로 밍그론 缸애셔 디디 아니토다.

―――――――
1) 이러믈 : 이랑을 2) 가노니 : 갈다(耕) 3) 나지 : 낮의 4) 혀 : 끌다 5) 흔쁴 : 함께 6) 고고리 : 꼭지 7) 글온 : 가루다, 함께 나란히 하다 8) 잇논 : 잇다 9) 가죠니 : 갓다, 가지다 10) 그르시 : 그릇이

城西陂泛舟
성서피범주

青蛾皓齒在樓船橫笛短簫悲遠天(청아호치재루선횡적단소비원천)
프른 눈썹과 힌 니왜 樓船에 잇ᄂ니 빗근 뎌와 뎌른 피리 먼 하놀해 슬피 부놋다.
靑風自信牙檣動遲日徐看錦纜牽(청풍자신아장동지일서간금람견)
봆 브ᄅ매 내 빗대 뮈유믈 밋노니 긴 ᄒᆡ에 날호야셔 錦纜 잇거 가믈 보노라.
魚吹細浪搖歌扇燕蹴飛花落舞筵(어취세랑요가선연취비화락무연)
고기는 ᄀᆞᄂᆞ 믉겨를 부러 놀애 브르는 부체를 이어고 져비는 ᄂᆞ는 고ᄌᆞᆯ 박차 춤츠는 돗긔 디놋다.
不有小舟能盪槳百壺那送酒如泉(불유소주능탕장백호나송주여천)
죠고맛 비룰 能히 비츨 이어디 아니ᄒᆞ면 百壺애 수리 심 ᄀᆞᆮᄒᆞ니룰 엇뎨 보내리오.

177

[중간본]

프른 눈썹과 힌 니왜 樓船에 잇ᄂᆞ니 빗근 뎌와 뎌른 피리 먼 하ᄂᆞᆯ해 슬피 부놋다.

ᄇᆞᄅᆞᆷ 부르매 내 빗대 뮈유믈 믿노니 긴 히에 날호야셔 錦纜 잇거 가몰 보노라.

고기ᄂᆞᆫ ᄀᆞᄂᆞ 믌겨를 부러 놀애 브르ᄂᆞ 부체를 이어고 져비ᄂᆞ ᄂᆞᄂᆞ 고ᄌᆞᆯ 박차 춤츠ᄂᆞ 돗긔 디놋다.

죠고맛흔 비를 能히 비츨 이어디 아니ᄒᆞ면 百壺애 수리 쉼 곧ᄒᆞ니를 엇뎨 보내리오.

1) 빗근 : 비스듬한 2) 뎌른 : 짧은 3) 빗대 : 노, 상앗대 4) 뮈유믈 : 뮈다, 움직이다 5) 날호야셔 : 날호야, 더디게, 천천히, 날호다, 느리다, 더디다 6) 잇거 : 이끌어 7) 이어고 : 흔들다 8) 돗긔 : 돗다리 9) 디놋다 : 떨어지다

覆舟 二首
복주 이수

巫峽盤渦曉黔陽貢物秋(무협반와효검양공물추)

巫峽ㅅ 믌 뉘누릿 새배 黔陽 ᄀᆞ옰 貢物 시러 오ᄂᆞ ᄀᆞ울히로다.

丹砂同隕石翠羽共沉舟(단사동운석취우공침주)

丹砂ᄂᆞᆫ 디ᄂᆞ 돌콰 곧고 프른 지츤 ᄃᆞ몬 ᄇᆡ와 다못 ᄒᆞ도다.

羈使空斜影龍居悶積流(기사공사영룡거민적류)

나그내 使者는 빗근 그르메 뷔엿도소니 龍 사는 딘 사햇는 므리 깁도다.
篙工幸不溺俄頃逐輕鷗(고공행불닉아경축경구)
샤공이 幸혀 둠디 아니ᄒᆞ야 아니흔더데 가비야온 골며기를 조차 나도다.
竹宮時望拜桂館或求仙(죽궁시망배계관혹구선)
竹宮에셔 時로 브라 절ᄒᆞ시며 桂館애셔 시혹 神仙을 求ᄒᆞ시놋다.
姹女凌波日神光照夜年(차녀릉파일신광조야년)
姹女의 믌겨레 凌犯ᄒᆞ는 나리여 神光이 바미 비취엿는 히로다.
徒聞斬蛟劒無復爂犀船(도문참교검무복찬서선)
ᄒᆞᆫ갓 蛟 버히던 갈흘 드를 ᄲᅮ니로소니 ᄯᅩ 犀角 브티던 비도 업도다.
使者隨秋色迢迢獨上天(사자수추색초초독상천)
使者옷 ᄀᆞᅀᆞᆯ 비츨 조차 머리 ᄒᆞ오ᅀᅡ 하ᄂᆞᆯ해 올아 가놋다.

[중간본]

巫峽ㅅ 믌 뉘누릿 새배 黔陽 ᄀᆞᆯᆺ 貢物 시러 오는 ᄀᆞᄋᆞᆯ히로다.
丹砂는 디는 돌과 곧고 프른 디츤 두믄 비와 다못ᄒᆞ도다.
나그내 使者는 빗근 그르매 뷔엿도소니 龍 사는 딘 사햇는 므리 깁도다.
샤공이 幸혀 둠디 아니ᄒᆞ야 아니흔더데 가비야온 골며기를 조차 나도다.
竹宮에셔 時로 브라 절ᄒᆞ시며 桂館애셔 시혹 神仙을 求ᄒᆞ시놋다.
姹女의 믌겨레 凌犯ᄒᆞ는 나리여 神光ㅣ 바미 비취엿는 히로다.
ᄒᆞᆫ갓 蛟 버히던 갈흘 드를 ᄲᅮ니로소니 ᄯᅩ 犀角 브티던 비도 업도다.
使者옷 ᄀᆞᅀᆞᆯ 비츨 조차 머리 ᄒᆞ오아 하ᄂᆞᆯ해 올아 가놋다.

———————
1) 뉘누릿 : 물살, 소용돌이 2) 지츤 : 짚은, 짙, 짓, 깃 3) 두믄 : 두므다, 담그다(沉), 잠기다, 담금질하다 4) 다못ᄒᆞ도다 : 함께, 더불어 5) 그르메 : 그림자 6) 둠디 : 둠다, 담그다, 잠기다 7) 버히던 : 베다 8) 브티던 : (불을)부치다(爂) 9) 아니한더데 : 아니한던, 잠시

179

橋梁
교량

律詩 三首

陪李七司馬皁(배이칠사마조)ᄒᆞ야 江上(강상)애
觀造竹橋(관조죽교)ᄒᆞ니 卽日成(즉일성)ᄒᆞ야
往來之人(왕래지인)이 免冬寒(면동한)애
入水(입수)ᄒᆞᆯ시 聊題短作(료제단작)ᄒᆞ야
簡李公(간이공)ᄒᆞ노라.

伐竹爲橋結構同襄裳不涉往來通(벌죽위교결구동건상불섭왕래통)
대ᄅᆞᆯ 버혀 ᄃᆞ리ᄅᆞᆯ 밍ᄀᆞ로매 미야 지우믈 모다 ᄒᆞ니 오ᄉᆞᆯ 거두드러 믈로 건나디 아니ᄒᆞ야 가며 오미 通ᄒᆞ도다.

天寒白鶴歸華表日落靑龍見水中(천한백학귀화표일락청룡견수중)
하ᄂᆞᆯ히 서늘커ᄂᆞᆯ 白鶴이 華表애 도라오ᄂᆞᆫ소니 ᄒᆡ 디거든 靑龍을 믌 가온ᄃᆡ 보리로다.

顧我老非題柱客知君才是濟州功(고아노비제주객지군재시제주공)
나ᄅᆞᆯ 도라본ᄃᆡᆫ 늘거 기둥애 스는 客이 아니로니 그딋 ᄌᆡ조는 이 ᄂᆡᄒᆞᆯ 건네는 功인디 아노라.

合歡却笑千年事驅石何時到海東(합환각소천년사구석하시도해동)
모다 즐겨셔 도로 즈믄 힛 이ᄅᆞᆯ 웃ᄂᆞ니 돌ᄒᆞᆯ 모라 어느 ᄢᅴ 海東애 가ᄂᆞ니오.

[중간본]

대룰 버혀 드리룰 밍그로매 미야 지우믈 모다 ᄒ니 오솔 거두드러 믈로 건나디 아니ᄒ야 가며 오미 通ᄒ도다.

하ᄂᆞ리 서늘커눌 白鶴ㅣ 華表애 도라오ᄂᆞ소니 히 디거든 靑龍을 믌 가온ᄃᆡ 보리로다.

나룰 돌라본ᄃᆡᆫ 늘거 기둥애 스는 客ㅣ 아니로니 그딋 지조는 이 내홀 건내는 功인디 아노라.

모다 즐겨셔 도로 즈믄 힛 이룰 웃노니 돌홀 모라 어느 ᄢᅴ 海東애 가니오.

---

1) 미야 : 매다 2) 지우믈 : 지슘, 지음 3) 거두드러 : 거두들다, 걷어들다, 추어올리다(褰) 4) 모라 : 몰다(驅)

觀作橋成(관작교성)ᄒ고 月夜舟中(월야주중)에
有述(유술)ᄒ야 還呈李司馬(환정이사마)ᄒ노라.

把燭橋成夜廻舟客坐時(파촉교성야회주객좌시)
드리 일운 바ᄆᆡ 燭ㅅ블을 자밧고 손 안잿느 ᄢᅴ 비를 횟도ᄅ놋다.
天高雲去盡江逈月來遲(천고운거진강형월래지)
하ᄂᆞ리 노푸니 구룸 가미 다ᄋ고 ᄀᆞᄅᆞ미 아ᅀᆞ라ᄒ니 드러 오미 더듸도다.
衰謝多扶病招邀屢有期(쇠사다부병초요루유기)
늘구메 病ᄒ 모ᄆᆞᆯ 扶持호믈 해ᄒ노니 블려 마쵸미 ᄌᆞ조 期約이 잇도다.

異方乘此興樂罷不無悲(이방승차흥락파불무비)
다른 따해 와 이 興을 토니 즐교믈 ᄆᆞᄎᆞ니 슬푸미 업디 아니ᄒᆞ도다.

[중간본]

드리 일운 바미 燭ㅅ블을 자밧고 손 안잿ᄂᆞᆫ ᄯᅬ 비룰 횟도ᄅᆞ놋다.
하ᄂᆞᆯ히 노푸니 <u>구름</u> 가미 다ᄋᆞ고 ᄀᆞᄅᆞ미 <u>아ᄋᆞ라ᄒᆞ니</u> 드뤼 오미 더듸도다.
늘구메 病ᄒᆞᆫ 모ᄆᆞᆯ 扶持호ᄆᆞᆯ <u>해</u>ᄒᆞ노니 블려 마쵸미 ᄌᆞ조 <u>期約ㅣ</u> 잇도다.
다른 ᄯᅡ해 와 이 興을 <u>ᄭᅴ토니</u> 즐교믈 ᄆᆞᄎᆞ니 슬푸미 업디 아니ᄒᆞ도다.

1) 다ᄋᆞ고 : 다ᄒᆞ다, 다하다 2) 아ᅀᆞ라ᄒᆞ니 : 아ᅀᆞ라ᄒᆞ다, 아득하다, 까마득하다 3) 해 : 많이 4) 블려 : 블리다, ᄇᆞ르게하다 5) 토니 : 타니 6) 마쵸미 : 마쵬, 맞힘

李司馬橋了(이사마교료)ㅣ어놀 承高使君(월승고사군)이 自成都廻(자성도회)ᄒᆞ라.

向來江上手紛紛三日成功事出群(향래강상수분분삼일성공사출군)
向來예 ᄀᆞᄅᆞᆷ 우희셔 소니 어즈러우니 사ᄋᆞ래 功을 일우니 이리 모든 게 特出ᄒᆞ도다.
已傳童子騎靑竹惣擬橋東待使君(이전동자기청죽총의교동대사군)
ᄒᆞ마 傳호ᄃᆡ 아ᄒᆡ 프른 대ᄅᆞᆯ 타 드릿 東녀긔셔 使君을 기들우리라 다 너기ᄂᆞ다 ᄒᆞᄂᆞ다.

[중간본]

向來예 그룹 우희셔 소니 어즈러우니 사ㅇ래 功을 일우니 이리 모든 게 特出ㅎ도다.

ㅎ마 傳ㅎ더 아히 프른 대롤 타 드릿 東녀긔셔 使君을 기들우리라 다 너기ᄂ다 ᄒᆞᄂ다.

---

1) 사ㅇ래 : 사올, 사흘 2) 어즈러우니 : 어즈럽다, 어리럽다, 번거롭다

燕飲
연음

古詩七首 律詩二十首

醉詩歌
취시가

甫ㅣ 自註贈廣文館學士鄭虔이라

諸公袞袞登臺省廣文先生官獨冷(제공곤곤등재성광문선령관독랭)
諸公은 니섬 臺省애 오르거늘 廣文先生은 벼스리 ᄒᆞ오아 冷ᄒᆞ도다.
甲第紛紛厭梁肉廣文先生飯不足(갑제분분염량육광문선생반부족)
위두ᄒᆞᆫ 지븐 어즈러이 梁肉을 아쳐러커늘 廣文先生은 밥도 不足ᄒᆞ도다.
先生有道出義皇先生有才過屈宋(선생유도출희황선생유재과굴송)
先生의 둣논 道理는 羲皇ㅅ 우희 나고 先生의 둣논 지조는 屈原 宋玉이게 넘도다.
德尊一代常轗軻名乘萬古知何用(덕존일대상감가명승만고지하용)
德이 一代예 尊호ᄃᆡ 샹녜 轗軻ᄒᆞ니 일후미 萬古애 드려 간ᄃᆞᆯ 아노라 므스게 쓰리오.
杜陵野客人更嗤被褐短窄鬢如絲(두릉야객인갱치피갈단착빈여사)
杜陵ㅅ 野客을 사ᄅᆞ미 ᄯᅩ 웃ᄂᆞ니 니분 누비 뎌르며 좁고 귀믿터리 실 ᄀᆞᆮᄒᆞ라.
日糴太倉五升米時赴鄭老同襟期(일적태창오승미시부정노동금기)
나날 太倉앳 닷 됫 ᄡᆞᆯ 내야 時로 鄭老의게 오니 ᄆᆞᅀᆞ미 ᄒᆞᆫ가지로다.

得錢卽相覓沽酒不復疑(득전즉상멱고주불복의)

도눌 어더든 곧 서르 어더 술 사믈 쏘 疑心 아니ᄒᆞ노라.

忘形到爾汝痛飮眞吾師(망형도이여통음진오사)

얼구를 니주미 너나호매 니르ᄂᆞ니 ᄀᆞ장 술 머구미 眞實로 내 스승이로다.

淸夜沈沈動春酌燈前細雨簷花落(청야침침동춘작등전세우첨화락)

물ᄀᆞ 바미 기픈 ᄃᆡ셔 봆 술 브ᅀᅥ 머구믈 ᄒᆞ니 븘 앒픳 ᄀᆞ는 비예 집 기슬겟 고지 듣놋다.

但覺高歌有鬼神焉知餓死塡溝壑(단각고가유귀신언징아사진구학)

오직 노푼 놀애여 鬼神 잇는 ᄃᆞᆺᄒᆞ물 아디웨 므스므라 주려 주거 굴허에 몃귀욜 이롤 알리오.

相如逸才親滌器子雲識字終投閣(상여일재친척기자운식자종투각)

相如ㅣ 放逸ᄒᆞᆫ 지조로도 親히 그르슬 싯고 子雲이 奇字를 아라도 내종애 閣애셔 ᄂᆞ려디니라.

先生早賦歸去來石田茅室荒蒼苔(선생조부귀거래석전모실황창태)

先生은 일 歸去來를 지스라 돌받과 새지븨 프른 이시 거츠렛ᄂᆞ니라.

儒術於我何有哉孔丘盜跖俱塵埃(유술어아하유재공구도척구진애)

儒術이 내 거긔 므슴 됴호 이리 이시리오 孔丘와 盜跖괘 다 ᄒᆞᆫ가지로 드틀 ᄃᆞ외니라.

不須聞此意慘愴生前相遇且銜盃(불수문차의참창생전상우차함배)

구틔여 이 말 듣고 ᄠᅳ들 슬허티 마오 사라신 저긔 서르 마조보매 수ᄅᆞᆯ 머굴디니라.

[중간본]

諸公은 니엄 臺省애 오ᄅᆞ거늘 廣文先生은 벼스리 ᄒᆞ오아 冷ᄒᆞ도다.

위두흔 지븐 어즈러이 粱肉을 아쳐러커놀 廣文先生은 밥도 不足ᄒ도다.
先生의 뒷ᄂᆞᆫ 道理ᄂᆞᆫ 羲皇ㅅ 우희 나고 先生의 둣논 지조ᄂᆞᆫ 屈原 宋玉이게 넘도다.
德ㅣ 一代예 尊ᄒ오ᄃᆡ 샹녜 轗軻ᄒ니 일후미 萬古애 드려 간ᄃᆞᆯ 아노라 므스게 ᄡᅳ리오.
杜陵ㅅ 野客을 사ᄅᆞ미 ᄯᅩ 웃ᄂᆞ니 니분 누비 뎌르며 좁고 귀믿터리 실 ᄀᆞᆮᄒ라.
나날 太倉앳 닷 됫 ᄡᆞᆯ 내야 時로 鄭老의게 오니 ᄆᆞᄋᆞ미 ᄒᆞᆫ가지로다.
도ᄂᆞᆯ 어더든 곳 서르 어더 술 사몰 ᄯᅩ 疑心 아니ᄒ노라.
얼구를 니주미 너 나호매 니르ᄂᆞ니 ᄀᆞ장 술 머구미 眞實로 내 스승이로다.
몰곤 바미 기픈 뎌셔 봀 술 브어 머구믈 ᄒ오니 븘 알픠 ᄀᆞᄂᆞ 비예 집 기슬겟 고지 듣놋다.
오직 노푼 놀애여 鬼神 잇ᄂᆞᆫ 둣호믈 아디웨 므스므라 주려 주거 굴형에 몟귀욜 이룰 알리오.
相如ㅣ 放逸흔 지조로도 親히 그르슬 싯고 子雲ㅣ 奇字를 아라도 내죵애 閣애셔 ᄂᆞ려디니라.
先生은 일 歸去來를 지으라 돌받과 새지븨 프른 이시 거츠럿ᄂᆞ니라.
儒術ㅣ 내 거긔 므슴 됴흔 이리 이시리오 孔丘와 盜跖괘 다 ᄒᆞᆫ가지로 드틀 ᄃᆞ외니라.
구틔여 이 말 듯고 ᄠᅳ들 슬허티 마오 사라신 제긔 서르 마조보매 술올 머굴디니라.

―――――――
1) 니ᅀᅥᆷ : 잇달아(니ᅀᅥᆷ니ᅀᅥᆷ) 2) 위두ᄒᆞᆫ : 으뜸가는 3) 아쳐러커놀 : 아쳐러하다, 싫어하다 4) 둣논 : 둣다, 두었다 5) 드려 : 드리다, 드리우다, 드리워지다(乘) 6) 니분 : 입은 7) 뎌르며 : 짧으며 8) 니주미 : 닞음이, 닞

음, 잊음 9) 느르ᄂ니 : 이르다 10) 기슬겟 : 기슭에, 처마에 11) 듣놋다 : 떨어지노라 12) 아디웨 : 아디, 알지 13) 므스므라 : 무슨 까닭에 14) 몃귀율 : 몃귀다, 메워지다 15) 내죵애 : 나중에 16) ᄂ려디니 : ᄂ려디다, 내려지다, 떨어지다 17) 일 : 일찍 18) 돌받 : 돌밭 19) 지스라 : 짓다 20) 이시 : 잇이, 잇, 이끼 21) 드틀 : 먼지, 티끌 21) 사라신 : 살다, 살아실 적

蘇端薛復筵簡薛華醉歌
소단벽복연간벽화취가

文章有神交有道端復得之名譽早(문장유신교유도단복득지명예조)
文章이 神호미 잇고 사괴요미 道ㅣ 잇ᄂ니 端과 復괘 어더 일훔 聲譽 이르도다.
愛客滿堂盡豪傑開筵上日思芳草(애객만장진호걸개연상일사방초)
소놀 ᄉ랑ᄒ야 지븨 ᄀ득기 안잿ᄂ니 다 豪傑이로소니 上日에 돗골 여러셔 곳다온 프를 ᄉ랑ᄒ놋다.
安得健步移遠梅亂挿繁花向晴昊(안득건보이원매란삽번화향청호)
엇뎨 健壯히 거름 거르릴 어더 먼 딋 梅花를 옮겨다가 한 고즐 어즈러이 곳곳 갠 하놀ᄒ 向ᄒ려뇨.
千里猶殘舊氷雪百壺且試開懷抱(천리유잔구빙설백호차시개회포)
千里예 오히려 녯 어름과 눈괘 기텨 이실시 百壺를 ᄯ 맛봐셔 懷抱를 여노라.
垂老惡聞戰鼓悲急觴爲緩憂心擣(수노오문전고비급상위완우심도)

늘구메 다ᄃᆞ라셔 사호맷 붑소리 슬푸믈 아쳐러 듣노니 ᄲᆞ른 酒觴으로 시름 두원 마ᅀᆞ미 딘ᄂᆞᆫ ᄃᆞᆺᄒᆞ믈 爲ᄒᆞ야 느치노라.

少年努力縱談笑看我形容已枯槁(소년노력종담소간아형용이고고)
져믄 사ᄅᆞᆷ들히 힘ᄡᅥ 談笑ᄅᆞᆯ ᄀᆞ장ᄒᆞᄂᆞ니 내의 얼구를 보니 ᄒᆞ마 枯槁ᄒᆞ도다.

座中薜華善醉歌歌辭自作風格老(좌중벽화선취가가사자작풍격노)
座中엣 薛華] 醉ᄒᆞ야셔 놀애 블로ᄆᆞᆯ 잘 ᄒᆞᄂᆞ니 歌辭ᄅᆞᆯ 제 지ᄉᆞ니 風格이 老成ᄒᆞ도다.

近來海內爲長句與汝山東李白好(근래해내위장구여여산동이백호)
近來예 四海 內예 긴 긄句 ᄒᆞ리ᄂᆞᆫ 너와 山東앳 李白괘 됴히 ᄒᆞᄂᆞ니라.

何劉沈謝力未工才兼鮑照愁絕倒(하유심사력미공재겸포조수절도)
何劉 沈謝ᄂᆞᆫ 힘ᄡᅥ도 바지로이 몯ᄒᆞ리니 네 지죄 鮑照ᄅᆞᆯ 兼ᄒᆞ니 시르며 업드러리로다.

諸生頗盡新知樂萬事終傷不自保(제생파진신지락만사종상부자보)
諸生들히 ᄌᆞ모 새 아논 즐교ᄆᆞᆯ 다ᄋᆞ건마ᄅᆞᆫ 萬事ᄅᆞᆯ ᄆᆞᄎᆞ매 내 믿디 몯홀가 슬노라.

氣酣日落西風來願吹野水添金杯(기감일락서풍래원취야수첨금배)
氣運이 흐들커ᄂᆞᆯ 히 디고 西風이 오ᄂᆞ니 願ᄒᆞᆫ ᄃᆞᆫ 미햇 므를 부러 金잔애 더으고라.

如澠之酒常快意亦知窮愁安在哉(여승지주상쾌의역지궁수안재재)
澠水 ᄀᆞᆮᄒᆞᆫ 술로 샹녜 ᄠᅳ들 훤케 ᄒᆞ면 ᄯᅩ 아노라 窮愁] 어듸 이시리오.

忽憶雨時秋井塌古人白骨生靑苔如何不飮令心哀(홀억우시추정탑고인백골생청태여하불음령심애)
忽然히 비 올 ᄢᅴ ᄀᆞᅀᆞᆯ 우므를 믈어딘 딜 ᄉᆞ랑ᄒᆞ니 녯 사ᄅᆞ미 힌 ᄲᅧ에 프른 이시 낻ᄂ니 엇뎨 술 먹디 아니코 므ᅀᅳ므로 히여 슬흐리오.

[중간본]

文章ㅣ 神호미 잇고 사괴요미 道ㅣ 잇ᄂ니 端과 復괘 어더 일훔 聲譽 이르도다.

소놀 ᄉ랑ᄒ야 지븨 ᄀ둑기 안잿ᄂ니 다 豪傑ㅣ로소니 上日에 돗골 여러 곳다온 프를 ᄉ랑ᄒ놋다.

엇뎨 健壯히 거름 거르릴 어더 먼 딋 梅花를 옮겨다가 한 고즐 어즈러이 곳고 갠 하ᄂᆞᆯ훌 向ᄒ려뇨.

千里예 오히려 녯 어름과 눈괘 기텨 이실시 百壺를 ᄯᅩ 맛봐셔 懷抱를 여노라.

늘구메 다ᄃ라셔 사호맷 붑소리 슬푸믈 아처러 듣노니 ᄹᅡ른 酒觴ᄋ로 시름 ᄃ왼 마ᄋ미 딘는 듯호믈 爲ᄒ야 느치노라.

져믄 사름들히 힘ᄡ 談笑를 ᄀ장ᄒᄂ니 내의 얼구를 보니 ᄒ마 枯槁ᄒ도다.

座中엣 薛華ㅣ 醉ᄒ야셔 놀애 블로믈 잘 ᄒᄂ니 歌辭를 제 지으니 風格이 老成ᄒ도다.

近來예 四海 內예 긴 긄句 ᄒ리는 너와 山東앳 李白괘 됴히 ᄒᄂ니라.

何劉 沈謝는 힘ᄡ도 바지로이 몯ᄒ리니 네 지죄 鮑照를 兼ᄒ니 시르며 업드리리로다.

諸生둘히 ᄌ모 새 아논 즐교믈 다ᄋ건마른 萬事를 ᄆᄎ매 내 믿디 몯홀가 슬노라.

氣運ㅣ 흐들커놀 히 디고 西風ㅣ 오ᄂ니 願ᄒᆫ든 민해 므를 부러 金잔애 더으고라.

灑水 곳호 술로 샹녜 뜨들 훤케 호면 쪼 아노라 窮愁ㅣ 어듸 이시리오.
忽然히 비 올 쩨 그윬 우믈 들어딘 딜 스랑호니 녯 사루미 힌 쎠에 프른
이시 냇노니 엇뎨 술 먹디 아니코 모으모로 히여 슬흐리오.

―――――――――

1) 사괴요미 : 사귐 2) 上日 : 정월 일일 3) 돗골 : 돗자리를 4) 곳다온 : 향기로운 5) 거름 : 걸음 6) 곳곡 : 곳
다, 꽂다(揷) 7) 기텨 : 기티다, 끼치다, 남기다 8) 아쳐러 : 싫어하다 9) 느치노라 : 느치다, 늦추다 10) 바지
로이 : 공교로이, 공교히 11) 시르며 : 시름하여 12) 업드리로다 : 업들다, 엎드리다 13) 즈모 : 자못 14) 새
: 새로이 15) 다오건마른 : 다오다, 다하다 16) 흐들커눌 : 흐들히, 흐뭇이, 한창 17) 부러 : 불어, 불다 18) 믈
어딘 : 믈어디다, 무너지다

飲中八仙歌
음중팔선가

知章騎馬似乘船眼花落井水底眠(지장기마사승선안화락정수저면)
知章의 물 토미 비 톰 곧호니 누넷 고지 눈 우므레 들거즌 묽 미틔셔 조오
놋다.
汝陽三斗始朝天道逢麴車口流涎恨不移封向酒泉(여양삼두시조천도봉국
거구류연한불이봉향주천)
汝陽王은 서 말 수를 먹고아 비르서 天子의 朝會호느니 길헤 누룩 시른
술위롤 맛보아든 이베 추믈 흘리고 封爵을 옮겨 酒泉郡으로 向호디 몯호
논 이롤 슬놋다.

左相日興費萬錢飮如長鯨吸百川銜盃樂聖稱避賢(좌상일흥비만전음여장경흡백천함배락성칭피현)

左相은 날마다 니러 萬錢을 費用ᄒᆞᄂᆞ니 술 머구믈 긴 고래 온 냇믈 마숌 ᄀᆞ티 ᄒᆞ야 잔을 머구머셔 몰곤 수를 즐기고 어딘 사ᄅᆞᄆᆞᆯ 避ᄒᆞ얏노라 니ᄅᆞ놋다.

宗之瀟灑美少年擧觴白眼望靑天皎如玉樹臨風前(종지소쇄미소년거상백안망청천교여옥수임풍전)

崔宗之는 조츌ᄒᆞᆫ 아름다온 져믄 소니니 잔을 드러셔 힌 누느로 프른 하ᄂᆞᆯ흘 ᄇᆞ라니 ᄆᆞᆯ고미 玉樹ㅣ ᄇᆞ람 알픠 臨ᄒᆞ얏는 ᄃᆞᆺᄒᆞ도다.

蘇晉長齋繡佛前醉中往往愛逃禪(소진장재수불전취중왕왕애도선)

蘇晉은 繡혼 부텻 알픠셔 댱샹 齋戒ᄒᆞᄂᆞ니 醉中에도 므리므리예 逃去ᄒᆞ야 坐禪호ᄆᆞᆯ ᄉᆞ랑ᄒᆞ놋다.

李白一斗詩百篇長安市上酒家眠天子呼來不上船自稱臣是酒中仙(이백일두시백편장안시상주가면천자호래불상선자칭신시주중신)

李白은 술 ᄒᆞᆫ 말 먹고 詩를 一百篇 짓ᄂᆞ니 長安ㅅ 져젯 숤지븨셔 조울어늘 天子ㅣ 브르신대 즉재 ᄇᆡ예 오ᄅᆞ디 몯ᄒᆞ고 제 닐오디 臣은 이 酒中엣 仙人이로라 ᄒᆞ니라.

張旭三盃草聖傳脫帽露頂王公前揮毫落紙如雲烟(장욱삼배초성전탈모로정왕공전휘호락지여운연)

張旭은 세 잔 머거든 草聖을 傳ᄒᆞᄂᆞ니 王公ㅅ 알픠 곳갈 밧고 니마홀 내야셔 부들 횟두로 텨 죠히에 디니 雲煙이 ᄀᆞᆮ놋다.

焦遂五斗方卓然高談雄辯驚四筵(초수오두방탁연고담웅변경사연)

焦遂는 닷 말 먹고ᅀᅡ 뵈야ᄒᆞ로 ᄆᆞᅀᆞ미 卓然ᄒᆞᄂᆞ니 노푼 말ᄉᆞᆷ과 雄壯ᄒᆞᆫ 말ᄉᆞ미 四面ㅅ 돗깃 사ᄅᆞᄆᆞᆯ 놀래ᄂᆞ니라.

[중간본]

知章의 몰 토미 비 톰 곧ᄒᆞ니 누넷 고지 눈 우므레 듣거즌 믌 미틔셔 ᄌᆞ오놋다.

汝陽王은 서 말 수를 먹고아 비르서 天子의 朝會ᄒᆞᄂᆞ니 길헤 누룩 시른 술위를 맛보아든 이베 추믈 흘리고 封爵을 옮겨 酒泉郡으로 向ᄒᆞ디 몯ᄒᆞ논 이를 슬놋다.

左相은 날마다 니러 萬錢을 費用ᄒᆞᄂᆞ니 술 머구믈 긴 고래 온 냇믈 마숌 ᄀᆞ티 ᄒᆞ야 잔놀 머구머셔 몰곤 수를 즐기고 어딘 사ᄅᆞᄆᆞᆯ 避ᄒᆞ얏노라 니르놋다.

崔宗之는 조츨ᄒᆞᆫ 아ᄅᆞᆷ다온 져믄 소니니 잔을 드르셔 힌 누느로 프른 하ᄂᆞᆯ흘 ᄇᆞ라니 믈고미 玉樹ㅣ ᄇᆞᄅᆞᆷ 알ᄑᆡ 臨ᄒᆞ얫는 ᄃᆞᆺᄒᆞ도다.

蘇晉은 繡혼 부텻 알ᄑᆡ셔 댱샹 齋戒ᄒᆞᄂᆞ니 醉中에도 므리므리예 逃去ᄒᆞ야 坐禪호ᄆᆞᆯ ᄉᆞ랑ᄒᆞ놋다.

李白은 술 ᄒᆞᆫ 말 먹고 詩를 一百篇 짓ᄂᆞ니 長安ㅅ 져젯 숤지븨셔 ᄌᆞ올어늘 天子ㅣ 브르신대 즉재 ᄇᆡ예 오ᄅᆞ디 몯ᄒᆞ고 제 닐오ᄃᆡ 臣은 이 酒中엣 仙人이로라 ᄒᆞ니라.

張旭은 세 잔 머거든 草聖을 傳ᄒᆞᄂᆞ니 王公ㅅ 알ᄑᆡ 곳갈 밧고 니마ᄒᆞᆯ 내야셔 부들 횟두로 텨 죠히예 디니 雲煙ㅣ ᄀᆞᆺ놋다.

焦遂는 닷 말 먹고아 뵈야ᄒᆞ로 ᄆᆞᅀᆞ미 卓然ᄒᆞ니 노폰 말솜과 雄壯ᄒᆞᆫ 말ᄉᆞᆷ미 四面ㅅ 돗짓 사ᄅᆞᄆᆞᆯ 놀래ᄂᆞ니라.

---

1) 술위 : 수레 2) 맛보아든 : 만나다 3) 추믈 : 춤을, 침을 4) 니러 : 일다, 일어 5) 온 : 백 6) 믈고미 : 맑음
7) 부텻 : 부처 8) 댱샹 : 항상 9) 므리므리예 : 때때로, 이따금 10) ᄌᆞ올어늘 : 자거늘 11) 곳갈 : 꼬갈, 모자
12) 밧고 : 벗고 13) 니마ᄒᆞᆯ : 이마 14) 텨 : 쳐, 치다 15) 뵈야ᄒᆞ로 : 바야흐로 16) 돗깃 : 돗자리

遭田父泥飮(조전부니음)호니 美嚴中丞ᄒ(유미엄중승)ᄒ더라.

步屧隨春風村村自花柳(보섭수춘풍촌촌백화류)
신 신고 거러 봄 ᄇᆞᄅᆞᆷ을 조초니 ᄆᆞᄋᆞᆯ마다 절로 곳과 버들왜 폣도다.
田翁逼社日邀我嘗春酒(전옹핍사일요아상춘주)
田家앳 한아비 社日이 갓갑거놀 나를 마자드려 봄 수를 맛 뵈ᄂᆞ다.
酒酣誇新尹畜眼未見有(주감과신윤축안미견유)
수를 醉ᄒᆞ야셔 새 尹을 쟈랑ᄒᆞ요ᄃᆡ 뒷논 누네 이러니 이쇼ᄆᆞᆯ 보디 몯ᄒᆞ얫노라 ᄒᆞᄂᆞ다.
廻頭指大男渠是弓弩手名在飛騎籍長番歲時久(회두지대남거시궁노수명재비기적장번세시구)
머리를 도로혀 큰 아ᄃᆞᆯ를 ᄀᆞᄅᆞ쵸ᄃᆡ 제 이 弓弩 가진 소니니 일후미 飛騎ㅅ 글워레 잇ᄂᆞ니 長番 셔논 歲時ㅣ 오라니라.
前日放營農辛苦救衰朽(전일방영농신고구쇠후)
前日에 노하 녀름짓게 ᄒᆞ이놀 辛苦로이 늘근 나를 救護ᄒᆞᄂᆞ다.
差科死則已誓不擧家走(차과사즉이서불거가주)
差科ᄂᆞᆫ 주거아 마로리니 盟誓호려니 지비 다 逃走티 아니호리라.
今年大作社拾遺能住否(금년대작사습유능주부)
올히는 키 社祭를 호리니 拾遺는 能히 머믈다 말라.
叫婦開大瓶盆中爲吾取(규부개대병분중위오취)
겨지블 블러 큰 瓶을 여러 盆中엣 수를 날 爲ᄒᆞ야 가져 오ᄂᆞ다.
感此氣楊揚須知風化首(감차기양양수지풍화수)

이 사르미 氣運이 楊揚호믈 感激ᄒ노니 모로매 風化앳 위두ᄒ니를 아랄디로다.

語多雖雜亂說尹終在口(어다수잡란설윤종재구)
말ᄉ미 하 비록 雜亂ᄒ나 尹의 일 닐오ᄆ ᄆᄎ매 이베 잇도다.

朝來偶然出自卯將及酉(조래우연출자묘장급유)
아ᄎᄆ 偶然히 나 卯時로브터 쟝ᄎ 酉時예 밋과라.

久客惜人情如何拒隣叟(구객석인정여하거린수)
오래 나그내 ᄃ외야쇼매 人情을 앗기노니 엇데 이우젯 한아비를 믈리와 ᄃ리오.

高聲索果栗欲起時被肘(고성색과율욕기시피주)
노푼 소리로 果栗을 어더 오라 ᄒᄂ니 니로리라 ᄒ다가 時로 불토ㄱ로 ᄡ리툐믈 니부라.

指揮過無禮未覺村野醜(지휘과무례미각촌야추)
指揮호미 너무 禮 업건마ᄅᆫ 村野ㅅ 사ᄅ미 더러우믈 아디 몯ᄒ리로다.

月出遮我留仍嗔問升斗(월출차아유잉진문승두)
ᄃ리 돋거늘 나를 ᄀ리와 머믈워셔 지즈로 怒ᄒ야 升을 머글다 斗를 머글다 묻ᄂ다.

[중간본]

신 신고 거러 봃 ᄇᆞᄅᆞ믈 조초니 ᄆᆞᆯ마다 절로 곳과 버들왜 펫도다.
田家앳 한아비 社日이 갇갑거늘 나를 마자드려 봃 수를 맛 뵈ᄂ다.
수를 醉ᄒ야셔 새 尹을 쟈랑ᄒ요ᄃᆡ 뒷논 누네 이러니 이쇼믈 보디 몯ᄒ얫노라 ᄒᄂ다.
머리를 도로혀 큰 아ᄃᆞᆯ ᄀᆞᄅᆞ쵸ᄃᆡ 제 이 弓弩 가진 소니니 일후미 飛騎

ㅅ 글워레 잇ᄂ니 長番 셔논 歲時ㅣ오라니라.
前日에 노하 녀름짓게 ᄒ야ᄂᆞᆯ 辛苦로이 늘근 나ᄅᆞᆯ 救護ᄒᆞᄂ다.
差科ᄂ 주거아 마로리니 盟誓ᄒ오려니 지비 다 逃走티 아니호리라.
올히ᄂ 키 社祭ᄅᆞᆯ 호리니 拾遺ᄅᆞᆯ 能히 머믈다 말라.
겨지블 블러 큰 甁을 여러 盆中엣 수를 날 爲ᄒ야 가져 오ᄂ다.
이 사ᄅᆞ미 氣運ㅣ 楊楊호ᄆᆞᆯ 感激ᄒ노니 모로매 風化앳 위두ᄒᆞ니ᄅᆞᆯ 아
랄디로다.
말ᄉᆞ미 하 비록 雜亂ᄒ나 尹의 일 닐오ᄆᆞᆫ ᄆᆞᄎᆞ매 이베 잇도다.
아ᄎᆞ미 偶然히 나 卯時로브터 쟝ᄎᆞ 酉時예 밋과라.
오래 나그내 ᄃᆞ외야쇼매 人情을 앗기노니 엇뎨 이우젯 한아비ᄅᆞᆯ 믈리와
ᄃᆞ리오.
노ᄑᆞᆫ 소리로 果栗을 어더오라 ᄒᆞ니 니로리라 ᄒᆞ다가 時로 불로ᄀᆞ로
ᄡᅳ리툐ᄆᆞᆯ 니부라.
指揮호미 너무 禮 업건마ᄂ 村野ㅅ 사ᄅᆞ미 더러우ᄆᆞᆯ 아디 몯ᄒᆞ리로다.
ᄃᆞ리 도ᄃᆞ거ᄂᆞᆯ 나ᄅᆞᆯ ᄀᆞ리와 머믈워셔 지즈로 怒ᄒ야 升을 머글다 斗ᄅᆞᆯ 머
글다 묻ᄂ다.

---

1) 한아비 : 할아버지 2) 뒷논 : 뒷다, 두어 있다, 두었다 3) 제 : 스스로 4) ᄀᆞ로쵸디 : ᄀᆞ로츔, 가르침 5) 오라
니라 : 오래니라 6) 노하 : 놓다 7) ᄒᆞ이ᄂᆞᆯ : ᄒᆞ이다, 시키다 8) 마로리니 : 말지니 9) 키 : 크게 10) 위두ᄒᆞ
니ᄅᆞᆯ : ᄋᆞᆷ듬가다, ᄋᆞᆷ듬이 되다 11) 하 : 많다 12) 밋과라 : 밋다, 미치다(及) 13) 믈리와ᄃᆞ리오 : 믈리왇다, 물리
치다 14) 니로리라 : 니로니, 닐다, 일어나다 15) 불토ᄀᆞ로 : 불톡, 팔뚝 16) ᄡᅳ리툐ᄆᆞᆯ : ᄡᅳ리티다, ᄡᅳᆯ어버리다
17) ᄀᆞ리와 : ᄀᆞ리오다, 가리다(遮) 18) 지즈로 : 인하여, 말미암아, 드디어

陪王侍御(배왕시어)ᄒ야 同登東山最高頂(동등동산최고정)ᄒ야 宴(연)ᄒ다니 姚通泉(요통천)이 晚(만)애 携酒泛江(휴주범강)ᄒ다.

姚公美政誰與儔不減昔時陳太丘(요공미정수여주불감석시진태구)
姚公이 아ᄅᆞᆷ다온 政治를 뉘 다뭇 ᄣᅡ기 두외리오 녯 ᄢᅳᆺ 陳太丘의게 디디 아니ᄒᆞ도다.
邑中上客有柱史多暇日陪驄馬遊(읍중상객유주사다가일배총마유)
그 올 안햇 노폰 소니 柱史ㅣ 잇ᄂᆞ니 해 閑暇홀ᄉᆡ 날마다 驄馬를 뫼셔 노노라.
東山高頂羅珍羞下顧城郭銷我憂(동산고정라진수하고성곽소아우)
東녀 묏 노폰 그테 貴ᄒᆞᆫ 차바ᄂᆞᆯ 버리니 城郭ᄋᆞᆯ ᄂᆞ리와다보고 내 시르믈 ᄉᆞ노라.
淸江白日落欲盡復携美人登綵舟(청강백일락욕진복휴미인등채주)
ᄆᆞᆯ근 ᄀᆞᄅᆞ매 白日이 디여 가거ᄂᆞᆯ ᄯᅩ 고온 사ᄅᆞᄆᆞᆯ 자바 빗난 ᄇᆡ예 오르노라.
笛聲憤怒哀中流妙舞逶迤夜未休(적성분노애중류묘무위이야미휴)
뎟소리 憤怒ᄒ야 믌 가온ᄃᆡ셔 슬프니 微妙ᄒᆞᆫ 추믈 횟두루 처 밤 드ᄃᆞ록 마디 아니ᄒᆞᄂᆞ다.
礎前往往大魚出聽曲低昂如有求(등전왕왕대어출청곡저앙여유구)
붚 알ᄑᆡ 므리므리예 굴근 고기 나 놀애 듣고 구브락 울월락 ᄒ야 求호미 잇ᄂᆞᆫ ᄃᆞᆺᄒ도다.
三更風起寒浪湧取樂喧呼覺船重(삼경풍기한랑용취락훤호각선중)
三更에 ᄇᆞᄅᆞ미 니러 ᄎᆞᆫ 믌겨리 소ᄉᆞ니 즐거우믈 取ᄒ야 브르지져셔 ᄇᆡ 므거우믈 아놋다.
滿空星河光破碎四座賓客色不動(만공성하광파쇄사좌빈객색부동)
虛空애 ᄀᆞ둑ᄒᆞ얫는 星河ㅅ 비치 붕어 디옛거놀 四座앳 손돌히 눗비츨 뮈우디 아니ᄒᆞ놋다.
請公臨深莫相違廻船罷酒上馬歸(청공임심막상위회선파주상마귀)
請ᄒᆞᆫ돈 그듸는 기픈 ᄃᆡ 臨호ᄆᆞᆯ 서르 違ᄒᆞ디 마라 ᄇᆡ 도ᄅᆞ곡 술 머굼 몿곡 ᄆᆞᆯ 타 도라갈디니라.
人生歡會豈有極無使霜露霑人衣(인생환회기유극무사상로점인의)
人生애 즐겨 會集호ᄆᆞᆫ 어느 그지 이시리오 서리와 이슬로 히여 사ᄅᆞ미 오ᄉᆞᆯ 저지게 마롤디니라,

[중간본]

姚公이 아ᄅᆞᆷ다온 政治ᄅᆞᆯ 뉘 다못 ᄢᅡ기 두외리오 녯 뗏 陳太丘의게 디디 아니ᄒᆞ도다.
ᄀᆞ올 안햇 노푼 소니 柱史ㅣ 잇ᄂᆞ니 해 閑暇홀시 날마다 驄馬ᄅᆞᆯ 뫼셔 노노라.
東녁 묏 노푼 그테 貴ᄒᆞᆫ 차바놀 버리니 城郭ᄋᆞᆯ ᄂᆞ리와다보고 내 시르믈 ᄉᆞ노라.
ᄆᆞᆯ곤 ᄀᆞ루매 白日ㅣ 디여 가거놀 쏘 고온 사ᄅᆞ믈 자바 빗난 ᄇᆡ예 오ᄅᆞ노라.
뎟소리 憤怒ᄒᆞ야 믌 가온ᄃᆡ셔 슬프니 微妙ᄒᆞᆫ 추믈 훳두루 쳐 밤 드ᄃᆞ록 마디 아니ᄒᆞᄂᆞ다.
븘 알ᄑᆡ 므리므리예 굴근 고기 나 놀애 듣고 구브락 울월락 ᄒᆞ야 求호미 잇는 둣ᄒᆞ도다.
三更에 ᄇᆞᄅᆞ미 니러 ᄎᆞᆫ 믌겨리 소ᄉᆞ니 즐거우믈 取ᄒᆞ야 브르지져셔 ᄇᆡ 므

거우믈 아놋다.
虛空애 ᄀ독ᄒ얏ᄂ 星河ㅅ 비치 ᄇ어 디옛거놀 四座앳 손돌히 눗비츨 뮈우디 아니ᄒ놋다.
請ᄒ딘 그듸ᄂ 기픈 뒤 臨ᄒ몰 서르 違ᄒ디 마라 비 도로고 술 머굼 못곡 몰 타 도라갈디니라.
人生애 즐겨 會集호ᄆ 어ᄂ 그지 이시리오 서리와 이슬로 ᄒ여 사ᄅᄆ 오ᄉᆯ 저지게 마롤디니라,

1) ᄣ기 : ᄧᆨ이, 짝 2) 디디 : 디다, 떨어지다 3) 해 : 많이 4) 뫼셔 : 뫼시다, 모시다(陪) 5) 차바놀 : 차반올, 차반, 음식, 반찬 6) 버리니 : 벌리다, 벌이다 7) 누리와다보다 : 내려다보다 8) ᄉ노라 : 사르다 9) 빗난 : 빗나다, 빛나다 10) 므리므리예 : 때때로, 이따금 11) 구브락 : 굽으락, 굽다 12) 울월락 : 울월다, 우러르다 13) 브ᄅ지져셔 : 브르지다, 부르짖다 14) ᄆ거우믈 : 무겁다, 무거움 15) ᄇᅌ어 : ᄇᆺ다, 붓다, 부어 16) 디옛거놀 : 파쇄하다, 부수다 17) 도로곡 : 도로다, 돌리다 18) 못곡 : 마치다 19) 그지 : 끝, 한(限) 20) 횟두루 : 휘두루, 두루

冬末(동말)애 以事之東都(이사지동도)ᄒ다가 湖城(호셩)애 遇孟雲卿(우맹운경)ᄒ야 復歸劉顥宅(복귀유호댁)ᄒ야 宿宴飮(숙연음)ᄒ고 散(산)ᄒᆯ제 因爲醉歌(인위취가)ᄒ노라.

疾風吹塵暗河縣行子隔手不相見(질풍취진암하현행자격수불상견)
ᄲᆞᄅᆫ ᄆᄉᆞ미 드트를 부러 河陽ㅅ ᄀ올히 어드워시니 길 녀ᄂ 사ᄅᄆ 손

그리올 만흔 디셔 서르 보디 몯ᄒ리로다.
湖城城南一開眼駐馬偶識雲卿面(호성성남일개안주마우식운경면)
湖城ㅅ 城南애 ᄒᆞᆫ번 누늘 ᄠᅥ ᄆᆞᆯ 머믈워 偶然히 雲卿의 ᄂᆞᄎᆞᆯ 아라보라.
向非劉顥爲地主嬾迴鞭轡成高宴(향비유호위지주란회편비성고연)
만일 劉顥ㅣ 이 ᄯᅡ햇 님자히 ᄃᆞ외디 아니ᄒᆞ야시면 鞭轡를 날호야 돌이와 노푼 이바디를 일워리아.
劉侯歡我携客來置酒張燈促華饌(유후환아휴객래치주장등촉화찬)
劉侯ㅣ 내의 손 더브러 오ᄆᆞᆯ 깃거 수를 노ᄒᆞ며 블 혀고 빗ᄂᆞ 차바ᄂᆞᆯ 뵈아ᄂᆞ다.
且將款曲終今夕休語難艱尙酣戰(차장관곡종금석휴어난간상감전)
ᄯᅩ 款曲ᄒᆞᆫ ᄆᆞᅀᆞ믈 가져셔 오ᄂᆞᆳ 바ᄆᆞᆯ ᄆᆞᆾ곡 艱難애 오히려 흐들히 사호ᄆᆞᆫ 니ᄅᆞ디 마롤디로다.
照室紅爐促曙光熒窓素月垂文練(조실홍로촉서광영창소월수문연)
지븨 비취엿ᄂᆞ 블근 火爐ᄂᆞ 새뱃 비츨 뵈아고 窓이 버므렛ᄂᆞ 힌 ᄃᆞᆳ비츤 빗난 기비 드렛ᄂᆞ ᄃᆞᆺ도다.
天開地裂長安陌寒盡春生洛陽殿(천개지열장안맥한진춘생낙양전)
長安ㅅ 두들겐 하ᄂᆞᆯ히 열며 ᄯᅡ히 ᄠᅥ디고 洛陽ㅅ 宮殿앤 치위 다ᄋᆞ고 보미 나ᄂᆞ다.
豈知驅車復同軌可惜刻漏隨更箭(기지구거복동궤가석각루수갱전)
어느 술위를 모라 ᄯᅩ 자최를 同홀 고들 알리오 可히 슬프도다 漏刻이 更點 사를 좃놋다.
人生會合不可常庭樹雞鳴淚如線(인생회합불가상정수난명루여선)
人生애 모다쇼미 덛덛디 아니ᄒᆞ니 ᄠᅳᆯ헷 남기셔 ᄃᆞᆰ이 울어늘 눉므를 실ᄀᆞ티 흘료라.

※ 쌘론 '모슈미' 드트를 부러 河陽ㅅ ᄀ올히 어드워시니 길 녀는 사루미 손 ᄀ리올 만ᄒᆞᆫ 디셔 서르 보디 몯ᄒᆞ리로다 ; '모슈미'는 '보루미'의 오기인 듯함.

[중간본]

쌘론 보르미 드트를 부러 河陽ㅅ ᄀ올히 어드워시니 길 녀는 사루미 손 ᄀ리올 만ᄒᆞᆫ 디셔 서르 보디 몯ᄒᆞ리로다.

湖城ㅅ 城南애 ᄒᆞᆫ번 누늘 ᄠᅥ 므를 머믈워 偶然히 雲卿의 ᄂᆞ출 아라보라.

만일 劉顥ㅣ 이 싸햇 님재히 두외디 아니ᄒᆞ야시면 鞭轡를 날호야 돌이와 노폰 이바디를 일워리아.

劉侯ㅣ 내의 손 더브러 오몰 깃거 술를 노ᄒᆞ며 블 혀고 빗논 차반ᄋᆞᆯ 뵈아ᄂᆞ다.

ᄯᅩ 款曲ᄒᆞᆫ ᄆᆞᄋᆞ몰 가져셔 오ᄂᆞᆳ 바몰 ᄆᆞᆺ고 艱難애 오히려 흐들히 사호ᄆᆞ론 니루디 마롤디로다.

지븨 비취엿는 블근 火爐는 새뱃 비츨 뵈야고 窓이 버므렛는 힌 둜비츤 빗난 기비 드렷는 둣도다.

長安ㅅ 두들겐 하놀히 열며 짜히 ᄠᅥ디고 洛陽 宮殿앤 치위 다ᄋᆞ고 보미 나놋다.

어느 술위를 모라 ᄯᅩ 자최를 同홀 고돌 알리오 可히 슬프도다 漏刻이 更點 사를 좃놋다.

人生애 모다쇼미 덛덛디 아니ᄒᆞ니 뜰헷 남기셔 둘기 울어놀 눉므를 실ᄀ티 ᄒᆞ노라.

---

1) 드트를 : 드틀을, 먼지를, 티끌을 2) 날호야 : 더디게, 천천히 3) 돌이와 : 돌이다, 돌리다 4) 깃거 : 기뻐 5)

혀고 : 꺼다 6) 맛곡 : 마치다 7) 흐들히 : 흐믓이 한창 8) 니르디 : 이르다, 말하다 9) 뵈아고 : 뵈아다, 재촉하다 10) 버므렛눈 : 버믈다, 두르다 11) 기비 : 깁이, 깁, 비단 12) 드렛눈 : 드리우다 13) ᄩ디고 : 터지다 14) 다오고 : 다오다, 다하다 15) 덛덛디 : 떳떳이 16) 돍기 : 닭

鄭駙馬宅宴洞中
정부마댁연동중

主家陰洞細煙霧留客夏簟青琅玕(주가음동세연무유객하점청랑간)
公主ㅅ 짒 어득흔 고리 ᄀᆞ는 煙霧ㅣ 쪗ᄂᆞ니 손 머믈우는 녀름 사튼 프른 琅玕 ᄀᆞᆮ도다.
春酒盃濃琥珀薄冰漿椀碧瑪瑙寒(춘주배농호박박빙장완벽마노한)
봄 수리 잔애 둗거우니 琥珀이 엷고 冰漿 다몬 椀이 프르니 瑪瑙ㅣ 서늘ᄒᆞ도다.
悞疑茅堂過江麓已入風磴霾雲端(오의모당과강록이입풍등매운단)
茅堂ᄋᆞᆯ ᄀᆞᄅᆞᆷ 묏 그틀 디나ᅀᅡ 갈가 외오 疑心ᄒᆞ다니 ᄇᆞᄅᆞᆷ 부는 돌ᄃᆞ릿 구룸 무틴 그테 ᄒᆞ마 드로라.
自是秦樓壓鄭谷時聞雜佩聲珊珊(자시진루압정곡시문잡패성산산)
스싀로 이 秦ㅅ 樓ㅣ 鄭谷애 臨壓ᄒᆞ야실 ᄉᆡ 시로 雜佩소리 珊珊호믈 든노라.

[중간본]

公主ㅅ 짒 어득흔 고리 ᄀᆞ는 煙霧ㅣ 쪗ᄂᆞ니 손 머믈우는 녀름 사튼 프른

琅玕 곧도다.

넒 수리 잔애 둣거우니 琥珀이 엷고 氷漿 다몬 椀이 프르니 瑪瑙ㅣ 서늘ᄒᆞ도다.

茅堂을 ᄀᆞ룷 뫼 그틀 디나아 갈가 외오 疑心ᄒᆞ더니 ᄇᆞᄅᆞᆷ 부는 돌ᄃᆞ릿 구룸 무틴 그ᄃᆡ ᄒᆞ마 드로라.

스싀로 이 秦ㅅ 樓ㅣ 鄭谷애 臨壓ᄒᆞ야실ᄉᆡ 時로 雜佩소리 珊珊호믈 든노라

---

1) 고릭 : 고래, 방고래 2) 사톤 : 샅은, 샅은, 샅자리는 3) 둣거우니 : 둗겁다, 두껍다 4) 다몬 : 담은 5) 외오 : 외다, 그르다 6) 돌ᄃᆞ릿 : 돌다리 7) 무틴 : 무티다, 묻히다

崔駙馬山亭宴集
최부마산연집

蕭史幽樓地林間踏鳳毛(소사유루지림간답봉모)
蕭史이 幽樓 ᄒᆞ얏ᄂᆞᆫ ᄯᅡ해 수픐 ᄉᆞ이예 鳳이 터리ᄅᆞᆯ 넓노라.
洑流何處入亂石閉門高(보류하처입란석폐문고)
횟도로 흐르는 므른 어드러셔 드러오ᄂᆞ뇨 어즈러운 돌해 다돈 門이 노팻도라.
客醉揮金椀詩成得繡袍(객취휘금완시성득수포)
소니 醉ᄒᆞ야셔 金椀ᄋᆞᆯ 더디고 詩句ㅣ 이러 繡袍ᄅᆞᆯ 얻놋다.
淸秋多宴會終日困香醪(청추다연회종일곤향료)

믈근 ㄱ술히 이바디호미 하니 나리 못ᄃ록 곳다온 수레 困호라.

[중간본]

蕭史이 幽樓ᄒᆞ얏ᄂᆞᆫ ᄯᅡ해 수픐 ᄉᆞ이예 鳳이 터리ᄅᆞᆯ 뻘노라.
횟도로 흐르ᄂᆞᆫ 므른 어드러셔 드러오ᄂᆞ뇨 어즈러운 돌해 다돈 門이 노팻도라.
소니 醉ᄒᆞ야셔 金椀ᄋᆞᆯ 더디고 詩句ㅣ 이러 繡袍ᄅᆞᆯ 언놋다.
믈근 ㄱ올히 이바디호미 하니 나리 못도록 곳다온 수레 困호라.

_____

1) 다돈 : 닫다 2) 더디고 : 더디다, 던지다 3) 이러 : 일우다, 이루다(成) 4) 언놋다 : 얻다 5) 곳다온 : 향기로운

鄭駙馬池臺喜過鄭廣文同飮
정부마지대희과정광문동음

不謂生戎馬何知共酒盃(불위생융마하지공주배)
戎馬ᄅᆞᆯ 나리라 너기디 몯ᄒᆞ야니 어느 숤잔ᄋᆞᆯ 다뭇홀 고ᄃᆞᆯ 알리오.
燃臍郿塢敗握節漢臣回(연제미오패악절한신회)
빗보개 블 브텨 郿塢ㅣ 敗ᄒᆞ니 節을 자본 漢ㅅ臣下ㅣ 도라오도다.
白髮千莖雪丹心一寸灰(백발천경설단심일촌회)
셴 머리는 즈믄 줄기 눈 ᄀᆞᆮ고 불근 ᄆᆞᅀᆞ문 一寸이 ᄌᆡ ᄀᆞᆮ도다.
別離經死地披寫忽登臺(별리경사지피사홀등대)
여희여쇼매 주글 짜홀 디내니 ᄆᆞᅀᆞᄆᆞᆯ 펴 忽然히 臺예 오로소라.

重對秦簫發俱過阮宅來(중대진소발구과완댁래)
秦ㅅ 피릿 소리를 다시 對ᄒ고 阮咸의 지븨 ᄒᆞᆫ끠 디나오라.
留連春夜舞淚落強徘徊(유연춘야무루락강배회)
머므러셔 봆 바미 춤 처 눖므리 듣거놀 고돌파 머므노라.

[중간본]

戎馬를 나리라 너기디 몯ᄒᆞ야니 어느 숤잔을 다뭇홀 고돌 알리오.
빗봉애 블 브텨 郿塢이 敗ᄒ니 節을 자븐 漢ㅅ 臣下ㅣ 도라오도다.
셴 머리는 즈믄 줄기 눈 곧고 븕은 ᄆᆞᄋᆞᆷ 一寸이 지 곧도다.
여희요매 주글 싸홀 디내니 ᄆᆞᄋᆞᆷ 펴 忽然히 臺예 오로노라.
秦ㅅ 피릿 소리를 다시 對ᄒ고 阮咸의 지븨 ᄒᆞᆫ끠 디나오라.
머므러셔 봆 바미 춤 처 눖므리 듣거놀 고돌파 머므노라

1) 다뭇홀 : 함께, 더불어 2) 빗보개 : 빗복, 배꼽(臍) 3) 지 : 재(灰) 4) 듣거놀 : 듣다, 떨어지다 5) 고돌파 : 억지로, 애써

陪李金吾花下飮
배이금오화하음

勝地初相引徐行得自娛(승지초상인서행득자오)
됴흔 짜해 처엄 서르 혀 오나놀 날호야 거러 스식로 娛樂호믈 어두라.

見輕吹鳥毳隨意數花鬚(견경취조취수의수화수)
가비야온 것 보아든 새 터리를 불오 뜨들 조차셔 곳여의를 혜노라.
細草稱偏坐香醪懶再沽(세초칭편좌향료라재고)
ㄱ는 프리 기우시 안조매 마즈니 곳다온 수를 다시 사몰 게을이 ᄒ야리아.
醉歸應犯夜可怕李金吾(취귀응범야가파이금오)
醉코 가매 당당이 바몰 犯ᄒ리로소니 李金吾ㅣ 可히 저프도다.

[중간본]
됴흔 따해 처엄 서르 혀 오나늘 날호야 거러 스싀로 娛樂호물 어두라.
가비야온 것 보아든 새 터리를 불오 뜨들 조차셔 곳여의를 혜노라.
ㄱ는 프리 기우시 안조매 마즈니 곳다온 수를 다시 사몰 게을이 ᄒ야리아.
醉코 가매 당당이 바몰 犯ᄒ리로소니 李金吾ㅣ 可히 저프도다.

1) 혀 : 끌다 2) 오나놀 : 오거늘 3) 날호야 . 더디게, 천천히 4) 곳여의 : 꽃술 5) 혜노라 : 헤아리다 6) 기우시 : 기웃이, 기웃하게 7) 마즈니 : 맞으니 8) 저프도다 : 저프다, 두렵다

宴胡侍御書堂
연호시어서당

江湖春欲暮牆宇日猶微(강호춘욕모장우일유미)
江湖엔 보미 늘거가ᄂ니 牆宇엔 힛비치 오히려 微微ᄒ도다.

闇闇書籍滿輕輕花絮飛(암암서적만경경화서비)
어득히 書籍이 ᄀᆞ둑ᄒᆞ얫고 가비야이 곳과 柳絮왜 ᄂᆞ놋다.
翰林名有素墨客興無違(한림명유소묵객흥무위)
翰林은 일후미 본ᄃᆡ로 잇고 글 스는 소ᄂᆞᆫ 興心이 어긔릿디 아니ᄒᆞ도다.
今夜文星動吾儕醉不歸(금야문성동오제취불귀)
오ᄂᆞᆳ 바믹 하ᄂᆞᆯ해 文星이 뮈ᄂᆞ니 우리 무리 醉ᄒᆞ야 도라가디 몯ᄒᆞ노라.

[중간본]

江湖엔 보미 늘거가ᄂᆞ니 牆宇엔 힛비치 오히려 微微ᄒᆞ도다.
어득히 書籍이 ᄀᆞ둑ᄒᆞ얫고 가비야이 곳과 柳絮왜 ᄂᆞ놋다.
翰林은 일후미 본ᄃᆡ로 잇고 글 스는 소ᄂᆞᆫ 興心이 어긔릿디 아니ᄒᆞ도다.
오ᄂᆞᆳ 바믹 하ᄂᆞᆯ해 文星이 뮈ᄂᆞ니 우리 무리 醉ᄒᆞ야 도라가디 몯ᄒᆞ소라.

---

1) 어득히 : 까마득히 2) ᄂᆞ놋다 : 날다 3) 어긔릿디 : 어긔릿다, 어긋나다

書堂(서당)애 飮(음)ᄒᆞ고 旣夜(기야)ㅣ어늘 復邀李
尙書(복요이상서)ᄒᆞ야 下馬(하마)ᄒᆞ야 月下(월하)에
賦絶句(부절구)호라.

湖上林風相與淸殘樽下馬復同傾(호상림풍상여청잔준하마복동경)
ᄀᆞ룹 우희 수프렛 ᄇᆞᄅᆞ미 서르 다못 ᄆᆞᆯᄀᆞ니 기텟ᄂᆞᆫ 수를 ᄆᆞᄅᆞᆯ 브려 ᄯᅩ ᄒᆞᆫ

더 기우려 먹노라.

久拌野鶴如雙鬢遮莫隣鷄下五更(구반야학여쌍빈차막린계하오갱)
믜햇 鶴이 두 귀믿 곧ᄒᆞ몰 오래 ᄇᆞ리고 이웃집 ᄃᆞᆰ기 五更에 누료ᄆᆞᆯ 므던히 너기로라.

[중간본]

그룹 우희 수프렛 ᄇᆞᄅᆞ미 서르 다못 믈ᄀᆞ니 <u>기탯</u>는 수를 므ᄅᆞᆯ 부려 ᄯᅩ ᄒᆞᆫ 더 기우려 먹노라.

믜햇 鶴이 두 귀믿 곧ᄒᆞ몰 오래 ᄇᆞ리고 이웃집 <u>ᄃᆞᆰ긔</u> 五更에 누료ᄆᆞᆯ 므던히 너기로라.

───────

1) 기텟는 : 기티다, 끼치다, 남기다 2) 흔디 : 함께 3) 누료믈 : 누름, 내림 4) 브려(부려) : 브리다, 부리다

春夜峽州田侍御長史津亭留宴得筵字
춘야협주전시어장사진정유연득연자

北斗三更席西江萬里船(북주삼경석서강만리선)
北斗 비취엿는 三更ㅅ 돗기오 西ㅅ녁 ᄀᆞᄅᆞᆷ 萬里옛 ᄇᆡ로다.
杖藜登水榭揮翰宿春天(장려등수사휘한숙춘천)
도트랏 디퍼 므렛 亭榭애 오르고 붇 횟두로 텨 글 스고 봆 하ᄂᆞᆯ해셔 자노라.
白髮須多酒明星惜此筵(백발수다주명성석차연)

209

센 머리예 한 수를 須求ᄒ고 새 벼레 이 이바디를 앗기노라.
始如雲雨峽忽盡下牢邊(시여운우협홀진하뢰변)
行雲行雨ᄒᄂᆫ 峽이 下牢ㅅ ᄀᆞᅀᅵ 忽然히 盡혼 고ᄃᆞᆯ 비르서 알와라.

[중간본]

北斗 비취엿ᄂᆞᆫ 三更ㅅ 돗기오 西ㅅ녁 ᄀᆞᆯᆳ 萬里옛 비로다.
도ᄐᆞ랏 디퍼 므렛 亭樹애 오르고 분 횟두로텨 글 스고 봄 하ᄂᆞᆯ해셔 자노라.
센 머리예 한 수를 須求ᄒ고 새 벼레 이 이바디를 앗기노라.
行雲行雨ᄒᄂᆞᆫ 峽이 下牢ㅅ ᄀᆞᅀᅵ 忽然히 盡혼 고ᄃᆞᆯ 비르서 알와라.

───────────

1) 돗기오 : 돗, 돗자리 2) 도ᄐᆞ랏 : 지팡이, 막대 3) 앗기노라 : 앗기다, 아끼다 4) 고ᄃᆞᆯ : 곧을, 곧, 곳 5) 이바디 : 잔치

陪王侍御宴通泉東山野亭
배왕시어연통동산야정

江水東流去淸樽日復斜(강수동류거청준일복사)
ᄀᆞᆳ 므리 東녁그로 흘러 가ᄂᆞ니 물곤 酒樽에 ᄒᆡ 쏘 기우러 가놋다.
異方同宴賞何處是京華(이방동연상하처시경화)
다ᄅᆞᆫ ᄃᆡ 와 이바디를 ᄒᆞᄃᆡ 호니 어드메이 셔울힌고.
亭景臨山水村烟對浦沙(정경임산수촌연대포사)

亭子ㅅ 景은 뫼콰 므를 臨ᄒᆞ얏고 므ᄉᆞᆺ니는 개옛 ᄆᆞ래ᄅᆞᆯ 對ᄒᆞ얏도다.
狂歌遇形勝得醉卽爲家(광가우형승득취즉위가)
어려운 놀애로 됴흔 짜흘 맛나 醉호믈 어두니 곧 내 지비 ᄃᆞ외옛도다.

[중간본]

ᄀᆞᄅᆞᆷ 므리 <u>東녁그로</u> 흘러 가ᄂᆞ니 ᄆᆞᆯ곤 酒樽에 히 ᄯᅩ 기우러 가놋다.
다른 ᄃᆡ 와 이바디ᄅᆞᆯ 흔디 호니 어드메이 셔울힌고.
亭子ㅅ 景은 뫼콰 므를 臨ᄒᆞ얏고 므<u>ᄋᆞᆯ</u>니는 개옛 ᄆᆞ래ᄅᆞᆯ 對ᄒᆞ얏도다.
어려운 놀애로 됴흔 짜흘 맛나 醉호믈 어두니 곧 내 지비 ᄃᆞ외옛도다.

---

1) ᄆᆞᆺᄉᆞ니 : 마을연기 2) 어두니 : 얻다

宴王使君宅題 二首
연왕사군댁제 이수

漢主追韓信蒼生起謝安(한주추한신창생기사안)
漢ㅅ 님그미 韓信을 追尋ᄒᆞ고 蒼生이 謝安을 니르와ᄃᆞ니라.
吾徒自飄泊世事各艱難(오도자표박세사각간난)
우리 무른 스싀로 두루 브터ᄃᆞ녀 世上ㅅ 이레 제여곰 艱難ᄒᆞ소라.
逆旅招邀近他鄉意緒寬(역려초요근타향의서관)
逆旅에 블러 마쵸미 갓가오니 다른 ᄀᆞ올히셔 ᄠᅳ디 훤ᄒᆞ얘라.

不才甘朽質高臥豈泥蟠(부재감후질고와기니반)
지죄 업서 서근 氣質을 둏히 너기노니 노피 누워쇼믄 어느 홀기 서리여 이슈미리오.
汎愛容霜鬢留歡卜夜闌(범애용상빈유환복야란)
너비 ᄉᆞ랑호매 셴 사ᄅᆞ믈 容許ᄒᆞ니 머므러셔 歡樂호믈 바미 업서가믈 占卜ᄒᆞ노라.
自吟詩送老相勸酒開顏(자음시송노상권주개안)
내 그를 이펴셔 늘구믈 보내노니 서르 수를 勸ᄒᆞ야셔 ᄂᆞᄎᆞᆯ 여노라.
戎馬今何地鄕關獨在山(융마금하지향관독재산)
사호맷 ᄆᆞᄅᆞᆫ 이제 어느 ᄯᅡ해 잇ᄂᆞ고 鄕關ᄋᆞᆫ ᄒᆞ올로 뫼해 잇도다.
江湖墮淸月酩酊任扶還(강호타청월명정임부환)
江湖애 몰곤 ᄃᆞ리 디거ᄂᆞᆯ 醉ᄒᆞ고 더위자펴 도라오믈 므던히 너기노라.

[중간본]

漢ㅅ 님그미 韓信을 追尋ᄒᆞ고 蒼生ㅣ 謝安을 니르와ᄃᆞ니라.
우리 무른 스싀로 두루 브터ᄃᆞ녀 世上ㅅ 이레 제여곰 艱難ᄒᆞ소라.
逆旅에 블러 마조미 갓가오니 다ᄅᆞᆫ ᄀᆞ올ᄒᆡ셔 ᄠᅳ디 훤ᄒᆞ여라.
지죄 업서 서근 氣質을 둏히 너기노니 노피 누워쇼믈 어느 홀기 서리여 이슈미리오.
너비 ᄉᆞ랑호매 셴 사ᄅᆞ믈 容許ᄒᆞ니 머므러셔 歡樂호믈 바미 업서가믈 占卜ᄒᆞ노라.
내 그를 이펴셔 늘구믈 보내노니 서르 수를 勸ᄒᆞ야셔 ᄂᆞᄎᆞᆯ 여노라.
사호맷 ᄆᆞᄅᆞᆫ 이제 어느 ᄯᅡ해 잇ᄂᆞ고 鄕關ᄋᆞᆫ ᄒᆞ올로 뫼해 잇도다.
江湖애 몰곤 ᄃᆞ리 디거ᄂᆞᆯ 醉ᄒᆞ고 더위자펴 도라오믈 므던히 너기노라.

1) 니르와ᄃᆞ니라 : 니르왇다, 일으키다 2) 무른 : 물은, 물, 무리 3) 브텨ᄃᆞ녀 : 붙어 다니다 4) 제여곰 : 제가끔, 제각기 5) 블려 : 불려 6) 마쵸미 : 맞춤 7) 서근 : 썩은 8) ᄃᆞ리 : 달게 9) 흘기 : 흙에 10) 서리여 : 서리다(蟠, 헝클어지지 않게 빙빙 둘러서 포개어 감다, 똬처럼 감다) 11) 이슈미리오 : 이슘, 있음 12) 너비 : 넓다, 널리 13) 이퍼셔 : 읊다 14) 더위자펴 : 더위자피다, 붙잡히다, 부축을 받다.

宴戎州楊使君東樓
연융주양사군동루

勝絶驚身老情忘發興奇(승절경신노정망발흥기)
됴ᄒᆞᆫ ᄯᅡ해셔 모미 늘구믈 놀라노니 ᄠᅳ들 니조니 興心의 나미 奇異ᄒᆞ도다.
座從歌妓密樂任主人爲(좌종가기밀락임주인위)
안잿ᄂᆞᆫ 디 놀애 브르는 妓女ㅣ 密近호ᄆᆞᆯ 므던히 너기고 즐거우므란 主人의 ᄒᆞ요ᄆᆞᆯ 任意로케 ᄒᆞ노라.
重碧拈春酒輕紅擘荔枝(중벽념춘주경홍벽려지)
므겁고 프로니란 봆 수를 잡고 가ᄇᆡ얍고 블그니란 荔枝롤 ᄢᅢ혀노라.
樓高欲愁思橫笛未休吹(누고욕수사횡적미휴취)
樓ㅣ 노파 시름홀 ᄃᆞᆺᄒᆞ니 빗기 자ᄇᆞᆫ 뎌흘 부루믈 마디 아니ᄒᆞᄂᆞ다.

[중간본]

됴ᄒᆞᆫ ᄯᅡ해셔 모미 늘구믈 놀라노니 ᄠᅳ들 니조니 興心의 나미 奇異ᄒᆞ도다.
안잿ᄂᆞᆫ 디 놀애 브르는 妓女ㅣ 密近호ᄆᆞᆯ 므던히 너기고 즐거우므란 主人

의 ᄒᆞ요믈 任意로케 ᄒᆞ노라.

므겁고 프로니란 낢 수를 잡고 가비얍고 블그니란 荔枝를 빼혀노라.

樓ㅣ 노파 시름홀 ᄃᆞᆺᄒᆞ니 빗기 자본 뎌홀 부루믈 마디 아니ᄒᆞ느다.

---

1) 니조니 : 닞다, 잊다 2) ᄒᆞ요믈 : ᄒᆞ욤, ᄒᆞ + 욤 3) 빼혀다 : 빼혀다, 깨뜨리다 4) 뎌홀 : 져, 피리

季秋蘇五弟纓(계추소오제영)이 江樓(강루)에 夜宴崔十三評事(야연최십삼평사)와 韋少府姪(위소부질)호라. 三首(삼수)

峽險江驚急樓高月逈明(협험강경급루고월형명)

峽이 險ᄒᆞ니 ᄀᆞᄅᆞ미 놀라이 ᄲᆞᄅᆞ고 樓ㅣ 노프니 ᄃᆞ리 아ᅀᆞ라히 붉도라.

一時今夕會萬里故鄕情(일시금석회만리고향정)

一時에 오ᄂᆞᆳ 나죗 會集이여 萬里예 故鄕앳 ᄠᅳ디로다.

星落黃姑渚秋辭白帝城(성락황고저추사백제성)

벼른 黃姑ㅅ 믌ᄀᆞᅀᅵ 디고 ᄀᆞᅀᆞᆯᄒᆞᆫ 白帝城을 말오 가놋다.

老人因酒病堅坐看君傾(노인인주병견좌간군경)

늘근 사ᄅᆞ미 숤 病을 因ᄒᆞ야 구디 안자셔 그듸내 기우려 머구믈 보노라.

明月生長好浮雲薄漸遮(명월생장호부운박점차)

ᄇᆞᆯ근 ᄃᆞ리 도다 기리 됴ᄒᆞ니 ᄯᅳᆫ 구루미 열워 漸漸 가리오놋다.

悠悠照塞遠悄悄憶京華(유유조새원초초억경화)

悠悠히 굿 먼 디 비취옛ᄂ니 슬피 셔울흘 ᄉ랑ᄒ노라.
淸動盃中物高隨海上槎(쳥동배즁믈고수해샹사)
ᄆᆞᆯ곤 비치 잔 가온딋 수레 뮈오 노피 바ᄅᆞ 우흿 들구를 좃놋다.
不眠瞻白兎百過落烏紗(불면쳠ᄇᆡᆨ토ᄇᆡᆨ과락오사)
ᄌᆞ오디 아니ᄒ야셔 ᄒᆡᆫ 톳기ᄅᆞᆯ 보노라 곳갈 버서디요ᄆᆞᆯ ᄇᆡᆨ 버눌 디내노라.
對月那無酒登樓況有江(ᄃᆡ월나무주등루황유강)
ᄃᆞᆯ롤 對ᄒ야셔 엇뎨 수리 업스리오 樓의 올오니 ᄒᆞᆯ며 ᄀᆞᄅᆞᆷ도 잇도다.
聽歌驚白鬢笑舞拓秋窓(쳥가경ᄇᆡᆨ빈소무쳑츄창)
놀애 듣고 셴 귀미ᄐᆞᆯ 놀라고 우스며 춤 쳐셔 ᄀᆞᅀᆞᆯ 窓ᄋᆞᆯ 열티노라.
樽蟻添相續沙鷗竝一雙(준의쳠샹쇽사구병일쌍)
樽엣 수를 서르 니어 더으ᄂ오니 몰애옛 ᄀᆞᆯ며기ᄂᆞᆫ ᄒᆞᆫ 雙이 골와 안잿도다.
盡憐君醉倒更覺片心降(진련군취도갱각편심강)
다 그듸를 ᄉᆞ맛ᄒᆞ야셔 醉ᄒ야 업드로니 죠고맷 ᄆᆞᅀᆞ미 降호ᄆᆞᆯ 쏘 알와라.

[중간본]

峽이 險ᄒ니 ᄀᆞᄅᆞ미 놀라이 ᄲᆞ르고 樓ㅣ 노ᄑᆞ니 ᄃᆞ리 아오라히 븕도라
一時예 오ᄂᆞᆫ 나죗 會集이여 萬里예 故鄕앳 ᄠᅳ디로다.
벼른 黃姑ㅅ 믌ᄀᆞᅀᆡ 디고 ᄀᆞᄋᆞᆯᄒᆞᆫ 白帝城을 말오 가ᄂᆞ다.
늘근 사ᄅᆞ미 숪病을 因ᄒᆞ야 구디 안자셔 그듸내 기우려 머구믈 보노라.
븕근 ᄃᆞ리 도다 기리 됴ᄒᆞ니 ᄠᅳᆫ 구루미 열워 漸漸 가리오놋다.
悠悠히 굿이 비취여 잇ᄂ니 슬피 셔울흘 ᄉᆞ랑ᄒ노라.
ᄆᆞᆯ곤 비치 잔 가온딋 수레 뮈오 노피 바ᄅᆞ 우흿 들구를 좃놋다.
ᄌᆞ오디 아니ᄒᆞ야셔 ᄒᆡᆫ 톳기ᄅᆞᆯ 보노라 곳갈 버서디요ᄆᆞᆯ ᄇᆡᆨ 버눌 디내노라.
ᄃᆞᆯ롤 對ᄒ야셔 엇뎨 수리 업스리아 樓의 올오니 ᄒᆞᆯ며 ᄀᆞᄅᆞᆷ도 잇도다.

놀애 듣고 셴 귀미톨 놀라고 우스며 춤 쳐셔 그윽 窓을 열티노라.

樽엣 수를 서르 니어 더으오니 몰애옛 글며기는 호 雙이 굴와 안잿도다.

다 그더를 ᄉ랑ᄒ야셔 醉ᄒ야 업드로니 죠고맷 ᄆᆞ미 降호물 ᄯᅩ 알와라.

---

1) 아ᅀᆞ라히 : 아득히 2) 그듸내 : 그대들, 그듸 + 내, -내,-들 3) 도다 : 돋다 4) 열워 : 엷다 5) 굿 : 겨우, 갓, 처음, 방금 6) 바루 : 바다 7) 들구 : 들굴, 뗏목 8) 톳기 : 토끼 9) 곳갈 : 꼬깔, 관, 모자 10) 열티노라 : 열티다, 열치다 11) 굴와 : 가두어, 함께 나란히 하여 12) ᄉ맛ᄒᆞ셔 : ᄉ맛ᄒ야셔, 사랑하다 13) 업드로니 : 업듭다, 엎드리다

劉九法曹鄭瑕丘石門宴集
유구법조정하구석문연집

瑕丘논 縣名이오 石門은 地名이니 在齊州ᄒ다

秋水清無底蕭然淨客心(추수청무저소연정객심)

ᄀᆞᅀᆞᆯ 므리 몰가 미티 업스니 蕭然히 소니 ᄆᆞᅀᆞᆯ 조케 ᄒᆞ놋다.

橡曹乘逸興鞍馬到荒林(연조승일흥안마도황림)

橡曹ㅣ 放逸호 興을 타 鞍馬로 거츤 수프레 왯도다.

能吏逢雙璧華筵直一金(능리봉쌍벽화연직일금)

能호 官吏를 두 구스를 맛보니 빗난 이바디논 호 金이 ᄉ도다.

晚來橫吹好泓下亦龍吟(만래횡취호홍하역룡음)

나조히 빗기 자바 부논 뎟소리 됴ᄒ니 믈 아래셔 ᄯᅩ 龍도 입놋다.

[중간본]

ᄀᆞᇫ 므리 물가 미티 업스니 蕭然히 소니 무ᄋᆞ물 조케 ᄒᆞ놋다.
橡曹ㅣ 放逸ᄒᆞᆫ 興을 타 鞍馬로 거츤 수프레 왯도다.
能ᄒᆞᆫ 官吏ᄅᆞᆯ 두 구스를 맛보니 빗난 이바디ᄂᆞᆫ ᄒᆞᆫ 金이 ᄉᆞ도다.
나조ᄒᆡ 빗기 자바 부ᄂᆞᆫ 뎟소리 됴ᄒᆞ니 믈 아래셔 ᄯᅩ 龍도 읍놋다.

1) 조케 : 깨끗하게, 맑게 2) 맛보니 : 만나니 3) ᄉᆞ도다 : ᄊᆞ다, 싸다, 그만한 값이 있다 4) 읍놋다 : 읊다

與鄂縣源大少府宴㳽陂得寒字
여호현원대소부연미피득한자

應爲西陂好金錢罄一飱(응위서피호금전경일손)
당당이 西陂의 됴호믈 爲ᄒᆞ야 金도늘 ᄒᆞᆫ 번 머구메 맛도다.
飯抄雲子白瓜嚼水精寒(반초운자백과작수정한)
바ᄇᆞ란 雲子ㅣ 히니를 그리ᄡᅳ고 외라ᄂᆞᆫ 水精이 츤 ᄃᆞᆺᄒᆞ니를 시부라.
無計回船下空愁避酒難(무계회선하공수피주난)
비를 돌아 ᄂᆞ려갈 혜아료미 업스니 술 避호미 어려우믈 ᄒᆞᆫ갓 시름ᄒᆞ노라.
主人情爛熳持荅翠琅玕(주인정란만지답취랑간)
主人이 ᄠᅳ디 므르노ᄀᆞ니 프른 琅玕을 가져 對荅ᄒᆞ노라.

[중간본]

당당이 西陂의 됴호물 爲ᄒᆞ야 金도놀 ᄒᆞᆫ 번 머구메 못도다.

바부란 雲子ㅣ 히니를 그리ᄡᅳ고 외라는 水精이 ᄎᆞᆫ ᄃᆞᆺᄒᆞ니를 시부라.

비를 돌아 ᄂᆞ려갈 혜아료미 업스니 술 避호미 어려우믈 ᄒᆞᆫ갓 시름ᄒᆞ노라.

主人이 ᄠᅳ디 므르노ᄀᆞ니 프른 琅玕을 가져 對答ᄒᆞ노라

―――――――

1) 못도다 : 못다, 마치다 2) 히니를 : 흰이를, 흰이를 3) 그리ᄡᅳ고 : 그리ᄡᅳ다, 가려 뜨다 4) 외 : 오이 5) 시부라 : 십다, 씹다(嚼) 6) 므르노ᄀᆞ니 : 므르녹다, 무르녹다

和江陵宋大少府(화강릉송대소부)ㅣ 暮春雨後(모춘우후)에 同諸公及舍弟(동제공급사제)ᄒᆞ야 宴書齋(연서재)ᄒᆞ노라.

渥洼汗血種天上麒麟兒(악와한혈종천상기린아)

渥洼 므렛 피ᄯᆞᆷ 내는 種類ㅣ오 하ᄂᆞᆯ 우흿 麒麟의 삿기로다.

才士得神秀書齋聞爾爲(재사득신수서재문이위)

才士ㅣ 神秀ᄒᆞᆫ 氣運을 어뎃ᄂᆞ니 書齋에서 너희 ᄒᆞ논 이를 듣노라.

棣華晴雨好綵服暮春宜(체화청우호채복모춘의)

常棣ㅅ 고지 갠 비예 됴ᄒᆞ니 빗난 오순 暮春에 맛당ᄒᆞ도다.

朋酒日歡會老夫今始知(붕주일환회노부금시지)

朋酒도 날마다 즐겨 會集ᄒᆞ노소니 늘근 노미 이제 비르서 알와라.

[중간본]

渥洼 므렛 피씀 내논 種類ㅣ오 하놀 우흿 麒麟의 삿기로다.

才士ㅣ 神秀흔 氣運을 어뎃느니 書齋에셔 너희 ᄒᆞ논 이를 듣노라.

常棣ㅅ 고지 갠 비예 됴ᄒᆞ니 빗난 오ᄉᆞᆫ 暮春에 맛당ᄒᆞ도다.

朋酒도 날마다 즐겨 會集ᄒᆞ노소니 늘근 노미 이제 비르서 알와라.

―――――――――

1) 피씀 : 피땀 2) 삿기 : 새끼 3) 어뎃느니 : 얻다

夜宴在氏莊
야연재씨장

風林纖月落衣露淨琴張(풍림섬월락의로정금장)

ᄇᆞᄅᆞᆷ 부논 수프레 ᄀᆞ논 ᄃᆞ리 디니 오샛 이스레 조흔 거믄고롤 펴라.

暗水流花徑春星帶草堂(암수류화경춘성대초당)

어드운 딋 므른 곳 픈 길헤 흐르고 봄 벼른 새지븨 씌찻도다.

檢書燒燭短看劍引盃長(검서소촉단간검인배장)

書冊을 檢察ᄒᆞ노라 ᄒᆞ야 燭을 ᄉᆞ라 뎌르게 ᄒᆞ고 갈 보노라 ᄒᆞ야 술잔 혀믈 기리 호라.

詩罷聞吳詠扁舟意不忘(시파문오영편주의불망)

그를 믓고 吳ㅅ 사ᄅᆞ미 입논 소리롤 드로니 죠고맛 빈 ᄐᆞ고졋 ᄠᅳ들 닛디 몯ᄒᆞ리로다.

[중간본]

 보룸 부는 수프레 ᄀ는 두리 디니 오새 이스레 조흔 거믄고롤 펴라.
 어드운 딧 므른 곳 픈 길헤 흐르고 붉 벼른 새지븨 씌찻도다.
 書冊을 檢察ᄒ노라 ᄒ야 燭을 ᄉ라 뎌르게 ᄒ고 갈 보노라 ᄒ야 술잔 혀믈 기리 ᄒ라.
 그를 믓고 몟ᄉ 사ᄅ미 입는 소리를 드로니 죠고맛 비 트고졋 ᄠ들 닛디 몯ᄒ리로다.

 _____

 1) 조흔 : 맑다, 깨끗하다 2) 픈 : 핀 3) 씌찻도다 : 때를 찾는다 4) 뎌르게 : 짧게 5) 갈 : 칼 6) 혀믈 : 혐, 혀 다, 끌다, 끌어당기다 7) 믓고 : 마치고 8) 입는 : 읊다

王十五前閣會
왕십오전각회

 楚岸收新雨春臺引細風(초안수신우춘대인세풍)
 楚ㅅ 두들게 새 비 가두니 붉 臺에 ᄀ는 ᄇᆞᄅᆞ믈 혀라.
 情人來石上鮮鱠出江中(정인래석상선회출강중)
 ᄠᆞᆮ ᄀ튼 사ᄅ미 돌 우희 오니 新鮮ᄒᆞᆫ 鱠는 ᄀᆞᄅᆞᆷ 가온데셔 나놋다.
 鄰舍煩書札肩輿強老翁(인사번서찰견여강노옹)
 이웃 지븨셔 글워를 어즈러이 홀시 肩輿 타 늘근 한아비 고돌파 오라.
 病身虛俊味何幸飫兒童(병신허준미하행어아동)

病흔 모매 됴흔 마솔 虛히 호니 엇던 幸으로 아히들히 비브르 머글고.

[중간본]

楚ㅅ 두들게 새 비 가드니 넚 臺에 그는 부르믈 혀라.

뜯 그툰 사르미 돌 우희 오니 新鮮한 鱠는 그룴 가온디셔 나놋다.

이웃 지븨셔 글워를 어즈러이 홀시 肩輿 타 늘근 한아비 고돌파 오라.

病흔 모매 됴흔 마솔 虛히 호니 엇던 幸으로 아히들히 비브르 머글고.

---

1) 혀라 : 혀다, 끌다, 잡아끌다, 끌어당기다

獨酌
독작

步屧深林晚開樽獨酌遲(보섭심림만개준독작지)

기픈 수픐 나조히 신 신고 거러 酒樽을 여러 호오사 브어 머구믈 기리 호라.

仰蜂粘落絮行蟻上枯梨(앙봉점락서행의상고리)

울원 버른 디는 柳絮에 브르텟고 줄혀 둔니는 개야미는 이운 비남기 오르놋다.

薄劣慚眞隱幽偏得自恰(박렬참진은유편득자흡)

사오나와 眞實ㅅ 隱居흔 사르믈 붓그리노니 幽深호며 偏僻홀시 시러곰 내 즐겨 호노라.

221

本無軒冕意不是傲當時(본무헌면의부시오당시)
本來로 軒冕홀 ᄠᅳ디 업슬ᄯᆞ니언뎡 이 當時를 傲慢히 ᄒᆞ논디 아니라.

[중간본]

기픈 수픐 나죄히 신 신고 거러 酒樽을 여러 ᄒᆞ오아 브어 머구믈 기리 ᄒᆞ라.
울원 버른 ᄃᆡ논 柳絮에 브르텟고 줄혀 ᄃᆞ니논 개야미논 이운 비남지 오ᄅᆞᄂᆞ다.
사오나와 眞實ㅅ 隱居ᄒᆞᆫ 사ᄅᆞ믈 붓그리노니 幽深ᄒᆞ며 偏僻홀ᄉᆡ 시러곰 내 즐겨 ᄒᆞ노라.
本來로 軒冕홀 ᄠᅳ디 업슬ᄯᆞ니언뎡 이 當時를 傲慢히 ᄒᆞ논디 아니라.

1) 울원 : 울월다, 우르르다 2) 브르텟고 : 브르트다, 붙다 3) 줄혀 : 줄혀다, 줄을 짓다, 줄지어 나란히 가다 4) 개야미 : 개미 5) 이운 : 이울다, 시들다 6) 비남기 : 배나무 7) 시러곰 : 능히 8) 버른 : 벌은(蜂)

獨酌成詩
독작성시

燈花何太喜酒綠正相親(등화하태희주록정상친)
燈花ㅣ ᄌᆞ모 ᄀᆞ장 깃브니 프른 수를 正히 서르 親히 ᄒᆞ라.
醉裏從爲客詩成覺有神(취리종위객시성각유신)
醉ᄒᆞ야셔 나그내 ᄃᆞ외야쇼믈 ᄆᆞ던히 너기고 그리 일어놀 神홈 이쇼믈 아노라.

兵戈猶在眼儒術豈謀身(병과유재안유술기모신)

兵戈ㅣ 오히려 누네 잇ᄂ ᆞ니 儒術은 어느 모ᄆᆞᆯ 쐬ᄒᆞ리오.

苦被微官縛低頭愧野人(고피미관전지두기야인)

죠고맛 벼스릐 얽미요ᄆᆞᆯ 심히 니버셔 머리ᄅᆞᆯ 수겨 野人을 붓그리노라.

[중간본]

燈花ㅣ ᄌᆞ모 ᄀᆞ장 깃브니 프른 수를 正히 서르 親히 호라.

醉ᄒᆞ야셔 나그내 ᄃᆞ외야쇼ᄆᆞᆯ 므던히 너기고 그리 일어놀 神홈 이쇼ᄆᆞᆯ 아노라.

兵戈ㅣ 오히려 누네 잇ᄂ ᆞ니 儒術은 어느 모ᄆᆞᆯ 쐬ᄒᆞ리오.

죠고맛 벼스릐 얽미요ᄆᆞᆯ 심히 니버셔 머리ᄅᆞᆯ 수겨 野人을 붓그리노라.

---

1) 깃브니 : 기쁘다 2) 니버셔 : 입다(被), 당하다

-分類杜工部詩卷之十五-

分類杜工部詩卷之十六
(분류두고부시권지십육)

文章
문장

古詩 二首 律詩 十四首

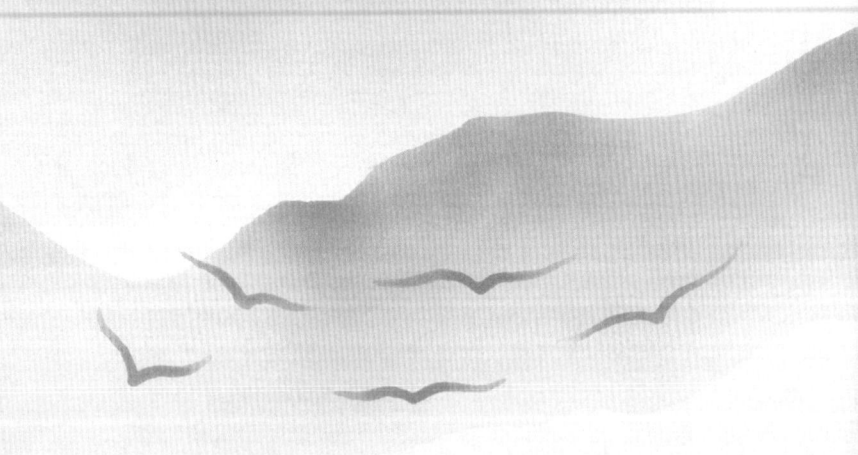

夜聽許十誦詩愛而有作
야청허십송시애이유작

許生五臺賓業白出石壁(허생오대빈업백출석벽)
許生은 五臺山ㅅ 소니니 業이 히어늘 石壁ㅅ 뎔로셔 나오도다.
余亦師粲可身猶縛禪寂(여역사찬가신유전선적)
나도 쏘 僧粲과 慧可를 스승ᄒᆞ간마ᄅᆞᆫ 모미 오히려 禪寂에 ᄆᆡ엿노라.
何階子方便謬引爲匹敵(하계자방편류인위필적)
어느 드리로 네 方便으로 나를 외오 혀다가 ᄧᅡ골 삼게 ᄒᆞ가뇨.
離索晚相逢包蒙欣有擊(이색만상봉포몽흔유격)
離羣 索居ᄒᆞ매 늘거 와 서르 맛보니 昏蒙호믈 包容ᄒᆞ야셔 텨 부료ᄆᆞᆯ 깃거ᄒᆞ노라.
誦詩渾遊衍四座皆辟易(송시혼유연사좌개벽이)
글 외오미 다 遊衍ᄒᆞ니 四座앳 사ᄅᆞ미 다 辟易ᄒᆞᄂᆞ다.
應手看捶鉤淸心聽鳴鏑(응수간추구청심청명적)
소내 마초호믈 찟돈 텨 밍가로믈 보리로소니 ᄆᆞᆯ곤 ᄆᆞᅀᆞ모로 우ᄂᆞᆫ 삸소리를 듣논 ᄃᆞᆺᄒᆞ라.
精微穿溟涬飛動摧霹靂(정미천명행비동최벽력)
精微호ᄆᆞᆫ 溟涬을 들우리오 놀뮈ᄂᆞᆫ ᄠᆞ든 霹靂도 것그리로다.

227

陶謝不枝梧風騷共推激(도사부지오풍소공추격)
陶潛과 謝朓도 枝梧티 몯ᄒᆞ리로소니 風騷로ᅀᅡ 서르 밀힐후리로다.
紫鷰自超詣翠駮誰剪剔(자연자초예취박수전척)
紫鷰이 절로 ᄡᅴ여 가ᄂᆞ니 翠駮을 뉘 모ᅀᆞᅀᅡ 밍골리오.
君意人莫知人閒夜寥闃(군의인막지인간야요전)
그딋 ᄠᅳ들 사ᄅᆞ미 아디 몯ᄒᆞᄂᆞ니 人間은 바미 괴외ᄒᆞᆫ 듯ᄒᆞ도다.

[중간본]
許生은 五臺山ㅅ 소니니 業이 히어ᄂᆞᆯ 石壁ㅅ 뎔로셔 나오도다.
나도 ᄯᅩ 僧粲과 慧可ᄅᆞᆯ 스승ᄒᆞ간마ᄅᆞᆫ 모미 오히려 禪寂에 미엿노라.
어느 드리로 네 方便으로 나ᄅᆞᆯ 외오 혀다가 ᄣᅡᄀᆞᆯ 삼게 ᄒᆞ가뇨.
離群 索居ᄒᆞ매 늘거 와 서르 맛보니 昏蒙호ᄆᆞᆯ 包容ᄒᆞ야셔 뎌 ᄇᆞ료ᄆᆞᆯ 깃거ᄒᆞ노라.
글 외오미 다 遊衍ᄒᆞ니 四座앳 사ᄅᆞ미 다 辟易ᄒᆞ놋다.
소내 마초호ᄆᆞᆯ 씾돈 텨 밍가로ᄆᆞᆯ 보리로소니 믈그 모ᄋᆞ모로 우는 숣소리ᄅᆞᆯ 듣논 둣호라.
精微호ᄆᆞᆫ 溟涬을 들우리오 놀뮈는 ᄠᅳ든 霹靂도 것그리로다.
陶潛과 謝朓도 枝梧티 몯ᄒᆞ리로소니 風騷로ᅀᅡ 서르 밀힐후리로다.
紫鷰이 절로 ᄡᅴ여 가ᄂᆞ니 翠駮ᄅᆞᆯ 뉘 ᄆᆞᆯᄀᆞ아 밍골리오.
그딋 ᄠᅳ들 사ᄅᆞ미 아디 몯ᄒᆞᄂᆞ니 人間은 바미 괴외ᄒᆞᆫ 듯ᄒᆞ도다.

---

1) : 히어ᄂᆞᆯ : 희다, 희다 희거늘 2) 뎔 : 절 3) 미엿노라 : 미이다, 매이다 4) 드리 : 층계, 계단 5) 외오 : 외다, 그르다 6) 혀다가 : 혀다, 끌다, 끌어다가 7) ᄣᅡᄀᆞᆯ : ᄶᅡᆨ, 짝 8) 맛조니 : 만나다 9) 뎌 : 쳐, 치다 10) ᄇᆞ료ᄆᆞᆯ : ᄇᆞ룜, 버리다, 버림 11) 깃거ᄒᆞ노라 : 깃거ᄒᆞ다, 기뻐하다 12) 마초호ᄆᆞᆯ : 마초오다, 맞추다. 견주다 13)

삣돈 : 쇠갈구리 14) 밍가로믈 : 밍글다, 만들다 15) 삸소리 : 화살소리 16) 든논 : 든다, 듣는 17) 들우리오 : 들우다, 뚫다 18) 놀뮈논 : 놀뮈다, 날아 움직이다 19) 것그리로다 : 것다, 꺾다 20) 밀힐후리로다 : 밀힐후다, 서로 밀치며 다투다 21) 믈ᄋᆞ샤 : 믈읏다, 말아 끊다, 마르다(마르다 裁)+ 긋다(끊다, 剪) 22) 괴외ᄒᆞᆫ : 괴외다, 고요하다

贈蜀僧閭丘師兄
증촉승려구사형

大師銅梁秀籍籍名家孫(대사동량수적적명가손)
大師ᄂᆞᆫ 銅梁ㅅ 秀氣를 타 나니 籍籍ᄒᆞᆫ 일훔난 짒 子孫이로다.
嗚呼先博士炳靈精氣奔(오호선박사병영정기분)
슬프다 몬졋 博士ㅣ 英靈이 빗나 精氣ㅣ 奔逸ᄒᆞ더니라,
惟昔武皇后臨軒御乾坤(유석무황후임헌어건곤)
녜 武皇后ㅣ 軒墀를 臨ᄒᆞ야 乾坤을 統御ᄒᆞ실 저긔
多士盡儒冠墨客藹雲屯(다사진유관묵객애운둔)
한 士ㅣ 다 션비오 글홀 사ᄅᆞ미 藹藹히 구루미 모댓ᄂᆞᆫ 듯ᄒᆞ더라.
當時上紫殿不獨卿相尊(당시상자전불독경상존)
그 ᄢᅴ 블근 殿에 오르리는 ᄒᆞᆫ갓 卿相이 尊ᄒᆞ니ᄲᅮᆫ 아니러니라.
世傳閭丘筆峻極逾崐崙(세전려구필준극유곤륜)
世예셔 相傳호ᄃᆡ 閭丘의 文筆이 노파 崐崙山애 너므니라 ᄒᆞᄂᆞ다.
鳳藏丹霄暮龍去白水渾(봉장단소모룡거백수혼)

鳳이 갈모니 블근 하놀 나조히오 龍이 나가니 힌 므리 흐리도다.
靑熒雪嶺東碑碣舊製存(청형설령동비갈구제존)
빗난 雪嶺ㅅ 東녀긔 碑碣애 녯 지슨 그리 잇도다.
斯文散都邑高價越璵璠(사문산도읍고가월여번)
이 글워리 都邑에 흐렛ᄂ니 노푼 비든 구스레 넘도다.
晩看作者意妙絶與誰論(만간작자의묘절여수론)
지슨 사ᄅ미 ᄠ들 늣거ᅀᅡ 보니 妙絶호믈 눌와 다못 議論ᄒ리오.
吾祖詩冠古同年蒙主恩(오조시관고동년몽주은)
우리 한아비 그리 녯 사ᄅ미게 爲頭ᄒ더니 ᄒᆞᆫ 히예 님긊 恩惠를 닙ᄉ오니라.
豫章夾日月歲久空深根(예장협일월세구장심근)
豫章 남기 히 ᄃᆞᄅᆞᆯ 뼷더니 히 오라거ᄂᆞᆯ ᄒᆞᆫ갓 불휘 기펫도다.
小子思疎闊豈能達詞門(소자은소활기능달사문)
小子ᄂᆞᆫ ᄠᅳ디 疎闊ᄒ오니 엇뎨 能히 그리 門을 通達ᄒ리오.
窮愁一揮淚相遇即諸昆(궁수일휘루상우즉제곤)
ᄀᆞ장 시르메 ᄒᆞᆫ 번 눖므를 슷고 서르 맛보니 곧 兄이로다.
我住錦官城兄居祗樹園(아주금관성형거저수원)
나는 錦官城에 이쇼니 兄은 祗樹園에 사놋다.
地近慰旅愁往來當丘樊(지근위려수왕래당구번)
ᄯᅡ히 갓가와 나그내 시르믈 와 慰問ᄒᆞᄂ니 오며 가몰 두들겟 울흘 當ᄒ놋다.
天涯歇滯雨粳稻臥不飜(천애헐체우갱도와불번)
하ᄂᆞᆯ ᄀᆞᅀᅵ 오란 비 歇ᄒᆞ니 베 므레 누워 두의티디 몯ᄒᆞ얫도다.
漂然薄遊倦始與道侶敦(표연박유권시여도려돈)

漂然히 사오나이 노로매 굿가타니 비르서 道侶와 다못 敦厚히 ᄒᆞ노라.
景晏步脩廊而無車馬喧(경안보수랑이무거마훤)
히 늣거늘 긴 지븨셔 건노니 술위와 ᄆᆞ래 들에유미 업도다.
夜闌接軟語落月如金盆(야란접연어낙월여금분)
바미 다ᄋᆞᄃᆞ록 보ᄃᆞ라온 말ᄉᆞᄆᆞᆯ 相接ᄒᆞ니 디ᄂᆞᆫ ᄃᆞ리 金盆 곧도다.
漠漠世界黑區區爭奪繁(막막세계흑구구쟁탈번)
어득히 世界ㅣ 거므니 區區히 ᄃᆞ톼 아ᅀᆞ미 하도다.
唯有摩尼珠可照濁水源 (유유마니주가조탁수원)
오직 잇ᄂᆞᆫ 摩尼珠옷 可히 흐린 믌츨흘 비취리로다.

[중간본]

大師ᄂᆞᆫ 銅梁ㅅ 秀氣ᄅᆞᆯ 타 나니 籍籍ᄒᆞᆫ 일훔난 짌 子孫이로다.
슬프다 몬졋 博士ㅣ 英靈이 빗나 精氣ㅣ 奔逸ᄒᆞ더니라,
녜 武皇后ㅣ 軒墀ᄅᆞᆯ 臨ᄒᆞ야 乾坤을 統御ᄒᆞ실 저긔
한 士ㅣ 다 션비오 글훌 사ᄅᆞ미 藹藹히 구루미 모댄ᄂᆞᆫ ᄃᆞᆺᄒᆞ더라.
그 ᄢᅴ 블근 殿에 오ᄅᆞ리ᄂᆞᆫ ᄒᆞᆫ갓 卿相이 尊ᄒᆞ니뿐 아니러니라.
世예셔 相傳ᄒᆞ듸 閭丘의 文筆이 노파 崐崙山애 너므니라 ᄒᆞᄂᆞ다.
鳳이 갈ᄆᆞ니 블근 하ᄂᆞᆯ 나조히오 龍이 나가니 힌 므리 흐리도다.
빗난 雪嶺ㅅ 東녀킈 碑碣애 녯 지은 그리 잇도다.
이 글워리 都邑에 흐렛ᄂᆞ니 노픈 비든 구스레 넘도다.
지은 사ᄅᆞᄆᆡ ᄠᅳ들 늣거야 보니 妙絶호ᄆᆞᆯ 눌와 다못 議論ᄒᆞ리오.
우리 한아비 그리 녜 사ᄅᆞᆷ의게 爲頭ᄒᆞ더니 ᄒᆞᆫ 히예 님긊 恩惠ᄅᆞᆯ 닙ᄉᆞ오니라.
豫章 남기 히 드를 씟더니 히 오라거놀 ᄒᆞᆫ갓 불휘 기펫도다.

小子는 뜨디 疎闊호니 엇뎨 能히 그릐 門을 通達ᄒ리오.
그장 시르메 ᄒ 번 눈므를 슷고 서르 맛보니 곧 兄이로다.
나는 錦官城에 이쇼니 兄은 祗樹園에 사놋다.
짜히 갓가와 나그내 시르믈 와 慰問ᄒᄂ니 오며 가물 두들겟 울흘 當ᄒ놋다.
하ᄂᆯ 그의 오란 비 歇ᄒ니 볘 므레 누워 두의티디 몯ᄒ얫도다.
漂然히 사오나이 노로매 ᄀᆺ가타니 비르서 道侶와 다믓 敦厚히 ᄒ노라.
히 늣거놀 긴 지븨셔 건노니 술위와 ᄆᆞᆯ왜 들에유미 업도다.
바미 다ᄒᄃ록 보ᄃ라온 말ᄉᄆᆞᆯ 相接호니 디논 드리 金盆 ᄀᆞᆮ도다.
어득히 世界ㅣ 거므니 區區히 드톼 아오미 하도다.
오직 잇논 摩尼珠옷 可히 흐린 믌츨홀 비취리로다.

---

1) 몬졋 : 먼저 2) 저긔 : 적게 3) 한 : 많은 4) 쁵 : 때 5) 너므니라 : 너므다, 넘다, 어기다 6) 갈ᄆᆞ니 : 골ᄆᆞ다, 감추다, 간직하다 7) 지손 : 지은 8) 흐렛ᄂ니 : 흐렛다, 흩어져 있다 9) 비든 : 빋, 빚, 값 10) 늣거ᅀᅡ : 늣게야 11) 닙ᄉᆞ오니라 : 닙다, 입다 12) 뼷더니 : 끼다 13) 슷고 : 슷다, 씻다, 닦다 14) 울흘 : 울을, 울타리를 15) 볘 : 벼, 벼+ㅣ(주격조사) 16) 두의티디 : 두의티다, 번드치다 17) 사오나이 : 사납게 18) ᄀᆺ가타니 : ᄀᆺ가ᄒ다, 가빠하다, 겨워하다, 힘들어 하다 19) 들에유미 : 들에윰, 들렘, 떠듬 20) 어득히 : 까마득히 21) 드톼 : 드토다, 다투다 22) 아오미 : 아옴, 빼앗음 23) 믌츨홀 : 믌츨, 물의 근원 24) 다ᄒᄃ록 : 다ᄒ다, 다하다

寄李十二白二十韻
기이십이백이십운

昔年有狂客號爾謫仙人(셕년유광객호이적선인)
녜 어려운 客이 잇더니 너를 일홈호더 귀향왯는 仙人이라 ᄒ더니라.
筆落驚風雨詩成泣鬼神(필락경풍우시셩읍귀신)
부들 디어 글 스니 ᄇᆞᄅᆞᆷ 비 놀라는 둣고 그를 지ᄉ니 鬼神이 우놋다.
聲名從此大汩沒一朝伸(셩명죵차대율몰일조신)
소리와 일훔괘 일로브터 크니 뻐뎃던 모믈 ᄒᆞᄅᆞᆺ 아ᄎᆞ미 펴니라,
文彩承殊渥流傳必絶倫(문채승수악류젼필졀윤)
빗ᄂᆞᆫ 지조로 님금 殊異ᄒᆞᆫ 恩渥을 닙ᄉᆞ오니 流傳ᄒᆞ야 ᄀᆞ모 반ᄃᆞ시 等倫에 그츠리로다.
龍舟移棹晚獸錦奪袍新(룡주이도만수금탈포신)
龍舟로 비츨 옮기던 나조히 獸錦 아ᄋᆞᆫ 오시 새롭더라.
白日來深殿靑雲滿後塵(ᄇᆡᆨ일래심전졍운만후진)
ᄇᆞᆯ고 나래 기픈 殿에 오니 프른 구룸 서리예 뒤헤 드트리 ᄀᆞ득ᄒ더라.
乞歸優詔許遇我宿心親(걸귀우조허우아숙심친)
지븨 가몰 비ᄉᆞ와ᄂᆞᆯ 어위 큰 詔書ᄅᆞᆯ 許ᄒᆞ시니 나ᄅᆞᆯ 와 맛나니 녯 ᄆᆞᄉᆞ미 親ᄒ더라.
未負幽棲志兼全寵辱身(미부유서지겸젼총욕신)
幽棲홀 ᄠᅳ들 져ᄇᆞ리디 아니ᄒᆞ야 寵辱앳 모ᄆᆞᆯ 兼全ᄒ도다.
劇談憐野逸嗜酒見天眞(극담련야일기쥬견쳔진)
말ᄉᆞ믈 ᄀᆞ장 호매 野逸호믈 愛憐ᄒ고 술 즐교매 하ᄂᆞᆯ 주신 眞情을 보노라.

醉舞梁園夜行歌泗水春(취무량원야행가사수춘)

梁園ㅅ 바미셔 술 醉ᄒᆞ야 춤 츠고 泗水ㅅ 보미 ᄃᆞ녀셔 놀애 브르놋다.

才高心不展道屈善無隣(고재심불전도굴선무린)

ᄌᆡ죠 노포ᄃᆡ ᄆᆞᅀᆞ믈 펴디 몯ᄒᆞ니 道ㅣ 구브나 善호ᄆᆞᆫ 이우지 업도다.

處士禰衡後諸生原憲貧(처사예형후제생원헌빈)

處士ㅅ 서리옌 禰衡이 俊傑ᄒᆞ고 諸生ㅅ 서리옌 原憲이 가난ᄒᆞ도다.

稻粱求未足薏苡謗何頻(도량구미족억이방하빈)

稻粱 어두믈 足히 몯ᄒᆞ야셔 薏苡로 하로미 ᄌᆞ모 ᄌᆞ도다.

五嶺炎蒸地三危放逐臣(오령염증지삼위방축신)

五嶺 더워 ᄢᅵ는 ᄃᆞᆺᄒᆞᆫ ᄯᅡ해 三危예 내ᄧᅩᄎᆞᆫ 臣下ㅣ로다.

幾年遭鵩鳥獨泣向麒麟(기년조붕조독읍향기린)

몃 ᄒᆡᄅᆞᆯ 鵩鳥ᄅᆞᆯ 맛니렛ᄂᆞ니오 하오ᅀᅡ 우러 麒麟을 向ᄒᆞ놋다.

蘇武先還漢黃公豈事秦(소무선환한황공기사진)

蘇武ㅣ 몬져 漢애 도라오니 黃公은 엇뎨 秦을 셤기리오.

楚筵辭醴日梁獄上書辰(초연사례일양옥상서신)

楚ㅅ 돗긔 醴酒ᄅᆞᆯ 말오 나오던 나리여 梁ㅅ 獄애셔 上書ᄒᆞᄂᆞᆫ 저기로다.

已用當時法誰將此義陣(이용당시법수장차의진)

ᄒᆞ마 當時옛 法을 쓰거늘 뉘 이 ᄠᅳ들 디녀셔 베프리오.

老吟秋月下病起暮江濱(노음추월하병기모강빈)

늘구메 ᄀᆞᅀᆞᆳ ᄃᆞᆯ 아래셔 그를 입고 病ᄒᆞ얏다가 나죗 ᄀᆞᄅᆞᆷ ᄀᆞᅀᅴ 니렛도다.

莫怪恩波隔乘槎與問津(막괴은파격승사여문진)

恩波ㅣ 隔絶ᄒᆞ야쇼ᄆᆞᆯ 怪異히 너기디 말라 들굴 타 다뭇 놀올 무러 하ᄂᆞᆯ해 올아 가리라.

[중간본]

녜 어려운 客이 잇더니 너를 일홈호디 구향왯는 仙人이라 ᄒᆞ더니라.
부들 디어 글 스니 ᄇᆞ람 비 놀라는 ᄃᆞ고 그를 지으니 鬼神이 우놋다.
소리와 일홈괘 일로브터 크니 뼈뎻던 모ᄆᆞᆯ ᄒᆞ롯 아ᄎᆞᆷ의 펴나라,
빗ᄂᆞᆫ 지조로 님긊 殊異ᄒᆞᆫ 恩渥ᄋᆞᆯ 닙ᄉᆞ오니 流傳ᄒᆞ야 ᄀᆞ문 반ᄃᆞ기 等倫에 그츠리로다.
龍舟로 비츨 옮기던 나조ᄒᆡ 獸錦 아온 오시 새롭더라.
블근 나래 기픈 殿에 오니 프른 구룸 서리예 뒤헤 드트리 ᄀᆞ둑ᄒᆞ더라.
집의 가ᄆᆞᆯ 비오와ᄂᆞᆯ 어위 큰 詔書를 許ᄒᆞ시니 나ᄅᆞᆯ 와 맛나니 녯 ᄆᆞ오미 親ᄒᆞ더라.
幽棲홀 ᄠᅳ들 져ᄇᆞ리디 아니ᄒᆞ야 寵辱앳 모ᄆᆞᆯ 兼全ᄒᆞ도다.
말ᄉᆞ믈 ᄀᆞ장 호매 野逸호ᄆᆞᆯ 愛憐ᄒᆞ고 술 즐교매 하ᄂᆞᆯ 주샨 眞情을 보노라.
梁園ㅅ 바ᄆᆡ셔 술 醉ᄒᆞ야 춤 츠고 泗水ㅅ 보ᄆᆡ 듣녀셔 놀애 브르놋다.
지죄 노포ᄃᆡ ᄆᆞᄋᆞ믈 펴디 몯ᄒᆞ니 道ㅣ 구브나 善호ᄆᆞᆫ 이우지 업도다.
處士ㅅ 서리엔 禰衡이 俊傑ᄒᆞ고 諸生ㅅ 서리엔 原憲이 가난ᄒᆞ도다.
稻粱 어두믈 足히 몯ᄒᆞ야셔 薏苡로 하로미 ᄌᆞ모 굿도다.
五嶺 더워 ᄠᅵ는 ᄃᆞᆺᄒᆞᆫ ᄯᅡ해 三危예 내ᄡᅩ쳣는 臣下ㅣ로다.
몃 히롤 鵬鳥를 맛니렛ᄂᆞ니오 하오아 우러 麒麟을 向ᄒᆞ놋다.
蘇武ㅣ 몬져 漢애 도라오니 黃公은 엇뎨 秦을 셤기리오.
楚ㅅ 돗기 醴酒를 말오 나오던 나리여 梁ㅅ 獄애셔 上書ᄒᆞ는 저기로다.
ᄒᆞ무 當時옛 法을 ᄡᅳ거니 뉘 이 ᄠᅳ들 디녀셔 베프리오.
늘구메 ᄀᆞ옰 돌 아래셔 그를 입고 病ᄒᆞ얏다가 나죗 ᄀᆞ롨 ᄀᆞ의 니렛도다.
恩波ㅣ 隔絶ᄒᆞ야쇼믈 怪異히 너기디 말라 들굴 타 다ᄆᆞᆺ 놀올 무러 하ᄂᆞᆯ

235

해 올아 가리다.

---

1) 일로브터 : 이것으로브터 2) 뻐뎻던 : 뻐디다, 빠지다 3) 그믄 : 금은, 감은 4) 그츠리로다 그치다 5) 비츨 : 상앗대, 노 6) 아손 : 아솜, 빼앗다 7) 비수와눌 : 비우다, 빛다, 꾸미다, 단장하다 8) 어위 : 흥 9) 어두믈 : 얻음, 얻음 10) 하로미 : 하롬, 참소(譖) 11) 삐눈 : 삐다, 찌다 12) 내뽀쳣눈 : 내뽀치다, 내쫓기다 13) 하오사 : 혼자, 홀로 14) 돗기 : 돗자리 15) 말오 : 말하다 16) 쓰거니 : 쓰다 17) 베프리오 : 베풀다 18) 입고 : 읊고 19) 니렛도다 : 니렛다, 일어났다 20) 들굴 : 뗏목 21) 늘 : 나루(津)

送寶九歸成都
송두구귀성도

文章亦不盡寶子才縱橫(문장역부진두자재종횡)
文章이 쏘 업슬 저기 업스니 寶子의 지죄 縱橫ᄒ도다.
非爾更苦節何人符大名(비이갱고절하인부대명)
네 쏘 節介를 苦로이 아니ᄒ면 어느 사ᄅ미 큰 일후메 마즈리오.
讀書雲閣觀問絹錦官城(독서운각관문견금관성)
雲閣觀애 그를 닑고 錦官城에 기블 무르라 가놋다.
我有浣花竹題詩須一行(아유완화죽제시수일행)
내 浣花앳 대를 뒷노니 글 스라 모로매 ᄒ번 녀가라.

중간본]
文章이 쏘 업슬 저기 업스니 寶子의 지죄 縱橫ᄒ도다.

네 또 節介를 苦로이 아니호면 어느 사롬이 큰 일후메 마즈리오.
雲閣觀애 그를 넑고 錦官城에 기를 무르라 가놋다.
내 浣花앳 대를 뒷노니 글 스라 모로매 혼번 녀가라.

---

1) 마즈리오 : 맞다, 적중하다　2) 뒷노니 : 뒷다, 두어 있다, 두었다

偶題
우제

文章千古事得失寸心知(문장천고사득실촌심지)
文章은 千古앳 이리니 得거나 失호믄 제 므슨매 아느니라.
作者皆殊列名聲豈浪垂(작자개수열명성기랑수)
지으리는 다 等列에 다르니 일홈과 소리는 엇뎨 간대로 드려 가리오.
騷人嗟不見漢道盛於斯(소인차불견한도성어사)
騷人을 슬프다 보디 몯호리로소니 漢ㅅ 道ㅣ 이어긔 盛호니라.
前輩飛騰入餘波綺麗爲(전배비등입여파기려위)
알픳 무리 느라 文章애 드니 餘波애 빗나미 두외니라.
後賢兼舊例歷代各淸規(후현겸구례역대각청규)
後엣 어딘 사르미 녯 例를 조쳐 ᄒᆞ니 歷代예 제여곰 물곤 規矩ㅣ 잇도다.
法自儒家有心從弱歲疲(법자유가유심종약세피)

237

法은 션비 지브로브터 잇ᄂ니 므ᅀᆞᆷ 겨몬 제브터 굿비 ᄒ노라.

永懷江在逸多病鄴中奇(영회강재일다병업중기)

江在ㅅ 俊逸호ᄆᆯ 기리 ᄉ랑ᄒ고 鄴中ㅅ 奇怪호ᄆᆯ 해 病도이 너기노라.

騄驥皆良馬麒麟帶好兒(녹기개량마기린대호아)

騄驥ᄂ 다 됴ᄒᆞᆫ 말돌히오 麒麟은 됴ᄒᆞᆫ 삿기를 帶ᄒᄋ얏ᄂ니라.

車輪徒已斲堂構惜仍虧(거륜도이착당구석잉휴)

술윗 바회ᄅᆞᆯ ᄒᆞᆫ갓 ᄒᄆ마 ᄢᅧ홀 ᄯᄂᆞ니로다 터 닷가둔 집 지수ᄆᆯ 지즈루 이저 ᄇ릴가 앗기노라.

謾作潛夫論虛傳幼婦碑(만작잠부론허전유부비)

쇽졀업시 潛夫論을 지수미로소니 幼婦碑ᄅᆞᆯ 虛히 傳ᄒ리로다.

緣情慰漂蕩抱疾屢遷移(연정위표탕포질루천이)

ᄠᅳ들 브터셔 그를 지ᅀᅥ 漂蕩히 돈뇨ᄆᆯ 慰勞코 病을 아나셔 ᄌᆞ조 올마 ᄃᆞ 니노라.

經濟慙長策飛樓假一枝(경제참장책비루가일지)

經濟란 긴 謀策을 붓그리고 ᄂᆞ라가 깃 기수므란 ᄒᆞᆫ 가지ᄅᆞᆯ 비롓노라.

塵沙傍蜂蠆江峽繞蛟螭(진사방봉채강협요교리)

塵沙ㅅ 서리예 蜂蠆ᄅᆞᆯ 바라 ᄃᆞ니고 江峽에 蛟螭ᄅᆞᆯ 버므러 ᄃᆞ니노라.

蕭瑟唐虞遠聯翩楚漢危(소슬당우원련편초한위)

蕭瑟히 唐虞ㅅ 저기 머니 닛위여 楚와 漢괘 危亂ᄒ도다.

聖朝兼盜賊異俗更喧卑(성조겸도적이속갱훤비)

聖朝애 盜賊이 兼ᄒ얏ᄂ니 다ᄅᆞᆫ ᄯᆞᆺ 風俗은 ᄯᅩ 喧卑ᄒ도다.

鬱鬱星辰劍蒼蒼雲雨池(울울성신검창창운우지)

星辰엣 갈히 鬱鬱ᄒ며 雲雨ㅅ 모시 퍼러ᄒ도다.

兩都開幕府萬寓揷軍麾(우도개막부만우삽군휘)

兩都애 幕府를 여러시며 萬寓에 軍麾ㅣ 고갯도다.
南海殘銅柱東風避月支(남해잔동주동풍피월지)
南海예는 銅柱ㅅ 따히 凋殘ᄒᆞ고 東녀 ᄇᆞᄅᆞᄆᆞᆫ 月支ㅅ 녀글 避ᄒᆞ놋다.
音書恨烏鵲號怒怪熊羆(음서한오작호노괴웅비)
音信으란 가마괴와 가치를 츠기 너기고 怒ᄒᆞ야 우르ᄂᆞ니란 熊羆를 怪異히 너기노라.
稼穡分詩興柴荊學土宜(가색분시흥시형락토의)
녀름지ᄉᆡ예 글 지슬 興이 눈횃ᄂᆞ니 柴荊으란 이 ᄯᅡ햇 맛당호ᄆᆞᆯ 비화 ᄒᆞ노라.
故山迷白閣秋水憶皇陂(고산미백각추수억황피)
녜 뫼흐란 白閣을 迷失ᄒᆞ고 ᄀᆞᅀᆞᆯ 믈라ᄂᆞᆫ 皇陂를 思憶ᄒᆞ노라.
不敢要佳句愁來賦別離(불감요가구수래부별리)
구틔여 됴ᄒᆞᆫ 긄句를 要求ᄒᆞ논디 아니라 시름 오매 여희여쇼믈 짓노라.

중간본]

文章은 千古앳 이리니 得거나 失호ᄆᆞᆫ 제 ᄆᆞᅀᆞ매 아ᄂᆞ니라.
지으리ᄂᆞᆫ 다 等列에 다ᄅᆞ니 일홈과 소리ᄂᆞᆫ 엇뎨 간대로 드려 가리오.
騷人을 슬프다 보디 몯ᄒᆞ리로소니 漢ㅅ 道ㅣ 이어긔 盛ᄒᆞ니라.
알ᄑᆡᆺ 무리 ᄂᆞ라 文章애 드니 餘波애 빗나미 두외니라.
後엣 어딘 사ᄅᆞ미 녯 例를 조쳐 ᄒᆞ니 歷代예 제여곰 물곤 規矩ㅣ 잇도다.
法은 션비 지브로브터 잇ᄂᆞ니 ᄆᆞᅀᆞᆷ 져믄 제브터 굿비 ᄒᆞ노라.
江左ㅅ 俊逸호믈 기리 ᄉᆞ랑ᄒᆞ고 鄴中ㅅ 奇怪호믈 해 病도이 너기노라.
騄驥ᄂᆞᆫ 다 됴ᄒᆞᆫ 말돌히오 麒麟은 됴ᄒᆞᆫ 삿기를 帶ᄒᆞ얏ᄂᆞ니라.
술윗 바회를 ᄒᆞᆫ갓 ᄒᆞ마 ᄡᅥ홀 ᄲᅮᆫ이로다 터 닷가든 집 지우믈 지즈루 이저

부릴가 앗기노라.

속절업시 潛夫論을 지우미로소니 幼婦碑를 虛이 傳ᄒ리로다.

ᄠᅳ들 브텨셔 그를 지어 漂蕩히 ᄃᆞ니ᄆᆞᆯ 慰勞코 病을 아나셔 ᄌᆞ조 올마 ᄃᆞ니노라.

經濟란 긴 謀策ᄋᆞᆯ 붓그리고 ᄂᆞ라가 깃 기우므란 ᄒᆞᆫ 가지ᄅᆞᆯ 비렛노라.

塵沙ㅅ 서리예 蜂蠆ᄅᆞᆯ 바라 ᄃᆞ니고 江峽에 蛟螭ᄅᆞᆯ 버므러 ᄃᆞ니노라.

蕭瑟히 唐虞ㅅ 저기 머니 닛위여 楚와 漢괘 危亂ᄒᆞ도다.

聖朝애 盜賊이 兼ᄒᆞ얏ᄂᆞ니 다ᄅᆞᆫ ᄶᅡ 風俗은 ᄯᅩ 喧卑ᄒᆞ도다.

星辰엣 갈히 鬱鬱ᄒᆞ며 雲雨ㅅ 모시 퍼러ᄒᆞ도다.

兩都애 幕府ᄅᆞᆯ 여러시며 萬寓에 軍麾ㅣ 고잿도다.

南海예ᄂᆞᆫ 銅柱ㅅ ᄯᅡ히 凋殘ᄒᆞ고 동녘 브르ᄆᆞᆫ 月支ㅅ 녀글 避ᄒᆞ놋다.

音信으란 가마괴와 가치ᄅᆞᆯ 츠기 너기고 怒ᄒᆞ야 우르ᄂᆞ니란 熊羆ᄅᆞᆯ 怪異히 너기노라.

녀름지이예 글 지을 興이 눈횃ᄂᆞ니 柴荊으란 이 ᄯᅡ햇 맛당호ᄆᆞᆯ 비화 ᄒᆞ노라.

녜 뫼흐란 白閣을 迷失ᄒᆞ고 그윘 믈라는 皇陂ᄅᆞᆯ 思憶ᄒᆞ노라.

구틔여 됴흔 긄句를 要求ᄒᆞ논디 아니라 시름 오매 여희여쇼ᄆᆞᆯ 짓노라.

---

1) 지스리는 : 지슬 + 이는, 짓는 이는 2) 다ᄂᆞ니 : 다ᄂᆞ다, 다르다 3) 간대로 : 함부로 4) 드려 : 드리다, 드리우다, 드리워지다 5) 이어긔 : 여기 6) 제브터 : 때부터 7) 굿비 : 가쁘게, 도단하게 8) 病도이 : -도이, -되게 9) 너기노라 : 너기다, 여기다, 생각하다 10) 바회 : 바퀴 11) ᄲᅢ혹 : ᄲᅢᄒᆞ다, 빠개지다 12) 닷가든 : 닷가, 닦아 13) 지즈루 : 인하여 14) 이저부릴가 : 이저디다, 이리러지다 15) 앗기노라 : 앗기다, 아끼다 16) 아나셔 : 안다(抱) 17) 기우므란 : 기숨, 기움, 기우다, 기울다 18) 비렛노라 : 빌다, 빌리다(假) 19) 바라 : 의결하여, 곁따라 20) 버므러 : 둘러 21) 닛위여 : 니위다, 잇다, 잇달다 22) 고잿도다 : 꽂다 23) 츠기 : 측은히, 섭섭히 24) 녀름지시 : 농사지음 25) 눈횃ᄂᆞ니 : 나누다 26) 비화 : 배우다 27) 믈라는 : 믈 + 라는 : 물 + -는, -라는 것은

戱爲 六絶
희위 육절

庾信文章老更成凌雲健筆意縱橫(유신문장노갱성릉운건필의종횡)
庾信의 文章이 늘거 가시야 이니 구루믈 凌犯ᄒᆞᆫ 健壯ᄒᆞᆫ 부데 ᄠᅳ디 縱橫ᄒᆞ도다.
今人嗤點流傳賦不覺前賢畏後生(금인치점류전부불각전현외후생)
이젯 사ᄅᆞ미 流傳ᄒᆞ야 오ᄂᆞᆫ 賦를 웃ᄂᆞ니 前賢의 後生 저탄 이를 아디 몯ᄒᆞ리로다.
楊王盧駱當時體輕薄爲文哂未休(양왕로락당시체경박위문신미휴)
楊王盧駱이 當時옛 긄體를 輕薄히 글홀 사ᄅᆞ미 우수믈 마디 아니ᄒᆞᄂᆞ다.
爾曹身與名俱滅不廢江河萬古流(이조신여명구멸불폐강하만고류)
너희 무른 모미 일훔과 다뭇 ᄒᆞᆫ뼈 업스려니와 廢티 몯홀 江河ᄂᆞᆫ 萬古애 흐르리라.
縱使盧王操翰墨劣於漢魏近風騷(종사로왕조한묵열어한위근풍소)
비록 盧王으로 ᄒᆡ여 翰墨을 자피리 漢魏ㅅ 사ᄅᆞ미 風騷애 갓가온 ᄃᆡ사 劣ᄒᆞ나
龍文虎脊皆君馭歷塊過都見爾曹(용문호척개군어력괴과도견이조)
龍의 빗과 버믜 등어리 ᄀᆞᄐᆞᆫ ᄆᆞᆯ 다 님금 ᄐᆞ시는 거시니 ᄒᆞᆰ무저글 디나며 都邑을 디나가매 너희 무를 보리로다.
才力應難跨數公凡今誰是出群雄(재력응난과수공범금수시출군웅)
才力은 당당이 두어 公의게 너무 드듸유미 어려우니 大凡ᄒᆞᆫ디 이제 뉘 이 무레 特出ᄒᆞᆫ 雄傑오.

或看翡翠蘭苕上未掣鯨魚碧海中(혹간비취란초상미체경어벽해중)
翡翠를 蘭苕ㅅ 우희 안잿거든 시혹 보리어니와 고래를 碧海ㅅ 가온디 가
텨 잡디 몯ᄒ리라.
不薄今人愛古人淸詞麗句必爲隣(불박금인애고인청사려구필위린)
이젯 사ᄅᆞ모란 薄히 ᄒ고 녯 사ᄅᆞ물 ᄉᆞ랑ᄒ논디 아니라 ᄆᆞᆯᄀ 말ᄉᆞᆷ과 빗난
긄句를 반ᄃᆞ기 이웃ᄒ고져 ᄒ노라.
竊攀屈宋宜方駕恐與齊梁作後塵(절반굴송의방가공여제량작후진)
屈宋을 그ᅀᅳ기 더위자바 方駕호미 맛당타 ᄒᆞ노니 齊梁ㅅ 사ᄅᆞ모로 다
ᄆᆞᆺᄒ야도 뒤헷 드트리 ᄃᆞ욀가 전노라.
未及前賢更勿疑遞相祖述復先誰(미급전현갱물의체상조술복선수)
前賢 밋디 몯호ᄆᆞᆯ ᄯᅩ 疑心 마롤디니 서르 祖述ᄒᆞ노니 ᄯᅩ 뉘 몬져 짓ᄂᆞ니오.
別裁偽體親風雅轉益多師是汝師(별재위체친풍아전익다사시여사)
各別히 거즛 體를 지ᅀᅥ셔 風雅애 親近ᄒ게 ᄒᆞ노니 ᄀᆞ장 더욱 스승 ᄒᆞ미
이 네의 스승이로다.

중간본]

庾信의 文章이 늘거 가시야 이니 구루믈 凌犯ᄒᆞ논 健壯ᄒᆞᆫ 부데 ᄠᅳ디 縱
橫ᄒ도다.
이젯 사ᄅᆞ미 流傳ᄒ야 오ᄂᆞᆫ 賦를 웃ᄂᆞ니 前賢의 後生 저탄 이를 아디 몯
ᄒ리로다.
楊王盧駱이 當時옛 긄體를 輕薄히 글훌 사ᄅᆞ미 우ᄋᆞ믈 마디 아니ᄒᆞᄂᆞ다.
너희 무른 모미 일홈과 다뭇 ᄒᆞᄭᅴ 업스려니와 廢티 몯홀 江河ᄂᆞᆫ 萬古애
흐르리라.
비록 盧王으로 ᄒᆞ여 翰墨을 자피리 漢魏ㅅ 사ᄅᆞ미 風騷애 갓가온 ᄃᆡ아

劣ᄒᆞ나

龍의 빗과 버믜 등어리 곧ᄒᆞᆫ 므른 다 님금 ᄐᆞ시ᄂᆞᆫ 거시니 흙무저글 ᄃᆞ니며 都邑을 디나가매 너희 무를 보리로다.

才力은 당당이 두어 公의게 너무 드듸유미 어려우니 大凡ᄒᆞᆫᄃᆡ 이제 뉘 이 무레 特出한 雄傑오.

翡翠를 蘭苕ㅅ 우희 안잿거든 시혹 보리어니와 고래를 碧海ㅅ 가온ᄃᆡ 가텨 잡디 몯ᄒᆞ리라.

이젯 사ᄅᆞ미란 薄히 ᄒᆞ고 녯 사ᄅᆞ믈 ᄉᆞ랑ᄒᆞ논디 아니라 ᄆᆞᆯ곤 말ᄉᆞᆷ과 빗난 긃句를 반ᄃᆞ기 이웃ᄒᆞ고져 ᄒᆞ노라.

屈宋을 그으기 더위자바 方駕호미 맛당타 ᄒᆞ노니 齊梁ㅅ 사ᄅᆞ므로 다ᄆᆞᆺᄒᆞ야도 뒤헷 드트리 ᄃᆞ욀가 전노라.

前賢 밋디 몯호ᄆᆞᆯ ᄯᅩ 疑心 마ᄅᆞᆯ디니 서르 祖述ᄒᆞᄂᆞ니 ᄯᅩ 뉘 몬져 짓ᄂᆞ니오.

各別히 거즛 體를 지어셔 風雅애 親近ᄒᆞ게 ᄒᆞᄂᆞ니 ᄀᆞ장 더욱 스승 하미 이 네의 스승이로다.

---

1) 가시야 : 다시 2) 이니 : 이루니 3) 저탄 : 저타, 저어하다, 두려워하다 4) 우ᅀᅮ믈 : 우숨, 웃음 5) 무른 : 무리는 6) ᄌᆞ피리 : ᄌᆞ피다, 잡게 하다 7) **ᄃᆡᅀᅡ** : 되어 8) 빗 : 빛 9) 흙무저글 : 흙무적, 흙무더기 10) 두ᅀᅥ : 두어(數) 11) 公의게 : -의게, 에게 12) 드듸유미 : 드듸다, 디디다, 앞의 말을 받아 이어 말하다 13) 무레 : 무리에 14) 그스기 : 그윽이 15) 더위자바 : 더위잡다, 붙잡다, 부축하다(攀) 16) 밋디 : 밋다, 미치다(及) 17) 거즛 : 거짓 18) 하미 : 함, 많음

解悶 五首
해민 오수

沈范早知何水部曹劉不待薛郎中(심범조지하수부조유불대설랑중)
沈約 范雲은 일 何水部를 아라늘 曹植 劉楨은 薛郎中을 기들우디 아니ᄒ
도다.
獨當省署開文苑兼泛滄浪學釣翁(독당성서개문원겸범창랑학조옹)
省署를 ᄒ올로 當ᄒ야 文苑을 여러 보고 滄浪애 ᄇᆡ 씌우믈 兼ᄒ야 釣翁
을 ᄇᆡ호놋다.
李陵蘇武是吾師孟子論文更不疑(이릉소무시오사맹자논문갱불의)
李陵과 蘇武ㅣ 내 스숭이니 孟子의 글 議論호ᄆᆞ ᄯᅩ 疑心티 아니ᄒ더니라.
一飯未曾留俗客數篇今見古人詩(일반미증유속객수편금견고인시)
ᄒᆞᆫ번 밥 머글 저긔도 일즉 ᄆᆞᅀᆞ매 俗客을 머믈우디 아니터니 두어 篇에
녯 사ᄅᆞ미 그를 이제 보리로다.
復憶襄陽孟浩然清詩句句盡堪傳(복억회양맹호연청시구구진감전)
ᄯᅩ 襄陽앳 孟浩然을 ᄉᆞ랑ᄒ노니 물곤 그리 句마다 다 流傳ᄒ얌직 ᄒ도다.
即今耆舊無新語謾釣槎頭縮項鯿(즉금기구무신어만조사두축항편)
곧 이젯 늘그니는 새 말ᄉᆞ미 업스니 들굸 그텟 목 움츤 鯿魚를 속절업시
낫가 먹놋다.
陶冶性靈存底物新詩改罷自長吟(도야성령존저물신시개파자장음)
性靈을 및ᄀᆞ라 내요ᄆᆞᆯ 므슷거슬 두어셔 ᄒᆞ리오 그를 고툐ᄆᆞᆯ ᄆᆞᆺ고 내 기리
입노라.
熟知二謝將能事頗學陰何苦用心(숙지이사장능사파학음하고용심)

두 謝의 能호 일 가져쇼믈 니기 알오 陰鏗何遜의 무슴뿔 苦루이 호믈 조
모 비호노라.
不見高人王右丞藍田丘壑蔓寒藤(불견고인왕우승람전구학만한등)
노폰 사름 王右丞을 보디 몯ᄒ리로소니 藍田ㅅ 두듥과 굴헝에 촌 藤草ㅣ
너추렛도다.
最傳秀句寰區滿未絶風流相國能(최전수구환구만미절풍류상국능)
안직 됴훈 긇句를 傳ᄒ야 寰區에 ᄀ독ᄒ얫ᄂ니 風流ㅣ 긋디 아니호문 相
國이 能ᄒ도다.

중간본]

沈約 范雲은 일 何水部를 아라눌 曹植 劉楨은 薛郎中을 기들우디 아니ᄒ
도다.
省署를 ᄒ올로 當ᄒ야 文苑을 여러 보고 滄浪애 비 ᄯᅴ우믈 兼ᄒ야 釣翁
을 비호놋다.
李陵과 蘇武ㅣ 이 내 스승이니 孟子의 글 議論호문 ᄯᅩ 疑心티 아니ᄒ더
니라.
ᄒᆞᆫ 번 밥 머글 저긔도 일즉 ᄆᆞᄋᆞ매 俗客을 머믈우디 아니터니 두어 篇에
넷 사ᄅᆞᄆᆡ 그를 이제 보리로다.
ᄯᅩ 襄陽앳 孟浩然을 ᄉᆞ랑ᄒ노니 물ᄀᆞᆫ 그리 句마다 다 流傳ᄒᆞ얌즉 ᄒ도다.
곧 이젣 늘그니ᄂᆞᆫ 새 말ᄉᆞ미 업스니 들굸 그텟 목 움츤 鯿魚를 속절업시
낛가 먹놋다.
性靈을 밍ᄀᆞ라 내요믈 므슷 거슬 두어셔 ᄒᆞ리오 새 그를 고툐믈 밋고 내
기리 입노라.
두 謝의 能호 일 가져쇼믈 니기 알오 陰鏗何遜의 ᄆᆞᅀᆞᆷ 苦루이 호믈 조

모 비호노라.
노폰 사룸 王右丞을 보디 몯ᄒ리로소니 藍田ㅅ 두듥과 굴헝에 춘 藤草 ㅣ 너추렛도다.
안직 됴호 긄句를 傳ᄒ야 寰區에 ᄀᆞ득ᄒ얫ᄂᆞ니 風流 ㅣ 굿디 아니호ᄆᆞ 相國이 能ᄒ도다.

---

1) 일 : 일찍(曾) 2) 아라놀 : 알다 3) 기들우디 : 기다리다 4) 들굸 : 들굴, 뗏목 5) 움츤 : 움츠다, 움치다, 뻗치다 6) 새 : 새로운 7) 므슷거슬 : 므슷것 : 무엇 8) 고툐몰 : 고툠, 고치다, 고침 9) 읖노라 : 읊다 10) 니기 : 익히 11) 무ᅀᅳᆷ뿜 : 마음씀 12) 굴헝 : 구렁(땅에 움쑥하게 패인 곳) 13) 너추렛도다 : 너출다, 넌출지다, 뻗치다

書畫
서화

古詩 十八首 律詩 六首

李潮八分小篆歌
이조팔분소전가

蒼頡鳥跡旣茫昧字體變化與浮雲(창힐조적기망매자체변화여부운)
蒼頡의 鳥跡書ㅣ ᄒᆞ마 아ᅀᆞ라ᄒᆞ야 昧滅ᄒᆞ니 字體의 變化호미 ᄯᅳᆫ 구룸 곧도다.

陳倉石鼓又已訛大小二篆生八分(진창석고우이와대소이전생팔분)
陳倉ㅅ 石鼓앳 글지 ᄯᅩ ᄒᆞ마 訛傳ᄒᆞ니 크며 져근 두 篆字애 八分書ㅣ 나니라.

秦有李斯漢蔡邕中間作者寂不聞(진유이사한채옹중간작자적불문)
秦ㅅ 저긘 李斯ㅣ 잇고 漢ㅅ 저긘 蔡邕이니 中間애 니러나니ᄂᆞᆫ 괴외ᄒᆞ야 듣디 몯ᄒᆞ리로다.

嶧山之碑野火焚棗木傳刻肥失眞(역산지비야화분조목전각비실진)
嶧山ㅅ 碑ᄅᆞᆯ 미햇 브리 ᄉᆞ니 棗木애 옮겨 사굔 거시 술져 眞本을 일흐니라.

苦縣光和尙骨立書貴瘦硬方通神(고현광화상골립서귀수경방통신)
苦縣ㅅ 光和ㅅ 저귓 그리 오히려 쎼 셧ᄂᆞ니 긄字ᄂᆞᆫ 여위오 세요미 貴ᄒᆞ야ᅀᅡ 보야ᄒᆞ로 神妙호매 通ᄒᆞᄂᆞ니라.

惜哉李蔡不復得吾甥李潮下筆親(석재이채불복득오생이조하필친)
슬프다 李斯 蔡邕을 다시 얻디 몯ᄒᆞ리소니 우리 아ᄎᆞᆫ아ᄃᆞᆯ 李潮이 글 수미

親近ᄒᆞ도다.
尙書韓擇木騎曹蔡有隣開元已來(상서한택목기조채유린개원이래)
尙書 韓擇木과 騎曹 蔡有隣을 開元브터 오매
數八分潮也奄與二子成三人(수팔분조야엄여이자성삼인)
八分 수믈 혜더니 李潮ㅣ 믄드시 二子로 다ᄆᆞᆺᄒᆞ야 세 사ᄅᆞ미 ᄃᆞ외얏도다.
況潮小篆逼秦相快劒長戟森相向(황조소전핍진상쾌검장극삼상향)
ᄒᆞ믈며 潮의 져근 篆字ㅣ 秦ㅅ 丞相의게 逼近ᄒᆞ니 드는 갈콰 긴 戈戟이 森然히 서르 向얫는 ᄃᆞᆺ도다.
八分一字直百金蛟龍盤拏肉屈强(팔분일자직백금교룡반라육굴강)
八分 ᄒᆞᆫ 字ㅣ 비디 百金이 ᄉᆞ니 蛟龍이 서리여 고기 세워든 ᄃᆞᆺᄒᆞ도다.
吳郡張顚誇草書草書非古空雄壯(오군장전과초서초서비고공웅장)
吳郡엣 張顚이 草書호믈 쟈랑ᄒᆞ더니 草書는 녯 거시 아니라 속졀업시 雄壯ᄒᆞ도다.
豈知吾甥不流宕丞相中郞丈人行(기지오생불류탕승상중랑장인행)
우리 아ᄎᆞᆫ아ᄃᆞ리 流宕티 아니ᄒᆞ야 丞相 中郞丈人의 行輩 ᄃᆞ외욜 고ᄃᆞᆯ 어느 알리오.
巴東逢李潮逾月求我歌(파동봉이조유월구아가)
巴東애 李潮ᄅᆞᆯ 맛보니 ᄃᆞ리 남ᄃᆞ록 내 놀애ᄅᆞᆯ 求ᄒᆞᄂᆞ다.
我今衰老才力薄潮乎潮乎奈汝何(아금쇠노재력박조호조호내여하)
내 이제 늘거 才力이 사오나오니 潮아 潮아 네게 엇뎨ᄒᆞ료.

[중간본]

蒼頡의 鳥跡書ㅣ ᄒᆞ마 아ᄋᆞ라ᄒᆞ야 昧滅ᄒᆞ니 字體의 變化호미 ᄯᅳᆫ 구룸 ᄀᆞᆮ도다.

249

陳倉ㅅ 石鼓앳 글지 쪼 ᄒᆞ마 訛傳ᄒᆞ니 크며 져근 두 篆字애 八分書ㅣ 나니라.
秦ㅅ 저긘 李斯ㅣ 잇고 漢ㅅ 저긘 蔡邕이니 中間애 니러나니ᄂᆞᆫ 괴외ᄒᆞ야 듣디 몯ᄒᆞ리로다.
嶧山ㅅ 碑ᄅᆞᆯ 미햇 브리 ᄉᆞ니 棗木애 옮겨 사곤 거시 슬져 眞本을 일ᄒᆞ니라.
苦縣ㅅ 光和ㅅ 저긧 그리 오히려 ᄲᅨ 셧ᄂᆞ니 긊字ᄂᆞᆫ 여위오 세요미 貴ᄒᆞ야 보야ᄒᆞ로 神妙ᄒᆞ매 通ᄒᆞᄂᆞ니라.
슬프다 李斯 蔡邕을 다시 얻디 몯ᄒᆞ리소니 우리 아ᄎᆞᆫ아ᄃᆞᆯ 李潮이 글스미 親近ᄒᆞ도다.
尙書 韓擇木과 騎曹 蔡有隣을 開元브터 오매
八分 스믈 헤더니 李潮ㅣ 믄드시 二子로 다뭇ᄒᆞ야 세 사ᄅᆞ미 ᄃᆞ외얏도다.
ᄒᆞ물며 潮의 져근 篆字ㅣ 秦ㅅ 丞相의게 逼近ᄒᆞ니 드는 갈콰 긴 戈戟이 森然히 서르 向얫ᄂᆞᆫ 돗도다.
八分 ᄒᆞᆫ 字ㅣ 비디 百金이 ᄉᆞ니 蛟龍이 서리여 고기 세워든 ᄃᆞᆺᄒᆞ도다.
吳郡엣 張顚이 草書호ᄆᆞᆯ 쟈랑ᄒᆞ더니 草書ᄂᆞᆫ 녯 거시 아니라 쇽졀업시 雄壯ᄒᆞ도다.
우리 아ᄎᆞᆫ아ᄃᆞ리 流宕티 아니ᄒᆞ야 丞相 中郞丈人의 行輩 ᄃᆞ외욜 고ᄃᆞᆯ 어느 알리오.
巴東애 李潮ᄅᆞᆯ 맛보니 ᄃᆞ리 남ᄃᆞ록 내 놀애ᄅᆞᆯ 求ᄒᆞᄂᆞ다.
내 이제 늘거 才力이 사오나오니 潮아 潮아 네게 엇뎨ᄒᆞ료.

---

1) 아ᅀᆞ라ᄒᆞ야 : 아득히, 까마아득히 2) 니러나니ᄂᆞᆫ : 일어난 이는 3) 괴외ᄒᆞ야 : 고요하다 4) 브리 : 불 5) ᄉᆞ니 : 사르다(焚) 6) 사곤 : 사굔, 새김(刻) 7) 일ᄒᆞ니라 : 잃다 8) ᄲᅨ : 뼈 9) 여위오 : 여위다 10) 세요미 : 세요이다, 세옴, 셈 11) 아ᄎᆞᆫ아ᄃᆞᆯ : 조카 12) ᄉᆞ미 : 숨, 씀 13) 헤더니 : 혜다, 세다, 계산하다 14) 믄드시 : 문득 15) ᄉᆞ니 : ᄉᆞ다, 싸다 16) 비디 : 빋, 빚 값 17) 고ᄃᆞᆯ : 곳, 바

送顧八分文學適洪吉州
송고팔분문학적홍길주

中郞石經後八分盖憔悴(중랑석경후팔분개초췌)
中郞이 돌해 六經 사긴 後에 八分이 憔悴히 두외니라.
顧侯運鑪錘筆力破餘地(고후운로추필력파여지)
顧侯ㅣ 鑪錘룰 運用ᄒᆞ니 부듸 히미 나몬 짜흘 헤티놋다.
昔在開元中韓蔡同贔屭(석재관원중한채동비희)
녜 開元ㅅ 中에 이셔 韓擇木과 蔡邕과로 ᄒᆞᆫ가지로 힘뻐 ᄒᆞ더니라.
玄宗妙其書是以數子至(현종묘기서시이수자지)
玄宗이 그 스샤ᄆᆞᆯ 微妙히 ᄒᆞ실ᄉᆡ 이런ᄃᆞ로 써 두어 사ᄅᆞ미 오니라.
御札早流傳揄揚非造次(어찰조류전유양비조차)
님금 스샨 그리 일 流傳ᄒᆞ니 베퍼슈미 져근 더디 아니니라.
三人並入直恩澤各不二(삼인병입직은택각불이)
세 사ᄅᆞ미 굴와 入直ᄒᆞ니 님긊 恩澤이 제여곰 두 가지로 아니ᄒᆞ더시니라.
顧於韓蔡內辨眼工小字(고어한채내변안공소자)
顧侯는 韓蔡ㅅ ᄉᆞᅀᅵ예 누니 굴희나 ᄀᆞ는 字룰 바지로이 ᄒᆞ더니라.
分日示諸王鉤深法更秘(분일시제왕구심법갱비)
나룰 논화셔 諸王子룰 뵈야 ᄀᆞᄅᆞ치니 기푸믈 걸위여 내야 法이 더욱 秘密 ᄒᆞ더니라.
文學與我遊蕭疎外聲利(문학여아유소소외성리)
文學이 날와 다못 노ᄂᆞ니 蕭疎ᄒᆞ야 聲譽와 名利를 밧삼더니라.
追隨二十載浩蕩長安醉(추수이십재호탕장안취)

스믈 히룰 조차 둔녀 훤히 長安애셔 醉ᄒᆞ다소라.

高歌卿相宅文翰飛省寺(고가경상댁문한비성시)

卿相의 지븨가 노피 놀애 브르곡 글순 거슨 마ᄋᆞᆯ돌해 ᄂᆞ랫더라.

視我楊馬閒白首不相棄(시아양마간백수불상기)

나를 楊馬ㅅ ᄉᆞᅀᅵ예 보아 머리 셰ᄃᆞ록 서르 ᄇᆞ리디 마져 ᄒᆞ더라.

驊騮入窮巷必脫黃金轡(화유입궁항필탈황금비)

돈 ᄆᆞ리 窮巷애 드러와 반ᄃᆞ기 黃金 굴에를 밧기더니라.

一論朋友難遲暮敢失墜(일론붕우난지모감실추)

ᄒᆞᆫ 번 벋 사괴요미 어려우믈 議論ᄒᆞ고 늘거 가 구틔여 ᄇᆞ리리아 ᄒᆞ더니라.

古來事反覆相見橫涕泗(고래사반복상견횡체사)

녜로 오매 이리 드위이저 덛덛디 아니ᄒᆞᆫ 거시니 서르 보고 눖므를 빗기 흘리노라.

嚮者玉珂人誰是青雲器(향자옥가인수시청운기)

뎌주움ᄢᅴ 玉珂ᄒᆞ고 ᄃᆞ니던 사ᄅᆞ미 뉘 이 青雲 서리옛 器具오.

才盡傷形體病渴汚官位(재진상형체병갈오관위)

ᄌᆡ죄 업고 얼굴 늘구믈 슬ᄒᆞ노니 消渴ㅅ 病에 벼스를 더러요라.

故舊獨依然危時話顚躓(고구독의연위시화전지)

녯 버디 ᄒᆞ올로 ᄆᆞᅀᆞ미 依然ᄒᆞ야 危亂ᄒᆞᆫ 저긔 업드러 ᄃᆞ뇨물 니르ᄂᆞ다.

我甘多病老子負憂世志(아감다병노자부우세지)

나는 病 하 늘구믈 ᄃᆞᆯ히 너기거ᄂᆞᆯ 그듸는 時世를 시름ᄒᆞ논 ᄠᅳ들 졋도다.

胡爲困衣食顏色少稱遂(호위곤의식안색소칭수)

엇뎨라 옷과 밥과애 窮困ᄒᆞ야 ᄂᆞᆺ비치 ᄆᆞᅀᆞ매 맛게인 이리 져그니오.

遠作辛苦行順從衆多意(원작신고행순종중다의)

머리 辛苦로이 녀가물 짓ᄂᆞ니 한 사ᄅᆞ미 ᄠᅳ들 順從ᄒᆞ놋다.

舟楫無根蔕蛟鼉好爲崇(주즙무근체교타호위숭)
빈는 불휘와 고고리 업고 蛟와 鼉와는 빌미호믈 즐겨ᄒᆞᄂᆞ니라.
況兼水賊繁特戒風飆駛(황겸수적번특계풍표사)
ᄒᆞ믈며 므렛 盜賊 하미 조추니 ᄇᆞᄅᆞ미 ᄲᆞᆯ리 부로믈 特別히 警戒ᄒᆞ라.
崩騰戎馬際往往殺長吏(붕등융마제왕왕살장리)
돌이니는 戎馬ㅅ ᄀᆞᅀᅵ셔 므리므리예 長吏를 주기ᄂᆞ니라.
子干東諸侯勤勉防縱恣(자간동제후근면방종자)
그듸 東녁 諸侯를 干謁ᄒᆞ라 가ᄂᆞ니 힘뻐 縱恣호믈 마ᄀᆞ라.
邦以民爲本魚飢費香餌(방이민위본어기비향이)
나라ᄒᆞᆫ 百姓으로 根本을 삼곡 고기 주리면 곳다온 낛바ᄫᆞᆯ 費食ᄒᆞᄂᆞ니라.
請哀瘡痍深告訴皇華使(청애창이심고소황화사)
請ᄒᆞᆫ든 헐므ᅀᅮ미 기푸믈 어엿비 녀겨 皇華使이게 告訴홀디니라.
使臣精所擇進德知歷試(사신정소택진덕지력시)
使臣은 精히 ᄀᆞᆯ히여 보내엿ᄂᆞ니 德을 나ᅀᅩ아 두루 디내여 ᄡᅮᆯ 고ᄃᆞᆯ 아라 ᄒᆞ시ᄂᆞ니라.
惻隱誅求情固應賢愚異(측은주구정고응현우이)
誅求를 어엿비 너기논 ᄠᅳ든 진실로 당당이 어디니와 어리니왜 다ᄅᆞ니라.
烈士惡苟得俊傑思自致(열사오구득준걸사자치)
烈士는 苟且히 어두믈 아쳗고 俊傑은 제 모므로 어도믈 ᄉᆞ랑ᄒᆞᄂᆞ니라.
贈子猛虎行出郊載酸鼻(증자맹호행출교재산비)
그듸를 猛虎行ᄋᆞᆯ 주고 미해 나가거ᄂᆞᆯ 고ᄒᆞᆯ 싀히 ᄒᆞ노라.

[중간본]
中郞이 둘해 六經 사긴 後에 八分이 憔悴히 **되외니라**.

顧侯ㅣ 鑪錘를 運用ᄒᆞ니 부듸 히미 나몬 싸홀 헤티놋다.
녜 開元ㅅ 中에 이셔 韓擇木과 蔡邕과로 ᄒᆞᆫ가지로 힘써 ᄒᆞ더니라.
玄宗이 그 스샤믈 微妙히 ᄒᆞ실시 이러모로 써 두어 사ᄅᆞ미 오니라.
님금 스샨 그리 일 流傳ᄒᆞ니 베퍼슈미 져근더디 아니니라.
세 사ᄅᆞ미 글와 入直ᄒᆞ니 님금 恩澤이 제여곰 두 가지로 아니ᄒᆞ더시니라.
顧侯ᄂᆞᆫ 韓蔡ㅅ ᄉᆞ이예 누니 굴ᄒᆞ나 ᄀᆞᆮ는 字ᄅᆞᆯ 바지로이 ᄒᆞ더니라.
나ᄅᆞᆯ ᄂᆞ화셔 諸王子ᄅᆞᆯ 뵈야 ᄀᆞᄅᆞ치니 기푸믈 걸위여 내야 法이 더욱 秘密ᄒᆞ더니라.
文學이 날와 다ᄆᆞᆺ 노ᄂᆞ니 蕭疎ᄒᆞ야 聲譽와 名利ᄅᆞᆯ 밧삼더니라.
스믈 ᄒᆡ를 조차 ᄃᆞ녀 훤히 長安애셔 醉ᄒᆞ다소라.
卿相의 지븨 가 노피 놀애 브르고 글슨 거슨 마ᄋᆞᆯ 둘해 ᄂᆞ랫더라.
나ᄅᆞᆯ 楊馬ㅅ ᄉᆞ이예 보와 머리 셰ᄃᆞ록 서르 브리다 마다 ᄒᆞ더라.
ᄐᆞᆫ ᄆᆞ리 窮巷애 드러와 반ᄃᆞ기 黃金 구레ᄅᆞᆯ 밧기더니라.
ᄒᆞᆫ 번 벋 사괴요미 어려우믈 議論ᄒᆞ고 늘거 가 구틔여 ᄇᆞ리리아 ᄒᆞ더니라.
녜로 오매 이리 드위이저 덛덛디 아니ᄒᆞᆫ 거시니 서르 보고 눖므를 빗기 흘리노라.
져주움쁴 玉珂ᄒᆞ고 ᄃᆞ니던 사ᄅᆞ미 뉘 이 靑雲 서리옛 器具오.
지죄 업고 얼굴 늘구믈 슬노니 消渴ㅅ 病에 벼스를 더러요라.
녯 버디 ᄒᆞ올로 모ᄋᆞ미 依然ᄒᆞ야 危亂ᄒᆞᆫ 저긔 업드러 ᄃᆞ뇨믈 니ᄅᆞᄂᆞ다.
나는 病 하 늘구믈 둘히 너기거늘 그ᄃᆡ는 時世ᄅᆞᆯ 시름ᄒᆞ논 ᄠᆞ들 졋도다.
엇뎨라 옷과 밥과애 窮困ᄒᆞ야 ᄂᆞᆺ비치 모ᄋᆞ매 맛게인 이리 져그니오.
머리 辛苦로이 녀가믈 짓ᄂᆞ니 한 사ᄅᆞ미 ᄠᆞ들 順從ᄒᆞ놋다.
비는 불휘와 고고리 업고 蛟와 鼉와는 빌미요믈 즐겨ᄒᆞᄂᆞ니라.
ᄒᆞ물며 므렛 盜賊 하미 조ᄎᆞ니 ᄇᆞᄅᆞ미 샐리 부로믈 特別히 警戒ᄒᆞ라.

놀이니는 戎馬ㅅ 그이셔 므딕므딕예 長吏를 주기ᄂ니라.
그딕 東녁 諸侯를 干謁ᄒ라 가ᄂ니 힘뼈 縱恣호믈 마ᄀ라.
나라흔 百姓으로 根本을 삼고 고기는 주리면 곳다온 낛바볼 費食ᄒᄂ니라.
請흔ᄃᆞᆫ 헐므우미 기푸믈 어엿비 녀겨 皇華使의게 告訴홀디니라.
使臣은 精히 글히여 보내엿ᄂ니 德을 나오와 두루 디내여 쓸 고들 아라 ᄒ시ᄂ니라.
誅求를 어엿비 너기ᄂᆞᆫ 쁘든 진실로 당당이 어디니와 어리니왜 다르니라.
烈士는 苟且히 어두믈 아쳗코 俊傑은 제 모모로 어도믈 ᄉ랑ᄒᄂ니라.
그딕롤 猛虎行을 주고 믹해 나가거놀 고홀 싀히 ᄒ노라.

─────────

1) 헤티놋다 : 헤티다, 헤치다, 깨뜨리다 2) 그 : 글 3) 이런ᄃᆞ로 : 이런 까닭으로 4) 일 : 일찍(早) 5) 베퍼슈미 : 베풀다, 베퍼슘, 베품 6) 더디 : 덥, 때, 동안 7) 글와 : 함께 8) 글히나 : 글히다, 가래다, 가르다, 분별하다 9) 바자로이 : 공교로이, 공교히 10) 걸위여 : 걸위다, 거리끼다 11) 밧삼더니라 : 밧삼다, 셈 밖으로 치다, 부시하다 12) 무숄돌해 : -돌해, -들에 13) 느랫더라 : 날다 14) 톤 : 탄 15) 굴에 : 굴레 16) 밧기더니라 : 벗기다 17) 부리리아 : 부리다, 버리다 18) 드위이저 : 드위다, 번드치다, 뒤집다 19) 빗기 : 비스듬히 20) 뎌주숨쁴 : 저즈음께, 전번에 21) 더러요라 : 더러 + 요라, 더러, 더럽다, -요라, -라, -노라 22) 니르ᄂ다 : 니르다, 말하다, 이르다 23) 졋도다 : 지다, 졋다 24) 엇뎨라 : 어찌하여, 어째서 25) 맛게인 : 맛갑다, 마땅하다, 알맞다(遂) 26) 고고리 : 꼭지 27) 빌미호몰 : 빌미하다, 빌미 짓다 28) 조초니 : 조초다, 좇다 29) 돌이니는 : 돌이니다, 달려가다 30) 므딕므딕예 : 때때로 31) 마ᄀ라 : 막다 32) 나라흔 : 나라ᄒ+ 은, 나라는 33) 곳다온 : 향기로운 34) 낛바볼 : 낚싯밥 35) 請흔ᄃᆞᆫ : 請+흔ᄃᆞᆫ, -흔ᄃᆞᆫ, -하건대 36) 헐므수미 : 헐무숨, 헒 37) 나소와 : 나아가다 38) 뿔 : 쁠, 쓰다, 쓸 39) 고들 : 곧, 곳 40) 어디니 : 어질다 41) 어리니 : 어리석다 42) 아쳗고 : 어쳗다, 싫어하다 43) 어도믈 : 얻음 44) 고홀 : 코 45) 싀히 : 시게(酸) 46) 무숄돌해 : -돌해, -들에, 마을들에

* 寺(시) - 마을, 관청을 뜻할 경우 음이 '시' 임.

寄張十二山人彪三十韻
전중양감견시장욱초서도

斯人已云亡草聖祕難得(사인이운망초성비난득)
이 사루미 ᄒ마 주그니 草聖이 祕密ᄒ야 어두미 어렵도다.
及玆煩見示滿目一悽惻(급자번견시만목일처측)
이제 미처 뵈요믈 어즈러이 ᄒ니 누네 ᄀ득ᄒ야 ᄒᆞᆫ 디위 슬허ᄒ노라.
悲風生微綃萬里起古色(비풍생미초만리기고색)
ᄀ논 기베 슬픈 ᄇᆞ루미 나ᄂᆞ니 萬里예 녯 비치 니렛도다.
鏘鏘鳴玉動落落群松直(장장명옥동낙낙군송직)
鏘鏘히 우는 佩玉이 뮈는 ᄃᆞᆺᄒ며 落落ᄒᆞᆫ 뭀 소남기 고돈 ᄃᆞᆺᄒ도다.
連山蟠其間溟漲與筆力(연산반기간명창여필력)
니ᅀᅳᆫ 뫼히 그 ᄉᆞᅀᅵ예 서렷고 바룻 므릐 밀유미 붇히믈 주도다.
有練實先書臨池眞盡墨(유련실선서임지진진묵)
닛논 기베 眞實로 몬져 스고 모ᄉᆞᆯ 디려셔 스니 眞實로 다 墨이 ᄃᆞ외도다.
俊拔爲之主暮年思轉極(준발위지주모년사전극)
俊拔ᄒᆞ요므로 웃드믈 사ᄆᆞ니 늘거는 ᄠᅳ디 ᄀ장 至極ᄒ더라.
未知張王後誰並百代則(미지장왕후수병백대칙)
아디 몯ᄒ리로다 張伯英 王羲之ㅅ 後엔 百代옛 法을 뉘 골올고.
嗚呼東吳精逸氣感淸識(오호동오정일기감청식)
슬프다 東吳ㅅ 精氣 타 난 放逸ᄒᆞᆫ 氣運이 ᄆᆞᆯ곤 아로ᄆᆞᆯ 感動히도다.
楊公拂篋笥舒卷忘寢食(양공불협사서권망침식)
楊公이 설글 ᄠᅥ러내야 펴락 거드락 ᄒ야 자며 밥 머구믈 닛놋다.

念昔揮毫端不獨觀酒德(염석휘호단부독관주덕)
녜 붇글 휫두루이 주믈 ᄉ랑ᄒ오니 ᄒᆞᆫ갓 숤 德을 볼 ᄲᅡᆫ 아니로다.

[중간본]

이 사ᄅᆞᆷ이 ᄒᆞ마 주그니 草聖이 祕密ᄒᆞ야 어두미 어렵도다.
이제 미처 뵈요믈 어즈러이 ᄒᆞ니 누네 ᄀᆞ득ᄒᆞ야 ᄒᆞᆫ 디위 슬허ᄒᆞ노라.
ᄀᆞ논 기베 슬픈 ᄇᆞ로미 나ᄂᆞ니 萬里예 녯 비치 니렛도다.
鏘鏘히 우는 佩玉이 뮈는 ᄃᆞᆺᄒᆞ며 落落ᄒᆞᆫ 묽 소남기 고ᄃᆞᆫ ᄃᆞᆺᄒᆞ도다.
니ᅀᅳᆫ 뫼히 그 ᄉᆞ이예 서렷고 바ᄅᆞᆺ 므릐 밀유미 붇히믈 주도다.
잇는 기베 眞實로 몬져 스고 모ᄉᆞᆯ 디려셔 스니 眞實로 다 墨이 두외도다.
俊拔ᄒᆞ요므로 웃드믈 사ᄆᆞ니 늘거는 ᄯᅳ디 ᄀᆞ장 至極ᄒᆞ더라.
아디 몯ᄒᆞ리로다 張伯英 王羲之ㅅ 後엔 百代옛 法을 뉘 골올고.
슬프다 東吳ㅅ 精氣 타 난 放逸ᄒᆞᆫ 氣運이 몰곤 알오믈 感動ᄒᆞ도다.
楊公이 설글 ᄲᅥ러내야 펴락 거드락 ᄒᆞ야 자며 밥 머구믈 닛놋다.
녜 붇글 휫두루이 주믈 ᄉ랑ᄒ오니 ᄒᆞᆫ갓 숤 德을 볼 ᄲᅡᆫ 아니로다.

---

1) 어두미 : 얻음 2) 디위 : 번 3) 기베 : 깁, 비단 4) 니렛도다 : 일어나다 5) 서렷고 : 서리다 6) 니ᅀᅳᆫ : 이은 7) 바ᄅᆞᆺ : 바다 8) 므릐 : 물의 9) 밀유미 : 밀옴이 : 밀다, 밈 10) 붇히믈 : 붓힘을 11) 모ᄉᆞᆯ : 못을, 못 12) 디려셔 : 디르다, 임하다, 다다르다 13) 웃드믈 : 웃듬, 으뜸, 밑둥, 근본 14) 사ᄆᆞ니 : 삼다 15) 골올고 : 골오다, 가루다, 함께 나란히 하다, 맞서서 견주다 16) 아로믈 : 아롬, 앎 17) 설글 : 섥, 설기(싸리채나 버들채 같은 것으로 결어서 만든 장방형 상자) 18) ᄲᅥ러내야 : 떨어내다(떨어져서 나오게 하다) 19) 닛놋다 : 닛다, 잊다

寄張十二山人彪三十韻
기장십이산인표삼십운

獨臥嵩陽客三違潁水春(독와숭양객삼위영수춘)
嵩陽애 ᄒᆞ오ᅀᅡ 누엣는 客이여 潁水ㅅ 보ᄆᆞᆯ 세 번 여희도다.
艱難隨老母慘澹向時人(간난수노모참담향시인)
어려운 저긔 늘근 어미를 조차 슬피 時節ㅅ 사ᄅᆞᄆᆞᆯ 向ᄒᆞ야 왯도다.
謝氏尋山屐陶工漉酒巾(사씨심산극도공록주건)
謝靈運의 뫼 ᄎᆞᆺ던 격지오 陶淵明의 술 거르던 頭巾이로다.
群兇彌宇宙此物在風塵(군흉미우주차물재풍진)
뭀 모딘 사ᄅᆞ미 宇宙에 ᄀᆞ득ᄒᆞ니 이 物이 風塵에 와 잇도다.
歷下辭姜被關西得孟鄰(역하사강피관서득맹린)
歷下애 姜肱이 니브를 말오 關西에 孟母의 이우즐 어두라.
早通交契密晚接道流新(조통교계밀만접도류신)
사괴요미 親密호ᄆᆞᆯ 일 通ᄒᆞ고 道流의 새로외요ᄆᆞᆯ 느저 接對호라.
靜者心多妙先生藝絶倫(정자심다묘선생예절륜)
安靜ᄒᆞ니ᄂᆞᆫ ᄆᆞᅀᆞ미 해 微妙ᄒᆞ니 先生은 지죄 뭀 사ᄅᆞ미게 絶等ᄒᆞ도다.
草書何太古詩興不無神(초서하태고시흥불무신)
草書ㅣ 즈모 키 녜르외니 글 ᄒᆞᄂᆞᆫ 興이 神奇ᄅᆞ외요미 업디 아니토다.
曹植休前輩張芝更後身(조식휴전배장지갱후신)
曹植이 前輩라 호ᄆᆞᆯ 말오 張芝는 가시야 後엣 모미로다.
數篇吟可老一字買堪貧(수편음가노일자매감빈)
두어 篇이 이퍼셔 어루 늘검 직ᄒᆞ고 ᄒᆞᆫ 字ㅣ라도 사매 가난ᄒᆞ얌 직ᄒᆞ도다.

將恐曾防寇深潛托所親(장공증방구심잠탁소친)
저허 일즉 盜賊을 막고 기피 潛藏ᄒ야 親ᄒ 사ᄅᆞ믈 브텟도다.
寧聞倚門夕盡力潔飱晨(영문의문석진력결손신)
나조히 門 지어쇼믈 어느 드르리오 새배 머굴 것 조히 호매 히믈 다ᄋᆞ놋다.
疎懶爲名誤驅馳喪我眞(소라위명오구치상아진)
疎拙ᄒ며 게을우메 名利의 그르 밍ᄀᆞ로미 두외엿고 驅馳ᄒ야 ᄃᆞ뇨매 내 眞性을 일후라.
索居猶寂寞相遇益愁辛(색거유적막상우익수신)
흐러셔 사로매 오히려 寂寞ᄒ니 서르 맛나면 더욱 愁辛ᄒ리로다.
流轉依邊徼逢迎念席珍(류전의변요봉영염석진)
流離ᄒ야 올마 ᄃᆞ녀 ᄀᆞᅀᅢ 와 브텟ᄂᆞ니 너를 逢迎호매 돗 우흿 珍寶ㅣ론 고ᄃᆞᆯ 思念ᄒ노라.
時來故舊少亂後別離頻(시래고구소란후별리빈)
時節이 오매 녯 버디 져그니 亂ᄒᆞᆫ 後에 여희여쇼미 즛도다.
世祖脩高廟文公賞從臣(세조수고묘문공상종신)
世祖ㅣ 高祖ㅅ 廟ᄅᆞᆯ 닷고 文公이 조차 ᄃᆞ니던 臣을 賞ᄒ시니라.
商山猶入楚渭水不離秦(상산유입초위수불리진)
商山애 오히려 楚애 드렛고 渭水에 秦을 여희디 몯ᄒ얏ᄂᆞᆫ 둣도다.
存想靑龍秘騎行白鹿馴(존상청룡비기행백록순)
靑龍ㅅ 秘密ᄒᆞᆫ 그레 ᄉᆞ쵸믈 두고 白鹿이 질드닐 타 ᄃᆞ니놋다.
耕巖非谷口結草卽河濱(경암비곡구결초즉하빈)
바회예 받 가로ᄆᆞᆫ 谷口ㅣ 아니오 새집 지ᅀᅥ슈믄 곧 河濱이로다.
肘後符應驗囊中藥未陳(주후부응험낭중약미진)
볼툭 뒤헷 符呪이 당당이 效驗 잇ᄂᆞ니 ᄂᆞ못 소갯 藥은 묵디 아니ᄒ도다.

旅懷殊不愜良覿眇無因(여회수불협량적묘무인)
나그내 쁘디 ᄀ장 맛디 몯ᄒ니 됴히 보미 아ᅀ라ᄒ야 因緣이 업도다.
自古皆悲恨浮生有屈伸(자고개비한부생유굴신)
녜로브터 다 슬허ᄒᄂ니 뜬 人生애 구브며 펴미 잇ᄂ니라.
此邦今尙武何處且依仁(차방금상무하처차의인)
이 ᄀ올히 이제 武事ᄅᆯ 崇尙ᄒᄂ니 어듸 가 仁人을 브트리오.
鼓角凌天籟關山倚月輪(고각릉천뢰관산의월륜)
붑과 吹角ㅅ 소리ᄂᆫ 하ᄂᆳ 소리ᄅᆯ 凌犯ᄒ고 關山앤 ᄃᆞᆯ 둘에 비겻도다.
官場羅鎭磧賊火近洮岷(관장라진적적화근조민)
官場이 鎭과 磧에 버렛고 盜賊의 브른 臨洮와 岷山애 갓갑도다.
蕭瑟論兵地蒼茫鬪將辰(소슬론병지창망투장진)
서의ᄒᆞᆫ 兵事ᄅᆞᆯ 議論ᄒᄂ 짜히오 아ᅀ라히 將軍 사호ᄂ ᄢᅦ로다.
大軍多處所餘孼尙紛綸(대군다처소여얼상분륜)
큰 軍이 갯논 짜히 하니 餘孼이 오히려 어즈럽도다.
高興知籠鳥斯文起獲麟(고흥지롱조사문기획린)
노폰 興에 籠이 든 새 ᄀᆞᆮ호ᄆᆯ 아노니 이 글워리 麟 어두메 니러나니라.
窮秋正搖落廻首望松筠(궁추정요락회수망송균)
ᄃᆞ오ᄂ ᄀᆞᅀᆞᆯ히 正히 이어여 ᄠᅥ러디ᄂ니 머리ᄅᆞᆯ 도ᄅᆞ혀 솔와 대ᄅᆞᆯ ᄇᆞ라노라.

[중간본]

嵩陽애 ᄒᆞ오ᅀ아 누엣ᄂ 客이여 潁水ㅅ 보ᄆᆯ 세 번 여희도다.
어려운 저긔 늘근 어미ᄅᆞᆯ 조차 슬피 時節ㅅ 사ᄅᆞᄆᆯ 向ᄒᆞ야 왯도다.
謝靈運의 뫼ᄒᆞᆯ 춧던 격지오 陶淵明의 술 거르던 頭巾이로다.
뭀 모딘 사ᄅᆞ미 宇宙에 ᄀᆞ득ᄒ니 이 物이 風塵에 와 잇도다.

歷下애 姜肱이 니브를 말오 關西에 孟母의 이우슬 어두라
사괴요미 親密호몰 일 通ᄒᆞ고 道流의 새로외요믈 느저 接對호라.
安靜ᄒᆞ닌 ᄆᆞᅀᆞ미 해 微妙ᄒᆞ니 先生은 지죄 뭀 사ᄅᆞ미게 絶等ᄒᆞ도다.
草書이 ᄌᆞ모 키 녀르외니 글 ᄒᆞ는 興이 神奇ᄅᆞ외요미 업디 아니토다.
曹植이 前輩라 호몰 말오 張芝는 가시야 後엣 모미로다.
두어 篇이 이펴셔 어루 늘검 즉ᄒᆞ고 ᄒᆞᆫ 字ㅣ라도 사매 가난ᄒᆞ얌 즉ᄒᆞ도다.
저허 일즉 盜賊을 막고 기피 潛藏ᄒᆞ야 親ᄒᆞᆫ 사ᄅᆞᄆᆞᆯ 브텟도다.
나조히 門 지여쇼ᄆᆞᆯ 어ᄂᆞ 드르리오 새배 머굴 것 조히 호매 히믈 다ᄋᆞ놋다.
疎拙ᄒᆞ며 게을우메 名利의 그르 밍ᄀᆞ로미 두외엿고 驅馳ᄒᆞ야 ᄃᆞ뇨매 내 眞性을 일후라.
흐러셔 사로매 오히려 寂寞ᄒᆞ니 서르 맛나면 더욱 愁辛ᄒᆞ리로다.
流離ᄒᆞ야 올마 ᄃᆞ녀 그이 와 브텟ᄂᆞ니 너를 逢迎호매 돗 우흿 珍寶ㅣ론 고ᄃᆞᆯ 스렴ᄒᆞ노라.
時節이 오매 녯 버디 져그니 亂ᄒᆞᆫ 後에 여희여쇼미 ᄀᆞᆺ도다
世祖ㅣ 高祖ㅅ 廟ᄅᆞᆯ 닷고 文公이 조차 ᄃᆞ니던 臣을 賞ᄒᆞ시ᄂᆞ라.
商山애 오히려 楚애 드렛고 渭水에 秦을 여희디 몯ᄒᆞ얏ᄂᆞᆫ 둣도다.
靑龍ㅅ 秘密ᄒᆞᆫ 그레 스쵸ᄆᆞᆯ 두고 白鹿이 질드닐 타 ᄃᆞ니놋다.
바회예 밧 가로믄 谷口ㅣ 아니오 새집 지어슈믄 곧 河濱이로다.
불독 뒤헷 符呪이 당당이 效驗 잇ᄂᆞ니 ᄂᆞᆾ 소갯 藥은 묵디 아니ᄒᆞ도다.
나그내 ᄠᅳ디 ᄀᆞ장 맛디 몯ᄒᆞ니 됴히 보미 아ᄋᆞ라ᄒᆞ야 因緣이 업도다.
녜로브터 다 슬허ᄒᆞᄂᆞ니 뜬 人生애 구브며 펴미 잇ᄂᆞ니라.
이 ᄀᆞ올히 이제 武事ᄅᆞᆯ 崇尙ᄒᆞᄂᆞ니 어듸 가 仁人을 브트리오.
붑과 吹角ㅅ 소리는 하ᄂᆞᆯ 소리ᄅᆞᆯ 凌犯ᄒᆞ고 關山앤 돐 둘에 비겻도다.
官塲이 鎭과 磧에 버렛고 盜賊의 ᄇᆞᆫ 臨洮와 岷山애 갓갑도다.

서의훈 兵事를 議論ᄒᆞᄂᆞᆫ ᄯᅡ히오 아ᄋᆞ라히 將軍 사호ᄂᆞᆫ ᄢᅵ로다.
큰 軍이 갯논 ᄯᅡ히 하니 餘孼이 오히려 어즈럽도다.
노ᄑᆞᆫ 興에 籠이 든 새 ᄀᆞᆮᄒᆞᄆᆞᆯ 아노니 이 글워리 麟 어두메 니러나ᄂᆞ니.
다ᄋᆞᄂᆞᆫ ᄀᆞᄋᆞᆯ히 正히 이어여 ᄣᅥ러디ᄂᆞ니 머리ᄅᆞᆯ 도르혀 솔와 대ᄅᆞᆯ ᄇᆞ라노라.

---

1) 왯도다 : 왔다 2) 격지오 : 격지, 나막신 3) 니브를 : 니블을, 이불을 4) 말오 : 말다 5) 이우즐 : 이웃을, 이웃다 6) 어두라 : 얻다 7) 일 : 일찍 8) 해 : 많이 9) ᄂᆞ저 : 늦어 10) 키 : 크게 11) 녜로외니 : 녜로외다, 예스럽다 12) 가시야 : 다시 13) 이퍼셔 : 읊다 14) 어루 : 可히 15) 저허 : 저어하다, 두려워하다 16) 브텟도다 : 붙어 있다, 의지하여 있다 17) 일후라 : 잃다 18) 흐러셔 : 흐러, 흩어 19) 사로매 : 삶 20) 돗 : 돗자리 21) 좃도다 : 잦다 22) 닷고 : 닦다 23) 드렛고 : 들어 있다 24) 스쵸물 : 스쵬, 생각함 25) 질드닐 : 질드리다, 길드리다(馴) 26) 볼툭 : 팔뚝 27) 누모 : 주머니 28) 묵디 : 묶다(陳) 29) 맛디 : 맞다 30) 아ᅀᆞ라ᄒᆞ야 : 아득히, 까마아득하다 31) 브트리오 : 의지하다 32) 붑 : 북 33) 둘에 : 둘레 34) 비겻도다 : 비기다, 기대다. 의지하다 35) 버렛고 : 벌리다 36) 서의훈 : 쓸쓸하다 37) ᄢᅵ로다 : 때로다 38) 갯논 : 가 있는 39) 어두메 : 얻음, 얻음 40) 니러나ᄂᆞ라 : 일어나다 41) 다ᄋᆞᄂᆞᆫ : 다오다, 다하다 42) 이어여 : 흔들다 43) 도르혀 : 돌리어

丹靑引贈曹將軍霸
단청인증조장군패

將軍魏武之子孫於今爲庶爲淸門(장군위무지자손어금위서위청문)
將軍은 魏ㅅ 武王이 子孫이니 이제 庶人이 ᄃᆞ외야 淸寒ᄒᆞᆫ 家門이 ᄃᆞ외얏도다.
英雄割據雖已矣文彩風流今尙存(영웅할거수이의문채풍류금상존)

英雄의 버혀 브터슈미아 비록 말리나 文彩와 風流는 이제 오히려 잇도다.
學書楚學衛夫人但恨無過王右軍(학서초학위부인단한무과왕우군)
글 수믈 비호디 衛夫人의게 처엄 비호니 오직 王右軍의게 넘디 몯호믈 뉘웃놋다.
丹靑不知老將至富貴於我如浮雲(단청부지노장지부귀어아여부운)
그림 그리기예 늘구미 將次 오믈 아디 몯ᄒᆞ니 가ᄉᆞ며며 貴호믄 내게 ᄯᅳᆫ 구룸 곧ᄒᆞ니라 너기놋다.
開元之中常引見承恩數上南薰殿(개원지중상인견승은수상남훈전)
開元 中에 샹녜 혀 보시니 恩澤을 닙ᄉᆞ와 南薰殿에 ᄌᆞ조 오ᄅᆞ니라.
凌烟功臣少顔色將軍下筆開生面(능연공신소안색장군하필개생면)
凌煙閣앳 그롓는 功臣이 ᄂᆞᆺ비치 젹거늘 將軍이 부들 ᄂᆞ리와 산 ᄂᆞᄎᆞᆯ 여러 내니라.
良相頭上進賢冠猛將腰間大羽箭(량상두상진현관맹장요간대우전)
어딘 宰相의 머리 우흰 進賢冠을 셋고 勇猛ᄒᆞᆫ 將軍의 허릿 ᄉᆞ싀옌 大羽箭이로다.
褒公鄂公毛髮動英姿颯爽來酣戰(포공악공모발동영자삽상래감전)
褒公과 鄂公의 머릿터리 뮈ᄂᆞ니 豪英ᄒᆞᆫ 양지 식식ᄒᆞ니 흐들히 사호다가 온 ᄃᆞᆺᄒᆞ도다.
先帝天馬玉花驄畫工如山貌不同(선제천마옥화총화공여산모부동)
先帝ㅅ 天馬玉花驄을 畫工이 뫼ᄀᆞ티 이셔셔 그료디 곧디 아니터라.
是日牽來赤墀下廻立閶闔生長風(시일견래적지하회립창합생장풍)
이 나래 赤墀ㅅ 아래 잇거 와 閶闔애 횟도아 셔니 긴 ᄇᆞᄅᆞ미 나더라.
詔謂將軍拂絹素意匠慘澹經營中(조위장군불연소의장참담경영중)
將軍을 下詔ᄒᆞ야 니ᄅᆞ샤 힌 기베 ᄢᅥ러 그리라 ᄒᆞ시니 意匠이 經營ᄒᆞ논

中에 어렵더라.
斯須九重眞龍出一洗萬古凡馬空(사수구중진룡출일세만고범마공)
아니한더데 九重에 眞實ㅅ 龍이 나 萬古앳 凡馬롤 ᄒᆞᆫ 번 시서 뷔니라.
玉花却在御榻上榻上庭前屹相向(옥화각재어탑상탑상정전흘상향)
玉花ㅣ 도ᄅᆞ혀 御榻 우희 이시니 榻 우콰 ᄠᅳᆯ 알ᄑᆡ 구즈기 서르 向ᄒᆞ얫도다.
至尊舍笑催賜金圉人太僕皆惆悵(지존사미최사금어인태복개추창)
님그미 우우믈 머그샤 金을 주라 뵈아시니 圉人太僕은 다 슬허ᄒᆞ놋다.
弟子韓幹早入室亦能畵馬窮殊相(제자한간조임실역능화마궁수상)
弟子 韓幹이 일 지븨 드니 ᄯᅩ 能히 ᄆᆞᆯ 그려 다ᄅᆞᆫ 양ᄌᆞ를 다ᄒᆞᄂᆞ니라.
幹惟畵肉不畵肉忍使驊騮氣凋喪(간유화육불화육인사화유기조상)
幹은 오직 고기를 그리고 ᄲᅧ를 그리디 몯ᄒᆞᄂᆞ니 ᄎᆞ마 驊騮로 히여 氣運을 브ᄉᆞ왜에 ᄒᆞ리아.
將軍盡善盖有神必逢佳士亦寫眞(장군진선개유신필봉가사역사진)
將軍의 다 잘 ᄒᆞ요미 神妙호미 잇ᄂᆞ니 반ᄃᆞ기 佳士를 맛보아둔 ᄯᅩ 眞樣ᄋᆞᆯ 그리더라.
卽今漂迫干戈際屢貌尋常行路人(즉금표박간과제루모심상행로인)
곧 이제논 干戈ㅅ ᄀᆞᅀᅵ 브터 ᄃᆞ니며 샹녯 길 녀는 사ᄅᆞ믈 ᄌᆞ조 그리놋다.
途窮返遭俗眼白世上未有如公貧(도궁반조속안백세상미유여공빈)
길히 窮ᄒᆞ야 도ᄅᆞ혀 俗人의 눈 흘긔여 보믈 맛나니 世上애 그듸ᄀᆞ티 가난ᄒᆞ니 잇디 아니ᄒᆞ니라.
但看古來盛名下終日坎壈纏其身(단간고래성명사종일감람전기신)
녜로 오매 盛ᄒᆞᆫ 일훔 아래를 오직 보라 나리 몯ᄃᆞ록 어려운 이리 모매 얼켯느니라.

[중간본]

將軍은 魏ㅅ 武王의 子孫이니 이제 庶人이 두외야 淸寒훈 家門이 두외얏도다.
英雄의 버혀 브터슈미아 비록 말리나 文彩와 風流는 이제 오히려 잇도다.
글 수믈 비호디 衛夫人의게 처엄 비호니 오직 王右軍의게 넘디 몯호믈 뉘웃놋다.
그림 그리기예 늘구미 將次 오몰 아디 몯ᄒᆞ느니 가ᄋᆞ며며 貴호믄 내게 뜬 구룸 ᄀᆞᆮᄒᆞ니라 너기놋다.
開元 中에 샹녜 혀 보시니 恩澤을 닙ᄉᆞ와 南薰殿에 ᄌᆞ조 오ᄅᆞ니라.
凌煙閣앳 그롓는 功臣이 ᄂᆞᆺ비치 격거늘 將軍이 부들 ᄂᆞ리와 산 ᄂᆞᄎᆞᆯ 여러 내니라.
어딘 宰相의 머리 우흰 進賢冠을 셋고 勇猛훈 將軍의 허릿 ᄉᆞ이옌 大羽箭이로다.
褒公과 鄂公의 머릿터리 뮈ᄂᆞ니 豪英훈 양ᄌᆡ 싁싁ᄒᆞ니 흐들히 사호다가 온 ᄃᆞᆺᄒᆞ도다.
先帝ㅅ 天馬玉花驄을 畫工이 뫼ᄀᆞ티 이셔셔 그료디 ᄀᆞᆮ디 아니터라.
이 나래 赤墀ㅅ 아래 잇거 와 閶闔애 횟돌아 셰니 긴 ᄇᆞᄅᆞ미 나더라.
將軍을 下詔ᄒᆞ야 니ᄅᆞ샤 힌 기베 뼈러 그리라 ᄒᆞ시니 意匠이 經營ᄒᆞᄂᆞᆫ 中에 어렵더라.
아니한디데 九重에 眞實ㅅ 龍이 나 萬古앳 凡馬ᄅᆞᆯ 훈 번 시서 뷔니라.
玉花ㅣ 도ᄅᆞ혀 御榻 우희 이시니 榻 우콰 뜰 알픠 구즈기 서르 向ᄒᆞ얫도다.
님그미 우으믈 머그ᄉᆞ 金을 주라 뵈아시니 圉人太僕은 다 슬허ᄒᆞ놋다.
弟子 韓幹이 일 지븨 드니 ᄯᅩ 能히 ᄆᆞᄅᆞᆯ 그려 다ᄅᆞᆫ 양ᄌᆞᄅᆞᆯ 다ᄒᆞᄂᆞ니라.
幹은 오직 고기ᄅᆞᆯ 그리고 ᄲᅧᄅᆞᆯ 그리디 몯ᄒᆞᄂᆞ니 ᄎᆞ마 驊騮로 ᄒᆞ여 氣運을 브으왜게 ᄒᆞ리아.

將軍의 다 잘 ᄒᆞ요미 神妙ᄒᆞ미 잇ᄂᆞ니 반ᄃᆞ기 佳士ᄅᆞᆯ 맛보아ᄃᆞᆫ ᄯᅩ 眞樣올 그리더라.

곧 이제는 干戈ㅅ 그ᅀᅵ 브터 ᄃᆞ녀셔 상녯 길 녀는 사ᄅᆞᄆᆞᆯ 조조 그리놋다.

길히 窮ᄒᆞ야 도로혀 俗人의 눈 흘긔여 보ᄆᆞᆯ 맛나니 世上애 그듸ᄀᆞ티 가난ᄒᆞ니 잇디 아니ᄒᆞ니라.

녜로 오매 盛ᄒᆞᆫ 일훔 아래ᄅᆞᆯ 오직 보라 나리 ᄆᆞᆺᄃᆞ록 어려운 이리 모매 얼켯ᄂᆞ니라.

―――――――

1) 버혀 : 베다 2) 브터슈미ᅀᅡ : 브터슘 + 이ᅀᅡ, -이ᅀᅡ, 이야, 붙다, 의지하다 3) 수믈 : 숨, 씀 4) 뉘웃놋다 : 뉘웃다, 뉘우치다 5) 가ᄉᆞ멸며 : 가ᄉᆞ멸다, 가멸다, 부하다, 부요하다 6) 샹녜 : 항상, 늘 7) 혀 : 끌다 8) 누리와 : 내려 9) 여러 : 열다, 열어 10) 뮈ᄂᆞ니 : 움직이다 11) 흐들히 : 흐뭇이, 한창 12) 그료디 : 그리되 13) 잇거 : 이끌다 14) 셰니 : 서니 15) 니루샤 : 니르다, 이르다 16) ᄠᅥ러 : 떨어져 17) 아니한더데 : 아니한덛, 잠시 18) 시서 : 씻다 19) 뷔니라 : 뷔다 20) 구즉기 : 우뚝이 21) 뵈아시니 : 뵈아다, 재촉하다 22) 브ᅀᅳ왜에 : 브ᅀᅳ왜다, 시들다, 풀이 죽다, 생기를 잃다 23) ᄆᆞᆺᄃᆞ록 : 마치다 24) 얼켯ᄂᆞ니라 : 얼키다, 얽히다

觀薛稷少保書畫壁
관설직소보서화벽

少保有古風得之陝郊篇(소보유고풍득지협교편)
少保ㅣ 古風이 잇ᄂᆞ니 陝郊ㅅ 글워레 어더 보리로다.
惜哉功名忤但見書畫傳(석재공명오단견서화전)

슬프다 功名을 거슬지 ᄒᆞ니 오직 글스기와 그리믜 傳ᄒᆞ야 오몰 보리로다.

我遊梓州東遺迹涪江邊(아유재주동유적부강변)

내 梓州ㅅ 東녀긔 와 노로니 기튼 자최 涪江ㅅ ᄀᆞᅀᅴ 잇도다.

畵藏青蓮界書入金牓懸(화장청연계서입금방현)

그리믄 青蓮ㅅ ᄀᆞᅀᅴ 갈맷고 긄字ᄂᆞᆫ 金牓이 둘엿ᄂᆞᆫ 듸 드렛도다.

仰看垂露姿不崩亦不騫(앙간수로자불붕역부건)

이스리 드렛ᄂᆞᆫ 양ᄌᆞ를 울워러 보니 믈어디디 아니ᄒᆞ며 ᄯᅩ 히여디디 아니ᄒᆞ얫도다.

鬱鬱三大字蛟龍岌相纏(울울삼대자교룡급상전)

鬱鬱ᄒᆞᆫ 세 큰 字애 蛟龍이 구즈기 서르 얼겟도다.

又揮西方變發地扶室椽(우휘서방변발지부실연)

ᄯᅩ 西方 變相ᄋᆞᆯ 그리니 ᄯᅡ해셔 퍼나 집 웃셔를 더위잡게 ᄒᆞ얫도다.

慘淡壁飛動到今色未塡(참담옥비동도금색미전)

슬피 ᄇᆞᄅᆞ미 놀뮈ᄂᆞᆫ ᄃᆞᆺᄒᆞ니 이제 니르리 비치 메디 아니ᄒᆞ얫도다.

此行疊壯觀郭薛俱才賢(차행첩장관곽설구재현)

이 녀매 壯觀이 重疊ᄒᆞ니 郭元振 薛稷이 다 지죄 어디도다.

不知千載後誰復來通泉(부지천재후수복래통천)

아디 몯ᄒᆞ리로다 千載ㅅ 後에 뉘 ᄯᅩ 通泉에 올고

[중간본]

少保ㅣ 古風이 잇ᄂᆞ니 陜郊ㅅ 글워레 어더 보리로다.

슬프다 功名을 거슬지 ᄒᆞ니 오직 글스기와 그리믜 傳ᄒᆞ야 오몰 보리로다.

내 梓州ㅅ 東녀긔 와 노로니 기튼 자최 涪江ㅅ 그의 잇도다.

그리믄 青蓮ㅅ 그의 갈맷고 긄字ᄂᆞᆫ 金牓이 둘엿ᄂᆞᆫ 듸 드렛도다

이스리 드렛ᄂᆞᆫ 양ᄌᆞ롤 울워러 보니 믈어디디 아니ᄒᆞ며 ᄯᅩ ᄒᆞ여디디 아니
ᄒᆞ얫도다.
鬱鬱ᄒᆞᆫ 세 큰 字애 蛟龍이 구즈기 서르 얼겟도다.
ᄯᅩ 西方 變相을 그리니 ᄯᅡ해셔 퍼나 집읏 셔롤 더위잡게 ᄒᆞ얫도다.
슬피 ᄇᆞᄅᆞ미 놀뮈ᄂᆞ ᄃᆞᆺᄒᆞ니 이제 니르리 비치 메디 아니ᄒᆞ얫도다.
이 녀매 壯觀이 重疊ᄒᆞ니 郭元振 薛稷이 다 지죄 어디도다.
아디 몯ᄒᆞ리로다 千載ㅅ 後에 뉘 ᄯᅩ 通泉에 올고

---

1) 어더 : 얻어 2) 거슬지 : 거슬즈다, 거스르다 3) 노로니 : 놀다 4) 기튼 : 기트다, 끼치다, 남기다 5) 자최
: 흔적 6) 갈맷고 : 갈맷다, 간직하여 있다 7) 드렛도다 : 들다(入) 8) 드렛ᄂᆞᆫ : 드렛다, 드리워 있다. 드리우
다 9) 믈어디디 : 믈어디다, 무너지다 10) ᄒᆞ여디디 : ᄒᆞ여디다, 해어지다, 닳아서 떨어지다 11) 구즈기 : 우뚝
이 12) 얼겟도다 : 얽히다 13) 웃셔 : 웃 + 셔(서까래樣), 윗서까래 14) 더위잡게 : 더위잡다, 붙잡다, 부축하다
15) 놀뮈ᄂᆞ : 날아 움직이다 16) 니르리 : 이르다, 도착하다 17) 메디 : 메우다, 메우지 18) 어디도다 : 어지다

奉先劉少府新畵山水障歌
봉선유소부신화산수장가

堂上不合生楓樹怪底江山起煙霧(당상불합생풍수괴저강산기연무)
堂上애 楓樹 나미 맛디 아니ᄒᆞ니 怪異타 江山애 煙霧ㅣ 니렛도다.
聞君掃却赤縣圖乘興遣畵滄州趣(문군소각적현도승흥견화창주취)
그듸의 赤縣ㅅ 圖롤 그리더라 드로니 즐거운 ᄆᆞᅀᆞ물 타셔 滄州ㅅ 景趣롤

희여 그리도다.
畫師亦無數好手不可遇(화사역무수호수불가우)
畫師ㅣ 쏘 數ㅣ 업스나 됴흔 소논 가히 맛나디 몯ᄒ리로다.
對此融心神知君重毫素(대차융심신지군중호소)
이 그리믈 對ᄒ야셔 ᄆᅀᆞ미 흐웍ᄒ니 그듸의 붇과 깁과롤 重히 너교믈 알
와라.
豈但祁岳與鄭虔筆迹遠過楊契丹(기단기악여정건필적원과양계단)
엇뎨 ᄒᆞᆫ갓 祁岳과 다뭇 鄭虔 ᄲᅮ니리오 筆迹이 楊契丹의게 머리 디나도다.
得非玄圃裂無乃瀟湘飜(득비현포열무내소상번)
시러곰 아니 玄圃山이 믜여뎌 왓ᄂᆞ니아 아니 瀟湘이 드위텻ᄂᆞ니아
悄然坐我天姥不耳邊已似聞精猿(초연좌아천모불이변이사문정원)
슬피 나롤 天姥山 아래 안치니 귓 ᄀᆞᅀᅢ ᄒ마 ᄆᆞᆯ근 나븨 소리롤 듣논 ᄃᆞᆺᄒ애라.
反思前夜風雨急乃是蒲城鬼神入(반사전야풍우급내시포성귀신입)
어젯 바믜 ᄇᆞᄅᆞᆷ과 비 ᄲᆞᆯ로믈 도르혀 ᄉᆞ랑ᄒ오니 이 蒲城에 鬼神이 드닷다.
元氣淋漓障猶濕眞宰上訴天應泣(원기임리장유습진재상소천응읍)
元氣ㅣ 즐우러ᄒ야 障子ㅣ 오히려 저젯ᄂᆞ니 眞宰ㅣ 하ᄂᆞᆯ해 올아가 할오
당당이 울리로다.
野亭春還雜花遠漁翁暝踏孤舟立(야정춘환잡화원어옹명답고주립)
미햇 亭子애 보미 도라오니 雜고지 머리 펫고 고기 잡는 한아비 나조히
외ᄅᆞ왼 비롤 볼와 셋도다.
滄浪水深靑溟闊欹岸側島秋毫末(창랑수심청명활의안측도추호말)
滄浪 므리 깁고 프른 바ᄅᆞ리 어위니 기웃ᄒᆞᆫ 두듥과 기웃ᄒᆞᆫ 셤과ᄂᆞᆫ ᄀᆞᅀᆞᆯ
터릿 귿ᄀᆞ티 젹도다.
不見湘妃鼓瑟時至今斑竹臨江活(불견상비고슬시지금반죽임강활)

湘妃의 거믄고 노던 저근 보디 몯거니와 이제 니르리 어르누근 대는 그르몰 디러 샛도다.

劉侯天機精愛畵入骨髓(유후천기정애화입골수)
劉侯ㅣ 天機ㅣ 精微ᄒᆞ니 그림 ᄉᆞ랑호미 骨髓에 드렛도다.

自有兩兒郞揮灑亦莫比(자유양아랑휘쇄역막비)
제 두 아ᄃᆞᄅᆞᆯ 뒷ᄂᆞ니 그림 그리기 ᄯᅩ 가줄비리 업도다.

大兒聰明到能添老樹巓崖裏(대아총명도능첨노수전애리)
큰 아ᄃᆞᄅᆞᆫ 聰明이 니르러 能히 늘근 남골 묏부리와 비렛 소개 더으놋다.

小兒心孔開貌得山僧及童子(소아심공개모득산승급동자)
저근 아ᄃᆞᄅᆞᆫ ᄆᆞᅀᆞᆷ 굼기 여러 묏 즁과 아히ᄅᆞᆯ 그리놋다.

若耶溪雲門寺吾獨胡爲在泥滓靑鞋布襪從此始(약야계운문사오독호위재니재청혜포말종차시)
若耶溪와 雲門ㅅ 뎌리로소니 내 ᄒᆞ올로 엇뎨 ᄒᆞᆰ 서리예 이시리오 프른 신과 뵈 보셔ᄂᆞ로 일로브터 비릇 가리라.

[중간본]

堂上애 楓樹 나미 맛디 아니ᄒᆞ니 怪異타 江山애 煙霧ㅣ 니렛도다.
그듸의 赤縣ㅅ 圖ᄅᆞᆯ 그리더라 드로니 즐거운 ᄆᆞᅀᆞᄆᆞᆯ 타셔 滄州ㅅ 景趣ᄅᆞᆯ ᄒᆞ여 그리도다.
畵師ㅣ ᄯᅩ 數ㅣ 업스나 됴ᄒᆞᆫ 소ᄂᆞᆫ 가히 맛나디 몯ᄒᆞ리로다.
이 그리믈 對ᄒᆞ야셔 ᄆᆞᅀᆞ미 흐웍ᄒᆞ니 그듸의 붇과 깁과ᄅᆞᆯ 重히 너교믈 알와라.
엇뎨 ᄒᆞᆫ갓 祁岳과 다못 鄭虔 ᄲᅮᆫ이리오 筆迹이 楊契丹의게 머리 디나도다.
시러곰 아니 玄圃山이 믜여뎌 왓ᄂᆞ니아 아니 瀟湘이 드위텻ᄂᆞ니아 슬피 나룰 天姥山 아래 안치니 귓 그의 ᄒ마 믈곤 나븨 소리롤 듣논 듯ᄒ얘라.

어젯 바미 ᄇ룸과 비 섈로몰 도르혀 ᄉ랑ᄒ니 이 蒲城에 鬼神이 드닷다.

元氣ㅣ 즐우러ᄒ야 障子ㅣ 오히려 저젯ᄂ니 眞宰ㅣ 하놀해 올아가 할오 당당이 울리로다.

미햇 亭子애 보미 도라오니 雜고지 머리 펫고 고기 잡는 한아비 나조히 외ᄅ왼 비룰 볼와 셋도다.

滄浪 므리 깁고 프른 바ᄅ리 어위니 기웃호 두듥과 기웃호 셤과는 그윘 터릿 ᄀᆮ기 젹도다.

湘妃의 거믄고 노던 저근 보디 몯거니와 이제 니르리 어르누근 대는 ᄀᄅ믈 디러 샛도다.

劉侯ㅣ 天機ㅣ 精微ᄒ니 그림 ᄉ랑호미 骨髓에 드렛도다.

제 두 아ᄃ룰 뒷ᄂ니 그림 그리기 ᄯ 가줄비리 업도다.

큰 아ᄃ룬 聰明이 니르러 能히 늘근 남글 묏부리와 비렛 소개 더노앗다.

저근 아ᄃ룬 ᄆᅀᆞᆷ 굼기 여러 묏 즁과 아히룰 그리놋다.

若耶溪와 雲門ㅅ 뎌리로소니 내 ᄒ올로 엇뎨 흙 서리예 이시리오 프른 신과 뵈 보셔ᄂ로 일로브터 비릇 가리라.

---

1) 니렛도다 : 일어나다 2) 흐웍ᄒ니 : 흡족하다 3) 다뭇 : 더불어, 함께 4) 시러곰 : 능히 5) 믜여되 : 믜여디다, 이어지다, 찢어지다 6) 드위텻ᄂ니아 : 드위티다, 뒤치다, 번드치다 7) 나븨 : 원숭이 8) 즐우러ᄒ야 : 즐우러ᄒ다, 질벅거리다, 질척거리다 9) 저젯ᄂ니 : 젖다 10) 할오 : 할다, 참소하다, 헐뜯다 11) 볼와 : 밟다 12) 어위니 : 어위다, 넓다 13) 기웃호 : 기웃ᄒ다, 기웃하다 14) 저근 : 적은(때는) 15) 어르누근 : 어르눅다, 얼룩얼룩하다, 무늬지다 16) 디러 : 임하다(臨) 17) 샛도다 : 살다(活) 18) 가줄비리 : 가줄비다, 비교하다 19) 비렛 : 벼랑 20) 굼기 : 구멍 21) 뎌리로소니 : 뎔이로소니, 뎔, 절이로소니 22) 뵈 : 베 23) 보셔ᄂ로 : 보션우로, 보션, 버션

戲題王帝畵山水圖歌
희제왕제화산구도가

十日畵一水五日畵一石能事不受相促迫王宰始肯留眞迹(십일화이수오일화일석능사불수상촉박왕재시긍유진적)
열흐레 흔 믈 그리고 닷쇄예 흔 돌 그리니 能흔 이른 서르 뵈아물 트디 아니ᄒᆞᄂᆞ니 王宰ㅣ 비르서 眞實ㅅ 자최를 머믈오도다.
壯哉崑崙方壺圖掛君高堂之素壁(장재곤륜방호도괘군고당지소벽)
壯ᄒᆞ다 崑崙山과 方壺山ㅅ 圖를 그딋 노푼 집 힌 ᄇᆞᄅᆞ매 거렛도다.
巴陵洞庭日本東赤岸水與銀河通中有雲氣隨飛龍(파릉동정일본동적안수여은하통중유운기수비룡)
巴陵洞庭 日本ㅅ 東과 赤岸ㅅ 므리 銀河로 다못 通ᄒᆞ니 그 가온ᄃᆡ 구룸 氣運이 ᄂᆞ는 龍을 조초 잇도다.
舟人漁子入浦漵山木盡亞洪濤風(주인어자입포서산목진아홍도풍)
ᄇᆡ 튼 사름과 고기 잡는 사ᄅᆞ미 갯 ᄀᆞᅀᆞ로 드러가ᄂᆞ니 묏 남ᄀᆞᆫ 큰 믌결 ᄇᆞᄅᆞ매 다 기우렛도다.
尤工遠勢古莫比咫尺應須論萬里(우공원세고막비지척응수론만리)
더욱 먼 양ᄌᆞ를 바지로이 ᄒᆞ야 녯 사ᄅᆞᆷ도 가줄비디 몯ᄒᆞ리로소니 咫尺만 흔 ᄯᅡ해 당당이 萬里옛 이를 議論ᄒᆞ리로다.
焉得幷州快剪刀翦取吳松半江水(언득병주쾌전도전취오송반강수)
엇뎨 幷州ㅅ 快히 버히는 갈흘 어더 吳松ㅅ 半江ㅅ 므를 버혀 아ᅀᆞ려뇨.

[중간본]

열흐레 흔 믈 그리고 닷쇄예 흔 돌 그리니 能흔 이룬 서르 뵈아몰 투디 아니ᄒᆞᄂᆞ니 王宰이 비르서 眞實ㅅ 자최롤 머믈오도다.
壯ᄒᆞ다 崑崙山과 方壹山ㅅ 圖롤 그딋 노픈 집 힌 ᄇᆞᄅᆞ매 거렛도다.
巴陵洞庭日本ㅅ 東과 赤岸ㅅ 므리 銀河로 다못 通ᄒᆞ니 그 가온ᄃᆡ 구룸 氣運이 ᄂᆞ는 龍을 조초 잇도다.
비 튼 사ᄅᆞᆷ과 고기 잡ᄂᆞᆫ 사ᄅᆞ미 갯 ᄀᆞ오로 드러가ᄂᆞ니 묏 남고 큰 믌겷 ᄇᆞᄅᆞ매 다 기우렛도다.
더욱 먼 양ᄌᆞ롤 바디로이 ᄒᆞ야 녯 사ᄅᆞᆷ도 가ᄌᆞᆯ비디 몯ᄒᆞ리로소니 咫尺만 흔 짜해 당당이 萬里옛 이롤 議論ᄒᆞ리로다.
엇뎨 幷州ㅅ 快히 버히ᄂᆞᆫ 갈홀 어더 吳松ㅅ 半江ㅅ 므를 버혀 아ᅀᆞ려뇨.

―――――――――――

1) 뵈아몰 : 뵈아다, 재촉하다 2) 투디 : 투다 3) ᄇᆞᄅᆞ매 : ᄇᆞᄅᆞᆷ, 바람벽 4) 거렛도다 : 걸었다 5) 日本 : 해의 뿌리, 태양이 뜨는 본바탕 6) 바지로이 : 공교로이, 공교히 7) 가ᄌᆞᆯ비디 : 비교하다 8) 버히ᄂᆞᆫ : 베다 9) 아ᅀᆞ려뇨 : 앗다, 앗다, 빼앗다(取)

題李尊師松樹障子歌
제이존사송수장자가

老夫清晨梳白頭玄都道士來相訪(노부쳥신류백두현도도사래상방)
老夫ㅣ 물곤 새배 셴 머리롤 빗다니 玄都壇ㅅ 道士ㅣ 와 서르 보더라.

握髮呼兒延入戶手待新畵靑松障(악발호아연입호수대신화청송장)
머릿터리 쥐오 아히를 블러 혀 이페 드료니 소내 새 프른 솔 그륜 障子를 가져왯더라.

障子松林靜杳冥憑軒忽若無丹靑(장자송림정묘명빙헌홀약무단청)
障子앳 숤 수프리 寂靜ᄒ야 아득ᄒ니 軒檻애 비겨 거로니 忽然히 그리미 아닌 ᄃᆞᆺᄒ도다.

陰崖却承霜雪幹偃盖反走虯龍形(음애각승상설한언개반주두룡형)
어득ᄒᆞᆫ 비레ᄂᆞᆫ 도ᄅᆞ혀 서리와 누넷 읏듬 남ᄀᆞᆯ 바댓ᄂᆞ니 기웃ᄒᆞᆫ 盖예ᄂᆞᆫ 龍의 얼구리 도로 ᄃᆞᆫᄂᆞᆫ ᄃᆞᆺᄒ도다.

老夫平生好奇怪對此興與精靈聚(노부평생호기괴대차흥여정령취)
老夫ㅣ 平生애 奇怪ᄒᆞᆫ 이를 즐기다니 이를 對ᄒᆞ야셔 興이 精靈과 다못 몯ᄂᆞ다.

已知仙客意相親更覺良工心獨苦(이지선객의상친갱각량공심독고)
仙客이 ᄠᅳ디 서르 솔와 親ᄒᆞ몰 ᄒᆞ마 알오 어딘 畫工이 ᄆᆞᅀᆞ미 ᄒᆞ올로 苦ᄅᆞ윈 고ᄃᆞᆯ ᄯᅩ 알와라.

松下丈人巾屨同偶坐似是商山翁(송하장인건구동우좌사시상산옹)
솔 아랫 얼운 사ᄅᆞ미 頭巾과 신괘 ᄒᆞ가지니 마조 안재시니 이 商山앳 늘그니 ᄀᆞᆮ도다.

悵望聊歌紫芝曲時危慘澹來悲風(창망료가자지곡시위참담래비풍)
슬허 ᄇᆞ라셔 紫芝曲을 블로니 時節이 바ᄃᆞ라온 제 慘淡히 슬픈 ᄇᆞᄅᆞ미 오ᄂᆞ다.

[중간본]

老夫ㅣ 물ᄀᆞ 새배 셴 머리를 빗다니 玄都壇ㅅ 道士ㅣ 와 서르 보다라.

머릿터리 쥐오 아히를 블러 혀 이페 드료니 소내 새 프른 솔 그륜 障子를 가져왯더라.

障子앳 솘 수프리 寂靜ᄒ야 아득ᄒ니 軒檻애 비겨 거로니 忽然히 그리미 아닌 둣ᄒ도다.

어득ᄒ 비레ᄂ 도로혀 서리와 누넷 읏듬 남글 바댓ᄂ니 기웃ᄒ 盖예ᄂ 龍의 얼구리 도로 ᄃᄂᄂ 둣ᄒ도다.

老夫이 平生애 奇怪ᄒ 이ᄅᆯ 즐기다니 이ᄅᆯ 對ᄒ야셔 興이 精靈과 다뭇 몬ᄂ다.

儴客이 ᄠ디 서르 솔와 親호ᄆᆯ ᄒ마 알오 어딘 畫工이 ᄆᄋᄆ이 ᄒ올로 苦ᄅ위 고ᄃᆯ ᄯᅩ 알와라.

솔 아랫 얼운 사ᄅ미 頭巾과 신괘 ᄒ가지니 마조 안재시니 이 商山앳 늘그니 ᄀᆮ도다.

슬허 ᄇ라셔 紫芝曲을 블로니 時節이 바ᄃ라온 제 慘淡히 슬픈 ᄇᄅ미 오ᄂ다.

---

1) 혀 : 끌다(延)   2) 이페 : 잎에, 잎, 어귀, 문호   3) 비레ᄂ : 벼랑   4) 도로혀 : 돌이켜   5) 읏듬 : 으뜸, 밑동, 근본   6) 기웃ᄒ : 기웃하다, 기웃하다   7) 바댓ᄂ니 : 받다, 받들다, 받드나니   8) 얼구리 : 얼굴, 형상, 형체, 형색, 본질, 본보기, 몸뚱이, 양식, 얼굴, 용모   9) ᄃᄂᄂ : 달리는   10) 몬ᄂ다 : 모이다   11) 바ᄃ라온 : 위태로운

戱韋偃爲雙松圖歌
희위언위쌍송도가

天下幾人畵古松畢宏已老韋偃少(천하기인화고송필굉이노위언소)
天下애 몃 사르미 늘근 소를 그리느니오 畢宏은 ᄒᆞ마 늙고 韋偃이 져맷도다.
絶筆長風起纖末滿堂動色嗟神妙(절필장풍기섬말만당동색차신묘)
絶等훈 부든 긴 ᄇᆞᄅᆞ미 ᄀᆞᄂᆞᆫ 그테 니렛ᄂᆞ니 지븨 ᄀᆞᄃᆞ기 안존 사르미 ᄂᆞᆺ비츨 뮈워 神妙호ᄆᆞᆯ 嗟嘆ᄒᆞᄂᆞ다.
兩株慘裂苔蘚皮屈鐵交錯回高枝(양주참열태선피굴철교착회고지)
두 남기 슬피 잇 무든 거프리 ᄠᅥ디니 구븐 쇠 섯거 노푼 가지예 횟도랫도다.
白摧朽骨龍虎死黑入大陰雷雨垂(백최후골용호사흑입대음뢰우수)
서근 ᄲᅨ 허어ᄒᆞ야 믈어데시니 龍과 버미 주겟ᄂᆞᆫ ᄃᆞᆺᄒᆞ고 거믄 비치 큰 어득훈 ᄃᆡ 드ᄂᆞ니 雷雨ㅣ 드리옛ᄂᆞᆫ ᄃᆞᆺᄒᆞ도다.
松根胡僧憩寂寞厖眉皓首無住著(송근호승게적막방미호수무주저)
솔 미틧 되 즁이 寂寞호 ᄃᆡ셔 쉬ᄂᆞ니 눈섭 거츨오 머리 셰오 住著훈 ᄆᆞᅀᆞ미 업도다.
偏袒右肩露雙脚葉裏松子僧前落(편단우견로쌍각엽리송자승전락)
올훈 엇게를 메왓고 두 허튀를 내얏ᄂᆞ니 닙 소갯 솘방오리 즁의 알픠 드렛도다.
韋侯韋侯數相見我有一匹好東絹重之不減錦繡段(위후위후수상견아유일필호동견중지불감금수단)
韋侯 韋侯아 ᄌᆞ조 서르 보노니 내 훈 匹ㅅ 됴훈 東녁 기블 뒤쇼ᄃᆡ 앗교ᄆᆞᆯ 錦繡段애 디우 아니 너기노라.

已令拂拭光凌亂請公放筆爲直幹(이령불식광릉란청공방필위직간)
ᄒᆞ마 히여 쩔며 스저 비치 어즈러우니 請ᄒᆞᆫ 그듸 부들 노하 고ᄃᆞᆫ 읏드믈 밍글라.

[중간본]

天下애 몃 사ᄅᆞ미 늘근 소를 그리ᄂᆞ니오 畢宏은 ᄒᆞ마 늙고 韋偃이 져맷도다. 絶等ᄒᆞᆫ 부ᄃᆞᆫ 긴 ᄇᆞᄅᆞ미 ᄀᆞᄂᆞᆫ 그ᄃᆡ 니렛ᄂᆞ니 지븨 ᄀᆞᄃᆞ기 안존 사ᄅᆞ미 눗비츨 뮈워 神妙호ᄆᆞᆯ 嗟嘆ᄒᆞᄂᆞ다.
두 남기 슬피 잇 무든 거프리 ᄢᅥ디니 구븐 쇠 섯거 노ᄑᆞᆫ 가지예 횟도랫도다.
서근 ᄲᅨ 허어ᄒᆞ야 믈어뎨시니 龍과 버미 주겟ᄂᆞᆫ ᄃᆞᆺᄒᆞ고 거믄 비치 큰 어득ᄒᆞᆫ ᄃᆡ 드니 雷雨ㅣ ᄃᆞ리옛ᄂᆞᆫ ᄃᆞᆺᄒᆞ도다.
솔 미틧 되 즁이 寂寞ᄒᆞᆫ ᄃᆡ셔 쉬ᄂᆞ니 눈섭 거츨오 머리 셰오 住著ᄒᆞᆫ ᄆᆞᅀᆞ미 업도다.
올ᄒᆞᆫ 엇게를 메왓고 두 허튀를 내얏ᄂᆞ니 닙 소갯 솔방오리 즁의 알ᄑᆡ 드렛도다.
韋侯 韋侯아 ᄌᆞ조 서르 보노니 내 ᄒᆞᆫ 匹ㅅ 됴ᄒᆞᆫ 東녁 기블 뒤쇼ᄃᆡ 앗교믈 錦繡段애 디우 아니 너기노라.
ᄒᆞ마 ᄒᆞ여 쩔며 스서 비치 어즈러우니 請ᄒᆞᆫ 그듸 부들 노하 고ᄃᆞᆫ 읏드믈 밍글라.

---

1) 져맷도다: 젊다 2) 니렛ᄂᆞ니: 일어나다 3) 잇: 이끼 4) 거프리: 거플, 껍질, 꺼풀 5) ᄢᅥ디니: ᄣᅥ디다, 터지다 6) 횟도랫도다: 횟돌애도다, 휘돌리었도다 7) 섯거: 섯다, 섞다 8) 서근: 석다, 썩다 9) ᄲᅨ: 뼈 10) 허어ᄒᆞ야: 허여ᄒᆞ다, 허옇다 11) 믈어뎨시니: 믈어디다, 무너지다(摧) 12) 올ᄒᆞᆫ: 오른쪽 13) 엇게: 어깨 14) 허튀: 다리, 종아리 15) 닙: 잎 16) 솘방오리: 솔방울 17) 드렛도다: 떨어지다 18) 뒤쇼ᄃᆡ: 두어 있으되, 두었으되 19) 앗교믈: 앗기다, 아끼다, 앗곰을, 아낌을 20) 디우: 못하게 21) 쩔며: 쩔다, 떨다(拂) 22) 스저: 슺다, 씻다, 닦다, 홈치다(拭) 23) 읏드믈: 읏듬, 읏듬, 근본, 으뜸, 밑동

通泉縣署屋壁後薛少保畫鶴
통천현서옥벽후설소보화학

薛公十一鶴皆寫靑田眞(설공십일학개사청전진)
薛公의 열흔 鶴이여 다 靑田엣 眞樣을 그롓도다.
畵色久欲盡蒼然猶出塵(화색구욕진창연유출진)
그린 비치 오라 업슬 둣호디 식식ᄒ야 오히려 드틀 밧긔 냇도다.
低昻各有意磊落如長人(저앙각유의뢰락여장인)
구브며 울워러 제여곰 ᄠ디 잇ᄂ니 굴거 큰 사ᄅᆷ ᄀᆮ도다.
佳此志氣遠豈唯粉墨新(가차지기원기유분묵신)
이 ᄠᅳᆮ과 氣運의 머로ᄆᆯ 아ᄅᆷ다이 너기노니 엇뎨 ᄒᆞᆫ갓 粉과 먹 비치 새ᄅ외욀 ᄲᅮ니리오.
萬里不以力群遊森會神(만리불이력군유삼회신)
萬里ᄅᆞᆯ 힘ᄡᅥ 가디 아니ᄒ리로소니 모다 노라 森然히 精神이 모댓도다.
威遲白鳳態非是倉庚隣(위지백봉태비시창경린)
날호ᄌᆞ느ᄀᆞᆫ 힌 鳳이 양지오 이 알이 새의 이우즌 아니로다.
高堂未傾覆幸得慰佳賓(고당미경복행득위가빈)
노폰 지비 기우러 업더디디 아니ᄒ니 幸혀 시러곰 아ᄅᆷ다온 소놀 慰勞ᄒ놋다.
暴露墻壁外終嗟風雨頻(폭로장벽외종차풍우빈)
담과 ᄇᆞᄅᆞᆷ 밧긔 나다냇ᄂ니 ᄆᆞᄎᆞ매 ᄇᆞᄅᆞᆷ 비 ᄌᆞ조ᄆᆞᆯ 슬노라.
赤霄有眞骨恥飮汙池津(적소유진골치음오지진)
블근 하ᄂᆞᆯ해 眞實ㅅ 氣骨이 잇ᄂ니 더러운 못믈 머구믈 붓그리ᄂ니라.

冥冥任所往脫略誰能馴(명명임소왕탈략수능순)

아ᅀᆞ라흔 디셔 갈 바롤 ᄆᆞᅀᆞᆷ 조초ᄒᆞᄂᆞ니 버서나 ᄃᆞ니거니 뉘 能히 질드리려뇨.

[중간본]

薛公의 열흔 鶴이여 다 靑田엣 眞樣ᄋᆞᆯ 그렛도다.
그닚 비티 오라 업슬 듯호디 싁싁ᄒᆞ야 오히려 드틀 밧긔 냇도다.
구브며 울워러 제여곰 ᄠᅳ디 잇ᄂᆞ니 굴거 큰 사ᄅᆞᆷ ᄀᆞᆮ도다.
이 ᄠᅳᆮ과 氣運의 머로몰 아ᄅᆞᆷ다이 너기노니 엇뎨 ᄒᆞᆫ갓 粉과 먹 비티 새로욀 ᄲᅮ니리오.
萬里ᄅᆞᆯ 힘뼈 가디 아니ᄒᆞ리로소니 모다 노라 森然히 精神이 모댓도다.
날혹ᄌᆞ늑흔 힌 鳳이 양ᄌᆡ오 이 알이 새의 이우즌 아니로다.
노푼 지비 기우러 업더디디 아니ᄒᆞ니 힘혀 시러곰 아ᄅᆞᆷ다온 소ᄂᆞᆯ 慰勞ᄒᆞ놋다.
담과 ᄇᆞ롬 밧긔 나다 냇ᄂᆞ니 ᄆᆞ초매 ᄇᆞ롬 비 ᄌᆞ조믈 슬노라.
블근 하ᄂᆞᆯ해 眞實ㅅ 氣骨이 잇ᄂᆞ니 더러운 못믈 머구믈 붓그리ᄂᆞ니라.
아ᅀᆞ라흔 디셔 갈 바롤 ᄆᆞᅀᆞᆷ 조초ᄒᆞᄂᆞ니 버서나 ᄃᆞ니거니 뉘 能히 질드리리오.

---

1) 오라 : 오래 2) 싁싁ᄒᆞ야 : 싁싁ᄒᆞ다, 엄하다, 엄숙하다, 장엄하다 3) 드틀 : 티끌, 먼지 4) 밧긔 : 밖의 5) 구브며 : 굽히다 6) 울워러 : 우르르다, 우러러 7) 굴거 : 굵다 8) 아ᄅᆞᆷ다이 : 아ᄅᆞᆷ다이, 아름답게 9) 모다 : 모두 10) 날혹ᄌᆞ늑흔 : 날혹ᄌᆞ늑ᄒᆞ다, 찬찬하고 조용하다, 더디고 조용하다 11) 알이 새 : 꾀꼬리 12) 업더디디 : 엎어지지 13) ᄇᆞ롬 : 바람벽, 벽 14) 나다냇ᄂᆞ니 : 나다냇다, 나타나 있다, 나타났다 15) 못믈 : 연못물 16) 아ᅀᆞ라흔 : 아득한 17) 질드리려뇨 : 질드리다, 길드리다

姜楚公畫角鷹歌
강초공화각응가

楚公畫鷹鷹戴角殺氣森森到幽朔 (초공화응응대각살기삼삼도유삭)
楚公의 그륜 매여 매 쓰를 옛도소니 殺物ᄒᆞᄂᆞᆫ 氣運이 森然히 幽朔애 가
놋다.
觀者貪愁掣臂飛畵師不是無心學(관자탐수체비비화사불시무심학)
볼 사ᄅᆞ미 불홀 그리티고 ᄂᆞ라가몰 貪히 시름ᄒᆞᄂᆞ니 畵師ㅣ 이 ᄆᆞᅀᆞᆷ 업시
비호디 아니ᄒᆞ도다.
此鷹寫眞在左綿却嗟眞骨遂虛傳(차응사진재좌면각차진골수허전)
이 매의 그륜 眞樣이 左綿ㅅ ᄀᆞ올히 잇ᄂᆞ니 도ᄅᆞ혀 眞實ㅅ 氣骨이 虛히
傳ᄒᆞ야 오ᄂᆞ 이롤 슬노라.
梁閒燕雀休驚怕亦未搏空上九天(양간연작휴경파역미단공상구천)
봇 ᄉᆞ싀옛 져비ᄂᆞᆫ 놀라 저티 말라 ᄯᅩ 虛空애 ᄂᆞ라 九天에 오ᄅᆞ디 몯ᄒᆞ리라,

[중간본]

楚公의 그륜 매여 매 쓰를 옛도소니 殺物ᄒᆞᄂᆞᆫ 氣運이 森然히 幽朔애 가
놋다.
볼 사ᄅᆞ미 불홀 그리티고 ᄂᆞ라가몰 貪히 시름ᄒᆞᄂᆞ니 畵師ㅣ 이 ᄆᆞᅀᆞᆷ 업시
비호디 아니ᄒᆞ도다.
이 매의 그륜 眞樣이 左綿ㅅ ᄀᆞ올히 잇ᄂᆞ니 도ᄅᆞ혀 眞實ㅅ 氣骨이 虛히
傳ᄒᆞ야 오ᄂᆞ 이롤 슬노라.
봇 소이옛 져비ᄂᆞᆫ 놀라 저티 말라 ᄯᅩ 虛空애 ᄂᆞ라 九天에 오ᄅᆞ디 몯ᄒᆞ리라,

1) 쁘를 : 뿔을 2) 옛도소니 : 옛+도소니, 여기+-더니 3) 불홀 : 팔을 4) 그리티고 : 그리티다, 후리다, 공략하다, 후리치다 5) 붓 : 보, 대들보 6) 저티 : 두려워하다

楊監又出畵鷹十二扇
양감우출화응십이선

近時馮紹正能畵鷲鳥樣(근시풍소정능화지조양)
近時예 馮紹正이 鷲鳥의 양주를 能히 그리더니라.
明公出此圖無乃傳其狀(명공출차도무내전기상)
明公이 이 圖를 내니 아니 그 얼구를 傳혼 것가
殊姿各獨立淸絶心有向(수자각독립청절심유향)
殊異혼 양지 제여곰 호오사 셧누니 물고미 구장 혼 모수미 向혼 디 잇도다.
疾禁千里馬氣敵萬人將(질금천리마기적만인장)
샐로문 千里예 갈 물와 곧호리오 氣運은 萬人엣 將師와 굴오라.
憶昔驪山宮冬移舍元仗(억석려산궁동이사원장)
사랑호니 녜 驪山宮에 겨스레 舍元殿엣 儀仗을 옮겨 가더시니라.
天寒大羽獵此物神俱王(천한대우렵차물신구왕)
하놀히 추거든 키 羽獵호실 제 이 거시 精神이 다 王盛호더니라.
當時無凡材百中皆用壯(당시무범재백중개용장)
그 삐 凡常앳 材質이 업서 온번 마칠 지조롤 다 壯혼 거슬 쓰더시니라.
粉墨形似閒識者一惆悵(분묵형사간식자일추창)

粉墨으로 그륜 얼구리 곧흔 ᄉᆡ예 알 사ᄅᆞ미 흔 디위 슬노라.
干戈少暇日眞骨老崖嶂(간과소가일진골노안장)
사모매 閑暇흔 나리 져그니 眞實ㅅ 氣骨이 뫼헤셔 늙놋다.
爲君除狡兔會是翻鞲上(위군제교토회시번구상)
님금 爲ᄒᆞ수와 간곡흔 톳길 잡곡 모로매 이 버러 우희셔 드위이즈리라.

[중간본]

近時예 馮紹正이 鷲鳥의 양조ᄅᆞᆯ 能히 그리더니라.
明公이 이 圖ᄅᆞᆯ 내니 아니 그 얼구를 옮곤 것가
殊異흔 양ᄌᆡ 제여곰 ᄒᆞ오아 셧ᄂᆞ니 물고미 ᄀᆞ장 흔 ᄆᆞᅀᆞᆷ 向흔 디 잇도다.
ᄲᆞ로믄 千里예 갈 ᄆᆞ롤 곧ᄒᆞ리오 氣運은 萬人엣 將師와 골오리로다.
ᄉᆞ랑ᄒᆞ니 녜 驪山宮에 겨으레 舍元殿엣 儀仗을 옮겨 가더시니라.
하늘히 츠거든 키 羽獵ᄒᆞ실 제 이 거시 精神이 다 王盛ᄒᆞ더니라.
그 ᄢᅴ 凡常앳 材質이 업서 온번 마칠 지조ᄅᆞᆯ 다 壯흔 거슬 쓰더시니라.
粉墨으로 그륜 얼구리 곧흔 ᄉᆞ이예 알 사ᄅᆞ미 흔 디위 슬노라.
사모매 閑暇흔 나리 져그니 眞實ㅅ 氣骨이 뫼헤셔 늘놋다.
님금 爲ᄒᆞ오와 간교흔 톳길 잡고 모로매 이 버러 우희셔 드위이즈리라.

1) 물고미 : 맑음 2) ᄲᆞ로믄 : 빠름 3) 겨스레 : 겨슬, 겨울 4) 키 : 큰 5) 온번 : 백번 6) 쓰더시니다 : 쓰다, 쓰다 7) 곧흔 : 곧하다, 같다 8) 爲ᄒᆞ수와 : 爲+ᄒᆞ수와, -ᄒᆞ야고 9) 간곡흔 : 간곡하다, 간곡하다(간사하다) 10) 톳길 : 토끼 11) 버러 : 버렁, 가죽토시 12) 드위이즈리다 : 드위잇다, 번드치다 13) 모로매 : 모름지기, 반드시

畵鶻行
화골행

高堂見生鶻颯爽動秋骨(고당견생골삽상동추골)

노푼 堂애 산 매를 보니 颯爽ᄒ야 ᄀᆞᇫ 氣骨이 뮈엿도라.

初驚無拘攣何得立突兀(초경무구련하득립돌올)

얽미욘 거시 업소ᄃᆡ 엇뎨 시러곰 구즈기 셧는고 처엄 놀라다니.

乃知畫師妙巧刮造化窟寫此神俊姿充君眼中物(내지화사묘교괄조화굴사차신준자충군안중물)

畫師ㅣ 精妙ᄒ야 造化의 굼글 工巧히 우의여 이 神俊ᄒᆞᆫ 양ᄌᆞ를 그려 그 딋 누네 볼 거세 치온 둘 알와라.

烏鵲滿樛枝軒然恐其出(오작만규지헌연공기출)

가마괴와 가치왜 구븐 가지예 ᄀᆞᄃᆞ기 안자셔 모몰 숫그려셔 ᄂᆞ라 날가 전놋다.

側腦看靑霄寧爲衆禽沒(측뇌간청소녕위중금몰)

頭腦를 기우려 프른 하ᄂᆞᆯ흘 보ᄂᆞ니 엇뎨 뭀새를 爲ᄒ야 드리ᄃᆞ르리오.

長翮如刀劍人寰可超越(장핵여도검인환가초월)

긴 ᄂᆞᆯ개 갈 ᄀᆞᆮᄒ니 人寰을 可히 건나 가리로다.

乾坤空崢嶸粉墨且蕭瑟(건곤공쟁영분묵차소슬)

乾坤이 속졀업시 노ᄑᆞ니 粉墨이 ᄯᅩ 서의ᄒᆞ리로다.

緬思雲沙際自有烟霧質吾今意何傷顧步獨紆鬱(면사운사제자유연무질오금의하상고보독우울)

구룸과 몰앳 ᄀᆞᅀᆞᆯ 아ᅀᆞ라히 ᄉᆞ랑ᄒ오니 스싀로 煙霧 낀 毛質이 잇ᄂᆞ니 내 이제 ᄠᅳ들 엇뎨 슬히 도라보고 건너셔 ᄒᆞ올로 답답ᄒᆞ야카뇨.

[중간본]

노푼 堂애 산 매ᄅᆞᆯ 보니 颯爽ᄒᆞ야 ᄀᆞᆯ 氣骨이 뮈엿도라.

얽미욘 거시 업소ᄃᆡ 엇뎨 시러곰 구즈기 솃ᄂᆞᆫ고 처엄 놀라다니.

畫師ㅣ 精妙ᄒᆞ야 造化의 굼글 工巧히 우의여 이 神俊ᄒᆞᆫ 양ᄌᆞᄅᆞᆯ 그려 그 딋 누네 볼 거세 치온 둘 알와라.

가마기와 간치왜 구븐 가지예 ᄀᆞᄃᆞ기 안자셔 모ᄆᆞᆯ 숫그려셔 ᄂᆞ라 날가 젼놋다.

頭腦ᄅᆞᆯ 기우려 프른 하ᄂᆞᆯᄒᆞᆯ 보니 엇뎨 묹새ᄅᆞᆯ 爲ᄒᆞ야 드리ᄃᆞ리오.

긴 놀개 갈 ᄀᆞᄐᆞ니 人寰을 可히 건나 가리로다.

乾坤이 쇽졀업시 노푸니 粉墨이 쪼 서의ᄒᆞ리로다.

구룸과 몰앳 ᄀᆞᆯ 아ᅀᆞ라히 ᄉᆞ랑호니 스싀로 煙霧 낀 毛質이 잇ᄂᆞ니 내 이제 ᄠᅳ들 엇뎨 슬허 도라보고 건너셔 ᄒᆞ올로 답답ᄒᆞ야카뇨.

---

1) 뮈엿도라 : 움직이다 2) 얽미욘 : 얽미이다, 얽매이다 3) 솃ᄂᆞᆫ고 : 서다 4) 구즈기 : 우뚝이 5) 굼글 : 구멍을 6) 우의여 : 우의다, 우비다(구멍이나 틈 따위의 속을 긁어내거나 도려내다) 7) 치온둘 : 치오다, 채우다(充) 8) 숫그려셔 : 숫그리다, 두려워하다, 곤두세우다 9) 젼놋다 : 두렵다 10) 드리ᄃᆞ리오 : 드리돋다, 들이닫다, 달려들다 11) 서의ᄒᆞ리로다 : 서의ᄒᆞ다, 쓸쓸하다 12) ᄀᆞᆯ : ᄀᆞᆯ, 가 13) 아ᅀᆞ라히 : 아득히 14) 낀 : 낀

韋諷錄事宅觀曹將軍畫馬圖引
위풍록사댁관조장군화마도인

國初已來畫鞍馬神妙獨數江都王(국초이래화안마신묘독수강도왕)
나랏 처어므로셔 오매 鞍馬 그리기를 神妙호믈 호올로 江都王을 혜느니라.
將軍得名三十載人間又見眞乘黃(장군득명삼십재인간우견진승황)
將軍의 일훔 어던디 셜흔 히니 人間애 또 眞實ㅅ 乘黃을 보리로다.
曾貌先帝照夜白龍池十日飛霹靂(증모선제조야백룡지십일비벽력)
先帝ㅅ 照夜白을 일즉 그리니 龍 잇는 모새 열흐를 霹靂이 느랫더라.
內府殿紅碼盤婕妤傳詔才人索盤賜將軍拜舞歸輕紈細綺相追飛(내부전홍마노반첩여전조재인색반사장군배무귀경환세기상추비)
內府엣 검블근 碼 盤을 婕妤ㅣ 詔命을 傳호야놀 才人이 어더 盤을 將軍을 주어시놀 절호숩고 춤 처 가니 가비야온 깁과 ᄀᆞ는 기비 서르 조차 느랫더라.
貴戚權門得筆迹始覺屛障生光輝(귀척권문득필적시각병장생광휘)
貴戚과 權門괘 筆迹을 어데ᅀᅡ 屛風 障子애 비치 나몰 비르수 아느니라.
昔日太宗拳毛騧近時郭家師子花今之新圖有二馬復令識子久嘆嗟(석일태종권모과근시곽가사자화금지신도유이마복령식자구탄차)
昔日에 太宗ㅅ 토더신 拳毛騧와 近時예 郭子儀 지븻 師子花ㅣ 이젯 새 圖애 두 무리 잇느니 또 아던 사르ᄆᆞ로 히여 오래 슬케 호느다.
此皆騎戰一敵萬縞素漠漠開風沙(차개기전일적만호소막막개풍사)
이 다 타 사호매 호나히 萬馬를 對敵호더니 힌 기베 漠漠히 부루맷 몰애 이렛는 ᄃᆞ시 그렛도다.

285

其餘七匹亦殊絶逈若寒空動烟雪(기여칠필역수절형약한공동연설)

그 나몬 닐굽 匹이 ᄯᅩ 달오미 ᄀᆞ장ᄒᆞ니 아ᅀᆞ라히 치운 虛空애 너와 눈괘 뮈는 ᄃᆞᆺᄒᆞ도다

霜蹄蹴踏長楸間馬官廝養森成列(상제축답장추간마관시양삼성열)

서리 ᄇᆞᆯ 바리 긴 ᄀᆞ래나못 서리예셔 ᄇᆞᆲᄂᆞ니 ᄆᆞᆯ ᄀᆞᅀᅳᆷ아ᄂᆞ니와 치ᄂᆞ니왜 森然히 行列이 이렛도다.

可憐九馬爭神俊顧視淸高氣深穩(가련구마쟁신준고시청고기심온)

可히 ᄃᆞᆺ온 아홉 ᄆᆞ리 ᄃᆞ토아 神俊ᄒᆞ니 도라보미 ᄆᆞᆯᄀᆞ며 높고 氣運이 기피 安穩ᄒᆞ도다.

借問苦心愛者誰後有韋諷前支遁(차문고심애자수후유위풍전지둔)

문노라 ᄆᆞᅀᆞ미 심히 ᄉᆞ랑ᄒᆞᄂᆞ닌 누고 後엔 韋諷이 잇고 알핀 支遁이로다.

憶昔巡幸新豊宮翠華拂天來向東(억석순행신풍궁취화불천래향동)

ᄉᆞ랑ᄒᆞ니 녜 新豊宮의 巡幸ᄒᆞ실제 翠華ㅣ 하ᄂᆞᆯ해 다텨 東녀그로셔 向ᄒᆞ야 오더니라.

騰驤磊落三萬匹皆與此圖筋骨同(등양뢰락삼만필개여차도근골동)

ᄂᆞ솟는 높고 큰 三萬匹이 다 이 圖앳 筋骨와로 ᄀᆞᆮ더라.

自從獻寶朝河宗無復射蛟江水中(자종헌보조하종무복사교강수중)

珍寶ᄅᆞᆯ 進獻ᄒᆞ야 河宗이 朝會ᄒᆞ모로브터 다시 江水ㅅ 가온ᄃᆡ 龍ᄋᆞᆯ 소디 몯ᄒᆞ시니라.

君不見金粟堆前松栢裏龍媒去盡鳥呼風(군불견금속퇴전송백리용모거진조호풍)

그듸는 보디 아니ᄒᆞᄂᆞᆫ다 金粟堆ㅅ 앒 松栢 소개 ᄆᆞᄅᆞᆫ 다 나니거늘 새옷 ᄇᆞᄅᆞ매셔 우놋다.

[중간본]

나랏 처어므로셔 오매 鞍馬 그리리를 神妙호몰 ᄒᆞ올로 江都王을 혜ᄂᆞ니라.
將軍의 일홈 어던 디 셜흔 ᄒᆡ니 人間애 ᄯᅩ 眞實ㅅ 乘黃을 보리로다.
先帝ㅅ 照夜白을 일즉 그리니 龍 잇ᄂᆞ 모새 열흘를 霹靂이 ᄂᆞ랫더라.
內府엣 검블근 碼 盤을 婕妤ㅣ 詔命을 傳ᄒᆞ야ᄂᆞᆯ 才人이 어더 盤을 將軍을 주어시ᄂᆞᆯ 절ᄒᆞᆸ고 춤 처 가니 가비야온 깁과 ᄀᆞᄂᆞ 기비 서르 조차 ᄂᆞ랫더라.
貴戚과 權門괘 筆迹을 어데아 屛風 障子애 비티 나몰 비르수 아ᄂᆞ니라.
昔日에 太宗ㅅ 투더신 拳毛騧와 近時예 郭子儀 지뷧 師子花ㅣ 이젯 새 圖애 두 므리 잇ᄂᆞ니 ᄯᅩ 아던 사ᄅᆞ므로 ᄒᆞ여 오래 슬케 ᄒᆞᄂᆞ다.
이 다 타 사호매 ᄒᆞ나히 萬馬를 對敵ᄒᆞ더니 ᄒᆡᆫ 기베 漠漠히 부ᄅᆞ맷 몰애 이렛ᄂᆞᆫ ᄃᆞ시 그렛도다.
그 나몬 닐굽 匹이 ᄯᅩ 달오미 ᄀᆞ장ᄒᆞ니 아ᄋᆞ라히 치운 虛空애 니와 눈괘 뮈ᄂᆞ 듯ᄒᆞ도다
서리 ᄇᆞᆯ올 바리 긴 그래나못 서리예셔 ᄇᆞᆲᄂᆞ니 물 그ᅀᅳ아ᄂᆞ니와 치ᄂᆞ니왜 森然히 行列이 이렛도다.
可히 둣온 아홉 므리 ᄃᆞ토와 神俊ᄒᆞ니 도라보미 믈ᄀᆞ며 놉고 氣運이 기피 安穩ᄒᆞ도다.
뭇노라 ᄆᆞᄋᆞ미 심히 ᄉᆞ랑ᄒᆞᄂᆞᆫ 누고 後엔 韋諷이 잇고 알ᄑᆡᆫ 支遁이로다.
ᄉᆞ랑ᄒᆞ니 녜 新豊宮의 巡幸ᄒᆞ실 제 翠華ㅣ 하ᄂᆞᆯ해 다텨 東녀크로셔 向ᄒᆞ야 오더니라.
ᄂᆞ솟ᄂᆞ 놉고 큰 三萬匹이 다 이 圖엣 筋骨와로 ᄀᆞᆮ더라.
珍寶를 進獻ᄒᆞ야 河宗이 朝會호ᄆᆞ로브터 다시 江水ㅅ 가온ᄃᆡ 龍을 소디 몯ᄒᆞ시니라.

그듸논 보디 아니ᄒᆞᄂᆞ다 金粟堆ㅅ 앏 松栢 소개 모ᄅᆞᆫ 다 나니거놀 새옷 브ᄅᆞ매셔 우놋다.

---

1) 어던디 : 얻다, 얻은지 2) 어데샤 : 어데 + 샤, 얻어 + -야 3) ᄒᆞ나히 : 하나 4) 달오미 : 달옴, 다름(殊絶, 다른 것보다 유난히 뛰어나다) 5) 볼온 : 볼오다, 밟다 6) ᄀᆞ숨아ᄂᆞ니와 : ᄀᆞ숨알다, 가말다, 맡은 일을 처리하다 7) 치ᄂᆞ니왜 : 치다, 기르다 8) 다텨 : 달려 9) 앏 : 앞 10) 나니거놀 : 나니다, 나다니다 11) 새옷 : -옷, -곧, -만 12) 돗온 : 돗오다, 사랑하다. 가련하다

天育驃騎歌
천육표기가

天育은 廐名이라

吾聞天子之馬走千里今之畵圖無乃是(오문천자지마주천리금지화도무내시)

天子ㅅ ᄆᆞ리 千里ᄅᆞᆯ ᄃᆞᄂᆞ니라 내 듣다니 이젯 그리미 아니이가.

是何意態雄且傑駿尾蕭梢朔風起(시하의태웅차걸준미소초삭풍기)

이 엇뎨 ᄠᅳᆮ과 양지 雄코 傑ᄒᆞ뇨 駿馬의 ᄭᅩ리 폣고 北녁 ᄇᆞᄅᆞ미 니렛도다.

毛爲綠縹兩耳黃眼有紫焰雙瞳方(모위록표양이황안유자염쌍동방)

터리논 프러누르코 두 귀논 누르니 누넨 블근 븘고지 잇고 두 눖ᄌᆞᅀᆞ논 너모 나도다.

矯矯龍性合變化卓立天骨森開張(교교용성합변화탁립천골삼개장)

矯矯한 龍의 性이 모다 變化ᄒᆞ야 나니 구즈기 셔니 하ᄂᆞᆯ 氣骨이 森然히 폣도다.

伊昔太僕張景順考牧攻駒閱淸峻遂今大奴字天育別養驥子憐神俊(이석태복장경순고목공구열청준수금대노자천육별양기자련신준)

녜 太僕 張景順이 물 머기는 디 點考ᄒᆞ야 삿기 ᄆᆞᄅᆞᆯ 질드려 淸峻호ᄆᆞᆯ 보아 大奴로 ᄒᆡ여 天育廐에 쳐셔 驥子ᄅᆞᆯ 各別히 養飼ᄒᆞ야 神俊호ᄆᆞᆯ 憐愛ᄒᆞ니라.

當時四十萬匹馬張公嘆其才盡下(당시사십만필마장공탄기재진하)

그 ᄢᅢᆺ 四十萬匹ㅅ ᄆᆞ를 張公이 그 지조를 다이믈 아래라 嘆息ᄒᆞ니라.

故獨寫眞傳世人見之座右久更新(고독사진전세인견지좌우구갱신)

이럴시 ᄒᆞ올로 眞樣을 그려 世人의게 傳ᄒᆞ니 안잿는 올ᄒᆞᆫ녀긔 보니 오라디 가시야 새롭도다.

年多物化空形影嗚健步無由騁(연다불화공형영오건보무유빙)

히 하고 物이 變化ᄒᆞ야 ᄒᆞᆫ갓 얼굴와 그리메 ᄯᅮᆫ이로소니 슬프다 健壯ᄒᆞᆫ 거르믈 둘을 주리 업도다.

如今豈無騕褭與驊騮時無王良伯樂死卽休(여금기무요뇨여화유시무왕량백락사즉휴)

이젠 돌 騕褭와 다ᄆᆞᆺ 驊騮ㅣ 엇뎨 업스리오마른 時예 王良 伯樂이 업슬시 주거 곧 마ᄂᆞ니라.

[중간본]

天子ㅅ ᄆᆞ리 千里ᄅᆞᆯ ᄃᆞᆫᄂᆞ니라 내 듣다니 이젯 그리미 아니이가.
이 엇뎨 ᄯᅩᆫ과 양지 雄코 傑ᄒᆞ뇨 駿馬의 ᄭᅩ리 폇고 北녁 ᄇᆞᄅᆞ미 니렛도다.
터리는 프러누르코 두 귀는 누르니 누넨 블근 붉고지 잇고 두 눖조ᄋᆞ는

289

너모 나도다.

矯矯한 龍의 性이 모다 變化ᄒ야 나니 구즈기 셔니 하ᄂᆞᆲ 氣骨이 森然히 펫도다.

녜 太僕 張景順이 ᄆᆞᆯ 머기ᄂᆞᆫ 디 點考ᄒ야 삿기 ᄆᆞᄅᆞᆯ 질드려 淸峻호ᄆᆞᆯ 보아 大奴로 ᄒ여 天育廐에 쳐셔 驥子ᄅᆞᆯ 各別히 養飼ᄒ야 神俊호ᄆᆞᆯ 憐愛ᄒ니라.

그 ᄢᅴᆺ 四十萬匹ㅅ ᄆᆞᄅᆞᆯ 張公이 그 지조ᄅᆞᆯ 다이몰 아래라 嘆息ᄒ니라.

이럴시 ᄒᆞ올로 眞樣ᄋᆞᆯ 그려 世人의게 傳ᄒ니 안잿ᄂᆞᆫ 올ᄒᆞ녀긔 보니 오라 디 가시야 새롭도다.

히 하고 物이 變化히ᄒ야 ᄒᆞᆫ갓 얼굴와 그리메 ᄡᆞ니로소니 슬프다 健壯ᄒᆞᆫ 거르믈 돌욜 주리 업도다.

이젠들 騕褭와 다못 騏驎ㅣ 엇뎨 업스리오마ᄅᆞᆫ 時예 王良伯樂이 업슬시 주거 곧 마ᄂᆞ니라.

―――――――――
1) 눈ᄌᆞᅀᆞ : 눈자위 2) 구즈기 : 우뚝이 3) 올ᄒᆞ녀긔 : 오른쪽 4) 가시야 : 다시 5) 그리메 : 그림자 6) 거르믈 : 걸음 7) 돌욜 : 달리다 8) 주리 : 줄이 9) 너모 : 네모 10) 가시야 : 다시 11) 마ᄂᆞ니라 : 마누다, 만다, 마는구나

題壁上韋偃畫馬歌
제벽상위언화마가

韋侯別我有所適知我憐君畵無敵戱拈禿筆掃驊騮欻見騏驎出東壁(위후

별아유소적지아련군화무적희념독필소화유훌견기린출동벽)

韋侯ㅣ 나를 여희오 가논 배 잇느니 그딋 그리믜 글오리 업순 고둘 내 憐愛ᄒᆞᆫ 둘 아라 무딘 부들 노릇도이 자바 驊騮를 그리니 騏驎이 東녁 ᄇᆞᄅᆞ매 나슈믈 믄득 보라.

一匹齕草一匹嘶坐見千里當霜蹄(일필흘초일필시좌견천리당상제)

ᄒᆞᆫ 匹은 프를 너흘오 ᄒᆞᆫ 匹은 우ᄂᆞ니 千里ㅅ 짜히 물 바래 當홀 고둘 안자셔 보리로다.

時危安得眞致此與人同生亦同死(시위안득진치차여인동생역동사)

時節이 危亂혼 제 엇디 시러곰 眞實로 이런 ᄆᆞᆯ 닐위려뇨 사ᄅᆞᆷ과로 ᄒᆞᆫᄢᅴ 살며 ᄯᅩ ᄒᆞᆫᄢᅴ 주그리라.

[중간본]

韋侯ㅣ 나를 여희오 가논 배 잇느니 그딋 그리믜 글오리 업순 고둘 내 憐愛ᄒᆞᆫ 둘 아라 무딘 부들 노릇도이 자바 驊騮를 그리니 騏驎이 東녁 ᄇᆞᄅᆞ매 나슈믈 믄득 보라.

ᄒᆞᆫ 匹은 프를 너흘오 ᄒᆞᆫ 匹은 우ᄂᆞ니 千里ㅅ 짜히 물 바래 當홀 고둘 안자셔 보리로다.

時節이 危亂혼 제 엇디 시러곰 眞實로 이런 ᄆᆞᆯ 닐위려뇨 사ᄅᆞᆷ과로 ᄒᆞᆫᄢᅴ 살며 ᄯᅩ ᄒᆞᆫᄢᅴ 주그리라.

---

1) 배 : 바가 2) 글오리 : 글울이, 가룰 사람, 대적할 사람 3) 노릇도이 : 장난스레 4) ᄇᆞᄅᆞ매 : ᄇᆞᄅᆞᆷ, 바람벽 5) 너흘오 : 너흘다, 널다, 물다, 씹다 6) 닐위려뇨 : 닐위다, 이루다

奉觀嚴鄭公廳事岷山沱江畵圖十韻
봉관엄정공청사민산타강화도십운

沱水臨中座岷山到北堂(타수임중좌민산도북당)
沱水는 가온대 앉는 디 臨ᄒᆞ얏고 岷山은 北녁 지븨 니르럿도다.
白波吹粉壁靑嶂揷雕梁(백파취분벽청장삽조량)
힌 믌겨리 부흰 ᄇᆞ르매 불이고 프른 묏부리는 雕刻ᄒᆞᆫ 집ᄆᆞ리 고첏도다.
直訝杉松冷兼疑菱荇香(직아삼송냉겸의릉행향)
곧 杉松이 서늘ᄒᆞᆫ가 疑心ᄒᆞ고 菱荇이 곳다온가 조쳐 疑惑ᄒᆞ노라.
雪雲虛點綴沙草得微茫(설운허점철사초득미망)
눈과 구룸괘 虛空애 버러 니셋ᄂᆞ니 몰애와 플와ᄅᆞᆯ 아ᄉᆞ라히 어드리로다.
嶺鴈隨毫末川蜆飮練光(영안수호말천예음연광)
山嶺엣 그려기는 터릿 그틀 조챗고 내헷 므지게는 믌 비츨 마시놋다.
霏紅洲蘂亂拂黛石蘿長(비홍주예란불대석라장)
霏霏히 블근 거슨 믌곳 고지 어즈럽고 ᄲᅥᆯ잇는 거믄 거슨 돌햇 薜蘿ㅣ 기도다.
暗谷非關雨丹楓不爲霜(암곡비관우단풍불위상)
어드운 묏고론 비예 關係티 아니코 블근 싣남ᄀᆞᆫ 서리를 爲ᄒᆞ미 아니로다.
秋成玄圃外景物洞庭傍(추성현포외경물동정방)
玄圃ㅅ 밧긔 ᄀᆞᅀᆞᆯ히 이렛고 洞庭ㅅ ᄀᆞᅀᅴ 景物이 잇도다.
繪事功殊絶幽襟興激昂(회사공수절유금흥격앙)
그림 그룐 功이 ᄆᆞᆯ오미 ᄀᆞ장ᄒᆞ니 幽深ᄒᆞᆫ ᄆᆞᅀᆞ매 興이 激發ᄒᆞ놋다.
從來謝太傳丘壑道難忘(종래사태전구학도난망)

녜로브터 謝太傅는 丘壑ㅅ 道理를 닛디 몯ㅎㄴ니라.

[중간본]

沱水는 가온대 안는 딕 臨ᄒ얏고 岷山은 北녁 지븨 니르럿도다.
힌 믌겨리 부흰 ᄇᆞ릇매 불이고 프른 묏부리는 雕刻ᄒᆞᆫ 집 물러 고쳇도다.
곳 杉松이 서늘ᄒᆞᆫ가 疑心ᄒᆞ고 菱芡이 곳다온가 조쳐 疑惑ᄒᆞ노라.
눈과 구름괘 虛空애 버러 니엣ᄂᆞ니 몰애와 플와롤 아ᄋᆞ라히 어드리로다.
山嶺엣 그려기는 터리 그를 조챗고 내헷 므지게는 믌 비츨 마시놋다.
霏霏히 블근 거슨 믌곧 고지 어즈럽고 떨잇는 거믄 거슨 돌햇 薜蘿ㅣ 기도다.
어두운 묏고른 비예 關係티 아니코 블근 싣남근 서리를 爲호미 아니로다.
玄圃ㅅ 밧긔 그윽히 이렛고 洞庭ㅅ 그이 景物이 잇도다.
그림 그륜 功이 말오미 그장ᄒᆞ니 幽深ᄒᆞᆫ 모ᄋᆞ매 興이 激發ᄒᆞ놋다,
녜로브터 謝太傅는 丘壑ㅅ 道理를 닛디 몯ᄒᆞᄂᆞ니라.

---

1) 니르럿도다 : 이르다 2) 부흰 : 부희다, 부옇다 3) 집물러 : 마룻대에, 마룻대의 4) 고쳇도다 : 꽂히다 5) 곧 : 돋은 6) 곳다온가 : 향기롭다 7) 조쳐 : 조차 8) 버러 : 벌려 9) 니셋ᄂᆞ니 : 잇다 10) 아ᅀᆞ라히 : 아득히, 까마득히 11) 어드리로다 : 얻다 12) 조챗고 : 좇다 13) 므지게 : 무지개 14) 뻘잇는 : 떨잇다, 떨다, 떨치다 15) 기도다 : 길다 16) 이렛고 : 이루었다 17) 말오미 : 말다 18) 닛디 : 닛다, 잊다 19) 點綴(점철) : 여기저기 흩어진 것들이 서로 이어짐

觀李固請司馬弟山水圖 三首
관이고청사마제산수도 삼수

簡易高人意匡床竹火爐(간이고인의광상죽화로)
簡易혼 노픈 사ᄅᆞ믜 ᄠᅳ디여 匡床과 竹火爐ᄲᅮᆫ ᄃᆞᆺ쏘다.
寒天留遠客碧海掛新圖(한천유원객벽해괘신도)
서늘혼 時節에 나를 머믈오고 碧海 그륜 新圖를 거러 뵈놋다.
雖對連山好貪看絶島孤(수대연산호탐간절도고)
비록 니ᅀᅥᆺ는 뫼ᄒᆞᆯ 됴호믈 相對ᄒᆞ야시나 먼 셔믜 외로오믈ᅀᅡ 貪ᄒᆞ야 보노라.
群仙不愁思冉冉不蓬壺(군선불수사염염불봉호)
仙人ᄃᆞᆯ혼 시르미 업서 어른어른히 蓬壺로셔 ᄂᆞ려 오놋다.
方丈渾連水天台總映雲(방장혼연수천태총영운)
方丈山이 다 므레 니ᅀᅥᆺ고 天台山이 다 구루메 비취옛도다.
人間長見畵老去恨空聞(인간장견화노거한공문)
내 人間애셔 長常 그륜 것만 보노니 늘거가매 ᄒᆞᆫ갓 드로믈 恨ᄒᆞ노라.
范蠡舟偏小王喬鶴不群(범려주편소왕교학불군)
范蠡이 舟는 ᄀᆞ장 젹고 王喬이 鶴ᄋᆞᆫ 물 하디 아니토다.
此生隨萬物何處出塵氛(차생수만물하처출진분)
이 生애 萬物을 조차 ᄃᆞ니노니 어듸 가ᅀᅡ 塵氛에 버서 나려뇨.
高浪垂飜屋崩崖欲壓床(고랑수번옥붕애욕압상)
노픈 믌겨리 지븨 두위이주메 다ᄃᆞ랫고 믈어디는 빙애는 平床ᄋᆞᆯ 지즐 ᄃᆞᆺᄒᆞ도다.
野橋分子細沙岸繞微茫(야교분자세사안요미망)

미햇 두리는 子細히 눈햇고 몰앳 두들근 아ᄉ라히 버므렛도다.
紅浸珊瑚短靑懸薜荔長(홍침산호단청현벽려장)
블근 거시 ᄌ마시니 珊瑚ㅣ 뎌르고 프른 거시 돌여시니 薜荔ㅣ 기도다.
浮査並坐得仙老暫相將(부사병좌득선노잠상장)
ᄠᆞᆫ 들구레 ᄀᆞᆯ와 안자쇼미 됴ᄒᆞ니 仙人 늘구니 잢간 서르 디녯도다.

[중간본]

簡易흔 노푼 사ᄅᆞ미 ᄠᅳ디여 匡床과 竹火爐ᄲᅮᆫ 둣도다.
서늘흔 時節에 나ᄅᆞᆯ 머믈오고 碧海 그륜 新圖ᄅᆞᆯ 거러 뵈놋다.
비록 니엇는 뫼히 됴호ᄆᆞᆯ 相對ᄒᆞ야시나 먼 셔미 외로오ᄆᆞᆯ 貪ᄒᆞ야 보노라.
仙人돌흔 시르미 업서 어른어른히 蓬壺로셔 ᄂᆞ려 오놋다.
方丈山이 다 므레 니엣고 天台山이 다 구루메 비취엿도다.
내 人間애셔 長常 그륜 것만 보노니 늘거가매 혼갓 드로ᄆᆞᆯ 恨ᄒᆞ노라.
范蠡이 舟는 ᄀᆞ장 젹고 王喬이 鶴은 믈 하디 아니토다.
이 生애 萬物을 조차 ᄃᆞ니노니 어듸 가아 塵氛에 버서 나려뇨.
노푼 믌결이 지븨 두위이주메 다둣랫고 믈어디는 빙애는 平床ᄋᆞᆯ 지즐 둣ᄒᆞ도다.
미햇 두리는 子細히 눈햇고 몰앳 두들근 아ᄋ라히 버므렛도다.
블근 거시 ᄌ마시니 珊瑚ㅣ 뎌르고 프른 거시 돌여시니 薜荔ㅣ 기도다.
ᄠᆞᆫ 들구레 ᄀᆞᆯ와 안자쇼미 됴ᄒᆞ니 仙人 늘구니 잢간 서르 디녯도다.

---

1) 둣ᄯᅩ다 : 둣다, 두었다 2) 니엇는 : 잇다, 이은 3) 됴호ᄆᆞᆯ : 됴홈, 좋음 4) 셔미 : 섬, 섬의 5) 드로ᄆᆞᆯ : 듣다, 들음 6) 믈 : 무리 7) 하디 : 많지 8) 버서 : 벗어 9) 두위이주메 : 두위잇다, 번드치다 10) 다둣랫고 : 다둣다, 다다르다 11) 믈어디는 : 무너지다, 허물어지다 12) 지즐 : 지즐다, 지지르다(무거운 물건으로 내리 누르다) 13) 눈햇고 : 나누다 14) 버므렛도다 : 버믈다, 두르다 15) ᄌ마시니 : 주무다, 잠그다 16) 뎌르고 : 짧다, 짧고 17) 돌여시니 : 매달리다 18) 들구레 : 들굴, 뗏목에 19) ᄀᆞᆯ와 : 가루어, 함께 나란히 하여 20) 디녯도다 : 지냈다 21) 빙애 : 벼랑

嚴公廳宴同詠蜀道畫圖得松字
엄공청연동영촉도화도득송자

日臨公館靜畫列地圖雄(일임공관정화열지도웅)
구윗 지비 寂靜호 디 히 臨호얏ᄂ니 그리미 버러시니 地圖ㅣ 雄壯ᄒ도다.
劍閣星橋北松州雪嶺東(검각성교북송주설령동)
劍閣은 星橋ㅅ 北녀기오 松州ᄂ 雪嶺ㅅ 東녀기로다.
華夷山不斷吳蜀水相通(화이산부단오촉수상통)
華와 夷왓 뫼히 긋디 아니ᄒ고 吳와 蜀괏 므리 서르 ᄉᆞᄆᆞ챗노다.
興與烟霞會淸樽幸不空(흥여연하회청준행불공)
興心이 烟霞와 다못 모ᄃᆞ니 몰곤 樽도 幸혀 뷔디 아니ᄒ도다.

[중간본]

그윗 지비 寂靜호 디 히 臨호얏ᄂ니 그리미 버러시니 地圖ㅣ 雄壯ᄒ도다.
劍閣은 星橋ㅅ 北녀기오 松州ᄂ 雪嶺ㅅ 東녀기로다.
華와 夷왓 뫼히 긋디 아니ᄒ고 吳와 蜀괏 므리 서르 ᄉᆞᄆᆞ챗노다.
興心이 烟霞와 다못 모드니 몰곤 樽도 幸혀 뷔디 아니ᄒ도다.

---

1) 구윗 : 관아 2) 버러시니 : 벌이다 3) ᄉᆞᄆᆞ챗노다 : ᄉᆞᄆᆞ치다, 사무치다

畵鷹
화응

素練風霜起蒼鷹畵作殊(소연풍상기창응화작수)
힌 기베 부룸과 서리왜 니럿는 둣하니 프른 매롤 그류미 殊異하도다.
攫身思狡兔側目似愁胡(송신사교토측목사수호)
모몰 고즈기 하야쇼문 간곡한 톳기롤 스랑하는 둣고 기우렛는 누는 시름
하는 되 곧도다.
條鏇光堪摘軒楹勢可呼(조선광감적헌영세가호)
미욘 것과 안존 거식 비츨 자불가 식브도소니 軒楹에셔 양즈롤 어루 브를
가 식브도다.
何當擊凡鳥毛血灑平蕪(하당격범조모혈쇄평무)
어느 제 샷 새롤 텨 터리와 피롤 푸한 거츤 짜해 쁘릴고.

[중간본]

힌 기베 부룸과 서리왜 니럿는 둣하니 프른 매롤 그류미 殊異하도다.
모몰 고즈기 하야쇼문 간곡한 톳기롤 <u>스랑하는</u> 둣고 <u>기우렛는</u> 누는 시름
하는 되 곧도다.
미욘 것과 안존 거식 비츨 자불가 식브도소니 軒楹에셔 양즈롤 어루 브를
가 식브도다.
어느 제 샷 새롤 텨 터리와 피롤 푸한 거츤 짜해 쁘릴고.

---

1) 고즈기 : 극진하게, 지극하게 2) 간곡한 : 간곡하다, 간사하다 3) 기우렛는 : 기울다, 기우러진 4) 되 : 오랑
캐(胡) 5) 미욘 : 미다, 매다, 매인 6) 식브도소니 : 식브다, 싶다, 식브+도소니, -도소니, -더니 7) 어루 : 可히
8) 샷 : 샹, 서로, 보통, 예사

音樂
음악

古詩(고시) 三首 律詩(율시) 五首

觀公孫大娘弟子舞劒器行
관공손대랑제자무검기행

大曆(대력) 三年 十月 十九日에 夔州府別駕元特宅(기주부별가원특댁)애 見臨潁李十二娘(견임영이십이낭)의 舞劒器(무검기)ᄒᆞ고 壯其蔚跂(장기울기)ᄒᆞ야 問其所師(문기소사)ᄒᆞ니 曰(왈) 余(여)ㅣ 公孫大娘(공손대낭)의 弟子也(제자야)ㅣ니라. 開元(개원) 三載(삼재)예 余尙童稚(여상동치)니라 記於郾城(기어언성)에 觀公孫氏(관공손씨)의 舞劒器(무검기)ᄒᆞ니 渾脫瀏灘頓挫(혼탈유라돈좌)ᄒᆞ고 獨出冠時(독출관시)ᄒᆞ니 自高頭宜春梨園二伎坊內人(자고두의춘리원이기방내인)과 洎外供奉(계외공봉)이 曉是舞者(효시무자)는 聖文神武皇帝初(성문신무황제초)애 公孫一人而已(공손일인이이)니 玉貌繡衣(옥모수의)러라 況余白首(황여백수)오 今玆 弟子(금자제자)ㅣ 亦匪盛顏(역비성안)이로소니 旣辨其由來(기변기유래)ᄒᆞ야 知波瀾(지파란)의 莫二(막이)ᄒᆞ고 撫事慷慨(무사강개)ᄒᆞ야 聊爲劒器行(료위검기행)ᄒᆞ노라 往者吳人張旭(왕자오인장욱)이 善草書(선초서)ᄒᆞ야 書帖數(서첩수)ᄒᆞ더니 嘗於鄴縣(상어업현)에 見公孫大娘(견공손대낭)이 舞西河劒器(무서하검기)ᄒᆞ고 自此(자차)로 草書長進(초서장진)ᄒᆞ야 豪蕩感激(호탕감격)ᄒᆞ니 卽(즉) 公孫(공손)은 可知矣(가지의)로다.

昔有佳人公孫氏一舞劍器動四方(석유가인공손씨일무검기동사방)
녜 고온 사ㄹ미 公孫氏 잇더니 ᄒᆞᆫ번 갈 가지고 춤 츠니 四方을 뮈우나라.
觀者如山色沮喪天地爲之久低昂(관자여산색저상천지위지구저앙)
볼 사ㄹ미 뫼ㄱ티 이셔 ᄂᆞᆺ비치 브ᅀᅳ왜니 하ᄂᆞᆯ콰 ᄯᅡ쾌 爲ᄒᆞ야 오래 ᄂᆞᆺ갑거니 놉거니 ᄒᆞ나라.
燿如羿射九日落矯如群帝驂龍翔來如雷霆收震怒罷如江海凝淸光(요여예사구일낙교여군제참룡상래여뢰정수진노태여강해응청광)
빗나ᄆᆞᆫ 后羿ㅣ 아홉 ᄒᆡ를 소아 디ᄂᆞᆫ ᄃᆞᆺᄒᆞ고 구즉호ᄆᆞᆫ ᄒᆞᆫ 天帝ㅣ 龍ᄋᆞᆯ ᄐᆞ ᄂᆞ솟ᄂᆞᆫ ᄃᆞᆺᄒᆞ고 올 제ᄂᆞᆫ 울에 震怒호ᄆᆞᆯ 가돈 ᄃᆞᆺᄒᆞ고 ᄆᆞᄎᆞ니 江海ㅣ 믈곤 비치 얼의옛ᄂᆞᆫ ᄃᆞᆺᄒᆞ도다.
絳脣珠袖兩寂寞晩有弟子傳芬芳(강진주수양적막만유제자전분방)
블근 입과 구슬 ᄉᆞ매왜 두 거시 다 괴외ᄒᆞ니 晩年에 弟子ㅣ 芬芳호ᄆᆞᆯ 傳ᄒᆞ도다.
臨潁美人在白帝妙舞此曲神揚揚(임영미인재백제묘무차곡신양양)
臨潁ㅅ ᄀᆞ옰 고온 사ㄹ미 白帝城에 이시니 이 놀애ᄅᆞᆯ 神妙히 춤 처 情神이 揚揚ᄒᆞ도다.
與余問答旣有以感時撫事增惋傷(여여문답기유이감시무사증완상)
날로 다ᄆᆞᆺᄒᆞ야 무르며 對答호미 이믜셔 ᄡᅥ 호미 잇ᄂᆞ니 時節을 感歎ᄒᆞ며 이ᄅᆞᆯ 자바셔 슬후ᄆᆞᆯ 더으노라.
先帝侍女八千人公孫劍器初第一(선제시녀팔천인공손검기초제일)
先帝ㅅ 侍女 八千人에 公孫의 갈ᄒᆞ로 춤 추미 처엄 第一이러라.
五十年間似反掌風塵澒洞昏王室(오십년간사반장풍진홍동혼왕실)
쉬나ᄆᆞᆫ 힛 ᄉᆞᅀᅵ 솑바당 두위힐후미 ᄀᆞᆮᄒᆞ니 ᄇᆞᄅᆞ매 드트리 ᄀᆞ득ᄒᆞ야 王室이 어드웟도다.

梨園弟子散如烟女樂餘姿暎寒日(이원제자산여연녀락여자영한일)
梨園엣 弟子ㅣ 흐러가미 니 곧ᄒᆞ니 女樂의 나몬 양지 치운 ᄒᆡ예 비취엣도다.
金粟堆南木已拱瞿塘石城草蕭瑟(금속퇴남목이공구당석성초소슬)
金粟堆ㅅ 南녀긔 남기 ᄒᆞ마 혼 우후미 ᄃᆞ외니 瞿塘ㅅ 石城엔 프리 蕭瑟ᄒᆞ도다.
玳筵急管曲復終樂極哀來月東出(대연급관곡복종낙극애래월동출)
玳瑁 돗과 ᄲᆞᄅᆞᆫ 뎌헤 놀애를 ᄯᅩ ᄆᆞᄎᆞ니 즐거우미 ᄀᆞ장ᄒᆞ야 슬푸미 오니 ᄃᆞ리 東의셔 돋놋다.
老夫不知其所往足繭荒山轉愁疾(노부부지기소왕족견황산전수질)
늘곤 노미 그 갈 ᄃᆡ를 아디 몯ᄒᆞ야 거츤 뫼헤 바리 부릍고 ᄀᆞ장 시름ᄒᆞ야 病ᄒᆞ얏노라.

[중간본]

大曆ㅅ 二年 十月ㅅ 十九日애 夔州옛 別駕ㅅ 벼슬혼 元特의 지븨셔 臨潁ㅅ ᄀᆞ옰 李十二娘의 갈 가지고 춤 츠거늘 보고 그 蔚跂호ᄆᆞᆯ 壯히 너겨 비혼 ᄃᆡ를 무로니 닐오ᄃᆡ 나ᄂᆞᆫ 公孫大娘의 弟子ㅣ로라 ᄒᆞᄂᆞ다 開元ㅅ 三載예 나ㅣ 오히려 아히라니 郾城에 이셔 公孫氏의 갈 가지고 渾脫 ᄡᅳ고 춤 츠거늘 본 이ᄅᆞᆯ 이제 記憶호니 瀏灕ᄒᆞ며 頓挫ᄒᆞ야 ᄒᆞ오아 나 그ᄢᅴ 위두ᄒᆞ더라 高頭와 宜春ㅅ 梨園 두을 伎坊앳 內人ᄋᆞ로브터 밧긧 供奉ᄒᆞᄂᆞᆫ 사ᄅᆞ미게 미치 이 추믈 알리ᄂᆞᆫ 聖文神武皇帝ㅅ 처어믜 公孫ᄒᆞᆫ 사ᄅᆞᆷ ᄯᆞᄅᆞ미니 玉 ᄀᆞᄐᆞᆫ 양지오 繡ᄒᆞ욘 오시더라 ᄒᆞ물며 오늘 내 어미 셰오 이 弟子도 ᄯᅩ 져믄 ᄂᆞ티 아니로소니 이믜셔브터 오ᄆᆞᆯ 긄히여 무 지죄 ᄒᆞ더니 일즉 郯縣에서 公孫大娘의 西河ㅅ 갈 가지고 춤 츠거늘 보고 일로브터 草書ㅣ 길러 나아가 豪放曠蕩ᄒᆞ며 ᄂᆞ물 感激게 ᄒᆞ니 곧 公孫은 可히 아랄디니라 녜 고온 사ᄅᆞ미 公孫氏 잇더니 ᄒᆞᆫ번 갈 가지고 춤 츠니 四方ᄋᆞᆯ 뮈우니라.
볼 사ᄅᆞ미 뫼ᄀᆞ티 이셔 ᄂᆞᆺ비치 브으왜니 하ᄂᆞᆯ콰 ᄯᅡ쾌 爲ᄒᆞ야 오래 ᄂᆞᆺ갑거니 놉거니 ᄒᆞᄂᆞ다.
빗난 양ᄋᆞᆫ 羿ㅣ 아홉 ᄒᆡᄅᆞᆯ 소아 디ᄂᆞᆫ ᄃᆞᆺᄒᆞ고 드러셔 츨 제ᄂᆞᆫ 뭀 天帝ㅣ 龍ᄋᆞᆯ 타셔 ᄂᆞ솟ᄂᆞᆫ ᄃᆞᆺᄒᆞ고 나아오ᄂᆞᆫ 양ᄌᆞᄂᆞᆫ 울에 震怒호ᄆᆞᆯ 가다 잇ᄂᆞᆫ ᄃᆞᆺᄒᆞ고 츠ᄆᆞᆯ ᄆᆞᄎᆞ니 江海ㅣ ᄆᆞᆯ곤 비티 얼의옛ᄂᆞᆫ ᄃᆞᆺᄒᆞ도다.
블근 입과 구슬 소매와ㅣ 두 거시 다 괴외ᄒᆞ니 晩年 어ㅣ 弟子ㅣ 芬芬호ᄆᆞᆯ 傳ᄒᆞ도다.
臨潁ㅅ ᄀᆞᄋᆞᆯ 고온 사ᄅᆞ미 白帝城에 이시니 이 놀애ᄅᆞᆯ 神妙히 춤 처 情神이 揚揚ᄒᆞ도다.
날로 다못ᄒᆞ야 무르며 對答호미 이믜셔 ᄡᅥ 호미 잇ᄂᆞ니 時節을 感歎ᄒᆞ며 이를 자바셔 슬후믈 더으노라.
先帝ㅅ 侍女 八千人에 公孫의 갈ᄒᆞ로 춤 추미 처엄 第一이러라.
쉬나문 ᄒᆡᆺ 소이 슈ㅅ바당 두위힐후미 곧ᄒᆞ니 ᄇᆞᄅᆞ매 드트리 ᄀᆞ독ᄒᆞ야 王室이 어드웟도다.
梨園엣 弟子ㅣ 흐러가미 늬 곧ᄒᆞ니 女樂의 나믄 양ᄌᆡ 치운 ᄒᆡ예 비취옛도다.
金粟堆ㅅ 南녀긔 남기 ᄒᆞ마 ᄒᆞᆫ 우후미 두외니 瞿塘ㅅ 石城엔 프리 蕭瑟ᄒᆞ도다.
玳瑁 돗과 ᄲᆞᆯ른 뎌헤 놀애ᄅᆞᆯ 또 ᄆᆞᄎᆞ니 즐거우미 ᄀᆞ장ᄒᆞ야 슬푸미 오니 ᄃᆞ리 東의셔 돋놋다.
늘근 노미 그 갈 디를 아디 몯ᄒᆞ야 거츤 뫼헤 ᄇᆞ리 부를고 ᄀᆞ장 시름ᄒᆞ야 病ᄒᆞ얏노라.

---

1) 브스왜니 브스왜다, 생기를 잃다, 시들다, 풀이 죽다 2) ᄂᆞᆺ갑거니 : 낮다, 낮거니 3) 소아 : 쏘다, 쏘아 4) 디

는 : 디다, 떨어지는 5) 구즉호□ : 구즉ᄒ다, 우뚝ᄒ다 6) 울에 : 우레 7) 가든 : 가드니, 거두다(收) 8) 얼의옛는 : 얼의다, 엉기다 9) ᄉᆞ매 : 소매 10) 괴외ᄒ니 : 고요ᄒ다 11) 무르며 : 묻다 12) 이믜셔 : 이미(旣) 13) ᄡᅥ : 그런 까닭으로 14) 쉬나ᄆᆞᆫ : 쉰남은, 쉰 15) 솞바당 : 손바닥 16) 두위힐후미 : 두위히다, 번드치다 17) 어드웟도다 : 어둡다 18) 흐러가미 : 흐러디다, 흩어지다 19) 우후미 : 우훔, 움큼이 20) 돗 : 돗자리 21) ᄲᆞ른 : 빠른 22) 뎌헤 : 저, 피리 23) 부를고 : 부를다, 부르트다

聽楊氏歌
청양씨가

佳人絶代歌獨立發晧齒(가인절대가독립발호치)
고온 사ᄅᆞ미 代예 그촌 놀애여 ᄒᆞ오ᅀᅡ 셔셔 힌 니예 내놋다.
滿堂慘不樂響下靑虛裏(만당참불락향하청허리)
지븨 ᄀᆞᄃᆞ기 안잿는 사ᄅᆞ미 슬허 즐기디 아니ᄒᆞᄂᆞ니 소리 프른 虛空ㅅ 소ᄀᆞ로셔 ᄂᆞ리놋다.
江城帶素月況乃淸夜起(강성대소월황내청야기)
ᄀᆞᄅᆞᆷ城이 힌 ᄃᆞᆯ 쯰 찻거늘 ᄒᆞ물며 ᄆᆞᆯ곤 바ᄆᆡ 니렛도다.
老夫悲暮年壯士淚如水(노부비모년장사루여수)
늘근 노ᄆᆞᆫ 늘근 나ᄒᆞᆯ 슬코 져믄 사ᄅᆞ몬 눖므를 믈ᄀᆞ티 흘리놋다.
玉盃久寂寞金管迷宮徵(옥배구적막금관미궁징)
玉盃 가지고 오래 괴외ᄒᆞ얫더니 鍾聲管絃이ᅀᅡ 宮徵ᄅᆞᆯ 迷失ᄒᆞ리로다.
勿云聽者疲愚智心盡死(물운청자피우지심진사)

드를 사르미 굿가ᄒᆞᄂᆞ다 니르디 말라 어리니와 智慧ᄒᆞ니왜 ᄆᆞᅀᆞ미 다 주 겟도다.
古來傑出士豈待一知已吾聞昔秦傾側天下耳(고래걸출사기대일지이오문 석진경측천하이)
녜로 오매 傑出ᄒᆞᆫ 사ᄅᆞ믄 엇뎨 몸 아는 ᄒᆞ나홀 기들우리오 나는 드로니 녜 秦靑이 天下앳 귀를 기우리게 ᄒᆞ더니라.

[중간본]

고온 사ᄅᆞ미 代예 그촌 놀애여 호오야 셔셔 힌 니예 내놋다.
지븨 ᄀᆞᄃᆞ기 안젯는 사ᄅᆞ미 슬허 즐기디 아니ᄒᆞ니 소리 프른 虛空ㅅ 소 ᄀᆞ로셔 ᄂᆞ리놋다.
ᄀᆞ룺城이 힌 ᄃᆞ룰 씌 ᄎᆞᆺ거늘 ᄒᆞ물며 몰ᄀᆞᆫ 바미 니렛도다.
늘근 노ᄆᆞᆫ 늘근 나ᄒᆞᆯ 슬코 져믄 사ᄅᆞ미 눖므를 믈ᄀᆞ티 흘리놋다.
玉盃 가지고 오래 괴외ᄒᆞ얫더니 鍾聲管絃이아 宮徵을 迷失ᄒᆞ리로다.
드를 사ᄅᆞ미 굿바ᄒᆞᄂᆞ다 니르디 말라 어리니와 智慧ᄒᆞ니왜 ᄆᆞᄋᆞ미 다 주 겟도다.
녜로 오매 傑出ᄒᆞᆫ 사ᄅᆞ믄 엇뎨 몸 아는 ᄒᆞ나홀 기들우리오 나는 드로니 녜 秦靑이 天下앳 귀를 기우리게 ᄒᆞ더니라.

---

1) 그촌 : 그치다, 그친 2) 호오샤 : 홀로 3) 니예 : 니, 이(齒) 4) 소ᄀᆞ로셔 : 속우로셔, 속으로 5) 씌ᄎᆞᆺ거눌 : 띠차다, 띠차거눌 6) 니렛도다 : 일어나다, 일으키다 7) 나홀 : 나이, 나이를 8) 드를 : 듣다, 들을 9) 굿가 ᄒᆞᄂᆞ다 : 굿가ᄒᆞ다 : 가빠하다, 겨워하다, 힘들어 하다 10) 어리니 : 어리석은 이 11) ᄒᆞ나홀 : ᄒᆞ나, 하나를 12) 기들우리오 : 기다리다

夜聞觱篥
야문필률

夜聞觱篥滄江上衰年側耳情所嚮(야문필률창강상쇠년측이정소향)
바미 觱篥을 믈 우희셔 드로니 늘근 나해 귀롤 기우류니 뜨들 向ᄒᆞ얫ᄂᆞᆫ 배라.
隣舟一聽多感傷塞曲三更欻悲壯(린주일쳥다감상새곡삼경훌비장)
이웃 ᄇᆡ예셔 ᄒᆞᆫ 번 듣고 해 슬허 ᄒᆞ노니 邊塞옛 놀앳 소리 三更에 믄드시 슬프며 壯ᄒᆞ도다.
積雪飛霜此夜寒孤燈急管復風湍(적설비상차야한고등급관복풍단)
사햿ᄂᆞᆫ 눈과 ᄂᆞᄂᆞᆫ 서리예 이 바미 치우니 외로왼 블와 ᄲᆞ른 管ㅅ 소리예 ᄯᅩ ᄇᆞᄅᆞᆷ 부ᄂᆞᆫ 믌 ᄀᆡ로다.
君知天地干戈滿不見江湖行路難(군지천지간과만불견강호행로난)
그ᄃᆡ는 天地예 干戈ㅣ ᄀᆞ독ᄒᆞ야쇼ᄆᆞᆯ 아ᄂᆞᆫ디라 江湖앳 길 녀미 어려우믈 보디 아니 ᄒᆞᄂᆞᆺ다.

[중간본]

바미 觱篥을 믈 우희셔 드로니 늘근 나해 귀롤 기우류니 뜨들 向ᄒᆞ얫ᄂᆞᆫ 배라.
이웃 ᄇᆡ예셔 ᄒᆞᆫ 번 듣고 해 슬허 ᄒᆞ노니 邊塞옛 놀앳 소리 三更에 믄드시 슬프며 壯ᄒᆞ도다.
사햿ᄂᆞᆫ 눈과 ᄂᆞᄂᆞᆫ 서리예 이 바미 치우니 외로왼 블와 ᄲᆞ른 管ㅅ 소리예 ᄯᅩ ᄇᆞᄅᆞᆷ 부ᄂᆞᆫ 믌 ᄀᆞ이로다.
그ᄃᆡ는 天地예 干戈ㅣ ᄀᆞ독ᄒᆞ야쇼ᄆᆞᆯ 아ᄂᆞᆫ디라 江湖앳 길 녀미 어려우믈 보디 아니 ᄒᆞᄂᆞᆺ다.

1) 나해 : 나이 2) 기우류니 : 기울이다, 기우리니 3) 배라 : 바이라 4) 믄드시 : 문득 5) 사햇는 : 사하다, 쌓이다, 쌓이는 6) 누는 : 나는 7) 해 : 많이 8) 녀믜 : 녀다, 념, 감

吹笛
취적

吹笛秋山風月清誰家巧作斷腸聲(취적추산풍월청수가교작단장성)
ᄀᆞᅀᆞᆶ 뫼헤셔 뎌 부로매 ᄇᆞᄅᆞᆷ과 ᄃᆞᆯ왜 ᄆᆞᆯᄀᆞ니 뉘 지븨셔 애긋ᄂᆞᆫ 소리를 工巧히 짓ᄂᆞ니오.
風飄律呂相和切月傍關山幾處明(풍표율려상화절월방관산기처명)
부로매 律呂소리 불여 서르 섯거 切當ᄒᆞ니 ᄃᆞᆯ 關山애 바라 몃 고대 ᄇᆞᆯ갯ᄂᆞᆫ고.
胡騎中宵堪北走武陵一曲想南征(호기중소감북주무릉일곡상남정)
되 ᄆᆞᆯ ᄐᆞ니 밤中에 北으로 ᄃᆞ람직 ᄒᆞ도소니 武陵ㅅ ᄒᆞᆫ 놀애예 南녀그로 征伐ᄒᆞ요ᄆᆞᆯ 스치노라.
故園楊柳今搖落何得愁中却盡生(고원양류금요락하득수중각진생)
故園엣 버드리 이제 이어 ᄠᅥ러디거시니 엇뎨 시름곰 시름 가온ᄃᆡ 도로 다 나ᄂᆞ니오.

[중간본]
ᄀᆞᅀᆞᆶ 뫼헤셔 뎌 부로매 ᄇᆞᄅᆞᆷ과 ᄃᆞᆯ왜 ᄆᆞᆯᄀᆞ니 뉘 지븨셔 애그스ᄂᆞᆫ 소리를

工巧히 짓ᄂ니오.

부르매 律呂 소리 불여 서르 <u>섯구미</u> 切ᄒ니 두른 關山애 바라 몃 고대 볼 갯ᄂ고.

되 몟 투니 밤中에 北으로 <u>ᄃ림즉</u> ᄒ도소니 武陵ㅅ 혼 놀애예 南녀그로 征伐ᄒ요ᄆᆯ 스치노라.

故園엣 버드리 이제 이어 ᄲᅥ러디거시니 엇뎨 시러곰 시름 가온ᄃᆡ 도로 다 나ᄂ니오.

---

1) 뎌 : 피리 2) 두른 : 둘은, 달은 3) 바라 : 의지하다 4) 고대 : 곳에 5) ᄃ람직 : 달리다 6) 스치노라 : 스치다, 생각하다 7) 이어 : 흔들리다 8) 나ᄂ니오 : 나다(生)

秋笛
추적

淸商欲盡秦秦苦血沾衣(청상욕진진진고혈첨의)
ᄆᆞᆯ곤 商ㅅ 소리ᄅᆞᆯ 다 秦코져 ᄒᆞᄂ니 秦ᄒᆞᄂ 소리 苦로외니 드르리 피눈므ᄅᆞᆯ 오새 저지놋다.

他日傷心極征人白骨歸(타일상심극정인백골귀)
다른 나래 ᄆᆞᅀᆞᆷ 슬후믈 ᄀᆞ장호ᄆᆞᆫ 征伐ᄒᆞ던 사ᄅᆞ미 흰 ᄲᅧ로 도라올 저기니라.

相逢恐恨過故作發聲微(상봉공한과고작발성미)
서르 맛나 슬후믈 너무 홀가 저허 소리 내요ᄆᆞᆯ 微微히 호ᄆᆞᆯ 짐즛 짓ᄂ다.

不見秋雲動悲風稍稍飛(불견추운동비풍초초비)
ᄀᆞᆻ 구루믜 뮈유믈 보디 몯ᄒᆞ리소니 슬픈 ᄇᆞ르미 젹젹 ᄂᆞᄂᆞ다.

[중간본]
ᄆᆞᆯ곤 商ㅅ 소리를 다 秦코져 ᄒᆞ누니 秦ᄒᆞ논 소리 苦로외니 드르리 피눖ᄆᆞ롤 오새 저지놋다.
다ᄅᆞᆫ 나래 모ᄋᆞᆷ 슬후믈 ᄀᆞ장ᄒᆞ몬 征伐ᄒᆞ던 사ᄅᆞ미 힌 ᄲᅧ로 도라올 저기니라.
서르 만나 슬후믈 너무 훌가 저허 소리 내요믈 微微히 호몰 짐즛 짓ᄂᆞ다.
ᄀᆞᆻ 구루믜 뮈유믈 보디 몯ᄒᆞ리소니 슬픈 ᄇᆞ르미 젹젹 ᄂᆞᄂᆞ다.

卽事
즉사

此ᄂᆞᆫ 爲舞者作이라

百寶裝腰帶眞珠絡臂韝(백보장요대진주락비구)
온 가짓 보ᄇᆡ로 허리옛 ᄯᅴ를 ᄭᅮ미고 眞珠로 불히 ᄢᅵᄂᆞᆫ 거시 얼겟도다.
笑時花近眼舞罷錦纏頭(소시화근안무파금전두)
우슬 저긘 고지 누네 갓갑더니 추믈 마ᄎᆞ니 錦纏頭를 주놋다.

[중간본]
온 가짓 보ᄇᆡ로 허리옛 ᄯᅴ를 ᄭᅮ미고 眞珠로 불히 ᄢᅵᄂᆞᆫ 거시 얼겟도다.

우을 저건 고지 누네 갓갑더니 추믈 마츠니 錦纏頭룰 주놋다.

---

1) 불희 : 팔에 2) 씨는 : 끼는 3) 얼겟도다 : 얼기다, 얽히다 4) 우슬 : 웃을, 웃, 웃음 5) 저긔 : 적에

贈花卿
증화경

金城絲管日紛紛半入江風半入雲(금성사관일분분반입강풍반입운)
金城엣 絲管ㅅ 소리 날마다 어즈러우니 半만 ᄀᆞᄅᆞᆷ ᄇᆞᄅᆞ매 드렷고 半만 구루베 드렷도다.
此曲秖應天上有人間能得幾回聞(차곡시응천상유인간능득기회문)
이 놀애는 오직 당당이 하ᄂᆞᆯ 우희 잇ᄂᆞ니 人間애셔 能히 시러곰 몃 디위룰 드르리오.

[중간본]

金城엣 絲管ㅅ 소리 날마다 어즈러우니 半만 ᄀᆞᄅᆞᆷ ᄇᆞᄅᆞ매 <u>드렷고</u> 半만 구루베 <u>드렷도다</u>.
이 놀애는 오직 <u>당당</u>이 하ᄂᆞᆯ 우희 잇ᄂᆞ니 <u>人間</u>애셔 能히 시러곰 몃 디위룰 드르리오.

---

1) 드럿고 : 들어가다 2) 디위 : 번

309

江南逢李龜年
강남봉이구년

岐王宅裏尋常見崔九堂前幾度聞(기왕댁리심상견최구당전기도문)
岐王ㅅ 집 안해 샹녜 보다니 崔九의 집 알픠 몃 디윌 드러뇨.
正是江南好風景落花時節又逢君(정시강남호풍경낙화시절우봉군)
正히 이 江南애 風景이 됴ᄒᆞ니 곳 디ᄂᆞ 時節에 ᄯᅩ 너를 맛보과라.

[중간본]
岐王ㅅ 집 안해 샹녜 보다니 崔九의 집 알픠 몃 지윌 드러뇨.
正히 이 江南애 風景이 됴ᄒᆞ니 곳 지ᄂᆞ 時節에 ᄯᅩ 너를 맛보과라.

1) 샹녜 : 항상, 늘 2) 맛보과라 : 만나다

器用
기용

古詩 四首 律詩 三首

石硯
석연

平侍御之硯(평시어지연)이라.

平公今詩伯秀發吾所羨(평공금시백수발오소선)
平公은 이젯 글ᄒᆞ기예 爲頭ㅣ니 秀發호ᄆᆞᆫ 내의 브논 배라.
奉使三峽中長嘯得石硯(봉사삼협중장소극석연)
三峽 中에 奉使ᄒᆞ야 긴 됫프람 부러서 돌벼로ᄅᆞᆯ 얻도다.
巨璞禹鑿餘異狀君獨見(거박우착여이상군독견)
큰 구스른 禹ㅅ 푸던 나ᄆᆞᆫ 거시니 다ᄅᆞᆫ 形狀을 그듸 ᄒᆞ올로 보도다.
其滑乃波濤其光或雷電(기활내파도기광혹뢰전)
그 믯그러우믄 믌결 ᄀᆞᆮ고 그 비츤 시혹 울에 ᄀᆞᆮ도다.
聯坳各盡墨多水遞隱現(연요각진묵다수체은현)
니ᅀᅳᆫ 오목ᄒᆞᆫ ᄃᆡ 제여곰 머글 다ᄋᆞ니 한 므리 서르 들락나락 ᄒᆞ놋다.
揮灑容數人十手可對面(휘쇄용수인십수가대면)
글 수메 두ᅀᅥ 사ᄅᆞᄆᆞᆯ 容納ᄒᆞ리소니 열 소니 어루 ᄂᆞᆾ 相對ᄒᆞ리로다.
比公頭上冠貞質未爲賤(비공두상관정질미위천)
그딋 머리 우흿 冠이 ᄀᆞᆮᄒᆞ니 貞正ᄒᆞᆫ 얼구리라 卑賤티 아니ᄒᆞ도다.
當公賦佳句況得終淸宴(당공부가구황득종청연)
그듸의 됴ᄒᆞᆫ 긄句 지수메 當ᄒᆞᄂᆞ니 ᄒᆞ물며 몱 이바디 ᄆᆞᄎᆞᄆᆞᆯ 得ᄒᆞ놋다.
公含起草姿不遠明光殿(공함기초자불원명광전)
그듸ᄂᆞᆫ 起草홀 양ᄌᆞᄅᆞᆯ 머겟ᄂᆞ니 明光殿이 머디 아니ᄒᆞ리로다.
致子丹靑地知汝隨顧眄(치자단청지지여수고면)

丹靑훈 짜해 닐위여 네 도라보샤매 조촐 주를 아노라.

[중간본]

平公은 이젯 글ᄒᆞ기예 爲頭ㅣ니 秀發호ᄆᆞ 내의 ᄇᆞ논 배라.
三峽 中에 奉使ᄒᆞ야 긴 됫ᄑᆞ람 부러셔 돌벼로ᄅᆞᆯ 얻도다.
큰 구스른 禹ㅅ ᄑᆞ던 나ᄆᆞᆫ 거시니 다ᄅᆞᆫ 形狀을 그듸 ᄒᆞ올로 보도다.
그 믯그러우ᄆᆞᆫ 믌결 ᄀᆞᆮ고 그 비츤 시혹 울에 ᄀᆞᆮ도다.
니ᄂᆞᆫ 오목ᄒᆞᆫ 듸 제여곰 머글 다ᄋᆞᄂᆞ니 한 ᄆᆞ리 서르 들락나락 ᄒᆞᄂᆞᆺ다.
글 수메 두어 사ᄅᆞᄆᆞᆯ 容納ᄒᆞ리소니 열 소니 어루 ᄂᆞ출 相對ᄒᆞ리로다.
그딋 머리 우흿 冠이 ᄀᆞᆮᄒᆞ니 貞正ᄒᆞᆫ 얼구리라 卑賤티 아니ᄒᆞ도다.
그듸의 됴ᄒᆞᆫ 긊句 지우메 當ᄒᆞᄂᆞ니 ᄒᆞ물며 ᄆᆞᆯ곤 이바디 ᄆᆞ초ᄆᆞᆯ 得ᄒᆞᄂᆞᆺ다.
그듸ᄂᆞᆫ 起草홀 양ᄌᆞᄅᆞᆯ 머겟ᄂᆞ니 明光殿이 머디 아니ᄒᆞ리로다.
丹靑ᄒᆞᆫ 짜해 닐위여 네 도라보샤매 조촐 주를 아노라.

---

1) 됫ᄑᆞ람 : 휘파람 2) 돌벼로 : 돌벼루 3) ᄇᆞ논 : ᄇᆞ노라, 부러워하노라 4) 배라 : 바이라 5) ᄑᆞ던 : 파다 6) 믯그러우ᄆᆞᆫ : 믜그럽다, 미끄럽다(滑) 7) 제여곰 : 제각기 8) 한 : 많은 9) 수메 : 숨, 씀 10) 소니 : 손(手) 11) 지우메 : 지숨, 지음, 짓다 12) 이바디 : 잔치 13) 머겟ᄂᆞ니 : 머금다 14) 닐위여 : 닐위다, 이루다(致)

荊南兵馬使太常趙公大食刀歌
형남병마사태상조공대식도가

大食은 國名이라

太常樓船聲嗷嘈問兵刮寇超下牢(대상루선성오조문병괄구초하뢰)
大常이 樓 지운 빗 소리 수스워리ᄂᆞ니 兵事ᄅᆞᆯ 므러 盜賊을 갓가ᄇᆞ료리라 下牢로 건나놋다.

牧出令奔飛百艘猛蛟突獸紛騰逃 (목출령분비백소맹교돌수분등도)
州牧이 나며 縣令이 ᄃᆞ라 온 빅 ᄂᆞᄂᆞ니 모딘 龍과 ᄃᆞᆫ눈 즘싱이 어즈러이 ᄃᆞ라 숨놋다.

白帝寒城駐錦袍玄冬示我胡國刀(백제한성주금포현동시아호국도)
白帝ㅅ 치운 城에 錦袍 닙고 머므러 이셔 玄冬애 나ᄅᆞᆯ 되나랏 갈홀 뵈ᄂᆞ다.

壯士短衣頭虎毛憑軒發鞘天爲高(장사단의두호모빙헌발초천위고)
壯士ㅣ 뎌른 옷 닙고 머리예 버믜 터리 스고 軒檻을 비겨셔 가푸래 ᄲᅡ혀니 하놀히 爲ᄒᆞ야 놉놋다.

飜風轉日木怒號冰翼雪淡傷哀猱(번풍전일목노호빙익설담상애노)
ᄇᆞ로미 두위티며 히 올ᄆᆞ며 남기 怒ᄒᆞ야 우르ᄂᆞ니 어르미 펴며 누니 몰ᄀᆞᆫ ᄃᆞᆺᄒᆞ니 슬픈 나비 슬허ᄒᆞ놋다.

鐫錯碧甖鷺鶿膏鍔已瑩虛秋濤(전착벽앵벽제고망악이영허추도)
프른 구운 거스로 글오 鷺鶿의 기르믈 볼랫도소니 갌놀히 ᄒᆞ마 빗나 ᄀᆞᇫ 믌겨리 뷘 ᄃᆞᆺᄒᆞ도다.

鬼物撇捩亂坑壕蒼水使者捫赤絛龍伯國人罷釣鼇(귀물별렬난갱호창수사자문적조룡백국인파조오)

314 초간본과 중간본을 함께 읽는 두시언해

귓거시 헤두라 굴허에 어즈러우니 蒼水使者ㅣ 블근 긴흘 자뱃고 龍伯國ㅅ 사르미 쟈래 낫고믈 말리로다.
芮公回首顔色勞分闖救世用賢豪(예공회수안색노분곤구세용현호)
芮公이 머리를 돌아 보라 눗비츨 긋비 ᄒᆞᄂᆞ니 闖을 눈화 時世를 救濟호매 賢豪를 쓰시놋다,
趙公玉立高歌起攬環結佩相終始(조공옥립고가기람환결패상종시)
趙公이 玉이 션 닷ᄒᆞ야 노피 놀애 브르고 니러 골회를 자바 佩예 ᄆᆡ야 서르 終始호리라 ᄒᆞ놋다.
萬世持之護天子得君亂絲與君理(만세지지호천자득군란사여군리)
萬世를 가져셔 天子를 衛護ᄒᆞ야 님긊 허튼 시를 어더 님금과 다못 다ᄉᆞ리고져 ᄒᆞ놋다.
蜀江如線針如水荊岑彈丸心未已(촉강여선침여수형잠탄환심미이)
蜀ㅅ ᄀᆞᄅᆞ미 실 곧ᄒᆞ며 므리 바놀 곧ᄒᆞ며 荊州ㅅ묏부리 彈子 곧ᄒᆞ야도 ᄆᆞᅀᆞ믈 마디 아니호려 ᄒᆞ놋다.
賊臣惡子休干紀魑魅魍魎徒爲爾(적신악자휴간기리매망양도위이)
賊臣과 惡子는 綱紀를 干犯ᄒᆞ디 말라 魑魅魍魎들히 ᄒᆞᆫ갓 골외ᄂᆞ디니라.
妖腰亂領敢欣喜用之不高亦不庳不似長劒須天倚(요요란령감흔희용지불고역불비불사장검수천의)
妖怪ᄒᆞᆫ 노ᄆᆡ 허리와 逆亂ᄒᆞᄂᆞᆫ 사ᄅᆞ미 모건 敢히 깃거ᄒᆞ리아 ᄡᅮ믈 노피 아니ᄒᆞ며 ᄯᅩ ᄂᆞᆺ가이 아니ᄒᆞ야 긴 갈홀 모로매 하ᄂᆞᆯ해 지여둠과 곧디 아니ᄒᆞ리라.
吁嗟光祿英雄弭大食寶刀聊可比(우차광록영웅미대식보도료가비)
슬프다 光祿은 英雄엣 사ᄅᆞ미 보면 두려 弭楫ᄒᆞᄂᆞ니 大食엣 寶刀ㅣ 어루 곧ᄒᆞ리로다.

丹靑宛轉麒麟裏光芒六合無泥滓(단청완전기린리광망육합무니재)
麒麟閣ㅅ 소개 丹靑을 宛轉히 ᄒ야 六合애 비치 솨 흐린 거시 업스리로다

[중간본]

大常이 樓 지운 빗 소리 수으워리ᄂᆞ니 兵事ᄅᆞᆯ 므러 盜賊을 갓가부료리라 下牢로 건나놋다.

州牧이 나며 縣令이 드라온 비 ᄂᆞᄂᆞ니 모진 龍과 돈ᄂᆞᆫ 즘싱이 어즈러이 ᄂᆞ라 숨놋다.

白帝ㅅ 치운 城에 錦袍 닙고 머므러 이셔 玄冬애 나ᄅᆞᆯ 되나랏 갈홀 뵈ᄂᆞ다.

壯士ㅣ 뎌른 옷 닙고 머리예 버믜 터리 스고 軒檻을 비겨셔 가ᄑᆞ래 싸혀니 하놀히 爲ᄒ야 놉놋다.

ᄇᆞᄅᆞ미 두위티며 히 올ᄆᆞ며 남기 怒ᄒ야 우르ᄂᆞ니 어르미 펴며 누니 몰곤 ᄃᆞᆺᄒᆞ니 슬픈 나비 슬허ᄒᆞ놋다.

프른 구운 거스로 골오 鸂鶒의 기르믈 볼랫도소니 갊놀히 ᄒᆞ마 빗나 그윓 믌겨리 뷘 ᄃᆞᆺᄒᆞ도다.

귓거시 헤두라 굴허에 어즈러우니 蒼水使者ㅣ 블근 긴훌 자뱃고 龍伯國ㅅ 사ᄅᆞ미 쟈래 낫고믈 말리로다.

芮公이 머리ᄅᆞᆯ 돌와 ᄇᆞ라 놋비츨 긋비 ᄒᆞᄂᆞ니 閽을 눈화 時世ᄅᆞᆯ 救濟호매 賢豪ᄅᆞᆯ 쓰시놋다,

趙公이 玉이 션 ᄃᆞᆺᄒᆞ야 노피 놀애 브르고 니러 골회ᄅᆞᆯ 자바 佩예 미야 서르 終始호리라 ᄒᆞ놋다.

萬世ᄅᆞᆯ 가져셔 天子ᄅᆞᆯ 衛護ᄒ야 님금 허튼 시ᄅᆞᆯ 어더 님금과 다못 다ᄉᆞ리고져 ᄒᆞ놋다.

蜀ㅅ ᄀᆞᄅᆞ미 실 곧ᄒᆞ며 므리 바ᄂᆞᆯ 곧ᄒᆞ며 荊州ㅅ 묏부리 彈子 곧ᄒᆞ야도

모으몰 마디 아니호려 ᄒᆞ놋다.
賊臣과 惡子는 綱紀를 干犯ᄒᆞ디 말라 魑魅魍魎돌히 ᄒᆞᆫ갓 골외논디니라.
妖怪ᄒᆞᆫ 노미 허리와 逆亂ᄒᆞ는 사ᄅᆞ미 모곤 敢히 깃거ᄒᆞ리아 ᄲᅮ믈 노피 아니ᄒᆞ며 ᄯᅩ ᄂᆞᆺ가이 아니ᄒᆞ야 긴 갈홀 모로매 하ᄂᆞᆯ해 지여둠과 ᄀᆞᆮ디 아니ᄒᆞ리라.
슬프다 光祿은 英雄엣 사ᄅᆞ미 보면 두려 瀾楫ᄒᆞᄂᆞ니 大食엣 寶刀ㅣ 어루 ᄀᆞᆮᄒᆞ리로다.
麒麟閣ㅅ 소개 丹靑을 宛轉히 ᄒᆞ야 六合애 비치 ᄉᆈ 흐린 거시 업스리로다

---

1) 수ᄉᆞ워리ᄂᆞ니 : 수ᄉᆞ워리다, 떠들어대다, 수떨다 2) 갓가부료리다 : 갓가부리다, 가까우리다 3) ᄃᆞ라온 : ᄃᆞ라오다, 달려오다 4) 닫는 : 닫는, 달리는 5) 즘싱 : 짐승 6) ᄃᆞ라 : 달려 7) 되나랏 : 오랑캐의 8) 갈홀 : 칼을 9) 뵈ᄂᆞ다 : 보다 10) 뎌른 : 짧은 11) 버믜 : 범의 12) 비겨셔 : 비스듬히 13) 가푸래 : ᄀᆞ푸로다, 가파르다 14) ᄲᅢ혀니 : 빼다 15) 두위티며 : 번드치다 16) 올ᄆᆞ며 : 옮으며, 옮다 17) 남기 : 나무 18) 어르미 : 어름, 얼음 19) 나비 : 원숭이 20) ᄀᆞ오 : 갈다(鐫) 21) 기르믈 : 기름 22) 불랫도소니 : ᄇᆞ르다, 바르다 23) 귓거시 : 귓것, 귀신, 도깨비 24) 갌놀히 : 칼날 25) 헤두다 : 헤두다, 헤매다 26) 굴허 : 구렁 27) 긴홀 : 긴, 끈 28) ᄌᆞ래 : 자라 29) 낛고 : 낚다 30) ᄀᆞᆺ비 : 가쁘게, 고단하게 31) ᄡᅳ시놋다 : 쓰다 32) 니러 : 일어, 일어나다 33) 골회 : 고리 34) 허튼 : 흐트러진 35) 시를 : 실을 36) 골외논디니라 : 골외다, 침범하다, 함부로 행동하다 37) 깃거ᄒᆞ리아 : 깃거ᄒᆞ다, 기뻐하다 38) ᄂᆞᆺ가이 : 낮게 39) 지여둠 : 지여다, 의지하다(倚) 40) 어루 : 可히

桃竹杖引贈章留後
도죽장인증장유후

江心蟠石生桃竹蒼波噴浸尺度足(강심반석생도죽창파분침척도족)
ᄀᆞᄅᆞᆷ 가온딧 서린 돌해 桃竹이 나니 프른 믌겨리 쑴겨 尺度ㅣ ᄌᆞ라도다.
斬根削皮如紫玉江妃水仙惜不得(참근삭피여자옥강비수선석부득)
불휘를 버혀 거프를 갓ᄀᆞ니 블근 玉이 ᄀᆞᆮᄒᆞ니 江妃와 水仙괘 앗기다가 몯
ᄒᆞ도다.
梓潼使君開一束滿堂賓客皆嘆息(재동사군개일속만당빈객개탄식)
梓潼ㅅ 使君이 ᄒᆞᆫ 무슬 여니 지븨 ᄀᆞᄃᆞ기 안존 손돌히 다 嘆息ᄒᆞᄂᆞ다.
憐我老病贈兩莖出入爪甲鏗有聲(연아노병증양경출입조갑갱유성)
내 늙고 病호ᄆᆞᆯ 슬허 두 줄기를 주니 들며 날 저긔 솞토배 다텨 鏗然히 소
리 잇도다.
老夫復欲東南征乘濤鼓枻白帝城路幽必爲鬼神奪杖劒或與蛟龍爭(노부
복욕동남정승도고예백제성로유필위귀신탈장검혹여교룡쟁)
늘근 노미 ᄯᅩ 東南ᄋᆞ로 녀가 白帝城ᄋᆞ로 믌결 ᄐᆞ며 비츨 두드리고져 ᄒᆞ노
니 길히 幽僻ᄒᆞ야 반ᄃᆞ기 鬼神의 아ᅀᅩ미 ᄃᆞ외며 갈ᄒᆞᆯ 디퍼 시혹 蛟龍과
다ᄆᆞᆺ ᄃᆞ토리로다.
重爲告曰杖兮杖兮爾之生也甚正直愼勿見水踴躍學變化爲龍使我不得爾
之扶持滅迹於君山湖上之青峯(중위고왈장혜장혜이지생야심정직신물견
수용약학변화위룡사아부득이지부지멸적어군산호상지청봉)
다시 告ᄒᆞ야 닐오듸 막대여 막대여 네의 나미 甚히 正直ᄒᆞ니 믈 보곡 ᄠᅱ
노라 變化ᄒᆞ야 龍 ᄃᆞ외요ᄆᆞᆯ 비화 날로 ᄒᆡ여 네 더위자보ᄆᆞᆯ 얻디 몯게 ᄒᆞ

야 君山ㅅ ᄀ림 웃 프른 뫼해 자최 滅沒호ᄆᆞᆯ 삼가 말라.
噫風塵鴻洞兮豺虎咬人忽失雙杖兮吾將曷從(희풍진홍동혜시호교인홀실쌍장혜오장갈종)
슬프다 ᄇᆞᄅᆞ매 드트리 ᄀᆞ득ᄒᆞ고 豺虎ㅣ 사ᄅᆞᄆᆞᆯ ᄆᆞᄂᆞ니 두 막대ᄅᆞᆯ 믄듯 일흐면 내 將次ㅅ 누를 조ᄎᆞ리오.

[중간본]

ᄀᆞᄅᆞᆷ 가온딧 서린 돌해 桃竹이 나니 프른 믌겨리 ᄲᅳᆷ겨 尺度ㅣ ᄌᆞ라도다.
불휘ᄅᆞᆯ 버혀 거프ᄅᆞᆯ 갓ᄀᆞ니 블근 玉이 곧ᄒᆞ니 江妃와 水仙괘 앗기다가 몯ᄒᆞ도다
梓潼ㅅ 使君이 ᄒᆞᆫ 무슬 여니 지븨 ᄀᆞᄃᆞ기 안존 손ᄃᆞ리 다 嘆息ᄒᆞᄂᆞ다.
내 늙고 病ᄒᆞᄆᆞᆯ 슬허 두 즐기를 주니 들며 날 저긔 슌토배 다텨 鏗然히 소리 잇도다.
늘근 노미 ᄯᅩ 東南ᄋᆞ로 녀가 白帝城ᄋᆞ로 믌결 ᄐᆞ며 비츨 두드리고져 ᄒᆞ노니 길히 幽僻ᄒᆞ야 반ᄃᆞ기 鬼神의 아오미 ᄃᆞ외여 갈홀 디퍼 시혹 蛟龍과 다못 ᄃᆞ토리로다.
다시 告ᄒᆞ야 닐오ᄃᆡ 막대여 막대여 네의 나미 甚히 正直ᄒᆞ니 믈 보고 뛰노라 變化ᄒᆞ야 龍 ᄃᆞ외요ᄆᆞᆯ 비화 날로 ᄒᆞ여 네 더위자보ᄆᆞᆯ 얻디 몯게 ᄒᆞ야 君山ㅅ ᄀ림 웃 프른 뫼헤 자최 滅沒호ᄆᆞᆯ 삼가 말라.
슬프다 ᄇᆞᄅᆞ매 드트리 ᄀᆞ득ᄒᆞ고 豺虎ㅣ 사ᄅᆞᄆᆞᆯ ᄆᆞᄂᆞ니 두 막대ᄅᆞᆯ 믄듯 일흐면 내 將次ㅅ 누를 조ᄎᆞ리오.

---

1) ᄌᆞ라도다 : 자라다, 자라다, 족하다 2) 거프ᄅᆞ : 껍질 3) 앗기다가 : 앗기다, 아끼다 4) 무슬 : 뭇, 묶음 5) 슌토배 : 손톱 6) 다텨 : 다티다, 스치다, 건드리리다, 부딪히다 7) 녀가 : 가다 8) 비츨 : 상앗대, 노 9) 아ᅀᆞ미 :

아숨, 빼앗음 10) ᄃ외며 : 되다 11) 더위바보몰 : 더위잡다, 붙잡다, 부축하다 12) 튀노라 : 뛰다 13) ᄆ누니 : 물다 14) 믄듯 : 문득 15) 일흐면 : 잃다

樱拂子
종불자

樱拂且薄陋豈知身效能(종불차박누기지신효능)
樱拂이 사오납고 더러우니 어느 모맷 功效ㅣ 能혼 고돌 알리오.
不堪代白羽有足除蒼蠅(불감대백우유족제창승)
白羽를 代ᄒ얌직디 몯거니와 足히 ᄑ리ᄂ 업게 ᄒ리로다.
熒熒金錯刀擢擢朱絲繩非獨顔色好亦用顧眄稱(형형금착도탁탁주사승비독안색호역용고면칭)
빗난 金으로 실 드린 갈콰 긁히욘 블근 실 노ᄒ 혼갓 비치 됴홀 ᄲᆞᆫ 아니라 ᄯᅩ ᄡᅥ 도라보매 일ᄏᆞᄂ니라.
吾老抱疾病家貧臥炎蒸(오노포질병가빈와염증)
내 늘거 病을 가졋노니 지비 가난ᄒ야 더워 ᄠᅵᄂ 듯ᄒᆫ 더 누웟노라.
帀膚倦撲滅賴爾甘服膺(잡부권박멸뢰이감복응)
솔 너흐로매 텨 ᄇᆞ료몰 굿가ᄒᆞ나니 너를 依賴ᄒ야ᄲᅮ믈 돌히 너기노라.
物微世競棄義在誰肯徵(물미세경기의재수긍징)
物이 微賤ᄒ야 世人이 ᄃᆞ톼 ᄇᆞ리ᄂ니 義 잇건마른 뉘 徵求ᄒ야 보몰 즐겨 ᄒ리오.

三歲淸秋至未敢闕緘縢(삼세청추지미감궐함승)
세 히룰 몰곤 ᄀᆞ슐히 니르거늘 敢히 얼거 ᄀᆞ초믈 闕ᄒᆞ디 아니ᄒᆞ노라.

[중간본]

椴拂이 사오납고 더러우니 어느 모맷 功效ㅣ 能ᄒᆞᆫ 고돌 알리오.
白羽를 代ᄒᆞ얌즉디 몯거니와 足히 ᄑᆞ리ᄂᆞᆫ 업게 ᄒᆞ리로다.
빗난 金으로 실 드린 갈콰 ᄀᆞᆯ히욘 블근 실 노ᄒᆞᆫ ᄒᆞᆫ갓 비치 됴홀 뿐 아니라 ᄯᅩ ᄡᅥ 도라보매 일ᄏᆞᄂᆞ니라.
내 늘거 病을 가졋노니 지비 가난ᄒᆞ야 더위 ᄢᅵᄂᆞᆫ ᄃᆞᆺᄒᆞᆫ 디 누웟노라.
솔 너흐로매 터 브료믈 ᄀᆞᆺ가ᄒᆞ나니 너를 依賴ᄒᆞ야뿌믈 둗히 너기노라.
物이 微賤ᄒᆞ야 世人이 ᄃᆞ톼 ᄇᆞ리ᄂᆞ니 義 잇건마ᄅᆞᆫ 뉘 徵求ᄒᆞ야 보믈 즐겨 ᄒᆞ리오.
세 히룰 몰곤 ᄀᆞ올히 니르거늘 敢히 얼거 ᄀᆞ초믈 闕ᄒᆞ디 아니ᄒᆞ노라.

---

1) ᄀᆞᆯ히욘 : 골히욤, 분별함 2) 노ᄒᆞᆫ : 노끈, 노끈은 3) 일ᄏᆞᄂᆞ니라 : 일ᄏᆞᆮ다, 일컫다, 칭송하다 4) ᄢᅵᄂᆞᆫ : 찌다 5) 너흐로매 : 너흘다, 널다, 물다, 씹다 6) 터 : 쳐, 치다 7) 브료믈 : 브룜, 버림 8) ᄀᆞᆺ가ᄒᆞ나니 : ᄀᆞᆺ가ᄒᆞ다, 가빠하다, 겨워하다, 힘들어 하다 9) ᄃᆞ톼 : 다투다 10) ᄇᆞ리ᄂᆞ니 : ᄇᆞ리다, 버리다 11) 얼거 : 얽어 12) ᄀᆞ초믈 : ᄀᆞ초다, 갖추다

蕃劍
번검

蕃地之劒이라.

致此自僻遠又非珠玉裝(치차자벽원우비주옥장)
이 갈히 오미 먼 ᄃᆡ로브트니 ᄯᅩ 구슬와 玉과로 ᄭᅮ민 거시 아니로다.
如何有奇怪每夜吐光芒(여하유기괴매야토광망)
엇뎨 奇怪호미 이셔 밤마다 비츨 비왇ᄂᆞ뇨
虎氣必騰上龍身寧久藏(호기필등상용신녕구장)
버믜 氣運이 반ᄃᆞ기 飛騰ᄒᆞ야 오르ᄂᆞ니 龍이 모ᄆᆞᆫ 엇뎨 오래 갈마시리오.
風塵苦未息持汝奉明王(풍진고미식지여봉명왕)
ᄇᆞᄅᆞ매 드트리 심히 긋디 아니ᄒᆞ얏ᄂᆞ니 너를 가져 볼고 님긊긔 받ᄌᆞ오리라.

[중간본]

이 갈히 오미 먼 ᄃᆡ로브트니 ᄯᅩ 구슬와 玉과로 ᄭᅮ민 거시 아니로다.
엇뎨 奇怪호미 이셔 밤마다 비츨 비왇ᄂᆞ뇨
버믜 氣運이 반ᄃᆞ기 飛騰ᄒᆞ야 오르ᄂᆞ니 龍이 모ᄆᆞᆫ 엇뎨 오래 갈마시리오.
ᄇᆞᄅᆞ매 드트리 심히 긋디 아니ᄒᆞ얏ᄂᆞ니 너를 가져 볼고 님긊ᄭᅴ 받ᄌᆞ오리라.

---

1) 비왇ᄂᆞ뇨 : 비왇다, 뱉다 2) 갈마시리오 : 갈가잇다, 감추어져 있다, 감추어졌다 3) 긋디 : 끊다

銅瓶
동병

亂後碧井廢時淸瑤殿深銅瓶未失水百丈有哀音(난후벽정폐시청요전심동병미실수백장유애음)
亂ᄒᆞᆫ 後에 프른 우므리 ᄇᆞ렛ᄂᆞ니 時節이 몰ᄀᆞᆫ 젠 瑤殿이 기픈 디러니라
銅瓶이 므를 일티 아니ᄒᆞ야실 제 百丈애 슬픈 소리 잇더니라.
側想美人意應悲寒甃沉(측상미인의응비한추침)
고온 사ᄅᆞ미 ᄠᅳ들 기우시 스츄니 당당히 ᄎᆞᆫ 우므리 믈어뎌슈믈 슬ᄂᆞ니라.
蛟龍反缺落猶得折黃金(교룡반결락유득절황금)
蛟龍이 半만 이즌 거시 뎻ᄂᆞ니 오히려 것근 黃金을 어드리로다.

[중간본]

亂ᄒᆞᆫ 後에 프른 우므리 ᄇᆞ렛ᄂᆞ니 時節이 몰ᄀᆞᆫ 젠 瑤殿이 기픈 디러니라
銅瓶이 므롤 일티 아니ᄒᆞ야실 제 百丈애 슬픈 소리 잇더니라.
고온 사ᄅᆞ미 ᄠᅳ들 기우시 스츄니 당당히 ᄎᆞᆫ 우므리 믈어뎌슈믈 슬ᄂᆞ니라.
蛟龍이 半만 이즌 거시 뎻ᄂᆞ니 오히려 것근 黃金을 어드리로다.

---

1) ᄇᆞ롓ᄂᆞ니 : ᄇᆞ리다, 버리다 2) 디러니라 : 곳, 데, 곳이러니라 3) 일티 : 잃지 4) 기우시 : 기웃이, 기웃하게 5) 스츄니 : 생각하니 6) 믈어뎌슈믈 : 무너졌음을 7) 이즌 : 이즈다, 이지러지다 8) 것근 : 꺾다

又於韋處乞大邑瓷盌
우어위처걸대읍자완

少府韋班이라

大邑燒瓷輕且堅扣如哀玉錦城傳(대읍소자경차견구여애옥금성전)
大邑엣 구은 瓷器 가비얍고 ᄯᅩ 구드니 두드려든 슬픈 玉 소리 ᄀᆞᄐᆞ몰 錦城이 相傳ᄒᆞᄂᆞ다.
君家白盌勝霜雪急送茅齋也可憐(군가백완승상설급송모재야가련)
그딋 짒 힌盌ㅅ 비치 서리와 누니라와 더으니 茅齋예 ᄲᆞᆯ리 보내요미 ᄯᅩ 可히 ᄉᆞ랑ᄒᆞ오니라.

[중간본]

大邑엣 구은 瓷器 가비얍고 ᄯᅩ 구드니 두드려든 슬픈 玉 소리 ᄀᆞᄐᆞ몰 錦城이 相傳ᄒᆞᄂᆞ다.
그딋 짒 힌盌ㅅ 비치 서리와 누니라와 더으니 茅齋예 ᄲᆞᆯ리 보내요미 ᄯᅩ 可히 ᄉᆞ랑ᄒᆞ오니라.

---

1) 가비얍고 : 가볍다 2) 구드니 : 굳이니 3) 두드려든 : 두드리다 4) 누니라와 : -이라와, -보다 5) 더으니 : 더으다, 더하다

食物

식물

古詩 八首 律詩 四首

閿鄕姜七少府設鱠戱贈長歌
문향강칠소부설회희증장가

姜侯設鱠當嚴冬昨日今日皆天風(강후설회당엄동작일금일개천풍)
姜侯ㅣ 鱠롤 베푸미 치운 겨스를 當ᄒᆞ니 어제와 오ᄂᆞᆯ왜 다 하ᄂᆞᆯ ᄇᆞᄅᆞᆷ 부놋다.
河東未漁不易得鑿冰恐侵河伯宮(하동미어불이득착빙공침하백궁)
ᄀᆞᄅᆞ미 어러 고기 잡디 몯ᄒᆞ릴ᄉᆡ 수이 얻디 몯ᄒᆞ리니 어르믈 파 河伯의 宮을 侵逼혼가 전노라.
饔人受魚鮫人手洗魚磨刀魚眼紅(옹인수어교인수세어마도어안홍)
饔人이 고기를 鮫人의 소내 바다 고기 싯고 갈ᄒᆞᆯ ᄀᆞ니 고기의 누니 븕도다.
無聲細下飛碎雪有骨已剁觜春葱(무성세하비쇄설유골이타자춘총)
소리업시 ᄀᆞᄂᆞ리 ᄂᆞ려디니 ᄇᆞᅀᆞ춘 누니 ᄂᆞᄂᆞᆫ 듯ᄒᆞ도소니 잇ᄂᆞᆫ ᄲᅧ를 ᄒᆞ마 사ᄒᆞ오 보믿 파를 섯놋다.
偏勸腹腴愧少年軟炊香飯緣老翁(편권복유괴소년연취향반연노옹)
ᄇᆡᆺ 솔진 ᄃᆡ로 ᄀᆞ장 勸호믈 져믄 사ᄅᆞ믈 븟그리노니 곳다온 바ᄇᆞᆯ 보ᄃᆞ라이 지소믄 늘근 한아빌 말미ᄒᆞ얘로다.
落砧何曾白紙濕放筯未覺金盤空(낙침하증백지습방저미각금반공)
도마애셔 ᄃᆞ니 엇뎨 일즉 흰 죠히 저즈리오 져를 放縱히 ᄒᆞ야 金盤이 뷔ᄂᆞᆫ 들 아디 몯호라.
新懽便飽姜侯德淸觴異味情屢極(신환편포강후덕청각이미정루극)
새례 歡樂호매 姜侯의 德을 곧 비브르 호니 몰ᄀᆞᆫ 잔과 됴ᄒᆞᆫ 마새 ᄠᅳ디 조조 至極ᄒᆞ도다.

東歸貪路自覺難欲別上馬身無力(동귀탐로자각난욕별상마신무력)
東녀그로 가매 길 貪호미 어려운 고둘 내 아노니 여희오 물 투고져 호니 모매 히미 업세라.
可憐爲人好心事於我見子眞顔色(가련위인호심사어아견자진안색)
可히 둣오도다 사른미론디 므슴맷 이리 됴호니 날 향호야 호매 그딋 眞實ㅅ 눗 고줄 보노라.
不恨我衰子貴時悵望且爲今相憶(불한아쇠자귀시창망차위금상억)
그듸 貴훈 저긔 내 늘구믈 츠기 너기디 아니카니와 슬히 부라오믄 이제 여희오 서르 思憶호믈 爲호노라.

[중간본]

姜侯ㅣ 鱠룰 베푸미 치운 겨으를 當호니 어제와 오눌왜 다 하놇 보룸 부놋다.
구르미 어러 고기 잡디 몯호릴시 수이 엇디 몯호리니 어르믈 파 河伯의 宮을 侵逼혼가 젼노라.
饔人이 고기룰 鮫人의 소내 바다 고기 싯고 갈홀 구니 고기의 누니 븕도다. 소리 업시 구누리 누려디니 보오춘 누니 누는 둣호도소니 잇눈 쎠룰 호마 사홀오 보믯 파롤 섯놋다.
비옛 술진 디로 구장 勸호물 져믄 사르물 붓그리노니 곳다온 바볼 보드라이 디오믄 늘근 한아빌 말믜호애로다.
도마애셔 디니 엇뎨 일즉 힌 죠히 저즈리오 져룰 放縱히 호야 金盤이 뷔는 둘 아디 몯호라.
새례 懽樂호매 姜侯의 德을 곧 비브르 호니 물곤 잔과 됴훈 마새 쁘디 주조 至極호도다.

東녀그로 가매 길 貪호미 어려운 고돌 내 아노니 여희오 몰 투고져 호니 모매 히미 업세라.
可히 듯오도다 사르미론디 므오맷 이리 됴호니 날 향호야 호매 그딋 眞實ㅅ 눗 고졸 보노라.
그듸 貴훈 저긔 내 늘구믈 츠기 너기디 아니카니와 슬히 부라오만 이제 여희오 서르 思憶호믈 爲호노라.

---

1) 겨스를 : 겨울을 2) 젼노라 : 두렵다 3) ᄀᄂ리 : 가늘다 4) ᄇᅀᄎᆫ : ᄇᅀᄎ다, 바스러지다 5) 사홀오 : 사홀다, 썰다 6) 섯눗다 : 섯다, 섞다 7) 곳다온 : 향기로운 8) 보드라이 : 보드라이 9) 지쇼ᄆᆞ : 지쑴, 지음 10) 말미ᄒᆞ얘도다 : 말미ᄒᆞ다, 말미암다 11) 디니 : 디다, 떨어지다 12) 새례 : 새로 13) 돗오도다 : 돗오다, 사랑하다, 가련하다 14) 사르미론디 : -이론, -인 15) 고졸 : 꽃을 16) 츠기 : 측은히, 섭섭히

觀打魚歌
관타어가

綿州江水之東津魴魚鱍鱍色勝銀(면주강수지동진방어발발색승은)
綿州ㅅ ᄀᆞᄅᆞᆷ 믌 東녁 노리 魴魚ㅣ 뮈노니 비치 銀이라와 더으도다.
漁人漾舟沉大網截江一擁數百鱗(어인양주침대망절강일옹수백린)
고기 자볼 사루미 비롤 이어 큰 그므를 두마 ᄀᆞᄅᆞ몰 ᄀᆞᄅᆞ텨 數百 고기롤 한 버네 끼려 내놋다.
衆魚常才盡却棄赤鯉騰出如有神(중어상재진각기적리등출여유신)

믌 고기는 샨 거시라 다 도로 브리ᄂᆞ니 블근 鯉魚ㅣ ᄂᆞ라나니 神奇호미 잇ᄂᆞᆫ 듯도다.

潛龍無聲老蛟怒廻風颯颯吹沙塵(잠룡무성노교노회풍삽삽취사진)
기피 잇ᄂᆞᆫ 龍이 소리 업고 늘근 蛟ㅣ 怒ᄒᆞᄂᆞ니 회오리ᄇᆞᄅᆞ미 颯颯히 몰애 와 드트를 부놋다.

饔子左右揮霜刀鱠飛金盤白雪高(옹자좌우휘상도회비금반백설고)
饔子ㅣ 左右로 서리 ᄀᆞᆮ톤 갈흘 두르티니 鱠ㅣ 金盤애 ᄂᆞ라디니 힌 누니 노ᄑᆞᆫ 듯ᄒᆞ도다.

徐州禿尾不足憶漢陰槎頭遠遁逃(서주독미부족억한음사두원둔도)
徐州ㅅ 禿尾ᄂᆞᆫ 足히 ᄉᆞ랑티 아니ᄒᆞ리로소니 漢陰엣 槎頭ᄂᆞᆫ 머리도 두르리로다.

魴魚肥美知第一旣飽驩娛亦蕭瑟(방어비미지제일기포환오역소슬)
魴魚ㅣ 슬지고 됴호믈 第一인디 아노니 이믜셔 ᄇᆡ ᄇᆞᄅᆞ 먹고 즐겨ᄒᆞ니 ᄯᅩ 슬프도다.

君不見朝來割素鬐咫尺波濤永相失(군불견조래할소기지척파도영상실)
그듸는 보디 아니ᄒᆞᄂᆞᆫ다 아ᄎᆞ미 힌 지네를 버히니 갓가온 믌겨를 기리 서ᄅᆞ 일토다.

[중간본]

綿州ㅅ ᄀᆞᄅᆞᆷ 믌 東녁 놀이 魴魚ㅣ ᄠᅱ노니 비치 銀이라와 더으도다.
고기 자볼 사ᄅᆞ미 비를 이어 큰 그므를 두마 ᄀᆞᄅᆞ몰 ᄀᆞᄅᆞ텨 數百 고기를 한 버네 ᄡᅳ려 내놋다.
믌 고기는 샨 거시라 다 도로 브리ᄂᆞ니 블근 鯉魚ㅣ ᄂᆞ라나니 神奇호미 잇ᄂᆞᆫ 듯도다.

기픠 잇ᄂᆞᆫ 龍이 소리 업고 늘근 蛟ㅣ 怒ᄒᆞ느니 회오리ᄇᆞᄅᆞ미 颯颯히 몰애 와 드트를 부놋다.
饔子ㅣ 左右로 서리 ᄀᆞᆮᄒᆞᆫ 갈ᄒᆞᆯ 두르티니 鱠ㅣ 金盤애 ᄂᆞ라디니 힌 누니 노푼 ᄃᆞᆺᄒᆞ도다.
徐州ㅅ 禿尾ᄂᆞᆫ 足히 ᄉᆞ랑티 아니ᄒᆞ리로소니 漢陰엣 槎頭ᄂᆞᆫ 머리도 드르리로다.
魴魚ㅣ 솔지고 됴호믈 第一인디 아노니 이믜셔 비 브르 먹고 즐겨ᄒᆞ니 ᄯᅩ 슬프도다.
그듸ᄂᆞᆫ 보디 아니ᄒᆞᄂᆞᆫ다 아ᄎᆞ미 힌 지네를 버히니 갓가온 믌겨를 기리 서르 일토다.

---

1) 눌이 : 눌, 나루, 나루의 2) 銀이라와 : -이라와, -보다, -라와 3) 더으도다 : 더으다, 더하다 4) 이어 : 흔들다
5) ᄀᆞ로텨 : ᄀᆞ로티다, 가로치다, 후려치다 6) ᄲᅳ려 : ᄲᅳ리다, 꾸리다, 메우다, 싸다, 안다(擁) 7) 샹 : 보통 8) ᄂᆞ라ᄂᆞ니 : 날아나오다 9) 드틀 : 먼지, 티끌 10) 두르티니 : 두르티다, 휘두르다 11) ᄂᆞ라디니 : 날아 떨어지다 12) 드르리로다 : 드르다, 달리다 13) 이믜셔 : 이미(既) 14) 니네 : 지느러미 15) 베히니 : 베다 16) 일토다 : 잃다

又觀打魚
우관타어

蒼江漁子淸晨集設網提綱萬魚急(창강어자청신집설망제강만어급)
프른 ᄀᆞᄅᆞ매 고기 자볼 사ᄅᆞ미 몰곤 새배 모다 그므를 베퍼 그믌 벼리를

자부니 萬魚ㅣ 窘急ᄒ도다.
能者操舟疾若風撑突波濤梃叉入(능자조주질약풍탱돌파도정차입)
能者ㅣ 빈 잡쥐유믈 섈리 호미 부름 ᄀᆞᆮ투니 믌결을 헤딜어 叉를 들오 드ᄂᆞᆺ다.
小魚脫漏不可紀半死半生猶戢戢(소어탈루불가기반사반생유즙즙)
효근 고기 버서나ᄆᆞᆯ 可히 紀錄ᄒ디 몯ᄒ리로소니 半만 주그며 半만 사라 오히려 모닷도다.
大魚傷損皆垂頭屈强泥沙有時立(대어상손개수두굴강니사유시립)
굴근 고기ᄂᆞᆫ 허러 다 머리ᄅᆞᆯ 드리웟ᄂᆞ니 ᄒᆞᆰ과 몰애예셔 ᄂᆞ소사 니러셜 저기 잇도다.
東津觀魚已再來主人罷鱠還傾盃(동진관어이재래주인파회환경배)
東녁 ᄂᆞᆯ이 고기 보믈 ᄒᆞ마 다시 오니 主人이 鱠 이바도믈 못고 도로 술 이받ᄂᆞ다.
日暮蛟龍改窟穴山根鱣鮪隨雲雷(일모교룡개굴혈산근전유수운뢰)
힛 나조히 蛟龍이 窟穴을 고텨 옮고 묏 미틧 鱣鮪ㅣ 雲雷를 조차 가ᄂᆞ다.
干戈兵革鬪未已鳳凰麒麟安在哉(간과병혁투미이봉황기린안재재)
干戈와 兵革괘 사호ᄆᆞᆯ 마디 아니ᄒᆞᄂᆞ니 鳳凰과 麒麟과는 어듸 잇ᄂᆞᆫ고
吾徒胡爲縱此樂暴殄天物聲所哀(오도호위종차락폭진천물성소애)
우리 무른 엇뎨 이 즐규믈 ᄀᆞ장 ᄒ리오 하ᄂᆞᆯ 내샨 거슬 모딜오 그쳐 ᄇᆞ료미 聖人ㅅ 슬논 배니라.

[중간본]

프른 ᄀᆞ르매 고기 자볼 사ᄅᆞ미 몰곤 새배 모다 그므를 베퍼 그믌 벼리를 자부니 萬魚ㅣ 窘急 ᄒ도다.

能者이 비 잡쥐유믈 샐리 호미 ᄇᆞ롬 ᄀᆞᄐᆞ니 믌결롤 헤딜어 ᄎᆞ롤 들오 드놋다.
효근 고기 버서나몬 可히 紀錄ᄒᆞ디 몯ᄒᆞ리로소니 半만 주그며 半만 사라 오히려 모닷도다.
굴근 고기ᄂᆞᆫ 허러 다 머리를 드리웟ᄂᆞ니 흙과 몰애예셔 ᄂᆞ소사 니러셜 저기 잇도다.
東녁 놀이 고기 보몰 ᄒᆞ마 다시 오니 主人이 鱛 이바도몰 뭇고 도로 술 이받ᄂᆞ다.
힛 나조ᄒᆡ 蛟龍이 窟穴을 고텨 옮고 뫼 미틧 鱣鮪ㅣ 雲雷롤 조차 가ᄂᆞ다.
干戈와 兵革괘 사호몰 마디 아니ᄒᆞᄂᆞ니 鳳凰과 麒麟괘ᄂᆞᆫ 어듸 잇ᄂᆞᆫ고
우리 무른 엇뎨 이 즐규믈 ᄀᆞ장 ᄒᆞ리오 하ᄂᆞᆯ 내샨 거슬 모딜오 그쳐 ᄇᆞ료미 聖人ㅅ 슬논 배니라.

---

1) 모다 : 모이다   2) 베퍼 : 베풀어, 펴, 떨치어   3) 벼리 : 벼리(網, 그물의 위쪽 코를 오므렸다 폈다하는 줄)   4) 잡쥐유믈 : 잡쥐다, 잡아쥐다, 잡아 부리다   5) 헤딜어 : 헤디르다, 헤쳐 지르다   6) 들오 드놋다 : 들어 들어오다   7)효근 : 작은   8) 모닷도다 : 모였도다   9) 허러 : 헐다, 짓무르다   10) 드리윗ᄂᆞ니 : 드리우다(垂)   11) ᄂᆞ소샤 : ᄂᆞ솟다,날아솟다   12) 니러셜 : 일어서다   13) 놀이 : 놀, 나루, 나루의   14) 이바도몰 : 이바돔, 대접할 음식   15) 뭇고 : 마치다   16) 이받ᄂᆞ다 : 이받다, 이바지하다, 바라지하다, 잔치하다   17) 고텨 : 다시   18) 무른 : 무리는   19) 모딜오 :모질게

槐葉冷淘
괴엽랭도

靑靑高槐葉采掇付中廚(쳥쳥고괴엽채철부듕주)
프른 노폰 槐葉을 따 브ᅀㅓ빗 사ᄅᆞ믈 맛됴라.
新麵來近市汁滓宛相俱(신면래근시즙재완상구)
새 麵이 갓가온 져제로셔 오니 汁과 즛의왜 宛然히 서르 ᄀᆞ잿도다.
入鼎資過熟加飡愁欲無(입졍자과슉가손수욕무)
소틔 녀허 ᄀᆞ장 니규믈 資賴ᄒᆞ야 더 머구니 시르미 업슬 ᄃᆞᆺᄒᆞ도다.
碧鮮俱照筯香飯兼苞蘆(벽션구조져향반겸포려)
프르고 新鮮ᄒᆞᆫ 거시 다 져에 비취옛ᄂᆞ니 곳다온 바배 苞蘆를 조쳐 머구라.
經齒冷於雪勸人投比珠(경치냉어설권인두비주)
니예 디나니 누니라와 ᄎᆞ니 사ᄅᆞ믈 勸호ᄃᆡ 구슬 줌과 ᄀᆞ티 너기노라.
願隨金騕褭走置錦屠蘇(원수금요뇨주치금도소)
願ᄒᆞᆫ든 金騕褭馬를 조차 錦屠蘇애 돌여다가 두고져 ᄒᆞ노라.
路遠思恐泥興深終不渝(노원사공니흥심죵불투)
길히 머러 가다가 泥滯홀가 저허 ᄉᆞ랑칸마ᄅᆞᆫ 興이 기퍼 ᄆᆞᄎᆞ매 고티디 몯ᄒᆞ노라.
獻芹則小小薦藻明區區(헌근즉소소쳔조명구구)
미나리를 獻호ᄆᆞᆫ 죠고맛 이리오 말와ᄅᆞᆯ 薦ᄒᆞ요ᄆᆞᆫ 져근 情誠을 볼규미니라.
萬里露寒殿開冰淸玉壺君王納涼晩此味亦時須(만리로한뎐개빙쳥옥호군왕납량만차미역시수)
萬里ㅅ 露寒殿에 ᄆᆞᆯ곤 玉壺애 어르믈 여러 노핫ᄂᆞ니 님굼 納涼ᄒᆞ시는 나조히 이 마슬 쏘 時로 어드시ᄂ니라.

[중간본]

프른 노푼 槐葉을 따 브어빗 사ᄅ물 맛됴라.
새 麵ㅣ 갓가온 져제로셔 오니 汁과 즛의왜 宛然히 서르 ᄀ쟷도다.
소팃 녀허 ᄀ장 니규믈 資賴ᄒ야 더 머구니 시르미 업슬 ᄃᆞᆺᄒ도다.
프르고 新鮮ᄒ 거시 다 져에 비취엿ᄂ니 곳다온 바배 苞蘆를 조쳐 머구라.
니예 디나니 누니라와 ᄎ니 사ᄅ물 勸ᄒ되 구슬 줌과 ᄀ티 너기노라.
願ᄒᆞᆫ돈 金騕褭馬ᄅᆞᆯ 조차 錦屠蘇애 돌여다가 두고져 ᄒ노라.
길히 머러 가다가 泥滯홀가 저허 ᄉᆞ랑칸마ᄅᆞᆫ 興이 기퍼 ᄆᆞᄎᆞ매 고티디 몯ᄒ노라.
미나리를 獻ᄒ오ᄆᆞᆫ 죠고맛 이리오 말와ᄆᆞᆯ 薦ᄒᆞ요ᄆᆞᆫ 져근 情誠을 볼규미니라.
萬里ㅅ 露寒殿에 믈곤 玉壺애 어르믈 여려 노핫ᄂ니 님굼 納涼ᄒ시ᄂ 나
조히 이 마슬 쏘 時로 어드시ᄂ니라.

---

1) 브어빗 : 브섭, 부엌 2) 맛됴라 : 맛됴리다, 맡기리라 3) 져제 : 저자, 시장 4) 즛의왜 : 즛의, 찌끼, 찌끼와
5) ᄀ쟷도다 : ᄀᆞᆺ다, 갖다, 구비되어 있다 6) 녀허 : 넣어 7) ᄀ장 : 가장, 자못, 매우, 크게 8) 니규믈 : 니굼, 익음, 익음을 9) 져 : 젓가락 10) 디나니 : 디나다, 지나다 11) 누니라와 : -라와, -보다 12) 돌여다가 : 달리다, 돌여, 달어 13) 저허 : 두렵다 14) 고티디 : 고티다, 고치다 15) 말와ᄆᆞᆯ : 말왐을, 말왐, 마름 16) 볼규미니라 : 불굼, 밝힘 17) 나조 : 저녁

種萵苣
종와거

旣雨已秋堂下理小畦隔種一兩席許萵苣向二旬矣而苣不甲折獨野莧靑靑傷時君子或晚得微祿轗軻不進因作此詩(기우이추당하리소휴격종일양석허와거향이순의이거불갑절독야현청청상시군자혹만득미록감가불진인작차시)

이믜셔 비 오고 개어놀 ᄀᆞᇰ 집 아래 져고맛 받이러믈 다ᄉᆞ리고 ᄒᆞᆫ 두 돗 너븨만 부루 菜롤 즈슴ᄒᆞ야 심고니 두 열흘를 向호ᄃᆡ 苣는 거프리 ᄠᅥ뎌 나디 아니ᄒᆞ고 ᄒᆞ올로 미햇 비르미 퍼러나니 時옛 君子ㅣ 시혹 늘거 죠고맛 祿을 어더도 轗軻ᄒᆞ야 나ᅀᅡ 가디 몯호믈 슬허 이 그를 因ᄒᆞ야 짓노라.

陰陽一錯亂驕蹇不復理(음양일척난교건불복리)
陰陽이 ᄒᆞᆫ 번 어그르처 亂ᄒᆞ니 놀외여 ᄯᅩ 다ᄉᆞ리디 몯ᄒᆞ리로다.
枯旱於其中炎方慘如燬(고한어기중염방참여훼)
그 ᄉᆞᅀᅵ예 몰라 ᄀᆞᄆᆞ니 더운 짜히 ᄆᆞ의여워 블 븐는 ᄃᆞᆺ도다.
植物半蹉陀嘉生將已矣(식물반차타가생장이의)
生植ᄒᆞ엿는 萬物이 半만 어그르치 ᄃᆞ외니 아룸다온 나는 거시 將次ㅅ 마리러라.
雲雷欻奔命師伯集所使(운뢰훌분명사백집소사)
구룸과 울에왜 믄드시 命令에 奔走ᄒᆞ니 雨師風伯이 브룔 거슬 뫼횃도다.
指麾赤白日洞洞靑光起(지휘적백일동동청광기)
指麾호매 白日이 블것ᄂᆞ니 펴뎌 프른 구룸 비치 니럿도다.

雨聲先已風散足盡西靡(우성선이풍산족진서미)
빗소리예 몬져 부루미 마니 흐른 빗바리 다 西ㅅ녀그로 쓰렛ᄒ얏도다.
山泉落滄江霹靂猶在耳(산천락창강벽력유재이)
뫼햇 시미 滄江애 흘러 디ᄂᆞ니 霹靂 소리 오히려 귀예 잇도다.
終朝紆颱沓信宿罷瀟洒(종조우삽답신숙파소쇄)
아ᄎᆞ미 못도록 서늘ᄒ오미 버므럿ᄂᆞ니 이틄 밤 자아 瀟洒로 못도다.
堂下可以畦呼童對經始(당하가이휴호동대경시)
집 아래 어루 받이럼 밍글릴ᄉᆡ 아히 블러 마조셔 비루수 經營ᄒ-유라.
苣兮蔬之常隨事藝其子(거혜소지상수사예기자)
萵苣ᄂᆞᆫ 샹녯 菜蔬ㅣ니 이를 조차 그 삐를 심고라.
破塊數席間荷鋤功易止(파괴수석간하서공이지)
두어 돗 ᄉᆞ싀 만ᄒᆞᆫ 더 ᄒᆞᆰ무저글 ᄣᅳ리니 호미 머요매 功夫를 수이 그치리로다.
兩旬不甲坼空惜埋泥滓(양순불갑탁공석매니재)
두 열흘를 거프리 ᄣᅧ뎌 나디 아니ᄒᆞ니 ᄒᆞᆫ갓 홀긔 무텨슈믈 슬노라.
野莧迷汝來宗生實於此(야현미여래종생실어차)
뫼햇 비르ᄆᆞ 네 온 더를 모ᄅᆞ리로소니 모다 나미 實로 잉어긔로다.
此輩豈無秋亦蒙寒露委(차배기무추역몽한로위)
이 무른 엇뎨 ᄀᆞ을히 업스리오 ᄯᅩ 츤 이스를 니버 ᄇᆞ리이리라.
翻然出地速滋蔓戶庭毁(번연출지속자만호정훼)
도로혀 ᄲᅡ해셔 나미 ᄲᆞ르니 너추러 門과 ᄠᅳᆯ왜 ᄒ야디놋다.
因知邪干正掩抑至沒齒(인지사간정엄억지몰치)
奸邪ᄒᆞᆫ 사ᄅᆞ미 正ᄒᆞᆫ 사ᄅᆞ믈 干犯ᄒ면 그리외여 주구메 니르러 가ᄆᆞᆯ 因ᄒ야 아노라.
賢良雖得祿守道不封己(현량수득록수도불봉이)

賢良은 비록 祿을 어더도 道義를 守ᄒᆞ야 모ᄆᆞᆯ 둗거이 아니ᄒᆞᄂᆞ니라.
擁塞敗芝蘭衆多盛荊杞(옹새패지란중다성형기)
ᄲᅳ리며 ᄀᆞ리와 芝蘭을 ᄒᆞ야ᄇᆞ리ᄂᆞ니 한 가시남기 盛ᄒᆞ도다.
中園陷蕭艾老圃永爲恥(중원함소애노포영위치)
위앗 가온더 ᄡᅮᆨ 서리예 ᄲᅥ뎻ᄂᆞ니 늘근 원두ᄒᆞ리 기리 븟그려 ᄒᆞ노라.
登于白玉盤籍以如霞綺覓也無所施胡顔入筐篚(등우백옥반적이여하기현야무소시호안입광비)
白玉盤애 올이고 雲霞 ᄀᆞᆮᄒᆞᆫ 기부로ᄡᅥ ᄭᆞ면 비르ᄆᆞᆫ 쓸 ᄃᆡ 업거니 어느 ᄂᆞᆾ로 筐篚예 들리오.

[중간본]

이믜셔 비 오고 개어ᄂᆞᆯ ᄀᆞ옰 집 아래 져고맛 받이러믈 다ᄉᆞ리고 ᄒᆞᆫ 두 돗 너븨만 부루 菜를 즈음ᄒᆞ야 심고니 두 열흘를 向ᄒᆞ되 苴ᄂᆞᆫ 거프리 ᄲᅥ뎌 나디 아니ᄒᆞ고 ᄒᆞ올로 미햇 비르미 퍼러나니 時옛 君子ㅣ 시혹 늘거 죠고맛 祿을 어더도 轗軻ᄒᆞ야 나아 가디 몯호ᄆᆞᆯ 슬허 이 그를 因ᄒᆞ야 짓노라.

陰陽이 ᄒᆞᆫ 번 어그르처 亂ᄒᆞ니 놀외여 ᄯᅩ 다ᄉᆞ리디 몯ᄒᆞ리로다.
그 ᄉᆞ이예 몰라 ᄀᆞ므니 더운 ᄯᅡ히 므이여워 블 븓ᄂᆞᆫ 둣도다.
生植ᄒᆞ엿ᄂᆞᆫ 萬物이 半만 어그르치 드외니 아름다온 나ᄂᆞᆫ 거시 將次ㅅ 말리러라.
구룸과 울에왜 믄드시 命令에 奔走ᄒᆞ니 雨師風伯이 브룔 거슬 뫼햇도다.
指麾호매 白日이 블것ᄂᆞ니 펴뎌 프른 구룸 비치 니럿도다.
빗소리예 몬져 ᄇᆞᄅᆞ미 마니 흐른 빗바리 다 西ㅅ녀그로 ᄡᅳ렛ᄒᆞ얏도다.
뫼햇 쇠미 滄江애 흘러 디ᄂᆞ니 霹靂 소리 오히려 귀예 잇도다.

아ᄎ미 못도록 서늘ᄒ미 버므럿ᄂ니 이틋 밤 자아 瀟洒ᄅᆯ 못도다.
집 아래 어루 받이럼 밍글릴ᄉᆡ 아ᄒᆡ 블러 마조 셔 비루수 經營ᄒᆡ유라.
萵苣ᄂᆞᆫ 샹녯 菜蔬ㅣ니 이ᄅᆞᆯ 조차 그 ᄢᅵᄅᆞᆯ 심고라.
두어 돗 ᄉᆞ이 만흔 ᄃᆡ 흙무저글 ᄲᅳ리니 호미 머요매 功夫ᄅᆞᆯ 수이 그치리로다.
두 열흘를 거프리 ᄲᅥ뎌 나디 아니ᄒᆞ니 ᄒᆞᆫ갓 홀긔 무텨슈믈 슬노라.
미햇 비르믄 네 온 ᄃᆡᄅᆞᆯ 모ᄅᆞ리로소니 모다 나미 實로 잉어기로다.
이 무른 엇뎨 ᄀᆞ올ᄒᆡ 업스리오 ᄯᅩ ᄎᆞᆫ 이스를 니버 ᄇᆞ리이리라.
도로혀 따해셔 나미 ᄲᆞᄅᆞ니 너추러 門과 ᄠᅭᆯ왜 ᄒᆞ야디놋다.
奸邪ᄒᆞᆫ 사ᄅᆞ미 正ᄒᆞᆫ 사ᄅᆞ믈 干犯ᄒᆞ면 그리외여 주구매 니르러 가ᄆᆞᆯ 因ᄒᆞ야 아노라.
賢良ᄋᆞᆫ 비록 祿ᄋᆞᆯ 어더도 道義ᄅᆞᆯ 守ᄒᆞ야 모ᄃᆞᆯ 둣거이 아니ᄒᆞᄂ니라.
ᄲᅳ리며 그리와 芝蘭ᄋᆞᆯ ᄒᆞ야ᄇᆞ리ᄂ니 한 가시남기 盛ᄒᆞ도다.
위앳 가온ᄃᆡ 뿍 서리예 ᄲᅧ뎻ᄂ니 늘근 원두ᄒᆞ리 기리 븟그려 ᄒᆞ노라.
白玉盤애 올이오 雲霞 ᄀᆞᆮᄒᆞᆫ 기부로ᄡᅥ ᄲᅳ면 비르믄 쓸 ᄃᆡ 업거니 어느 ᄂᆞ츠로 筐篚예 들리오.

---

1) 이믜셔 : 이미 2) 받이러믈 : 받이럼, 밭이랑 3) 돗 : 돗자리, 자리 4) 즈ᅀᅳᆷᄒᆞ야 : 즈ᅀᅳᆷᄒᆞ다, 사이에 두다 5) ᄲᅥ뎌 : ᄲᅥ디다, 떨어지다 6) 비르미 : 비름이, 비름(莧) 7) 퍼러 : 퍼렇게 8) 나ᅀᅡ가디 : 나아가다 9) 어그르쳐 : 어그르츠다, 어기다, 어긋나게 하다 10) 놀외여 : 놀외다, 천천하다, 더디다, 느리다 11) ᄀᆞ므니 : ᄀᆞ믈다, 가믈다 12) 므싀여워 : 므싀엽다, 무섭다 13) 아름다온 : 아름다운 14) 말리러라 : 말리다 15) ᄆᆞᆮ드시 : 문득, 갑자기 16) 뫼햇도다 : 뫼호다, 모으다 17) 니럿도다 : 일어나다 18) 마니 : 그치니 19) 흐른 : 흐르다, 흐트지다 20) ᄡᅳ렛ᄒᆞ얏도다 : ᄡᅳ렛ᄒᆞ다, 쓰레하다, 쓰러지다 21) 디ᄂ니 : 디다, 떨어지다 22) 못도록 : 마치다, 끝나다 23) 버므럿ᄂ니 : 버므러 : 둘러 24) 자ᅀᅡ : 자다, 주무시다 25) 못도다 : 마치다 26) 어루 : 可히 27) 밍글릴ᄉᆡ : 밍골다, 만들다 28) 마조셔 : 마주셔다, 마주서다 29) 비루수 : 비로소 30) ᄢᅵ : 씨 31) 두ᅀᅥ : 두어(數) 32) 흙무저글 : 흙무적, 흙무더기 33) ᄲᅳ리니 : ᄲᅳ리다, 때리다, 때려 깨트리다 34) 호미 : 호미 35) 머요매

: 머욤, 멤 36) 거프리 : 껍질 37) ᄩ뎌 : 터지다 38) 흘긔 : 흙, 흙의 39) 무텨슈믈 : 무티다, 무텨슘, 묻히다, 묻혔음 40) 비르몬 : 비름, 비름은 41) 잉어긔로다 : 잉어긔, 여기 42) 부리이리다 : 부리다, 버리다(委) 43) ᄲᆞ루니 : 빠르다 44) 너추러 : 넌출, 넝쿨 45) ᄒᆞ야디놋다 : ᄒᆞ야디다, 헐어지다, 헤어지다 46) 그리외여 : 그리외다, 가려 눌리다 47) 둗거이 : 두껍게 48) ᄲᅳ리며 : ᄲᅳ리다, 꾸리다, 메우다, 싸다, 안다 49) 그리와 : 그리다, 가리다 50) ᄒᆞ야ᄇᆞ리ᄂᆞ니 : ᄒᆞ야ᄇᆞ리다, 헐어 버리다 51) 위앗 : 동산 52) 뿍 : 쑥 53) ᄲᅥ뎻ᄂᆞ니 : ᄲᅥ디다, 빠지다 54) 원두ᄒᆞ리 : 원두한이(원두를 붙이거나 놓은 사람을 홀하게 이르는 말, 원두 - 밭에 심은 오이, 참외, 수박, 호박 등을 통틀어 이르는 말) 55) 기브로ᄡᅥ : 깁으로ᄡᅥ, 비단으로써 56) ᄡᆞ면 : ᄡᆞ다, 쌓다

園官送菜
원관송채
幷書(병서)

園官送菜把本數日闕矧苦苣馬齒掩乎嘉蔬傷小人妬害君子菜不足道也比而作詩(원관송채파본수일궐신고거마치엄호가소상소인투해군자채부족도야비이작시)

菜園ㅅ 마ᅀᆞ리 菜蔬ㅅ 무슬 보내니 본딧 數ㅣ 날로 闕ᄒᆞ니 ᄒᆞ믈며 苦苣와 馬齒왜 됴ᄒᆞᆫ 菜蔬를 ᄀᆞ리오미ᄯᆞ녀 小人이 君子를 아쳐러ᄒᆞ야 브료몰슬노니 菜蔬ᄂᆞᆫ 足히 니ᄅᆞ디 마롤디니 가ᄌᆞᆯ벼 그를 짓노라.

淸晨蒙菜把常荷地主恩(청신몽채파상하지주은)
몰곤 새배 菜蔬ㅅ 무슬 니부니 샹녜 地主의 恩惠를 닙노라.

339

守者怨實數略有其名存(수자건실수략유기명존)
守園혼 사루미 實數룰 허므로이 후니 죠간 그 일후미 이실 ᄯ니로다.
苦苣刺如針馬齒葉如繁(고거자여침마이엽여번)
苦苣는 가시 바놀 곧고 馬齒는 니피 ᄯ 하도다.
靑靑嘉蔬色埋沒在中園(청청가채색매몰재중원)
퍼런 됴흔 菜蔬ㅅ 비치 무텨 뼈뎌 위앗 가온뒤 잇도다.
園吏未足怪世事固堪論(원리미족괴세사고감론)
園吏는 足히 괴이티 아니커니와 世聞앳 이를 眞實로 議論ᄒ얌직도다.
嗚呼戰伐久荊棘暗長原(오호전벌구형극암장원)
슬프다 사호미 오라니 가시남기 긴 두들게 어드웻도다.
乃知苦苣輩傾奪蕙草根(내지고거배경탈혜초근)
苦苣의 무리 蕙草이 불휘룰 기우리혀 앗논 고둘 알와라.
小人塞道路爲態何喧喧(소인새도로위태하훤훤)
小人이 길헤 마갯ᄂ니 양ᄌᄒ요미 ᄌ모 수스워리 놋다.
又如馬齒盛氣擁葵荏昏(우여마치성기옹규임혼)
ᄯ 馬齒 盛ᄒ야 氣運이 葵와 荏과를 ᄢ려 어드운 둣ᄒ도다.
點染不易虞絲麻雜羅紈(점염불이우사마잡라환)
더러유믈 수이 혜아리디 몯ᄒ리니 실와 삼괘 기베 섯근 둣ᄒ도다.
一經器物內永掛麤刺痕(일경기물내영괘추자흔)
器物ㅅ 안해 ᄒ번 디나면 크게 그리헌 허므리 기리 걸옛ᄂ니라.
志士採紫芝放謌避戎軒(지사채자지방가피융헌)
有志혼 士는 紫芝 키야 놀애 브르고 사호맷 술위를 避ᄒᄂ니라.
畦丁負籠至感動百慮端(휴정부롱지감동백려단)
畦丁이 籠을 지여 오나눌 感嘆ᄒ야 온 혜아룜 그틀 뮈우노라.

[중간본]

菜園ㅅ 마ᄋᆞ리 菜蔬ㅅ 무슬 보내니 본딧 數ㅣ 날로 闕ᄒᆞ니 ᄒᆞ물며 苦苣
와 馬齒왜 됴ᄒᆞᆫ 菜蔬를 그리오미ᄯ녀 小人이 君子를 아쳐러ᄒᆞ야 부료ᄆᆞᆯ
슬노니 菜蔬ᄂᆞᆫ 足히 니ᄅᆞ디 마롤디니 가줄벼 그를 짓노라.

믈곤 새배 菜蔬ㅅ 무슬 니부니 샹녜 地主의 恩惠를 닙노라.
守園ᄒᆞᆫ 사ᄅᆞ미 實數를 허므로이 ᄒᆞ니 잠간 그 일후미 이실 ᄲᅮ니로다.
苦苣ᄂᆞᆫ 가시 바ᄂᆞᆯ 곧고 馬齒ᄂᆞᆫ 니피 쏘 하도다.
퍼런 됴ᄒᆞᆫ 菜蔬ㅅ 비티 무텨 ᄲᅡ져 위 안 가온ᄃᆡ 잇도다.
園吏ᄂᆞᆫ 足히 怪異티 아니커니와 世間앳 이를 眞實로 議論ᄒᆞ얌즉도다.
슬프다 사호미 오라니 가시남기 긴 두들게 어드웻도다.
苦苣의 무리 蕙草이 불휘를 기우리혀 앗논 고돌 알와라.
小人이 길헤 마갯ᄂᆞ니 양ᄌᆞᄒᆞ요미 ᄌᆞ모 수으워리 놋다.
ᄯᅩ 馬齒 盛ᄒᆞ야 氣運이 葵와 荏과를 ᄡᅳ려 어드운 ᄃᆞᆺᄒᆞ도다.
더러유믈 수이 헤아리디 몯ᄒᆞ리니 실와 삼괘 기베 섯근 ᄃᆞᆺᄒᆞ도다.
器物ㅅ 안해 ᄒᆞᆫ번 디나면 크게 그리현 허므리 기리 걸옛ᄂᆞ니라.
有志ᄒᆞᆫ 士ᄂᆞᆫ 紫芝 키야 놀애 브르고 사호맷 술위를 避ᄒᆞᄂᆞ니라.
畦丁이 籠을 지여 오나ᄂᆞᆯ 感嘆ᄒᆞ야 온 헤아룜 그틀 뮈우노라.

---

1) 마ᄋᆞ리 : 마ᄋᆞᆯ, 마을이 2) 무슬 : 뭇, 묶음 3) 됴ᄒᆞᆫ : 둏다, 좋다 4) 그리오미ᄯ녀 : 그리움 + 이ᄯ녀, 그리움(가
리다) 이ᄯ녀(-이겠느냐) 5) 아쳐러ᄒᆞ야 : 아쳐러ᄒᆞ다, 싫어하다 6) 니ᄅᆞ디 : 이르디 7) 가줄벼 : 비교하다 8)
니부니 : 입으니 9) 허므로이 : 허물이 되게, 그릇 10) ᄲᅡ져 : 빠져 11) 앗논 : 앗다, 빼앗다 12) 마갯ᄂᆞ니 : 막
다 13) 양ᄌᆞᄒᆞ요미 : 양ᄌᆞᄒᆞ다, 모습짓다 14) 수으워리 : 수으워리다, 떠들어 대다, 수떨다 15) ᄡᅳ려 : ᄡᅳ리다,
꾸리다, 메우다, 싸다, 안다 16) 섯근 : 섞다, 섞은 17) 그리현 : 그리혀다, 긇히다 18) 걸옛ᄂᆞ니라 : 걸이다, 걸
리다, 마음에 걸리다 19) 키야 : 키다, 캐다 20) 술위 : 수레 21) 온 : 백 22) 헤아룜 : 헤아룜, 헤아림, 근심함

暇日小園(가일소원)에 散病(산병)ᄒᆞ야 將種秋菜(장종추채)ᄒᆞ야 督勤耕牛(독근경우)ᄒᆞ고 兼書觸目(겸서촉목)ᄒᆞ노라.

不愛入州府畏人嫌我眞(불애입주부외인혐아진)
州府에 드러가물 ᄉᆞ랑티 아니호ᄆᆞᆫ 사ᄅᆞ미 내이 眞淳호ᄆᆞᆯ 아쳐라 홀가 저헤니라.

及乎歸茅宇旁舍未曾嗔(급호귀모우방사미증진)
새지븨 돌아오매 미천 이웃지비 일즉 믜여ᄒᆞ디 아니ᄒᆞᄂᆞ다.

老病忌拘束應接喪情神(노병기구속응접상정신)
늘거 病ᄒᆞ야 얽ᄆᆡ여슈믈 아쳐러ᄒᆞ노니 사ᄅᆞᆷ 應接호매 情神이 喪失ᄒᆞ놋다.

江村意自放林木心所欣(강촌의자방림목심소흔)
ᄀᆞᄅᆞᆷ ᄆᆞᅀᆞᆯ해 ᄠᅳ들 내 펴노니 林木ᄋᆞᆫ ᄆᆞᅀᆞ매 깃논 배니라.

秋耕屬地濕山雨近甚勻(추경속지습산우근심균)
ᄀᆞᅀᆞᆶ 받 가로미 ᄯᅡ 저주메 다ᄃᆞ르니 묏 비는 近間애 甚히 골오 오놋다.

冬菁飯之半牛力晚來新(동청반지반우력만래신)
겨ᅀᅳᆳ 무수는 밥과 半이니 쇠 히미 나조히 새롭도다.

深耕種數畝未甚後四隣(심경종수무미심후사린)
기피 가라 두ᅀᅥ 이럼 심구믈 甚히 네 이우제 ᄠᅥ디디 아니ᄒᆞ노라.

嘉蔬旣不一名數頗具陳(가소기불일명수파구진)
됴ᄒᆞᆫ 菜蔬ㅣ 이믜셔 ᄒᆞᆫ 가지 아니니 일훔과 數와ᄅᆞᆯ ᄌᆞ모 다 베프노라.

荊巫非苦寒採擷接靑春(형무비고한채힐접청춘)
荊州 巫峽은 甚히 칩디 아니ᄒᆞᆯᄉᆡ 키야 머구믈 보ᄆᆡ 니ᅀᅥ ᄒᆞᄂᆞ니라.

飛來兩白鶴暮啄泥中芹(비래우백학모탁니중근)

ᄂ라 왯ᄂ 두 힌 鶴이 흙 가온딧 미나리를 나조히 딕먹ᄂ다.

雄子左翮垂損傷已露筋(웅자좌핵수손상이로근)

수히 왼ᄂᆯ개 드리옛ᄂ니 허러 ᄒ마 히미 낫도다.

一步再流血尙經縞繳勤(일보재류혈상경증작근)

ᄒᆞᆫ 번 거루메 두 번 피 흘리ᄂ니 오히려 縞繳의 브즈런호믈 디내도다.

三步六號呌志屈悲哀頻(삼보육호규지굴비애번)

세 번 거루메 여ᄉᆞᆺ 번 우르ᄂ니 ᄠᅳ디 屈ᄒ야 슬후미 ᄌᆞᆺ도다.

鸞鳳不相待側頸訴高旻(란봉불상대측경소고민)

鸞과 鳳凰괘 서르 기들우들 아니ᄒ니 모ᄀᆞᆯ 기우려 노폰 하ᄂᆞᆯ해 하놋다

杖藜俯沙渚爲汝鼻酸辛(장려부사저위여비산신)

도ᄐᆞ락 막대 디퍼 믌ᄀᆞᆺ을 구버셔 너를 爲ᄒ야 고흘 식히 ᄒ노라.

[중간본]

州府에 드러가몰 ᄉᆞ랑티 아니호믄 사ᄅᆞ미 내이 眞淳호믈 아쳐라 홀가 저헤니라.

새지븨 돌아오매 미천 이웃지븨 일즉 믜여ᄒ디 아니ᄒᆞ다.

늘거 病ᄒ야 얽ᄆᆡ여슈믈 아쳐러 ᄒ노니 사ᄅᆞᆷ 應接호매 情神이 喪失ᄒ놋다.

ᄀᆞ릆 ᄆᆞᄋᆞᆯ해 ᄠᅳ들 내 펴노니 林木은 ᄆᆞᄋᆞ매 깃논 배니라.

ᄀᆞᆳ 받 가로미 ᄡᅡ 저주메 다ᄃᆞᄅᆞ니 뫼ᇰ 비ᄂᆞᆫ 近間애 甚히 골오 오놋다.

겨읏 ᄆᆞᄋᆞᆫ 밤과 半이니 쇠 히미 나조히 새롭도다.

기피 가라 두어 이럼 심구믈 甚히 네 이우제 ᄲᅧ디디 아니ᄒ노라.

됴ᄒᆞᆫ 菜蔬ㅣ 이믜셔 ᄒᆞᆫ 가지 아니니 일훔과 數와를 ᄌᆞ모 다 베프노라.

荊州 巫峽은 甚히 팁디 아니홀ᄉᆡ 키야 머구믈 보ᄆᆡ ᄂᆡ어 ᄒᆞᄂ니라.

ᄂ라 왯ᄂ 두 ᄒᆡᆫ 鶴이 ᄒᆞᆰ 가온딧 미나리를 나조히 딕먹ᄂᆞ다.
수히 왼ᄂᆞᆯ개 드리옛ᄂᆞ니 허러 ᄒᆞ마 히미 낫도다
ᄒᆞᆫ 번 거루메 두 번 피 흘리ᄂᆞ니 오히려 繪繳의 브즈런호ᄆᆞᆯ 디내도다.
세 번 거루메 여슷 번 우르ᄂᆞ니 ᄠᅳ디 屈ᄒᆞ야 슬후미 짓도다.
鸞과 鳳凰괘 서르 기들우믈 아니ᄒᆞ니 모글 기우려 노푼 하ᄂᆞᆯ해 하놋다
도ᄐᆞ락 막대 지퍼 믌ᄀᆞᆯ 구버셔 너를 爲ᄒᆞ야 고홀 식히 ᄒᆞ노라.

1) 아쳐라 : 싫어하다 2) 저헤니라 : 두려워 하다 3) 미천 : 미쳐서는, 이르러서는 4) 믜여ᄒᆞ디 : 믜여ᄒᆞ다, 미워하다 5) 얽미여슈믈 : 얽매다, 얽매였음을 6) 가로미 : 갈다, 감 7) 저주메 : 젖움, 젖다, 젖음에 8) 다ᄃᆞ르니 : 다ᄃᆞ르다, 다다르다 9) 깃논 : 깃다, 기뻐하다 10) 겨슷 : 겨울 11) 무수 : 무(菁) 12) 이럼 : 이랑 13) ᄢᅥ디디 : ᄢᅥ디다, 떨어지다 14) 베프노라 : 베프다, 베풀다 15) 키아 : 키다, 캐다 16) 딕먹ᄂᆞ다 : 찍어 먹다, 쪼아먹다 17) 수히 : 수ㅎ + 이, 수컷 18) 허러 : 헐다, 짓무르다 19) 히미 : 힘, 힘이, 근육, 힘줄(筋) 20) 낫도다 : 낫다 21) 브즈런호ᄆᆞᆯ : 브즈런ᄒᆞ다, 부지런함을 22) 하놋다 : 하소연하다 23) 도ᄐᆞ락 : 명아주 24) 믌ᄀᆞᄋᆞᆯ : 물가를 25) 구버셔 : 굽어 26) 고홀 : 코를 27) 식히 : 시게, 시큰하데

驅豎子摘蒼耳
구수자적창이

江上秋已分林中瘴猶劇(강상추이분림중장유극)
그룸 우희 ᄀᆞᅀᆞᆯ 氣運이 ᄒᆞ마 ᄂᆞ화 이쇼ᄃᆡ 수픐 가온딘 더운 氣運이 오히려 ᄀᆞ장 ᄒᆞ도다.
畦丁告勞苦無以供日夕(휴정고노고무이공일석)

畦丁이 굿브며 受苦ᄅ외요믈 닐오디 뻐 日夕에 받ᄌ올 거시 업다 ᄒᆞᄂᆞ다.
蓬莠猶不燿野蔬暗泉石(봉유유불초야소암천석)
다봇과 ᄀᆞ랏과ᄂᆞᆫ 오히려 이우디 아니ᄒᆞ며 미햇 菜蔬ᄂᆞᆫ 우믈와 돐 ᄉᆞᅀᅵ예 어득ᄒᆞ얫도다.
卷耳況療風童兒且時摘(권이황료풍동아차시적)
卷耳ᄂᆞᆫ ᄒᆞ물며 風病을 고티ᄂᆞ니 아히로 時節에 ᄠᅵ이노라.
侵星驅之去爛熳任遠適(침성구지거란만임원적)
볃 비츨 侵ᄒᆞ야 모라 보내야 爛漫히 머리 가몰 任意로케 ᄒᆞ노라.
放筐亭午際洗剝相蒙羃(방광정오제세박상몽멱)
낫맛 ᄉᆞᅀᅵ예 바고니를 소ᄃᆞ니 시스며 갓곤 거시 서르 두펏도다.
登床半生熟下筯還小益(등상반생숙하저환소익)
床애 올이니 半만 눌와 니그니왜로소니 져를 ᄂᆞ리와 머구니 도로혀 져기 有益ᄒᆞ도다.
加點瓜薤間依稀橘奴跡(가점과해간의희귤노적)
외와 염귯 ᄉᆞᅀᅵ예 뎌 버리니 橘奴의 자최와 이셧ᄒᆞ도다.
亂世誅求急黎民糠籺窄(난세주구급려민강흘착)
亂世예 百姓의 것바도ᄆᆞᆯ ᄲᆞᆯ리 ᄒᆞᄂᆞ니 黎民이 겨와 ᄊᆞ라기도 훤히 몯 어더 먹놋다.
飽食復何心荒哉膏梁客(포식복하심황재고량객)
밥 비브르 머구믄 ᄯᅩ 엇던 ᄆᆞᅀᆞ미고 荒淫ᄒᆞᆯ셔 膏粱을 먹ᄂᆞᆫ 客이여.
富家廚肉臭戰地骸骨白(부가주육취전지해골백)
가ᅀᆞ면 지븨 브서븨 고깃 내어놀 사호ᄂᆞᆫ ᄯᅡ핸 ᄲᅨ 하야ᄒᆞ도다.
寄語惡小年黃金且休擲(기어악소년황금차휴척)
모딘 져믄 사ᄅᆞ미 거긔 말ᄉᆞ믈 브티노니 黃金을 더디디 말라.

[중간본]

그룹 우희 그윳 氣運이 ᄒ마 눈화 이쇼ᄃᆡ 수픐 가온ᄃᆡ 더운 氣運이 오히려 ᄀ장 ᄒ도다.
眭丁이 ᄀᆞᆺ브며 受苦ᄅᆞ외요ᄆᆞᆯ 닐오ᄃᆡ ᄡᅥ 日夕에 받ᄌᆞ올 거시 업다 ᄒᆞᄂᆞ다.
다봇과 그랏과ᄂᆞᆫ 오히려 이우디 아니ᄒᆞ며 미햇 菜蔬ᄂᆞᆫ 우믈와 돐 ᄉᆞ이예 어득ᄒᆞ얫도다.
卷耳ᄂᆞᆫ ᄒᆞᄆᆞᆯ며 風病을 고티ᄂᆞ니 아ᄒᆡ로 時節에 ᄠᅵ이노라.
볃 비츨 侵ᄒᆞ야 모라 보내야 爛漫히 머리 가ᄆᆞᆯ 任意로케 ᄒᆞ노라.
낫 맛 ᄉᆞ이예 바고니ᄅᆞᆯ 소ᄃᆞ니 시스며 갓곤 거시 서르 두펏도다.
床애 올이니 半만 눌와 니그니왜로소니 져룰 ᄂᆞ리와 머구니 도로혀 져기 有益ᄒ도다.
외와 염굣 ᄉᆞ이예 더버리니 橘奴의 자최와 이졋ᄒᆞ도다.
亂世예 百姓의게 바도ᄆᆞᆯ 셜리 ᄒᆞᄂᆞ니 黎民이 겨와 ᄡᆞ라기도 훤히 몯 어더 먹놋다.
밥 비브르 머구믄 ᄯᅩ 엇던 모옵고 荒淫홀셔 高粱을 먹ᄂᆞᆫ 客이여.
가ᅀᅵ면 지븬 브ᅀᅥᆸ 고깃 내어ᄂᆞᆯ 사호ᄂᆞᆫ 싸ᄒᆞᆫ ᄡᅦ ᄒᆞ야ᄒᆞ도다.
모딘 져믄 사ᄅᆞᄆᆡ 거긔 말ᄊᆞᄆᆞᆯ 브티노니 黃金을 더디디 말라.

---

1) ᄀᆞᆺ브며 : ᄀᆞᆺ브다 : 가쁘다, 고단하다 2) ᄡᅥ : 그런 까닭으로 3) 다봇 : 다북쑥 4) 그랏 : 가라지, 강아지풀 5) 이우디 : 이욱다, 시들다 6) ᄠᅵ이노라 : ᄠᅵ이다, 따게 하다 7) 낫맛 : 한낮 8) 소ᄃᆞ니 : 솓다, 쏟다 9) 시스며 : 씻다 10) 갓곤 : 갓고다, 가쁘게 하다, 괴롭게 하다 11) 두펏도다 : 두퍼, 덮어 12) 눌와 : 나오다 13) 니그니왜로소니 : 니그니 + 왜로소니, 닉다, 익다, -이로소니 14) 져긔 : 적게 15) 염굣 : 염규, 염교(백합과에 딸린 여러해살이 풀) 16) 버리니 : 버리다, 벌리다 17) 이졋ᄒᆞ도다 : 이졋ᄒ다, 비슷하다, 방불하다 18) 것바도믈 : 것닷다 : 껍질을 벗기다 19) 훤히 : 훤히, 시원히 20) ᄡᆞ라기 : 싸라기 21) 가ᅀᅵ면 : 가ᅀᆞ며다, 가멸다, 부하다, 부요하다 22) 브ᅀᅥᆸ : 부섭, 부엌의 23) ᄒᆞ야ᄒᆞ도다 : 하얗다 24) 거긔 : 거기, 그곳 25) 더디디 : 더디다, 던지다

江閣臥病走筆寄呈崔盧兩侍御
강각와병주필기정최로양시어

客子庖廚薄江樓枕席淸(객자포주박강루침석청)
나그내의 브어빗 머굴 거시 사오나오니 て룺 樓에 벼개와 돗패 조토다.
衰年病秖瘦長夏想爲情(쇠년병저수장하상위정)
衰老흔 나해 病ᄒ야 오직 여위유니 긴 녀르메 내 ᄠᅳᆮᄒ요몰 스치거니라.
滑憶雕胡飯香聞錦帶羹(활억조호반향문금대갱)
믯그러운 雕胡飯올 ᄉ랑ᄒ고 곳다온 錦帶羹올 듣노라.
溜匙兼暖腹誰欲致盃罌(유시겸난복수욕치배앵)
수레 흐르며 빈 더우미 兼ᄒ니 뉘 盃罌애 다마 보내오져 ᄒ료

[중간본]

나그내의 브어빗 머굴 거시 사오나오니 て룿에 ᄉ 樓벼개와 돗패 조토다.
훈 衰老나해 病ᄒ야 오직 여위유니 긴 녀르메 내 ᄠᅳᆮᄒ요몰 스치거니라.
믯그러운 雕胡飯올 ᄉ랑ᄒ고 곳다온 錦帶羹을 듣노라.
수레 흐르며 빈 더우미 兼ᄒ니 뉘 盃罌애 다마 보내오져 ᄒ료

---

1) 브어빗 : 브섭, 부엌의 2) 돗 : 돗자리, 자리 3) 조토다 : 깨끗하다 4) 여위유니 : 여위다 5) 스치거니라 : 스치다, 생각하다 6) 믯그러운 : 믯그럽다, 미끄럽다 7) 수레 : 술에, 술, 숟가락

秋日阮隱居致薤三十束
추일완은거치해삼십속

隱者柴門內畦蔬繞舍秋(은자시문내휴소요사추)
隱居혼 사르미 섭나모 門 안해 바틧 菜蔬ㅣ 지븨 둘엇논 그술히로다.
盈筐承露薤不待致書求(영광승로해불대치서구)
바고니예 그득혼 이슬 마존 염규를 유무호야 求호물 기들오디 아니호리로다.
束比青芻色圓齊玉筯頭(속비청추색원제옥저두)
뭇구닌 프른 꼴 빗 곧고 도렷호문 玉젓 머리와 혼가지로다.
衰年關鬲冷味暖併無憂(쇠년관격냉미온병무우)
늘근 나해 關鬲이 추더니 마시 더우니 다 시르미 업도다.

[중간본]

隱居혼 사룸이 섭나모 門 안해 바틧 菜蔬ㅣ 지븨 둘엇논 그올히로다.
바고니예 그득혼 이슬 마존 염규를 유무호야 求호물 기들오디 아니호리로다.
뭇구닌 프른 꼴 빗 곧고 도렷호문 玉젓 머리와 혼가지로다.
늘근 나해 關鬲이 추더니 마시 더우니 다 시르미 업도다.

---

1) 둘엇논 : 두르다 2) 유무호야 : 유무호다, 편지하다 3) 뭇구닌 : 묶다 4) 꼴 : 꼴, 건초 5) 도렷호문 : 도렷호다, 둥글다 6) 玉젓 : 玉젓가락

除架
제가

束薪已零落瓠葉轉蕭踈(속신이영락호엽전소소)
뭇곤 서비 ᄒ마 뻐러디니 박 니피 ᄀ장 서의ᄒ도다.
幸結白花了寧辭青蔓除(행결백화료녕사청만제)
幸혀 힌 고지 미조믈 ᄆᄎ니 엇뎨 프른 너출 거더 ᄇ료믈 말리오..
秋蟲聲不去暮雀意何如(추충성불거모작의하여)
ᄀᅀᆶ 벌어지 소리 나 가디 아니ᄒᄂ니 나죗 새 ᄠ든 엇더ᄒ니오.
寒事今牢落人生亦有初(한사금뢰락인생역유초)
치위옛 이리 이제 서의여ᄒ니 人生앳 일도 ᄯᅩ 처어미 잇ᄂ니라.

[중간본]

뭇곤 서비 ᄒ마 뻐러디니 박 니피 ᄀ장 서의ᄒ도다.
幸혀 힌 고지 미조믈 ᄆᄎ니 엇뎬 프른 너출 거더 ᄇ료믈 말리오..
ᄀᅀᆶ 벌어지 소리 나 가디 아니ᄒᄂ니 나죗 새 ᄠ든 엇더ᄒ니오.
치위옛 이리 이제 서의여ᄒ니 人生앳 일도 ᄯᅩ 처어미 잇ᄂ니라

---

1) 뭇곤 : 묶다   2) 서비 : 섭이, 섭, 섭나무   3) 뻐러디니 : 떨어지다   4) 서의ᄒ도다 : 서의ᄒ다, 쓸쓸하다   5) 벌어지 : 벌레

廢畦
폐휴

秋蔬擁霜露豈敢惜凋殘(추소옹상로기감석조잔)
ᄀᆞᅀᆞᆶ 菜蔬ㅣ 서리와 이슬왜 ᄢᅬᆺᄂᆞ니 엇뎨 구틔여 凋殘호ᄆᆞᆯ 앗기리오.
暮景數枝葉天風吹汝寒(모경수지엽천풍취여한)
나죄 히예 가지와 니플 혜요니 하ᄂᆞᆳ ᄇᆞᄅᆞ미 너를 서늘히 부ᄂᆞ다.
綠霑泥滓盡香與歲時闌(녹점니재진향여세시란)
프른 거시 ᄒᆞᆰ긔 무더 업ᄂᆞ니 곳다오ᄆᆞᆫ 歲時와로 다ᄋᆞ놋다.
生意春如昨悲君白玉盤(생의춘여작비군백옥반)
보미 나던 ᄠᅳ디 어제 ᄀᆞᆮ트니 님금 白玉盤ᄋᆞᆯ 슬노라.

[중간본]

ᄀᆞᅀᆞᆶ 菜蔬ㅣ 서리와 이슬왜 ᄢᅬᆺᄂᆞ니 엇뎨 구틔여 凋殘호ᄆᆞᆯ 앗기리오.
나죄 히예 가지와 니플 혜요니 하ᄂᆞᆳ ᄇᆞᄅᆞ미 너를 서늘히 부ᄂᆞ다.
프른 거시 ᄒᆞᆰ긔 무더 업ᄂᆞ니 곳다오ᄆᆞᆫ 歲時와로 다ᄋᆞ놋다.
보미 나던 ᄠᅳ디 어제 ᄀᆞᆮ트니 님금 白玉盤ᄋᆞᆯ 슬노라

---

1) ᄢᅬᆺᄂᆞ니 : ᄢᅬ리다, 꾸리다, 메우다, 싸다, 안다 2) 앗기리요 : 앗기다, 아끼다 3) 혜요니 : 헤아리다 4) 무더 : 묻다, 묻어 5) 곳다오ᄆᆞᆫ : 곳다옴, 향기로움 6) 歲時와로 : -와로, -와 더불어 7) 다ᄋᆞ놋다 : 다ᄋᆞ다, 다하다, 없어지다

-分類杜工部詩卷之十六-

分類杜工部詩卷之二十三

送別下

律詩 八十首

奉送郭中丞兼太僕卿充隴右節度使三十韻
봉송곽중승겸태복경충롱우절경사삼십운

詔發西山將秋屯隴右病(조발서산장추둔롱우병)
詔書로 西山ㅅ 將帥룰 내여 ᄀᆞ올히 隴右에 兵馬룰 屯聚케 ᄒ시니라
凄凉餘部曲燀赫舊家聲(처량여부곡천혁구가성)
나맷ᄂᆞᆫ 部曲이 凄凉ᄒ고 녯 지븻 소리ᄂᆞᆫ 빗나도다.
鵰鶚乘時去騏驎顧主鳴(조악승시거화유고주명)
鵰鶚이 時節을 타 가ᄂᆞᆫ ᄃᆞᆺᄒ며 騏驎ㅣ 님자홀 도라보아 우ᄂᆞᆫ ᄃᆞᆺᄒ도다
艱難須上策容易卽前程(간난수상책용역즉전정)
어려운 저긔 노픈 謀策을 須求ᄒᆞᄂᆞ니 수이 곧 길헤 나ᅀᅡ가놋다.
斜日當軒盖高風卷旆旌(사일당헌개고풍권패정)
빗근 힛비츤 軒盖룰 當ᄒ고 노픈 ᄇᆞᄅᆞ믄 旆旌을 거도ᄇᆞ놋다,
松悲天水冷沙亂雪山晴(송비천수랭사란설산청)
솘 소리 슬프니 天水ㅣ 서늘ᄒ고 몰애 어즈러우니 雪山이 개엿도다
和虜猶懷惠防邊詎敢警(화로유회혜방변거감경)
和親ᄒᆞᆫ 되 오히려 恩惠룰 ᄉᆞ랑ᄒᆞᄂᆞ니 ᄀᆞ올 防戌호매 엇뎨 敢히 놀래리오
古來於異域鎭靜示專征(고래어이역진정시전정)
녜로 오매 다ᄅᆞᆫ ᄀᆞ샌 눌러 安靜케 호매 征伐을 專主케 호믈 뵈ᄂᆞ니라

燕薊奔封豕周秦觸駿鯨(연계분봉시주진촉준경)
燕薊예는 큰 도티 돋고 周秦엔 놀란 고래 다디르놋다.
中原何慘黷餘孽尙縱橫(중원하참독여얼상종횡)
中原이 ᄌᆞ모 어드우니 餘孽이 오히려 어즈럽다
箭入昭陽殿笳吟細柳營(전입소양전가음세류영)
사리 昭陽殿에 드느니 픔 더는 細柳營에셔 입놋다
內人紅袖泣王子白衣行(내인홍수읍왕자백의행)
앗 사ᄅᆞ민 블근 ᄉᆞ매예 울오 王子는 힌 옷 닙고 녀가놋다,
宸極妖星動園陵殺氣平(신극요성동원릉살기평)
宸極에 妖怪로왼 벼리 뮈오 園陵엔 殺伐ㅅ 氣運이 平ᄒᆞ얏도다
空餘金椀出無復繐帷輕(공여금완출무복세유경)
ᄒᆞ갓 金椀이 나 기텟고 ᄯᅩ 繐帷의 가븨야오믄 업도다
毁廟天飛雨焚宮火徹明(훼묘천비우분궁화철명)
宗廟를 허니 하늘히 슬허 비를 놀이고 宮殿을 브티니 브리 새ᄃᆞ록 ᄉᆞᄆᆞ챗도다
罘罳朝共落楣桷夜同傾(부시조공락륜각야동경)
罘罳ㅣ 아ᄎᆞ미 다못 믈어디고 楣桷이 바미 ᄒᆞᆫ쁴 기웃놋다.
三月師逾整群胡勢就烹(삼월사유정군호세취팽)
석 ᄃᆞ래 王師ㅣ 더욱 整齊ᄒᆞ니 뭀 되의 양지 ᄉᆞᆲ교매 나ᄋᆞ리로다.
瘡痍親接戰勇決冠垂成(창이친접전용결관수성)
헐므우므로 親히 사홈 븓ᄂᆞ니 勇決호미 이러가매 다ᄅᆞ로매 위두ᄒᆞ도다
妙譽期元宰殊恩且列卿(묘예기원재수은차열경)
微妙ᄒᆞᆫ 聲譽는 元宰를 期望ᄒᆞᄂᆞ니 殊異ᄒᆞᆫ 恩私로 列卿ㅅ 벼스를 ᄒᆞ얏도다,

幾時回節鉞戮力掃欃槍(기시회절월륙력소참창)
어느 저긔 節鉞을 돌아와 힘뻐 欃槍을 쓰러 브릴고
圭寶三千士雲梯七十城(규보삼천사운제칠십성)
圭 곧흔 굼긘 三千 士ㅣ 살오 구룸 드리엔 七十 城을 降服히니라
恥非齊說客甘似魯諸生(치비제설객감사노제생)
齊ㅅ 說客이 아뇨믈 붓그리고 魯ㅅ 諸生 곧호믈 둘히 너기노라
通籍微班忝周行獨生榮(통적미반첨주행독생영)
通籍ᄒᆞ야 죠그맛 班列을 더러요니 周行애 ᄒᆞ오ᅀᅡ 안잣는 榮華ㅣ로다
隨肩趨漏刻斷髮寄簪纓(수견추루각단발기잠영)
엇게를 조차 漏刻ㅅ 소리예 ᄃᆞ니고 뎌른 머리를 簪纓에 브툐라
徑欲依劉表還疑厭禰衡(경욕의유표환의염녜형)
곧 劉表를 븓고져칸마론 도로혀 禰衡을 아쳘가 疑心ᄒᆞ노라
漸衰那此別忍淚獨含情(점쇠나차별인루독함정)
漸漸 衰老호매 엇뎨 이 여희요믈 ᄒᆞ거뇨 눉므를 ᄎᆞᆷ고 ᄒᆞ올로 ᄠᅳ들 머구라
廢邑狐狸語空村虎豹爭(패읍호리어공촌호표쟁)
殘廢ᄒᆞᆫ ᄀᆞ올핸 여ᅀᅳ 슬기셔 말ᄒᆞ고 뷘 ᄆᆞᅀᆞᆯ힌 비미셔 ᄃᆞ토놋다
人頻墜塗炭公豈忘精誠(인빈추도탄공기망정성)
사ᄅᆞ미 ᄌᆞ조 塗炭애 ᄠᅥ러디ᄂᆞ니 그듸는 엇뎨 精誠을 니즈료
元帥調新律前軍壓舊京(원수조신율전군압구경)
元帥ㅣ 새 師律을 調和ᄒᆞ며 알ᄑᆡ 가는 軍은 녯 셔울헤 臨壓ᄒᆞ얫도다
安邊仍扈從莫作後功名(안변잉호종막작후공명)
ᄀᆞᅀᆞᆯ 便安케 ᄒᆞ고 지즈로 님금 뫼ᅀᆞ와 功名을 ᄂᆞ미게 ᄲᅥ듀믈 짓디 말라.

[중간본]

詔書로 西山ㅅ 將帥를 내여 ᄀ올히 隴右에 兵馬를 屯聚케 ᄒ시니라
나맷는 部曲이 凄涼ᄒ고 녯 지븻 소리는 빗나도다.
鶺鴒이 時節을 타 가는 ᄃᆞᆺᄒ며 驊騮ㅣ 님자ᄅᆞᆯ 도라보아 우는 ᄃᆞᆺᄒ도다
어려운 저긔 노푼 謀策을 須求ᄒᆞ니 수이 곧 길헤 나아가놋다.
빗근 힛비츤 軒盖ᄅᆞᆯ 當ᄒ고 노푼 ᄇᆞᄅᆞ문 旆旌을 거도부놋다,
솘 소리 슬프니 天水ㅣ 서늘ᄒ고 몰애 어즈러우니 雪山이 개옛도다
和親ᄒ 되 오히려 恩惠ᄅᆞᆯ ᄉᆞ랑ᄒᆞ니 ᄀᆞ올 防戌호매 엇뎨 敢히 놀래리오
녜로 오매 다ᄅᆞᆫ ᄀᆞ앤 눌러 安靜케 호매 征伐을 專主케 호믈 뵈ᄂᆞ니라
燕薊예는 큰 도티 듣고 周秦엔 놀란 고래 다디ᄅᆞ놋다.
中原이 ᄌᆞ모 어드우니 餘孽이 오히려 어즈럽다
사리 昭陽殿에 드ᄂᆞ니 픐 뎌는 細柳營에셔 입놋다
앏 사ᄅᆞ문 블근 ᄉᆞ매예 울오 王子는 힌 옷 닙고 녀가놋다,
宸極에 妖괴로왼 별이 뮈오 園陵엔 殺伐ㅅ 氣運이 平ᄒ얏도다
ᄒᆞ갓 金椀이 나 기텟고 ᄯᅩ 總帷의 가비야오문 업도다
宗廟ᄅᆞᆯ 허니 하ᄂᆞᆯ히 슬허 비ᄅᆞᆯ 놀이고 宮殿을 부티니 ᄇᆞ리 새ᄃᆞ록 ᄉᆞᄆᆞ챗도다
罘罳ㅣ 아ᄎᆞ미 다 못 믈어디고 欄楯이 바미 ᄒᆞᆫᄢᅴ 기우도다.
석 ᄃᆞ래 王師ㅣ 더욱 整齊ᄒᆞ니 뭀 되인 양ᄌᆡ 슯교매 나아리로다.
헐므우므로 親히 사홈 븥ᄂᆞ니 勇決호미 이러가매 다ᄅᆞ로매 위두ᄒ도다
微妙ᄒᆞᆫ 聲譽는 元宰ᄅᆞᆯ 期望ᄒᆞ니 殊異ᄒᆞᆫ 恩私로 列卿ㅅ 벼스를 ᄒᆞ얏도다,
어ᄂᆞ 저긔 節鉞을 돌아와 힘뼈 攙搶을 ᄡᅳ러 ᄇᆞ릴고
圭 곧ᄒᆞᆫ 굼긘 三千 士ㅣ 살오 구룸 ᄃᆞ리엔 七十 城을 降服히니라

齊ㅅ 說客이 아뇨물 붓그리고 魯ㅅ 諸生 곤호물 둘히 너기노라
通籍ᄒᆞ야 죠그맛 班列을 더러오니 周行애 ᄒᆞ오아 안잣ᄂᆞᆫ 榮華 ㅣ 로다
엇게ᄅᆞᆯ 조차 漏刻ㅅ 소리예 듣니고 뎌른 머리ᄅᆞᆯ 簪纓에 브툐라
곧 劉表를 븓고져칸마ᄅᆞᆫ 도ᄅᆞ혀 禰衡을 아쳗 疑心ᄒᆞ노라
漸漸 衰老호매 엇뎨 이 여희요ᄆᆞᆯ ᄒᆞ거뇨 눉므를 춤고 ᄒᆞ올로 ᄯᅳ들 머구라
殘廢ᄒᆞᆫ ᄀᆞ올핸 여ᅀᆞ 슬기셔 말ᄒᆞ고 뷘 ᄆᆞᄋᆞᆯᄒᆡᆫ 버미셔 ᄃᆞ토놋다
사ᄅᆞ미 ᄌᆞ조 塗炭애 ᄢᅥ러디ᄂᆞ니 그듸ᄂᆞᆫ 엇뎨 精誠을 니즈료
元帥 ㅣ 새 師律을 調和ᄒᆞ며 알ᄑᆡ 가ᄂᆞᆫ 軍은 녯 셔울헤 臨壓ᄒᆞ얫도다
ᄀᆞ올 便安케 ᄒᆞ고 지즈로 님금 뫼ᅀᆞ와 功名을 ᄂᆞ미게 ᄢᅥ듀믈 짓디 말라

---

1) 수이 : 쉬이, 쉽게 2) 나ᅀᅡ가놋다 : 나ᅀᅡ가다, 나아가다 3) 빗근 : 빗그다, 비뚤다, 비스듬히 4) 거도 부놋다 : 거도불다, 거두어 불다 5) 도티 : 돝이, 돼지 6) 듣고 : 듣나다, 다니다 7) 다디ᄅᆞ놋다 : 다디ᄅᆞ다, 들이받다, 대지르다 8) 어즈럽다 : 어지럽다, 번거롭다 9) 입놋다 : 입다, 읊다 10) 픐뎌 : 풀피리 11) 안 : 안(內) 12) 기텟고 : 기티다, 끼치다, 남기다 13) 브티니 : 브티다, (불을) 붙이다 14) ᄉᆞᄆᆞᆺ챗도다 : ᄉᆞᄆᆞᆺ챗다, 사무쳐 있다 15) 다뭇 : 더불어 16) 녀가놋다 : 녀가다, 가다 17) 믈어디고 : 믈어디다, 무너지다 18) ᄒᆞᆫᄢᅴ : 함께 19) 양ᄌᆞ : 양자(樣子), 얼굴의 생김새 20) 숨교매 : 숨곰, 삶김(烹) 21) 헐므ᅀᅮ므로 : 헐므숨, 헒, 헐믓다 22) ᄡᅳ러 : ᄡᅳᆯ다 23) 굼긔 : 구멍에 24) 붓그리고 : 부끄러워하다 25) 돌히 : 달게 26) 더러요니 : 더러욤, 더럽힘 27) 엇게ᄅᆞᆯ : 어깨 28) 브툐라 : 브툐리라, 붙이리라 29) 븓고져칸마ᄅᆞᆫ : 붙다, 의지하다, 근거로 하다 30) 아쳗가 : 아쳗다, 싫어하다 31) 머구라 : 먹다 32) 여ᅀᆞ : 여우,여으, 여희 33) ᄀᆞ올 : 고을 34) 슬기셔 : 슬기, 살캥이 35) ᄆᆞᄋᆞᆯᄒᆡᆫ : 마을 36) 버미셔 : 범이 37) ᄃᆞ토놋다 : 다투다 38) ᄢᅥ러디ᄂᆞ니 : 떨어지다 39) 니즈료 : 닞다, 잊다 40) 지즈로 : 인하여, 말미암아, 드디어 41) 뫼ᅀᆞ와 : 모시다, 모시다 42) ᄢᅥ듀믈 : ᄢᅥ듐, 떨어짐 43) 짓디 : 짓다(作) 44) 나맷ᄂᆞᆫ : 남다, 남아있는 45) 이러가매 : 이르다(成) 46) 다ᄅᆞ로매 : 다ᄅᆞ다, 다르다 47) 위두ᄒᆞ도다 : 위두ᄒᆞ다, 으뜸가다, 으뜸이 되다 48) -셔 : -서, -에서, -에서부터, - 라서, -가

奉送嚴公入朝十韻
봉송엄공입조십운

鼎湖瞻望遠象闕憲章新(정호첨망원상궐헌장신)
鼎湖애 브라오미 머니 象闕에 法度ㅣ 새롭도다
四海猶多難中原憶舊臣(사해유다난중원억구신)
四海예 오히려 難이 하니 中原에서 녯 臣下룰 스랑ᄒᆞ놋다
與時安反側自昔有經綸(여시안반측자석유경륜)
時世룰 다못ᄒᆞ야 反側홀 스ᄅᆞ물 便安케 ᄒᆞ요몬 녜로브터 經綸홀 지죄 잇ᄂᆞ니라
感激長天步從容靜塞塵(감격장천보종용정새진)
感激ᄒᆞ야 天步룰 펴고 從容히 ᄀᆞᇫ 드틀를 安靜케 ᄒᆞ도다
南圖回羽翮北極捧星辰(남도회우핵북극봉성진)
南녀긔셔 쇠ᄒᆞ야 羽翮을 돌아가 北極에 星辰을 捧戴ᄒᆞ러로다
漏鼓還思晝宮鶯罷囀(누고환사주궁앵파전)
漏刻ㅅ 부프란 도로 나지 스랑ᄒᆞᄂᆞ니 宮殿에 곳고리는 보미 우로물 ᄆᆞᆺ놋다.
空留玉帳術愁殺錦城人(공유옥장술추살금성인)
ᄒᆞᆫ갓 玉帳앳 術法이 머므렛도소니 錦城엣 사ᄅᆞᄆᆞᆯ 시름케 ᄒᆞ놋다,
閣道通丹地江潭隱白蘋(각도통단지강담은백빈)
劍閣ㅅ 길흔 블근 ᄯᅡ해 ᄉᆞᄆᆞ챗ᄂᆞ니 江潭애 힌 말왐 서리예 隱居ᄒᆞ얏노라
此生那老蜀不死會歸秦(차생나노촉불사회귀진)
이 生애 어느 蜀애셔 늘그리오 죽디 아니ᄒᆞ면 모로매 秦에 가리라
公若登台輔臨危莫愛身(공약등태보임위막애신)

그듸 ᄒᆞ다가 台輔애 오ᄅᆞ거든 危難ᄋᆞᆯ 臨ᄒᆞ야 모ᄆᆞᆯ 앗기디 말라

[중간본]

鼎湖애 ᄇᆞ라오미 머니 象闕에 法度ㅣ 새롭도다
四海예 오히려 難이 하니 中原에셔 녯 臣下ᄅᆞᆯ 스랑ᄒᆞᄂᆞ다
時世ᄅᆞᆯ 다뭇ᄒᆞ야 反側홀 스룸ᄋᆞᆯ 便安케 ᄒᆞ요ᄆᆞᆫ 녜로브터 經綸홀 지죄 인ᄂᆞ니라
感激ᄒᆞ야 天步ᄅᆞᆯ 펴고 從容히 그잇 드틀를 安靜케 ᄒᆞ도다
南녀긔셔 뫼ᄒᆞ야 羽翮을 돌아가 北極에 星辰을 捧戴ᄒᆞ러로다
漏刻ㅅ 부프란 도로 나지 스랑ᄒᆞᄂᆞ니 宮殿에 곳고리ᄂᆞᆫ 보ᄆᆡ 우로ᄆᆞᆯ 못ᄂᆞ다.
ᄒᆞᆫ갓 玉帳앳 術法이 머므렛도소니 錦城엣 사ᄅᆞᆷ올 시름케 ᄒᆞᄂᆞ다,
劍閣ㅅ 길흔 블근 ᄯᅡ해 ᄉᆞ무챗ᄂᆞ니 江潭애 힌 말왏 서리예 隱居ᄒᆞ얏도다
이 生애 어느 蜀애셔 늘그리오 죽디 아니ᄒᆞ면 모로매 秦에 가리라
그듸 ᄒᆞ다가 台輔애 오ᄅᆞ거든 危難ᄋᆞᆯ 臨ᄒᆞ야 모ᄆᆞᆯ 앗기디 말라

---

1) 다뭇ᄒᆞ야 : 다뭇하다, 같이하다, 더불어 하다 2) 지죄 : 재주 3) 그싓 : 가의, 변방 4) 드틀 : 먼지, 티끌 5) 뫼ᄒᆞ야 : 꾀다, 모여들다 6) 부프란 : 붚으란, 북으란 7) 나지 : 낮에 8) 못ᄂᆞ다 : 못다, 마치다 9) 머므렛도소니 : 머므렛다, 머루러 있다 10) ᄉᆞ무챗ᄂᆞ니 : ᄉᆞ뭇다, 통하다, 사무치다 11) 말왏 : 마름

奉濟驛重送嚴公四韻
봉제역중송엄공사운

遠送從此別靑山空復情(원송종차별청산공부정)
먼 디 보내요물 일로브터 여희노니 프른 뫼헤 ᄒᆞᆫ갓 ᄯᅩ ᄠᅳ들 가젯노라
幾時盃重把昨夜月同行(기시배중파작야월동행)
어느 저긔 숤잔을 다시 자부려뇨 어젯 바미사 ᄃᆞ래 ᄒᆞᆫᄃᆡ 녀라
列郡謳歌惜三朝出入榮(열군구가석삼조출입영)
버렛는 ᄀᆞ올ᄒᆞᆫ 놀애 블러 앗기ᄂᆞ니 三朝를 나며 드러ᄃᆞ니는 榮華ㅣ로다
江村獨歸處寂寞養殘生(강촌독귀처적막양잔생)
ᄀᆞᄅᆞᆷ 무ᅀᅳ레 호오ᅀᅡ 도라가는 ᄯᅡ해 寂寞히 衰殘ᄒᆞᆫ 人生을 養ᄒᆞ리로다.

[중간본]

먼 디 보내요물 일로브터 여히노니 프른 뫼헤 ᄒᆞᆫ갓 ᄯᅩ ᄠᅳ들 가젯노라
어느 저긔 숤잔을 다시 자부려뇨 어젯 바미사 ᄃᆞ래 ᄒᆞᆫᄃᆡ 녀라
버렛는 ᄀᆞ올ᄒᆞᆫ 놀애 블러 앗기ᄂᆞ니 三朝를 나며 드러ᄃᆞ니는 榮華ㅣ로다
ᄀᆞᄅᆞᆷ 무올히 호오아 도라가는 ᄯᅡ해 寂寞히 衰殘ᄒᆞᆫ 人生을 養ᄒᆞ리로다

1) 일로브터 : 이로부터 2) 가젯노라 : 가졌나 3) ᄒᆞᆫᄃᆡ : 함께 4) 녀라 : 녀다, 가다 5) 버렛는 : 벌다, 늘어서다, 벌이다 6) 앗기ᄂᆞ니 : 앗기다, 아끼다

奉送韋中丞之晉赴湖南
봉송위중승지진부호남

寵渥微黃漸權宜借寇頻(총악미황잠권의차구빈)
榮寵ᄒᆞᆫ 恩渥은 黃覇를 브르실 漸이니 權宜로 寇恂 비로물 ᄌᆞ조 ᄒᆞ놋다
湖南安背水峽內憶春行(호남안배수협내억춘행)
湖南애 믈 지옛는 ᄀᆞ올ᄒᆞᆯ 便安케 ᄒᆞ리로소니 峽內예셔 보미 巡行ᄒᆞ던 이를 ᄉᆞ랑ᄒᆞ놋다,
王室仍多故蒼生倚大臣(왕실잉다고창생의대신)
王室이 지즈로 緣故ㅣ 하니 蒼生은 큰 臣下를 븓놋다
還將徐孺榻處處待高人(환장서유탑처처대고인)
도로 徐孺의 榻을 디녀 곧마다 노폰 사ᄅᆞ믈 待接ᄒᆞ리로다

[중간본]

榮寵ᄒᆞᆫ 恩渥은 黃覇를 브르실 漸이니 權宜로 寇恂 비로물 ᄌᆞ조 ᄒᆞ놋다
湖南애 믈 지옛는 ᄀᆞ올ᄒᆞᆯ 便安케 ᄒᆞ리로소니 峽內예셔 보미 巡行ᄒᆞ던 이를 ᄉᆞ랑ᄒᆞ놋다,
王室이 지즈로 緣故ㅣ 하니 蒼生은 큰 臣下를 븓놋다
도로 徐孺의 榻을 디녀 곧마다 노폰 사ᄅᆞ믈 待接ᄒᆞ리로다.

---

1) 비로물 : 비롬, 빏 2) 지옛는 : 지다(背) 3) 지즈로 : 인하여, 말미암아, 드디어 4) 븓놋다 : 의지하다, 근거하다 5) 디녀 : 지니어 6) 지옛는 : 지다, 물을 뒤에 지다(背)

留別賈嚴二閣老兩院補闕得聞字
유별가엄이각노양원보궐득문자

田園須暫往戎馬惜離群(전원수잠왕융마석리군)
田園에 모로매 잢간 가릴시 戎馬애 물 여희요물 슬노라
去遠留詩別愁多任酒醺(거원유시별추다임주훈)
먼 디 가노라 글 지어 주어 여희오 시르미 하 수리 醉호물 므더니 너기노라
一秋常苦雨今日始無雲(일추상고우금일시무운)
호 ᄀ솔홀 댱샹 비 苦로외더니 오놀사 비릇 구루미 업도다.
山路晴吹角那堪處處聞(산로청취각나감처처문)
묏 길히 갠 디셔 吹角ᄒᆞᄂᆞ니 엇뎨 곧마다 드럼직 ᄒᆞ리오.

[중간본]

田園에 모로매 잢간 가릴시 戎馬애 물 여희요물 슬노라
먼 디 가노라 글 지어 주어 여희오 시르미 하 수리 醉호물 므더니 너기노라
호 ᄀ울홀 댱샹 비 苦로외더니 오놀아 비릇 구루미 업도다.
묏 길히 갠 디셔 吹角ᄒᆞᄂᆞ니 엇뎨 곧마다 드럼직 ᄒᆞ리오.

1) 모로매 : 모름지기, 반드시 2) 잢간 : 잠깐, 조금 3) 가릴시 : 가다 4) 물 : 무리 5) 므더니 : 소홀히, 대수롭지 않게 6) 댱샹 : 장상, 늘, 항상 7) 드럼직 : 듣다

送賈閣老出汝州
송가각노출여주

西掖梧桐樹空留一院陰(서액오동수공유일원음)
西掖앳 머귀남기여 ᄒᆞᆫ갓 ᄒᆞᆫ 院엣 ᄀᆞ눌옷 머므럿도다,
艱難歸故里去住損春心(간난귀고리거주손춘심)
어려운 제 녯 ᄆᆞᄋᆞᆯ히 가ᄂᆞ니 너ᄂᆞᆫ 가고 나ᄂᆞᆫ 이쇼매 보미ㅅ ᄆᆞᅀᆞ미 減損
ᄒᆞ놋다
宮殿靑門隔雲山紫邐深(궁전청문격운산자라심)
宮殿은 프른 門이 즈ᅀᆞᆷᄒᆞ고 구룺 뫼ᄒᆞᆫ 紫邐ㅣ 깁도다
人生五馬貴莫受二毛侵(인생오마귀막수이모침)
人生애 다ᄉᆞᆺ ᄆᆞᆯ 토미 貴ᄒᆞ니 두 터리의 侵犯호ᄆᆞᆯ 트디 말라

[중간본]

西掖앳 머귀남기여 ᄒᆞᆫ갓 ᄒᆞᆫ 院엣 ᄀᆞ눌옷 머므럿도다,
어려운 제 녯 <u>ᄆᆞ올히</u> 가ᄂᆞ니 너ᄂᆞᆫ 가고 나ᄂᆞᆫ 이쇼매 보미ㅅ ᄆᆞᄋᆞ미 減損
ᄒᆞ놋다
宮殿은 프른 門이 <u>즈ᅀᆞᆷᄒᆞ고</u> 구룺 뫼ᄒᆞᆫ 紫邐ㅣ 깁도다
人生애 다ᄉᆞᆺ ᄆᆞᆯ 토미 貴ᄒᆞ니 두 <u>터리의</u> 侵犯호ᄆᆞᆯ 트디 말라.

---

1) ᄀᆞ눌옷 : 그늘 2) 머므렛다 : 머물러 있다 3) 즈ᅀᆞᆷᄒᆞ고 : 즈음하다, 사이에 두다 4) 트디 : 트다, 타다(受)
5) 토미(ᄐᆞ미) : 트다, 타다

暮春江陵에셔 送馬大卿公이 恩命으로 追赴闕下ᄒ노라

自古求忠孝名家信有之(자고구충효명가신유지)
녜로브터 忠孝홀 사ᄅᆞ몰 求홀뎬 일훔난 지븨 진실로 잇ᄂᆞ니라
吾賢富才術此道未磷緇(오현부재술차도미린치)
우리 어딘 소니 才術이 하니 이 道理 열우며 검디 아니ᄒᆞ도다
玉府標孤暎霜蹄去不疑(옥부표고영상제거불의)
玉 잇ᄂᆞᆫ 府에 양지 노피 비취옛ᄂᆞᆫ ᄃᆞᆺ고 서리 볿ᄂᆞᆫ 몰 바리 가몰 疑心 아니
ᄒᆞᄂᆞᆫ ᄃᆞᆺᄒᆞ도다
激揚音韻徹籍甚衆多推(격양음운철적심중다추)
드노하 소리 ᄉᄆᆞᆺᄂᆞ니 籍甚을 한 사ᄅᆞ미 推尊 ᄒᆞᄂᆞ다.
潘陸應同調孫吳亦異時(번륙응동조손오역이시)
潘陸과 당당이 才調ㅣ ᄀᆞᆮᄒᆞ니 孫吳로 ᄯᅩ ᄢᅴ 다를 ᄰᅮ니로다
北宸徵事業南紀赴恩私(북신징사업남기부은사)
北宸에셔 事業을 徵求ᄒᆞ시니 南紀예셔 恩私애 가놋다
卿月昇金掌王春度玉墀(경월승금장왕춘도옥지)
卿月이 金掌애 오ᄅᆞ고 王春에 玉ㅅ 階墀예 건나리로다
薰風行應律湛露卽歌詩(훈풍행응률담로즉가시)
薰風이 쟝ᄎᆞ 律管애 應ᄒᆞ리니 湛露ㅣ 곧 놀애예 브르는 그리도다
天意高難問人情老易悲(천의고난문인정노역비)
하ᄂᆞᆳ ᄠᅳ든 노파 묻디 어렵거니와 사ᄅᆞ미 ᄠᅳ든 늘그니 쉬이 슬프도다
樽前江漢闊後會且深期(준전강한활후회차심기)

樽 알퓌 江漢이 어위니 後에 모도몰 기피 期約ᄒᆞ노라

[중간본]

녜로브터 忠孝홀 사ᄅᆞ몰 求홀뎬 일훔난 지븨 진실로 잇ᄂᆞ니라
우리 어딘 소니 才術이 하니 이 道理 열우며 검디 아니ᄒᆞ도다
玉 잇ᄂᆞᆫ 府에 얃직 외로이 비취옛ᄂᆞᆫ 둣고 서리 넓ᄂᆞᆫ 믈 바리 가몰 疑心 아니ᄒᆞᄂᆞᆫ 둣ᄒᆞ도다
드노하 소리 ᄉᆞᄆᆞᆺᄂᆞ니 籍甚을 한 사ᄅᆞ미 推尊ᄒᆞ놋다.
潘陸과 당당이 才調ㅣ ᄀᆞᆮᄒᆞ니 孫吳로 ᄯᅩ ᄢᅴ 다롤 ᄲᅮ니로다
北宸에셔 事業을 徵求ᄒᆞ시니 南紀예셔 恩私애 가놋다
卿月이 金掌애 오ᄅᆞ고 王春에 玉ㅅ 階墀예 건나리로다
薰風이 쟝ᄎᆞ 律管애 應ᄒᆞ리니 湛露ㅣ 곧 놀애예 브르ᄂᆞᆫ 그리도다
하ᄂᆞᆶ ᄠᅳ든 노파 묻디 어렵거니와 사ᄅᆞ미 ᄠᅳ든 늘구매 쉬이 슬프도다
樽 알퓌 江漢이 어위니 後에 모도몰 기피 期約ᄒᆞ놋다.

---

1) 열우며 : 열우다, 열게 하다, 열운, 열움, 엷은, 엷음 2) 검디 : 검다 3) 드노하 : 높이 들어, 들어올려 4) ᄉᆞᄆᆞᆺᄂᆞ니 : ᄉᆞᄆᆞᆾ다, 통하다, 투철하다 5) ᄢᅴ : 때 6) 건나리로다 : 건니다, 건ᄂᆞ다, 건너다 7) 어위니 : 어위다, 넓다 8) 모도몰 : 모돔올, 모도다, 모으다, 모둠

季夏送鄕弟韶陪黃門從叔朝謁
계하송향제소배황문종숙조알

- 黃門侍郞杜鴻漸이 平蜀之亂而還朝ㅣ어놀 韶ㅣ陪行也ㅣ라.

今弟尙爲蒼水使名家莫出杜陵人(금제상위창수사명가막출두릉인)
어딘 앗이 오히려 蒼水使ㅣ 두외얏도소니 일훔난 지븐 杜陵ㅅ 사르미게
나디 아니ᄒᆞ나니라
比來相國兼安蜀歸赴朝廷已入秦(비래상국겸안촉귀부조정이입진)
요ᄉᆞᅀᅵ 相國이 조쳐 蜀ᄋᆞᆯ 便安케 ᄒᆞ고 朝廷에 도라가 ᄒᆞ마 秦에 드놋다
捨舟策馬論兵地拖玉腰金報主身(사주책마론병지타옥요금보주신)
ᄇᆡᄅᆞᆯ ᄇᆞ리고 ᄆᆞᆯ 타 가며 兵事議論ᄒᆞᄂᆞᆫ ᄯᅡ히오 玉ᄋᆞᆯ 그스며 金을 허리예
ᄯᅴ여 님그믈 갑ᄉᆞᆸᄂᆞᆫ 모미로다
莫度淸秋吟蟋蟀早聞黃閣畵麒麟(막도청주음실솔조문황각화기린)
ᄆᆞᆯ곤 ᄀᆞᅀᆞᆯᄒᆡ 귓돌와미 입주릴 저글 디내디 말라 黃閣애 麒麟에 그리이요
ᄆᆞᆯ 일 듣고져 ᄒᆞ노라

[중간본]

어딘 아이 오히려 蒼水使ㅣ 두외얏도소니 일훔난 지븐 杜陵ㅅ 사르미게
나지 아니ᄒᆞ나니라
요ᄉᆞ이 相國이 조쳐 蜀을 便安케 ᄒᆞ고 朝廷에 도라가 ᄒᆞ마 秦에 드놋다
ᄇᆡᄅᆞᆯ ᄇᆞ리고 ᄆᆞᆯ 타 가며 兵事議論ᄒᆞᄂᆞᆫ ᄯᅡ히오 玉을 그으며 金을 허리예
ᄯᅴ여 님그믈 갑ᄉᆞᆸᄂᆞᆫ 모미로다
ᄆᆞᆯ곤 ᄀᆞᄋᆞᆯᄒᆡ 귓돌와미 입두일 저글 지내디 말라 黃閣앳 麒麟에 그리이요

물 일 듣고져 ᄒᆞ노라
비ᄅᆞᆯ 부리고 ᄆᆞᆯ 타 가며 兵事議論ᄒᆞ는 싸히오 玉을 ᄀᆞ스며 金을 허리예 ᄯᅴ여 님그믈 갑습는 모미로다
ᄆᆞᆰ고 ᄀᆞ올히 귓돌와미 입두일 저글 지내디 말라 黃閣앳 麒麟에 그리이요
물 일 듣고져 ᄒᆞ노라

---

1) 앗이 : 아우가, 앗(아이) 2) 요ᄉᆞ이 : 요사이, 요새 3) 조쳐 : 좇여, 좇다 4) ᄀᆞ스며 : ᄀᆞ스다, 끌다, 이끌다 5) 갑습는 : 갑다, 갚다 6) 귓돌와미 : 귀뚜라미 7) 입주릴 : 입주리다, 읊조리다 8) 디내디 : 디내다, 지나게 하다, 겪다, 지내다 9) 일 : 일찍 10) 믇고져 : 믇다, 듣다

送梓州李使君之任
송재주이사군지임

籍甚黃丞相能名自穎川(적심황승상능명자영천)
籍甚ᄒᆞᆫ 黃丞相의 能ᄒᆞᆫ 일후미 穎川으로 브트니라
近看除刺史還喜得吾賢(근간제자사환희득오현)
요ᄉᆞ이예 刺史 除授호믈 보고 도ᄅᆞ혀 우리 어딘 소ᄂᆞᆯ 어드샤믈 깃노라
五馬何時到雙魚會早傳(오마하시도쌍어회조전)
다ᄉᆞᆺ ᄆᆞᆯ은 어느 ᄢᅴ메 갈고 두 고기ᄅᆞᆯ 므로매 일 傳ᄒᆞ다
老思筇竹杖冬要錦衾眠(노사공죽장동요금금면)
늘거셔 筇竹 막대ᄅᆞᆯ ᄉᆞ랑ᄒᆞ고 겨ᅀᅳ레 錦 니브레 ᄌᆞ오로믈 조ᅀᆞ로이 너기노라

不作臨歧恨唯聽擧最先(부작임기한유청거최선)

깄거리롤 臨ᄒ야셔 슬후믈 짓디 아니ᄒ고 擧最에 몬져호몰 오직 듣고져 ᄒ노라

火雲揮汗日山驛醒心泉(화운휘한일산역성심천)

블ᄀᆮ혼 구루멘 ᄯᆞ물 쓰리는 나리오 묏 驛엔 ᄆᆞᅀᆞ물 씨오는 시미로다

遇害陳公殞于今蜀道憐(우해진공운우금촉도련)

害롤 맛니러 陳公이 주그니 이제 蜀ㅅ 길헤셔 슬ᄂᆞ니

君行射洪縣爲我一潸然(군행사홍현위아일산연)

그듸 射洪ㅅ ᄀᆞ올히 가거든 날 爲ᄒᆞ야 ᄒᆞᆫ 번 눉믈 흘리라

　　　　　　　[중간본]

籍甚혼 黃丞相의 能혼 일후미 穎川으로 브트니라

요ᄉᆞ이예 刺史 除授호믈 보고 도로혀 우리 어딘 소놀 어드샤믈 깃노라

다ᄉᆞᆺ ᄆᆞ른 어ᄂᆞ ᄢᅴ게 갈고 두 고기롤 모로매 일 傳ᄒ다

늘거셔 筇竹 막대롤 ᄉ랑ᄒ고 겨으레 錦 니브렛 ᄌᆞ오로믈 조오로이 너기노라

깄거리롤 臨ᄒ야셔 슬후믈 짓디 아니ᄒ고 擧最에 몬져호몰 오직 듣고져 ᄒ노라

블ᄀᆮ혼 구루맨 ᄯᆞ물 쓰리는 나리오 묏 驛앤 ᄆᆞᄋᆞ물 씨오는 시미로다

害롤 맛니러 陳公이 주그니 이제 蜀ㅅ 길헤셔 슬ᄂᆞ니

그듸 射洪ㅅ ᄀᆞ올히 가거든 날 爲ᄒᆞ야 ᄒᆞᆫ 번 눉믈 흘리라

1) 깃노라 : 기뻐하다 2) ᄢᅴ메, ᄢᅴ게 : 때에 3) 므로매, 모로매 : 모름지기, 반드시 4) 일 : 일찍 5) ᄯᆞ물 : 땀을 6) 쓰리는 : 쓰리리다, 뿌리다 7) 씨오는 : 씨오다, 깨우다 8) 시미로다 : 심, 샘 9) 맛니러 : 만나서 10) ᄀᆞ올 : 고을 11) ᄌᆞ오로믈 : 조오롬, 졸음 12) 조ᅀᆞ로이 : 종요로이

送陵州路使君之任
송릉주로사군지임

王室比多難高官皆武臣(왕실비다난고관개무신)
王室이 요ᄉᆡ에 兵難이 하니 노폰 마ᅀᆞ래 다 武臣 이러니
幽燕通使者岳牧用詞人(유연통사자악목용사인)
幽燕에 使者ㅣ 通ᄒᆞ야 ᄃᆞ니 四岳 羣牧ᄋᆞᆯ 글홀 사ᄅᆞᄆᆞᆯ ᄡᅳ시놋다,
國待賢良急君當拔擢新(국대현량급군당발탁신)
나라해셔 賢良 기들우믈 ᄲᅡᆯ리 ᄒᆞ시니 그듸 글히야 ᄲᅮ믜 사ᄅᆞ외요ᄆᆞᆯ 當ᄒᆞ앳도다
佩刀成氣象行盖出風塵(패도성기상행개출풍진)
ᄎᆞᆫ는 갈흔 氣象이 이럿고 녀는 盖는 風塵으로셔 나가놋다
戰伐乾坤破瘡痍府庫貧(전벌건곤파창이부고빈)
사호매 乾坤이 허렛고 헐므ᅀᅮ메 府庫ㅣ 가난ᄒᆞ도다
衆僚宜潔白萬役但平均(중요의결백만역단평균)
여러 僚佐는 潔白ᄒᆞᆯ이 ᄲᅮ믜 맛당ᄒᆞ고 여러 가짓 役事는 오직 고루게 홀디니라
霄漢瞻佳士泥塗任此身(소한첨가사니도임차신)
하ᄂᆞᆯ해 어딘 士ᄅᆞᆯ 보고 즌 ᄒᆞᆯᄀᆡ 이 모믈 므던히 너기노라
秋天正搖落回首大江濱(추천정요락회수대강빈)
ᄀᆞᅀᆞᆯ 하ᄂᆞᆯ해 正히 이어 ᄠᅥ러디ᄂᆞ니 큰 ᄀᆞᄅᆞᆷ ᄀᆞᅀᅵ셔 머리 돌아 ᄇᆞ라노라

[중간본]

王室이 요스이에 兵難이 하니 노푼 마오래 다 武臣 이러니
幽燕에 使者ㅣ 通ᄒᆞ야 ᄃᆞ니 四岳 羣牧ᄋᆞᆯ 글홀 사ᄅᆞᄆᆞᆯ ᄡᅳ시놋다,
나라해셔 賢良 기들우믈 ᄲᆞᆯ리 ᄒᆞ시니 그더 골히야 ᄲᅮ믜 사ᄅᆞ외요ᄆᆞᆯ 當ᄒᆞ앳도다
찻ᄂᆞᆫ 갈ᄒᆞᆫ 氣象이 이럿고 녀ᄂᆞᆫ 盖ᄂᆞᆫ 風塵으로셔 나가놋다
사호매 乾坤이 허렛고 헐므우메 府庫ㅣ 가난ᄒᆞ도다
여러 僚佐ᄂᆞᆫ 潔白ᄒᆞ니로 ᄲᅮ미 맛당ᄒᆞ고 여러 가짓 役事ᄂᆞᆫ 오직 고ᄅᆞ게 홀디니라
하ᄂᆞᆯ해 어딘 士ᄅᆞᆯ 보고 즌 흘기 이 모ᄆᆞᆯ 므던히 너기노라
그윐 하ᄂᆞᆯ해 正히 이어 ᄠᅥ러디ᄂᆞ니 큰 ᄀᆞᄅᆞᆷ ᄀᆞ이셔 머리 돌아 ᄇᆞ라노라

―――――――
1) 마ᅀᆞ래 : 마을에 2) 글홀 : 글ᄒᆞ다, 글하다, 학문하다 3) 기들우믈 : 기들우다, 기다리다 4) ᄲᆞᆯ리 : 빨리 5) 골히야 : 골히다, 가래다, 가르다, 분별하다, 가리다 6) ᄲᅮ믜 : 씀 7) 사ᄅᆞ외요ᄆᆞᆯ : 사ᄅᆞ다, 살리다, 살게 하다 8) 찻ᄂᆞᆫ : 차다, 찬 9) 갈ᄒᆞᆫ : 칼ᄒᆞᆫ 10) 이럿고 : 일우다, 이루다 11) 나가놋다 : 나가다 12) 허렛고 : 헐다, 헐다, 무너뜨리다 13) 헐므ᅀᅮ메 : 헐므ᅀᅮᆷ, 헒, 헐믓다(헐다, 瘡) 14) 흘기 : 흙에 15) 므던히 : 소흘히, 대수롭지 않게 16) 즌 : 즐다, 진 17) 이어 : 이어다, 흔들다, 흔들리다 18) ᄠᅥ러디ᄂᆞ니 : 떨어지다

江亭王閬州筵餞蕭遂州
강정왕랑주연전소수주

離亭非舊國春色是他鄕(리졍비구국츈색시타향)
여희는 亭子는 녯 나라히 아니오 봆 비츤이 다른 ᄀᆞ올히로다
老畏歌聲短愁從舞袖長(노외가셩단수종무수장)
늘거셔 놀앳 소리 뎔우믈 젼노니 시르메는 춤츠는 ᄉᆞ매 기로믈 므던히 너기노라
二天開寵餞五馬爛生光(이쳔개춍젼오마란ᄉᆡᆼ광)
두 하ᄂᆞ리 榮寵ᄃᆞ왼 餞筵을 여니 다숫 ᄆᆞ리 므르니기 비치 나도다
川路風煙接俱宜下鳳凰(쳔로풍연졉구의하봉황)
냇 길헤 ᄇᆞ롬과 니왜 니스니 다 鳳凰이 ᄂᆞ료미 맛당ᄒᆞ도다

[중간본]

여희는 亭子는 녯 나라히 아니오 봆 비츤이 다른 ᄀᆞ올히로다
늘거셔 놀앳 소리 뎔우믈 젼노니 시르메는 춤츠는 ᄉᆞ매 기로믈 므던히 너기노라
두 하ᄂᆞ리 榮寵ᄃᆞ왼 餞筵을 여니 다숫 ᄆᆞ리 므르니기 비치 나도다
냇 길헤 ᄇᆞ롬과 니왜 <u>니으니</u> 다 鳳凰이 ᄂᆞ료미 맛당ᄒᆞ도다

---

1) ᄀᆞ올히로다 : 고을이로다 2) 뎔우믈 : 뎔움, 짧음 3) 젼노니 : 젼노다, 두려워하노라 4) ᄉᆞ매 : 소매 5) 므르니기 : 므르닉다, 무르익다 6) 니스니 : 니ᄉᆞ며, 이으며, 계속하며 7) ᄂᆞ료미 : ᄂᆞ룜, 내림(下) 8) 다 : 함께(俱) 9) 맛당ᄒᆞ도다(宜) : 맛당ᄒᆞ다, 마땅하다, 알맞다

送鮮于萬州遷巴州
송선우만주천파주

京兆先時傑琳琅照一門(경조선시걸림랑조일문)
京兆ᄂᆞᆫ 녯 時節ㅅ 俊傑이니 구스리 ᄒᆞᆫ 家門에 비취엿도다
朝廷偏注意接近與名藩(조정편주의접근여명번)
朝廷이 偏히 ᄠᅳ들 네게 브어 接近ᄒᆞᆫ 일훔난 藩屛을 주시도다
祖帳維舟數寒江觸石喧(조장유주수한강촉석훤)
祖祭ᄒᆞᄂᆞᆫ 帳애 ᄇᆡ 미요ᄆᆞᆯ ᄌᆞ조 ᄒᆞ니 ᄎᆞᆫ ᄀᆞᄅᆞ미 돌해 다텨 우르놋다
看君妙爲政他日有殊恩(간군묘위정타일유수은)
고ᄃᆡ의 微妙히 政治호ᄆᆞᆯ 보노니 다ᄅᆞᆫ 나래 殊異ᄒᆞᆫ 恩寵이 이시리라

[중간본]

京兆ᄂᆞᆫ 녯 時節ㅅ 俊傑이니 구스리 ᄒᆞᆫ 家門에 비취엿도다
朝廷이 偏히 ᄠᅳ들 네게 <u>브어</u> 接近ᄒᆞᆫ <u>일훔난</u> 藩屛을 주시도다
祖祭ᄒᆞᄂᆞᆫ 帳애 ᄇᆡ 미요ᄆᆞᆯ ᄌᆞ조 ᄒᆞ니 ᄎᆞᆫ <u>ᄀᆞᄅᆞ미</u> 돌해 다텨 우르놋다
<u>고ᄃᆡ</u>의 微妙히 政治호ᄆᆞᆯ 보노니 다ᄅᆞᆫ 나래 殊異ᄒᆞᆫ 恩寵이 이시리라

---

1) 브ᅀᅥ : 부어, 붓다 2) 미요ᄆᆞᆯ : ᄆᆡ다, 매다, 동여매다, 묶다 3) 다텨 : 다티다(觸), 스치다. 건드리다, 부딪히다
4) 우르놋다 : 우르다, 부르짖다, 울부짖다

潭州送韋員外迢牧韶州
담주송위원외초목소주

炎海韶州牧風流漢署郎(염해소주목풍류한서랑)
더운 바룴 韶州옛 워니여 風流ᄅ외 漢ㅅ 마ᅀᆞ랫 郎官이로다
分符先今望同舍有輝光(분부선금망동사유휘광)
符節 눈호몰 어딘 聞望 잇는 사ᄅᆞ미 몬져 ᄒᆞ니 ᄒᆞᆫ 지븻 사ᄅᆞ미게 비치 잇도다
白首多年疾秋天昨夜凉(백수다년질추천작야량)
셴머리예 여러 히룰 病ᄒᆞ니 ᄀᆞᅀᆞᆯ 하ᄂᆞᆯ해 어젯 바미 서늘ᄒᆞ도다,
洞庭無過雁書疏莫相忘(동정무과안서소막상망)
洞庭에 디나올 그려기 업스나 書信을 서르 닛디 말라

[중간본]

더온 바룴 韶州앳 워이여 風流ᄅ외 漢ㅅ 마ᄋᆞ랫 郎官이로다
符節 눈호몰 어딘 聞望 잇는 사ᄅᆞ미 몬져 ᄒᆞ니 ᄒᆞᆫ 지븻 사ᄅᆞ미게 비치 잇도다
셴 머리예 여러 히룰 病ᄒᆞ니 ᄀᆞᅀᆞᆯ 하ᄂᆞᆯ해 어젯 바미 서늘ᄒᆞ도다,
洞庭에 디나올 그려기 업스나 書信을 서르 닛디 말라

---

1) 바룴 : 바다 2) 워니어 : 원이여(牧) 3) 마ᅀᆞ랫 : 마ᅀᆞᆯ, 관청, 마을 4) 눈호몰 : 눈호다, 나누다 5) 디나올 : 지나올

潭州留別杜員外院長
담주유별두원외원장

黃門侍郎杜鴻漸이 平蜀之亂而還朝 l 어늘 詔 l 陪行也 l 라.

江畔長沙驛相逢纜客船(강반장사역상봉람객선)
ㄱ룴굿 長沙驛에 서르 맛나 나그내 비롤 미요라
大名詩獨步小郡海西偏(대명시독보소군해서편)
큰 일후믄 글호미 ᄒ오사 건ᄂ니 져근 ᄀ올ᄒ 바ᄅᆳ 西ㅅ녁 ᄀᄉㅣ로다
地濕愁飛鵩天炎畏跕鳶(지습수비붕천염외접연)
싸히 저즈니 ᄂᆞ는 鵩鳥룰 시름ᄒ고 하ᄂᆞᆯ히 더우니 ᄠᆞᆮᄂᆞ는 쇠로기룰 전노라
去留俱失意把臂共潸然(거유구실의파비공산연)
가ᄂᆞ니와 머르러 잇ᄂᆞ니왜 ᄠᆞ들 일흐리로소니 ᄇᆞᆯᄒᆞᆯ 자바셔 다몯 눗믈 흘리노라

[중간본]

ᄀ룴굿 長沙驛에 서르 맛나 나그내 비룰 미요라
큰 일후믄 글호미 ᄒ오아 건ᄂ니 져근 ᄀ올ᄒ 바ᄅᆳ 西ㅅ녁 ᄀ이로다
싸히 저즈니 ᄂᆞ는 鵩鳥룰 시름ᄒ고 하ᄂᆞᆯ히 더우니 ᄠᆞᆮᄂᆞ는 쇠로기룰 전노라
가ᄂᆞ니와 머므러 잇ᄂᆞ니왜 ᄠᆞ들 일흐리로소니 ᄇᆞᆯᄒᆞᆯ 자바셔 다몯 눗믈 흘리노라

---

1) ᄀ룴굿 : 강가 2) ᄒ오사 : 혼자, 홀로 3) ᄀ올 : 마을 4) 저즈니 : 젖다 5) ᄠᆞᆮᄂᆞᆫ : ᄠᆞᆮ다, 듣다, 떨어지다 6) 쇠로기 : 솔개 7) 전노라 : 두려워하노라 8) ᄠᆞ들 : 뜻을 9) 일흐리로소니 : 일타, 잃다, 일허버리다 10) ᄇᆞᆯᄒᆞᆯ : 폴을, 팔 11) 다몯 : 더불어, 함께

奉送王信州崟北歸
봉송왕신주음북귀

朝廷防盜賊供給愍誅求(조정방도적공급민주구)
朝廷이 盜賊을 마고매 供給에 誅求호물 어엿비 너겨
下詔選郞署傳聲典信州(하조선랑서전성전신주)
詔書를 느리와 郞官ㅅ 마ᅀ래 굴히야 소리 나ᄂᆞ닐 信州를 ᄀᆞᅀᆞᆷ알에 ᄒᆞ도다,
蒼生今日困天子嚮時憂(창생금일곤천자향시우)
蒼生이 오ᄂᆞᆯ나래 窮困ᄒᆞ니 天子ᄂᆞᆫ 녯 ᄢᅴ브터 시름ᄒᆞ시니라
井屋有烟起瘡痍無血流(정옥유연기창이무혈류)
井屋앤 ᄂᆡ 나미 잇고 헐므ᅀᅥ 피 흐르린 업도다
壤歌唯海甸畵角自山樓(양가유해전화각자산루)
따 두드리고 놀애 브르닌 오직 海甸이로소니 그륜 吹角ㅅ 소리ᄂᆞᆫ 스싀로 묏 樓에 잇도다
白髮寢常早荒榛農復秋(백발침상조황진농복추)
셴 머리예 좀 자물 長常 일 ᄒᆞ노니 거츤 프ᅀᅥ리예 녀름지ᅀᅥ ᅂ 秋成호미 잇도다
解龜遙臥轍遣騎覓扁舟(해귀유와철견기멱편주)
龜印을 글우메 술윗 자최예 누우미라와 너므니 ᄆᆞᆯ ᄐᆞ닐 보내야 져근 ᄇᆡ를 얻놋다
徐榻不知倦穎川何以酬(서탑부지권영천하이수)
徐孺子의 榻을 곳고믈 모ᄅᆞ시ᄂᆞ니 穎川을 므스글 ᄡᅥ 가푸려뇨
塵生彤管筆寒膩黑貂裘(진생동관필한니흑초구)

드트른 블근 대롤 부데 냇고 치위는 거믄 貂皮 갓오새 둗겁도다
高義終焉在斯文去矣休(고의종언재사문거의휴)
노픈 義는 ᄆᆞᄎᆞ매 어듸 이시리오 이 글워리 디나가 말리로다
別離同雨散行止各雲浮(별리동우산행지각운부)
여희요미 비 흐룸과 ᄀᆞᆮᄒᆞ니 녀가리와 이시리는 제여곰 구루미 ᄠᅳᆫ 둣ᄒᆞ도다
林熱鳥開口江渾魚掉頭(임열조개구강혼어도두)
수프리 더우니 새 이블 버리고 ᄀᆞ루미 흐리니 고기 머리ᄅᆞᆯ 흐느놋다,
尉佗雖北拜太史尙南留(위타수북배태사상남유)
尉佗ㅣ 비록 北녀그로 절ᄒᆞ나 太史는 오히려 南녀긔 머므렛도다
軍旅應都息寰區要盡收(군려응도식환구요진수)
軍旅ㅣ 당당히 다 그츠리니 寰區는 다 收復호미 조ᅀᆞᄅᆞ외니라
九重思諫諍八極念懷柔(구중사간쟁팔극념회유)
九重에 諫爭ᄒᆞ리ᄅᆞᆯ ᄉᆞ랑ᄒᆞ며 八極을 懷柔ᄒᆞ샤ᄆᆞᆯ 思念ᄒᆞ노라
徙倚瞻王室從容仰廟謀(사의첨왕실종용앙묘모)
올맘 비겨셔 王室을 보고 從容히 廟堂앳 ᄭᅬᄅᆞᆯ 울워노라
故人持雅論絶塞豁窮愁(고인지아론절새활궁수)
버디 ᄆᆞᆯᄀᆞᆫ 議論ᄋᆞᆯ 가젯ᄂᆞ니 먼 ᄀᆞ새 窮ᄒᆞᆫ 시르미 훤ᄒᆞ얘라
復見陶唐理甘爲汗漫遊(복견도당리감위한만유)
陶唐ㅅ 다ᄉᆞ료믈 도로 보리로소니 汗漫히 노로ᄆᆞᆯ ᄃᆞᆯ히 너기노라

[중간본]

朝廷이 盜賊을 마고매 供給에 誅求호ᄆᆞᆯ 어엿비 너겨
詔書ᄅᆞᆯ 누리와 郎官ㅅ 마ᄋᆞ래 글히야 소리 나ᄂᆞ닐 信州ᄅᆞᆯ ᄀᆞ음알에 ᄒᆞ도다,
蒼生이 오놃나래 窮困ᄒᆞ니 天子는 녯 ᄢᅴ브터 시름ᄒᆞ시니라

井屋앤 닉 나미 잇고 헐므어 피 흐르린 업도다
짜 두드리고 놀애 브르린 오직 海甸이로소니 그륜 吹角ㅅ 소리는 스싀로 뮛 樓에 잇도다
셴 머리예 좀 자믈 長常 일 ᄒ노니 거츤 프서리예 녀름지어 ᄯ 秋成호미 잇도다
龜印을 글우메 술윗 자최예 누우미라와 너므니 믈 ᄐᆞ닐 보내야 져근 비ᄅᆞᆯ 얻놋다
徐孺子의 榻을 굿보믈 모ᄅᆞ시ᄂᆞ니 穎川을 므스글 ᄡᅥ 가푸려뇨
드트른 블근 대롱 부데 냇고 치위는 거믄 貂皮 갓오새 둗겁도다
노푼 義는 ᄆᆞᄎᆞᆷ내 어듸 이시리오 이 글워리 디나가 말리로다
여희요미 비 흐룸과 ᄀᆞᆮᄒᆞ니 녀가리와 이시리는 제여곰 구루미 ᄯᅳᆫ ᄃᆞᆺᄒᆞ도다
수프리 더우니 새 이블 버리고 ᄀᆞᄅᆞ미 흐리니 고기 머리ᄅᆞᆯ 흐느놋다,
尉佗ㅣ 비록 北녀크로 절ᄒᆞ나 太史는 오히려 南녀킈 머므렛도다
軍旅ㅣ 당당히 다 그츠리니 寰區는 다 收復호미 조ᄋᆞ로외니라
九重에 諫爭ᄒᆞ리ᄅᆞᆯ ᄉᆞ랑ᄒᆞ며 八極을 懷柔ᄒᆞ샤믈 思念ᄒᆞ노라
올마 비겨셔 王室을 보고 從容히 廟堂앳 쇠ᄅᆞᆯ 울워노라
버디 믈곤 議論을 가졧ᄂᆞ니 먼 그애 窮혼 시르미 훤ᄒᆞ야라
陶唐ㅅ 다ᄉᆞ료믈 도로 보리로소니 汗漫히 노로믈 둗히 너기노라

1) 어엿비 : 가없이, 사랑스럽게 2) 글히야 : 글히다, 가래다, 가르다, 분별하다 3) ᄀᆞᄉᆞᆷ알에 : ᄀᆞᄉᆞᆷ알다, 가말다, 맡은 일을 처리하다 4) ᄢᅢ브터 : 때부터 5) 헐므어 : 헐므움, 헐믓다, 헐다(瘡) 6) 그륜 : 그린) 일 : 일찍 8) 프서리예 : 푸서리 9) 녀름지어 : 농사지어 10) 글우메 : 글움, 끄름, 품 11) 술윗 : 수레 12) 자최 : 자취 13) 누우미라와 : 눕다, 누움이라와 14) 굿고믈, 굿보믈 : 굿고다, 가쁘게 하다, 괴롭게 하다 15) ᄡᅥ : 그것으로 말미암아 16) 드트른 : 먼지, 티끌은 17) 대롱 : 대롱 18) 부데 : 붓 19) 냇고 : 났다, 나다 20) 녀가리 : 가다, 다녀가다 21) 제여곰 : 제가끔, 제각기 22) 흐느놋다 : 흐느다, 흐늘거리다 23) 그츠리니 : 그츠다, 그치다, 끊어지다, 쉬다 24) 조ᄋᆞ로외니라 : 조ᄋᆞ로외다, 종요롭다 25) 올맘 : 옮아 26) 비겨셔 : 비겨, 비스듬히 27) 쇠

룰 : 꾀를 28) 울워노라 : 울워다, 우러르다 29) 다ᄉ료몰 : 다ᄉ리다, 다스리다 30) 노로몰 : 노롬, 놀이, 놀음

奉送蘇州李二十五長史丈之任
봉송소주이이십오장사장지임

星折台衡地曾爲人所憐(성절태형지증위인소련)
台衡ㅅ 짜해 벼리 뻐뎌 일즉 사ᄅᆞ미 슬훌 배 ᄃᆞ외니라
公候終必復經術竟誰傳(공후종필복경술경수전)
公候의 子孫은 ᄆᆞᄎᆞ매 반ᄃᆞ기 興復ᄒᆞᄂᆞ니 經術을 ᄆᆞᄎᆞ매 뉘 傳ᄒᆞ료
食德見從事克家何妙年(식덕견종사극가하묘년)
德으로 祿食호매 이룰 조차 ᄃᆞ뇨물 보리로소니 지블 能히 다ᄉ료매 ᄌᆞ모 져믄 나히로다
一毛生鳳穴三尺獻龍泉(일모생봉혈삼척헌룡천)
ᄒᆞᆫ 터리 鳳穴에셔 난 ᄃᆞᆺᄒᆞ고 석 잣 龍泉劍을 님긊긔 받ᄌᆞ온 ᄃᆞᆺᄒᆞ도다
赤壁浮春暮姑蘇落海邊(적벽부춘모고소락해변)
赤壁ㅅ ᄆᆞ레 春暮애 ᄇᆡ 띄우고 姑蘇臺에 바ᄅᆞᆯ ᄀᆞᅀᅵ ᄂᆞ려 가놋다
客閒頭最白惆帳此離筵(객간두최백추장차리연)
나그내 ᄉᆞᅀᅵ예 머리 안직 셰니 이 여희ᄂᆞᆫ 돗글 슬허ᄒᆞ노라

[중간본]

台衡ㅅ 짜해 벼리 뻐뎌 일즉 사ᄅᆞ미 <u>슬흔</u> 배 ᄃᆞ외니라

公侯의 子孫은 ᄆᆞᄎᆞ매 반ᄃᆞ기 興復ᄒᆞᄂᆞ니 經術을 ᄆᆞᄎᆞ매 뉘 傳ᄒᆞ료
德으로 祿食호매 이룰 조차 ᄃᆞ뇨믈 보리로소니 지블 能히 다ᄉᆞ료매 ᄌᆞ모
져믄 나히로다
ᄒᆞᆫ 터리 鳳穴에서 난 둣ᄒᆞ고 석 잣 龍泉劍ᄋᆞᆯ 님긊긔 받즙ᄆᆞᆫ 둣ᄒᆞ도다
赤壁ㅅ 므레 春暮애 비 ᄠᅴ우고 姑蘇臺예 바ᄅᆞᆺ 그이 ᄂᆞ려 가놋다
나그내 ᄉᆞ이예 머리 안직 셰니 이 여희ᄂᆞᆫ 돗글 슬허ᄒᆞ노라

1) ᄠᅥ뎌 : ᄠᅥ디다, 떨어지다 2) 배 : 바가 3) ᄌᆞ모 : 자못 4) 안직 : 가장 5) 돗글 : 돗자리를 6) ᄆᆞᄎᆞ매 : 마침내, 마지막에

湖中送敬十使君適廣陵
호중송경십사군적광릉

相見各頭白其如別離何(상견각두백기여별리하)
서르 보매 제여곰 머리 셰니 그 여희요매 엇뎨ᄒᆞ료
幾年一會面今日復悲歌(기년일회면금일복비가)
몃 히예 ᄒᆞᆫ 번 ᄂᆞᄎᆞᆯ 마조 보니오 오ᄂᆞᆳ나래 도로 슬픈 놀애 ᄒᆞ노라
少壯樂難得歲寒心匪他(소장락난득세한심비타)
져믄 젯 즐거우믈 어두미 어려우니 힛 치우메 ᄆᆞᅀᆞ미 다른 주리 업스니라
氣纏霜匣滿氷置玉壺多(기전상갑만빙치옥호다)
氣運이 서릿 匣애 얼거 ᄀᆞ득ᄒᆞᆫ ᄃᆞᆺ고 어르믈 玉壺애 노하 한 ᄃᆞᆺᄒᆞ도다

遭亂實漂泊濟時曾琢磨(조란실표박제시증탁마)
亂올 맛니러 眞實로 뻐 브터 둔니노니 時節 거리츄믈 일즉 ᄀ다ᄃ마 잇도다
形容吾較老膽力爾誰過(형용오교노담력이수과)
얼구른 내 져기 늘구니 膽力은 너를 뉘 너므료
秋晩岳增翠風高湖湧波(추만악증취풍고호용파)
ᄀ숤 나조히 뫼 프른 비치 더으고 ᄇᆞᄅ미 노ᄑ니 ᄀᆞᄅᆞᆷ 믌겨리 솟놋다
蹇騰訪知己淮海莫蹉跎(건등방지기회해막차탁)
ᄂᆞ라가 몸 아ᄂᆞ닐 보곡 淮海예 어그르치 잇디 말라

[중간본]
서르 보매 제여곰 머리 셰니 그 여희요매 엇뎨ᄒ료
몃 히예 ᄒᆞᆫ 번 ᄂᆞ출 마조 보니오 오ᄂᆞᆯ나래 도로 슬픈 놀애 ᄒᆞ노라
져믄 젯 즐거우믈 어두미 어려우니 힛 치우메 모ᄋᆞ미 다른 주리 업스니라
氣運이 서릿 匣애 얼거 ᄀᆞ독ᄒ 둣고 어르믈 玉壺애 노하 한 둣ᄒ도다
亂올 맛니러 眞實로 뻐 브터 둔니노니 時節 거리츄믈 일즉 ᄀ다ᄃ마 잇도다
얼구른 내 져기 늘구니 膽力은 너를 뉘 너므료
ᄀ숤 나조히 뫼 프른 비치 더으고 ᄇᆞᄅ미 노ᄑ니 ᄀᆞᄅᆞᆷ 믌겨리 솟놋다
ᄂᆞ라가 몸 아ᄂᆞ닐 보고 淮海예 어그르치 잇디 말라

---

1) 제여곰 : 제가끔, 제각기 2) 어두미 : 어둠, 어두리라, 얻으려고, 얻다 3) 얼거 : 얽혀, 얼기다 4) 노하 : 노타, 놓다 5) 맛니러 : 맛니다, 만나다, 만나서 6) 뻐 : 뜨다 7) 브터 : 붙다, 붙다 8) 거리츄믈 : 거리츔, 건짐, 구제함, 그리츠다, 건지다, 구제하다 9) ᄀ다ᄃ마 : ᄀ다듬다, 가다듬다 10) 져기 : 적이, 좀 11) ᄂᆞ라가 : ᄂᆞ라가다, 날아가다 12) 어그르치 : 어그러지게

巫山縣에 汾州唐十八使君第ㅣ 宴別이어늘 兼諸公이 携酒樂相送ᄒᆞ더니 率題小詩ᄒᆞ야 留于屋壁ᄒᆞ노라

臥病巴東久今年强作歸(와병파동구금년강작귀)
巴東애 病ᄒᆞ야 눕건디 오라다니 올ᄒᆡᄉᆞ 고ᄃᆞᆯ파 도라가몰 짓노라
故人猶遠謫玆日倍多違(고인유원적자일배다위)
버디 오히려 머리 죄 니버 왯ᄂᆞ니 이 나래 더욱 ᄠᅳ디 해 어긔릇도다.
接宴身兼杖聽歌淚滿衣(접연신겸장청가루만의)
이바디를 브텨셔 모매 막대를 조쳐 가죠니 놀애 듣고 눖므를 오새 ᄀᆞᄃᆞ기 흘리노라.
諸公不相棄擁別借光輝(제공불상기옹별차광휘)
諸公이 서르 ᄇᆞ리디 아니ᄒᆞ야 ᄢᅳ려 여희여셔 비츨 빌이ᄂᆞ다.

[중간본]

巴東애 病ᄒᆞ야 눕건디 오라다니 올ᄒᆡ야 고ᄃᆞᆯ파 도라가몰 짓노라
버지 오히려 머리 죄 니버 왯ᄂᆞ니 이 나래 더욱 ᄠᅳ디 해 어긔릇도다.
이바디를 브텨셔 모매 막대를 조쳐 가죠니 놀애 듣고 눖므를 오새 ᄀᆞᄃᆞ기 흘리노라.
諸公이 서르 ᄇᆞ리디 아니ᄒᆞ야 ᄡᅳ려 여희여셔 비츨 빌이ᄂᆞ다.

---

1) 올ᄒᆡᄉᆞ : 올해야 2) 니버 : 닙다, 입다 3) 어긔릇도다 : 어긔롯다, 어기다, 어긋나게 하다 4) 이바디 : 잔치 5) 브텨셔 : 브텨, 붙어, 의지하여 6) 조쳐 : 좇다(兼), 겸하다 7) ᄢᅳ려 : ᄢᅳ리다, 꾸리다, 메우다, 싸다, 안다 8) 빌이ᄂᆞ다 : 빌리다

章梓州橘亭餞成都竇少尹得凉字
장재주귤정전성도두소윤득량자

秋日野亭千橘香玉杯錦席高雲凉(추일야정천귤향옥배금석고운량)
 오 날 믿 亭子애 즈믄 橘이 곳다오니 玉잔과 錦돗긔 노픈 구루미 서늘
ᄒ도다.
主人送客何所作行酒賦詩殊未央(주인송객하소작행주부시주미앙)
主人이 손 보내요매 모슷 이룰 ᄒᄂᆞ뇨 수를 녜며 글 지우믈 ᄀ장 다ᄋ디
아니ᄒ놋다.
衰老應爲難離別賢聲此去有輝光(쇠노응위난리별현성차거유휘광)
늘구메 당당이 여희윰 호미 어려우니 어딘 소리ᄂᆞᆫ 이 가매 빗나미 이시리
로다.
預傳籍籍新京兆靑史無勞數趙張(예전적적신경조청사무노수조장)
籍籍ᄒᆞᆫ 새 京兆ᄅᆞᆯ 미리 傳ᄒᄂᆞ니 프른 史記예 趙張 혜요믈 잇비 아니ᄒ
리로다.

[중간본]

 오 날 믿 亭子애 즈믄 橘이 곳다오니 玉잔과 錦돗긔 노픈 구루미 서늘
ᄒ도다.
主人이 손 보내요매 므슷 이룰 ᄒᄂᆞ뇨 수를 녜며 글 지우믈 ᄀ장 다ᄋ디
아니ᄒ놋다.
늘구메 당당이 여희윰 호미 어려우니 어딘 소리ᄂᆞᆫ 이 가매 빗나미 이시리
로다.

籍籍ᄒᆞᆫ 새 京兆를 미리 傳ᄒᆞᄂᆞ니 프론 史記예 趙張 혜요믈 잇비 아니ᄒᆞ리로다.

---

1) 다ᄋᆞ디 : 다ᄋᆞ다, 다하다, 없어지다   2) 혜요믈 : 혜윰, 헤아림, 생각함   3) 잇비 : 가쁘게, 피곤하게, 수고롭게

江亭送眉州辛別駕昇之得蕪字
강정송미주신별가승지득무자

柳影含雲幕江波近酒壺(유영함운막강파근주호)
버듨 그르메는 구룸 ᄀᆞᆮᄒᆞᆫ 帳幕ᄋᆞᆯ 터겟고 ᄀᆞᄅᆞᆷ 믌겨른 酒壺애 갓갑도다.
異方驚會面終宴惜征途(이방경회면종연석정도)
디ᄅᆞᆫ ᄯᅡ해 와 ᄂᆞᆾ 마조 보ᄆᆞᆯ 놀라노니 이바딜 ᄆᆞᆺ고 가는 길흘 슬노라.
沙暖低風蝶天晴喜浴鳧(사난저풍접천청희욕부)
몰애 더우니 ᄇᆞᄅᆞ맷 나븨 ᄂᆞ죽ᄒᆞ고 하ᄂᆞᆯ히 개니 沐浴ᄒᆞ는 올히 깃거ᄒᆞ놋다.
別離傷老大意緖日荒蕪(별리상노대의서일황무)
여희요매 늘구믈 슬노니 ᄠᅳ디 나날 거츠레라.

[중간본]

버들 그르메는 구룸 곳ᄒᆞᆫ 帳幕ᄋᆞᆯ 머겟고 ᄀᆞᄅᆞᆷ 믌겨른 酒壺애 갓갑도다.
디ᄅᆞᆫ ᄯᅡ해 와 ᄂᆞᆾ 마조 보ᄆᆞᆯ 놀라노니 이바딜 ᄆᆞᆺ고 가는 길흘 슬노라.
몰애 더우니 ᄇᆞᄅᆞ맷 나븨 ᄂᆞ죽ᄒᆞ고 하ᄂᆞᆯ히 개니 沐浴ᄒᆞ는 올히 깃거ᄒᆞ놋다.

여희요매 늘구믈 슬노니 쁘디 나날 거츠레라.

───────

1) 그르메 : 그림자 2) 터곗고, 머곗고 : 머곗다, 머금어 있다, 머금다 3) 놋 : 낯 4) 이바딜 : 이바지, 잔치, 연회
5) 뭇고 : 마치고 6) 올히 : 오리 7) 깃거ᄒ놋다 : 기뻐하다 8) 거츠레라 : 거츨다, 거칠다

奉送蜀州栢二別駕ㅣ 將中丞命ᄒ야 赴江陵ᄒ야 起居衛尙書ㅅ 太夫人이어늘 因示行軍司馬位ᄒ노라

中丞問俗畵熊頻愛弟傳書綵鷁新(중승문속화웅빈애제전서채익신)
中丞이 風俗ᄋᆞᆯ 무로매 곰 그륜 술위를 ᄌᆞ조 ᄐᆞ니 ᄉᆞ랑ᄒᆞ는 앗이 글워를 傳호매 빗난 鷁 그륜 ᄇᆡ 새롭도다.

遷轉五州防禦使起居八座太夫人(천전오주방어사기거팔좌태부인)
다ᄉᆞᆺ ᄀᆞ옰 防禦使를 올마 ᄒᆞ고 八座ㅅ 太夫人ᄭᅴ 問安ᄒᆞ놋다,

楚宮臘送荊門水白帝雲偸碧海春(초궁납송형문수백제운투벽해춘)
楚ㅅ宮엔 臘月에 荊門ㅅ 므를 보내오 白帝城엔 구루미 碧海ㅅ 보ᄆᆞᆯ 일버셋도다.

與報惠連詩不惜知吾斑鬢總如銀(여보혜연시불석지오반빈총여은)
惠連 더브러 알외노니 글 지어 보내요ᄆᆞᆯ 앗기디 말라 내 어르누근 귀미티 다 銀ㅅ 빗 ᄀᆞᆮᄒᆞ몰 아ᄂᆞ니라.

[중간본]

中丞이 風俗을 무로매 곰 그륜 술위를 조조 트느니 스랑ᄒᆞᄂᆞᆫ 아이 글워를 傳호매 빗난 鵁 그륜 새롭도다.
다ᄉᆞᆺ ᄀᆞ옰 防禦使를 올마ᄒᆞ고 八座ㅅ 太夫人ᄭᅴ 問安ᄒᆞ놋다,
楚ㅅ宮엔 臘月에 荊門ㅅ 므를 보내오 白帝城엔 구루미 碧海ㅅ 보ᄆᆞᆯ 일버엣도다.
惠連 더브러 알외노니 글 지어 보내요믈 앗기디 말라 내 어르누근 귀미티 다 銀ㅅ 빗 ᄀᆞᆮ호ᄆᆞᆯ 아ᄂᆞ니라.

---

1) 그륜 : 그림 2) 술위 : 수레 3) 아ᅀᆡ : 앗, 아우 4) 빗난 : 빗나다, 빛나다 5) ᄀᆞ옰 : 고을, 마을 6) 올마ᄒᆞ고 : 올맘, 옮음 옮다 7) 일버ᅀᅦᆺ도다(偸) : 일버서, 도둑질하여, 일벗다 8) 어르누근 : 어루눅다, 얼룩얼룩하다, 무늬지다

送田四弟將軍이 將夔州栢中丞命ᄒᆞ야 起居江陵節度陽城郡王衛公幕ᄒᆞ노라

離筵罷多酒起地發寒塘(이연파다주기지발한당)
여희ᄂᆞᆫ 돗긔 한 수를 뭇고 니러가ᄂᆞᆫ ᄯᅡ홀 서늘ᄒᆞᆫ 모ᄉᆞ로셔 나놋다.
回首中丞座馳牋異姓王(회수중승좌치전이성왕)
中丞 안잿ᄂᆞᆫ 딜 머리 도르혀 보고 異姓王ᄭᅴ 글워를 둘여 가놋다.
燕辭楓樹日鴈度麥城霜(연사풍수일안도맥성상)
져비ᄂᆞᆫ 싣남짓 히를 여희오 그려긴 보리 심곤 城ㅅ 서리로 디나놋다,

空醉山翁酒遙憐似葛强(공취산옹요련사갈강)
山翁이 수를 ᄒᆞᆫ갓 醉ᄒᆞ니 네의 葛强 곧ᄒᆞ몰 아ᅀᆞ라히 둣노라.

[중간본]

여희ᄂᆞᆫ 돗긔 한 수를 뭇고 니러가ᄂᆞᆫ ᄉᆞ홀 셔늘ᄒᆞᆫ 모ᄉᆞ로셔 나놋다.
中丞 안잿ᄂᆞᆫ 딜 머리 도ᄅᆞ혀 보고 異姓王의 글외를 돌여 가놋다.
져비ᄂᆞᆫ 싣남짓 히ᄅᆞᆯ 여희오 그려기ᄂᆞᆫ 보리 심곤 城ㅅ 서리로 디나놋다,
山翁의 수를 ᄒᆞᆫ갓 醉ᄒᆞ니 네의 葛强 ᄀᆞᆺᄒᆞ몰 아오라히 돌노라.

---

1) 돗긔 : 돗자리에 2) 뭇고 : 뭇다, 마치다 3) 니러가ᄂᆞᆫ : 니다, 일어나다 4) 모ᄉᆞ로셔 : 못오로셔, 못 5) 나놋다 : 나가다, 나오다, 태어나다 6) 돌여 : 달리어 7) 싣남짓 : 싣나모, 신나무, 단풍나무 8) 서리로 : 사이로 9) 그려긴 : 기러기 10) ᄒᆞᆫ갓 : 한갓, 공연히 11) 아ᅀᆞ라히 : 아득히, 까마득히 12) 둣노라 : 둣다, 사랑하다

送蔡希魯都尉還隴石因寄高三十五書記
송채희노도위환롱석인기고삼십오서기

蔡子勇成癖彎弓西射胡(채자용성벽만궁서사호)
蔡子ㅣ 勇猛ᄒᆞ미 病이 ᄃᆞ외니 화를 혀 西ㅅ녀그로 되롤 소놋다.
健兒寧鬪死壯士恥爲儒(건아녕투사장사치위유)
健壯ᄒᆞᆫ 男兒ᄂᆞᆫ 사화 주고ᄆᆞᆯ 便安히 너기고 壯勇ᄒᆞᆫ 士ᄂᆞᆫ 션비 ᄃᆞ외요ᄆᆞᆯ 붓그리ᄂᆞ니라.

官是先鋒得材緣挑戰須(관시선봉득재연도전수)
벼스른 이 先鋒호모로 얻고 材質은 挑戰호믈 말미ᄒᆞ야 須求ᄒᆞ야 쁘시놋다.
身輕一鳥過槍急萬人呼(신경일조과창급만인호)
모미 가비야오니 ᄒᆞᆫ 새 디나가는 듯고 槍을 ᄲᆞᆯ리 ᄒᆞ니 萬人이 우르놋다.
雲幕隨開府春城赴上都(운막수개부춘성부상도)
구룸 ᄀᆞᆮᄒᆞᆫ 幕府에 開府를 조차 갯더니 봆 城에 셔울 오도다.
馬頭金匼匝駝背錦模糊(마두금암잡타배금모호)
ᄆᆞᆯ 머리엔 金이 얼겟고 약대 등어리엔 錦이 얼의옛도다.
咫尺雪山路歸飛西海隅(지자설산로귀비서해우)
雪山ㅅ 길흘 咫尺ᄀᆞ티 너겨 西海ㅅ 모ᄒᆞ로 ᄂᆞ라 가놋다.
上公猶寵錫突將且前驅(상공유총석돌장차전구) 구
上公은 오히려 榮寵히 주거시ᄂᆞᆯ 돌이ᄂᆞᆫ 將軍이 몬져 모라가놋다.
漢使黃河遠凉州白麥枯(한사황하원량주백맥고)
漢ㅅ 使者 가던 黃河ㅣ 멀오 凉州엔 힌 밀히 이오도다.
因君問消息好在阮元瑜(인군문소식호재완원유)
그듸를 因ᄒᆞ야 消息을 묻노니 됴히 잇ᄂᆞᆫ가 阮元瑜여.

[중간본]

蔡子ㅣ 勇猛호미 病이 도외니 화를 혀 西ㅅ녀그로 되를 소놋다.
健壯ᄒᆞᆫ 男兒는 사화 주고믈 便安히 너기고 壯勇ᄒᆞᆫ 士는 션비 ᄃᆞ외요믈 븟그리ᄂᆞ니라.
벼스른 이 先鋒호모로 얻고 材質은 挑戰호믈 말미ᄒᆞ야 須求ᄒᆞ야 쁘시놋다.
모미 가비야오니 ᄒᆞᆫ 새 디나가는 듯고 槍을 ᄲᆞᆯ리 ᄒᆞ니 萬人이 우르놋다.
구룸 ᄀᆞᆮᄒᆞᆫ 幕府에 開府를 조차 갯더니 봆 城에 셔울 오도다.

물 머리엔 金이 얼겟고 약대 등어리엔 錦이 얼의옛도다.
雪山ㅅ 길흘 咫尺ㄱ티 너겨 西海ㅅ 모ㅎ로 ᄂᆞ라 가놋다.
上公은 오히려 榮寵히 주거시ᄂᆞᆯ 將軍이 몬져 모라가놋다.
漢ㅅ 使者 가던 黃河ㅣ 멀오 凉州엔 힌 밀히 이오도다.
그더롤 因ᄒᆞ야 消息을 묻노니 됴히 잇ᄂᆞᆫ가 阮元瑜여.

---

1) 혀 : 혀다, 잡아당기다, 당기다 2) ᄃᆞ외니 : 되다 3) 사화 : 사호다, 싸우다 4) 말미ᄒᆞ야 : 말미암다, 말미암다 5) 쓰시놋다 : 쓰다, 쓰다 6) 우르놋다 : 우르다, 부르짖다, 울부짖다 7) 얼겟고 : 얼거, 얽혀, 얼기다 8) 갯더니 : 갯다, 가 있다, 갔다 9) 얼의옛도다 : 얼의다, 엉기다 10) 모ㅎ로 : 모해, 모에, 모퉁이에 11) 주거시ᄂᆞᆯ : 주시거늘, 주다, 하사하다(錫) 12) 돌이는 : 돌이다, 달리다 13) 몬져 : 먼저 14) 모라가놋다 : 몰다, 몰아가다 15) 밀히 : 밀(小麥) 16) 이오도다 : 이올다, 이울다, 시들다 17) 됴히 : 좋게

送路六侍御入朝
송로육시어입조

童稚情親四十年中間消息兩茫然(동치정친사십년중간소식양망연)
아ᄒᆡᆺ 뗏 ᄯᆞᆫ 親호미 마ᄋᆞᆫ 히니 그 ᄉᆞᅵ옛 消息은 둘히 다 아ᅀᆞ라 ᄒᆞ더라.
更爲後會知何地忽漫相逢是別筵(갱위후회지하지홀만상봉시별연)
다시 후에 會集호ᄆᆞᆯ 아노라 어느 ᄯᅡ코 믄드시 서르 맛보니 이 여희는 돗기로다.
不分桃花紅勝錦生憎柳絮白於綿(불분도화승금생증유서백어면) 승

복셨고지 블고미 錦이라와 더으물 내 分엣 것 삼디 몯ᄒ고 버듨개야지 소오미라와 히요믈 ᄀ쟝 믜노라.
劍南春色還無賴觸忤愁人到酒邊(검남춘색환무뢰촉오수인도주변)
劍南앳 봆비치 도ᄅ혀 依賴홀 줄 업도소니 시름ᄒᄂᆫ 사ᄅᆞ믈 다딜어 거슬ᄣᅥ 숤 ᄀᆞᅀᅵ 오놋다.

[중간본]

아힛 뼛 뜬 親호미 마ᄋᆞᆫ 히니 그 <u>ᄉᆞ이옛</u> 消息은 둘히 다 <u>아ᄋᆞ라</u> ᄒ더라.
다시 後에 會集호ᄆᆞᆫ 아노라 어느 짜코 믄드시 서르 맛보니 이 여희ᄂᆞᆫ 돗기로다.
복셨고지 블고미 錦이라와 더으물 내 分엣 것 삼디 몯ᄒ고 버듨개야지 소오미라와 히요믈 ᄀ쟝 믜노라.
劍南앳 봆비치 도ᄅ혀 依賴홀 줄 업도소니 시름ᄒᄂᆞᆫ 사ᄅᆞ믈 다딜어 거슬ᄣᅥ 숤 ᄀᆞᅀᅵ 오놋다.

---

1) 뼛 : 때 2) 마ᄋᆞᆫ : 마흔 3) 아ᄋᆞ라 : 아ᄋᆞ라히, 아득히 4) 믄드시 : 문득, 갑자기 5) 맛보니 : 만나니 6) 돗기 : 돗자리 7) 복셨고지 : 복숭아꽃 8) 錦이라와 : -이라와, -보다 9) 더으물 : 뛰어나다 10) 버듨개야지 : 버들개지 11) 소오미라와 : 솜보다 12) 히 : 희다 13) 믜노라 : 믜다, 미워하다 14) 다딜어 : 들이받아 15) 거슬ᄣᅥ : 거슬ᄡᅳ다, 거스르다, 거슬려

送何侍御歸朝
송하시어귀조

舟楫諸侯餞車輿使者歸(주즙제후전거여사자귀)
빈 타셔 諸侯ㅣ 餞送ㅎㄴ니 술위 톤 使者ㅣ 도라가ᄂᆞ다.
山花相暎發水鳥自孤飛(산화상영발수조자고비)
뫼헷 고ᄌᆞᆫ 서르 비취여 펫고 므렛 새ᄂᆞᆫ ᄒᆞ오ᅀᅡ ᄂᆞᄂᆞ다.
春日垂霜鬢天隅把繡衣(춘일수상빈천우파수의)
봆나래 서리 ᄀᆞᆮᄒᆞᆫ 귀믿터리 드리옛ᄂᆞ니 하ᄂᆞᆳ 모해셔 繡衣ᄅᆞᆯ 자보리.
故人從此去寥落寸心違(고인종차거료락촌심위)
故人이 일로브터 가ᄂᆞ니 寥落ᄒᆞ야 죠고맛 ᄆᆞᅀᆞ미 어그릇도다.

[중간본]

빈 타셔 諸侯ㅣ 餞送ㅎㄴ니 술위 톤 使者ㅣ 도라가ᄂᆞ다.
뫼햇 고즌 서르 비취여 펫고 므렛 새ᄂᆞᆫ ᄒᆞ오아 ᄂᆞᄂᆞ다.
봆나래 서리 ᄀᆞᆮᄒᆞᆫ 귀믿터리 드리옛ᄂᆞ니 하ᄂᆞᆳ 모해셔 繡衣ᄅᆞᆯ 자보라.
故人이 일로브터 가ᄂᆞ니 寥落ᄒᆞ야 죠고맛 ᄆᆞ오미 어그릇도다.

---

1) 술위 : 수레 2) ᄒᆞ오ᅀᅡ : 홀로 3) 드리옛ᄂᆞ니 : 드리다, 드리우다, 드리워지다 4) 모해셔 : 모퉁이에서 5) 자보다 : 잡다 6) 일로브터 : 이로부터 7) 어그릇도다 : 어그릇다, 어기다, 어긋나게 하다

魏十四侍御就弊廬相別
위십사시어취폐려상별

有客騎驄馬江邊問草堂(유객기총마강변문초당)
잇는 소니 驄馬룰 타 ㄱ룳 ㄱ싀 와 草堂올 묻ᄂ다.
遠尋留藥價惜別到文場(유심유약가석별도문장)
머리 ᄎ자 와 藥ㅅ 비들 주고 여희요믈 슬허 글ᄒᆞᆫ 따해 오도다.
入幕旌旗動歸軒錦繡香(입막정기동귀헌금수향)
幕府에 드니 旌旗ㅣ 뮈리로소니 가ᄂ 술위옌 錦繡ㅣ 곳답도다.
時應念衰疾書迹及滄浪(시응념쇠지서적급창랑)
쁴로 당당이 내 衰疾을 ᄉᆞ랑ᄒᆞ야 글와리 滄浪애 미처오리로다.

[중간본]

잇는 소니 驄馬룰 타 ㄱ룳 ㄱ이 와 草堂올 묻ᄂ다.
머리 ᄎ자 와 藥ㅅ 비들 주고 여희요믈 슬허 글ᄒᆞᆫ 따해 오도다.
幕府에 드니 旌旗ㅣ 뮈리로소니 가ᄂ 술위옌 錦繡ㅣ 곳답도다.
쁴로 당당이 내 衰疾을 ᄉᆞ랑ᄒᆞ야 글와리 滄浪애 미처오리로다.

---

1) 비들 : 빋을, 빗을   2) 뮈리로소니 : 뮈다, 움직이다   3) 곳답도다 : 곳답다, 꽃답다, 향기롭다   4) 미처 : 미치다(及)

送許八拾遺의 歸江寧觀省ᄒ노라
甫ㅣ昔時예 嘗客遊此縣ᄒ야
於許生處에 乞ᄋ棺寺ㅅ 維摩圖ㅇ호니
志諸篇末ᄒ노라

詔許辭中禁慈顔赴北堂(조허사중금자안부북당)

詔書로 中禁 여희요ᄆᆞᆯ 許ᄒ시니 慈愛ᄒᆞ는 ᄂᆞᆺ 보리라 北堂ᄋᆞ로 가ᄂᆞ다.

聖朝新孝理祖席倍輝光(성조신효리조석배휘광)

聖朝ㅣ 孝道로 다ᄉᆞ리샤ᄆᆞᆯ 새로이 ᄒᆞ시니 祖祭ᄒᆞ는 돗기 더욱 빗나도다.

內帛擎偏重宮衣著更香(내백경편중궁의저갱향)

안 녁 기븐 자브니 偏히 므겁고 宮中엣 오ᄉᆞᆯ 니브니 ᄯᅩ 곳답도다.

淮陰新夜驛京口渡江航(회음신야역경구도강항)

淮陰앤 새 밤 驛이오 京口엔 ᄀᆞᄅᆞᆷ 건나ᄂᆞᆫ ᄇᆡ로다.

春隔雞人晝秋期燕子凉(춘격계인주추기연자량)

보미 雞人ㅅ 나ᄌᆞᆯ 즈슴ᄒᆞ᠊ᄂᆞ니 ᄀᆞᅀᆞᆯ히 져비 서늘ᄒᆞᆯ 저글 期約ᄒᆞᄂᆞ다.

賜書誇父老壽酒賽城隍(사서과부노수주새성황)

주샨 글워ᄅᆞᆯ 父老 더브러 쟈랑ᄒᆞ고 獻壽ᄒᆞᄂᆞᆫ 수로 城隍ᄋᆞᆯ 이바드리로다.

看畵曾飢渴追蹤恨淼茫(간화증기갈추종한묘망)

그리믈 보고 일즉 주리며 목ᄆᆞᄅᆞ ᄃᆞᆺ호니 蹤迹을 追思ᄒᆞ고 아ᄉᆞ라호ᄆᆞᆯ 슬노라.

虎頭金粟影神妙獨難忘(호두금속영신묘독난망)

虎頭의 그린 金粟如來ㅅ 影子ᄅᆞᆯ 神妙호ᄆᆞᆯ ᄒᆞ올로 니조미 어렵도다.

[중간본]

詔書로 中禁 여희요물 許ᄒᆞ시니 慈愛ᄒᆞ논 ᄂᆞᆺ 보리라 北堂ᄋᆞ로 가놋다.
聖朝ㅣ 孝道로 다ᄉᆞ리샤믈 새로이 ᄒᆞ시니 祖祭ᄒᆞ논 돗기 더욱 빗나도다.
안 녁 기ᄫᅳᆫ 자ᄇᆞ니 偏히 므겁고 宮中엣 오ᄉᆞᆫ 니ᄇᆞ니 ᄯᅩ 곳답도다.
淮陰엔 새 밥 驛이오 京口엔 ᄀᆞᄅᆞᆷ 건나는 ᄇᆡ로다.
보미 雞人ㅅ 나줄 즈음ᄒᆞᄂᆞ니 ᄀᆞ올ᄒᆡ 져비 서늘ᄒᆞᆯ 저글 期約ᄒᆞ놋다.
주샨 글워ᄅᆞᆯ 父老 더브러 자랑ᄒᆞ고 獻壽ᄒᆞ논 술로 城隍ᄋᆞᆯ 이바ᄃᆞ리로다.
그리믈 보고 일즉 주리며 목ᄆᆞᄅᆞ ᄃᆞᆺᄒᆞ니 蹤迹을 追思ᄒᆞ고 아ᅀᆞ라호ᄆᆞᆯ 슬노라.
虎頭의 그린 金栗如來ㅅ 影子ᄅᆞᆯ 神妙호ᄆᆞᆯ ᄒᆞ올로 니조미 어렵도다.

---

1) 기ᄫᆞᆫ : 깁, 비단 2) 나줄 : 낮을 3) 즈음ᄒᆞᄂᆞ니 : 즈음ᄒᆞ다, 사이에 두다 4) 더브러 : 더불어 5) 이바ᄃᆞ리로다 : 이다디ᄒᆞ다, 이바지하다, 잔치하다 6) 주리며 : 주리다 7) 목ᄆᆞᄅᆞ : 목ᄆᆞᄅᆞ다, 목마르다 8) 아ᅀᆞ라호ᄆᆞᆯ : 아ᅀᆞ라ᄒᆞ다, 아득하다, 까마아득하다 9) 니조미 : 닞다, 잊다

惠義寺園送辛員外
혜의사원송신원외

朱櫻此日垂朱實郭外誰家負郭田(주앵차일수주실곽외수가부곽전)
블근 櫻桃ㅣ 이 나래 블근 여르미 드렛ᄂᆞ니 城郭 밧 뉘 지븨 城郭을 졧는 받고.

395

萬里相逢貪握手高才仰望足離筵(만리상봉탐악수고재앙망족리연)
萬里예 서르 맛보아 손목 자보몰 貪ㅎ노니 노픈 지조롤 울워러 브라니 여희는 돗기 足ㅎ도다.

[중간본]

블근 櫻桃ㅣ 이 나래 블근 여르미 드렛ᄂ니 城郭 밧 뉘 지븨 城郭올 젯는 받고.
萬里예 서르 맛보아 손목 자보몰 貪ㅎ노니 노픈 지조롤 울워 브라니 여희는 돗기 足ㅎ도다.

---

1) 여르미 : 여름, 열매 2) 드렛ᄂ니 : 드렛다, 드리워 있다, 드리우다 3) 밧 : 밭, 밖 4) 젯고 : 젯다, 의지하여 있다, 등지고 있다 5) 받고 : 밭, 밧, 밭, 밭인가

又送
우송

雙峯寂寂對春臺萬竹靑靑照客盃(쌍봉적적대춘대만죽청청조객배)
두 峯이 괴외히 봀 臺롤 對ㅎ얫고 萬竹이 퍼러ㅎ야 소늬 酒杯예 비취옛도다.
細草留連侵坐軟殘花悵望近人開(세초유연침좌연잔화장망근인개)
ᄀᄂ 프레 머므로니 안존 ᄃ 侵犯ㅎ야 보ᄃ랍고 衰殘ᄒ 고ᄌ 슬허 브라니

사르미게 갓가와 펫도다.
同舟昨日何由得並馬今朝未擬回(동주작일하유득병마금조미의회)
어젯날 비예 흔디 이쇼믈 어느 말미로 어드료 오놄 아츠미 므를 ᄀ와 타셔 도라오고져 너기디 아니ᄒ노라.
直到綿州始分手江頭樹裏共誰來(직도면주시분수강두수리공수래)
곧 綿州예 가 비릇 여희리로소니 ᄀᆞᆳ 귿 나못 소개 눌와 다뭇 오려뇨.

[중간본]

두 峯이 괴외히 봆 臺를 對ᄒᆞ얫고 萬竹이 퍼러ᄒᆞ야 소니 酒杯예 비취옛도다.
ᄀᆞ논 프레 머므로니 안존 디 侵犯ᄒᆞ야 보드랍고 衰殘ᄒᆞᆫ 고즐 슬허 ᄇᆞ라니 사르미게 갓가와 펫도다.
어제날 비예 흔디 이쇼믈 어느 말미로 어드료 오놄 아츠미 므를 골와 타셔 도라오고져 너기디 아니ᄒ노라.
곧 綿예 가 비릇 여희리로소니 ᄀᆞᆳ 귿 나못 소개 눌와 다뭇 오려뇨.

---

1) 괴외히 : 고요히 2) 말미로 : 말미 3) ᄀ와(골와) : 함께 나란히 하여 4) 비릇 : 비로소 5) 귿 : 끝 6) 다뭇 : 더불어, 함께

惠義寺送王少尹赴成都
혜의사송왕소윤부성도

冉冉谷中寺娟娟林表峯(염염곡중사연연림표봉)
冉冉호 묏곬 뎌례 고온 수플 밧긧 묏부리로다.
欄干上處峻結構坐來重(란간상처준결구좌래중)
欄干 올아가는 싸히 노프니 미 얼거 지운 디 안자쇼매 重疊호도다.
騎馬行春徑衣冠起暮鍾(기마행춘경의관기모종)
물 타 봆 길헤 녀느니 衣冠이 나죗 붑 티거놀 니러가놋다.
雲門靑寂寂此別恨相從(운문청적적차별한상종)
구룸 씬 門이 퍼러호야 괴외호니 이 여희요매 서르 조차 둔니던 이룰 슬
노라.

[중간본]

冉冉호 묏곬 뎌례 고온 수플 밧긧 묏부리로다.
欄干 올아가는 싸히 노프니 미 얼거 디운 디 안자쇼매 重疊호도다.
물 타 봆 길헤 녀느니 衣冠이 나죗 붑 티거놀 니러가놋다.
구룸 씬 門이 퍼러호야 괴외호니 이 여희요매 서르 조차 둔니던 이룰 슬
노라.

---

1) 뎌례 : 뎔, 절 2) 밧긧 : 밖에 3) 얼거 : 얽혀, 얼기다 4) 지운 : 지운, 짓다 5) 나죗 : 저녁 6) 붑 : 북, 붗, 종
7) 니러가놋다 : 일어나 가다 8) 괴외호니 : 고요하니

送翰林張司馬南海勒碑
송한림장사마남해륵비

冠冕通南極文章落上台(관면통남극문장락상태)
冠冕 스고 南極으로 스므차 가느니 글워른 上台예셔 느려디도다.
詔從三殿去碑到百蠻開(조종삼전거비도백만개)
詔書는 三殿으로셔 조차 가느니 碑文은 百蠻애 가 열리로다.
野館濃花發春帆細雨來(야관농화발춘범세우래)
및 지빈 돋가온 고지 펫고 봆 빗 돗긴 ᄀᆞ는 비 오놋다.
不知蒼海上天遣幾時回(부지창해상천견기시회)
아디 몯ᄒᆞ리로다 蒼海ㅅ 우희셔 하놀히 히여곰 어느 ᄢᅴ 돌아 보낼고.

[중간본]

冠冕 스고 南極으로 스므차 가느니 글워른 上台예셔 느려디도다.
詔書는 三殿으로셔 조차 가느니 碑文은 百蠻애 가 열리로다.
및 디빈 돋가온 고지 펫고 봆 빗 돗긴 ᄀᆞ는 비 오놋다.
아디 몯ᄒᆞ리로다 蒼海ㅅ 우희셔 하놀히 히여곰 어느 ᄢᅴ 돌아 보낼고.

---

1) 스고 : 쓰다 2) 스므차 : 사무쳐 3) 돋가온 : 돋갑다, 도탑다 4) 돗긴 : 돗, 돛(帆), 돗자리에 5) 히여곰 : 하여금
7) ᄢᅴ : 때

贈韋贊善別
증위찬선별

扶病送君發自憐猶不歸(부병송군발자련유불귀)
病호매 扶持히여셔 그듸 가물 보내노니 오히려 도라가디 몯하물 내 슬노라.
祗應盡客淚復作掩荊扉(지응진객루복작엄형비)
오직 당당이 나그내 누므를 다ᄋ고 도로 가시門 다도물 ᄒ리로다.
江漢故人少音書從此稀(강한고인소음서종차희)
江漢애 버디 져그니 音書ㅣ 일로브터 드믈리로다.
往還二十載歲晚寸心違(왕환이십재세만촌심위)
가락오락 ᄒ야 사괴요미 스믈 힌러니 歲晚애 죠고맛 ᄆᆞ미 어긔르체라.

[중간본]

病호매 扶持히여셔 그듸 가물 보내노니 오히려 도라가디 몯하물 내 슬노라.
오직 당당이 나그내 누므를 다ᄋ고 도로 가시門 다도물 ᄒ리로다.
江漢애 버디 져그니 音書ㅣ 일로브터 드믈리로다.
가락오락 ᄒ야 사괴요미 스믈 힌러니 歲晚애 죠고맛 ᄆᆞ미 어긔르체라.

---

1) 가시門 : 가시문 2) 일로브터 : 이로부터 3) 가락오락 : 가며오며 4) 사괴다 : 사귀다 5) 어긔르체라 : 어긔르츠다, 어기다, 어긋나게 하다

送韋郎司直歸成都
송위항사직귀성도

竄身來蜀地同病得韋郎(찬신래촉지동병득위랑)
모물 수머 蜀ㅅ 따해 와 흔 가지로 病호물 韋郎을 어두라.
天下兵戈滿江邊歲月長(천하병과만강변세월장)
天下애 兵戈ㅣ ㄱ독ㅎ니 ㄱ롮 ㄱ싀 왯는 歲月이 기도다.
別筵花欲暮春日鬢俱蒼(별연화욕모춘일수구창)
여희난 돗긘 고지 나조히 두외오져 ㅎ고 봀나래 귀미티 다 셰도다,
爲問南溪竹柚梢合過墻(위문남계죽유초합과장)
南溪옛 대롤 爲ㅎ야 묻노니 돋는 가지 다매 너무미 맛당ㅎ니라.

[중간본]

모물 수머 蜀ㅅ 따해 와 흔 가지로 病호물 韋郎을 어두라.
天下앳 兵戈ㅣ ㄱ독ㅎ니 ㄱ롮 그이 왠는 歲月이 기도다.
여희난 돗긘 고지 나조히 두외오져 ㅎ고 봀나랜 귀미티 다 셰도다,
南溪옛 대롤 爲ㅎ야 묻노니 돋는 가지 다매 너무미 맛당ㅎ니라.

---

1) 수머 : 숨다 2) 어두라 : 얻다 3) 왯다 : 와 있다, 왔다 4) 다매 : 담, 담장 5) 너무미 : 넘다

送魏二十四司直이 充嶺南掌選崔郞中의 判官ᄒᆞ노니 兼寄韋韶州ᄒᆞ노라

選曹分五嶺使者歷三湘(선조분오령사자력삼상)
사ᄅᆞᆷ 골히ᄂᆞᆫ 마ᅀᆞ리 五嶺에 ᄂᆞᆫ호니 使者ㅣ 三湘으로 디나 가도다.
才美膺推薦君行佐紀綱(재미응추천군행좌기강)
지죄 아ᄅᆞᆷ다와 推薦호ᄆᆞᆯ 膺當ᄒᆞ니 그듸 녀가 紀綱을 도오리로다.
佳聲期共遠雅節在周防(가성기공원아절재주방)
됴ᄒᆞᆫ 소리ᄅᆞᆯ 다뭇 머리 펴듀믈 期望ᄒᆞ노니 ᄆᆞᆯᄀᆞᆫ 節介ᄂᆞᆫ 두루 마고매 잇ᄂᆞ니라.
明白山濤鑑嫌疑陸賈裝(명백산도감혐의륙가장)
山濤이 보미 ᄇᆞᆯᄀᆞ니 陸賈이 行裝ᄋᆞᆯ 疑心ᄒᆞ리로다.
故人湖外少春日嶺南長(고인호외소춘일영남장)
버디 湖外예 져그니 봄히 嶺南애 기도다.
憑報韶州牧新詩昨寄將(빙보소주목신시작기장)
韶州ㅅ 원의게 브텨 알외ᄂᆞ니 새 그를 어제 브텨 보내놋더라.

[중간본]

사ᄅᆞᆷ 골히ᄂᆞᆫ 마오리 五嶺에 ᄂᆞᆫ호니 使者ㅣ 三湘으로 디나 가도다.
지죄 아ᄅᆞᆷ다와 推薦호ᄆᆞᆯ 膺當ᄒᆞ니 그듸 녀가 紀綱을 도오리로다.
됴ᄒᆞᆫ 소리ᄅᆞᆯ 다뭇 머리 펴듀믈 期望ᄒᆞ노니 ᄆᆞᆯᄀᆞᆫ 節介ᄂᆞᆫ 두루 마고매 잇ᄂᆞ니라.
山濤이 보미 ᄇᆞᆯᄀᆞ니 陸賈이 行裝ᄋᆞᆯ 疑心ᄒᆞ리로다.

버디 湖外예 져그니 봆히 嶺南애 기도다.

韶州ㅅ 원의게 브텨 알외노니 새 그롤 어제 브텨 보내돗더라.

---

1) 글희논: 글희다, 가래다, 가르다, 분별하다 2) 마ᄉᆞ리: 마ᅀᆞᆯ, 관청, 마을, 마을 3) 도오리로다: 돕다 4) 펴 듀믈: 펴다 5) 마고매: 막다 6) 보미: 보다 7) 봌ᄂᆞ기: 붉다, 밝다 8) 브터: 붙어, 의지하여 9) 알외노니: 알리다, 고하다

送楊六判官使西蕃
송양육판서사서번

送遠秋風落西征海氣寒(송원추풍락서정해기한)
먼 디 보내요매 ᄀᆞᅀᆞᆳ ᄇᆞᄅᆞ미 ᄣᅳ러뎌 부ᄂᆞ니 西ㅅ 녀그로 가매 바ᄅᆞᆳ 氣運이 칩도다.
帝京氛祲滿人世別離難(제경분침만인세별리난)
셔울헤 氛祲이 ᄀᆞᄃᆞᆨᄒᆞ니 人世예 여희요미 어렵도다.
絶域遙懷怒和親願結懽(절역요회노화친원결환)
먼 ᄯᅡ해셔 아ᅀᆞ라히 怒호ᄆᆞᆯ 먹더니 和親ᄒᆞ야 懽樂을 밋고져 願ᄒᆞ놋다.
勅書憐贊普兵甲望長安(래서련찬보병갑망장안)
勅書로 贊普ᄅᆞᆯ 어엿비 너기시니 兵甲 가지고 長安을 ᄇᆞ라놋다.
宣命前程急惟良待士寬(선명전정급유량대사관)
王命을 베푸리라 ᄒᆞ야 길흐로 나ᅀᅡ가ᄆᆞᆯ ᄲᆞᆯ리 ᄒᆞᄂᆞ니 어디러 人士 待接호

몰 어위키 ᄒᆞᄂᆞ다.
子雲淸自守今日起爲官(자운청자수금일기위관)
子雲이 몰기 제 모몰 가졧더니 오ᄂᆞᆯ날 ᄂᆞ려 벼슬ᄒᆞᄂᆞ다.
垂淚方投筆傷時卽據鞍(수루방투필상시즉거안)
눇믈 드리우고 뵈야ᄒᆞ로 붇 더디고 時節을 슬허 곧 기르마ᄅᆞᆯ 브텃도다.
儒衣山鳥怪漢節野童看(유의산조괴한절야동간)
션비 오ᄉᆞᆯ 묏새 怪異히 너기고 漢ㅅ 符節을 미햇 아히 보리로다.
邊酒排金椀夷歌捧玉盤(변주배금완이가봉옥반)
邊方ㅅ 수레 金椀ᄋᆞᆯ 버리고 되 놀애로 玉盤ᄋᆞᆯ 바ᄃᆞ리로다.
草肥蕃馬健雲重拂廬乾(초비번마건운중불려건)
프리 ᄉᆞᆯ지니 蕃엣 ᄆᆞ리 健壯ᄒᆞ고 누니 하도 시욱지비 ᄆᆞᄅᆞ도다.
愼爾叅籌畵從玆正羽翰(신이참주화종자정우한)
너의 籌畵 叅預호ᄆᆞᆯ 삼가ᄒᆞ라 일로브터 놀개ᄅᆞᆯ 고텨 ᄂᆞ리로다.
歸來權可取九萬一朝搏(귀래권가취구만일조단)
도라와 權勢ᄅᆞᆯ 어루 어드리니 九萬里ᄅᆞᆯ ᄒᆞᄅᆞᆺ 아ᄎᆞ미 ᄂᆞ라 오ᄅᆞ리로다.

[중간본]

먼 ᄃᆡ 보내요매 ᄀᆞ옰 ᄇᆞᄅᆞ미 ᄯᆞ라뎌 부ᄂᆞ니 西ㅅ 녀그로 가매 바ᄅᆞᆺ 氣運이 칩도다.
셔울헷 氛祲이 ᄀᆞᄃᆞᆨᄒᆞ니 人世예 여희요미 어렵도다.
먼 ᄯᅢ해셔 아ᄋᆞ라히 怒호ᄆᆞᆯ 먹더니 和親ᄒᆞ야 懽樂ᄋᆞᆯ 밋고져 願ᄒᆞᄂᆞ다.
勑書로 贄普ᄅᆞᆯ 어엿비 너기시니 兵甲 가지고 長安ᄋᆞᆯ ᄇᆞ라ᄂᆞ다.
王命ᄋᆞᆯ 베푸리라 ᄒᆞ야 길흐로 나아가ᄆᆞᆯ ᄲᆞᆯ리 ᄒᆞᄂᆞ니 어디러 人士 待接호ᄆᆞᆯ 어위키 ᄒᆞᄂᆞ다.

子雲이 물기 제 모믈 가졋더니 오눐날 니려 벼슬ᄒ놋다.
눖믈 드리우고 뵈야ᄒ로 붇 더디고 時節을 슬허 곧 기르마를 브텃도다.
션비 오솔 뫗새 怪異히 너기고 漢ㅅ 符節을 미행 아히 보리로다
邊方ㅅ 수레 金椀을 ᄇ리고 되 놀애로 玉盤을 바드리로다.
ᄑ리 슬지니 蕃엣 무리 健壯ᄒ고 누니 하도 시욱 지비 므르도다.
네의 籌畫 叅預호믈 삼가ᄒ라 일로브터 놀개를 고려 놀리로다.
도라와 權勢를 어루 어드리니 九萬里를 ᄒ릇 아ᄎ미 ᄂ라 오ᄅ리로다.

---

1) ᄭ라뎌 : ᄭ라디다, ᄭ라지다 2) 바ᄅᆞᆯ : 바다 3) 아ᄉᆞ라히 : 아득히, 까마아득히 4) 어엿비 : 가엾이 5) 길ᄒ로 : 길로 6) 어위키 : 관대하게, 너그럽게 7) 물기 : 맑게 8) 가졧더니 : 가졋다, 가졌다, 가지다 9) 니려 : 일어, 니러나다, 일어나다 10) 더디고 : 던지고 11) 붇 : 붓 12) 기르마를 : 길마(짐을 싣기 위하여 소의 등에 안장처럼 얹는 도구) 13) 브텃도다 : 브터, 의지하다 14) 바드리로다 : 바다랍다, 위태롭다 15) 하도 : 많기도 16) 시욱지비 : 장막, 천막 17) 므로다 : 므르다, 마르다 18) 고텨 : 고쳐, 거듭하여 19) 어루 : 可히 20) 어디러 : 어딜어, 어딜다, 어질다

送李八秘書赴杜相公幕
송이팔비서부두상공막

靑簾白舫益州來巫峽秋濤天地回(청렴백방익주래무협추도천지회)
프른 발와 힌 비로 益州로셔 오니 巫峽엣 ᄀᆞᅀᆞᆯ 믉겨른 天地를 횟도로 혀는 둣ᄒ도다.
石出倒聽楓葉下櫓搖背指菊花開(석출도청풍엽하노요배지국화개)

405

돌히 내미니 그 우흿 싣나못닙 듀믈 갓고로 듣고 櫓롤 이어 빋 드르니 菊
花의 펴쇼믈 뒤도라 ᄀᆞ르치리로다.
貪趣相府今晨發恐失佳期後命催(탐추상부금신발공실가기후명최)
相府에 ᄃᆞ로믈 貪ᄒᆞ야 오ᄂᆞᆯ 새배 나가ᄂᆞ니 됴ᄒᆞᆫ 期約올 일흘가 저허 後엣
命으로 뵈아놋다,
南極一星朝北斗五雲多處是三台(남극일성조북두오운다처시삼태)
南極엣 ᄒᆞᆫ 벼리 北斗에 入朝ᄒᆞᄂᆞ니 다ᄉᆞᆺ 가짓 구룸 한 ᄯᅡ히 이 三台니라.

[중간본]

프른 발와 힌 비로 益州로셔 오니 巫峽엣 ᄀᆞᅀᆞᆯ 믌겨른 天地롤 횟도로 혀
ᄂᆞᆫ ᄃᆞᆺᄒᆞ도다.
돌히 내미니 그 우흿 싣나못닙 듀믈 갓고로 듣고 櫓롤 이어 빋 드르니 菊
花의 펴쇼믈 뒤도라 ᄀᆞ르치리로다.
相府에 ᄃᆞ로믈 貪ᄒᆞ야 오ᄂᆞᆯ 새배 나가ᄂᆞ니 됴ᄒᆞᆫ 期約올 일흘가 저허 後엣
命으로 뵈야놋다,
南極엣 ᄒᆞᆫ 벼리 北斗에 入朝ᄒᆞᄂᆞ니 다ᄉᆞᆺ 가짓 구룸 한 ᄯᅡ히 이 三台니라.

---

1) 혀는 : 끌다 2) 내미니 : 내밀다 3) 듀믈 : 듦, 떨어짐 4) 갓고로 : 거꾸로, 반대로 5) 이어 : 흔들다 6) 드르
니 : ᄃᆞ루다, 달리다 7) ᄃᆞ로믈 : ᄃᆞ롬, 달림, 달리는 일 8) 저허 : 저허하다, 두려워하다, 저어하다 9) 뵈아놋다
: 뵈아다, 재촉하다(催)

送王十五判官扶侍還黔中得開字
송왕십오판관부시환검중득개자

大家東征逐子回風生洲渚錦帆開(대가동정축자회풍생주저금범개)
大家ㅣ 東으로 가매 아ᄃᆞᆯ 조차 도라가ᄂᆞ니 ᄇᆞᄅᆞᆷ 나ᄂᆞᆫ 믌ᄀᆞᅀᅴ 錦으로 혼 빗 돗ᄀᆞᆯ 여놋다.
青青竹笋迎船出白白江魚入饌來(청청죽순영선출백백강어입찬래)
프른 竹筍은 ᄇᆡᄅᆞᆯ 마자 돋고 해야 ᄀᆞᄅᆞ맷 고기ᄂᆞᆫ 차바내 드러오놋다,
離別不堪無限意艱危深仗濟時才(이별불감무한의간위심장제시재)
여희요매 그지업슨 ᄠᅳ들 이긔디 몯ᄒᆞ리로소니 어려운 제 時節 거느리칠 ᄌᆡ조ᄅᆞᆯ 기피 依仗ᄒᆞ놋다.
黔陽信使應稀少莫怪頻頻勸酒盃(검양신사응희소막괴빈빈권주배)
黔陽앤 音信가진 ᄉᆞᄅᆞ미 당당이 져그리니 ᄌᆞ조 酒盃 勸호ᄆᆞᆯ 怪異히 너기디 말라.

[중간본]

大家ㅣ 東으로 가매 아ᄃᆞᆯ 조차 도라가ᄂᆞ니 ᄇᆞᄅᆞᆷ 나ᄂᆞᆫ 믌ᄀᆞ의 錦으로 흔 빗 돗ᄀᆞᆯ 여놋다.
프른 竹筍은 ᄇᆡᄅᆞᆯ 마자 돋고 해야 ᄀᆞᄅᆞ맷 고기ᄂᆞᆫ 차바내 드러오놋다,
여희요매 그지업슨 ᄠᅳ들 이긔디 몯ᄒᆞ리로소니 어려운 제 時節 거느리칠 ᄌᆡ조ᄅᆞᆯ 기피 依仗ᄒᆞ놋다.
黔陽앤 音信가딘 ᄉᆞᄅᆞ미 당당이 져그리니 ᄌᆞ조 酒盃 勸호ᄆᆞᆯ 怪異히 너기디 말라.

1) 돗골 : 돛(帆), 돗자리를 2) 해야 : 하얀, 흰 3) 차바내 : 차반, 음식, 반찬 4) 거느리칠 : 거느리치다, 건져내다, 구제하다

送韋書記赴安西
송위서기부안서

夫子欻通貴雲泥相望懸(부자훌통귀운니상망현)
夫子ㅣ 믄드시 通貴ᄒ니 구룸과 홀기 서르 ᄇᆞ라보미 懸隔ᄒ도다.
白頭無籍在朱紱有哀憐(백두무적재주불유애련)
셴 머리예 慰籍ᄒ리 업더니 朱紱이 나ᄅᆞᆯ 슬후미 잇도다.
書記赴三捷公車留二年(서기부삼첩공거유이년)
書記로 세 번 이긔는 ᄃᆡ 가ᄂᆞ니 公車門의 두 ᄒᆡᄅᆞᆯ 머므니라.
欲浮江海去此別意茫然(욕부강해거차별의망연)
江海예 ᄇᆡ ᄯᅴ워 나가고져 ᄒ노니 이 여희요매 ᄠᅳ디 아ᅀᆞ라ᄒ도다,

[중간본]

夫子ㅣ 믄드시 通貴ᄒ니 구룸과 홀기 <u>서로</u> ᄇᆞ라보미 懸隔ᄒ도다.
셴 머리<u>옛</u> 慰籍ᄒ리 업더니 朱紱이 나ᄅᆞᆯ 슬후미 잇도다.
書記로 세 번 이긔는 ᄃᆡ 가ᄂᆞ니 公車門의 두 ᄒᆡᄅᆞᆯ 머므니라.
江海예 ᄇᆡ <u>ᄯᅴ워</u> 나가고져 ᄒ노니 이 여희요매 ᄠᅳ디 <u>아오라</u>ᄒ도다.

1) 믄드시 : 문득, 갑자기 2) 이긔는 : 이긔다, 이기다 3) 아ᅀᆞ라ᄒ도다 : 아ᅀᆞ라ᄒ다, 아득하다, 까마아득하다

郪城西原送李判官兄武判官弟赴成都府
처성서원송이판관형무판관제부성도부

憑高送所親久坐惜芳辰(빙고송소친구좌석방신)
노픈 싸홀 브터셔 親호 사로믈 보내노니 오래 안자셔 곳다온 뽈 앗끼노라.
遠水非無浪他山自有春(원수비무랑타산자유춘)
먼 므레 믌겨리 업디 아니코 다른 뫼헨 절로 보미 잇나니라.
野花隨處發官柳著行新(야화수처발관류저행신)
미햇 고지 싸홀 조차 폣고 그 읫 버드른 行列을 브터 새롭도다.
天際傷愁別離筵何太頻(천제상수별리연하태빈)
하늜 ㄱ쉬셔 시름ᄒ야 여희요믈 슬노니 여희는 돗근 어데 키 츠주뇨

[중간본]

노픈 싸홀 브터셔 親호 사로믈 보내노니 오래 안자셔 곳다온 뽈 앗끼노라.
먼 므레 믌겨리 업디 아니코 다른 뫼헨 절로 보미 잇나니라.
미햇 고지 싸홀 조차 폣고 그 읫 버드른 行列을 브터 새롭도다.
하늜 <u>ㄱ의셔</u> 시름ᄒ야 <u>여희요믈</u> 슬노니 여희는 돗근 어데 키 <u>즈즈뇨</u>.

---

1) 브터셔 : 의지하다   2) 뽈(뿔) : 때를   3) 앗끼노라 : 앗끼노라, 앗끼다, 아끼다   4) 키 : 크게   5) 즈즈(츠즈)뇨 : 좇다, 잦다(頻)

別崔湦因寄薛璩孟雲卿
별최이인기설거맹운경

志士惜妄動知深難固辭(지사석망동지심난고사)
有志훈 士는 간대로 뮈요물 앗기건마론 아로미 기플시 구틔여 마로물 어려워 ᄒᆞ놋다.
如何久磨礪但取不磷緇(여하구마려단취불린치)
어뎨 오래 글이ᄂᆞ뇨 오직 磷緇티 아니호ᄆᆞᆯ 取홀 디니라.
夙野聽憂主飛騰急濟時(숙야청우주비등급제시)
일졈그리 님금 시름호ᄆᆞᆯ 드로니 ᄂᆞ라나 時節 거리츄믈 ᄲᆞᆯ리 ᄒᆞ놋다.
荊州遇薛孟爲報欲論詩(형주우설맹위보욕론시)
荊州예 薛孟ᄋᆞᆯ 마조보아든 그를 議論코져 ᄒᆞ더라 爲ᄒᆞ야 니ᄅᆞ라.

[중간본]

有志훈 士는 간대로 뮈요물 <u>앗기건마는</u> 아로미 기플시 <u>구턱여</u> 마로물 <u>어려워</u> ᄒᆞ놋다.
어뎨 오래 글이ᄂᆞ뇨 오직 磷緇티 아니호ᄆᆞᆯ 取홀 디니라.
일졈그리 님금 시름호ᄆᆞᆯ 드로니 ᄂᆞ라나 時節 거리츄믈 ᄲᆞᆯ리 ᄒᆞ놋다.
<u>荊州옛</u> 薛孟ᄋᆞᆯ 마조보아든 그를 議論코져 ᄒᆞ더라 爲ᄒᆞ야 니ᄅᆞ라.

---

1) 간대로 : 함부로, 되는 대로 2) 앗기건마론 : 앗기다, 아끼다 3) 아로미 : 아롬, 앎 4) 마로믈(辭) : 말 5) 글이ᄂᆞ뇨 : 골다, 갈다 6) 일졈그리 : 종일토록, 일찍부터 저물도록 7) 거리츄믈 : 거리츔, 건짐, 구제함 8) 마주보아든 : 마주보다 9) 니ᄅᆞ라 : 니ᄅᆞ다, 이르다, 말하다

送王十六判官
송왕십육판관

客下荊南盡君今復入舟(객하형남진군금복입주)
나그내 荊南으로 ᄂᆞ려가몰 다 ᄒᆞ야ᄂᆞᆯ 그듸 이제 ᄯᅩ ᄇᆡ예 드놋다.
買薪猶白帝鳴櫓少沙頭(매신유백제명노소사두)
섭나모 사ᄆᆞ 白帝城엣 일 곧ᄒᆞ니 우는 櫓는 몰앳 그테 져근덛 머믈리로다.
衡霍生春早瀟湘共海浮(형곽생춘조소상공해부)
衡霍山앤 봆빗 나미 이르고 瀟湘은 바ᄅᆞᆯ와 다못 ᄠᅥᆺ도다.
荒林庾信宅爲仗主人留(황림유신댁위장주인유)
거츤 수픐 庾信의 지븨 主人ᄋᆞᆯ 爲ᄒᆞ야 브터 머믈리로다.

[중간본]

나그내 荊南으로 ᄂᆞ려가몰 다 ᄒᆞ야ᄂᆞᆯ 그듸 이제 ᄯᅩ ᄇᆡ예 드놋다.
섭나모 사ᄆᆞ 白帝城엣 일 곧ᄒᆞ니 우는 櫓는 몰앳 그테 져근덛 머믈리로다.
衡霍山앤 봆빗 나미 이르고 瀟湘은 바ᄅᆞᆯ와 다못 ᄠᅥᆺ도다.
거츤 수픐 庾信의 지븨 主人ᄋᆞᆯ 爲ᄒᆞ야 브터 머믈리로다.

1) 섭나모 : 섶나무 2) 사ᄆᆞ : 사다(買) 3) 져근덛 : 져근덧, 잠깐 4) 이르고 : 이르다 5) 다못 : 함께 6) ᄠᅥᆺ도다 : 떴도다 7) 브터 : 의지하여

覃二判官
담이판관

先帝弓劒遠小臣餘此生(선제궁검원소신여차생)
先帝ㅅ 활와 살왜 머르시니 小臣은 이 生이 나맷노라.
蹉陁病江漢不復謁承明(차타병강한불복알승명)
蹉跎히 江漢애 와 病ᄒᆞ야 ᄯᅩ 承明殿에 朝謁ᄒᆞ디 몯호라.
餞爾白頭日永懷丹鳳城(전이백두일영회단봉성)
머리 셴 나래 너를 餞送ᄒᆞ야셔 丹鳳城을 기리 ᄉᆞ랑ᄒᆞ노라.
遲遲戀屈宋渺渺臥荊衡(지지연굴송묘묘와형형)
날호야셔 屈原 宋玉을 ᄉᆞ랑ᄒᆞ고 아ᅀᆞ라히 荊州 衡山애 누어쇼라.
魂斷航舸失天寒沙水淸(혼단항가실천한사수청)
빗 몯 보게 가매 넉슬 그추니 몰애옛 므리 몰ᄀ 디 하ᄂᆞᆯ히 칩도다.
肺肝苦稍愈亦上赤霄行(폐간고초유역상적소행)
肺肝앳 病곳 ᄒᆞ다가 져기 됴ᄒᆞ면 ᄯᅩ 하ᄂᆞᆯ해 올아 녀리라.

[중간본]

先帝ㅅ 활와 칼왜 머르시니 小臣은 이 生이 나맷노라.
蹉跎히 江漢애 와 病ᄒᆞ야 ᄯᅩ 承明殿에 朝謁ᄒᆞ디 몯호라.
머리 셴 나래 너를 餞送ᄒᆞ야셔 丹鳳城을 기리 ᄉᆞ랑ᄒᆞ노라.
날호야셔 屈原 宋玉을 ᄉᆞ랑ᄒᆞ고 아ᄋᆞ라히 荊州 衡山애 누어쇼라.
빗 몯 보게 가매 넉슬 그추니 몰애옛 므리 몰ᄀ 디 하ᄂᆞᆯ히 칩도다.
肺肝앳 病곳 ᄒᆞ다가 져기 됴ᄒᆞ면 ᄯᅩ 하ᄂᆞᆯ해 올아 녀리라.

1) 날호야셔 : 날호야, 더디게, 천천히 2) 아ᅀᆞ라히 : 아득히, 까마아득히 3) 가매 : 가다 4) 넉슬 : 넋 혼 5) 그추니 : 그츠다, 그츄니, 그치다, 끊어지다, 쉬다 6) 病곳 : 病만 7) 져기 : 적이, 좀

重送劉十弟判官
중송유십제판관

分原豕韋波別浦鴈賓秋(분원시위파별포안빈추)
믌츨히 豕韋氏에셔 눈호야 흐르니 여희는 개옌 그려기 손 두외는 ᄀᆞᅀᆞᆯ히로다.

年事推兄忝人才覺弟優(연사추형첨인재각제우)
나ᄒᆞ로 兄이라 推尊호ᄆᆞᆯ 더러요니 사ᄅᆞ미 지조를 앗이 어위쿠믈 아노라.

經過辨酆劒意氣逐吳鉤(경과변풍검의기축오구)
디나가는 ᄃᆡ셔 酆城ㅅ 갈히라 ᄒᆞ야 굴히리로소니 意氣는 吳鉤를 조ᄎᆞ리로다.

垂翅徒衰老先鞭不滯留(수시도쇠노선편부체유)
나는 놀개를 드리워 ᄒᆞᆫ갓 衰老호니 너는 몬져 채 텨 나ᄃᆞ녀 머므디 아니ᄒᆞᄂᆞ다.

本枝凌歲晚高義豁窮愁(본지능세만고의활궁수)
本枝ㅣ 歲晚애 凌犯ᄒᆞ야 오니 네 노푼 義예 窮ᄒᆞᆫ 시ᄅᆞ미 훤ᄒᆞ얘라.

他日臨江待長沙舊驛樓(타일임강대장사구역루)
다ᄅᆞᆫ 나래 ᄀᆞᄅᆞ믈 디러셔 기들우리니 長沙 녯 驛ㅅ 樓ㅣ니라.

[중간본]

믌줄히 豕韋氏예셔 눈호여 흐르니 여희는 개엔 그려기 손 두외는 그올히
로다.
나흐론 兄이라 推尊호믈 더러요니 사르미 지조를 아인 어위쿠믈 아노라.
디나가는 뒤셔 鄷城ㅅ 갈히라 ᄒᆞ야 골히리로소니 意氣는 吳鉤를 조츠리로다.
나는 놀개를 드리워 ᄒᆞᆫ갓 衰老호니 너는 몬져 채 텨 나ᄃᆞ녀 머므디 아니
ᄒᆞᄂᆞ다.
本枝ㅣ 歲晚애 凌犯ᄒᆞ야 오니 네 노푼 義에 窮ᄒᆞᆫ 시로미 휜ᄒᆞ얘라.
다른 나래 그르믈 디러셔 기들우리니 長沙 녯 驛ㅅ 樓이니라.

_____

1) 믌츨 : 믈의 근원 2) 개 : 개(浦) 3) 나흐로 : 나이로 4) 더러요니 : 더러욤, 더럽힘 5) 아인 : 아우 6) 어위
쿠믈 : 어위쿰, 넓고, 크다, 관대하다 7) 골히리로소니 : 골히다, 가래다, 가르다, 분별하다 8) ᄒᆞᆫ갓 : 한갓, 공
연히 9) 채 : 채찍 10) 디러셔 : 디러, 임하여 11) 기들우리니 : 기들우다, 기다리다

別蘇徯赴湖南幕
별소혜부호남막

故人有遊子棄擲傍天隅(고인유유자기척방천우)
故人이 노닐 子ㅣ 잇ᄂᆞ니 ᄇᆞ리여 하ᄂᆞᆯ 모해 바라 ᄃᆞ니놋다,
他日憐才命居然屈壯圖(타일련재명거연굴장도)
다른 나래셔 才命을 슬타니 넌즈시 壯大ᄒᆞᆫ 쀠를 구폗도다.

十年猶塌翼絶倒爲驚呼(십년유탑익절도위경호)
열 히룰 오히려 ᄂᆞᆯ개룰 드리웻도소니 업드러 爲ᄒᆞ야 놀라 브르노라.
消渴今如在提携愧老夫(소갈금여재제휴괴노부)
消渴ㅅ 病이 이제 잇ᄂᆞᆫ ᄃᆞᆺᄒᆞ니 사ᄅᆞᆷ 브티들이여쇼믈 늘근 노미 붓그리노라.
豈知臺閣舊洗拂鳳凰雛(기지대각구세불봉황추)
臺閣앳 녜 아던 사ᄅᆞ미 鳳凰이 삿기룰 시서 ᄲᅥ러낼 둘 어느 알리오.
得實飜蒼竹樓枝把翠梧(득실번창죽루지파취오)
여르믈 어더 프른 대예셔 두위잇고 가지예 깃ᄒᆞ야 프른 머귀룰 자바시리로다.
北辰當宇宙南嶽據江湖(북진당우주남악거강호)
北辰이 宇宙룰 當ᄒᆞ야 겨시니 南嶽은 江湖애 브텟도다.
國帶烟塵色兵張虎豹符(국대연진색병장호표부)
나라흔 ᄂᆡ와 드틄 비츨 帶ᄒᆞ얫고 兵事앤 虎豹ㅅ 符節을 폣도다.
數論封內事揮發府中趨(수론봉내사휘발부중추)
封疆 안햇 이룰 ᄌᆞᄌᆞ 議論ᄒᆞ고 이룰 펴ᄒᆞ야 府中에 ᄃᆞ니리로다.
贈爾秦人策莫鞭轅下駒(증이진인책막편원하구)
너를 秦人의 채룰 주노니 머에 아랫 ᄆᆞ야지룰 티디 말라.

[중간본]

故人이 노닐 子ㅣ 잇ᄂᆞ니 ᄇᆞ리여 하ᄂᆞᆯ 모해 바라 ᄃᆞ니놋다.
다른 나래셔 才命을 슬타니 넌즈시 壯大ᄒᆞᆫ 쇠룰 구폣도다.
열 히룰 오히려 ᄂᆞᆯ개룰 드리웻도소니 업드러 爲ᄒᆞ야 놀라 브르노라.
消渴ㅅ 病이 이제 인ᄂᆞᆫ ᄃᆞᆺᄒᆞ니 사ᄅᆞᆷ 브디들이여쇼믈 늘근 노미 붓그리노라.
臺閣앳 녜 아던 사ᄅᆞ미 鳳凰이 사기룰 시서 ᄲᅥ러낼 솔 어느 알리오.
여르믈 어더 프른 대예셔 두위잇고 가지예 깃ᄒᆞ야 프른 머귀룰 자바시리

로다,
北辰이 宇宙를 當ᄒ야 겨시니 南嶽은 江湖애 브텟도다.
나라ᄒᆞᆫ 늬와 드틇 비츨 帶ᄒᄋᆃᆺ고 兵事앤 虎豹ㅅ 符節을 폣도다,
封疆 안햇 이ᄅᆞᆯ 즈조 議論ᄒ고 이ᄅᆞᆯ 펴ᄒ야 府中에 ᄃᆞ니리로다.
너를 秦人의 채ᄅᆞᆯ 주노니 ᄆᆞᆯ에 아랫 ᄆᆞ야지를 티디 말라

---

1) 바라 : 의지하여, 곁따라 2) 슬타니 : 슬타, 슬퍼하다 3) 넌즈시 : 넌지시 4) **쇠**를 : 꾀, 계책 5) 구폇도다 : 구피다, 굽히다 6) 드리웻도소니 : 드리우다, 드리다 7) 브티들이여쇼몰 : 브티이다, 붙들이다, 붙들게 하다 8) **ᄠᅥ러낼** : **ᄠᅥ**러디다, 떨어지다 9) 돌 : 것을 10) 여르믈 : 여름, 농사, 열매 11) 두위잇고 : 두위잇다, 번드치다(물건을 한 번에 뒤집다) 12) 깃ᄒᆞ야 : 깃ᄒᆞ다, 깃들이다 13) 머귀 : 머귀나무 14) 드틄 : 티끌, 먼지 15) 채 : 채찍 16) 머에, 멍에 : 멍에 17) ᄆᆞ야지 : 망아지

暮春將歸秦留別湖南幕府親友
모춘장귀진유별호남막부친우

水闊蒼梧野天高白帝秋(수활창오야천고백제추)
蒼梧ㅅ 미해 므리 어위오 白帝ㅅ ᄀᆞᅀᆞᆯ히 하ᄂᆞᆯ히 놉도다,
途窮那免哭身老不禁愁(도궁나면곡신노불금수)
길히 窮ᄒ니 엇뎨 우루믈 免ᄒ료 모미 늘그니 시르믈 이긔디 믇ᄒ리로다,
大府才能會諸公德業優(대부재능회제공덕업우)
큰 府에 才能ᄒᆞᆫ 사ᄅᆞ미 모ᄃᆞ니 諸公이 德業이 어위크도다.

北歸衝雨雪誰憫弊貂裘(북귀충우설수민폐초구)
北녀그로 가매 雨雪을 다딜어 가노니 헌 貂裘를 뉘 어엿비 너기리오.

[중간본]

蒼梧ㅅ 미해 므리 어위오 白帝ㅅ ᄀ올히 하늘히 놉도다.
길히 窮ᄒ니 엇뎨 우루믈 免ᄒ료 모미 늘그니 시르믈 이긔디 몯ᄒ리로다.
큰 府에 才能훈 사ᄅ미 모ᄃ니 諸公이 德業이 어위크도다.
北녀그로 가매 雨雪을 다딜어 가노니 헌 貂裘를 뉘 어엿비 너기리오.

---

1) 어위오 : 어위다, 넓다, 너그럽다, 넉넉하다   2) 어위크도다 : 어위크다, 넓고 크다   3) 다딜어 : 들이받아, 대질어   4) 어엿비 : 가엾다

送李功曹之荊州充鄭侍御判官重贈
송이공조지형주충정시어판관중증

曾聞宋玉宅每欲往荊州(증문송옥댁매욕왕형주)
일즉 宋玉이 지블 듣고 미샹 荊州예 가고져 ᄒ노라.
此地生涯晚遙悲水國秋(차지생애만요비수국추)
이 짜해 生涯ㅣ 느즈니 水國ㅅ ᄀᄋᆞᆯ훌 아ᅀᆞ라히 슬노라.
孤城一柱觀落日九江流(고성일주관락일구강류)
외로왼 城엔 一柱觀이오 디ᄂᆞᆫ 히예 九江이 흐르ᄂᆞ니라.

使者雖光彩靑楓遠自愁(사자수광채청풍원자수)
使者ㅣ 비록 빗나나 프른 싣나모 서리예 먼 듸 스싀로 시름ᄒ리라.

[중간본]

일즉 宋玉이 지블 듣고 민양 荊州예 가고져 ᄒ노라.
이 ᄯ해 生涯ㅣ 느즈니 水國ㅅ ᄀ올홀 아ᄋ라히 슬노라.
외로왼 城엔 一柱觀이오 디ᄂ 히예 九江이 흐르ᄂ니라.
使者ㅣ 비록 빗나나 프른 싣나모 서리예 먼 듸 스싀로 시름ᄒ리라.

―――――――

1) **미샹**: 항상, 늘 2) **느즈니**: 늦다 3) **아ᄉ라히**: 아득히 4) **서리예**: 사이에 5) **스싀로**: 스스로

東津送韋諷攝閬州錄事
동진송위풍섭랑주녹사

聞說江山好憐君吏隱兼(문설강산호연군리은겸)
江山이 됴호믈 니ᄅ거놀 드로니 그듸의 吏와 隱과롤 兼호믈 憐愛ᄒ도다.
寵行舟遠泛惜別酒頻添(총행주원범석별주빈첨)
녀가ᄆᆯ 榮寵히 ᄒ노라 ᄇᆡᄅᆞᆯ 머리 ᄯᅴ우고 여희요ᄆᆯ 슬허 수를 ᄌᆞ조 더으노라.
推薦非承乏操持必去嫌(추천비승핍조지필거혐)

미러내여 擧薦ᄒ야 쓰이ᄂᆞᆫ디라 사ᄅᆞᆷ 업슨 저글 니ᅀᅮ미 아니로소니 잡드러쇼매 반ᄃᆞ기 猜嫌을 업게 홀디니라.
他時如按縣不得慢陶潛(타시여안현부득만도잠)
다ᄅᆞᆫ 삐 ᄒᆞ다가 屬縣에 按行ᄒᆞ거든 시러곰 陶潛을 므던히 너기디 마롤디니라.

[중간본]

江山이 됴호ᄆᆞᆯ 니ᄅᆞ거놀 드로니 그ᄃᆡ의 吏와 隱과ᄅᆞᆯ 兼호ᄆᆞᆯ 憐愛ᄒᆞ도다. 녀가ᄆᆞᆯ 榮寵히 ᄒᆞ노라 비룩 머리 와 ᄯᅴ우고 여희요ᄆᆞᆯ 슬허 수를 ᄌᆞ조 더으노라.
미러내여 擧薦ᄒ야 쓰이ᄂᆞᆫ디라 사ᄅᆞᆷ 업슨 저글 <u>니우미</u> 아니로소니 잡드러쇼매 반ᄃᆞ기 猜嫌을 업게 홀디니라.
다ᄅᆞᆫ 삐 ᄒᆞ다가 屬縣에 按行ᄒᆞ거든 시러곰 陶潛을 므던히 너기디 마롤디니라.

1) ᄯᅴ우고 : ᄯᅴ우다, 띄우다 2) 더으노라 : 더으다, 더하다 3) 미러내여 : 미러내다, 밀어내다 4) 쓰이ᄂᆞᆫ디라 : 쓰이다, 쓰이다 5) 저글 : 적, 때 6) 니ᅀᅮ미 : 니ᅀᅮᆷ, 이음 7) 삐 : 때 8) 시러곰 : 얻어, 능히 9) 마롤디니라 : 말지니라 10) 므던히 : 소홀히, 대수롭지 않게 11) 너기디 : 너기다, 여기다, 생각하다

送趙十七明府之縣
송조십칠명부지현

連城爲寶重茂宰得才新(연성위보중무재득재신)
城을 니어주는 珍寶ㅣ 重ᄒ니 어딘 員을 지죄 새로외닐 얻도다.
山雉迎舟楫江花報邑人(산치영주즙강화보읍인)
뫼헤 꿩은 舟楫을 맛곡 ᄀᄅ맷 고즌 ᄀ옰 사ᄅ물 알외리로다.
論交飜恨晩臥病却愁春(논교번한만와병각수춘)
사괴욤 議論호믈 두위혀 느주믈 슬노니 病ᄒ야 누어 도로 보ᄆᆯ 시름ᄒ노라.
惠愛南翁悅餘波及老身(혜애남옹열여파급노신)
南녁 늘그닐 惠愛ᄒ야 깃게 ᄒ곡 나몬 恩波ᄅᆞᆯ 내 늘근 모매 밋게 ᄒ라.

[중간본]
城을 <u>니어주는</u> 珍寶ㅣ 重ᄒ니 어딘 員을 지죄 새로외닐 얻도다.
뫼헤 꿩은 舟楫을 <u>맛고</u> ᄀᄅ맷 고즌 ᄀ옰 사ᄅ물 알외리로다.
사괴욤 <u>議論</u>호믈 두위혀 느주믈 슬노니 病ᄒ야 누어 도로 보ᄆᆯ 시름ᄒ노라.
南녁 늘그닐 惠愛ᄒ야 깃게 ᄒ곡 나몬 恩波ᄅᆞᆯ 내 늘근 모매 밋게 ᄒ라.

---

1) 니어주는 : 이어 주는 2) 맛곡 : 맛고저, 맛다, 맞이하다 3) 사괴욤 : 사귐 4) 두위혀 : 두위혀다, 번드치다, 뒤집다 5) 느주믈 : 느주우다, 늦추다 6) 깃게 : 기쁘게 7) 밋게 : 밋다, 미치다(及) 8) 꿩 : 꿩

送鄭十八虔貶台州司戶ᄒ노라
傷其臨老陷賊之故호ᄃᆡ
闕爲面別ᄒ야 情見于詩ᄒ노라.

鄭公樗散鬢如絲醉後常稱老畫師(정공저산빈여사취후상칭노화사)
鄭公이 樗木 散材 ᄀᆞᆮ고 귀민터리 실 ᄀᆞᆮᄒ니 醉ᄒᆞᆫ 後에 長常 늘근 畫師
ㅣ로라 일ᄏᆞᆮ놋다.
萬里傷心嚴譴日百年垂死中興時(만리상심엄견일백년수사중흥시)
萬里예 ᄆᆞᅀᆞ미여 이 罪 니ᄇᆡᆺ는 나래 ᄆᆞᅀᆞ물 슬코 百年에 中興ᄒ신 제 주구
메 다ᄃᆞ랫도다.
蒼惶已就長途往邂逅無端出餞遲(창황이취장도왕해후무단출전지)
뵈왓비 ᄒ마 긴 길헤 나사가니 맛니로미 ᄀᆞᆮ 업시 나가 餞送호ᄆᆞᆯ 더듸호라.
便與先生應永訣九重泉路盡交期(편여선생응경결구중천로진교기)
곧 先生과 다못ᄒ야 당당이 긴 여희요미로소니 九重ㅅ 黃泉ㅅ 길헤 交期
ᄅᆞᆯ 다오리라.

[중간본]

鄭公이 樗木 散材 ᄀᆞᆮ고 귀민터리 실 ᄀᆞᆮᄒ니 醉ᄒᆞᆫ 後에 長常 늘근 畫師
ㅣ로라 <u>일ᄀᆞᆮ놋다</u>.
萬里예 <u>ᄆᆞ의여</u> 이 罪 니ᄇᆡᆺ는 나래 <u>ᄆᆞᄋᆞ물</u> 슬코 百年에 中興ᄒ신 제 주구
메 다ᄃᆞ랫도다.
뵈왓비 ᄒ마 긴 길헤 <u>나아가니</u> 맛니로미 ᄀᆞᆮ 업시 나가 餞送호ᄆᆞᆯ <u>더디호라</u>.
곧 先生과 다못ᄒ야 <u>당당이</u> 긴 여희요미로소니 九重ㅅ 黃泉ㅅ 길헤 交期

룰 다오리라.

---

1) 므싀여 : 므싀다, 무서워하다 2) 니벳 : 닙다, 입다, 당하다 3) 다두라다 : 다다르다 4) 뵈왓비 : 바빠 5) 맛니로미 : 맛니롬, 만남 6) 더듸호라 : 더듸다, 더디다 7) 귿 : 끝 8) 다못후야 : 다못후다, 같이 하다, 더불어 하다 9) 다오리라 : 다오다, 다하다, 없애다

暮冬送蘇四郎徯兵曹適桂州
모동송소사랑혜병도적계주

飄飄蘇季子六印佩何遲(표표소계자육인패하지)
두루 두니논 蘇季子ㅣ 여슷 印 초몰 엇뎨 더듸뇨.
早作諸侯客兼工古體詩(조작제후객겸공고체시)
일 諸侯의 소니 두외오 古體옛 그를 조쳐 바지로이 ᄒᆞ놋다.
爾賢埋照久余病長年悲(이현매조구여병장년비)
네 어디로믄 비치 무티건디 오라니 내 病은 히로 슬후미 기ᄂᆞ다.
盧綰須征日樓蘭要斬時(로관수정일루란요참시)
盧綰을 모로매 征伐홀 나리오 樓蘭을 조ᅀᆞ로이 버힐 ᄢᅵ로다.
歲陽初盛動王化久磷緇(세양초성동왕화구린치)
힛 陽氣ㅣ 처엄 盛히 뮈ᄂᆞ니 님금 敎化ᄂᆞᆫ 오래 사오나왯도다.
爲入蒼梧廟看雲哭九疑(위입창오묘간운곡구의)
爲ᄒᆞ야 蒼梧ㅅ 廟애 드러 구룸보고 九疑山애 올라.

422 초간본과 중간본을 함께 읽는 두시언해

[중간본]

두루 두니는 蘇季子ㅣ 여슷 印 초몰 엇뎨 더듸뇨.
일 諸侯의 소니 두외오 古體옛 그를 조쳐 바지로이 ᄒᆞ놋다.
네 어디로몬 비치 무티건디 오라니 내 病은 히로 슬후미 기ᄂᆞ다.
盧綰을 모로매 征伐홀 나리오 樓蘭을 조ᄋᆞ로이 버힐 ᄢᅴ로다.
힛 陽氣ㅣ 처엄 盛히 뮈ᄂᆞ니 님금 敎化ᄂᆞᆫ 오래 사오나왯도다.
爲ᄒᆞ야 蒼梧ㅅ 廟애 드러 구룸보고 九疑山애 울라.

1) 초몰 : 차다(佩) 2) 일 : 일찍 3) 조쳐 : 좇아 4) 바지로이 : 공교로이, 공교히 5) 어디로믄 : 어디롬, 어짊
6) 무티건디 : 무티다, 묻히다(埋) 7) 조ᄋᆞ로이 : 종요로이 8) 버힐 : 버히다, 베다, 자르다 9) ᄢᅴ로다 : 때로다
10) 뮈ᄂᆞ니 : 뮈다, 움직이다 11) 사오나왯도다 : 사오납다, 사납다, 억세다, 나쁘다, 못나다

送叚工曹歸廣州
송가공조귀광주

南海春天外工曹幾月程(남해춘천외공조기월정)
南海ᄂᆞᆫ 봄 하ᄂᆞᆯ 밧기니 工曹아 몃 ᄃᆞᆯ 길코.
峽雲籠樹小湖日落江明(협운롱수소호일락강명)
峽엣 구루믄 남긔 얼의여 젹고 ᄀᆞᄅᆞ맷 ᄒᆡᄂᆞᆫ ᄀᆞᄅᆞ매 뎌 븕도다.
交趾丹砂重韶州白葛輕(교지단사중소주백갈경)
交趾예ᄂᆞᆫ 丹砂ㅣ 므겁고 韶州옌 힌 츩오시 가ᄇᆡ야오니

幸君因估客時寄錦官城(행군인고객시기금관성)
幸혀 그듸는 흥졍홀 나그내룰 因ᄒᆞ야 錦官城에 時로 브텨 보내라.

[중간본]

南海는 봃 하ᄂᆞᆯ 밧기니 工曹아 몃 돐 길코.
峽엣 구루믄 남긔 얼의여 격고 ᄀᆞᄅᆞ맷 힛는 ᄀᆞᄅᆞ매 뎌 븕도다.
交趾예는 丹砂ㅣ 므겁고 韶州엔 힌 츩 오시 가븨야오니
幸혀 그듸논 흥졍홀 나그내룰 因ᄒᆞ야 錦官城에 時로 브텨 보내라.

---

1) 얼의여 : 얼의다, 엉기다 2) 츩오시 : 칡옷 3) 흥졍 : 흥정

送孟十二倉曹赴東京選
송맹십이창조부동경선

君行別老親此去苦家貧(군행친노관차거고가빈)
그듸 가매 늘근 어버싈 여희ᄂᆞ니 이 가먼 지븨 가논호믈 苦ᄅᆞ이 너게로다.
藻鏡留連客江山憔悴人(조경유연객강산초췌인)
ᄆᆞᆯ곤 거우루에 머르러실 나그내오 江山ㅅ 서리예 憔悴ᄒᆞᆫ 사ᄅᆞ미로다,
秋風楚竹冷夜雪鞏梅春(추풍초죽냉야설공매춘)
ᄀᆞᅀᆞᆯ ᄇᆞᄅᆞ매 楚ㅅ 대 서늘ᄒᆞ고 밤 누네 鞏縣ㅅ 梅花ㅅ 보미로다.
朝夕高堂念應宜彩服新(조석고당념응의채복신)

아침 나조히 高堂이 思念ᄒᆞᄂᆞ니 당당히 彩服을 새로이 호미 맛당ᄒᆞ니라.

[중간본]

그ᄃᆡ 가매 늘근 어버일 여희ᄂᆞ니 이 가문 지븨 가ᄂᆞᆫ호믈 苦로이 너계로다.
물곤 거우루에 머르러실 나그내오 江山ㅅ 서리예 憔悴ᄒᆞᆫ 사ᄅᆞ미로다,
ᄀᆞᅀᆞᆯ ᄇᆞᄅᆞ매 楚ㅅ 대 서놀ᄒᆞ고 밤 누네 鞏縣ㅅ 梅花ㅅ 보미로다.
아침 나조히 高堂이 思念ᄒᆞᄂᆞ니 당당히 彩服을 새로이 호미 맛당ᄒᆞ니라

---

1) 거우루 : 거울 2) 서리예 : 사이에 3) 어버실 : 어버ᄉᆡ, 어버이

晚秋長沙蔡五侍御飮筵送殷六叅軍歸澧州覲省
만추장사채오시어음연송은육참군귀위주근성

佳士欣相識慈顔望遠遊(가사흔상식자안망원유)
佳士ᄅᆞᆯ 서르 아로믈 깃노니 慈顔은 머리 와셔 노로믈 ᄇᆞ라놋다.
甘從投轄飮肯作置書郵(감종투할음긍작치서우)
車轄 드리티고 술 머굼조차호믈 둘히 너기거니와 글월 둘 郵驛 두외요믈
肯許ᄒᆞ리아.
高鳥黃雲暮寒蟬碧樹秋(고조황운모한선벽수추)
노푼 새 ᄂᆞ는 누른 구룸 나조히오 서늘ᄒᆞᆫ 미야미ᄂᆞᆫ 프른 나못 ᄀᆞᅀᆞᆯ히로다.
湖南冬不雪吾病得淹留(호남동불설오병득엄유)

湖南앤 겨스레 누니 아니 오느니 내 病에 시러곰 머므러 이시리아.

[중간본]

佳士를 서르 아로몰 깃노니 慈顔은 머리 와셔 노로몰 부라놋다.
車轄 드리티고 술 머굼 조차호물 둘히 너기거니와 글월 둘 郵驛 두외요몰 肯許ᄒ리아.
노폰 새는 누른 구룸 나조히오 서늘한 미야미는 프른 나못 그올히로다.
湖南앤 겨으레 누니 아니 오느니 내 病에 시러곰 머므러 이시리라.

1) 깃노니 : 기뻐하다 2) 드리티고 : 드리티다, 던져 넣다, 처넣다, 던지다, 들이치다 3) 둘히 : 달게 4) 미야미 : 매미 5) 겨스레 : 겨울 6) 시러곰 : 얻어, 능히

送司馬入京
송사마입경

群盜至今日先朝忝從臣(군도지금일선조첨종신)
뭀 盜賊이 오ᄂᆞᆯ날 니르러 잇ᄂᆞ니 先朝애 뫼ᅀᆞ오몰 더러이던 臣下ㅣ로다.
嘆君能戀主久客羨歸秦(탄군능연주구객선귀진)
그듸의 能히 님금 ᄉᆞ랑ᄒᆞᅀᆞ오몰 嗟嘆ᄒ고 오래 나그내 두외요매 秦으로 가몰 브노라.
黃閣長司諫丹墀有故人(황각장사간단지유고인)

黃閣애 기리 諫爭호물 ᄀᆞᅀᆞ말리로소니 丹墀예 녯 버디 이시로다,
向來論社稷爲話涕霑巾(향래논사직위화채점건)
뎌조숨ᄢᅴ 社稷을 議論ᄒᆞ야 爲ᄒᆞ야 니르고 눖므를 手巾에 져지노라.

[중간본]

뭀 盜賊이 오낤날 니르러 잇ᄂᆞ니 先朝애 뫼ᅀᆞ오물 더러이던 臣下ㅣ로다.
그듸의 能히 님금 ᄉᆞ랑ᄒᆞᅀᆞ오물 嗟嘆ᄒᆞ고 오래 나그내 ᄃᆞ외요매 秦으로 가몰 브노라.
黃閣애 기리 諫爭호물 ᄀᆞᅀᆞ말리로소니 丹墀예 녯 버디 이시로다,
뎌조움ᄢᅴ 社稷을 議論ᄒᆞ야 爲ᄒᆞ야 니르고 눖므를 手巾에 져지노라

1) 뫼ᅀᆞ오몰 : 뫼습다, 모시다 2) 더러이던 : 더러이다, 더럽히다 3) 브노라 : 부러워하다 4) ᄀᆞᅀᆞ말리로소니 : ᄀᆞᅀᆞ말다, 가말다, 관리하다, 관장하다 5) 뎌조숨ᄢᅴ : 저즈음께, 저번에 6) 니르고 : 니르다, 말하다, 이야기하다 7) 져지노라 : 졎다, 젖다

送張二十參軍赴蜀州因呈楊五侍御
송장이십참군부촉주인정양오시어

好去張公子通家別恨添(호거장공자통가별한첨)
됴히 가라 張公子아 지블 通히 사괼시 여희ᄂᆞᆫ 슬후믈 더으노라.
兩行秦樹直萬點蜀山尖(양행진수직만점촉산첨)

두 줄로 셧ᄂᆞᆫ 秦ㅅ 남기 곧고 萬點인 蜀ㅅ 뫼히 ᄲᆞᄅᆞᆺᄒᆞ도다,
御史新驄馬叅軍舊紫髥(어사신총마참군구자염)
御史ᄂᆞᆫ 새 驄馬ㅣ오 叅軍ᄋᆞᆫ 녯 블근 입거우지로다.
皇華吾善處於汝定無嫌(황화오선처어여정무혐)
皇華ᄂᆞᆫ 내 이대 ᄒᆞᄂᆞᆫ 사ᄅᆞ미니 네 거긔 一定ᄒᆞ야 嫌疑ㅣ 업스리라.

[중간본]

됴히 가라 張公子아 지블 通히 사괼시 여희ᄂᆞᆫ 슬후믈 더으노라.
두 줄로 셧ᄂᆞᆫ 秦ㅅ 남기 곧고 萬點인 蜀ㅅ 뫼히 ᄲᆞᄅᆞᆺ ᄒᆞ도다,
御史ᄂᆞᆫ 새 驄馬ㅣ오 叅軍ᄋᆞᆫ 녯 블근 입거우지로다.
皇華ᄂᆞᆫ 내 이대 ᄒᆞᄂᆞᆫ 사ᄅᆞ미니 네 거긔 一定ᄒᆞ야 嫌疑ㅣ 업스리라.

---

1) 사괼시 : 사괴다, 사귀다 2) ᄲᆞᄅᆞᆺ : ᄲᆞᄅᆞᆺᄒᆞ다, 날카롭다, 뾰족하다 3) 입거우지로다 : 입거웃, 수염, 코밑수염 4) 이대 : 잘, 좋게, 편안

泛江送魏十八倉曹還京因寄岑中充參范朗中季明
범강송위십팔창조환경인기잠중충참범랑중계명

遲日深江水輕舟送別筵(지일심강수경주송별연)
긴 ᄒᆡᆺ 기픈 ᄀᆞᄅᆞᆷ 므래 가ᄇᆡ야온 ᄇᆡ예 여희요믈 보내ᄂᆞᆫ 돗기로다,
帝鄉愁緖外春色淚痕邊(제향수서외춘색루흔변)

님금 겨신 듸는 시름 굳 밧기오 봆 비츤 눈믈 그젯 ᄀᆞ시로다,
見酒須相憶將詩莫浪傳(견주수상억장시막랑전)
술 보와든 모로매 서르 ᄉᆞ랑ᄒᆞ고 글 가져다가 속절업시 傳ᄒᆞ디 말라.
若逢岑如范爲報各衰年(약봉잠여범위보각쇠년)
ᄒᆞ다가 岑과 다못 范을 맛보와든 各各 衰老ᄒᆞᆫ 나히로다 爲ᄒᆞ야 니ᄅᆞ라.

[중간본]

긴 흿 기픈 그름 므래 가ᄇᆡ야온 비예 여희요믈 보내는 ᄃᆞ기로다,
님금 겨신 듸는 시름 굳 밧기오 봆 비츤 눈믈 그젯 ᄀᆞ이로다,
술 보와든 모로매 서르 ᄉᆞ랑ᄒᆞ고 글 가져다가 속절업시 傳ᄒᆞ디 말라.
ᄒᆞ다가 岑과 다못 范을 맛보와든 各各 衰老ᄒᆞᆫ 나히로다 爲ᄒᆞ야 니ᄅᆞ라

---

1) ᄃᆞ기 : 돗자리, 자리, 잔치 2) 그젯 : 그제, 자리, 흠, 허물, 흔적 3) 보와든 : 보거든, 보니, -와든(-거든, -니)
4) 모로매 : 모름지기, 반드시 5) ᄒᆞ다가 : 하다가, 만일, 만약 6) 다못 : 더불어, 함께 7) 맛보와든 : 맛보다, 만나다, 만나거든 8) 니ᄅᆞ라 : 니르다, 일으키다

送裴二虯作尉永嘉
송배이규작위영가

孤島亭何處天涯水氣中(고도정하처천애수기중)
외ᄅᆞ왼 셔미 어듸 잇ᄂᆞ니오 하ᄂᆞᆯᆨ 믌 氣運ㅅ 가온듸로다.

故人官就此絶境與誰同(고인관취차절경여수동)
故人이 벼슬ᄒᆞ야 예 나ᅀᅡ가ᄂᆞ니 먼 ᄯᅡ해 눌와 다못 同ᄒᆞᆯ다.
隱吏逢梅福遊山憶謝公(은리봉매복유산억사공)
수멋ᄂᆞᆫ 吏를 梅福ᄋᆞᆯ 맛보고 뫼헤 노로ᄆᆞᆯ 謝公ᄋᆞᆯ ᄉᆞ랑ᄒᆞ리로다.
扁舟吾已就把釣待秋風(편주오이취파조대추풍)
져근 ᄇᆡ를 내 ᄒᆞ마 일워 뒷노니 낛대 자보ᄆᆞᆯ ᄀᆞᇫ 부ᄅᆞ물 기들오리라.

[중간본]

외오윈 셔미 어듸 잇ᄂᆞ니오 하ᄂᆞᆯᄀᆞ 믌 氣運ㅅ 가온ᄃᆡ로다.
故人이 벼슬ᄒᆞ야 예 나아가ᄂᆞ니 먼 ᄯᅡ해 눌와 다못 同ᄒᆞᆯ다.
수멋ᄂᆞᆫ 吏를 梅福ᄋᆞᆯ 맛보고 뫼해 노로ᄆᆞᆯ 謝公ᄋᆞᆯ ᄉᆞ랑ᄒᆞ리로다.
져근 ᄇᆡ를 내 ᄒᆞ마 일워 뒷노니 낛대 자보ᄆᆞᆯ ᄀᆞᇫ 부ᄅᆞ물 기들오리라.

---

1) 나ᅀᅡ가ᄂᆞ니 : 나ᅀᅡ가다, 나아가다   2) 예 : 이에, 여기   3) 수멋ᄂᆞᆫ : 숨다, 숨었는   4) 맛보고 : 맛보다, 만나고
5) 노로ᄆᆞᆯ : 노롬, 놀이, 놀음   6) 일워 : 일워시니, 이루시거니, 이루시니   7) 뒷노니 : 뒷다, 두어 있다, 두었다

公安送韋二少府匡贊
공안송위이소부광찬

逍遙公後世多賢送爾維舟惜此筵(소요공후세다현송이유주석차연)
逍遙公이 後子孫이 世예 어디니 하니 너 보내노라 ᄇᆡ를 ᄆᆡ아셔 이 돗글

앗기노라.
念我能書數字至將詩不必萬人傳(염아증서수자지장시불필만인전)
나를 ᄉᆞ랑ᄒᆞ야 能히 두서 字를 서 닐읠다 내 그를 가져가 구틔여 萬人의게 傳티 말라.
時危兵甲黃塵裏日短江湖白髮前(시위병갑황진리일단강호백발전)
사홈ᄒᆞᄂᆞᆫ 누른 드틀 소개 時節이 바ᄃᆞ랍고 ᄀᆞ롮 션 머릿 알ᄑᆡ 힛 뎌르도다.
古往今來皆涕淚斷腸分手各風烟(고왕금래개체루단장순수각풍연)
녜 디나가며 이제 오매 다 우ᄂᆞ니 소놀 ᄂᆞ화 제여곰 ᄇᆞ롬 ᄂᆡ 서리로 가매 애를 긋노라.

[중간본]

逍遙公이 後子孫이 世예 어디니 하니 너 보내노라 비롤 미아셔 이 돗글 앗기노라.
나를 <u>ᄉᆞ랑ᄒᆞ야</u> 能히 <u>두어</u> 字를 서 <u>닐월다</u> 내 그를 가져가 구틔여 萬人의게 傳티 말라.
사홈ᄒᆞᄂᆞᆫ 누른 드틀 소개 時節이 바ᄃᆞ랍고 ᄀᆞ롭 션 머릿 알ᄑᆡ 힛 뎌르도다.
녜 디나가며 이제 오매 다 우ᄂᆞ니 소놀 ᄂᆞ화 제여곰 ᄇᆞ롬 ᄂᆡ 서리로 가매 애를 긋노라.

---

1) 앗기노라 : 앗기다, 아끼다 2) 닐읠다 : 닐위다, 이루다 3) 두서 : 두어 4) 바ᄃᆞ랍고 : 바ᄃᆞ랍다, 위태롭다
5) 뎌르도다 : 뎌르다, 짧다 6) 긋노라 : 긋다, 그치다, 끊어지다, 쉬다

冬晩送長孫漸舍人歸州
동만송장손점사인귀주

參卿休坐幄蕩子不歸鄕(참경휴좌악탕자불귀향)
參謀ᄒᆞᄂᆞᆫ 사ᄅᆞ미 帷幄애 앉디 아니ᄒᆞ고 遊蕩ᄒᆞᄂᆞᆫ 子ㅣ 本鄕애 가디 몯ᄒᆞ라.
南客瀟湘外西戎鄠杜傍(남객소상외서융호두방)
瀟湘 밧긔 南녀그로 나그내 ᄃᆞ외요니 鄠杜ㅅ ᄀᆞᅀᅵ 西戎이 왓도다.
衰年傾盖晩費日繫舟長(쇠년경개만비일계주장)
늘근 ᄒᆡ예 盖ㅣ 기우류믈 느지 ᄒᆞ니 나ᄅᆞᆯ 虛費ᄒᆞ야 ᄇᆡ ᄆᆡ야쇼믈 기리 ᄒᆞ라.
會面思來札銷魂逐去檣(회면사래찰소혼축거장)
ᄂᆞᄎᆞᆯ 마조 보와셔 올 글워ᄅᆞᆯ ᄉᆞ랑ᄒᆞ고 넉슬 스ᄅᆞ셔 가ᄂᆞᆫ 빗대ᄅᆞᆯ 조초라.
雲晴鷗更舞風逆雁無行(운청구갱부풍역안무행)
구루미 개니 ᄀᆞᆯ며기 다시 춤 츠고 ᄇᆞᄅᆞ미 거스리니 그려긔 行列이 업도다.
匣裏雌雄劒吹毛任選將(갑리자웅검취모임선장)
匣 안햇 암수 ᄀᆞᆮᄒᆞᆫ 터리 불리ᄅᆞᆯ 골ᄒᆡ야 가져가ᄆᆞᆯ 任意로 ᄒᆞ라

[중간본]

參謀ᄒᆞᄂᆞᆫ 사ᄅᆞ미 帷幄애 앉디 아니ᄒᆞ고 遊蕩ᄒᆞᄂᆞᆫ 子ㅣ 本鄕애 가디 몯ᄒᆞ라.
瀟湘 밧긔 南녀그로 나그내 ᄃᆞ외요니 鄠杜ㅅ ᄀᆞ의 西戎이 왓도다.
늘근 ᄒᆡ예 盖ㅣ 기우류믈 느지 ᄒᆞ니 나ᄅᆞᆯ 虛費ᄒᆞ야 ᄇᆡ ᄆᆡ야쇼믈 기리 ᄒᆞ라.
ᄂᆞᄎᆞᆯ 마조 보와셔 올 글외ᄅᆞᆯ ᄉᆞ랑ᄒᆞ고 넉슬 스ᄅᆞ셔 가ᄂᆞᆫ 빗대ᄅᆞᆯ 조초라.

구루미 개니 골며기 다시 춤 츠고 ᄇᆞᄅᆞ미 거스리니 그려긔 行列이 업도다.
匣 안햇 암수 갈히 터리 불리ᄅᆞᆯ ᄀᆞᆯ히야 가져가ᄆᆞᆯ 任意로 ᄒᆞ라

1) ᄀᆞᅀᅢ : 가에(傍) 2) 느지 : 느직이, 늦게 3) ᄉᆞ라셔 : ᄉᆞ라디다, 사라지다 4) 빗대 : 돛대 5) 거스리니 : 거스리, 거스르게, 거슬러, 거꾸로 6) 갈히 : 칼이 7) 불리를 : 불다 8) ᄀᆞᆯ희야 : ᄀᆞᆯ희다, 가래다, 가르다, 분별하다

奉送卿二翁統節度鎭軍還江陵
봉송경이옹통절도진군환강릉

火旗還錦纜白馬出江城(화기환금람백마출강성)
블 ᄀᆞᄐᆞᆫ 旗ㅣ 錦 빗주레 도라가ᄂᆞ니 힌 ᄆᆞ리 江城으로셔 나가놋다.
嘹唳吟笳發蕭條別浦淸(료려음가발소조별포청)
수우워려 입ᄂᆞᆫ 픗뎟 소리 나ᄂᆞ니 蕭條ᄒᆞᆫ 여희ᄂᆞᆫ 갯므리 ᄆᆞᆰ도다.
寒空巫峽曙落日渭陽情(한공무협서낙일위양정)
ᄎᆞᆫ 虛空엔 巫峽ㅅ 새배오 디ᄂᆞᆫ 히옌 渭陽앳 ᄠᅳ디로다.
留滯嗟衰疾何時見息兵(유체차쇠질하시견식병)
머므러셔 늘근 病을 슬노니 어느 저긔 兵馬ㅣ 그추믈 보려뇨.

[중간본]

블 ᄀᆞᄐᆞᆫ 旗ㅣ 錦 빗주레 도라가ᄂᆞ니 힌 ᄆᆞ리 江城으로셔 나가놋다.
<u>수우워려</u> 입ᄂᆞᆫ 픗뎟 소리 나ᄂᆞ니 蕭條ᄒᆞᆫ 여희ᄂᆞᆫ 갯므리 ᄆᆞᆰ도다.

츤 虛空엔 巫峽ㅅ 새배오 디논 힉엔 渭陽앳 ᄠᅳ디로다.
머므러셔 늘근 病을 슬노니 어느 저긔 兵馬ㅣ 그추믈 보려뇨.

---

1) 빗주레 : 뱃줄 2) 수ᄉᆔ워려 : 수ᄉᆔ워리다, 떠들어 대다, 수떨다 3) 입논 : 입다, 읊다 4) 픗뎌 : 픗뎌, 풀피리
5) 새배 : 새벽 6) 그추믈 : 그춤, 그침

送韓十四江東省覲
송한십사강동성근

兵戈不見老萊衣嘆息人間萬事非(병과불견노래의탄식인간만사비)
사호매 老萊子ㅣ 오솔 보디 몯ᄒᆞ리로소니 人間애 萬事ㅣ 외오 ᄃᆞ외야슈믈 嘆息ᄒᆞ노라.
我已無家尋弟妹君今何處訪庭闈(아이무가심제매군금하처방정위)
내 ᄒᆞ마 아ᅀᆞ와 누위를 ᄎᆞ자볼 지비 업수니 그듸는 이제 어듸 가 庭闈를 무를다.
黃牛峽靜灘聲轉白馬江寒樹影稀(황우협정탄성전백마강한수영희)
黃牛峽이 寂靜ᄒᆞ니 여흘 소리 옮고 白馬江이 서늘ᄒᆞ니 나못 그르메 드므도다,
此別應須各努力故鄉猶恐未同歸(차별응수각노력고향유공미동귀)
이 여희요매 당당히 모로매 제여곰 힘 ᄡᅳ디니 故鄉애 오히려 ᄒᆞᄢᅴ 가디 몯홀가 젓노라,

[중간본]

사호매 老萊子이 오슬 보디 몯ᄒ리로소니 人間애 萬事ㅣ 외오 드외야슈믈 嘆息ᄒ노라.

내 ᄒ마 아ᅀᆞ와 누위를 ᄎᆞ자볼 지비 업수니 그듸ᄂᆞᆫ 이제 어듸 가 庭闈ᄅᆞᆯ 무를다.

黃牛峽이 寂靜ᄒ니 여흘 소리 옮고 白馬江이 서늘ᄒ니 나못 그르메 드므도다,

이 여희요매 당당히 모로매 제여곰 힘 ᄡᅳ디니 故鄕애 오히려 ᄒᆞᄢᅴ 가디 몯홀가 전노라,

---

1) 외오 : 외다, 그르다 2) 여흘 : 여울 3) 그르메 : 그림자 4) 모로매 : 모름지기, 반드시 5) 제여곰 : 제가끔, 제각기 6) ᄡᅳ디니(쁠디니) : 쓰다, 쓰니 7) ᄒᆞᄢᅴ : 함께 8) 전노라 : 두려워하노라

長沙送李十二一銜
장사송이십이일함

與子避地西康州洞庭相逢十二秋(여자피지서강주동정상봉십이추)
그듸와 다못 ᄒᆞ야 西康州예 ᄡᆞ홀 避ᄒᆞ요니 洞庭에 서르 맛보니 열두 ᄒᆡ로다.
遠愧尙方曾賜履境非吾土倦登樓(원괴상방증사리경비오토권등루)
尙方애셔 일즉 신 주던 이ᄅᆞᆯ 머리 붓그리노니 地境이 내 ᄯᅡ히 아닐시 樓에 올오믈 ᄀᆞᆺ가ᄒᆞ노라.

久存膠漆應難並一辱泥塗遂晚收(구존교칠응난병일욕니도수만수)
오래 잇ᄂᆞᆫ 膠漆도 당당이 굴오미 어려우니 ᄒᆞᆫ 번 즌ᄒᆞᆰ 길헤 辱도이 잇다니 느저ᅀᅡ ᄡᅳ시니라.
李杜齊名眞忝竊朔雲寒菊倍離憂(이두제명진첨절삭운한국배리우)
李杜의 일훔 골오몰 眞實로 그ᅀᅳ기 더러유니 븍녁 구룸과 치운 菊花에 여희ᄂᆞᆫ 시르미 더으놋다.

[중간본]

그ᄃᆡ와 다못 ᄒᆞ야 西康州예 싸홀 避ᄒᆞ요니 洞庭에 서르 맛보니 열두 ᄒᆡ로다. 尙方애셔 일즉 신 주던 이ᄅᆞᆯ 머리 붓그리노니 地境이 내 싸히 아닐ᄉᆡ 樓에 올오ᄆᆞᆯ 굿바ᄒᆞ노라.
오래 잇ᄂᆞᆫ 膠漆도 당당이 굴오미 어려우니 ᄒᆞᆫ 번 즌ᄒᆞᆰ 길헤 辱도이 잇다니 느저아 ᄡᅳ시니라.
李杜의 일홈 굴오ᄆᆞᆯ 眞實로 그으기 더러유니 븍녁 구룸과 치운 菊花에 여희ᄂᆞᆫ 시르미 더으놋다.

---

1) 다못ᄒᆞ야 : 다못ᄒᆞ다, 같이 하다, 더불어 하다   2) 굿가ᄒᆞ노라 : 굿가ᄒᆞ다, 가빠하다, 겨워하다, 힘들어 하다
3) 굴오미 : 굴오다, 가루다, 함께 나란히 가다   4) 즌ᄒᆞᆰ : 진흙   5) -도이 : -되게, 辱되게   6) 느저ᅀᅡ : 늦다(晚)
7) ᄡᅳ시니라 : ᄡᅳ다, 쓰다   8) 그ᅀᅳ기 : 그윽이   9) 더러유니 : 더러움, 더럽힘

別常徵君
별상징군

兒扶猶杖策臥病一秋强(아부유장책와병일추강)
아히 扶持ᄒᆞ고 오히려 막대 디푸니 病ᄒᆞ야 누우미 ᄒᆞᆫ ᄀᆞ슬히 남도다,
白髮少新洗寒衣寬摠長(백발소신세한의관총장)
셴 머리터리 져근 거슬 새려 시수니 치위옛 오시 어위오 다 기도다.
故人憂見及此別淚相忘(고인우견급차별루상망)
故人이 시름ᄒᆞ야 보라오니 이 여희유메 우러서 서르 니저리아.
各逐萍流轉來書細作行(각축평류전래서세작행)
제여곰 말와미 흘러 올마가몰 좃노소니 오ᄂᆞᆫ 그를 ᄀᆞᄂᆞ리 行列을 지스라.

[중간본]

아히 扶持ᄒᆞ고 오히려 막대 디푸니 病ᄒᆞ야 누우미 ᄒᆞᆫ <u>ᄀᆞ올히</u> 남도다,
셴 머리터리 져근 거슬 새려 시수니 <u>치쉬</u>옛 오시 어위오 다 기도다.
故人이 시름ᄒᆞ야 보라오니 이 여희유메 우러서 서르 니저리아.
제여곰 말와미 흘러 올마가몰 좃노소니 오ᄂᆞᆫ 그를 ᄀᆞᄂᆞ리 行列을 <u>디으라</u>.

---

1) 새려 : 새로이 2) 시수니 : 싯다, 씻다 3) 치위옛 : 추위 4) 어위오 : 어위다, 넓다, 너그럽다, 넉넉하다 5) 말와미 : 말왐, 마름, 개구리밥 6) ᄀᆞᄂᆞ리 : 가늘게 7) 지스라 : 지움, 지음

涪江泛舟送韋班歸京得山字
부강범주송위반귀경득산자

追餞同舟日傷春一水閒(추전동주일상춘일수한)
 뽀차 餞送ᄒ야 비예 흔디 잇ᄂ 나리여 보ᄆᆯ 슬ᄂᆞᆫ ᄒᆞᆫ 믌 ᄉᆞᅀᅵ로다.
飄零爲客久衰老羨君還(표영위객구쇠노선군환)
 ᄠ러뎌 나그내 ᄃᆞ외요미 오라니 늘거셔 그듸의 도라가몰 브노라.
花雜重重樹雲輕處處山(화잡중중수운경처처산)
 고즌 重重인 남긔 섯것고 구루믄 處處ㅅ 뫼해 가ᄇᆡ얍도다.
天涯故人少更益鬢毛斑(천애고인소갱익빈모반)
 하ᄂᆞᆯ ᄀᆞᅀᅵ 故人이 져그니 ᄯᅩ 더욱 귀믿터리 어르누그리로다.

[중간본]

뽀차 餞送ᄒ야 비예 흔디 잇ᄂ 나리여 보ᄆᆯ 슬ᄂᆞᆫ ᄒᆞᆫ 믌 <u>ᄉᆞᅀᅵ로다</u>.
ᄠ러뎌 나그내 ᄃᆞ외요미 오라니 늘거셔 <u>그듸</u>의 도라가몰 브노라.
고즌 重重인 남긔 섯것고 구루믄 處處ㅅ 뫼해 가ᄇᆡ얍도다.
하ᄂᆞᆯ ᄀᆞᅀᅵ 故人이 져그니 ᄯᅩ 더욱 귀믿터리 어르누그리로다.

---

1) 뽀차 : 뽗다, 쫓다 2) 슬ᄂ : 슬논, 슬퍼 하는 3) ᄠ러뎌 : ᄠ러디다, 떨어지다 4) 브노라 : 부러워하노라 5) 섯것고 : 섯겟다, 섞였다 6) 어르누그리로다 : 어르눅다, 어룩얼룩하다, 무늬지다

公安애셔 送李二十九弟晉肅의 入蜀ᄒ노니 余는 下沔鄂ᄒ노라.

正解柴桑纜仍看蜀道行(정해시상람잉간촉도행)
柴桑앳 빗주를 正히 글어 蜀道로 녀가ᄆᆞᆯ 지즈로 보노라.
檣烏相背發塞鴈一行鳴(장오상배발새안일행명)
빗대옛 가마괴 서르 뒤도라 가ᄂᆞ니 ᄀᆞᆺ 기려기는 ᄒᆞᆫ 주리 우ᄂᆞ다.
南紀連銅柱西江接錦城(남기연동주서강접금성)
南紀ᄂᆞᆫ 銅柱에 닛고 西江은 錦城에 다햇ᄂᆞ니라.
憑將百錢卜飄泊問君平(빙장백전복표박문군평)
온 도ᄂᆞᆯ 브텨 占卜ᄒᆞ노니 불여 브터 ᄃᆞ뇨ᄆᆞᆯ 君平 더브러 무르라.

[중간본]

柴桑앳 빗주를 正히 글어 蜀道로 녀가ᄆᆞᆯ 지즈로 보노라.
빗대옛 가마괴 서르 뒤로라 가ᄂᆞ니 ᄀᆞᆺ 기려기는 ᄒᆞᆫ 주리 우ᄂᆞ다.
南紀ᄂᆞᆫ 銅柱에 닛고 西江은 錦城에 다햇ᄂᆞ니라.
온 도ᄂᆞᆯ 브텨 占卜ᄒᆞ노니 불여 브터 ᄃᆞ뇨ᄆᆞᆯ 君平 더브러 무르라.

---

1) 글어 : 끌러, 풀어 2) 지즈로 : 因하여 3) 닛고 : 닛다, 잇다 4) 온 : 백 5) 브텨 : 붙여, 의지하여 6) 불여 : 불이다(飄)

送元二適江左
송원이적강좌

元結이라.

亂後今相見秋深復遠行(난후상견추심복원행)
亂혼 後에 이제 서르 보니 ᄀᆞ을히 깁거늘 ᄯᅩ 머리 녀가놋다.
風塵爲客日江海送君情(풍진위객일강해송군정)
風塵에 나그내 두외얏는 나리여 江海에셔 그듸ᄅᆞᆯ 보내는 ᄠᅳ디로다.
晉室丹陽尹公孫白帝城(진실단양윤공손백제성)
晉室엔 丹陽尹 가던 ᄯᅡ히오 公孫述이 白帝城이니라.
經過自愛惜取次莫論兵(경과자애석취차막론병)
디나가는 ᄃᆡ 스싀로 모믈 앗겨 믄드시 兵事ᄅᆞᆯ 議論ᄒᆞ디 말라.

[중간본]

亂혼 後에 이제 서르 보니 ᄀᆞ을히 깁거늘 ᄯᅩ 머리 녀가놋다.
風塵에 나그내 두외얏는 나리여 江海에셔 그듸ᄅᆞᆯ 보내는 ᄠᅳ디로다.
晉室엔 丹陽尹 가던 ᄯᅡ히오 公孫述이 白帝城이니라.
디나가는 ᄃᆡ 스싀로 모믈 앗겨 믄드시 兵事ᄅᆞᆯ 議論ᄒᆞ디 말라.

―――――
1) 스싀로 : 스스로 2) 믄드시 : 문득, 갑자기

送裴五赴東川
송배오부동천

故人亦流落高義動乾坤(고인역류락고의동건곤)
故人이 또 流落ᄒᆞ얏ᄂᆞ니 노폰 義ᄂᆞᆫ 乾坤애 뮈엿도다.
何日通燕塞相看老蜀門(하일통연새상간노촉문)
어느 나래 燕ㅅ ᄀᆞᅀᅵ 通커든 서르 보곡 蜀門에셔 늘그려뇨.
東行應暫別北望苦銷魂(동행응잠별북망고소혼)
東녀그로 녀가미 당당이 쟌간 여희유미니 北녀그로 ᄇᆞ라고 심히 넉슬 ᄉᆞ노라.
凜凜悲秋意非君誰與論(늠늠비추의비군수여론)
凜凜히 ᄀᆞᅀᆞᆯ 슬논 ᄠᅳ들 그듸 아니면 눌와 다못 議論ᄒᆞ리오.

[중간본]

故人이 또 流落ᄒᆞ얏ᄂᆞ니 노폰 義ᄂᆞᆫ 乾坤애 뮈엿도다.
어느 나래 燕ㅅ 그이 通커든 서르 보고 蜀門에셔 늘그려뇨.
東녀그로 녀가미 당당이 잠싼 여희유미니 北녀그로 ᄇᆞ라고 심히 넉슬 ᄉᆞ노라.
凜凜히 ᄀᆞᅀᆞᆯ 슬논 ᄠᅳ들 그듸 아니면 눌와 다못 議論ᄒᆞ리오.

---

1) 뮈엿도다 : 뮈다, 움직이다 2) 쟌간 : 잠깐 3) ᄉᆞ노라 : ᄉᆞᄂᆞ니, 사르느니, 태우느니

贈別何邕
증별하옹

사져 죽져ᄒᆞ야 사괴요믈 議論ᄒᆞᄂᆞᆫ ᄣᅢ해 어느 말미로 혼 사ᄅᆞ민ᄃᆞᆯ 보리오.
悲君隨燕雀薄宦走風塵(비군수연작박환주풍진)
그듸의 져비 새 조초믈 슬노니 사오나온 벼슬로 風塵 서리예 ᄃᆞ니놋다.
綿谷元通漢沱江不向秦(면곡원통한타강불향진)
綿谷ᄋᆞᆫ 본ᄃᆡ록 漢애 ᄉᆞᄆᆞᆺ고 沱江ᄋᆞᆫ 秦으로 向ᄒᆞ야 가디 아니ᄒᆞᄂᆞ니라.
五陵花滿眼傳語故鄕春(오릉화만안전어고향춘)
五陵에 고지 누네 ᄀᆞᄃᆞ기 펫ᄂᆞ니 故鄕ㅅ 보미 가 말ᄉᆞ믈 傳ᄒᆞ라.

[중간본]

사져 죽져ᄒᆞ야 사괴요믈 議論ᄒᆞᄂᆞᆫ ᄣᅢ해 어느 말미로 혼 사ᄅᆞ민ᄃᆞᆯ 보리오.
그듸의 져비 새 조초믈 슬노니 사오나온 벼슬로 風塵 서리예 ᄃᆞ니놋다.
綿谷ᄋᆞᆫ <u>본듸록</u> 漢애 ᄉᆞᄆᆞᆺ고 沱江ᄋᆞᆫ 秦으로 向ᄒᆞ야 가디 아니ᄒᆞᄂᆞ니라.
五陵에 고지 누네 ᄀᆞᄃᆞ기 펫ᄂᆞ니 故鄕ㅅ 보미 가 말ᄉᆞ믈 傳ᄒᆞ라.

---

1) 말미로 : 말미, 까닭, 사유   2) 조초믈 : 조촘, 좇음   3) 사오나온 : 좋지 않은, 나쁜   4) 본ᄃᆡ록, 본듸록 : 본디
5) ᄉᆞᄆᆞᆺ고 : ᄉᆞᄆᆞᆺ다, 통하다, 투철하다, 사무치다   6) 말ᄉᆞ믈 : 말씀

贈別鄭鍊赴襄陽
증별정동부회양

戎馬交馳際柴門老病身(융마교치제시문노병신)

사호맷 몰 서르 둘이는 ᄀ애 柴門에 늘근 病혼 모미로다.

把君詩過日念此別驚神(파군시과일염차별경신)

그딋 그를 자바셔 나를 디내노니 이 여희요믈 ᄉ랑코 ᄆᅀᆞ믈 놀라노라.

地闊峨眉晚天高峴首春(지활아미만천고현수춘)

峨眉ㅅ 나조히 ᄯ히 어위오 峴首ㅅ 보미 하ᄂᆞ리 높도다.

爲於耆舊內試覓姓龐人(위어기구내시멱성방인)

爲ᄒᆞ야 늘근 사ᄅᆞᆷ 서리예 姓이 龐인 사ᄅᆞ믈 비루수 어더보라.

[중간본]

사호맷 몰 서르 둘이는 ᄀ애 柴門에 늘근 病혼 모미로다.

그딋 그를 자바셔 나를 디내노니 이 여희요믈 ᄉ랑코 ᄆᆞᄋᆞ믈 놀라노라.

峨眉ㅅ 나조히 ᄯ히 어위오 峴首ㅅ 보미 하ᄂᆞ리 높도다.

爲ᄒᆞ야 늘근 사ᄅᆞᆷ 서리예 姓이 龐인 사ᄅᆞ믈 비루수 어더보라.

---

1) 어위오 : 어위다, 넓다 2) 서리에 : 사이에, 가운데 3) 비루수 : 비로소

重贈鄭鍊絶句
중증정동절구

鄭子將行罷使臣囊無一物獻尊親(정자장행파사신낭무일물헌존친)
鄭子ㅣ 將次ㅅ 녀가매 使臣 두외요믈 마츠니 ᄂᆞᄆᆞ채 혼 것도 尊親끠 받
조올 거시 업도다.
江山路遠覊離日裘馬誰爲感激人(강산로원기리일구마수위감격인)
江山애 길히 멀오 나그내로 여희여 돈니는 나래 갓옷 닙고 ᄆᆞᆯ 투니 뉘 感
激홀 사ᄅᆞ미 ᄃᆞ욀고.

[중간본]

鄭子ㅣ 將次ㅅ 녀가매 使臣 도외요믈 마츠니 ᄂᆞᄆᆞ채 혼 것도 尊親끠 받
조올 거시 업도다.
江山애 길히 멀오 나그내로 여희여 돈니는 나래 갓옷 닙고 ᄆᆞᆯ 투니 뉘 感
激홀 사ᄅᆞ미 ᄃᆞ욀고.

---

1) ᄂᆞᄆᆞ채 : ᄂᆞᄆᆞᆾ, 주머니 2) 갓옷 : 가죽옷 3) ᄃᆞ욀고 : ᄃᆞ외다, 되다

送人從軍
송인종군

平侍御之硯(평시어지연)이라.

弱水應無地陽關已近天(약수응무지양관이근천)
弱水에 당당이 싸히 업스니 陽關은 ᄒᆞ마 하ᄂᆞᆯ해 갓가오니라.
今君度沙磧累月斷人烟(금군도사적누월단인연)
이제 그듸 沙磧을 건나가ᄂᆞ니 여러 ᄃᆞᆯ 人烟이 그츤 싸히라.
好武寧論命封侯不計年(호무녕론명봉후불계년)
武事ᄅᆞᆯ 즐귤뎬 엇뎨 命을 議論ᄒᆞ리오 諸侯 封호ᄆᆞᆫ 히ᄅᆞᆯ 혜디 아니ᄒᆞ니라.
馬寒防失道雪沒錦鞍韉(마한방실도설몰금안천)
ᄆᆞᆯ 치위예 길 일후믈 마그라 누네 錦鞍韉이 ᄲᅥ디리라.

[중간본]

弱水에 당당이 싸히 업스니 陽關은 ᄒᆞ마 하ᄂᆞᆯ해 갓가오니라.
이제 그듸 沙磧을 건나가ᄂᆞ니 여러 ᄃᆞᆯ 人烟이 그츤 싸히라.
武事ᄅᆞᆯ 즐귤뎬 엇뎨 命을 議論ᄒᆞ리오 諸侯 封호ᄆᆞᆫ 히ᄅᆞᆯ 혜디 아니ᄒᆞ니라.
ᄆᆞᆯ 치위예 길 일후믈 마그라 누네 錦鞍韉이 ᄲᅥ디리라.

---

1) 그츤 : 그츠다, 그치다, 끊어지다, 쉬다 2) 즐귤뎬 : -ㄹ뎬(-ㄹ진대), 즐귤진대, 즐길진대 3) 일후믈 : 일후라, 잃었노라, 일훔, 잃음 4) ᄲᅥ디리라 : ᄲᅥ디다, 빠지다

送遠
송원

帶甲滿天地胡爲君遠行(대갑만천지호위군원행)
甲 니브니 天地예 ᄀᆞ독ᄒᆞ니 므스그라 그듸 머리 녀가ᄂᆞ뇨.
親朋盡一哭鞍馬去邊城(친붕진일곡안마거변성)
親ᄒᆞᆫ 버디 ᄒᆞᆫ번 우루믈 ᄀᆞ장ᄒᆞᄂᆞ니 鞍馬 ᄐᆞ고 邊城으로 가놋다.
草木歲月晩關河霜雪淸(초목세월만관하상설청)
플와 나모왓 歲月ㅅ 나조히 關河애 서리와 눈괘 ᄆᆞᆯ갓도다.
別離已昨日因見古人情(별리이작일인견고인정)
여희유미 ᄒᆞ마 어제 ᄃᆞ외리로소니 녯 사ᄅᆞ미 ᄠᅳ들 因ᄒᆞ야 보리로다.

[중간본]

甲 니브니 天地예 ᄀᆞ독ᄒᆞ니 므스그라 그디 머리 녀가ᄂᆞ뇨.
親ᄒᆞᆫ 버디 ᄒᆞᆫ 번 우루믈 ᄀᆞ장ᄒᆞᄂᆞ니 鞍馬 ᄐᆞ고 邊城으로 가놋다.
플와 나모왓 歲月ㅅ 나조히 關河애 서리와 눈괘 ᄆᆞᆯ갓도다.
여희유미 ᄒᆞ마 어제 ᄃᆞ외리로소니 녯 사ᄅᆞ미 ᄠᅳ들 因ᄒᆞ야 보리로다.

---

1) 므스그라 : 무슨 까닭으로, 무엇 때문에 2) 가장ᄒᆞᄂᆞ니 : 가장ᄒᆞ다, 다하다, 마음대로 하다, 자의로 하다 3) ᄃᆞ외리로소니 : - 리로소니, -ㄹ 것이니, -ㄹ지니, 될 것이니, 될지니

泛江送客
범강송객

二月頻送客東津江欲平(이월빈송객동진강욕평)
二月에 ᄌᆞ조 소놀 보내요니 東津ㅅ ᄀᆞ르미 平코져 ᄒᆞ놋다.
烟花山際重舟楫浪前輕(연화산제중주즙랑전경)
니 씬 고지 묏 ᄀᆞ쉬 므거우니 舟楫은 믌결 알픠 가비얍도다,
淚逐勸盃落愁連吹笛生(누축권배락수연취적생)
눖므른 勸ᄒᆞ는 酒盃룰 조차 디고 시르믄 부는 뎟 소리예 니어 나놋다.
離筵不隔日那得易爲情(이연부격일나득이위정)
여희는 돗기 나리 주움츠디 아니ᄒᆞ니 엇뎨 시러곰 ᄠᅳᆮᄒᆞ몰 수이 ᄒᆞ리오.

[중간본]

二月에 ᄌᆞ조 소놀 브내요니 東津ㅅ ᄀᆞ르미 平코져 ᄒᆞ놋다.
니 씬 고지 묏 ᄀᆡ 므거우니 舟楫은 믌결 알픠 가비얍도다,
눖므른 勸ᄒᆞ는 酒盃룰 조차 디고 시르믄 부는 뎟 소리예 니어 나놋다.
여희는 돗기 나리 주움츠디 아니ᄒᆞ니 엇뎨 시러곰 ᄠᅳᆮᄒᆞ몰 수이 ᄒᆞ리오.

---

1) 돗기 : 돗자리, 자리 2) 주움츠디 : 주움츠다, 격(隔)하다(사이를 두다) 3) 시러곰 : 능히 4) ᄠᅳᆮᄒᆞ몰 : 뜻함을 5) 수이 : 쉽게

夏夜李尙書筵送宇文石首赴縣聯句
하야이상셔연송자문셕슈부현련구

尙書 는 名之芳이오 宇文은 名或이라.

愛客尙書重之官宅相賢(애객샹셔즁지관댁샹현)
손 ᄉᆞ랑ᄒᆞᄂᆞᆫ 尙書ㅣ 重ᄒᆞ니 그위예 가는 지빗 宰相이 어디도다.
酒香傾座側帆影駐江邊(쥬향경좌측범영주강변)
술 곳다오닐 안잣ᄂᆞᆫ 겨틔셔 기우리ᄂᆞ니 빗돗 그르메ᄂᆞᆫ ᄀᆞᄅᆞᆷ ᄀᆞᅀᅵ 머므럿도다.
翟表郞官瑞凫看今宰仙(젹표랑관셔부간금ᄌᆡ선)
꿩은 郞官이 祥瑞ᄅᆞᆯ 表ᄒᆞᄂᆞ니 올히예 어딘 員의 仙人 ᄀᆞ토ᄆᆞᆯ 보리로다.
雨稀雲葉斷夜久燭花偏(우희운엽단야구쵹화편)
비 드므니 구룸 니피 긋고 바미 오라니 븘고지 기우도다.
數語欹紗帽高文擲彩牋(수어기사모고문쳑ᄎᆡ전)
ᄌᆞ조 말ᄒᆞ야 사모ᄅᆞᆯ 기우리고 노푼 그를 빗난 죠희예 더뎌 스놋다.
興饒行處落離惜醉中眠(흥요ᄒᆡᆼ쳐락이셕ᄎᆔ즁면)
興心이 하 ᄃᆞ니ᄂᆞᆫ ᄯᅡ해셔 즐기고 여희요ᄆᆞᆯ 슬허 醉中에셔 ᄌᆞ오노라.
單父長多暇河陽實少年(단부쟝다가하양실쇼년)
單父ㅣ 기리 閑暇호미 하니 河陽은 眞實로 나히 졈도다.
客居逢自出爲別幾悽然(객거봉자츌위별긔쳐연)
나그내로 사로매 自出을 맛보니 여희유메 몃 버늘 슬카니오.

[중간본]
손 ᄉᆞ<u>랑ᄒᆞᄂᆞᆫ</u> 尙書ㅣ 重ᄒᆞ니 그위예 가는 지빗 宰相이 어디도다.

술 곳다오닐 안잣는 겨틔셔 기우리ᄂᆞ니 빗돗 그르메는 ᄀᆞᄅᆞᆷ 그의 머르럿도다.

ᄶᅬᆼ은 郞官이 祥瑞를 表ᄒᆞᄂᆞ니 올히예 어딘 員의 仙人 ᄀᆞ토ᄆᆞᆯ 보리로다.

비 드므니 구룸 니피 긋고 바미 오라니 븘고지 기우도다.

ᄌᆞ조 말ᄒᆞ야 사모를 기우리고 노폰 그를 빗난 죠희예 더뎌 스놋다.

興心이 하 ᄃᆞ니논 ᄶᅡ해셔 즐기고 여희요ᄆᆞᆯ 슬허 醉中에셔 ᄌᆞ오노라.

單父ㅣ 기리 閑暇호미 하니 河陽은 眞實로 나히 졈도다.

나그내로 사ᄅᆞ매 自出을 맛보니 여희유메 몃 버늘 슬커니오.

─────────
1) 그위예 : 그위, 관아 2) 곳다오닐 : 향기로우니 3) 죠희예 : 종이 4) 더뎌 : 더뎌 두다, 던져 두다, 버려 두다, 맡겨 두다 5) 스놋다 : 스다, 쓰다 6) 사ᄅᆞ매 : 사롬, 사람, 삶 7) 맛보니 : 맛보다, 만나다 8) 올히 : 오리

字文晁ᄂᆞᆫ 尙書之甥이오 崔或은 司業之孫이오 尙書之子로 重泛鄭監 審 前湖ᄒᆞ니라

郊扉俗遠長幽寂野水春來更接連(교비속원장유적야수춘래갱접연)

미햇 집 門이 世俗이 머러 長常 그윽ᄒᆞ며 괴외ᄒᆞ니 미햇 므리 보미 다시 니셋도다.

錦席留連還出浦葛巾欹側未廻船(금석유연환출포갈건기측미회선)

錦ㅅ 돗긔 머므다가 도로 개로 나가고 츩 곳가리 기우럿거늘 ᄇᆡ를 도ᄅᆞ디

449

아니ᄒᆞ놋다.
樽當霞綺輕初散棹拂荷珠碎却圓(존당하기경초산도불하주쇄각원)
酒樽이 雲霞ㅣ 깁 곧ᄒᆞ닐 當ᄒᆞ니 가ᄇᆡ야와 처엄 흩고 비치 蓮 니펫 구스를 뻘티니 ᄧᅳ렛다가 도로 두렵놋다.
不但習池歸酩酊君看鄭谷去夤緣(부단습지귀명정군간정곡거인연) 인
ᄒᆞᆫ갓 習池예 가 술 醉ᄒᆞᆯ ᄲᅮᆫ 아니라 그듸는 鄭谷애 가 버므러슈믈 보라.

[중간본]
미햇 집 門이 世俗이 머러 長常 고옥ᄒᆞ며 괴외ᄒᆞ니 미햇 므리 보ᄆᆡ 다시 니엣도다.
錦ㅅ 돗긔 머므다가 도로 개로 나가고 츩 곳가리 기우럿거늘 비롤 도ᄅᆞ디 아니ᄒᆞ놋다.
酒樽이 雲霞ㅣ 깁 곧ᄒᆞ닐 當ᄒᆞ니 가ᄇᆡ야와 처엄 흩고 비치 蓮 니펫 구스를 뻘티니 ᄧᅳ렛다가 도로 두렵놋다.
ᄒᆞᆫ갓 習池예 가 술 醉ᄒᆞᆯ ᄲᅮᆫ 아니라 그디는 鄭谷애 가 버므러슈믈 보라

---

1) 그윽ᄒᆞ며 : 그윽ᄒᆞ다, 그윽하다   2) 괴외ᄒᆞ니 : 괴외ᄒᆞ다, 고요하다   3) 머므다가 : 머므러, 머물러   4) 개 : 개(浦)   5) 곳가리 : 곳갈, 모자, 두건   6) 도ᄅᆞ디 : 도르다, 돌리다   7) 흩고 : 흩다, 흩어지다   8) 비치 : 빛이, 빛, 상앗대, 노   9) 뻘티니 : 뻘티다, 떨치다   10) ᄧᅳ렛다가 : ᄧᅳ리다, 때리다, 때려 깨뜨리다   11) 두렵놋다 : 두렵다
12) 버므러슈믈 : 버므리다, 얽매다, 버무리다, 말려들다, 연루하다

章留後新亭會送諸君
장유후신정회송제군

新亭有高會行子得良時(신정유고회행자득량시)
새 亭子애 노픈 會集이 잇ᄂᆞ니 녀가는 소니 됴ᄒᆞᆫ ᄢᅵᆯ 얻도다.
日動暎江幕風鳴排檻旗(일동영강막풍명배함기)
힛비쵠 ᄀᆞᄅᆞ매 비췬 幕이 뮈오 ᄇᆞᄅᆞ맨 軒檻애 버릿논 旗ㅣ 우놋다.
絶葷終不改勸酒欲無詞(절훈종불개권주욕무사)
내 나눈 ᄂᆞ믈 그츄믈 ᄆᆞᄎᆞᆷ내 고티디 아니ᄒᆞ려니와 술 勸호맨 닐울 마리 업도다. 已墮峴山淚因題零雨詩(이타현산루인제영우시)
峴山앳 눉므를 ᄒᆞ마 디오 零雨詩를 지즈로 스노라.

[중간본]

새 亭子애 노픈 會集이 잇ᄂᆞ니 녀가는 소니 됴ᄒᆞᆫ ᄢᅵᆯ 얻도다.
힛비쵠 ᄀᆞᄅᆞ매 비췬 幕이 뮈오 ᄇᆞᄅᆞ맨 軒檻애 버릿논 旗ㅣ 우놋다.
내 나눈 ᄂᆞ믈 그츄믈 ᄆᆞᄎᆞᆷ내 고티디 아니ᄒᆞ려니와 술 勸호맨 닐울 마리 업도다.
峴山앳 눉므를 ᄒᆞ마 디오 零雨詩를 지즈로 스노라.

---

1) ᄢᅵᆯ(ᄢᅴ) : 때 2) ᄂᆞ믈 : 나물 3) 그츄믄 : 그춈, 그침 4) 닐울 : 닐우다, 읽다 5) 지즈로 : 인하여, 말미암아, 드디어

夏日楊長寧宅崔侍御常正字入京探韻得深字
하일양장녕댁최시어상정자입경탐운득심자

醉酒楊雄宅升堂子賤琴(취주양웅댁승당자천금)
楊雄의 지븨 와 술 醉ᄒᆞ고 子賤이 거믄고 노는 堂애 올오라.
不堪垂老鬢還對欲分襟(불감수노빈환대욕준금)
늘구메 다ᄃᆞ른 구믿터리를 이긔디 몯ᄒᆞ리로소니 여희오져 ᄒᆞ는 옷기즐 도로 對ᄒᆞ라.
天地西江遠星辰北斗深(천지서강원성진북두심)
天地ㅅ ᄉᆞᅀᅵ예 西江이 머니 星辰ᄋᆞᆫ 北斗ㅣ 깁도다.
烏臺俯麟閣長夏白頭吟(오대부린객장하백두음)
烏臺ㅣ 麟閣ᄋᆞᆯ 디럿ᄂᆞ니 긴 녀르메셔 셴 머리예 글 이프리로다.

[중간본]

楊雄의 지븨 와 술 醉ᄒᆞ고 子賤이 거믄고 노는 堂애 올오라.
늘구메 다ᄃᆞ른 구믿터리를 이긔디 몯ᄒᆞ리로소니 여희오져 ᄒᆞ는 옷기즐 도로 對ᄒᆞ라.
天地ㅅ 소이예 西江이 머니 星辰ᄋᆞᆫ 北斗ㅣ 깁도다.
烏臺ㅣ 麟閣ᄋᆞᆯ 디럿ᄂᆞ니 긴 녀르메셔 셴 머리예 글 이프리로다.

---

1) 구믿터리 : 구레나룻 2) 다ᄃᆞ른 : 다ᄃᆞ로다, 다다르다 3) 디럿ᄂᆞ니 : 디러, 임하여, 디러다 4) 녀르메 : 녀름, 여름 5) 이프리로다 : 잎다, 읊다

送靈州李判官
송영주이판관

羯胡腥四海回首一茫茫(갈호성사회수일망망)
되돌히 四海롤 비리우니 머리 돌아 브라오니 훈골ᄋ티 아ᅀ라ᄒ도다.
血戰乾坤赤氣迷日月黃(혈전건곤적기미일월황)
피 나게 사호니 乾坤이 븕고 氣運이 迷亂ᄒ니 日月이 누르도다.
將軍專策略幕府盛才良(장군전책략막부성재량)
將軍은 꾀롤 오ᄋ로 ᄒ고 幕府엔 지조 어디니 하도다.
近賀中興主神兵動朔方(근하중흥주신병동삭방)
中興ᄒ신 님긊 神奇호 兵馬ㅣ 朔方 뮈오몰 요싀예 慶賀ᄒ노라.

[중간본]

되돌히 四海롤 비리우니 머리 돌아 브라오니 훈골ᄋ티 아오라ᄒ도다.
피 나게 사호니 乾坤이 븕고 氣運이 迷亂ᄒ니 日月이 누르도다.
將軍은 꾀롤 오ᄋ로 ᄒ고 幕府엔 지조 어디니 하도다.
中興ᄒ신 님긊 神奇호 兵馬ㅣ 朔方 뮈오몰 요ᄉ이예 慶賀ᄒ노라

---

1) 되돌히 : 되들이, 오랑캐들이 2) 비리우니 : 비리우다, 비리게 하다 3) 훈골ᄋ티 : 한결같이 4) 아ᅀ라ᄒ도다 : 아ᅀ라ᄒ다, 아득하다, 까마아득하다 5) 오ᄋ로 : 온전히, 전혀 5) 뮈오몰 : 뮈오다, 움직이게 하다 6) 요싀 : 요사이, 요새

與嚴二郎奉禮別
여엄이랑봉례별

別君誰暖眼將老病纏身(별군수난안장노병전신)
그딕롤 여희유메 뉘 누니 더우리오 將次ㅅ 늘구메 병이 모매 버므리셰라.
出涕同斜日臨風看去塵(출체동사일임풍간거진)
눖므리 나 빗근 히와 ᄀᆞ티니 ᄇᆞᄅᆞ몰 臨ᄒᆞ야셔 가는 드트롤 보노라.
商歌還入夜巴俗自爲隣(상가환입야파속자위린)
商聲으로 놀애 블러 도로 바미 드러오곡 巴州ㅅ 風俗올 내 이웃ᄒᆞ리로다.
尙愧微軀在遙聞盛禮新(상괴미구재요문성례신)
죠그맛 모미 사라 이슈믈 오히려 붓그리노니 盛ᄒᆞᆫ 禮ㅣ 새로외요몰 아ᅀᆞ라히 든노라.
山東群盜散闕下受降頻(산동군도산궐하수항빈)
山東애 뭀 盜賊이 흐르니 闕下애 降服 바도미 줏도다.
諸將歸應盡題書報旅人(제장귀응진제서보여인)
諸將이 녜가매 당당이 다 업스리니 그를 서 나그내게 알외라.

[중간본]

그듸롤 여희유메 뉘 누니 더우리오 將次ㅅ 늘구메 病이 모매 머므리셰라.
눖므리 나 빗근 히와 ᄀᆞ티니 ᄇᆞᄅᆞ몰 臨ᄒᆞ야셔 가는 드트롤 보노라.
商聲으로 놀애 블러 도로 바미 드러오고 巴州ㅅ 風俗올 내 이웃ᄒᆞ리로다.
죠그맛 모미 사라 이슈믈 오히려 붓그리노니 盛ᄒᆞᆫ 禮ㅣ 새로외요몰 아오라히 듣노라.

山東애 뭀 盜賊이 흐르니 闕下애 降服 바도미 좃도다.
諸將이 네가매 당당이 다 업스리니 그를 셔 나그내게 알외라.

---

1) 버므리셰라 : 버므리다, 얽매다, 말려들다, 연루하다 2) 드트롤 : 드틀, 먼지, 티끌 3) 뭀 : 무리

巴西聞收京送班司馬入京
파서문수경송반사마입경

聞道收宗廟鳴鑾自陝歸(문도수종묘명란자협귀)
니ᄅ거늘 드로니 宗廟ᄅᆯ 收復ᄒ시고 鑾ᄋᆞᆯ 울여 陝州로브터셔 도라오시도다.
傾都看黃屋正殿引朱衣(경도간황옥정전인주의)
都邑이 기우러 黃屋ᄋᆞᆯ 보ᄂᆞ니 正殿에 블근 옷 닙고 百官ᄋᆞᆯ 혀드리놋다.
劒外春天遠巴西勅使稀(검외춘천원파서래사희)
劍閣ㅅ 밧긔 봆 하ᄂᆞᆯ히 멀오 巴西엔 勅使ㅣ 드므도다.
念君經世亂匹馬向王畿(염군경세란필마향왕기)
그듸의 世亂ᄋᆞᆯ 디내오 ᄒᆞᆫ ᄆᆞᆯ 타 王畿로 向ᄒᆞ야 가ᄆᆞᆯ 思念ᄒᆞ노라

[중간본]
니ᄅ거늘 드로니 宗廟ᄅᆞᆯ 收復ᄒ시고 鑾ᄋᆞᆯ 울여 陝州로브터셔 도라오시도다.

都邑이 기우러 黃屋을 보ᄂ니 正殿에 블근 옷 닙고 百官을 혀드리놋다
劍閣ㅅ 밧긔 븘 하ᄂ히 멀오 巴西엔 勅使ㅣ 드므도다.
그듸의 世亂을 디내오 한 물 타 王畿로 向ᄒ야 가몰 思念ᄒ노라.

---

1) 니르거늘 : 니ᄅ다, 이르다, 말하다 2) 혀드리놋다 : 혀다, 끌다(리), 잡아당기다, 당기다 3) 디내오 : 디내다, 지나게 하다

-分類杜工部詩卷之二十三-

分類杜工部詩卷之二十四
(분류두공부시권이십사)

慶賀

경하

古詩一首, 律詩四首

覽栢中丞兼子姪數人의 除官制詞ᄒ고
因述父子兄弟四羙코
載歌絲綸ᄒ노라.

中丞은 栢貞節이니 時爲夔州都督이러니 與弟茂林으로 起兵 討平崔旰之亂 ᄒ니라.

紛然喪亂際見此忠孝門(분연상란제견차충효문)
어즈러운 喪亂ㅅ ᄀᆞ새 이 忠孝ᄒᆞᆫ 家門을 보과라.
蜀中寇亦甚栢氏功彌存(촉중구역심백씨공미존)
蜀中에 도ᄌᆞ기 ᄯᅩ 甚ᄒ니 栢氏의 功이 더욱 잇도다.
深誠補王室戮力自元昆(심성보왕실륙력자원곤)
기픈 精誠으로 王室을 補助ᄒᄂᆞ니 힘쎠 호ᄆᆞᆫ 몬兄으로브터 ᄒ놋다.
三止錦江沸獨淸玉壘昏(삼지금강비독청옥루혼)
錦江의 붊괴요믈 세 번 그치고 玉壘의 어두우믈 ᄒ오아 ᄆᆞᆰ게 ᄒ도다.
高名入竹帛新渥照乾坤(고명입죽백신악조건곤)
노푼 일후미 竹帛에 드러 스엿ᄂᆞ니 새 恩渥이 乾坤애 비취엿도다.
子弟先卒伍芝蘭壘璵璠(자제선졸오지란루여번)
子弟들히 卒伍로 몬져 ᄃᆞᆫ니ᄂᆞ니 芝蘭과 구슬왜 답사혓ᄂᆞᆫ ᄃᆞᆺᄒ도다.
同心注師律灑血在戎軒(동심주사율쇄혈재융헌)
軍師ㅅ 法에 ᄆᆞᅀᆞᄆᆞᆯ ᄒᆞᆫ가지로 傾注ᄒᄂᆞ니 ᄲᅳ리ᄂᆞᆫ 피ᄂᆞᆫ 사홈 술위예 잇도다.

絲綸實具載紱冕已殊恩(사륜실구재불면이수은)
絲綸에 眞實로 다 載錄ᄒᆞ얏ᄂᆞ니 紱冕 주샤문 ᄒᆞ마 殊異ᄒᆞᆫ 恩寵이로다.
奉公擧骨肉誅反經寒溫(봉공거골육주반경한온)
나랏 일 바다호ᄆᆞᆯ 骨肉이 다 ᄒᆞ노소니 反逆ᄒᆞᆫ 사ᄅᆞᆷ 주규믈 치위 더위를 디내놋다.
金甲雪猶凍朱旗塵不翻(금갑설유동주기진불번)
金甲앤 누니 오히려 어렛고 朱旗 가ᄂᆞᆫ 딘 드트리 두위잇디 아니ᄒᆞ놋다,
每聞戰場說欻激懦氣奔(매문전장열훌격나기분)
사호맷 마ᄅᆞᆯ 미샹 듣고 게으른 氣運이 믄득 니르와 ᄃᆞᆮᄂᆞ다.
聖主國多盜賢臣官則尊(성주국다도현신관즉존)
聖主ㅅ 나라해 盜賊이 하니 賢臣의 벼스리 놉놋다,
方當節鉞用必絶祲沴根(방당절월용필절침려근)
節鉞 ᄡᅳ믈 보야ᄒᆞ로 當ᄒᆞ야셔는 祲沴의 불휘를 반ᄃᆞ기 그춣디니라.
吾病日回首雲臺誰再論(오병일회수운대수재론)
내 病ᄒᆞ야 나날 머리 돌라 ᄇᆞ라노니 雲臺옌 뉘 다시 議論ᄒᆞᄂᆞᆫ고.
作歌挹盛事推轂期孤騫(작가읍성사추곡기고건)
놀애를 지어셔 盛ᄒᆞᆫ 이ᄅᆞᆯ 挹取ᄒᆞ고 술위를 미러 외로이 ᄂᆞ우추ᄆᆞᆯ 期望ᄒᆞ노라.

[중간본]

어즈러운 喪亂ㅅ ᄀᆞ애 이 忠孝ᄒᆞᆫ 家門을 보과라
蜀中에 도ᄌᆞ기 ᄯᅩ 甚ᄒᆞ니 栢氏의 功ㅣ 더욱 잇도다.
기픈 精誠으로 王室을 補助ᄒᆞᄂᆞ니 힘뻐 ᄒᆞ문 ᄆᆞᆺ형으로브터 ᄒᆞ놋다.
錦江의 붑괴요ᄆᆞᆯ 세 번 그치고 玉壘의 어두우믈 ᄒᆞ오아 ᄆᆞᆰ게 ᄒᆞ도다.

노폰 일후미 竹帛에 드러 스엿ᄂ니 새 恩渥ㅣ 乾坤애 비취엿도다.
子弟돌히 卒伍로 몬져 ᄃ니ᄂ니 芝蘭과 구슬왜 답사혓ᄂ 듯ᄒ도다.
軍師ㅅ 法에 ᄆᄋᄆᆯ ᄒᆞ가지로 傾注ᄒᄂ니 ᄲ리ᄂ 피ᄂ 사홈 술위예 잇도다.
絲綸에 眞實로 다 載錄ᄒ얏ᄂ니 絨冕 주샤ᄆᆫ ᄒᄆᆞ 殊異ᄒᆫ 恩寵ㅣ 로다.
나랏 일 바다호ᄆᆯ 骨肉ㅣ 다 ᄒ노소니 反逆ᄒᆫ 사람 주규ᄆᆯ 치위 더위ᄅᆞᆯ 디내놋다.
金甲앤 누니 오히려 어렛고 朱旗 가ᄂ ᄃᆡ ᄃᆞ트리 두위잇디 아니ᄒ놋다,
사호맷 마ᄅᆞᆯ ᄆᆡᆼ양 듣고 게으른 氣運ㅣ 믄득 니르와다 ᄃᆞᄂ다.
聖主ㅅ 나라해 盜賊ㅣ 하니 賢臣의 벼스리 놉놋다,
節鉞 ᄡᆞᄆᆞᆯ 보야ᄒᆞ로 當ᄒᄋᆞ셔ᄂ 禝汾의 불휘ᄅᆞᆯ 반ᄃᆞ기 그츨디니라.
내 病ᄒᄋᆞ 나날 머리 도라 ᄇᆞ라노니 雲臺옌 뉘 다시 議論ᄒᄂᆞᆫ고.
놀애ᄅᆞᆯ 지어서 盛ᄒᆫ 이ᄅᆞᆯ 挹取ᄒ고 술위ᄅᆞᆯ 미러 외로이 ᄂᆞ우추ᄆᆞᆯ 期望ᄒ노라.

---

1) 도즈기 : 도즉, 도적, 도둑 2) 붑괴요ᄆᆞᆯ : 붑괴다, 끓어 뒤섞이다 3) ᄒᆞ오아 : 혼자, 홀로 4) 답사혓ᄂ : 답사히다, 답쌓이다, 쌓이다, 답사흔, 첩첩이 쌓은 5) ᄲ리ᄂ : ᄲ리다, 뿌리다 6) 술위 : 수레 7) 어렛고 : 얼다 8) 두위잇디 : 두위잇다, 번드치다 9) 니르와 : 니르와도라 : 일으키노라, 니르와돔, 일으킴, 니르왇다, 일으키다 10) ᄃᆞᄂ다 : ᄃᆞᄂ니, 달리느니 11) 놉놋다 : 놉다, 높다 12) ᄂᆞ우추ᄆᆞᆯ : ᄂᆞ우춤, 낮침, 낮뜀 13) 보야ᄒᆞ로 : 바야흐로 14) 불휘 : 뿌리

奉賀陽城郡王ㅅ 太夫人을 恩命으로 加鄧國太夫人ᄒᆞ노라.

衛幕銜恩重潘輿送喜頻(위막함은중반여송희빈)
衛靑의 幕애셔 님금 恩 머구미 重ᄒᆞ니 潘岳의 술위예 깃븐 일 보내요ᄆᆞᆯ ᄌᆞ조 ᄒᆞᄂᆞ다.
濟時瞻上將錫號戴慈親(제시첨상장석호대자친)
時節 거리츄믈 노ᄑᆞᆫ 將軍을 보노니 일후믈 주샤 慈親을 奉戴케 ᄒᆞ시ᄂᆞ다.
富貴當如此尊榮邁等倫(부귀당여차존영매등륜)
가ᅀᆞ며며 貴ᄒᆞ니ᄂᆞᆫ 반ᄃᆞ기 이 ᄀᆞ티 홀디니 尊ᄒᆞ며 榮華호ᄆᆞᆫ ᄀᆞᆮᄒᆞᆫ 사ᄅᆞ미게 넘도다.
郡依封土舊國與大名新(군의봉토구국여대명신)
ᄀᆞ올ᄒᆞᆫ 封爵ᄒᆞᆫ ᄯᅡ해 녜를 븓고 나라ᄒᆞᆫ 큰 일훔과 다못 새롭도다.
紫誥鸞回紙淸朝燕賀人(자고란회지청조연하인)
블근 詔誥애 鸞ㅣ 죠히예 횟도랫ᄂᆞ니 ᄆᆞᆯ곤 아ᄎᆞ미 져비 사ᄅᆞᆷ 慶賀ᄒᆞᄂᆞ다.
遠傳冬笋味更覺綵衣春(원전동순미갱각채의춘)
겨ᅀᆞᆯ 竹笋ㅅ 마ᄉᆞᆯ 머리 傳ᄒᆞᄂᆞ니 綵衣ㅅ 보ᄆᆞᆯ ᄯᅩ 알리로다.
奕葉班姑史芬芳孟母隣(혁엽반고사분방맹모린)
여러 代를 班姑의 史記오 곳다온 孟母의 이우지로다.
義方無有訓詞翰兩如神(의방무유훈사한양여신)
義方을 조쳐 ᄀᆞᄅᆞ쵸미 잇ᄂᆞ니 글와 글스기 두 이리 神奇ᄅᆞ왼 ᄃᆞᆺᄒᆞ도다.
委曲承顏體騫飛報主身(위곡승안체건비보주신)
委曲히 ᄂᆞᄎᆞᆯ 承奉ᄒᆞᄂᆞᆫ 體오 ᄂᆞᆯ우처 님그믈 갑습ᄂᆞᆫ 모미로다,

可憐忠與孝兩美畵麒麟(가련충여효야미화기린)
可히 돗온 忠과 다못 孝를 두 아룸다오믈 麒麟閣애 그리리로다.

[중간본]
衛靑의 幕애셔 님긊 恩 머구미 重ㅎ니 潘岳의 술위예 깃븐 일 보내요믈 조조 ㅎ놋다.
時節 거리츄믈 노픈 將軍을 보노니 일후믈 주샤 慈親을 奉戴케 ㅎ시놋다.
가ᄋ며 貴ㅎ니는 반ᄃ기 이 ᄀ티 홀디니 尊ㅎ며 榮華호믄 ᄀ숫ᄒᆞᆫ 사ᄅᆞ미게 넘도다.
ᄀ올ᄒᆞᆫ 封爵ᄒᆞᆫ 짜해 녜를 븟고 나라ᄒᆞᆫ 큰 일훔과 다못 새롭도다.
블근 詔誥애 鸞ㅣ 죠히예 휘도랫ᄂᆞ니 물근 아ᄎᆞ미 져비 사ᄅᆞ믈 慶賀ㅎ놋다.
겨ᅀᆞᆯ 竹笋ㅅ 마ᄉᆞᆯ 머리 傳ㅎᄂ니 綵衣ㅅ 보믈 ᄯᅩ 알리로다.
여러 代를 班姑의 史記오 곳다온 孟母의 이우지로다.
義方을 조쳐 ᄀᆞᄅᆞ쵸미 잇ᄂ니 글와 글스기 두 이리 神奇ᄅᆞ왼 ᄃᆞᆺㅎ도다.
委曲히 ᄂᆞᄎᆞᆯ 承奉ㅎᄂᆞᆫ 體오 놀우처 님그믈 갑ᄉᆞᆫ 모미로다.
可히 돗온 忠과 다못 孝를 두 아룸다오믈 麒麟閣애 그리리로다.

1) 거리츄믈 : 거리츔, 건짐, 구제 2) 가ᄋ며 : 가ᄋ며다, 가멸다, 부요하다, 부하다 3) 븟고 : 븓다, 붙다, 의지하다, 근거로 하다 4) 죠히 : 종이 5) 휘도랫ᄂ니 : 휫도로다, 휘돌리다, 돌이키다 6) ᄀᆞᄅᆞ쵸미 : ᄀᆞᄅᆞ춈, 가르침, 가리킴 7) 놀우처 : 놀우치다, 날리다, 놀우춤, 날침, 날뜀 8) 갑ᄉᆞᆫ : 갑ᄉᆞᆯ, 갚사올, 갚다 9) 돗온 : 사랑하는, 사랑스러운 10) 다못 : 함께, 더불어

秦州셔 見勅自ㅎ니 薛三璩ᄂ 授司議郞이오
畢四曜ᄂ 除監察ㅎ니 與二子로
有故ㅎ더니 遠喜遷官ㅎ고 兼述索居ㅎ노니
三十韻이라,

大雅何寥闊斯人尙典刑(대아하료활사인상전형)
大雅ㅣ ᄌᆞ모 머니 이 사ᄅᆞ미 오히려 법 두오리로다.
交期予潦倒材力爾精靈(교기여요도재력이정령)
사괴요매 내 늘구니 材力은 네 精靈ㅎ도다.
二子陞同日諸生因一經(이자승동일제생인일경)
두 사ᄅᆞ미 ᄒᆞᆫ 날 오ᄅᆞ니 諸生은 ᄒᆞᆫ 經ㅅ 글 호ᄆᆞ로 窮因호라.
文章開突奧遷擢潤朝廷(문장개돌오천탁윤조정)
文章올 깁수윈 딜 여럿ᄂᆞ니 올마 글히여 ᄲᅧ여 朝廷을 빗내놋다.
舊好何由展新詩更憶聽(구호하유전신시갱억청)
녜브터 ᄉᆞ랑ᄒᆞ던 이ᄅᆞᆯ 어느 말미로 펴리오 새 글워를 듣고져 다시 思憶ᄒᆞ노라.
別來頭倂白相見眼終靑(별래두병백상견안종청)
여희여 오매 머리 다 셰니 서르 보면 누니 ᄆᆞᄎᆞ매 프르리로다.
伊昔貧皆甚同憂歲不寧(이석빈개심동우세불녕)
녜 가난호미 다 甚ᄒᆞ야 히 편안타 아니호ᄆᆞᆯ ᄒᆞᆫ가지로 시름ᄒᆞ다라.
栖遑分半菽浩蕩逐流萍(서황분반숙호탕축류평)
栖栖遑遑히 든뇨매 콩 ᄯᅡ개를 난호아 먹고 훤츨히 흐르는 말와ᄆᆞᆯ 조차 ᄃᆞ뇨라,

俗態猶猜忌妖氛忽杳冥(속태유시기요분홀묘명)
俗人이 양지 오히려 아쳐라 ᄒᆞ나니 妖怪로왼 氣運이 믄듯 아ᅀᆞ라ᄒᆞ도다.
獨慙投漢閣俱議哭秦庭(독참투한각구의곡진정)
漢ㅅ閣애셔 ᄂᆞ려듀믈 ᄒᆞ오ᅀᅡ 붓그리노니 秦ㅅ뜰헤 우루믈 모다 議論ᄒᆞ다 소라.
還蜀祗無益囚梁亦固扇(환촉저무익수양역고선)
蜀애 도라가도 有益호미 업고 梁애 가 되유니 ᄯᅩ 門ㅅ 부체 굳도다.
華夷相混合宇宙一羶腥(화이상혼합우주일전성)
中華와 夷狄괘 서르 섯거 모ᄃᆞ니 宇宙ㅣ 호 디위 비뉘ᄒᆞ도다.
帝力收三統天威總四溟(제력수삼통천위총사명)
님금 히므로 三統을 收合ᄒᆞ시고 하ᄂᆞᆯ 威嚴으로 네 바ᄅᆞᆯ 總領ᄒᆞ시놋다.
舊都俄望幸淸廟肅惟聲(구도아망행청묘숙유성)
녯 都邑이 믄듯 臨幸ᄒᆞ샤ᄆᆞᆯ ᄇᆞ라니 묽근 宗廟애 恭敬ᄒᆞ야 웃고시 祭ᄒᆞ놋다.
雜種難高壘長驅甚建瓴(잡종난고루장구심건령)
여러 種類ㅣ 노피 城 사이슈미 어려우니 기리 모라가미 호병엣 믈 업튜미니와 甚ᄒᆞ도다.
焚香淑景殿漲水望雲亭(분향국경전창수망운정)
淑景殿에 香을 퓌우며 望雲亭에 므를 ᄲᅳ리놋다.
法駕初還日群公若會星(법가초환일군공약회성)
法駕ㅣ 처섬 도라 오더신 나래 羣公이 별 모든 ᄃᆞᆺᄒᆞ더라.
宮臣仍點染柱史正零丁(궁신잉점염주사정영정)
東宮臣下로 지즈로 붇 저져 글 스며 柱下앳 史로 正히 零丁ᄒᆞ도다.
官忝趨栖鳳朝回嘆聚螢(관첨추서봉조회탄취형)

벼스른 栖鳳閣애 둔뇨믈 더러이고 朝會ㅣ 도라와 반되 뫼화 글 닑던 이룰 슬노라.

喚人看騕褭不嫁惜娉婷(환인간요뇨불가석빙정)
사ᄅᆞ믈 블러 됴ᄋᆞᆫ ᄆᆞ롤 보라 ᄒᆞ고 샤옹 아니 어러시고 온 양지ᄅᆞᆯ 앗기노라.

掘劒知埋獄提刀見發硎(굴검지매옥제도견발형)
갈홀 파내야 獄애 무텨슈믈 알오 갈홀 자바셔 뿟돌해 ᄀᆞ라내요믈 보노라.

侏儒應共飽漁父忌偏醒(주유응공포어부기편성)
킈 져그니와 당당이 다뭇 ᄇᆡ브르 먹노소니 고기 잡ᄂᆞᆫ 아비ᄂᆞᆫ 偏히 ᄭᅢ야쇼믈 아쳗ᄂᆞ다.

旅迫窮淸渭長吟望濁涇(여박궁청위자음망탁경)
나그내로브터 믈ᄀᆞᆫ 渭水ㅅ 서리예 窮困ᄒᆞ니 기리 글 이퍼셔 흐린 涇水를 ᄇᆞ라노라.

羽書還似急烽火未全停(우서환사급봉화미전정)
짓 고존 글워리 도로 ᄲᆞᄅᆞᆫ ᄃᆞᆺᄒᆞ니 烽燧ㅅ 브리 오ᄋᆞ로 긋디 아니ᄒᆞ도다.

師老資殘寇戎生及近坰(사노자잔구융생급근동)
軍師ㅣ 늘거 衰殘ᄒᆞᆫ 도ᄌᆞᄀᆞᆯ 資賴케 ᄒᆞᄂᆞ니 戎馬ㅣ 나 갓가온 郊坰에 미처 오도다.

忠臣辭憤激烈士涕飄零(충신사분격열사체표영)
忠臣의 말ᄊᆞ믄 애와텨 ᄆᆞᅀᆞ미 니르왇고 烈士ᄂᆞᆫ 눖므를 뜯들이놋다.

上將盈邊鄙元勳溢鼎銘(상장영변비원훈일정명)
노푼 將軍이 邊鄙예 ᄀᆞ득ᄒᆞ니 큰 功勳이 소퇴 사곗ᄂᆞᆫ 게 넘뻣도다.

仰思調玉燭誰定握靑萍(앙사조옥촉수정악청평)
玉燭이 調和호믈 울워러 ᄉᆞ랑ᄒᆞ노니 뉘 一定ᄒᆞ야 靑萍갈홀 자ᄇᆞ려뇨.

隴俗輕鸚鵡原情類鶺鴒(롱속경앵무원정류척령)

隴앳 風俗이 鸚鵡를 므던히 너기ᄂᆞ니 두들겟 ᄯᅳ든 鶺鴒과 곧ᄒᆞ니라.
秋風動關塞高臥想儀形(추풍동관새고와상의형)
ᄀᆞᅀᆞᆯ ᄇᆞᄅᆞ미 關塞에 뮈ᄂᆞ니 노피 누어서 儀刑을 스치노라.

[중간본]

大雅ㅣ ᄌᆞ모 머니 이 사ᄅᆞ미 오히려 법 ᄃᆞ오리로다.
사괴요매 내 늘구니 材力은 네 精靈ᄒᆞ도다.
두 사ᄅᆞ미 ᄒᆞᆫ 날 오ᄅᆞ니 諸生은 ᄒᆞᆫ 經ㅅ 글 ᄒᆞ모로 窮困ᄒᆞ라.
文章ᄋᆞᆯ 깁수윈 ᄃᆡᆯ 여럿ᄂᆞ니 올마 ᄀᆞᆯᄒᆡ여 ᄲᅧ여 朝廷을 빗내놋다.
녜브터 ᄉᆞ랑ᄒᆞ던 이ᄅᆞᆯ 어느 말미로 펴리오 새 글워ᄅᆞᆯ 듣고져 다시 思憶ᄒᆞ노라.
여희여 오매 머리 다 셰니 서르 보면 누니 ᄆᆞᄎᆞ매 푸ᄅᆞ리로다.
네 가난ᄒᆞ미 다 甚ᄒᆞ야 히 편안타 아니호ᄆᆞᆯ ᄒᆞᆫ가지로 시름ᄒᆞ다라.
栖栖遑遑히 ᄃᆞ뇨매 콩 ᄲᅡ개ᄅᆞᆯ 눈호아 먹고 훤츨히 흐르는 말와 믈 조차 ᄃᆞ뇨라,
俗人이 양지 오히려 아쳐라 ᄒᆞ나니 妖怪로왼 氣運ㅣ 믄듯 아ᄋᆞ라ᄒᆞ도다.
漢ㅅ閣애셔 ᄂᆞ려듀믈 ᄒᆞ오아 붓그리노니 秦ㅅ ᄯᅳᆯ헤 우루믈 모다 議論ᄒᆞ다소라.
蜀애 도라가도 有益ᄒᆞ미 업고 梁애 가 되유니 ᄯᅩ 門ㅅ 부체 굿도다.
中華와 夷狄괘 서르 섯거 모ᄃᆞ니 宇宙ㅣ ᄒᆞᆫ 지위 비뉘ᄒᆞ도다.
님금 히므로 三統을 收合ᄒᆞ시고 하ᄂᆞᆳ 威嚴으로 네 바ᄅᆞᆯ 總領ᄒᆞ시놋다.
녯 都邑ㅣ 믄듯 臨幸ᄒᆞ샤ᄆᆞᆯ ᄇᆞ라니 ᄆᆞᆯ곤 宗廟애 恭敬ᄒᆞ야 옷고시 祭ᄒᆞ놋다.
여러 種類ㅣ 노피 城 ᄡᅡ이슈미 어려우니 기리 모라가미 호병엣 믈 업튜미

라와 甚ᄒᆞ도라.
淑景殿에 香올 픠우며 望雲亭에 므를 ᄲᅳ리놋다.
法駕ㅣ 처엄 도라오더신 나래 群公ㅣ 별 모돈 듯ᄒᆞ더라.
東宮臣下로 지ᄌᆞ로 븟 저져 글 스며 柱下앳 史로 正히 零丁ᄒᆞ도다.
벼스른 栖鳳閣애 돋뇨몰 더러이고 朝會ㅣ 도라와 반되 뫼화 글 넑던 이를 슬노라.
사ᄅᆞ믈 블러 됴ᄒᆞᆫ 므를 보라 ᄒᆞ고 샤옹 아니 어러셔고 온 양ᄌᆡ를 앗기노라.
갈홀 파내야 獄애 무텨슈믈 알오 갈홀 자바셔 숫돌해 ᄀᆞ래요믈 보노라.
킈 져그니와 당당이 다믓 비브르 먹노소니 고기 잡ᄂᆞᆫ 아비ᄂᆞᆫ 偏히 씨야쇼믈 아쳗ᄂᆞ다.
나그내로브터 몯곤 渭水ㅅ 서리에 窮困ᄒᆞ니 기리 글 이퍼셔 흐린 涇水를 ᄇᆞ라노라.
짓 고ᄌᆞᆫ 글워리 도로 ᄲᅳ론 듯ᄒᆞ니 烽燧ㅅ 브리 오오로 긋지 아니ᄒᆞ도다.
軍師ㅣ 늘거 衰殘ᄒᆞᆫ 도ᄌᆞᆨ 資賴케 ᄒᆞᄂᆞ니 戎馬ㅣ 나 갓가온 郊坰에 미처 오도다.
忠臣의 말ᄉᆞᆷ 애와텨 모오미 니르왇고 烈士ᄂᆞᆫ 눖므를 쁟들이놋다.
노푼 將軍ㅣ 邊鄙예 ᄀᆞ득ᄒᆞ니 큰 功勳ㅣ 소턔 사겼ᄂᆞᆫ 게 넘뗫도다.
玉燭이 調和호믈 울워러 ᄉᆞ랑ᄒᆞ노니 뉘 一定ᄒᆞ야 靑萍갈홀 자브려뇨.
隴앳 風俗ㅣ 鸚鵡를 므던히 너기ᄂᆞ니 두들겟 ᄯᅳ든 鶺鴒과 ᄀᆞᆮᄐᆞ니라.
ᄀᆞ올 ᄇᆞᄅᆞ미 關塞예 뮈ᄂᆞ니 노피 누어셔 儀刑을 스치노라.

---

1) 두오리로다 : 두오다, 되다 2) 깁수원 : 깁수위다, 깊숙하다, 그윽하다 3) 골희여 : 골히다, 가래다, 가르다, 분별하다 4) 씩여 : 씩다, 쓰이다 5) 말미 : 말미, 까닭, 사유, 연유 6) ᄧᅡ개 : 짜개(콩팥 따위의 둘로 쪼갠 것의 한쪽) 7) 말와말 : 말왐, 마름 8) 양ᄌᆡ : 모습, 모양 9) 아쳐라 : 싫어하다 10) 아ᅀᆞ라ᄒᆞ도다 : 아득하다 11) 믄듯 : 문득, 갑자기 12) 디위 : 번 13) 비뉘ᄒᆞ도다 : 비뉘ᄒᆞ다, 비리다, 비리고 누리다 14) 누려듀믈 : 누

려디다, 내려지다, 떨어지다 15) 옷고시 : 향기롭게, 정중하게 16) 사이슈미 : 쌓다(疊) 17) 지즈로 : 인하여, 말미암아 드디어 18) 붇 : 붓 19) 더러이고 : 더러이다, 더럽히다 20) 반듸 : 반디, 개똥벌레 21) 뫼화 : 뫼화놀, 모으거늘 22) 무텨슈믈 : 무티다, 묻히다 23) 봇돌해 : 봇돌, 숫돌 24) 그라내요믈 : 골다, 갈다, 갈아내욤을 25) 킈 : 키 26) 씨야쇼믈 : 씨다, 깨다(醒) 27) 아쳔누다 : 아쳐라, 싫어하다 28) 이퍼셔 : 읊다 29) 짓 : 깃 30) 고즌 : 곶다, 꽂다 31) 오우로 : 온전히, 전혀 32) 미처 : 뒤미처(그 뒤에 곧 이어) 33) 애와터 : 애와텨하다, 분해하다, 슬퍼하다 한탄하다 34) 니르왇디 : 니르왇다, 일으키다 35) 쁜들이놋다 : 떨어 뜨리다 36) 사겼는 : 사겨시다, 새겨 있다 37) 넘쪗도다 : 넘삐다, 넘치다 38) 스치노라 : 스치다, 생각하다 39) 업튜미니리와 : 업티다, 엎치다, 업튬, 엎침 40) 샤옹 : 남편

承沈八丈東美除膳部員外郎阻雨未遂馳賀奉寄此詩
승침팔장동미제선부원외랑조우미수치하봉의차시

今日西京掾多除南省郎(금일서경연다제남성랑)
오놄나래 西京엣 掾돌히 해 南省앳 郎官올 除授ᄒ도다.
通家惟沈氏謁帝似憑唐(통가유심씨알제사빙당)
지블 通히 사괴ᄂ닌 오직 沈氏니 님금 뵈ᅀᆞ오미 憑唐곧도다.
詩律群公問儒門舊史長(시율군공문유문구사장)
詩律을 群公돌히 묻고 션빅 家門은 녯 史記ㅣ 기도다.
淸秋便寓直列宿頓光輝(청추편우직열숙돈광휘)
물ᄀᆞ 가ᅀᆞ올히 브터 直宿호미 便ᄒ니 버렛는 벼리 다 빗나도다.
未暇申安慰舍情空激揚(미가신안위사정공격양)

安慰를 베풀 餘暇ㅣ 업고 ᄯᅳ들 머거셔 ᄒᆞ갓 激揚ᄒᆞ노라.
司存何所比膳部黙悽傷(사존하소비선부묵처상)
마ᅀᆞ를 어느 고대 가ᄌᆞᆯ빋고 膳部일시 ᄌᆞᆷᄌᆞᆷᄒᆞ야셔 슬노라.
貧賤人事略經過霖潦妨(빈천인사략경과림료방)
貧賤ᄒᆞ야 사ᄅᆞ미 이를 져기코 디나ᄀᆞ물 오란 비 妨害ᄒᆞᄂᆞ다.
禮同諸父長恩豈布衣忘(예동제부장은기포의망)
禮數를 諸父ㅅ 伯長과 ᄀᆞ티 ᄒᆞ노니 그듨 恩은 엇뎨 뵈옷 니브닐 니즈료.
天路牽騏驥雲臺引棟梁(천로견기기운대인동량)
하ᄂᆞᆳ길헤 騏驥를 잇그며 雲臺예 ᄆᆞᄅᆞᆺ 남ᄀᆞᆯ 혀 가는 ᄃᆞᆺ도다.
徒懷貢公喜颯颯鬢毛蒼(도회공공희삽삽빈모창)
ᄒᆞ갓 貢公이 깃구믈 머거실 ᄲᅮ니로다 ᄇᆞᄅᆞ매 불이ᄂᆞᆫ 구미틧터리 셰유라.

[중간본]

오ᄂᆞᆯ나래 西京엣 掾도히 해 南省앳 郎官을 除授ᄒᆞ도다.
지블 通히 사괴ᄂᆞ닌 오직 沈氏니 님금 뵈ᄋᆞ오미 憑唐 ᄀᆞᆮ도다.
詩律을 群公돌히 묻고 션비 家門은 녯 史記ㅣ기도다.
ᄆᆞᆯ곤 ᄀᆞᄋᆞᆯ히 브텨 直宿호미 便ᄒᆞ니 버런는 벼리 다 빗나도다.
安慰를 베풀 餘暇ㅣ업고 ᄯᅳ들 머거셔 ᄒᆞ갓 激揚ᄒᆞ노라.
마ᄋᆞ를 어느 고대 가ᄌᆞᆯ빋고 膳部일시 ᄌᆞᆷᄌᆞᆷᄒᆞ야셔 슬노라.
貧賤ᄒᆞ야 사ᄅᆞ미 이를 져기코 디나ᄀᆞ물 오란 비 妨害ᄒᆞᄂᆞ다.
禮數를 諸父ㅅ 伯長과 ᄀᆞ티 ᄒᆞ노니 그듨 恩은 엇뎨 뵈옷 니브닐 니즈료.
하ᄂᆞᆳ 길헤 騏驥를 잇그며 雲臺예 ᄆᆞᄅᆞᆺ 남글 혀 가는 ᄃᆞᆺ도다.
ᄒᆞ갓 貢公이 깃구믈 머거실 ᄲᅮ니로다 ᄇᆞᄅᆞ매 부리는 구미틧터리 셰유라.

1) -돌히 : -들이 2) 뵈ᅀᆞ오미 : 뵈ᅀᆞᆸ다, 보이옵다 3) 브텨 : 임하여 4) 버럿는 : 벌리다 5) 벼리 : 별이 6) 가 즐빋고 : 비교하다 7) 져기코 : 져기, 적이, 좀 8) 잇그며 : 이끌다 9) ᄆᆞᄅᆞᆺ남글 : 마룻대나무 10) 혀가는 : 끌 고가는 11) 깃구믈 : 깃굼, 기꺼워함, 기뻐함

虢國夫人
호국부인

楊貴妃之娣ㅣ라.

虢國夫人承主恩平明上馬入宮門(괵국부인승주은평명상마입궁문)
虢國ㅅ 夫人이 님굼 恩惠롤 닙ᄉᆞ와 ᄀᆞᆺ 볼기예 몰 타 宮門으로 드놋다.
却嫌脂粉浼顔色淡掃蛾眉朝至尊(각혐지분완안색담소아미조지존)
脂粉이 ᄂᆞᆺ비츨 더러일가 도로 嫌疑ᄒᆞ야 나뵈 눈섭 ᄀᆞᄐᆞᆫ 눈서블 몰기 ᄡᅳ오
至尊ᄭᅴ 朝謁ᄒᆞ놋다.

[중간본]

虢國ㅅ 夫人ㅣ 님금 恩惠롤 닙ᄉᆞ와 ᄀᆞᆺ 볼기예 몰 타 宮門으로 드놋다.
脂粉이 ᄂᆞᆺ비츨 더러일가 도로 嫌疑ᄒᆞ야 나뵈 눈섭 ᄀᆞᄐᆞᆫ 눈서볼 몰기 ᄡᅳ오
至尊ᄭᅴ 朝謁ᄒᆞ놋다.

1) ᄀᆞᆺ : 겨우, 갓, 처음 2) 볼기예 : 밝히, 밝게 3) ᄂᆞᆺ비츨 : ᄂᆞᆺ빛, 낯빛, 일굴빛 4) 더러일가 : 더러이다, 더럽히 다 5) 나뵈 : 나비 6) 몰기 : 맑게 7) ᄡᅳ오 : ᄡᅳ다, 쓸다(掃)

傷悼

상도

古詩 八首 律詩 二十二首(고시 팔수 율시 이십이수)

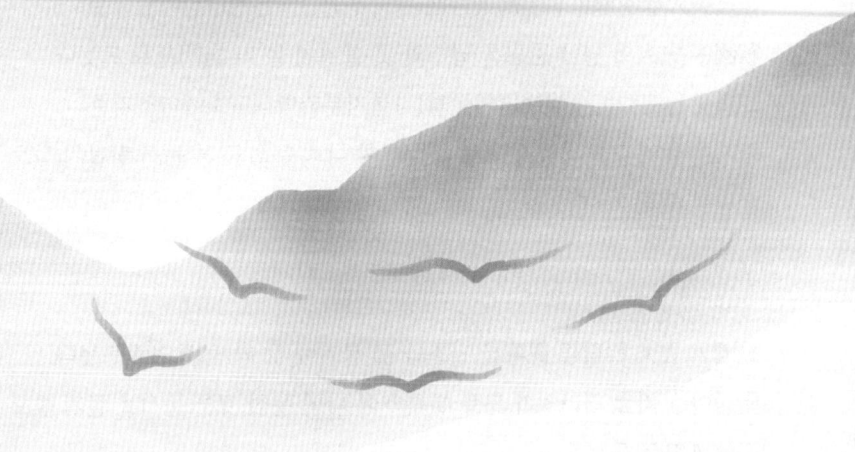

八哀詩
팔애시

楊貴妃之娣ㅣ라.

- 傷時盜賊未息ᄒᆞ야 興起王公李公ᄒᆞ야 歎舊懷賢ᄒᆞ야 終于張相國ᄒᆞ노니 八公의 前後存沒은 遂不詮次焉ᄒᆞ노라.

贈司公(증사공)ᄒᆞᆫ 王公思禮(왕공사례)라.

司空出東夷童稚刷勁翮(사공출동이동치쇄경핵)
司空이 東夷예셔 나니 아힛 시절브터 센 놀개ᄅᆞᆯ 빗거ᄉᆞ리니라.
追隨燕薊兒穎脫物不隔(추수연계아영탈물불격)
燕薊옛 아히ᄅᆞᆯ 조차 ᄃᆞ니니 그티 바사나 므리 즈음ᄎᆞ디 아니ᄒᆞᆫ ᄃᆞᆺ더라.
服事哥舒翰意無流沙磧(복사가서한의무류사적)
哥舒翰ᄋᆞᆯ 셤기니 ᄠᅳ데 流沙磧ㅅ 녀글 업시 너기더라.
未甚拔行閒犬戎大充斥(미심발행한견융대충척)

甚히 行伍ㅅ 스시예 싸혀나디 몯ㅎ야셔 犬戎이 키 펴디니라.
短小精悍資屹然强寇敵(단소정한자흘연강구적)
킈 뎌르고 져근 精微ㄹ외며 모딘 資質이여 구즈기 센 도즈긔 짜기로다,
貫穿百萬衆出入由咫尺(관천백만중출입유지척)
百萬衆人 서리예 뻬들워 드나드로몰 咫尺 스시로브터 ᄒ더라.
馬鞍懸將首甲外控鳴鏑(마안현장수갑외공명적)
몰 기르마애 將軍의 머리를 버혀 돌오 甲 밧긔 우는 사를 딜어 오더라.
洗劒靑海水刻銘天山石(세검청해수각명천산석)
靑海ㅅ 므레 갈홀 싯고 天山ㅅ 돌해 碑銘을 사기니라.
九曲非外蕃其王轉深壁(구곡비외번기왕전심벽)
九曲ᄋᆞᆫ 外蕃ㅅ 짜히 아니어놀 겟 王이 ᄀᆞ장 城壁을 기피 ᄒᆞ얏더니라.
飛兎不近駕鷲鳥資遠擊(비토불근가지조자원격)
飛兎ㅣ 며ᇰ에 머유메 갓갑디 아니ᄒᆞ며 모딘 새는 머리 튜믈 資賴ᄒᆞ논 ᄃᆞᆺ
도다.
曉達兵家流飽聞春秋癖(효달병가류포문춘추벽)
兵家ㅅ 무를 ᄉᆞᄆᆞᆺ 아니 春秋 즐기는 病을 비브르 드로라,
胸襟日沉靜肅肅自有適(흉금일침정숙숙자유적)
ᄆᆞᅀᆞ미 나날 沉靜ᄒᆞ니 肅肅ᄒᆞ야 제 ᄆᆞᅀᆞ매 마조미 잇도다.
潼關初潰散萬乘猶辟易(동관초궤산만승유벽이)
潼關앳 軍卒이 처섬 헤여딜 저긔 萬乘이 오히려 들리 드르니라,
偏裨無所施元帥見手格(편비무소시원수견수격)
놋가온 將軍으로 지조를 베프디 몯ᄒᆞ니 元帥를 도즈기 소노로 티거늘 보
니라.
太子入朔方至尊狩梁益(태자입삭방지존수량익)

太子ㅣ 朔方으로 드러가시고 至尊은 梁益으로 巡狩ㅅ시니라.

胡馬纏伊洛中原氣甚逆(호마전이락중원기심역)

되므리 伊洛ㅅ 짜해 버므러시니 中原ㅅ 氣運이 甚히 거슬ᄧ더라,

肅宗登寶位塞望勢敦迫(숙종등보위새망세돈박)

肅宗이 寶位예 오ᄅᆞ샤 사ᄅᆞ미 ᄇᆞ라오ᄆᆞᆯ 막노라 事勢ㅣ ᄀᆞ장 뵈왓ᄇᆞ더라.

公時徒步至請罪將厚責(공시도보지청죄장후책)

王公이 그ᄢᅴ 거러와 罪를 請ᄒᆞ대 將次ㅅ 해 責罰호리라 터시니라.

際會淸河公開道傳玉冊(제회청하공간도전옥책)

淸河公이 즈름길흐로 玉冊을 傳호ᄆᆞᆯ 맛ᄃᆞ라

天子拜跪畢讜議果冰釋(천자배궤필당의과빙석)

天子ㅣ ᄭ〮ᅮ러 저호ᄆᆞᆯ ᄆᆞᄎᆞ시고 됴ᄒᆞᆫ 議論으로 果然히 어름 녹ᄃᆞᆺ ᄒᆞ니라.

翠華卷飛雪熊虎亘阡陌(취화권비설웅호ᄀᆞᆼ천맥)

翠華ㅣ ᄂᆞ는 누네 거덧고 熊虎ㅣ 阡陌애 니ᅀᅦᆺ더라,

屯兵鳳凰山帳殿涇渭闢(둔병봉황산장전경위벽)

鳳凰ㅅ 뫼해 兵馬를 屯聚ᄒᆞ시니 帳으로 밍ᄀᆞ론 殿은 涇渭ㅅ 므레 여릿더라.

金城賊咽喉詔鎭雄所搤(금성적인후조진웅소액)

金城은 도ᄌᆞ기 목 ᄀᆞᄐᆞᆫ 짜힐ᄉᆡ 詔書로 가 鎭守ᄒᆞ라 ᄒᆞ신대 눌러슈믈 雄히 ᄒᆞ니라.

禁暴靖無雙爽氣春浙瀝(금폭정무쌍상기춘절력)

暴亂을 禁止ᄒᆞ야 安靖호미 雙이 업스니 싀싁ᄒᆞᆫ 氣運은 보미도 서늘ᄒᆞ도다.

巷有從公歌野多靑靑麥(항유종공가야다청청맥)

里巷애 公을 좃ᄂᆞᆫ 놀애 잇고 미핸 프른 보리밀히 하도다.

及夫哭廟後復領太原役(급부곡묘후복령태원역)

宗廟해 님그미 우르신 後를 미처 쏘 太原엣 役事를 領ᄒᆞ니라.
恐懼祿位高悵望王土窄(공구록위고창망왕토착)
祿과 位왜 노폰믈 두리고 님금 짜히 조보믈 슬허 브라더니라.
不得見淸時嗚呼就窀穸(부득견청시오호취둔석)
몱ᄀᆞ 時節을 시러 보디 몯ᄒᆞ야셔 슬프다 窀穸에 나아가도다.
未繫五湖舟悲甚田橫客(미계오호주비심전횡객)
五湖에 갈 ᄇᆡ를 기리 미니 슬푸미 田橫이 門客이리와 甚ᄒᆞ도다,
千秋汾晉閒事與雲水白(천추분진간사여운수백)
千秋를 汾晉 ᄉᆞᅀᅵ예 이리 구룸과 믈와를 다뭇ᄒᆞ야 ᄇᆞᆯ가시리로다.
昔觀文苑傳豈述廉藺績(석관문원전기술렴린적)
녜 文苑傳을 보니 엇뎨 廉藺의 功績을 記錄ᄒᆞ리오.
嗟嗟鄧大夫士卒終倒戟(차차등대부사졸종도극)
슬프다 鄧大夫는 士卒이 마ᄎᆞ매 戈戟을 도르혀니라.

[중간본]

司空ㅣ 東夷예셔 나니 아힛 시졀브터 센 놀개를 빗거스리니라.
燕薊옛 아히를 조차 ᄃᆞ니니 그티 바사나 物ㅣ 즈음츠디 아니ᄒᆞᆫ 둣더라.
哥舒翰ᄋᆞᆯ 셤기니 ᄠᅳ데 流沙磧ㅅ 녀글 업시 너기더라.
甚히 行伍ㅅ ᄉᆞᅀᅵ예 ᄢᅧ혀나디 몯ᄒᆞ야셔 犬戎이 키 펴더니라.
킈 뎌르고 져근 精微ᄅᆞ외며 모딘 資質ㅣ여 구즈기 센 도즈긔 ᄣᅡ기로다,
百萬衆人 서리예 뻬들워 드나ᄃᆞ로믈 咫尺 ᄉᆞᅀᅵ로브터 ᄒᆞ더라.
물 기르마애 將軍의 머리를 버혀 돌오 甲 밧긔 우는 사ᄅᆞᆯ 디러 오더라.
靑海ㅅ 므레 갈ᄒᆞᆯ 싯고 天山ㅅ 돌해 碑銘을 사기니라.
九曲ᄋᆞᆫ 外蕃ㅅ ᄯᅡ히 아니어ᄂᆞᆯ 겟 王ㅣ ᄀᆞ장 城壁을 기피 ᄒᆞ얏더니라.

飛兎ㅣ 멍에 머유메 갓갑디 아니ᄒᆞ며 모딘 새는 머리 튜믈 資賴ᄒᆞ는 둣 도다.
兵家ㅅ 무룰 ᄉᆞᆾ 아니 春秋 즐기는 病을 비브ᄅ드로라,
모ᄋᆞ미 나날 沉靜ᄒᆞ니 肅肅ᄒᆞ야 제 모ᄋᆞ매 마조미 잇도다.
潼關앳 軍卒ㅣ 처엄 허여딜 저긔 萬乘ㅣ 오히려 믈리드ᄅᆞ니라,
ᄂᆞᆺ가온 將軍으로 지조를 베프디 몯ᄒᆞ니 元帥를 도즈기 소ᄂᆞ로 티거늘 보니라.
太子ㅣ 朔方으로 드러가시고 至尊은 梁益으로 巡狩ᄉᆞ시니라.
되무리 伊洛ㅅ ᄯᅡ해 버므러시니 中原ㅅ 氣運ㅣ 甚히 거슬ᄯᅳ더라,
肅宗ㅣ 寶位예 오ᄅᆞ샤 사ᄅᆞ미 ᄇᆞ라오믈 막노라 事勢ㅣ ᄀᆞ장 뵈왓브더라.
王公이 그 ᄢᅴ 거러와 罪를 請ᄒᆞᆫ대 將次ㅅ 해 責罰호리라 터시니라.
淸河公의 즈릆길ᄒᆞ로 玉冊을 傳호ᄆᆞᆯ 맛드라
天子ㅣ ᄭᅮ러 절호ᄆᆞᆯ ᄆᆞᄎᆞ시고 됴ᄒᆞᆫ 議論으로 果然히 어름 녹덧 ᄒᆞ니라.
翠華ㅣ 누는 누네 거뎟고 熊虎ㅣ 阡陌애 니엇더라,
鳳凰ㅅ 뫼해 兵馬를 屯聚ᄒᆞ시니 帳으로 밍ᄀᆞ론 殿은 涇渭ㅅ 므레 여릿더라.
金城은 盜賊기 목 ᄀᆞᆫ ᄯᅡ힐ᄉᆡ 詔書로 가 鎭守ᄒᆞ라 ᄒᆞ신대 눌러슈믈 雄히 ᄒᆞ니라.
暴亂을 禁止ᄒᆞ야 安靖호미 雙ㅣ 업스니 식식ᄒᆞᆫ 氣運은 보미도 서늘ᄒᆞ도다.
里巷애 公을 좃ᄂᆞᆫ 놀애 잇고 미해 프른 보리밀히 하도다.
宗廟애 님그미 우르신 後를 미처 ᄯᅩ 太原에 役事를 領ᄒᆞ니라.
祿과 位왜 노포ᄆᆞᆯ 두리고 님금 싸히 조보ᄆᆞᆯ 슬허 ᄇᆞ라더니라.
믈ᄀᆞᆫ 時節을 시러 보디 몯ᄒᆞ야서 슬프다 窀穸에 나아가도다.
五湖애 갈 비를 기리 미니 슬푸미 田橫의 門客이리와 甚ᄒᆞ도다,

千秋를 汾晉 亽이예 이리 구룸과 믈와로 다못ᄒ야 볼가시리로다.
녜 文苑傳을 보니 엇뎨 廉藺의 功績을 記錄ᄒ리오.
슬프다 鄧大夫논 士卒이 마ᄎ매 戈戟을 도로혀니라.

---

1) 빗거스리다 : 빗다(刷) 2) 바사나 : 밧다, 벗다 3) 즈슴츠디 : 즈슴츠다, 격하다, 가로 막히다 4) 녀글 : 녁, 편 5) ᄲᅢ혀나디 : ᄲᅢ혀나다, 빼어나다 6)키 : 크게 7) 펴디니라 : 펴디다, 퍼지다 8) 킈 : 키 9) 구즈기 : 우뚝이 10) 도ᄌ긔 : 도즉, 도적, 도둑 11) ᄣᅡ기로다 : ᄧᅡᆨ이로다, 짝이로다 12) ᄢᅦ들워 : ᄢᅦ들우다, 꿰뚫다 13) 기르마에 : 길마(짐을 싣기 위하여 소의 등에 안장처럼 얹는 도구) 14) 딜어 : 찔러 15) 겟 : 게, 거기 16) 튜미 : 튬, 치움, 치다 17) ᄉᆞᄆᆞᆺ : 사뭇, 투철히 18) 마조미 : 마좀, 마침 19) ᄃᆞ루니라 : ᄃᆞ루다, 달리다 20) ᄂᆞ가온 : 낮은 21) 버므리시니 : 버므리다, 얽매다, 말려들다, 연루하다 22) 거슬ᄡᅳ더라 : 거슬ᄡᅳ다, 거스르다 23) 뵈왓부더라 : 뵈왓부다, 바쁘다 24) 터시니라 : 터시니, 하시니 25) 즈릆길흐로 : 즈릆길, 지름길 26) 맛ᄃᆞ라 : 맛ᄃᆞ다, 맏다 27) ᄯᅮ러 : 뚫어 28) 저호몰(절호몰) :절ᄒ다, 절하다 29) 어름 : 얼음 30) 거덧고 : 거더브리다, 걷어버릴다 31) 니셋더라 : 닛다, 잇다 32) ᄆᆡᆼ그론 : ᄆᡞᇰᄀᆞᆯ다, 만들다 33) 여릿더라 : 열이다 34) 눌러슘믈 : 눌리다, 눌이다 35) 싁싁혼 : 싁싁다, 엄하다, 엄숙하다, 장엄하다 36) 두리고 : 두리다, 두리워하다, 두렵게 여기다 37) 조보몰 : 좁다 38) 시러 : 능히, 얻어 39) ᄆᆡ니 : ᄆᆡ다, 매다 40) 다못ᄒ야 : 다못ᄒ다, 같이하다, 더불어하다 41) 볼가시리로다 : 밝다 42) 마ᄎ매 : 마츰, 마침 43) 도로혀니라 : 도로혀다, 돌이키다

故司徒李光弼
고사도이광필

司徒天寶末北收晉陽甲(사도천보말북수진양갑)
司徒ㅣ 天寶ㅅ그테 北녀그로 晉陽ㅅ 甲胄를 收合ᄒ니라.
胡騎攻吾城愁寂意不愜(호기공오성수적의불협)

되몰 튀니 내 城을 티거늘 시름ᄒ야 ᄠᅳ데 맛디 아니ᄒ더라.
人安若泰山薊北斷右脅(인안약태산계북단우협)
사ᄅᆞ미 便安호미 태산 ᄀᆞ투니 薊北ㅅ 올ᄒᆞᆫ 녀블 버혀 아ᅀᆞ니라,
朔方氣乃蘇藜首見帝業(삭방기내소려수견제업)
朔方ㅅ 氣運이 ᄭᅵ니 머리 거믄 百姓이 帝業의 이러가ᄆᆞᆯ 보니라.
二宮泣西郊九廟起頹壓(이궁읍서교구묘기퇴압)
二宮이 西郊애 우르시니 九廟ᄅᆞᆯ 들어뎻ᄂᆞᆫ ᄃᆡ 니르와ᄃᆞ시니라.
未散河陽卒思明僞臣妾(미산하양졸사명위신첩)
河陽앳 軍卒이 흗돌 아니ᄒᆞ니 史思明이 거즛 臣妾이 ᄃᆞ외얏더니라.
復自碣石來火焚乾坤獵(부자갈석래화분건곤렵)
도로 碣石으로브터 와 乾坤애 블 디르고 田獵ᄒᆞᄃᆞᆺ ᄒᆞ니라.
高視笑祿山公又大獻捷(고시소록산공우대헌첩)
노피 보와셔 祿山ᄋᆞᆯ 웃거늘 公이 ᄯᅩ 커 이긔유믈 來獻ᄒᆞ니라.
異王冊崇勳小敵信所怯(이왕책숭훈소적신소겁)
異王으로 노ᄑᆞᆫ 功勳을 冊命ᄒᆞ시니 죠고맛 비편은 眞實로 전ᄂᆞᆫ 배로다.
擁兵鎭河汴千里初妥帖(옹병진하변천리초타첩)
兵馬ᄅᆞᆯ ᄭᅳ려 가져 河汴을 鎭守ᄒᆞ니 千里ㅅ ᄯᅡ히 처ᅀᅥᆷ 편안히 ᄃᆞ외니라.
靑蠅紛營營風雨秋一葉(청승분영영풍우추일엽)
프른 ᄑᆞ리 어즈러이 ᄂᆞ라ᄃᆞᆫ니니 ᄇᆞᄅᆞᆷ 비예 ᄀᆞᅀᆞᆯ ᄒᆞᆫ 니피 딘 ᄃᆞᆺᄒᆞ도다.
內省未入朝死淚終映睫(내성미입조사루종영첩)
안ᄒᆞ로 내 罪ᄅᆞᆯ 술피고 드러가 朝謁을 몯ᄒᆞ녀 주글 젯 눖므를 ᄆᆞᄎᆞ매 눈서베 비취우도다.
大屋去高棟長城掃遺堞(대옥거고동장성소유첩)
큰 지븨 노ᄑᆞᆫ ᄆᆞᄅᆞᆯ 아ᅀᆞᆫ ᄃᆞᆺᄒᆞ며 긴 城에 기튼 堞을 ᄡᅳ러 ᄇᆞ린 ᄃᆞᆺ도다.

平生白羽扇零落蛟龍匣(평생백우선영락교룡갑)
平生애 힌 짓 부채 기텟고 蛟龍 갏匣이 뻐러뎟도다.
雅望與英姿惻愴槐里接(아망여영자측창괴리접)
淸雅흔 브라옴과 다뭇 英明한 양지 슬프다 槐里예 닛도다.
三軍晦光彩烈士通稠疊(삼군회광채열사통조첩)
三軍이 비치 어듭고 烈士이 슬호미 답사핫도다.
直筆在史臣將來洗箱篋(직필재사신장래세상협)
고든 부디 史臣의게 잇ᄂᆞ니 將來예 箱篋에 드럿ᄂᆞᆫ 거슬 시스리로다.
吾思哭孤冢南紀阻歸楫(오사곡고총남기조귀즙)
내 외로왼 무더믈 가 울오져 ᄉᆞ랑칸마ᄅᆞᆫ 南녀긔셔 도라갈 舟楫이 벙으레라.
扶顚永蕭條未濟失利涉(부전영소조미제실리섭)
업더디거든 더위자보미 기리 蕭條히 ᄃᆞ외ᄂᆞ니 므를 건나디 몯ᄒᆞ야셔 됴히 건나몰 일토다.
疲薾竟何人灑涕巴東峽(피이경하인쇄체파동협)
시드러운 늘그니는 ᄆᆞᄎᆞ매 엇던 사ᄅᆞ미 아니오 巴東峽에 눖므를 ᄲᅳ리노라.

[중간본]

司徒ㅣ 天寶ㅅ그테 北녀그로 晉陽ㅅ 甲冑를 收合ᄒᆞ니라.
되물 ᄐᆞ니 내 城을 티거늘 시름ᄒᆞ야 ᄠᅳ데 맛디 아니ᄒᆞ더라.
사ᄅᆞ미 便安호미 태산 ᄀᆞᄐᆞ니 薊北ㅅ 올흔 녀플 버혀 아ᄋᆞ니라,
朔方ㅅ 氣運ㅣ ᄢᅵ니 머리 거믄 百姓ㅣ 帝業의 이러가몰 보니라.
二宮ㅣ 西郊애 우르시니 九廟롤 믈어뎐는 ᄃᆡ 니르와ᄃᆞ시니라.
河陽애 軍卒ㅣ 흗들 아니ᄒᆞ니 史思明ㅣ 거즛 臣妾ㅣ ᄃᆞ외얏더니라.
도로 碣石으로브터 와 乾坤애 블 디르고 田獵ᄒᆞᄃᆞᆺ ᄒᆞ니라.

노피 보와셔 祿山을 웃거늘 公ㅣ 또 커 이긔유믈 來獻ᄒᆞ니라.
異王으로 노푼 功勳을 冊命ᄒᆞ시니 죠고맛 비편은 眞實로 전논 배로다.
兵馬를 ᄢᅵ려 가져 河汴을 鎭守ᄒᆞ니 千里ㅅ 다히 처엄 편안히 ᄃᆞ외니라.
프른 ᄑᆞ리 어즈러이 ᄂᆞ라ᄃᆞ니니 ᄇᆞ룸 비예 그윿 ᄒᆞᆫ 니피 딘 ᄃᆞᆺᄒᆞ도다.
안ᄒᆞ로 내 罪를 슬피고 드러가 朝謁을 몯ᄒᆞ니 주글 젯 눖므를 ᄆᆞᄎᆞ매 눈서베 비취우도다.
큰 지븨 노푼 ᄆᆞᄅᆞᆯ 아ᄂᆞᆫ ᄃᆞᆺᄒᆞ며 긴 城에 기튼 堞을 ᄡᅳ러 ᄇᆞ린 ᄃᆞᆺ도다.
平生애 힌 짓 부채 기텟고 蛟龍 갑匣ㅣ ᄠᅥ러뎟도다.
淸雅ᄒᆞᆫ ᄇᆞ라옴과 다ᄆᆞᆺ 英明ᄒᆞᆫ 양ᄌᆡ 슬프다 槐里예 넛도다.
三軍ㅣ 비치 어듭고 烈士이 슬호미 답사핫도다.
고든 부디 史臣의게 인ᄂᆞ니 將來예 箱篋에 드럿ᄂᆞᆫ 거슬 시스리로다.
내 외로왼 무더믈 가 울오져 ᄉᆞ랑컨마ᄅᆞᆫ 南녀긔셔 도라갈 舟楫ㅣ 벙으레라.
업더디거든 더외자보미 기리 蕭條히 ᄃᆞ외니 므를 건나디 몯ᄒᆞ야셔 됴히 건나믈 일토다.
시드러운 늘그니는 ᄆᆞᄎᆞ매 엇던 사ᄅᆞ미어니오 巴東峽에 눖므를 ᄲᅳ리노라.

---

1) 올ᄒᆞᆫ : 오른쪽 2) 녀블 : 녑, 옆 3) 버혀 : 베다 4) 믈어뎻ᄂᆞᆫ : 믈어디다, 무너지다, 무너지는 5) 니르와ᄃᆞ시니라 : 니르앗다, 일으키다 6) 흗돌 : 흗다, 흩다 7) 거즛 : 거짓 8) 커 : 크게 9) 이긔유믈 : 이긔다, 이기다 10) ᄢᅳ려 : ᄭᅳ리다, 꾸리다, 메우다, 싸다, 안다 11) 비취우도다 : 비취우다, 비치게 하다 12) 믈롤 : 마룻대 13) 기튼 : 기티다, 끼치다, 넘기다 14) 짓 : 깃 15) 갑 : 칼 16) ᄠᅥ러뎟ᄯᅩ다 : ᄠᅥ러지다, 떨어지다 17) 넛도다 : 닛다, 잇다 18) 답사핫도다 : 답사하다, 쌓이다 19) 시스리로다 : 싯다, 씻다 20) -오져 : -고자, -고져 21) 벙으레라 : 벙으리다, 벌어지다 22) 업더디거든 : 업더디다, 엎어지다, 엎드러지다 23) 더위자보미 : 더위잡다, 붙잡다, 부축하다 24) 됴히 : 좋게 25) 일토다 : 일타, 잃다 26) 시드러운 : 고달픈, 피곤하 27) ᄆᆞᄎᆞ매 : 마침내, 마지막엔 28) 비편 : 적(敵)의 편 29) 전논 : 전노다, 두려워하다

贈左僕射(증좌복사)혼
鄭國公嚴武(정국공엄부)ㅣ라.

鄭公瑚璉器華岳金天晶(정공호연기화악금천정)
鄭公은 瑚璉ㅅ 器 ᄀᆞ티니 華岳과 金天ㅅ 晶氣를 타 나도다.
昔在童子日已聞老成名(석재동자일이문노성명)
녜 아힛 나래 이셔 ᄒᆞ마 늙게 인 일후믈 드로라.
嶷然大賢後復見秀骨淸(의연대현후부견수골청)
구즉ᄒᆞᆫ 큰 賢人의 後에 ᄯᅩ 秀骨이 몰고믈 보라.
開口取將相小心事友生(개구취장상소심사우생)
이블 여러 니ᄅᆞᆫ 말ᄉᆞ미 將相을 어드러소니 ᄆᆞᅀᆞ믈 죠고매ᄒᆞ야 버들 셤기니라.
閱書百氏盡落筆四座驚(열서백씨진락필사좌경)
그를 보와 百氏를 다ᄒᆞ니 부들 디여서든 四座ㅣ 놀라놋다.
歷職匪父任嫉邪嘗力爭(역직비부임질사상력쟁)
벼슬 디내야호미 아비 蔭任이 아니로소니 奸邪를 아쳐라 일즉 힘써 ᄃᆞ토니라.
漢儀尙整肅胡騎忽縱橫(한의상정숙호기홀종횡)
漢ㅅ 威儀 오히려 整肅ᄒᆞ더니 되ᄆᆞᆯ ᄐᆞ니 믄드시 어즈러우니라.
飛傳自河隴逢人問公卿(비전자하롱봉인문공경)
驛ㅅ ᄆᆞ를 눌여 河隴ᄋᆞ로셔브터 사ᄅᆞᆷ 맛보아 公卿 잇ᄂᆞᆫ 딜 무르니라.
不知萬乘處雪涕風悲鳴(부지만승처설체풍비명)
님금 나가 겨신 ᄃᆡ를 아디 몯ᄒᆞ야 눉므를 스즈니 ᄇᆞᄅᆞ미 슬허 우더라.

受詞劒閣道謁帝蕭關城(수사검각도알제소관성)
劒閣ㅅ 길헤셔 말솜 듣즈와 蕭關城에 가 님그믈 뵈ㅿ오니라.
寂寞雲臺仗飄颻沙塞旌(적막운대장표요사새정)
雲臺ㅅ 儀仗이 괴외ᄒ고 沙塞옛 旌旗ㅣ 부치더라.
江山少使者笳鼓凝皇情(강산소사자가고응황정)
그룹과 묏 서리예 使者ㅣ 져그니 픗뎌와 붑소리예 님금 ᄠᅳ디 얼의여 겨시더라.
壯士血相視忠臣氣不平(장사혈상시충신기불평)
壯士ㅣ 피 흘리고 서르 보며 忠臣은 氣運이 平ᄒ디 아니터라.
密論貞觀體揮發岐陽征(밀론정관체휘발기양정)
貞觀 政體를 그ᅀ기 議論ᄒ고 岐陽애 征伐호ᄆᆯ 펴ᄒ니라.
感激動四極聯翩收二京(감격동사극연편수이경)
感激ᄒ야 四極을 뮈우니 니ᅀᅳ취여 두 셔울흘 收復ᄒ니라.
西郊牛酒再原廟丹靑明(서교우주재원묘단청명)
西郊애 牛酒를 다시 ᄒ시니 原廟앤 丹靑혼 거시 붉도다.
匡汲俄寵辱衛霍竟哀榮(광급아총욕위곽경애영)
匡汲이 믄드시 榮寵ᄒ다가 辱드왼 ᄃᆞᆺᄒ며 衛霍이 ᄆᆞᄎᆞ매 슬프다가 榮華ᄅᆞ왼 ᄃᆞᆺᄒ도다.
四登會府地三將華陽兵(사등회부지삼장화양병)
會府 ᄯᅡ해 네 번 오르고 華陽ㅅ 兵馬ᄅᆞᆯ 세 번 가지니라.
京兆空柳色尙書無履聲(경조공류색상서무리성)
京兆애는 버듨비치 뷔엿고 尙書의 신 소리 업도다.
群烏自朝夕白馬休橫行(군조자조석백마휴횡행)
뭀가마괴 절로 아ᄎᆞᆷ 나조히 잇고 ᄒᆡᆫ ᄆᆞ리 빗기 녀믈 마도다.

諸葛蜀人愛文翁儒化成(제갈촉인애문옹유화성)
諸葛을 蜀사루미 수랑ᄒᆞ느니 文翁의 션븨 敎化ㅣ 이도다.
公來雪山重公去雪山輕(공래설산중공거설산경)
公이 오니 雪山이 므겁고 公이 나가니 雪山이 가비얍도다.
記室得何遜韜鈐延子荊(기실득하손도령연자형)
記室을 何遜을 어드며 韜鈐 아논 子荊을 마자 쁘도다.
四郊失壁壘虛館開逢迎(사교실벽루허관개봉영)
四方 미해 壁壘ㅣ 업스니 뷘 館을 여러 賢士를 마즈니라.
堂上指圖畫軍中吹玉笙(당상지도화군중취옥생)
堂上애 그리믈 ᄀᆞᄅᆞ쳐 보고 軍中에션 玉笙을 부더니라.
豈無成都酒憂國只細傾(기무성도주우국지세경)
엇뎨 成都애 수리 업스리오마ᄅᆞᆫ 나랏 이ᄅᆞᆯ 시름ᄒᆞ야 오직 기우려 머구믈 ᄀᆞᄂᆞ리 ᄒᆞ니라.
時觀錦水釣問俗終相幷(시관금수조문속종상병)
錦水에셔 고기 낛구믈 時로 와 보더 民俗 무로믈 ᄆᆞᄎᆞ매 서르 어울워 ᄒᆞ더니라.
意待犬戎滅人藏紅腐盈(의대견융감인장홍부영)
ᄠᅳ데 犬戎이 배요믈 기들워 사ᄅᆞ미 서근 조홀 갈마 ᄀᆞᄃᆞ기 두게코져 ᄒᆞ더니라.
以玆報主願庶或裨世程(이자보주원서혹비세정)
이 님금 갑ᄉᆞ올 願으로ᄡᅥ 거의 시혹 世程을 기우리러니
炯炯一心在沉沉二竪嬰(형형일심재침침이수영)
炯炯히 ᄒᆞᆫ ᄆᆞᅀᆞ미 잇더니 沉沉히 두 아히 버므러 디도다.
顔淵竟短折賈誼徒忠貞(안연경단절가의도충정)

顏淵이 ᄆᆞᄎᆞ매 즐어죽고 賈誼ᄂᆞᆫ ᄒᆞᆫ갓 忠貞이 잇도다.
飛旐出江漢孤舟轉荊衡(비조출강한고주전형형)
ᄂᆞᄂᆞᆫ 丹旐ㅣ 江漢ᄋᆞ로셔 나가고 외로왼 ᄇᆡ 荊衡으로 올마 가놋다.
虛爲馬融笛悵望龍驤塋(허위마융적창망용양영)
馬融의게 뎌흘 虛히 부노니 龍驤의 무더믈 슬허 ᄇᆞ라노라.
空餘老賓客身上愧簪纓(공여노빈객신상괴잠영)
ᄒᆞᆫ갓 나맛ᄂᆞᆫ 늘근 賓客이 몸 우흿 簪纓을 붓그리노라.

[중간본]

鄭公은 瑚璉ㅅ 器 ᄀᆞᄐᆞ니 華岳과 金天ㅅ 晶氣를 타 나도다.
녜 아ᄒᆡᆺ 나래 이셔 ᄒᆞ마 늙게 인 일후믈 드로라.
구즉ᄒᆞᆫ 큰 賢人의 後에 ᄯᅩ 秀骨ㅣ ᄆᆞᆯ고ᄆᆞᆯ 보라.
이블 여러 니ᄅᆞᄂᆞᆫ 말ᄉᆞ미 將相을 어드러소니 ᄆᆞᄋᆞ물 죠고매ᄒᆞ야 버들 셤기ᄂᆞ니라.
그를 보와 百氏를 다ᄒᆞ니 부들 디여서든 四座ㅣ 놀라놋다.
벼슬 디내야호미 아비 蔭任ㅣ 아니로소니 奸邪를 아쳐러 일즉 힘ᄡᅥ 드토ᄂᆞ니라.
漢ㅅ 威儀 오히려 整肅ᄒᆞ더니 되ᄆᆞᆯ ᄐᆞ니 믄드시 어즈러우니라.
驛ㅅ ᄆᆞᆯ 놀여 河隴ᄋᆞ로셔브터 사ᄅᆞᆷ 맛보아 公卿 인ᄂᆞᆫ ᄃᆡᆯ 무르니라.
님금 나가 겨신 ᄃᆡ를 아디 몯ᄒᆞ야 눉므를 ᄡᅳ스니 ᄇᆞᄅᆞ미 슬허 우더라.
劍閣ㅅ 길헤셔 말ᄉᆞᆷ 듣ᄌᆞ와 蕭關城에 가 님그믈 뵈ᄋᆞ오니라.
雲臺ㅅ 儀仗ㅣ 괴외ᄒᆞ고 沙塞옛 旌旗ㅣ 부치더라.
ᄀᆞ롭과 묏 서리예 使者ㅣ 져그니 픗뎌와 붑소리예 님금 ᄠᅳ디 얼의여 계시더라.

壯士ㅣ 피 흘리고 서르 보며 忠臣은 氣運ㅣ 푸흐디 아니터라.
貞觀 政體를 그으기 議論ㅎ고 岐陽애 征伐호물 펴흐니라.
感激ㅎ야 四極을 뮈우니 니우취여 두 셔울흘 收復ㅎ니라.
西郊애 牛酒룰 다시 ㅎ시니 原廟앤 丹靑혼 거시 븕도다.
匡汲이 믄드시 榮寵ㅎ다가 辱도욀 둣ㅎ며 衛霍이 ᄆᆞᆺ매 슬프다가 榮華
ᄅᆞ욀 둣ㅎ도다.
會府 ᄯᅡ해 네 번 오ᄅ고 華陽ㅅ 兵馬를 세 번 가지니라.
京兆애ᄂᆞᆫ 버듨비치 뷔옛고 尙書의 신 소리 업도다.
물ᄀᆞ마괴 절로 아ᄎᆞᆷ 나조히 잇고 흰 무리 빗기 녀믈 마도다.
諸葛을 蜀사ᄅᆞ미 ᄉᆞ랑ᄒᆞ느니 文翁의 션븨 敎化ㅣ 이도다.
公ㅣ 오니 雪山ㅣ 므겁고 公ㅣ 나가니 雪山ㅣ 가ᄇᆡ얍도다.
記室을 何遜을 어드며 韜鈐 아ᄂᆞᆫ 子荊을 마자 ᄡᅳ도다.
四方 미해 壁壘ㅣ 업스니 뷘 館을 여리 賢士를 마즈니라.
堂上애 그리믈 ᄀᆞᄅᆞ쳐 보고 軍中에션 玉笙을 부더니라.
엇디 成都애 수리 업스리오마ᄂᆞᆫ 나랏 이를 시름ᄒᆞ야 오직 기우려 머구믈
ᄀᆞᄂᆞ리 ᄒᆞ니라.
錦水에셔 고기 낫구믈 時로 와 보디 民俗 무로믈 ᄆᆞᆺ매 서르 어울워 ᄒᆞ
더니라.
ᄠᅳ데 犬戎이 배요믈 기들워 사ᄅᆞ미 서근 조ᄒᆞᆯ 갈마 ᄀᆞᄃᆞ기 두게코져 ᄒᆞ더
니라.
이 님금 갑ᄉᆞ올 願으로ᄡᅥ 거의 시혹 世程을 기우리러니
炯炯히 흔 ᄆᆞᄋᆞ미 잇더니 沉沉히 두 아히 버므러 디도다.
顔淵ㅣ ᄆᆞᆺ매 즐어죽고 賈誼ᄂᆞᆫ 혼갓 忠貞ㅣ 잇도다.
ᄂᆞᄂᆞᆫ 丹旐ㅣ 江漢ᄋᆞ로셔 나가고 외ᄅᆞ왼 빙 荊衡으로 올마가놋다.

馬融의게 뎌흘 虛히 부노니 龍驤의 무드믈 슬허 브라노라.
호갓 나맛는 늘근 賓客ㅣ 몸 우흿 簪纓을 붓그리노라.

---

1) 구즉혼 : 구즉ᄒ다, 우뚝하다   2) 믈고믈 : 믉다, 맑다   3) 어드러소니 : 언다   4) 다ᄒ다 : 다하다   5) 디여서든 : 디다, 떨어지다   6) 아쳐라 : 싫어하여   7) ᄃ토니라 : ᄃ토다, 다투다   8) 믄드시 : 문득, 갑자기   9) 어즈러우니라 : 어즈러이다, 어지럽히다   10) 맛보아 : 맛보다, 만나다   11) 무르니라 : 묻다   12) 스즈니 : 씻으니, 닦으니   13) 뵈ᅀᆞ오니라 : 뵈ᅀᆞᆸ다, 뵈다   14) 괴외ᄒ고 : 괴외ᄒ다, 고요하다   15) 부치더라 : 부치다, 나부끼다   16) 픗뎌 : 풀피리   17) 얼의여 : 얼의다, 엉기다   18) 그ᅀᅳ기 : 그윽이   19) 나ᅀᅮ취여 : 나ᅀᅮ취다, 잇달다, 잇대다   20) 이도다 : 이다, 이루어지다   21) ᄀᆞ느리 : 가늘게   22) 어울워 : 어울우다, 어우르다, 어우르게 하다   23) 배요믈 : 배다, 망하다   24) 조홀 : 조   25) 갈마 : 갈마드리다, 갈마잇다(감추어져 있다)   26) 갑스올 : 갑사올   27) 거싀 : 거의   28) 버므러 : 둘러   29) 즐어죽고 : 즐어죽다, 지레죽다   30) 아비 : 아비, 아버지

贈太子太師(증태자태사)ᄒᆞᆫ
汝陽郡王璡(여양군왕진)이라.

汝陽讓帝子眉字眞天人(여양양제자미자진천인)
汝陽은 讓帝ㅅ 아ᄃᆞ리니 눈썹 ᄉᆞ싀 眞實로 하ᄂᆞᆳ 사ᄅᆞ미로다.
虬髥似太宗色暎塞外春(규염사태종색영새외춘)
龍이 입거우지 太宗 ᄀᆞᄐᆞ니 비치 塞外ㅅ 보ᄆᆡ 비취엿도다.
往者開元中主恩視遇頻(왕자개원중주은시우빈)
디나건 開元 中이 님그미 恩으로 보와 接遇호ᄆᆞᆯ 자조 ᄒᆞ더시니라.
出入獨非時禮異見群臣(출입독비시례이견군신)

宮中에 드나ᄃ로미 ᄒ올로 非時예 ᄒ더니 禮數를 群臣 봄과 달이 ᄒ더시니라.

愛其謹潔極倍此骨肉親(애기근결극배차골육친)

그 삼가며 조호미 ᄀ장 호ᄆᆯ ᄉ랑ᄒ샤 이 骨肉 아ᅀᆞ미게 더 ᄒ더시니라.

從容退朝後或在風雪晨(종용퇴조후혹재풍설신)

ᄌ녹ᄌᄂ기 朝會 믈러온 後와 시혹 ᄇᆞᄅᆷ 눈 새배 이셔

忽思格猛獸苑囿騰淸塵(홀사격맹수원유등청진)

믄드시 猛獸 텨 자보ᄆᆯ ᄉ랑ᄒ샤 苑囿에 몰곤 드트리 ᄂ더니라.

羽旗動若一萬馬肅駪駪(우기동약일마마숙신신)

羽旗 뮈유미 ᄒᆞᆫᄀᆞᆯᄋᆞ투니 萬馬ㅣ 싁싀기 駪駪ᄒ더라.

詔王來射鴈拜命已挺身(조왕래사안배명기정신)

王ᄋᆞᆯ 詔命ᄒ야 와 그려기 소라 ᄒ시니 詔命을 절ᄒ고 ᄒ마 모ᄆᆯ ᄲᅡ혀나더라.

箭出飛鞚內上又回翠麟(전출비공내상우회취린)

사리 ᄂᆞ는 몰섯 안해셔 나거든 님그미 ᄯᅩ 翠麟 모ᄅᆞᆯ 도로혀 보시더라.

翻然紫塞翮下拂明月輪(번연자새핵하불명월륜)

紫塞옛 놀개 두위텨 明月ㅅ 둘에예 ᄂᆞ려 ᄠᅥᆯ티더라.

胡人誰獲多天笑不爲新(호인수획다천미불위신)

되 사ᄅᆞ미 비록 자보ᄆᆞᆯ 해ᄒᆞ야도 하ᄂᆞᆯ 우ᅀᅮ믈 새로이 ᄒ디 아니ᄒ고

王每中一物手自與金銀(왕매중일물수자여금은)

王ᄋᆞᆫ 每常 ᄒᆞᆫ 거시나 마치든 손ᅀᅩ 스싀로 金銀을 주시놋다.

袖中諫獵書扣馬久上陳(수중간렵서구마구상진)

ᄉᆞ맷 소갯 田獵諫爭ᄒᄂᆞᆫ 글워를 ᄆᆞᆯ 잡고 오래 올여 베프놋다.

竟無衛橛虞聖聰矧多仁(경무함궐우성총신다인)

490 초간본과 중간본을 함께 읽는 두시언해

ᄆᆞᄎᆞ매 衡櫳 시르미 업스니 聖聰이 ᄒᆞ물며 人心이 하시거니ᄯᅡ녀

官免供給費水有在藻鱗(관면공급비수유재조린)

그 위에서 겻깃 虛費를 免ᄒᆞ고 므레ᄂᆞᆫ 말와매 잇ᄂᆞᆫ 고기 잇도다.

匪惟帝老大皆是王忠勳(비유제노대개시왕충훈)

님그미 老大ᄒᆞ실ᄲᅮᆫ 아니라 다 이 王의 忠勳ᄒᆞ요미니라.

晚年務置醴門引申白賓(만년무치례문인신백빈)

늘거셔 돈줄 두믈 힘ᄡᅥ ᄒᆞ야 門에 申白 곧흔 소ᄂᆞᆯ 引接ᄒᆞ니라.

道大容無能永懷侍芳茵(도대용무능영회시방인)

道理 커 才能 업슨 나를 容納ᄒᆞ시니 곳다온 돗글 뫼ᅀᆞᆸ던 이를 기리 ᄉᆞ랑ᄒᆞ노라.

好學尚貞烈義形必霑巾(호학상정열의형필점건)

그를 즐겨 貞烈호믈 崇尙ᄒᆞ야 義를 나톼 반ᄃᆞ시 手巾을 저지더라.

揮翰綺繡楊篇什若有神(휘한기수양편십약유신)

부들 두르이즈니 綺繡ㅣ 폇ᄂᆞᆫ ᄃᆞᆺ고 지은 글워른 鬼神이 잇ᄂᆞᆫ ᄃᆞᆺᄒᆞ더라.

川廣不可泝墓久狐兔隣(천광불가소묘구호토린)

내히 너버 可히 거스려 가물 몯ᄒᆞ니 무더미 오래 여ᅀᆞ 톳기 이우지 두외얏도다.

宛彼漢中郡文雅見天倫(완피한중군문아견천륜)

宛然흔 뎌 漢中ㅅ ᄀᆞ올히 文雅를 天倫을 보노라.

何以慰我悲泛舟俱遠津(하이위아비범주구원진)

엇뎨 ᄡᅥ 내 슬푸믈 慰勞ᄒᆞ려뇨 빅 ᄯᅴ우슈미 다 먼 ᄂᆞ리로다.

溫溫昔風味少壯已書紳(온온석풍미소장이서신)

溫溫흔 녜 風味를 져믄 제 ᄒᆞ마 ᄯᅴ에서 뒷노라.

舊遊易磨滅衰謝多酸辛(구유이마멸쇠사다산신)

녜 노던 이리 수이 磨滅ㅎ니 늘거셔 해 슬노라.

[중간본]

汝陽ᄋᆞᆫ 讓帝ㅅ 아ᄃᆞ리니 눈썹 소이 眞實로 하ᄂᆞᆳ 사ᄅᆞ미로다.
龍이 입거우지 太宗 ᄀᆞᄐᆞ니 비치 塞外ㅅ 보미 비취엿도다.
디나간 開元 中이 님그미 恩으로 보와 接遇호ᄆᆞᆯ 자조 ᄒᆞ더시니라.
宮中에 드나ᄃᆞ로미 ᄒᆞ올로 非時예 ᄒᆞ더니 禮數ᄅᆞᆯ 群臣 봄과 달이 ᄒᆞ더시니라.
그 삼가며 조호미 ᄀᆞ장 호ᄆᆞᆯ ᄉᆞ랑ᄒᆞ샤 이 骨肉 아ᄋᆞ미게 더 ᄒᆞ더시니라.
ᄌᆞ녹ᄌᆞ녹기 朝會 믈러온 後와 시혹 ᄇᆞᄅᆞᆷ 눈 새배 이셔
믄드시 猛獸 텨 자보ᄆᆞᆯ ᄉᆞ랑ᄒᆞ샤 苑囿에 몰곤 드트리 ᄂᆞ더니라.
羽旗 뮈유미 ᄒᆞᆫ글ᄋᆞ투니 萬馬 ㅣ 식식기 駛駛ᄒᆞ더라.
王ᄋᆞᆯ 詔命ᄒᆞ야 와 그려기 쏘라 ᄒᆞ시니 詔命을 절ᄒᆞ고 ᄒᆞ마 모ᄅᆞᆯ ᄲᅢ혀나더라.
사리 ᄂᆞᆫ 물 셧 안해셔 나거든 님그미 ᄯᅩ 翠麟모ᄅᆞᆯ 도로혀 보시더라.
紫塞옛 놀개 두위텨 明月ㅅ 둘에에 ᄂᆞ려 ᄠᅥᆯ티더라.
되 사ᄅᆞᆷ 비록 자보ᄆᆞᆯ 해ᄒᆞ야도 하ᄂᆞᆳ 우우믈 새로이 ᄒᆞ디 아니ᄒᆞ고
王ᄋᆞᆫ 每常 ᄒᆞ거시나 마쳐든 손오 스싀로 金銀을 주시ᄂᆞ다.
소매 소갯 田獵 諫爭ᄒᆞ논 글워ᄅᆞᆯ 몯 잡고 오래 올려 베프ᄂᆞ다.
무ᄎᆞ매 衛櫬 시르미 업스니 聖聰 ㅣ ᄒᆞ올며 人心 ㅣ 하시거니ᄯᆞ녀
그 위예셔 겻깃 虛費ᄅᆞᆯ 免ᄒᆞ고 므레논 말와매 잇논 고기 잇도다.
님그미 老大ᄒᆞ실ᄊᆞᆫ 아니라 다 이 王의 忠勤ᄒᆞ요미니라.
늘거셔 돋술 두믈 힘뻐 ᄒᆞ야 門에 申白 곧ᄒᆞᆫ 소늘 引接ᄒᆞ니라.
道理 커 才能 업슨 나ᄅᆞᆯ 容納ᄒᆞ시니 곳다온 돗ᄀᆞᆯ 뫼옵던 이ᄅᆞᆯ 기리 ᄉᆞ랑

ᄒ노라.
그룰 즐겨 貞烈호몰 崇尙ᄒ야 義룰 나퇴 반ᄃ시 手巾을 저지더라.
부들 두르이즈니 綺繡ㅣ 폇ᄂ ᄃᄉ고 지은 글워론 鬼神ㅣ 잇ᄂ ᄃᄉᄒ더라.
내히 너버 可히 거스려 가몰 몯ᄒ니 무더미 오래 여오 톳기 이우지 두외
얏도라.
宛然ᄒ 뎌 漢中ㅅ ᄀ올히 文雅롤 天倫을 보노라.
엇뎨 뻐 내 슬푸믈 慰勞ᄒ려뇨 븨 쯰워슈미 다 먼 놀이로다.
溫溫ᄒ 녜 風味룰 져믄 제 ᄒ마 쯰에서 뒷노라.
녜 노던 이리 수이 磨滅ᄒ니 늘거셔 해 슬노라.

---

1) 입거우지 : 입거웆, 수염, 코밑수염 2) 디나건 : 지난 3) ᄒ올로 : 홀로, 혼자 4) 달이 : 달리 5) 조호미 : 조홈, 깨끗함 6) 아ᅀᄆ이게 : 아ᅀᆷ, 겨레, 친족 7) ᄌ늑ᄌ느기 : 자늑자늑히, 조용히 8) 뮈유미 : 뮈윰, 움직임 9) ᄒ골ᄋ투니 : ᄒ골ᄋ티, 한결같이 10) 식기기 : 엄하게, 엄숙하게 11) 소라 : 쏘라 12) 쌔혀나더라 : 쌔혀나다, 빼어나다 13) 물셧 : 말혁(말 안장의 양옆에 꾸밈새로 늘어뜨리는 고삐) 14) 두위텨 : 두위티다, 번드치다(물건을 한번에 뒤집다) 15) 둘에 : 둘레 16) 떨티더라 : 떨티다, 떨치다 17) 우수믈 : 우숨, 웃음 18) 마치든 : 맞히다 19) 손소 : 손수 20) ᄉ맷 : 소매 21) 베프놋다 : 베프다, 베풀다, 떨치다 22) 하시거니ᄯ녀 : -ᄯ녀, -랴, -이랴, -일까보냐 23) 위예셔 : 지위 24) 겻기 : 겨기, 음식대접하기 25) 말와매 : 말왐, 마름 26) 돗골 : 돗자리룰 27) 뫼ᅀᆸ던 : 뫼ᅀᆸ다, 모시다 28) 나튀 : 나토다, 나타내다 29) 두르이즈니 : 두르잇다, 휘두르다 30) 여ᅀ : 여우 31) 톳기 : 토끼 32) 쯰우슈미 : 쯰우다, 띄우다 33) 놀 : 나루 34) 쯰에서 : 띠 35) 뒷노라 : 두었다 36) 돋줄(돋술) : 단술(醴)

贈秘書監(증비서감)흔
江夏李公邕(강하이공옹)이라.

長嘯宇宙閒高才日陵替(장소우주한고재일능참)
宇宙ㅅ 스이예셔 기리 됫프람 부노니 노픈 지죄 나날 사오나오 가놋다.
古人不可見前輩復誰繼(고인불가견전배복수계)
녯 사ᄅᆞ몰 可히 보디 몯ᄒ리소니 알픳 무를 ᄯᅩ 뉘 니ᅀᅳ고.
憶昔李公存詞林有根柢(억석이공존사림유근저)
ᄉ랑혼딘 녜 李公이 이실 제 詞林이 불휘 잇더니라.
聲華當健筆灑落富淸製(성화당건필쇄락부청제)
소리 빗나미 健壯ᄒᆞᆫ 부데 當ᄒ니 灑落ᄒᆞᆫ 물ᄀᆞ 지운 그리 하더라.
風流散金石追琢山岳銳(풍류산금석추탁산악예)
風流ㄹ왼 그리 쇠와 돌해 흐럿ᄂᆞ니 山岳이 놀카온디 사겨 잇도다.
情窮造化理學貫天人際(정궁조화리학관천인제)
ᄠᅳ든 造化ㅅ 理를 다 알오 그른 天人ㅅ ᄀᆞᅀᆞᆯ 쪠아놋다.
干謁走其門碑版照四裔(간알주기문비판조사예)
干求ᄒᆞ야 뷜 사ᄅᆞ미 그 門에 ᄃᆞᄂᆞ니 碑版이 四方ㅅ ᄀᆞ새 비춰엿도다.
各滿深望還森然起凡例(각만심망환삼연기범례)
제여곰 기픈 ᄇᆞ라는 ᄆᆞᅀᆞ매 ᄀᆞ득ᄒᆞ야 도라가ᄂᆞ니 森然히 凡例ㅣ 니럿도다.
蕭蕭白楊路洞徹眞珠惠(소소백양로동철진주혜)
蕭蕭ᄒᆞᆫ 白楊나못 길헤 眞珠 ᄀᆞ튼 글 주는 恩惠 ᄉᆞᄆᆞᆾ도다.
龍宮塔廟湧浩劫浮雲衛(용궁탑묘용호겁부운위)
龍宮에셔 塔廟ㅣ 소사나니 浩劫에 ᄯᅳᆫ 구루미 衛護ᄒᆞ야시며

宗儒俎豆事故吏去思計(종유조두사고이거사계)

큰 션븨의 俎豆 일와 녯 員의 나니거든 ᄉ랑ᄒ야 헤아리논 이레

眄睞已皆虛跋涉曾不泥(면래이개허발섭증불니)

보와 오나든 모물 다 뷔워ᄒ니 길 녀오매 일즉 머므디 아니 ᄒ놋다.

向來暎當時豈特勸後世(향래영당시기특권후세)

뎌주움의 그 時節에 비춰더니 엇데 곧 後世룰 勸홀 ᄲ니리오.

豊屋珊瑚鉤麒麟織成罽(풍옥산호구기린직성계)

가ᅀ면 짓 珊瑚ㅅ 돈과 麒麟을 ᄧ 일운 罽와

紫騮隨劔几義取無虛歲(자유수검궤의취무허세)

紫騮馬애 劔几룰 조쳐 義로 바도믈 뷘 히 업도다.

分宅脫驂聞感激懷未濟(분택탈참한감격회미제)

집 ᄂᆞ화주며 驂馬 밧겨주는 ᄉᆞᅀᅵ예 感激ᄒ야 거리치디 몯ᄒ논가 ᄉ랑ᄒ더라.

衆歸賙給美擺落多藏穢(중귀주급미파락다장세)

모다셔 ᄂᆞᆷ 주는 아름다오ᄆᆞᆯ 보내오 해 갈마 뒷는 더러우믈 ᄠᅥ러ᄇᆞ리도다.

獨步四十年風聽九皐唳(독보사십년풍청구고려)

ᄒᆞ오ᅀᅡ 거루믈 마ᄉᆞᆫ ᄒᆡ룰 ᄒᆞ니 ᄇᆞ루매 九皐애셔 우는 소리룰 드르니라.

嗚呼江夏姿竟掩宣尼袂(오호강하자경엄선니몌)

슬프다 江夏앳 양ᄌᆞ ᄆᆞᄎᆞ매 宣尼ㅅ ᄉᆞ매룰 ᄀᆞ리오도다.

昔者武侯朝引用多寵嬖(석자무후조인용다총폐)

녜 武侯ㅅ 朝애 혀 ᄡᅳ는 사ᄅᆞ미 寵嬖ㅣ 하더라.

否臧太常議面折二張勢(부장태상의면절이장세)

太常ㅅ 議論ᄋᆞᆯ 외다 올타 ᄒᆞ고 二張이 權勢룰 ᄂᆞᆺ 보와셔 것그니라.

衰俗凜生風排蕩秋旻霽(쇠속늠생풍배탕추민제)

495

衰殘호 風俗애 싁싁기 브루미 나니 이어거눌 ᄀᆞᅀᆞᆯ 하놀히 개니라.
忠貞負寃恨宮闕深旒綴(충정부원한궁궐심류철)
忠貞ᄋᆞ로 ᄂᆞ믜 寃恨호ᄆᆞᆯ 지니 宮闕에 님그미 기피 겨시더라
放逐早聯翩低垂困炎癘(방축조련편저수곤염려)
내 조쳐 일 두위이져 ᄂᆞᆽ기 드리워 더운 病호 ᄠᅢ해 窮困히 ᄃᆞ니니라.
日斜鵩鳥入魂斷蒼梧帝(일사붕조입혼단창오제)
ᄒᆡ 기우니 鵩鳥ㅣ 드러오고 蒼梧ㅅ 帝舜의 넉슬 그치 슬ᄒᆞ니라.
榮枯走不暇星駕無安稅(영고주불가성가무안세)
榮華ᄒᆞ며 이우루매 ᄃᆞ뇨ᄆᆞᆯ 餘暇ㅣ 업서 별 보와 멍에 메여 便安히 빳규믈 몯ᄒᆞ니라.
幾分漢庭竹夙擁文侯篲(기분한정죽숙옹문후수)
몃 버늘 漢庭엣 符竹ᄋᆞᆯ ᄂᆞ화니오 일 文侯의 뷔ᄅᆞᆯ 쁘려셔 쁘ᅀᅳ리 ᄒᆞ니라.
終悲洛陽獄事近小臣斃(종비낙양옥사근소신폐)
ᄆᆞᄎᆞ매 洛陽獄애셔 슬ᄒᆞ니 이리 小臣의 주구매 갓갑도다.
禍階初負謗易力何深嚌(화계초부방역력하심제)
禍이 ᄃᆞ리는 처ᅀᅥᆷ ᄂᆞ믜 하리를 지니 쉬운 히미면 엇뎨 기피 므리오.
伊昔臨淄亭酒酣托末契(이석임치정주감탁말계)
녜 臨淄ㅅ 亭子애 술 醉ᄒᆞ고 근 사괴요매 브토라.
重敘東都別朝陰改軒砌(중서동도별조음개헌체)
다시 東都애셔 여희유믈 베퍼호니 아ᄎᆞᆷ ᄀᆞ놀히 軒檻 階砌에 올마 가더라.
論文到崔蘇指盡流水逝(논문도최소지진류수서)
글 議論호ᄆᆞᆯ 崔蘇의게 니르리 ᄒᆞ다소니 흐르는 므릐 가ᄂᆞᆫ ᄃᆞ시 ᄀᆞ르쳐 다 ᄋᆞ거다.
近伏盈川雄未甘特進麗(근복영천웅미감특진려)

요스이예 盈川의 雄호물 降伏ᄒ고 特進의 빗나물 둘히 너기디 아니ᄒ다 소라.

是非張相國相扼一危脆(시비장상국상액일위취)

張相國을 올타 외다ᄒ야 서르 긋눌루메 ᄒ나히 바드라오매 부드러이 드외도다.

爭名古豈然鍵捷歘不閉(쟁명고기연건쳡훌불폐)

일훔 두토ᄆ 녜브터 엇뎨 그려티 아니ᄒ리오 ᄌᆞ물쇠를 ᄲᆞᆯ리 믄듯 닫디 몯ᄒ도다.

例及吾家詩曠懷掃氣翳(예급오가시광회소기예)

글 짓ᄂᆞᆫ 例 우리 짓 그레 미츠니 ᄆᆞᅀᆞ미 훤츨ᄒ야 ᄀᆞ린 거슬 ᄡᅳ러 ᄇᆞ리도다.

慷慨嗣眞作咨嗟玉山桂(강개사진작자차옥산계)

慷慨히 眞實ㅅ 지소믈 니ᅀᅥ ᄒᆞ니 슬프도다 玉山앳 桂樹 ᄀᆞᆮ더라.

鍾律儼高懸鯨鯢噴迢遞(종률엄고현경예분초체)

黃鍾律이 싁싁기 노피 ᄃᆞᆯ엿는 ᄃᆞᆺ하며 고래 머리 므를 쑴ᄂᆞᆫ 듯ᄒ도다.

坡陁青州血蕪沒汶陽瘞(파타청주혈무몰문양예)

두두록ᄒᆞᆫ 青州옛 피오 거츠러 ᄲᅥ뎟ᄂᆞᆫ 汶陽앳 무덧ᄂᆞᆫ ᄃᆡ로다.

哀贈竟蕭條恩波延揭厲(애증경소조은파연게려)

슬허 주샤미 ᄆᆞᄎᆞ매 蕭條ᄒ더니 恩波ㅣ 揭厲에 延及ᄒ도다.

子孫存如線舊客舟凝滯(자손존여선구객주응체)

子孫이 이슈미 싨낫 ᄀᆞᄐᆞ니 녯 나그내ᄂᆞᆫ ᄇᆡ 머므러 이쇼라.

君臣尙論兵將帥接燕薊(군신상론병장수접연계)

君臣이 오히려 兵을 議論ᄒᆞᄂᆞ니 將帥ㅣ 燕薊예 니셋도다.

朗詠六公篇憂來豁蒙蔽(낭영육공편우래활몽폐)

六公篇을 ᄆᆞᆯ기 이푸니 시름 올 저긔 ᄆᆞᅀᆞ매 ᄀᆞ린 거시 훤ᄒ도다.

[중간본]

宇宙ㅅ 소이예셔 기리 됫프람 부노니 노폰 지죄 나날 사오나오 가놋다.
녯 사루믈 可히 보디 몯호리소니 알픳 무를 쏘 뉘 니을고.
ᄉ랑혼딘 녜 李公ㅣ 이실 제 詞林ㅣ 불휘 잇더니라.
소릭 빗나미 健壯혼 부데 當호니 酒落혼 물ᄀ 지은 그리 하더라.
風流ᄅ왼 그리쇠와 돌해 흐럿ᄂ니 山岳ㅣ 놀카온디 사겨 잇도다.
ᄠᅳ든 造化ㅅ 理를 다 알오 그른 天人ㅅ 그ᄋᆞᆯ ᄲᅢ아놋다.
干求ᄒᆞ야 뵐 사ᄅᆞ미 그 門에 ᄃᆞᄂᆞ니 碑版이 四方ㅅ 그애 비취엿도다.
제여곰 기픈 ᄇᆞ라는 ᄆᆞᄋᆞ매 ᄀᆞ득ᄒᆞ야 도라가ᄂᆞ니 森然히 凡例ㅣ 니럿도다.
蕭蕭혼 白楊나몯 길헤 眞珠 ᄀᆞ톤 글 주는 恩惠 ᄉᆞᄆᆞ찻도다.
龍宮에셔 塔廟ㅣ 소사나니 浩劫에 ᄠᆞᆫ 구루미 衛護ᄒᆞ야시며
큰 션븨의 俎豆 일와 녯 員의 나니거든 ᄉ랑ᄒᆞ야 헤아리논 이레
보와 오나든 모ᄋᆞᆯ 다 뷔워ᄒᆞ니 길 녀오매 일즉 머므디 아니 ᄒᆞ놋다.
뎌주움ᄢᅴ 그 時節에 비취더니 엇디 곧 後世를 勸홀 ᄲᅮ니리오.
가ᄋᆞ면 짓 珊瑚 ᄯᅴ돈과 麒麟을 ᄭᅡ 일운 闕와
紫騮馬애 劒几를 조쳐 義로 바도믈 뷘 히 업도다.
집 ᄂᆞ화주며 騰馬 밧겨주는 ᄉ이예 感激ᄒᆞ야 거리치디 몯ᄒᆞᄂᆞᆫ가 ᄉ랑ᄒᆞ더라.
모다셔 놉 주는 아름다오믈 보내오 해 갈마 둔논 더러우믈 ᄲᅥ러ᄇᆞ리도다.
ᄒᆞ오아 거루믈 마ᄋᆞᆫ 히를 ᄒᆞ니 ᄇᆞᄅᆞ매 九皐애셔 우는 소리를 드르니라.
슬프다 江夏앳 양지 ᄆᆞᄎᆞ매 宣尼ㅅ 스매를 그리오도다.
녜 武侯ㅅ 朝애 혀 ᄡᅳ는 사ᄅᆞ미 寵嬖ㅣ 하더라.
太常ㅅ 議論을 외다 올타 ᄒᆞ고 二張의 權勢를 눗보와셔 것그니라.
衰殘혼 風俗애 싁싁기 ᄇᆞᄅᆞ미 나니 이어거늘 그ᇫ 하늘히 개니라.

忠貞으로 ᄂᆞ미 冤恨호믈 지니 宮闕에 님그미 기피 겨시더라.
내 조쳐 일 두위이져 ᄂᆞ즈기 드리워 더운 病혼 싸해 窮困히 ᄃᆞ니니라.
히 기오니 鵬鳥ㅣ 드러오고 蒼梧ㅅ 帝舜의 넉슬 그치 슬흐니라.
榮華ᄒᆞ며 이우루메 ᄃᆞ뇨믈 餘暇ㅣ 업서 별 보와 멍에 메여 便安히 벗규믈 몯ᄒᆞ니라.
몃 버늘 漢庭엣 符竹을 ᄂᆞ화니오 일 文侯의 뷔룰 ᄲᅵ려셔 ᄡᅳ어리 ᄒᆞ니라.
ᄆᆞᄎᆞ매 洛陽獄애셔 슬ᄒᆞ니 이리 小臣의 주구메 갓갑도다.
災禍인 ᄃᆞ리는 처엄 ᄂᆞ미 하리를 지니 쉬운 히미면 엇디 기피 들이리오.
녜 臨淄ㅅ 亭子애 술 醉ᄒᆞ고 글 사괴요매 브토라.
다시 東都애셔 여희유믈 베퍼ᄒᆞ니 아ᄎᆞᆷ ᄀᆞ늘히 軒檻 階砌에 올마 가더라.
글 議論호믈 崔蘇의게 니르리 ᄒᆞ다소니 흐르는 므릐 가논 ᄃᆞ시 ᄀᆞ르쳐 다ᄋᆞ거다.
요ᄉᆞ이예 盈川의 雄호믈 降伏ᄒᆞ고 特進의 빗나믈 둘히 너기디 아니ᄒᆞ다소라.
張相國을 올타 외다 ᄒᆞ야 서르 긋누루메 ᄒᆞ나히 바ᄃᆞ라오며 부드러이 ᄃᆞ외도다.
일훔 ᄃᆞ토믄 녜브터 엇디 그려티 아니ᄒᆞ리오 ᄌᆞ물쇠롤 ᄲᆞᆯ리 믄듯 닫디 몯ᄒᆞ도다.
글 짓는 例 우리 짓 그레 미츠니 ᄆᆞᄋᆞ미 휜츨ᄒᆞ야 그린 거슬 ᄡᅳ러 ᄇᆞ리도다.
慷慨히 眞實ㅅ 지오믈 니어 ᄒᆞ니 슬프도다 玉山앳 桂樹 곧더라.
黃鍾律ㅣ 싁싁기 노피 드렷는 ᄃᆞᆺᄒᆞ며 고래 머리 므를 ᄲᅮᆷ는 ᄃᆞᆺᄒᆞ도다.
두두록혼 靑州옛 피오 거츠러 ᄲᅥ뎟는 汝陽앳 무덧는 ᄃᆡ로다.
슬허 주샤미 ᄆᆞᄎᆞ매 蕭條ᄒᆞ더니 恩波ㅣ 揭厲에 延及ᄒᆞ도다.
子孫의 이슈미 싥낫 ᄀᆞ투니 녜 나그내는 비 머므러 이쇼라.

499

君臣ㅣ] 오히려 兵을 議論ㅎㄴ니 將帥ㅣ 燕薊예 니엇도다.
六公篇을 몰기 이푸니 시름 올 저긔 ᄆᆞ매 그린 거시 훤ㅎ도다

---

1) 됫프람 : 휘파람 2) 사오나오 : 좋지 않음, 나쁜, 사나운 3) 니슬고 : 니슬며, 이으며, 이을고? 4) 불휘 : 뿌리 5) 지순 : 지은 6) 흐럿ᄂᆞ니 : 흐러, 흘어 7) ᄢᅦ아놋다 : ᄢᅦ다, 꿰다, 꿰뚫다 8) ᄃᆞᄂᆞ니 : 달리노니 9) 졔여곰 : 졔가끔, 졔각기 10) ᄉᆞᄆᆞ찻도다 : ᄉᆞᄆᆞ치다, 사무치게 하다 11) 나니거든 : 나니다, 나다니다 12) 뎌주ᅀᅳᆷ씌 : 그즈음께 13) 가ᅀᆞ면 : 가ᅀᆞ며다, 가멸다, 부하다, 부요하다 14) 짓 : 집 15) ᄣᅡ : ᄣᅡ다, 짜다 16) 거리치디 : 거리츔, 건짐, 구제함 17) 갈마 : 갈마잇다, 감추어져 있다 18) 혀 : 혀다, 끌다 19) 외다 : 그르다 20) 올타 : 옳다 21) 싁싀기 : 엄하게, 엄숙하게, 장엄하게 22) 일 : 일찍 23) 두위어져 : 두위잇다, 번드치다 24) 이우루메 : 이울우다, 이울게 하다, 이울다(시들다) 25) 그치 : 그치다, 끊다 26) ᄲᅡᆺ규믈(벗규믈) : 벗기다 27) 뷔 : 비(篲) 28) ᄲᅳ려셔 : ᄲᅳ리다, 꾸리다, 메우다, 싸다, 안다 29) ᄡᅳ서리 : 쓰레질 30) 하리롤 : 참소 31) 브토라 : 붙다 32) 베퍼호니 : 베풀어 33) 그놀히 : 그늘 34) 다ᄋᆞ거다 : 다ᄋᆞ다, 닦다, 쌓다 35) 긋놀루메 : 긋놀룸, 억눌름, 눌러 끊음 36) 바ᄃᆞ라오매 : 바ᄃᆞ라옴 : 위태로움 37) ᄌᆞ몰쇠 : ᄌᆞ몰다 38) 지ᅀᆞ믈 : 지ᅀᅩᆷ, 지음 39) 둘엿는 : 매달리다 40) ᄲᅧ덧는 : ᄲᅧ디다, 빠지다, 꺼지다 41) 무덧는 : 묻다 42) 두두룩흔 : 두두룩ᄒᆞ다, 두두룩하다 43) 주샤미 : 주샴, 주심 44) 싫낫 : 실낫, 실낱 45) 이푸니 : 이품, 읊다 46) 그린 : 그리다, 가리다 47) 뒷논 : 뒷다, 두어 있다, 두었다 48) 마ᅀᆞᆫ : 마흔

故祕書少監武功蘇公源明
고비서소감무공소공원명

武功少也孤徒步客徐兗(무공소야고도보객서연)
武이 져믄 제 아비 일코 거러 徐州 兗州ㅅ 나그내 ᄃᆞ외니라.
讀書東岳中十載考墳典(독서동악중십재고분전)

東岳ㅅ 中에 가 글 닐거 열 히롤 墳典을 마초 쁘니라.

時下萊蕪郭忍飢浮雲巘(시하래무곽인기부운헌)

萊蕪ㅅ 城郭애 時로 ᄂᆞ려오고 쁜 구룸 뫼헤 주류믈 ᄎᆞ니라.

負米晩爲身每食臉必泫(부미만위신매식검필현)

ᄡᆞᆯ 쥬믈 늘거셔 모ᄆᆞᆯ 爲ᄒᆞ니 미샹 밥 머글 제 ᄂᆞ치 반ᄃᆞ시 눖므를 흘리더라.

夜字照爇薪垢衣生碧蘚(야자조설신구의생벽선)

바ᄆᆡ 굸字를 섭나모 디더 비춰오ᄂᆞ니 ᄯᅴ 무든 오새 프른 이시 냇더라.

庶以勸苦志報玆劬勞願(서이권고지보자구노원)

거의 브즈런ᄒᆞ며 辛苦한 ᄠᅳ드르ᄡᅥ 이 부모의 잇비 기르던 願을 갑고져 ᄒᆞ더니라.

學蔚醇儒姿文包舊史善(학울순유자문포구사선)

글ᄒᆞ기ᄂᆞᆫ 醇儒의 양지 蔚盛ᄒᆞᆫ 둣ᄒᆞ고 글 지ᄋᆡᄂᆞᆫ 녯 史記 어딘 거슬 ᄡᅳ렛도다.

灑落辭幽人歸來潛京輦(쇄락사유인귀해잠경련)

灑落히 幽隱ᄒᆞᆫ 사ᄅᆞ믈 말오 도라와 셔우레 潛藏ᄒᆞ얏더라.

射策君東堂宗匠集精選(사책군동당종장집정선)

님굼 東녁 堂애 策書를 소니 宗匠이 모다 精微로이 글히니라,

制可題未乾乙科已大闡(제가제미건을과이대천)

制可ㅣ라 수미 ᄆᆞᄅᆞ디 아니ᄒᆞ야셔 乙科를 ᄒᆞ마 키 펴니라.

文章日自負掾吏亦累踐(문장일자부연리역누천)

文章을 날로 제져 잇고 掾吏롤 ᄯᅩ 골포 볼오리라.

晨趨閶闔內足踏宿昔跰(신추창합내족답숙석견)

閶闔ㅅ 안해 새배 ᄃᆞ녀셔 바ᄅᆞᆯ 녯 부르튼 거스로 볼오니라.

一麾出守還黃屋朔風卷(일휘출수환황옥삭풍권)

흔 旗麾로 나 太守 두외얏다가 도라오니 黃屋을 北녁 브루미 거두부니라.
不暇陪八駿虜庭悲所遣(불가배팔준로정비소견)
八駿 뫼수올 餘暇ㅣ 업고 되 뜰헤 가셔 슬푸믈 보내니라,
平生滿樽酒斷此朋知展(평생만준주단차붕지전)
平生애 フ득훈 樽酒로 이 벋과 펴믈 그츠리라.
憂憤病二秋有恨石可轉(우분병이추유한석가전)
시름ᄒ야 두 フ술홀 病ᄒ니 잇ᄂ 셜우믄 돌훈 어루 옮기리라.
肅宗復社稷得無逆順辨(숙종복사직득무역순변)
肅宗이 社稷을 興復ᄒ시니 시러곰 거슬ᄡ며 順호믈 굴히요미 업스리
范曄顧其兒李斯憶黃犬(범엽고기아기사억황견)
范曄이 제 아ᄃᆞᆯ 도라보며 李斯ㅣ 누른 가히를 ᄉᆞ랑ᄒ니라.
祕書茂松意載從祠壇墠(비서무송의재종사단선)
祕書ᄂᆞᆫ 거츤 소나못 ᄠᅳᆮ 굳ᄒᆞᆯ시 壇墠에 祭祠ᄒᆞ샤ᄆᆞᆯ 侍從ᄒ니라.
前後百卷文枕籍皆禁臠(전후백권문침적개금련)
前後에 온 卷ㅅ 글워리 답사혀시니다 님긊긔 받ᄌᆞᆸᄂᆞᆫ 고깃맛 곧도다.
篆刻揚雄流溟漲夲末淺(전각양웅류명창도말천)
篆刻ᄒᆞ몬 揚雄의 무리로소니 바ᄅᆞᆯ 밀엿ᄂᆞᆫ 므리ᅀᅡ 근과 믿괘 녀트리로다.
靑熒芙蓉劍犀兕豈獨剸(청형부용검서시기독전)
빗난 芙蓉 곧혼 갈혼 犀와 兕를 엇뎨 ᄒᆞ올로 베힐 ᄲᅮ니리오.
反爲後輩襃予實苦懷緬(반위후배포여실고회면)
도르혀 後輩의 므던히 너교미 두외니 내 眞實로 甚히 아ᅀᆞ라히 ᄉᆞ랑ᄒ노라.
煌煌齋房芝事絶萬手搴(황황재방지사절만수건)
빗난 齋戒ᄒᆞᄂᆞᆫ 房읫 芝草ᄂᆞᆫ 이리 萬人의 소ᄂᆞ로 것구미 그츤 거시어놀
垂之俟來者正始貞勸勉(수지사래자정시정권면)

드리워 오는 사르물 기들우니 처어믈 正히 ᄒᆞ야 勸勉호몰 貞正히 ᄒᆞ니라.
不要懸黃金胡爲投乳贙(불요현황금호위투유현)
黃金을 ᄃᆞ라두믈 조ᅀᆞ로이 너기디 아니커시니 엇뎨 삿기치ᄂᆞᆫ 贙의게 더디이뇨.
結交三十載吾與誰遊衍(결교삼십재오여수유연)
사괴연디 셜흔 ᄒᆡ러니 내 눌로 다못 ᄒᆞ야 노니려뇨
滎陽復冥寞罪罟以橫胃(형양복명막죄고이횡견)
滎陽이 ᄯᅩ 주그니 罪人 그므리 빗기 거렛도다.
嗚呼子逝日始泰終則蹇(오호자서일시태종칙건)
슬프다 그듸 주거가던 나리 처어멘 安泰ᄒᆞ더니 ᄆᆞᄎᆞ맨 屯蹇ᄒᆞ도다.
長安米萬錢凋喪盡餘喘(장안미만전조상진여천)
長安애셔 ᄡᆞᆯ ᄒᆞᆫ 셔메 萬錢을 받거ᄂᆞᆯ 브ᅀᅳ왜야 나ᄆᆞᆫ 숨 쉬요ᄆᆞᆯ ᄆᆞᄎᆞ니라.
戰伐何當解歸帆阻淸沔(전벌하당해귀범조청면)
사호ᄆᆞᆫ 어느 제 解散홀고 도라갈 빗 돗기 ᄆᆞᆰᄀᆞᆫ 沔水에 阻隔ᄒᆞ얘라.
尙纏漳水疾永負蒿里餞(상전장수질영부고리전)
오리려 漳水에 病을 버므러 蒿里예 餞送호ᄆᆞᆯ 기리 져ᄇᆞ리과라.

[중간본]

武功] 져믄 제 아비 일코 거러 徐州 兗州ㅅ 나그내 ᄃᆞ외니라.
東岳ㅅ 中에 가 글 닐거 열 ᄒᆡ를 墳典을 마초 ᄡᅳ니라.
萊蕪ㅅ 城郭애 時로 ᄂᆞ려오고 ᄯᅳᆫ 구룸 뫼헤 주류믈 ᄎᆞ므니라.
ᄡᆞᆯ 쥬믈 늘거셔 모몰 爲ᄒᆞ니 미양 밥 머글 제 누치 반ᄃᆞ시 눖므를 흘리더라.
바미 긼字를 섭나모 디더 비취오ᄂᆞ니 ᄢᅥ 무든 오샌 ᄑᆞ른 이시 냇더라.
거의 브즈런ᄒᆞ며 辛苦한 ᄠᅳ드로ᄡᅥ 이 부모의 잇비 기르던 願을 갑고져 ᄒᆞ

더니라.
글ᄒᆞ기는 醇儒의 양지 蔚盛ᄒᆞᆫ ᄃᆞᆺᄒᆞ고 글지이는 녯 史記 어진 거슬 ᄠᅳ렷
도다.
酒落히 幽隱혼 사ᄅᆞ믈 말오 도라와 셔우레0 潛藏ᄒᆞ얏더라.
님긊 東녁 堂애 策書를 ᄡᅩ니 宗匠ㅣ 모다 精微로이 글히니라,
制可ㅣ라 ᄉᆞ미 무ᄅᆞ디 아니ᄒᆞ야셔 乙科를 ᄒᆞ마 킈 펴니라.
文章을 날로 제져 잇고 掾吏를 ᄯᅩ 골포 ᄇᆞ오니라.
閨闥ㅅ 안해 새배 ᄃᆞ녀셔 바ᄅᆞᆯ 녯 부르튼 거스로 ᄇᆞ오니라
ᄒᆞᆫ 旗麾로 나 太守 ᄃᆞ외얏다가 도라오니 黃屋을 北녁 ᄇᆞᄅᆞ미 거두부니라
八駿 뫼ᄋᆞ올 餘暇ㅣ 업고 되 ᄯᅳᆯ헤 가셔 슬푸믈 보내니라,
平生애 ᄀᆞ둑ᄒᆞᆫ 樽酒로 이 벋과 펴믈 그츠리라.
시름ᄒᆞ야 두 ᄀᆞ올ᄒᆞᆯ 病ᄒᆞ니 잇ᄂᆞᆫ 셜우믄 돌ᄒᆞᆯ 어루 옮기리라.
肅宗이 社稷을 興復ᄒᆞ시니 시러곰 거슬ᄠᅳ며 順호믈 글히요미 업스랴
范雎ㅣ 제 아ᄃᆞᆯ 도라보며 李斯ㅣ 누른 가히를 ᄉᆞ랑ᄒᆞ니라.
祕書는 거츤 소나못 뜯 곧톨ᄉᆞ 壇墠에 祭祠ᄒᆞ샤믈 侍從ᄒᆞ니라
前後에 온 卷ㅅ 글워리 답사하시니 다 님긊긔 맛집ᄂᆞᆫ 고깃맛 ᄀᆞᆮ도다.
篆刻호ᄆᆞᆫ 揚雄의 무리로소니 바ᄅᆞᆯ 밀엿ᄂᆞᆫ ᄆᆞ리아 글과 밋괘 녀트리로다.
빗난 芙蓉 ᄀᆞ혼 갈혼 犀와 씐ᄅᆞᆯ 엇디 ᄒᆞ올로 베힐 ᄲᅮ니리오.
도ᄅᆞ혀 後輩의 므던히 너교미 ᄃᆞ외니 내 眞實로 甚히 아오라히 ᄉᆞ랑ᄒᆞ
노라.
빗난 齋戒ᄒᆞᄂᆞᆫ 房읫 芝草ᄂᆞᆫ 이리 萬人의 소누로 것구미 그츤 거시어늘
드리워 오ᄂᆞᆫ 사ᄅᆞ믈 기들우니 처어믈 正히 ᄒᆞ야 勸勉호믈 貞正히 ᄒᆞ니라.
黃金을 ᄃᆞ라두믈 조ᄋᆞ로이 너기디 아니커시니 엇디 삿치는 贊의게 더
디어뇨.

사괴연디 셜흔 히러니 내 눌로 다뭇ᄒ야 노니리오.

榮陽ㅣ 쏘 주그니 罪人 그므리 빗기 거럿도다.

슬프다 그듸 주거가던 나리 처어믜 安泰ᄒ더니 ᄆᆞᄎᆞ맨 屯蹇ᄒ도다.

長安애셔 뿔 ᄒᆞᆫ 셔메 萬錢을 받거눌 브ᄋᆞ왜야 나믄 숨 쉬요믈 ᄆᆞᄎᆞ니라.

사호믄 어느 제 解散홀고 도라갈 빗 돗기 몰곤 沔水예 阻隔ᄒᆞ얘라.

오리려 漳水에 病을 버므러 萬里예 餞送호믈 기리 져ᄇᆞ리과라.

---

1) 마초 : 맞추어, 맞게 2) 주류믈 : 주륨, 주림, 굶주림 3) ᄡᆞᆯ : 쌀 4) 디더 : 딛다, 때다 5) ᄢᅴ : 때(垢) 6) 이시 : 잇, 이끼 7) 거싀 : 거의 8) 잇비 : 가쁘게, 피곤하게, 수고롭게 9) ᄭᅴ렛도다 : ᄭᅴ리엇도다, ᄭᅴ리다, 꾸리다. 메우다, 싸다, 안다 10) 셔우레 : 셔울, 서울 11) 글히니라 : 골히다, 가래다, 가르다, 분별하다, 가리다 12) 수미 : 숨, 씀 13) ᄆᆞ루디 : ᄆᆞ루다, 마르다 14) 키 : 크게 15) 제져 : 제 : 스스로, 저절로 -져 : -고자, -려, -으려 16) 골포 : 겹으로, 거듭, 거푸 17) 불오리라 : 불오다, 밟다 18) 부르튼 : 부르트다 19) 거두부니라 : 거두불다, 거두어 불다 20) 뫼ᅀᆞᆯ : 뫼ᅀᆞᆸ다, 모시다 21) 펴믈 : 폄, 펴다, 펼치다 22) 그슬ᄡᅳ며(그슬ᄡᅳ며) : 거슬ᄡᅳ다, 거슬르다 23) 가히 : 개 24) 답사혀시니다 : 답사히다, 쌓이다 25) 밀엿는 : 밀이다, 밀리다 26) ᄆᆞ리ᅀᅡ : -ᅀᅡ : -야 27) 귿 : 끝 28) 믿 : 밑 29) 녀트리로다 : 녀툼, 옅음 30) ᄆᆞ던히 : 소홀히, 대수롭지 않게 31) ᄃᆞ라두믈 : 메달다 32) 조ᅀᆞ로이 : 종요로이 33) 더디이뇨 : 더디, 더디게 34) 다뭇ᄒ야 : 함께, 더불어 35) 그므러 : 그물 36) 빗기 : 가로 37) 거렛도다 : 걸렸다 38) 셔메 : 섬, 섬 39) 브ᄋᆞ왜야 : 브ᄋᆞ왜다, 시들다, 풀이 죽다, 어지럽다 40) 버므러 : 둘러 41) 져ᄇᆞ리과라 : 져ᄇᆞ리다, 저버리다(負) 42) ᄡᅳ니다 : ᄡᅳ이다, 째다 43) 바ᄅᆞᆯ : 바다 44) 것구미 : 것다, 꺾다, 꺾음 45) ᄠᅳ드로ᄡᅥ : ᄠᅳᆮ으로ᄡᅥ, 뜻으로써

故著作郞貶台州司戶滎陽鄭公虔
고저작랑혐태주사호형양정공건

鶢鶋至魯門不識鍾鼓饗(원거지노문불식종고향)
鶢鶋ㅣ 魯國ㅅ 門의 니르러 와 鍾鼓 두드려 이받논 즐거우믈 아디 몯ㅎ
니라.
孔翠望赤霄愁思雕籠養(공취망적소수사조롱양)
孔雀 翡翠ㅣ 블근 하놀홀 ᄇᆞ라셔 雕籠애 츄믈 시름ᄒᆞ나니라.
滎陽寇衆儒早聞名公賞(형양구중유조문명공상)
滎陽이 한 션비게 위두ᄒᆞ니 일훔 논 公卿의 稱賞호ᄆᆞᆯ 일 드로라.
地崇士大夫況乃氣淸爽(지숭사대부황내기청상)
地位논 士大夫의게 노ᄑᆞ니 ᄒᆞ물며 氣運이 淸爽ᄒᆞ도다.
天然生知姿學立游夏上(천연생지자학립유하상)
天然ᄒᆞ 나아논 양ᄌᆞ로소니 글ᄒᆞ기논 子游 子夏의 우희 셋도다.
神農或闕漏黃石愧師長(신농혹궐루황석괴사장)
神農은 시혹 일흔 거시 잇고 黃石은 스승 ᄃᆞ외요ᄆᆞᆯ 붓그려 ᄒᆞ다.
藥纂西極名兵流指諸掌(약찬서극명병류지제장)
藥으란 西極엣 일후믈 뫼호고 兵法이 믈란 솑바당 ᄀᆞᄅᆞ치ᄃᆞᆺ ᄒᆞ놋다.
貫穿無遺恨薈蕞何技癢(관천무유한회최하기양)
ᄢᅦ아라 기튼 恨이 업스니 薈蕞논 엇뎨 지죄 ᄇᆞ라오뇨.
圭臬星經奧蟲篆丹靑廣(규얼성경오충전단청광)
圭臬와 星經을 기피 알오 雕蟲 篆刻과 丹靑ᄒᆞ기를 너비 ᄒᆞ놋다.
子雲窺未遍方朔諧太枉(자운규미편방삭해태왕)

子雲은 이서보믈 다 몯ᄒ고 朔方은 詼諧호미 키 굽구뤼도다.
神翰顧不一體變鍾兼兩(신한고불일체변종겸양)
神奇ᄅ왼 글스기 ᄒᆞᆫ 가지 아니로소니 體를 改變ᄒ야 鍾繇를 조쳐 두 가질 ᄒᄂᆞ다.
文傳天下口大字猶在牓(문전천하구대자유재방)
그른 天下ㅅ 사ᄅᆞ미 이베 傳ᄒ고 큰 字ᄂᆞᆫ 오히려 牓애 셔 잇도다.
昔獻書畫圖新時亦俱往(석헌서화도신시역구왕)
녜 글와 그린 圖를 올이ᅀᆞ오니 새 그리 ᄯᅩ 조차 가니라.
滄洲動玉階寡鶴誤一響(창주동옥계과학오일향)
믌ᄀᆞᅀᆡ 玉階예 뮈니 ᄒᆞ올 鶴이 외오 ᄒᆞᆫ 번 소리 ᄒᆞ니라.
三絶自御題四方尤所仰(삼절자어제사방우소앙)
三絶을 님그미 스시니 四方애셔 더욱 울워논 배로다.
嗜酒益疎放彈琴視天壤(기주익소방탄금시천양)
술 즐겨 더욱 疎放ᄒ야 거믄고 ᄩᅩ고 하ᄂᆞᆯ콰 ᄯᅡ홀 보더라.
形骸實土木親近唯几杖(형해실토목친근유궤장)
얼구른 眞實로 土木 ᄀᆞᆮ고 親近ᄒᄂᆞᆫ 거슨 오직 几杖이러라.
未曾寄官曹突兀倚書幌(미증기관조돌올의서황)
일즉 마ᅀᆞ래 브텟디 아니ᄒ고 구즈기 글 닑ᄂᆞᆫ 帳을 지엿더니라.
晚就芸香閣胡塵昏坱莽(만취운향각호진혼앙망)
늘거 芸香閣애 나ᅀᅡ가니 되 드트리 너비 어드웻더라.
反覆歸聖朝點染無滌盪(반복귀성조점염무척탕)
드위이저 聖朝애 도라오니 믈드러 시슬 거시 업더라.
老蒙台州掾泛泛浙江槳(노몽태주연범범절강장)
늘거 台州ㅅ 掾호믈 니버 浙江애 비 ᄯᅴ워 가니라.

507

履穿四明雪飢拾栯溪橡(리천사명설기습유계상)
시논 四明ㅅ 누네 듧고 주으려 栯溪옛 도토바몰 주스니라.
空聞紫芝歌不見杏壇丈(공문자지가불견행단장)
ᄒᆞᆫ갓 紫芝ㅅ 놀애롤 듣고 杏壇앳 丈人올 보디 몯ᄒᆞ리로다.
天長眺東南秋色餘魍魎(천장조동남추색여망량)
하ᄂᆞᆯ히 긴 ᄃᆡ 東南올 보니 ᄀᆞᅀᆞᆯ 비체 귓것곳 나맷도다.
離別慘至今斑白徒懷纕(별리참지금반백도회낭)
여희여 슬푸미 이제 니르니 어르누기 셴머리예 ᄒᆞᆫ갓 녯 어롤 ᄉᆞ랑ᄒᆞ노라.
春深泰山秀葉墜淸渭朗(춘심태산수엽추청위랑)
보미 깁거든 泰山이 秀出ᄒᆞ고 나못니피 디거든 몰ᄀᆞᆫ 渭水ㅣ 붉더라.
劇談王侯門野稅林下鞅(극담왕후문야세림하앙)
王侯의 門에 ᄀᆞ장 말ᄒᆞ고 뫼해 수플 아래 馬鞅올 밧기다소라.
操紙終夕酣時物集遐想(조지종석감시물집하상)
죠히 자바셔 글 지스며 나조히 ᄆᆞᆺᄃᆞ록 醉ᄒᆞ니 時物이 머리 스츄메 모다 오더라.
詞場竟疎闊平昔濫吹槳(사장경소활평석감취장)
글ᄒᆞ던 ᄯᅡ히 ᄆᆞᄎᆞ매 疎闊ᄒᆞ니 녜 나롤 吹槳호ᄆᆞᆯ 너무 ᄒᆞ더니라.
百年見存沒牢落吾安放(백년견존몰뢰락오안방)
百年 內예 사라시며 주구믈 보니 牢落ᄒᆞ니 내 누를 브트려뇨.
蕭條阮咸在出處同世網(소조완함재출처동세망)
蕭條ᄒᆞᆫ 阮咸이 잇ᄂᆞ니 나며 處호매 世옛 그므레 ᄒᆞᆫ 가지로 걸옛노라.
他日訪江樓含悽述飄蕩(타일방강루함처술표탕)
다른 나래 江樓에 가 보아 슬픈 ᄆᆞᅀᆞ몰 머거셔 飄蕩히 ᄃᆞ뇨몰 지수리라.

[중간본]

鶊鵾ㅣ 魯國ㅅ 門의 니르러 와 鍾鼓 두드려 이받논 즐거우믈 아디 몯ᄒ
니라.
孔雀 翡翠ㅣ 블근 하놀흘 부라셔 雕籠애 츄믈 시름ᄒ나니라.
滎陽ㅣ 한 션비게 위두ᄒ니 일훔 난 公卿의 稱賞호ᄆᆞᆯ 일 드로라.
地位ᄂᆞᆫ 士大夫의게 노프니 ᄒ믈며 氣運ㅣ 淸爽ᄒ도다.
天然호 나아ᄂᆞᆫ 양지로소니 글ᄒ기ᄂᆞᆫ 子游 子夏의 우희 셧도다.
神農은 시혹 일호 거시 잇고 黃石은 스승 두외요ᄆᆞᆯ 븟그려 ᄒ니다.
藥으란 西極엣 일후믈 뫼호고 兵法이 물란 숨바당 ᄀᆞᄅᆞ치ᄃᆞᆺ ᄒ놋다.
ᄲᅨ아라 기튼 恨ㅣ 업스니 薺萬ᄂᆞᆫ 엇디 지죄 불아오뇨.
圭臬와 星經을 기피 알오 雕蟲 篆刻과 丹靑ᄒ기ᄅᆞᆯ 너비 ᄒ놋다.
子雲은 여어보ᄆᆞᆯ 다 몯ᄒ고 方朔은 詼諧호미 키 굽구뤼도다.
神奇ᄅᆞ왼 글스기 ᄒᆞᆫ 가지 아니로소니 體ᄅᆞᆯ 改變ᄒ야 鍾繇ᄅᆞᆯ 조쳐 두 가
질 ᄒ놋다.
그른 天下ㅅ 사ᄅᆞ미 이베 傳ᄒ고 큰 字ᄂᆞᆫ 오히려 勝애 서 잇도다.
녜 글와 그륜圖ᄅᆞᆯ 올이오오니 새 그리 ᄯᅩ 조차 가ᄂᆞ라.
ᄆᆞᆰᄀᆞ이 玉階예 뮈니 ᄒᆞ올 鶴이 외오 ᄒᆞᆫ 번 소리 ᄒ니라.
三絶을 님그미 스시니 四方애셔 더옥 울워논 배로다.
술 즐겨 더옥 踈放ᄒ야 거믄고 ᄠᅳ고 하눌과 싸홀 보더라.
얼구른 眞實로 土木 곧고 親近ᄒᄂᆞᆫ 거슨 오직 几杖ㅣ러라.
일즉 마ᄋᆞ래 브텃디 아니ᄒ고 구즈기 글 넑는 帳올 지엿더라.
늘거 芸香閣애 나ᅀᅡ가니 되 드트리 너비 어드웟더라.
드위이저 聖朝애 도라오니 믈 드러 시슬 거시 업더라.
늘거 台州ㅅ 掾호ᄆᆞᆯ 니버 浙江애 비 ᄯᅴ워 가니라.

시논 四明ㅅ 누네 듧고 주으려 楢溪옛 도토바물 주으니라.
흔갓 紫芝ㅅ 놀애를 듣고 杏壇앳 丈人을 보디 몯ᄒᆞ리로다.
하놀히 긴 ᄃᆡ 東南을 보니 그윲 비체 귓것곳 나맛도다.
여희여 슬푸미 이제 니르니 어르누기 셴머리예 ᄒᆞᆫ갓 녯 이를 ᄉᆞ랑ᄒᆞ노라.
보미 깁거든 泰山ㅣ 秀出ᄒᆞ고 나못니피 디거든 믈ᄀᆞᆫ 渭水ㅣ 븕더라.
王侯의 門에 ᄀᆞ장 말ᄒᆞ고 미해 수플 아래 馬鞅을 밧기다소라.
죠히 자바셔 글 지으며 나조히 뭇도록 醉ᄒᆞ니 時物ㅣ 머리 스츄메 모다 오더라.
글ᄒᆞ던 싸히 ᄆᆞᄎᆞ매 疎闊ᄒᆞ니 녜 나를 吹獎호ᄆᆞᆯ 너무 ᄒᆞ더니라.
百年 內예 사라시며 주구믈 보니 牢落ᄒᆞ니 내 누를 브트려뇨.
蕭條ᄒᆞᆫ 阮咸ㅣ 잇ᄂᆞ니 나며 處ᄒᆞ매 世옛 그므레 ᄒᆞᆫ 가지로 거럿노라.
다ᄅᆞᆫ 나래 江樓에 가 보아 슬픈 ᄆᆞᄋᆞ믈 머거셔 飄蕩히 둔뇨믈 지으리라.

---

1) 이받논 : 이받다, 이바지하다, 바라지하다, 잔치하다   2) 츄믈 : 츔(침, 奉養) 기름   3) 위두ᄒᆞ니 : 위두ᄒᆞ다, 으뜸가다, 으뜸이 되다   4) 일 : 일찍   5) 나아논 : 낳다, 태어나다   6) 뫼호고 : 뫼호다, 모으다   7) 물란 : 무리란   8) 숨바당 : 손바닥   9) ᄢᅦ아라 : ᄢᅦ다, 꿰다   10) 기튼 : 기트다, 끼치다, 남기다   11) 직죄 : 지조, 재주   12) 너비 : 넓게, 널리   13) 여ᅀᅥ보믈(여어보물) : 여어보다, 엿보다(이ᅀᅥ보믈은 여ᅀᅥ보믈의 오기인 듯함)   14) 키 : 크게   15) 굽구뤼도다 : 굽구뤼다, 구부러지다   16) 올이ᅀᆞ오니 : 올이다, 올리다, 드리다   17) 후올 : 홀   18) 울워논 : 울워러, 우러르다   19) 마ᅀᆞ래 : 마ᅀᆞᆯ, 마을, 관청   20) 브텟디 : 브텟다, 붙어있다, 의지하다   21) 구즈기 : 우뚝이   22) 어드웻더라 : 어드웻더라   23) 드위 이저 : 드위 잊다, 번드치다, 뒤집다   24) 믈드러 : 물들다   25) 시술 : 싯다, 씻다   26) 듧고 : 듧다, 뚫다   27) 주으려 : 주으리다, 주리다   28) 도토바믈 : 도토밤, 도토리   29) 주ᅀᆞ니라 : 주ᅀᆞᆷ, 주움(拾)   30) 귓것곳 : 귓것, 귀신, 도깨비, -곳 : -만   31) 어르누기 : 어룩지게   32) 어를 : '이룰'의 오기인 듯함.   33) 밧기다소라 : 밧기다, 벗기다, -소라 : -었노라, -노라   34) 뭇도록 : 못도록, 마치도록   35) 스츄메 : 스츄니, 생각하다   36) 브텨려뇨 : 의지하다   37) 그므레 : 그믈

故右僕射相國張公九齡
고우복사상국장공구령

相國生南紀金璞無留礦(상국생남기금박무유광)
相國이 南紀예셔 나니 金과 玉괘 돌해 머므러 잇디 아니흔 둧도다.
仙鶴下人間獨立霜毛整(선학하인간독립상모정)
仙鶴이 人間애 ᄂᆞ려와 ᄒᆞ오아 셔니 서리 ᄀᆞᆮ흔 터리 ᄀᆞ족흔 둧도다.
矯然江海思復與雲路永(교연강해사복여운로영)
구즉흔 江海예 이솔 ᄠᅳ디 도로 雲路로 다못 기도다.
寂寞想土階未遑等箕潁(적막상토계미황등기영)
寂寞흔 훍 階砌을 스치고 箕潁과 글와 이솔 겨릭 업더라.
上君白玉堂倚君金華省(상군백옥당의군금화성)
님금 白玉堂애 올아 님금 金華省애 지이니라.
碣石歲崢嶸天地日蛙黽(갈석세쟁영천지일와와)
碣石이 히마다 노포니 天地예 사ᄅᆞ미 나날 머구리 ᄀᆞᆮᄃᆞᆺ ᄒᆞ더라.
退食吟大庭心何記榛梗(퇴식음대정심하기진경)
밥 머그라 믈러 와셔도 大庭ㅅ 져글 입주리니 어느 ᄆᆞᅀᆞ므로 ᄂᆞ미 아쳐로ᄋᆞᆯ 記錄ᄒᆞ료.
骨驚畏曩哲鬢變負人境(골경외낭철진변부인경)
ᄲᅧ에 놀라 녯 明哲흔 사ᄅᆞ믈 저흐니 거믄 머리 改變ᄒᆞ야 사롬 잇는 ᄯᅡ흘 져ᄇᆞ릴가 ᄒᆞ더라.
雖蒙換蟬冠右地恧多幸(수몽환선관우지뉵다행)
비록 蟬冠 밧고몰 니브나 右ㅅ녁 ᄯᅡ히 붓그러온 둧ᄒᆞ나 幸호ᄆᆞᆫ 하니라.

敢忘二疏歸痛迫蘇耽井(감망이소귀통박소탐정)
二疏ㅣ 가몰 구틔여 니즈려 蘇耽의 우므래 셜운 ᄆᆞᅀᆞ미 뵈왓브더라.

紫綬暎暮年荊州謝所領(자수영모년형주사소령)
紫綬ㅣ 늘근 나해 비취니 荊州에 領혼 바ᄅᆞᆯ 拜謝ᄒᆞ니라.

庾公興不淺黃覇鎭每靜(유공흥불천황패진매정)
庾公의 興心이 녙디 아니ᄒᆞ며 黃覇 눌러쇼몰 미샹 安靜ᄒᆞᆫ 둣도다.

賓客引調同諷詠在務屛(빈객인조동풍영재무병)
賓客을 므ᅀᅳᆷ 흔가지닐 引接ᄒᆞ고 글 입주료문 事務ㅣ 그츤 저긔 잇도다.

詩罷地有餘篇終語淸省(시파지유여편종어청성)
글 지우믈 ᄆᆞᄎᆞ니 ᄯᅡ히 나맷고 篇을 ᄆᆞᄎᆞ니 말ᄉᆞ미 淸省ᄒᆞ도다.

一陽發陰管淑氣含公鼎(일양발음관숙기함공정)
一陽이 陰管애셔 나는 둣ᄒᆞ며 물ᄀᆞᆫ 氣運이 그 윗 소ᄐᆡ 머겟는 둣ᄒᆞ도다.

乃知君子心用才文章境(내지군자심용재문장경)
君子의 ᄆᆞᅀᆞᄆᆞᆫ 지조ᄅᆞᆯ 文章ㅅ ᄀᆞᅀᅴ 뿌믈 알와라.

散帙起翠螭倚薄巫廬並(산질기취리의박무려병)
흐렛는 글워레 프른 龍이 니렛ᄂᆞ니 巫廬山을 지여 골왓도라.

綺麗玄暉擁牋誅任昉騁(기려현휘옹전뢰임방빙)
빗나믄 玄暉ㅣ 쓰렛는 둣ᄒᆞ고 牋誅는 任昉이 ᄃᆞᆫ이는 둣ᄒᆞ도다.

自成一家則未缺隻字警(자성일가즉미결척자경)
졀로 흔 짓 法이 이렛도소니 隻字애도 놀라오미 업디 아니ᄒᆞ도다.

千秋滄海南名繫朱鳥影(천추창해남명계주조영)
千秋ᄅᆞᆯ 滄海ㅅ 南녀긔 일후미 朱鳥ㅅ 그르메예 ᄆᆡ여시리로다.

歸老守故林戀闕悄延頸(귀노수고림연궐초연경)
늘거 도라가 녯 수프를 守ᄒᆞ야셔 宮闕을 ᄉᆞ랑ᄒᆞ야 슬허 모골 느리혀 ᄇᆞ라니라.

波濤良史筆無絶大庾領(파도량사필무절대유령)

믌결 곧ᄒᆞᆫ 어딘 史臣의 부든 大庾嶺에 그쳐 ᄇᆞ라디 마롤디어다.

向時禮數隔制作難上請(향시례수격제작난상청)

뎌주슴ᄢᅴ 님긊 禮數ㅣ 阻隔ᄒᆞ야 지순 그를 올이ᅀᆞ와 請호미 어렵도다.

再讀徐孺碑猶思理烟艇(재독서유비유사리연정)

徐孺碑ᄅᆞᆯ 다시 닑고 ᄂᆡ ᄢᅵᆫ ᄇᆡᄅᆞᆯ 다ᄉᆞ려 가고져 오히려 ᄉᆞ랑ᄒᆞ노라.

[중간본]

相國ㅣ 南紀예셔 나니 金과 玉괘 돌해 머므러 잇디 아니ᄒᆞᆫ ᄃᆞᆺ도다.

仙鶴ㅣ 人間애 ᄂᆞ려와 ᄒᆞ오와 셔니 서리 곧ᄒᆞᆫ 터리 ᄀᆞ족ᄒᆞᆫ ᄃᆞᆺ도다.

구즉ᄒᆞᆫ 江海예 이쇼ᄆᆞ ᄠᅳ디 도로 雲路로 다ᄆᆞᆺ 기도다.

寂寞ᄒᆞᆫ 흙 階砌로 스치고 箕潁과 글와 이쇼ᄆᆞ 겨르 업더라.

님긊 白玉堂애 올아 님긊 金華省애 지이니라.

碣石ㅣ 히마다 노ᄑᆞ니 天地예 사ᄅᆞ미 나날 머구리 수으ᄃᆞᆺ ᄒᆞ더라.

밥 머그라 믈러 와셔도 大庭ㅅ 저글 입주리니 어느 ᄆᆞᄋᆞ모로 ᄂᆞ미 아쳐로ᄆᆞᆯ 記錄ᄒᆞ료.

ᄡᅧ에 놀래 녯 明哲ᄒᆞᆫ 사ᄅᆞᄆᆞᆯ 저ᄒᆞ니 거믄 머리 改變ᄒᆞ야 사롬 잇ᄂᆞᆫ 짜홀 져ᄇᆞ릴가 ᄒᆞ더라.

비록 蟬冠 밧고ᄆᆞᆯ 니브나 右ㅅ녁 짜히 붓그러온 ᄃᆞᆺᄒᆞ나 幸호ᄆᆞᆫ 하니라.

二疏의 가ᄆᆞᆯ 구틔여 니즈려 蘇耽의 우므래 셜운 ᄆᆞᄋᆞ미 뵈왓브더라.

紫綬ㅣ 늘근 나해 비취니 荊州에 領혼 바ᄅᆞᆯ 拜謝ᄒᆞ니라.

庾公의 興心ㅣ 엳디 아니ᄒᆞ며 黃霸 눌러쇼ᄆᆞᆯ 미양 安靜ᄒᆞᆫ ᄃᆞᆺ도다.

賓客ᄋᆞᆯ 모옴 ᄒᆞᆫ가지 닐 引接ᄒᆞ고 글 입주료ᄆᆞᆫ 事務ㅣ 그츤 저긔 잇도다.

글 지우믈 무츠니 짜히 나맛고 篇을 무츠니 말스미 淸省ᄒ도다.
一陽ㅣ 陰管애셔 나는 둣ᄒ며 믈곤 氣運ㅣ 그 윗 소틱 머갯는 둣ᄒ도다.
君子의 므으믄 지조롤 文章ㅅ 그의 쓰믈 알와라.
흐렛는 글워레 프른 龍ㅣ 니렛느니 巫廬山을 지여 골왓도라.
빗나몬 玄暉ㅣ 쁘렛는 둣ᄒ고 賤誄는 任昉이 돌이는 둣ᄒ도다.
절로 혼 짓 法ㅣ 이럿도소니 隻字애도 놀라오미 업디 아니ᄒ도다.
千秋롤 滄海ㅅ 南녀킈 일후미 朱鳥ㅅ 그르메예 미여시리로다.
늘거 도라가 녯 수프를 守ᄒ야셔 宮闕을 스랑ᄒ야 슬허 모골 느리혀 브라
ᄂ니라.
믌결 곧혼 어딘 史臣의 부든 大庾嶺에 그쳐 브리디 마롤디어다.
뎌주슴쁴 님긊 禮數ㅣ 阻隔ᄒ야 지은 그를 올이오와 請호미 어렵도다.
徐孺碑롤 다시 닑고 니 씬 비롤 다스려 가고져 오히려 스랑ᄒ노라.

_____

1) ᄀ즉혼 : ᄀ즐ᄒ다, 가지런하다 2) 구즉혼 : 구즉ᄒ다, 우뚝하다 3) 이숌 : 이숌, 있음 4) 스치고 : 스치다, 생각하다 5) 골 : 갈대 6) 지이니라 : 지이다, 의지하다 7) 머구리 : 개구리 8) 수스돗 : 수스다, 떠들다, 들레다, 수떨다 9) 저글 : 때 10) 입주리니 : 입주리다, 읊조리다 11) 아쳐로믈 : 아쳐롬, 싫어함 12) 뼈 : 뼈 13) 저흐니 : 저허ᄒ다, 저어하다, 두려워하다 14) 밧고믈 : 밧고다, 바꾸다 15) 붓그러온 : 붓그러옴, 부끄러움 16) 뵈왓브더라 : 뵈왓브다, 바쁘다 17) 녇디 : 녇다, 옅다 18) 눌러쇼믈 : 눌리다, 눌리게 하다 19) 소틱 : 솥 20) 머갯는 : 머갯다, 머금어 있다, 머금다 21) 흐렛는 : 흐렛다, 흩어져 있다 22) 쁘렛는 : 쁘리다, 꾸리다, 메우다, 싸다, 안다 23) 짓 : 집 24) 이럿도소니 : 이루다 25) 그리메 : 그림자 26) 미여시리로다 : 미다, 매다 27) 니렛느니 : 니렛다, 일어있다, 일어났다 28) 골와도라 : 골다, 가루어, 함께 나란히 하여 29) 돈니는 : 돈이다, 다니다 30) 모골 : 목 31) 느리혀 : 느리혀다, 늘어뜨리다 32) 주슴쁴 : 즈음께 33) 올이ᄉ와 : 올이다, 올리다, 올라가게 하다 34) 닉 : 연기 35) 씬 : 낀

別房太尉墓
별방태위묘

他鄕復行役駐馬別孤墳(타향복행역주마별고분)
댜른 ᄀ올ᄒ로 ᄯᅩ 길 녀셔 ᄆᆞᄅᆞᆯ 머믈워 외로왼 무더믈 여희노라.
近淚無乾土低空有斷雲(근루무건토저고유단운)
눖므레 갓가온 ᄃᆡᆫ ᄆᆞᄅᆞᆫ ᄒᆞᆰ기 업고 虛空애 ᄂᆞ즉ᄒᆞᆫ 그츤 구르믄 잇도다.
對碁陪謝傅把劒覓徐君(대기배사전파검멱서군)
奕碁ᄅᆞᆯ 對ᄒᆞ야 謝太傅ᄅᆞᆯ 뫼ᅀᆞᆸ다니 갈ᄒᆞᆯ 자바 徐國ㅅ 님그믈 얻노라.
唯見林花落鶯啼送客聞(유견림화락앵제송객문)
오직 수픐 고지 듀믈 보리로소니 곳고리 우러 나그내 드로믈 보내ᄂᆞ다.

[중간본]

다른 ᄀ올호로 ᄯᅩ 길 녀셔 ᄆᆞᄅᆞᆯ 머믈워 외로윈 무더믈 여희노라.
눖므레 갓가온 ᄃᆡᆫ ᄆᆞᄅᆞᆫ 홀기 업고 虛空애 ᄂᆞ즉ᄒᆞᆫ 그츤 구르믄 잇도다.
奕碁ᄅᆞᆯ 對ᄒᆞ야 謝太傅ᄅᆞᆯ 뫼ᅀᆞᆸ다니 갈ᄒᆞᆯ 자바 徐國ㅅ 님그믈 얻노라.
오직 수플 고지 듀믈 보리로소니 곳고리 우러 나그내 드로믈 보내ᄂᆞ다.

---

1) ᄀ올 : 고을, 마을 2) ᄆᆞᄅᆞᆫ : 마른 3) 홀기 : 흙 4) 그츤 : 그츠다, 그치다, 끊어지다, 쉬다 5) 뫼ᅀᆞᆸ다니 : 뫼ᅀᆞᆸ다, 모시다 6) 듀믈 : 듐, 떨어짐 7) 곳고리 : 꾀꼬리

承聞故房相公靈櫬自閬啓殯歸葬東都有作二首
승문고방상공영츤자랑계빈귀장동도유작이수

遠聞房太守歸葬陸渾山(원문방태수귀장륙혼산)
머리 드로니 房太守ㅣ 陸渾山애 도라가 무티 놋다.
一德興王後孤魂久客閒(일덕흥왕후고혼구객한)
純一흔 德으로 王業을 니르와든 後ㅣ로소니 외로왼 넉슨 오란 나그내 ᄃᆞ외얏ᄂᆞᆫ ᄌᆞ스미로다.
孔明多故事安石竟崇班(공명다고사안석경숭반)
孔明이 녯 이리 한 ᄃᆞᆺ하고 安石을 ᄆᆞᄎᆞ매 班位를 노피혼 ᄃᆞᆺ호도다.
他日嘉陵淚仍霑楚水還(타일가릉루잉점초수환)
다른 나래 嘉陵에 우롤 눖므를 楚ㅅ 므레 지즈로 저져 돌아 보내노라.
丹旐飛飛日初傳發閬州(단조비비일초전발랑주)
丹旐ㅣ ᄂᆞᄂᆞᆫ 나리여 閬州로셔 나가ᄂᆞ다 처엄 傳ᄒᆞᄂᆞ다.
風塵終不解江漢忽同流(풍진종불해강한홀동류)
風塵이 ᄆᆞᄎᆞ매 解散티 아니ᄒᆞ니 江漢과 믄드시 ᄒᆞᆫ가지로 흘러 가놋다.
劍動親身匣書歸故國樓(검동친신갑서귀고국루)
갈흔 모매 親ᄒᆞ던 匣애셔 뮈오 글워른 故國ㅅ 樓로 가놋다.
盡哀知有處爲客恐長休(진애지유처위객공장휴)
ᄀᆞ장 슬흘 짜 이쇼믈 아노니 나그내 ᄃᆞ외야셔 기리 말가 저후메니라.

[중간본]

머리 드로니 房太守ㅣ 陸渾山애 도라가 무티 놋다.

純一혼 德으로 王業을 니르와든 後ㅣ로소니 외로왼 넉슨 오란 나그내 두외얏는 즈으미로다.

孔明ㅣ 녯 이리 한 둣하고 安石을 무추매 班位를 노피 혼 둣하도다.

다른 나래 嘉陵에 우를 눖므를 楚ㅅ 므레 지주루 저져 돌아 보내노라.

丹旐ㅣ ᄂᆞ는 나리여 閬州로셔 나가ᄂᆞ다 처엄 傳ᄒᆞᄂᆞ다.

風塵ㅣ 무추매 解散티 아니ᄒᆞ니 江漢과 믄드시 혼가지로 흘러 가놋다.

갈혼 몸매 親ᄒᆞ던 匣애셔 뮈오 글월른 故國ㅅ 樓로 가놋다.

그장 슬흘 짜 이쇼몰 아노니 나그내 두외야셔 기리 말가 저후메니라.

_____

1) 무티 : 묻다 2) 니르와든 : 니르왇다, 일으키다 3) 넉슨 : 넉슴, 넋 4) 즈스미로다 : 즈슴, 사이, 즈음 5) 지즈로 : 인하여, 말미암아, 드디어 6) 믄즈시 : 문득, 갑자기 7) 저후메니라 : 저홈, 저어함, 두려워함, 저흐다 : 저어하다, 두려워 하다

哭嚴僕射歸櫬
곡엄복사귀츤

素幔隨流水歸舟返舊京(소만수류수귀주반구경)

힌 帳은 흐르는 므를 좃고 가는 ᄇᆡ는 녯 셔울로 도라가놋다.

老親如宿昔部曲異平生(노친여숙석부곡이평생)

늘근 어마니믄 녜 곧고 部曲은 사리실 적과 다ᄅ도다.
風送蛟龍雨天長驃騎營(풍송교룡우천장표기영)
ᄇᆞᄅᆞ믄 蛟龍의 비를 보내오 하ᄂᆞᆯ호 驃騎ㅅ 兵營에 기렛도라.
一哀三峽暮遺後見君情(일애삼협모유후견군정)
三峽 나조히셔 ᄒᆞᆫ 번 슬노니 後ㅅ 사ᄅᆞ미게 恩德 기튜메 그딋 ᄠᅳ들 보리로다.

[중간본]

힌 帳은 흐르ᄂᆞᆫ 므를 좃고 가ᄂᆞᆫ 비ᄂᆞᆫ 녯 셔울로 도라가놋다.
늘근 어마니믄 녜 곧고 部曲은 사리실 적과 다ᄅ도다.
ᄇᆞᄅᆞ믄 蛟龍의 비를 보내오 하ᄂᆞᆯ호 驃騎ㅅ 兵營에 기럿도라.
三峽 나조히셔 ᄒᆞᆫ 번 슬노니 後ㅅ 사ᄅᆞ미게 恩德 기튜메 그딋 ᄠᅳ들 보리로다.

---

1) 기렛도라 : 길다 2) 나조히 : 저녁 3) 기튜메 : 기틈, 끼침, 남김

哭李尙書 之芳
곡이상서

漳濱如荷里逝水竟同年(장빈여호리서수경동년)
漳水ㅅ ᄀᆞ과 다못 蒿里예 믈 흘러 가ᄃᆞᆺ호미 ᄆᆞᄎᆞ매 ᄒᆞᆫ ᄒᆡ로다.
欲掛留徐劒猶回憶戴船(욕괘유서검유회억대선)
徐君 주ᄂᆞᆫ 갈ᄒᆞᆯ 걸오져 ᄒᆞ고 戴逵 ᄉᆞ랑ᄒᆞᄂᆞᆫ ᄇᆡ를 오히려 도ᄅᆞ고져 ᄒᆞ노라.

相知成白首此別閒黃泉(상지성백수차별간황천)
서르 아로매 머리셰요미 이렛더니 이 여희요매 黃泉이 스싀 ᄒᆞ도다.
風雨嗟何及江湖涕泫然(풍우차하급강호체현연)
ᄇᆞ룸 비예 슬후미 어느 미츠료 江湖애셔 눉므를 흘리노라.
修文將管輅奉使失張騫(수문장관로봉사실장건)
글워를 닷고매 管輅의 지조를 가젯도소니 使命을 바다 ᄃᆞ뇨맨 張騫을 일토다.
史閣行人在詩家秀句傳(사각행인재시가수구전)
史記 잇ᄂᆞᆫ 閣애 行人이 잇고 글홀 지븨 됴ᄒᆞᆫ 긄句ㅣ 傳ᄒᆞᄂᆞᆺ다.
客亭鞍馬絶旅櫬網蟲懸(객정안마절려츤망충현)
손 오던 亭子앤 기르마 지흔 무리 긋고 나그내 櫬槨앤 그믈 밋ᄂᆞᆫ 벌에 ᄃᆞᆯ옛도다.
復魄昭丘遠歸魂素滻偏(복백소구원귀혼소산편)
體魄이 도라가는 昭丘ㅣ 멀오 넉시 도라가는 素滻이 偏僻ᄒᆞ도다.
樵蘇封葬地喉舌罷朝天(초소봉장지후설파조천)
封葬ᄒᆞᄂᆞᆫ ᄯᅡ해 나모 뷔요믈 말이고 喉舌에 하ᄂᆞᆯ해 朝會호믈 몬도다.
秋色凋春草王孫若箇邊(추색조춘초왕손약개변)
ᄀᆞᅀᆞᆯ 비체 보밋 프리 뻐러디ᄂᆞ니 王孫은 어느 ᄀᆞ싀 갓ᄂᆞᆫ고.

[중간본]

漳水ㅅ 긋과 다믓 蒿里예 믈 흘러 가ᄃᆞᆺ호미 ᄆᆞᄎᆞ매 ᄒᆞᆫ 히로다.
徐君 주는 갈홀 걸오져 ᄒᆞ고 戴逵 ᄉᆞ랑ᄒᆞᄂᆞᆫ ᄇᆡ를 오히려 도르고져 ᄒᆞ노라.
서르 아로매 머리 셰요미 이럿더니 이 여희요매 黃泉ㅣ 스이 ᄒᆞ도다.
ᄇᆞ룸 비예 슬후미 어느 미츠료 江湖애셔 눉므를 흘리노라.

글워를 닷고매 管輅의 지조를 가졋도소니 使命을 바다 둔뇨맨 張騫을 일
토다.
史記 잇는 閣애 行人ㅣ 잇고 글훌 지븬 됴훈 긊句ㅣ 傳호놋다.
손 오던 亭子앤 기르마 지훈 므리 긋고 나그내 檕檰앤 그믈 밋눈 버레 돌
엿도다.
體魄이 도라가는 昭丘ㅣ 멀오 넉시 도라가는 素滻ㅣ 偏僻호도다.
封葬호는 짜해 나모 뷔요물 말이고 喉舌에 하늘해 朝會호물 못도다.
그욼 비체 보믯 프리 뻐러디느니 王孫은 어느 그이 간논고.

---

1) 곳 : 가(濱) 2) 다뭇 : 함께, 더불어 3) 도로고져 : 도로다, 돌리다 4) 미츠료 : 미츠다, 미치다 5) 닷고매
: 닷고미, 닦음이 6) 일토다 : 잃다 7) 기르마 : 길마 8) 긋다 : 긋다, 그치다, 끊어지다 9) 뷔요물 : 뷔윰, 빔
10) 말이고 : 말이다, 말리다 11) 못도다 : 못다, 마치다 12) 뻐러디느니 : 떨어지다

重題
중제

涕灑不能收哭君餘白頭(체쇄불능수곡군여백두)
눉므를 쓰려 能히 가도디 몯호니 그듸를 우루메 셴머리 나맷노라.
兒童相顧盡宇宙此生浮(아동상고진우주차생부)
아힛 삐 서르 돌오던 사루미 다ㅇ니 宇宙에 이 人生이 쁘도다.
江雨銘旌濕湖風井逕秋(강우명정습호풍정경추)

그룺 비예 銘旌이 젓ᄂ니 그룺 ᄇᆞᄅ매맨 井逕엣 그ᅀᅳᆯ히로다.
還瞻魏太子賓客減應劉(환첨위태자빈객감응유)
魏ㅅ 太子를 도로 보니 賓客애 應劉ㅣ 더도다.

[중간본]

눉므를 ᄡᅳ려 能히 가도디 몯ᄒᆞ니 그듸를 우루메 센머리 나맛노라.
아힛 ᄢᅴ 서르 돌오던 사ᄅᆞ미 다ᄋᆞ니 宇宙에 이 人生ㅣ ᄯᅳ도다.
그룺 비예 銘旌ㅣ 젓ᄂ니 그룺 ᄇᆞᄅ매매 井逕엣 그ᅀᅳᆯ히로다.
魏ㅅ 太子를 도로 보니 賓客애 應劉ㅣ 더도다.

---

1) 가도다 : 걷다, 거두다 2) ᄢᅴ : 때 3) 돌오던 : 돌오다, 돌보다 4) 다ᄋᆞ니 : 다ᄋᆞ다, 다하다, 없어지다 5) 더도다 : 덜다

送盧十四弟侍御護韋尙書靈櫬歸上都二十四韻
송로십사제시어호위상서영츤귀상도이십사운

素幕渡江遠朱幡登陸微(소막도강원주번등륙미)
힌 幕은 ᄀᆞᄅᆞ믈 건너 멀오 블근 幡은 무틔 올아 져고마 ᄒᆞ도다.
悲鳴駟馬顧失涕萬人揮(비명사마고실체만인휘)
슬피 우러 駟馬ㅣ 도라보고 눉므를 너무 흘려셔 萬人이 ᄡᅳ리놋다.
參佐哭辭畢門闌誰送歸(참좌곡사필문란수송귀)

521

돕던 사르미 울오 여희요믈 몬차놀 門闌애 뉘 도라가믈 보내느뇨.
從公伏事久之子俊才稀(종공복사구지자준재희)
그듸를 조차 伏事호믈 오래 ᄒ니 이소니 俊傑ᄒᆞᆫ 지죄 샹녜 드므도다.
長路更執紼此心猶倒衣(장로갱집불차심유도의)
긴 길헤 다시 紼을 자바 가ᄂᆞ니 이 ᄆᆞᅀᆞ맨 오히려 오ᄉᆞᆯ 갓ᄀᆞ로 닙놋다.
感恩義不小懷舊禮無違(감은의불소회구예무위)
恩惠를 感激ᄒᆞ노니 義ㅣ 젹디 아니ᄒᆞ니 녯 이를 ᄉᆞ랑ᄒᆞ야 禮를 어긔르치 아니ᄒᆞ노라.
墓待龍驤詔臺迎獬豸威(묘대룡양조일영해치위)
무더므란 龍驤ㅅ 詔命을 기들우리로소니 臺ᄂᆞᆫ 獬豸ㅅ 威嚴을 마즈리로다.
深哀見士則雅論在兵機(심애견사즉아론재병기)
기픈 ᄆᆞᅀᆞ매 士의 法을 보리로소니 물곤 議論은 兵機예 잇도다.
戎狄乘妖氣塵沙落禁闈(융적승요기진사락금위)
戎狄이 妖怪ᄅᆞ왼 氣運을 타셔 글외니 塵沙ㅣ 禁闈예 듣놋다.
往年朝謁斷他日掃除非(왕년조알단타일소제비)
니건 ᄒᆡ예 朝謁호미 그츠니 다ᄅᆞᆫ 나래 쓰러 ᄇᆞ료믈 그르ᄒᆞ도다.
但促銅壺箭休添玉帳旂(단촉동호전휴첨옥장기)
오직 銅壺앳 사ᄅᆞᆯ 뵈아고 玉帳앳 旂란 더으디 마롤 디니라.
動詢黃閣老肯盧白登圍(동순황각로긍로백등위)
黃閣앳 늘근 사ᄅᆞᆷ 더브러 일마다 무르면 엇뎨 白登에 ᄢᅵ리요믈 혜아리리오.
萬姓瘡痍合群兇嗜慾肥(만성창이합군흉기욕비)
萬姓의 헐므수미 암ᄀᆞ라 가ᄂᆞ니 뭀 모딘 사ᄅᆞ미 嗜慾이 슬지도다.
刺規多諫諍端拱自光輝(자규다간쟁단공자광휘)
刺規ᄒᆞ야 諫諍호미 하니 端拱ᄒᆞ샤미 스싀로 빗나도다.

儉約前王體風流後代希(검약전왕체풍류후대희)
儉約호문 아랫 님금 政體로소니 風流룰 後代예셔 부라리로다.
對揚期特達衰朽再芳菲(대양기특달쇠후재방비)
對揚ᄒ야 特別히 通達호ᄆᆞᆯ 期望ᄒ노니 늘거 석밴 게 다시 옷곳ᄒ리로다.
空裏愁書字山中疾採薇(공리수서자산중질채미)
虛空 안해 시름ᄒ야 字룰 스고 山中에 病ᄒ야셔 고사릴 키노라.
撥盃要忽罷抱被宿何依(발배요홀파포피숙하의)
酒盃룰 ᄲᅧ뎌 먹던 要約이 忽然히 ᄆᆞᄎ니 니블 아나 가 자ᄆᆞᆯ 누를 브트려뇨.
眼冷看征盖兒扶立釣磯(안냉간정개아부립조기)
누늘 사ᄂᆞᆯ히 가는 盖룰 보고 아ᄒᆡ룰 브티 들여 고기 낛ᄂᆞᆫ 돌해 셔쇼라.
淸霜洞庭葉故就別時飛(청상동정엽고취별시비)
ᄆᆞᆯ곤 서리예 洞庭엣 나못 니피 부러 여흴 ᄢᅴ 나ᅀᅡ와 ᄂᆞᄂ다.

[중간본]

힌 幕은 ᄀᆞᄅᆞ물 건너 멀오 블근 幡은 ᄆᆞ틔 올아 져고마 ᄒ도다.
슬피 우러 駟馬ㅣ 도라보고 눖므를 너무 흘려셔 萬人이 ᄡᅳ리놋다.
둡던 사ᄅᆞ미 울오 여희요ᄆᆞᆯ ᄆᆞ차ᄂᆞᆯ 門闌애 뉘 도라가ᄆᆞᆯ 보내ᄂᆞ뇨.
그듸를 조차 伏事호ᄆᆞᆯ 오래 ᄒ니 이소니 俊傑ᄒᆞᆫ 지죄 샹녜 드므도다.
긴 길헤 다시 紼을 자바 가ᄂᆞ니 이 ᄆᆞᄋᆞ맨 오히려 오ᄉᆞᆯ 갓ᄀᆞ로 닙놋다.
恩惠룰 感激ᄒ는 義ㅣ 젹디 아니ᄒ니 녯 이룰 ᄉᆞ랑ᄒ야 禮룰 어긔르치 아니ᄒ노다
무더므란 龍驤ㅅ 詔命을 기들우리로소니 臺ᄂᆞᆫ 獬豸ㅅ 威嚴을 마ᄌᆞ리로다.
기픈 ᄆᆞᄋᆞ매 士의 法을 보리로소니 ᄆᆞᆯ곤 議論은 兵機예 잇도다.
戎狄ㅣ 妖怪ᄅᆞ왼 氣運을 타셔 글외니 塵沙ㅣ 禁衛예 듯놋다.

523

니건 히예 朝謁호미 그츠니 다룬 나래 쓰러 브료몰 그르ᄒ도다.
오직 銅壺앳 사룰 뵈아고 玉帳앳 旂란 더으디 마롤 디니라.
黃閣앳 늘근 사룸 더브러 일마다 무르면 엇뎨 白登에 ᄢ리요몰 혜아리리오.
萬姓의 헐무우미 암ᄀ라 가ᄂ니 뭀 모딘 사ᄅ미 嗜慾이 슬지도다.
刺規ᄒ야 諫諍호미 하니 端拱ᄒ샤미 스싀로 빗나도다.
儉約호믄 아랫 님금 政體로소니 風流룰 後代예셔 ᄇ라리로다.
對揚ᄒ야 特別히 通達호몰 期望ᄒ노니 늘거 셕밴 게 다시 옷곳ᄒ리로다.
虛空 안해 시름ᄒ야 字룰 스고 山中에 病ᄒ야셔 고사ᄅ 키노라.
酒盃룰 ᄠᆯ텨 먹던 要約ㅣ 忽然히 ᄆᄎ니 니블 아나 가 자ᄆᆯ 누룰 브트려뇨.
누늘 사놀히 가는 盖룰 보고 아히룰 브티 들여 고기 낫는 돌해 셔쇼라.
몰ᄀ 서리예 洞庭에 나못 니피 부러 여흴 ᄢᅴ 나아와 ᄂᄂ다.

1) 무틔 : 뭍, 육지 2) 올아 : 올라 3) ᄢ리놋다 : ᄢ리다, 뿌리다 4) ᄆ차놀 : 마치다(畢) 5) 드므다 : 드물다 6) 갓ᄀ로 : 거꾸로 7) 어긔르치 : 어그러지게 8) 기들우리로소니 : 기들우다, 기다리다 9) 마ᄌ리로다 : 마지니, 맞으니, 맞다 10) 골외니 : 골외다, 침범하다, 함부로 행동하다 11) 니건 : 지난 12) 그르ᄒ도다 : 그릇하다, 잘못하다 13) 듣놋다 : 듣다, 떨어지다 14) 뵈아고 : 뵈아다, 재촉하다 15) 더으디 : 더으다, 더하다 16) 더브러 : 더불어 17) 무르면 : 무르다 18) ᄢ리요몰 : ᄢ리다, 꾸리다, 메우다, 싸다, 안다 19) 헐므ᅀᅮ미 : 험무ᅀᅮᆷ, 헐믓다 20) 암ᄀ라 : 암글다, 아물다 21) 슬지다 : 살지다 22) 셕밴 : 썩다 23) 옷곳ᄒ리로다 : 옷곳ᄒ다, 향기롭다 24) ᄠᆯ텨 : ᄠᆯ티다, 떨치다 25) 부러 : 일부러 26) 나ᅀᅡ와 : 나ᅀᅡ오다, 나아오다

哭李常侍嶧 二首
곡이상시역 이수

一代風流盡修文地下深(일대풍류진수문지하심)
一代옛 風流ㅣ 다ᄋ니 글월 닷고매 따 아래 깁도다.
斯人不重見將老失知音(사인부중견장노실지음)
이 사ᄅ물 다시 보디 몯ᄒ리소니 將次 늘구메 소리 아ᄂ닐 일후라.
短日行梅嶺寒山落桂林(단일행매령한산락계림)
뎌른 히예 梅嶺으로 녀가고 치운 뫼해 桂林으로 뎌 가놋다.
長安若箇畔猶想暎貂金(장안약개반유상영초금)
長安은 어느 ᄀ고 貂金이 비취엿던 저글 오히려 스치노라.
靑瑣陪雙入銅梁阻一辭(청쇄배쌍입동량조일사)
靑瑣門에 둘콤 드로ᄆᆯ 뫼시고 銅梁애셔 ᄒᆞᆫ 번 여희요매 阻隔ᄒ호라.
風塵逢我地江漢哭君時(풍진봉아지강한곡군시)
風塵에 날 마조 보던 따히여 江漢애셔 그듸를 우ᄂᆫ ᄢᅦ로다.
次弟尋書札呼兒檢贈詩(차제심서찰호아검증시)
次弟로 글워를 ᄎᆞᆺ고 아히ᄅᆞᆯ 블러준 글워를 ᄎᆞ리노라.
發揮王子表不愧史臣詞(발휘왕자표불괴사신사)
王子이 表ᄅᆞᆯ 發揮호매 史臣의 말ᄉᆞ매 븟그럽디 아니토다.

[중간본]

一代옛 風流ㅣ 다ᄋ니 글월 닷고매 따 아래 깁도다.
이 사ᄅ물 다시 보디 몯ᄒ리소니 將次 늘구메 소리 아ᄂ닐 일후라.

뎌른 히예 梅嶺으로 녀 가고 치운 뫼해 桂林으로 뎌 가놋다.
長安은 어느 고고 貂金ㅣ 비취엿던 저글 오히려 스치노라.
靑瑣門에 둘콤 드로믈 뫼시고 銅梁애셔 훈 번 여희요매 阻隔호라.
風塵에 날 마조 보던 짜히여 江漢애셔 그듸를 우는 삐로다.
次第로 글워를 츷고 아히를 블러준 글워를 추리노라.
王子이 表를 發揮호매 史臣의 말ᄉ매 븟그럽디 아니토다.

---

1) 일후라 : 잃었노라 2) 긋고 : 가인가? 3) 스치노라 : 스치다, 생각하다 4) 둘콤 : -콤, -씩, 둘씩 5) 드로믈 : 드롬, 듦 6) 츷고 : 츷다, 찾다 7) 추리노라 : 추리다, 차리다, 가다듬다

哭韋大夫之晉
곡위대부지진

悽愴郇瑕邑差池弱冠年(처창순하읍차지약관년)
郇瑕ㅅ フ올히 슬프니 져믄 히예 差池히 둔니다라.
士人叨禮數文律早周旋(사인도례수문율조주선)
士人이 그듸 禮數를 더러이고 글ᄒᆞ눈 法律에 일 조차 둔뇨라.
臺閣黃圖裏簪裾紫盖邊(대각황도리잠거자개변)
臺閣은 黃圖ㅅ 안히오 簪裾는 紫盖ㅅ フ쉬 둔니니라.
尊榮眞不忝端雅獨翛然(존영진불첨단아독소연)
尊榮호믈 眞實로 더러이디 아니ᄒᆞ니 端正코 淸雅ᄒᆞ야 ᄒᆞ올로 翛然ᄒᆞ도다.

貢喜音容間憑招病疾纏(공희음용간빙초병질전)

貢禹의 깃구메 音容이 間隔ᄒᆞ니 憑唐이 블료매 病이 얼거쇼라.

南過駭蒼卒北思悄聯綿(남고해창졸북사초연면)

南녀그로 디나가 뵈왓보몰 놀라고 北녀그로 ᄉᆞ랑ᄒᆞ니 슬푸미 니엣도다.

鵩鳥長沙諱犀牛蜀郡憐(붕조장사휘서우촉군련)

鵩鳥룰 長沙애셔 그ᄉᆡᄂᆞ니 犀牛룰 蜀ㅅ ᄀᆞ올히셔 愛憐ᄒᆞᄂᆞ다.

素車猶慟哭寶劒欲高懸(소거유통곡보검욕고현)

힌 술위예 오히려 슬허 우노니 珍寶로왼 갈홀 노피 ᄃᆞᆯ오져 ᄒᆞ노라.

漢道中興盛韋經亞相傳(한도중흥성위경아상전)

漢道ㅣ 다시 니르와ᄃᆞ샤미 盛ᄒᆞ니 韋經을 버근 丞相이 傳ᄒᆞ도다.

冲融標世業磊落暎時賢(충융표세업뢰락영시현)

ᄆᆞᅀᆞ미 믈가 世業을 標準ᄒᆞ고 磊落ᄒᆞ야 時節ㅅ 어딘 사ᄅᆞ미게 비취엿도다.

城府深朱夏江湖眇霽天(성부심주하강상묘제천)

城府는 블근 녀르메 기프니 江湖앤 갠 하ᄂᆞᆯ히 아ᅀᆞ라ᄒᆞ도다.

綺樓關樹頂飛旆泛堂前(기루관수정비조범당전)

빗난 樓는 나못 그테 다댓고 ᄂᆞ는 丹旆는 堂 알ᄑᆡ 뻿도다.

帟幕疑風燕茄蕭急暮蟬(역막의풍연가소급모선)

帟幕애 ᄇᆞᄅᆞ매 져빈 가 疑心ᄒᆞ노니 茄蕭ㅅ 소리ᄂᆞᆫ 나죗 미야미 ᄲᆞᆯ론 ᄃᆞᆺᄒᆞ도라.

興殘虛白室迹斷孝廉船(흥잔허백실적단효렴선)

뷘 힌 지븨 興이 衰殘ᄒᆞ니 敎廉의 비옌 자최 긋도다.

童孺交遊盡喧卑俗事牽(동유교유진훤비속사견)

아히ᄢᅴ 사괴야 노더니 다업스니 喧卑훈 世俗ㅅ 이레 잇겨 ᄃᆞ니노라.

老來多涕淚情在强詩篇(노래다체루정재강시편)

늘거 오매 눖믈 흘료미 하니 ᄠᅳ디 이실시 詩篇을 고돌파 짓노라.
誰纏方隅理朝難將帥權(수전방우리조난장수권)
方隅 다ᄉᆞ료ᄆᆞᆯ 뉘 니슬고 朝廷에서 將帥ㅅ 權을 어려이 너기놋다.
春秋褒貶例名器重雙全(춘추포폄례명기중쌍전)
春秋ㅅ 褒貶ᄒᆞᄂᆞᆫ 例예 일훔과 器具를 雙全호ᄆᆞᆯ 重히 너기ᄂᆞ니라.

[중간본]

郁瑕ㅅ ᄀᆞ올히 슬프니 져믄 히예 差池히 ᄃᆞ니더라.
士人ㅣ 그딋 禮數를 더러ㅣ고 글ᄒᆞᄂᆞᆫ 法律에 일 조차 ᄃᆞ뇨라.
臺閣ᄋᆞᆫ 黃圖ㅅ 안히오 簪裾ᄂᆞᆫ 紫盖ㅅ ᄀᆞ의 ᄃᆞ니니라.
尊榮호ᄆᆞᆯ 眞實로 더러이디 아니ᄒᆞ니 端正코 淸雅ᄒᆞ야 ᄒᆞ올로 翛然ᄒᆞ도다.
貢禹의 깃구메 音容ㅣ 間隔ᄒᆞ니 憑唐ㅣ 블료매 病ㅣ 얼거쇼라.
南녀그로 디나가 뵈왓보ᄆᆞᆯ 놀라고 北녀그로 ᄉᆞ랑ᄒᆞ니 슬푸미 니엿도다.
鵬鳥를 長沙애셔 그이ᄂᆞ니 犀牛를 蜀ㅅ ᄀᆞ올히셔 愛憐ᄒᆞ놋다.
힌 술위예 오히려 슬허 우노니 珍寶로왼 갈홀 노피 ᄃᆞ로져 ᄒᆞ노라.
漢道ㅣ 다시 니르와ᄃᆞ샤미 盛ᄒᆞ니 韋經을 버근 丞相ㅣ 傳ᄒᆞ도다.
ᄆᆞᄋᆞ미 믈가 世業을 標準ᄒᆞ고 磊落ᄒᆞ야 時節ᄂᆞᆫ 어딘 사ᄅᆞ미게 비취엿도다.
城府ᄂᆞᆫ 블근 녀르메 기프니 江湖앤 갠 하ᄂᆞᆯ 아ᄋᆞ라ᄒᆞ도다.
빗난 樓ᄂᆞᆫ 나못 그테 다닷고 ᄂᆞᆫ 丹旐ᄂᆞᆫ 堂 알픠 볫도다.
帟幕애 ᄇᆞᄅᆞ매 져빈가 疑心ᄒᆞ노니 茄蕭ㅅ 소리ᄂᆞᆫ 나죗 미야미 ᄲᅡ른 ᄃᆞᆺᄒᆞ도라.
뷘 힌 지븨 興이 衰殘ᄒᆞ니 孝廉의 비옌 자최 긋도다.
아히 ᄢᅵ 사괴야 노더니 다 업스니 喧卑ᄒᆞᆫ 世俗ㅅ 이레 잇거 ᄃᆞ니노라.
늘거 오매 눖믈 흘료미 하니 ᄠᅳ디 이실시 詩篇을 고돌파 짓노라.
方隅 다ᄉᆞ료ᄆᆞᆯ 뉘 니슬고 朝廷에서 將帥ㅅ 權을 어려이 너기놋다.

春秋ㅅ 褒貶ᄒᆞᄂᆞᆫ 例예 일홈과 器具를 雙全호ᄆᆞᆯ 重히 너기ᄂᆞ니라

1) 더러이고 : 더러이다, 더럽히다 2) 깃구메 : 깃굼, 기꺼워함, 기뻐함 3) 블료매 : 블룜, 불림 4) 얼거쇼라 : 얼거, 얽혀 5) 뵈왓보ᄆᆞᆯ : 뵈왓봄, 바쁨 6) 그ᄉᆡᄂᆞ니 : 그ᄉᆡ다, 속이다, 숨기다, 기이다 7) 니르와ᄃᆞ샤미 : 니르왇다, 일으키다 8) 버근 : 버그다 : 버금가다, 다음가다 9) 아ᅀᆞ라ᄒᆞ도다 : 아ᅀᆞ라ᄒᆞ다, 아득하다, 까마아득하다 10) 빗난 : 빗나다, 빛나다 11) 다댓고 : 다댓다, 닫아 있다 12) ᄠᅦᆺ도다 : ᄠᅦᆺ다, 떠 있다 13) 미야미 : 매미 14) 자최 : 자취 15) 긋도다 : 그치다, 끊어지다 16) 잇겨 : 잇거, 이끌어 17) 니슬고 : 니ᅀᅳᆷ, 이음 18) 어려이 : 어렵게

聞高常侍亡
문고상시망

歸朝不相見蜀使忽傳亡(귀조불상견촉사홀전망)
朝廷에 니거늘 서르 보디 몯호니 蜀ㅅ 使者ㅣ 忽然히 주구믈 傳ᄒᆞ놋다.
虛歷金華省何殊地下郞(허력금화성하수지하랑)
金華省을 虛히 디내도소니 ᄯᅡ 아랫 郞과 엇뎨 다ᄅᆞ료.
致君丹檻折哭友白雲長(치군단함절곡우백운장)
님그믈 니르위여 블근 欄檻을 것고 벋 죽거든 울리 힌 구루미 기더라.
獨步詩名在柢今故舊傷(독보시명재저금고구상)
ᄒᆞ올로 걷던 글ᄒᆞ던 일후미 잇ᄂᆞ니 오직 녯 버드로 ᄒᆡ여 슬케 ᄒᆞ놋다.

[중간본]
朝廷에 <u>니거늘</u> 서르 보디 몯호니 蜀ㅅ 使者ㅣ 忽然히 주구믈 傳ᄒᆞ놋다.

金華省을 虛히 디내도소니 짜 아랫 郞과 엇디 다르료.
님그믈 니르위여 블근 欄檻을 것고 벋 죽거든 울이 힌 구루미 기더라.
ᄒᆞ올로 것던 글ᄒᆞ던 일후미 잇ᄂᆞ니 오직 녯 버드로 히여 슬케 ᄒᆞᄂᆞ다.

―――――――

1) 니거놀 : 니거늘, 가거늘 2) 디내도소니 : 디내다, 지나게 하다 3) 것고 : 겪다 4) 니르위여 : 니르위다, 이르게 하다

哭張孫侍御
곡장손시어

道爲詩書重名因賦頌雄(도위시서중명인부송웅)
道는 詩書호물 爲ᄒᆞ야 重ᄒᆞ고 일후믄 賦頌 지우믈 因ᄒᆞ여 雄ᄒᆞ니라.
禮闈曾擢桂憲府舊乘驄(예위증탁계헌부구승총)
禮闈예 일즉 桂樹를 ᄀᆞᆯᄒᆡ오 憲府에 녜 驄馬를 ᄐᆞ니라.
流水生涯盡浮雲世事空(유수생애진부운세사공)
흐르는 믈 ᄀᆞᆮ흔 生涯 다ᄋᆞ니 뜬 구룸 ᄀᆞᆮ흔 世事ㅣ 뷔도다.
唯餘舊臺栢蕭瑟九原中(유여구대백소슬구원중)
오직 나맷는 舊臺옛 잣남기 九原ㅅ 中에 蕭瑟ᄒᆞ놋다.

[중간본]
道는 詩書호물 爲ᄒᆞ야 重ᄒᆞ고 일후믄 賦頌 지우믈 因ᄒᆞ여 雄ᄒᆞ니라.

禮闈예 일즉 桂樹를 글히오 憲府에 녜 驄馬를 투니라.
흐르는 믈 굳튼 生涯 다ᄋ니 쁜 구룸 굳튼 世事ㅣ 뷔도다.
오직 나맛는 舊臺옛 잣남기 九原ㅅ 中에 蕭瑟ᄒ놋다.

---

1) 글히오 : 글히다, 가래다, 가르다, 분별하다

哭王彭州掄
곡왕팽주륜

執友驚淪沒斯人已寂寥(집우경륜몰사인이적요)
執友를 주구믈 놀라노니 이 사ᄅ미 ᄒ마 괴외ᄒ도다.
新文生沈謝異骨降喬松(신문생심사이골강교송)
새 그른 沈謝ㅣ 냇는 ᄃᆺᄒ고 奇異한 寄骨은 喬松이 ᄂ렛는 ᄃᆺᄒ더니라.
北部初高選東堂早見招(북부초고선동당조견초)
北部에 처섬 글히요믈 노피 ᄒ고 東堂애 일 블료믈 보니라.
蛟龍纏倚劍鸞鳳來吹簫(교룡전의검난봉래취소)
蛟龍이 지엿는 갈해 버므렛고 鳳凰이 부는 피리를 뗏도다.
歷職漢庭久中年胡馬驕(역직한정구중년호마교)
漢庭에 벼슬 디내요미 오라더니 ᄉ읫히예 되 무리 글외니라.
兵戈閒兩觀寵辱事三朝(병과문양관총욕사삼조)

兵戈ㅣ 兩觀애 이쇼몰 드르니 寵辱으로 三朝를 셤기니라.
蜀路江干窄彭門地里遙(촉로강간착팽문지리요)
蜀ㅅ 길흔 ᄀᆞᄅᆞᆷ ᄀᆞ애 좁고 彭門은 地里ㅣ 머도다.
解龜生碧草諫獵阻淸霄(해구생벽초간렵조청소)
龜印을 글우매 프른 프리 나니 畋獵을 諫諍호매 몰곤 하ᄂᆞᆯ히 阻隔ᄒᆞ도다.
頃壯戎麾出叨陪幕府要(경장융휘출도배막부요)
뎌주숨ᄢᅴ 戎麾를 健壯히 ᄒᆞ야 나왯거늘 幕府에셔 要請호ᄆᆞᆯ 더러여 뫼ᅀᆞ오노라.
將軍臨氣候壯士塞風飇(장군임기후장사새풍표)
將軍은 氣候로 臨ᄒᆞ얏고 壯士ᄂᆞᆫ ᄇᆞᄅᆞ미 몌옛ᄂᆞᆫ ᄃᆞᆺᄒᆞ더라.
井渫泉誰汲烽踈火不燒(정설천수급봉소화불소)
우므리 ᄆᆞᆰᄀᆞ니 므를 뉘 기르료 烽燧ㅣ 드므니 브를 브티디 아니ᄒᆞ놋다.
前籌多自假隱几接終朝(전주다자가은궤접종조)
알ᄑᆡᆺ 籌를 제 해 빌어든 几를 비겨셔 아ᄎᆞ미 못ᄃᆞ록 接見ᄒᆞ더니라.
翠石俄雙表寒松竟後凋(취석아쌍표한송경후조)
프른 돌히 믄듯 둘흘 表ᄒᆞ니 치위옛 소리 ᄆᆞᄎᆞ매 後에 ᄠᅥ러디도다
贈詩焉敢墜染翰欲無聊.(증시언감추염한욕무료)
글 지어 주믈 어느 敢히 墜失호리오 부들 무튜니 즐거운 ᄆᆞᅀᆞ미 업도다.
再哭輕過罷離魂去住銷(재곡경과파리혼거주소)
다시 우루믈 디나가매 ᄆᆞᄎᆞ니 여흰 넉슨 가며 이쇼매 ᄉᆞ라디놋다.
之官方玉折寄葬與萍漂(지관방옥절기장여평표)
그 위예 갯다가 뵈야ᄒᆞ로 玉이 것거디니 브텨 무도문 말왐과 다뭇 ᄠᅥ 가놋다.
曠望渥洼道霏微河漢橋(광망악와도비미하한교)

渥洼ㅅ 길흘 휜히 브라노니 河漢ㅅ 드리 흐슴츠러ᄒᆞ도다.
夫人先卽世令子各淸標(부인선즉세영자각청표)
夫人이 몬져 卽世ᄒᆞ니 어딘 아ᄃᆞ리 제여곰 ᄆᆞᆯ곤 양지로다.
巫峽長雲雨秦城近斗杓(무협장운우진성근두표)
巫峽에 雲雨ㅣ 기리 오ᄂᆞ니 秦城은 北斗에 갓가오니라.
憑唐毛髮白歸興日蕭蕭(빙당모발백귀흥일소소)
憑唐의 毛髮이 셰니 도라갈 興이 나날 蕭蕭ᄒᆞ도다.

[중간본]

執友를 주구믈 놀라노니 이 사ᄅᆞ미 ᄒᆞ마 괴외ᄒᆞ도다.
새 그른 沈謝ㅣ 낫는 ᄃᆞᆺᄒᆞ고 奇異한 寄骨은 喬松이 ᄂᆞ롓는 ᄃᆞᆺᄒᆞ더니라.
北部에 처엄 골ᄒᆡ요믈 노피 ᄒᆞ고 東堂애 일 블료믈 보니라.
蛟龍ㅣ 지엿는 갈해 버므럿고 鳳凰ㅣ 부는 피리를 뗏도다.
漢庭에 벼슬 디내요미 오라더니 소잇히예 되 무리 글외니라.
兵戈ㅣ 兩觀애 이쇼믈 드르니 寵辱으로 三朝를 셤기니라.
蜀ㅅ 길흔 그릇 그애 좁고 彭門은 地里ㅣ 머도다.
龜印을 글우메 프른 프리 나니 畋獵을 諫諍ᄒᆞ매 ᄆᆞᆯ곤 하ᄂᆞᆯ히 阻隔ᄒᆞ도다.
뎌 주숨의 戎麾를 健壯히 ᄒᆞ야 나왯겨늘 幕府에서 要請ᄒᆞ믈 더러여 뫼오오노라.
將軍은 氣候로 臨ᄒᆞ얏고 壯士는 ᄇᆞᄅᆞ미 몌엿는 ᄃᆞᆺᄒᆞ더라.
우므리 ᄆᆞᆯ7니 므를 뉘 기르료 烽燧ㅣ 드므니 브를 브티디 아니ᄒᆞ놋다.
알픽 籌를 제 해 빌어든 几를 비겨셔 아ᄎᆞ미 못ᄃᆞ록 接見ᄒᆞ더니라.
프른 돌히 믄듯 둘흘 表ᄒᆞ니 치위옛 소리 ᄆᆞᄎᆞ매 後에 뻐러디도다
글 지어 주믈 어느 敢히 墜失ᄒᆞ리오 부들 무튜니 즐거온 ᄆᆞᄋᆞ미 업도다.

533

다시 우루믈 디나가매 ᄆ쵸니 여흰 넉슨 가며 이쇼매 스라디놋다.

그위예 <u>갓다가</u> 뵈야ᄒᆞ로 玉이 것거디니 브텨 무도ᄆᆞᆫ 말ᄊᆞᆷ과 다뭇 뼈 가놋다.

渥洼ㅅ 길흘 훤히 ᄇᆞ라노니 河漢ㅅ ᄃᆞ리 <u>으음츠러</u>ᄒᆞ도다.

<u>夫人</u>ㅣ 몬져 即世ᄒᆞ니 어딘 아ᄃᆞ리 제여곰 믈ᄀᆞᆫ 양ᄌᆡ로다.

巫峽에 雲雨ㅣ 기리 오ᄂᆞ니 秦城은 北斗에 갓가오니라.

憑唐의 <u>毛髮</u>ㅣ 셰니 도라갈 興이 나날 蕭蕭ᄒᆞ도다.

---

1) 괴외ᄒᆞ도다 : 고요하다 2) 냇논 : 냇다, 났다 3) ᄂᆞ롓논(ᄂᆞ롓논) : ᄂᆞ려디다, 떨어지다, 내려오다 4) 골히요믈 : 골히욤, 분별함 5) 지옛논 : 지여다, 의지하다 6) 일 : 일찍 7) 버므렛고 : 버믈다, 얽매이다, 걸리다 8) ᄉᆞ싀히 : 중년 9) 골외니라 : 침범하다, 함부로 행동하다 10) 뎌주ᅀᅮᆷ씌 : 그즈음께 11) 더려여 : 더려오다, 데려오다 12) 뫼ᅀᆞ오노라 : 뫼ᅀᆞᆸ다, 모시다 13) 몌옛논 : 몌다, 메다 14) 빌어든 : 빌다, 빌리다(假) 15) 비겨셔 : 비겨, 비스듬히 16) 믄듯 : 문득, 갑자기 17) 무튜니 : 무티다, 묻히다 18) 스라디놋다 : 스라디다, 사라지다 19) 위 : 벼슬 20) 갯다가 : 갯다, 가 있다, 있다 21) 뵈야ᄒᆞ로 : 뵈야다, 재촉하다 22) 브텨 : 의지하다 23) 무도ᄆᆞᆫ : 무둠, 무덤 24) 말ᄊᆞᆷ : ᄆᆞᆯᄊᆞᆷ 25) 흐슴츠러ᄒᆞ도다 : 희미하다 26) 제여곰 : 제가끔, 제각기 27) 글우메 : 글우려, ᄭᅳ르려, 풀으려

奉漢中王手札報韋侍御蕭尊師亡
봉한중왕수찰보위시어소존사망

秋日蕭韋逝淮王報峽中(추일소위서회왕보협중)

ᄀᆞᅀᆞᆯ 나래 蕭韋ㅣ 니거늘 淮王이 峽中에 알외도다.

少年疑柱史多術怪仙公(소년의주사다슐괴션공)

져믄 柱史를 疑心ᄒ고 術 한 仙公을 怪異히 너기노라.

不但時人惜柢應吾道窮(불단시인석저응오도궁)

ᄒᆞᆫ갓 時人이 슬흘 ᄲᅮᆫ 아니라 오직 당당히 우리 道ㅣ 窮迫ᄒ리로다.

一哀侵疾病相識自兒童(일애침질병상식자아동)

ᄒᆞᆫ 번 슬후미 病에 侵犯ᄒ니 서르 아로ᄆᆞᆫ 아힛적브테니라.

處處隣家笛飄飄客子蓬(처처린가적표표객자봉)

곧마다 이웃짓 뎟소리로소니 飄飄ᄒᆞᆫ 나그내 다봇 곧ᄒ요라.

强吟懷舊賦已作白頭翁(강음회구부이작백두옹)

녯 일 ᄉᆞ랑ᄒᆞᆫ 賦를 고돌파 이푸니 ᄒᆞ마 머리 셴 한아비 ᄃᆞ외요라.

[중간본]

ᄀᆞᇫ 나래 蕭韋ㅣ 니거늘 淮王이 峽中에 알외도다.

져믄 柱史를 疑心ᄒ고 術 한 仙公을 怪異히 너기노라.

ᄒᆞᆫ갓 時人ㅣ 슬흘 ᄲᅮᆫ 아니라 오직 당당히 우리 道ㅣ 窮迫ᄒ리로다.

ᄒᆞᆫ 번 슬후미 病에 侵犯ᄒ니 서르 아로ᄆᆞᆫ 아힛적브테니라.

곧마다 이웃짓 뎟소리로소니 飄飄ᄒᆞᆫ 나그내 다봇 ᄀᆞ토라.

녯 일 ᄉᆞ랑ᄒᆞᆫ 賦를 고돌파 이푸니 ᄒᆞ마 머리 셴 한아비 ᄃᆞ외요라.

---

1) 니거늘 : 가거늘 2) 알외도다 : 알외다, 알리다, 고하다 3) 곧마다 : 곳마다(곳곳마다) 4) 이웃짓 : 이웃집

5) 다봇 : 다북쑥 6) 이푸니 : 읊다 7) 한아비 : 할아버지

哭台州鄭司戶蘇少監
곡태주정사호소소감

鄭虔 蘇源明이라

故舊誰憐我平生鄭與蘇(고구수련아평생정여소)
녯 버디 뉘 나롤 憐愛ᄒᆞᄂᆞ뇨 平生애 鄭과 다못 蘇ㅣ니라.
存亡不重見喪亂獨前途(존망불중견상란독전도)
잇거니 죽거니 ᄒᆞ야 다시 보디 몯호니 브스와요매 ᄒᆞ올로 길헤 나ᅀᅡ가노라,
豪俊人誰在文章掃地無(호준인수재문장소지무)
豪俊ᄒᆞᆫ 사ᄅᆞ미 뉘 잇ᄂᆞ뇨 文章이 ᄯᅡ홀 ᄡᅳ론 ᄃᆞ시 업도다.
覇遊萬里闊凶問一年俱(패유만리활흉문일년구)
나그내로 노로매 萬里 어위니 凶問이 ᄒᆞᆫ 히예 다 잇도다.
白日中原上清秋大海隅(백일중원상청추대해우)
白日ㅅ 中原 우콰 ᄆᆞᆯᄀᆞᆫ ᄀᆞᅀᆞᆳ 大海ㅅ 모해
夜臺當北斗泉路著東吳(야대당북두천로저동오)
夜臺ᄂᆞᆫ 北斗에 當ᄒᆞ고 黃泉ㅅ 길흔 東吳애 브텟도다.
得罪台州去時危棄碩儒(득죄태주거시위기석유)
罪ᄅᆞᆯ 어더 台州로 가니 時節이 危亂ᄒᆞᆫ 제 큰 션비ᄅᆞᆯ 부리도다.
移官蓬閣後穀貴歿潛夫(이관봉각후곡귀몰잠부)
蓬閣애 마ᅀᆞᄅᆞᆯ 올몬 後에 나디 貴커늘 潛夫ㅣ죽도다.
流慟嗟何及銜冤有是夫(유통차하급함원유시부)
슬후믈 흘려 嗟嘆ᄒᆞᆫ들 어느 미츠료 冤望을 머거슈미 이러호미 잇도다.
道消詩發興心息酒爲徒(도소시발흥심식주위도)

道는 스로디 글워렌 興이 나고 ᄆᆞᄉᆞ미 그츠니 술로 내 무를 삼노라.
許與才雖薄追隨迹未踈(허여재수박추수적미소)
나ᄅᆞᆯ 與許ᄒᆞ매 ᄌᆡ죄 비록 사오나오나 조차 ᄃᆞ뇨매 자최ᄅᆞᆯ 드므리 아니ᄒᆞ다라.
班揚名甚盛嵆阮逸相須(반양명심성혜완일상수)
班固 揚雄의 일후미 甚히ᄒᆞ고 嵆康 阮籍이 放逸호ᄆᆞ로 서르 求ᄒᆞ논 ᄃᆞᆺᄒᆞ도다.
會取君臣合寧詮品命殊(회취군신합녕전품명수)
ᄆᆞᄎᆞ매 君臣이 相合호ᄆᆞᆯ 取ᄒᆞ리라 ᄒᆞ디웨 엇뎨 品命의 달오ᄆᆞᆯ 議論ᄒᆞ료.
賢良不必展廊廟偶然趨(현량불필전랑묘우연추)
賢良을 비록 펴디 몯ᄒᆞ야도 廊廟앤 偶然히 ᄃᆞ니리러니라.
決勝風塵際功名造化爐(결승풍진제공명조화로)
風塵ㅅ ᄀᆞᅀᅵ 이긔요ᄆᆞᆯ 決ᄒᆞ고 造化ㅅ 붊긔 功名을 호리라 ᄒᆞ더니라.
從容詢舊學慘淡悶陰符(종용순구학참담비음부)
從容히 녜 ᄇᆡ혼 거슬 詢問ᄒᆞ니 慘淡ᄒᆞᆫ 陰符ㅣ 悶密ᄒᆞ더라.
擺落嫌疑久哀傷志力輸(파락혐의구애상지력수)
嫌疑ᄅᆞᆯ ᄲᅥ러ᄇᆞ려 사괴요미 오라더니 슬허 志力을 보내노라.
俗依綿谷異客對雪山孤(속의면곡이객대설산고)
時俗ᄋᆞ란 綿谷이 다ᄅᆞᆫ ᄃᆡ 브텟고 나그내로 雪山이 외로외니ᄅᆞᆯ 對ᄒᆞ얏노라.
童稚思諸子交情列友于(동치사제자교정열우우)
아힛 제 사괴던 여러 子ᄅᆞᆯ ᄉᆞ랑ᄒᆞ니 사괴논 ᄠᅳ든 友于에 벌리로다.
情乘淸酒送望絶撫墳呼(정승청주송망절무분호)
ᄆᆞᆯ곤 술로 餞送홀 ᄠᅳ디 어긔릇고 무더믈 ᄆᆞ져셔 블롤 ᄇᆞ라오미 긋도다.
瘧痢飡巴水瘡痍老蜀都(학리손파수창이노촉도)

고봄과 痢疾로 巴水를 먹고 헐므은 모무로 蜀道애셔 늙노라.
飄零迷哭處天地日榛蕪(표령미곡처천지일진무)
飄零ᄒ야 ᄃᆞ녀셔 우롤 ᄯᅡ훌 迷失ᄒ니 天地 나날 거츠놋다.

[중간본]

녯 버디 뉘 나를 憐愛ᄒᆞᄂᆞ뇨 平生애 鄭과 다못 蘇ㅣ니라.
잇거니 죽거니 ᄒ야 다시 보디 몯ᄒ니 브ᄋᆞ와요매 ᄒᆞ올로 길헤 나ᅀᅡ가노라.
豪俊ᄒᆞᆫ 사ᄅᆞ미 뉘 잇ᄂᆞ뇨 文章이 ᄯᅡ훌 ᄡᅳ론 ᄃᆞ시 업도다.
나그내로 노로매 萬里 어위니 凶問ㅣ ᄒᆞᆫ 히예 다 잇도다.
白日ㅅ 中原 우콰 물ᄀᆞᆫ ᄀᆞᅀᆞᆯ 大海ㅅ 모해
夜臺ᄂᆞᆫ 北斗에 當ᄒ고 黃泉ㅅ 길흔 東吳애 브텟도다.
罪를 어더 台州로 가니 時節ㅣ 危亂ᄒᆞᆫ 제 큰 션비를 ᄇᆞ리도다.
蓬閣애 마ᄋᆞ롤 올ᄆᆞᆫ 後에 나디 貴커늘 潛夫ㅣ 죽도다.
슬후믈 흘려 嗟嘆ᄒᆞᆫ ᄃᆞᆯ 어느 미츠료 寃望을 머거슈미 이러호미 잇도다
道ᄂᆞᆫ ᄉᆞ로디 글워렌 興ㅣ 나고 ᄆᆞᅀᆞ미 그츠니 술로 내 무를 삼노라.
나를 與許호매 지죄 비록 사오나오나 조차 ᄃᆞ뇨매 자최롤 드르믜 아니ᄒᆞ다라.
班固 揚雄의 일후미 甚히ᄒ고 嵇康 阮籍이 放逸ᄒᄆᆞ로 서르 求ᄒᆞᄂᆞᆫ ᄃᆞᆺᄒ도다.
ᄆᆞᄎᆞ매 君臣ㅣ 相合호믈 取ᄒᆞ리라 ᄒᆞ디웨 엇디 品命의 다ᄅᆞ몰 議論ᄒᆞ료.
賢良을 비록 펴디 몯ᄒ야도 廊廟앤 偶然히 ᄃᆞ니리러니라.
風塵ㅅ 그이 이긔요믈 決ᄒ고 造化ㅅ 붉기 功名을 호리라 ᄒᆞ더니라.
從容히 녜 비혼 거슬 詢問호니 慘淡ᄒᆞᆫ 陰符ㅣ 閟密ᄒ더라.
嫌疑롤 ᄡᅥ러브려 사괴요미 오라더니 슬허 志力을 보내노라.
時俗ᄋᆞ란 綿谷ㅣ 다른 ᄃᆡ 브텻고 나그내로 雪山이 외로외니롤 對ᄒ얏노라.
아힛 제 사괴던 여러 子를 ᄉᆞ랑호니 사괴논 ᄠᅳ든 友于에 벌리로다.

물고 술로 餞送홀 쁘디 어긔릇고 무더믈 몬져셔 블롤 브라오미 굿도다.
고봄과 痢疾로 巴水를 먹고 헐므은 모무로 蜀道애셔 늙노라.
飄零ᄒᆞ야 ᄃᆞ녀셔 우롤 짜홀 迷失ᄒᆞ니 天地 나날 거츠놋다.

---

1) 다뭇 : 함께, 더불어 2) ᄇᆞᅀᅳ와요매 : ᄇᆞᅀᅳ와욤, 어지러움 3) 쁘론 : ᄡᅳ르치다, 쓸어 치우다, 쁘론 : 쁘다, -론 : -로는, -보다는 4) 어위니 : 어위다, 넓다 5) 우콰 : 위와 6) 모해 : 모퉁이 7) 브텟도다 : 브텟다, 붙어 있다, 의지하여 있다 8) ᄇᆞ리다 : 버리다 9) 나디 : 낟, 곡식 10) 미츠료 : 미츠다, 미치다(及) 11) ᄉᆞ로ᄃᆡ : ᄉᆞ로다, 사리다, 여쭙다 12) 그츠니 : 그츠다, 그치다, 끊어지다 13) 무를 : 물을, 물, 무리 14) ᄒᆞ뒤웨 : ᄒᆞ- : ᄒᆞ다, - 뒤웨 : - 지, -지마는 15) 달오믈 : 달옴, 다름 16) ᄃᆞ니리러니라 : ᄃᆞ니다, 다니다 17) 이긔요믈 : 이긔다, 이기다 18) ᄯᅥ러ᄇᆞ려 : ᄯᅥ러ᄇᆞ리다, 떨어버리다 19) 붊긔 : 풀무에 20) 어긔릇고 : 이긔다, 어긔다 21) 몬져셔 : 몬지다, 만지다 22) 블롤 : 블롬, 부름 23) 고봄 : 고금, 학질 24) 헐므은 : 헐믓다, 헐다, 헐므숌 : 헒 25) 거츠놋다 : 거츨다, 거칠다

過故斛斯校書莊 二首
과고곡사교서장 이수

此老已云歿隣人嗟未休(차노이운몰린인차미휴)
이 늘근 소니 ᄒᆞ마 주그니 이웃 사ᄅᆞ미 슬후믈 마디 아니ᄒᆞ놋다.
竟無宣室召徒有茂陵求(경무선실소도유무릉구)
ᄆᆞᄎᆞ매 宣室에 블로믄 업고 ᄒᆞᆫ갓 茂陵에 어두믄 잇도다.
妻子寄他食園林非昔遊(처자기타식원림비석유)
妻子ㅣ ᄂᆞ미게 브터셔 먹고 園林은 녜 노던 이리 아니로다,

空餘繐帷在淅淅野風秋(공여세유재석석야풍추)

ᄒᆞᆫ갓 굴근 뵈 帳이 나마 잇ᄂᆞ니 淅淅ᄒᆞᆫ 미햇 ᄇᆞᄅᆞᆷ ᄀᆞ올히로다.

燕入非傍舍鷗歸柢故池(연입비방사구귀저고지)

져비 드러오미 겨틧 지비 아니오 ᄀᆞᆯ며기 도라오ᄆᆞᆫ 오직 녯 모시로다.

斷橋無復板臥柳自生枝(단교무부판와류자생지)

그츤 ᄃᆞ리ᄂᆞᆫ 쪼 너리 업고 구러뎟ᄂᆞᆫ 버드른 절로 가지 냇도다.

遂有山陽作多慚鮑叔知(수유산양작다참포숙지)

지ᄎᆞ로 山陽애셔 글 지ᅀᅮ미 잇ᄂᆞ니 해 鮑叔이 아던 이룰 붓그리노라.

素交零落盡白首淚雙垂(소교영락진백수루쌍수)

素交ㅣ ᄣᅥ러듀미 다ᄋᆞ니 셴 머리예 눉므를 두 녀그로 드리웻노라,

[중간본]

이 늘근 소니 ᄒᆞ마 주그니 이웃 사ᄅᆞ미 슬후믈 마디 아니ᄒᆞᆫ놋다.

ᄆᆞᄎᆞ매 宣室에 블로ᄆᆞᆫ 업고 ᄒᆞᆫ갓 茂陵에 어두믄 잇도다.

妻子ㅣ ᄂᆞᄆᆡ게 브터셔 먹고 園林은 녜 노던 이리 아니로다,

ᄒᆞᆫ갓 굴근 뵈 帳ㅣ 나마 인ᄂᆞ니 淅淅ᄒᆞᆫ 미햇 ᄇᆞᄅᆞᆷ ᄀᆞ올히로다.

져비 드러오미 겨틧 지비 아니오 ᄀᆞᆯ며기 도라오ᄆᆞᆫ 오직 녯 모시로다.

그츤 ᄃᆞ리ᄂᆞᆫ 쪼 너리 업고 구러뎐ᄂᆞᆫ 버드른 절로 가지 낫도다.

지ᄎᆞ로 山陽애셔 글 지우미 잇ᄂᆞ니 해 鮑叔이 아던 이룰 붓그리노라.

素交ㅣ ᄣᅥ러듀미 다ᄋᆞ니 셴 머리예 눉므를 두 녀그로 드리웟노라,

---

1) 블로ᄆᆞᆫ : 블롬, 부름 2) 굴근 : 굵은 3) 겨틧 : 곁(傍) 4) ᄀᆞᆯ며 : 갈매기 5) 모시로다 : 못이로다 6) 그츤 : 끊어진 7) 너리 : 널 8) 구러 ᄂᆞᆫ : 구러디다, 거꾸러지다 9) 지ᄎᆞ로 : 인하여, 말미암아, 드디어 10) 드리 노라 : 드리우다

不歸
불귀

河間尙征伐汝骨在空城(하간상정벌여골재공성)
河間애셔 오히려 사홈ᄒᆞᄂᆞ니 네 ᄲᅧ 뷘 城에 잇도다.
從弟人皆有終身恨不平(종제인개유종신한불평)
四寸 앗ᄋᆞᆯ 사ᄅᆞ미 다 뒷거늘 나는 모미 못ᄃᆞ록 슬후미 쭈티 아니ᄒᆞ리로다.
數金憐俊邁總角愛聰明(수금련준매총각애총명)
도놀 혜요매 俊邁ᄒᆞ물 돗고 總角 저긔 聰明ᄒᆞ물 ᄉᆞ랑ᄒᆞ다라.
面上三年土春風草又生(면상삼년토춘풍초우생)
ᄂᆞᆺ 우희 세 ᄒᆡᄅᆞᆯ 홀긔 봆 ᄇᆞᄅᆞ매 프리 ᄯᅩ 나놋다.

[중간본]

河間애셔 오히려 사홈ᄒᆞᄂᆞ니 네 ᄲᅧ 뷘 城에 잇도다.
四寸 아ᄋᆞᆯ 사ᄅᆞ마다 둣거늘 나는 모미 못도록 슬후미 쭈티 아니ᄒᆞ리로다.
돈올 혜요매 俊邁ᄒᆞ물 둣고 總角 저긔 聰明ᄒᆞ물 ᄉᆞ랑ᄒᆞ다라
ᄂᆞᆺ 우희 세 ᄒᆡᄅᆞᆯ 홀긔 봆 ᄇᆞᄅᆞ미 프리 ᄯᅩ 나놋다.

---

1) ᄲᅧ : 뼈 2) 앗ᄋᆞᆯ : 아우 2) 뒷거놀(둣거는) : 둣다, 둗다 3) 혜요매 : 혜욤, 헤아림 4) 돗고 : 둣다, 사랑하다
5) 홀긔 : 흙

故武衛將軍挽詞 三首
고무위장군만사 삼수

嚴警當寒夜前軍落大星(엄경당한야전군락대성)
嚴警이 치운 바미 當ᄒ더니 앏 軍에 큰 벼리 디도다.
壯夫思敢決哀詔惜精靈(장부사감결애조석정령)
壯夫돌히 敢決호믈 ᄉ랑ᄒ고 슬픈 詔書ᄂᆞᆫ 精靈을 앗기시놋다.
王者今無戰書生已勒銘(왕자금무전서생이륵명)
님그미 이제 사호미 업스니 書生ᄋᆞᆫ ᄒ마 銘을 사기돗다.
封侯意疎闊編簡爲誰靑(봉후의소활편간위수청)
諸侯 封히욜 ᄠᅳ디 疎闊ᄒ니 엿것ᄂᆞᆫ 簡冊은 누를 爲ᄒ야 프르렛ᄂᆞᆫ고.
舞劒過人絶鳴弓射獸能(무검과인절명궁사수능)
갈ᄒ로 춤 추미 사ᄅᆞ미게 디나 絶等ᄒ고 활 울여 즘싱 소믈 잘 ᄒ더니라.
銛鋒行愜順猛噬失蹻騰(섬봉행협순맹서실교등)
놀카온 놀ᄒᆡᆫ 愜順호믈 行ᄒ고 미이 므로맨 ᄂᆞ소솔 거시 일ᄂᆞ니라.
赤羽千夫膳黃河十月氷(적우천실선황하십월빙)
블근 짓 사랜 千夫의 머굴 차반을 잡더니 黃河ㅅ 十月ㅅ 어르미러니라.
橫行沙漠外神速至今稱(횡행사막외신속지금칭)
沙漠ㅅ 밧긔 빗기 ᄃᆞ니더니 神速호믈 이제 니르리 일ᄏᆞᆮ놋다.
哀挽靑門去新阡絳水遙(애만청문거신천강수요)
슬픈 挽歌ㅣ 靑門으로 가ᄂᆞ니 새 무덦 길흔 絳水ㅣ 아ᅀᆞ라ᄒ도다.
路人紛雨泣天意颯風飇(노인분우읍천의삽풍표)
길 녀ᄂᆞᆫ 사ᄅᆞ미 어즈러이 비 ᄀᆞ티 우ᄂᆞ니 하ᄂᆞᆳ ᄠᅳᆮ도 스르르히 ᄇᆞᄅᆞᆷ 부놋다.

部曲精仍銳匈奴氣不驕(부곡정잉예흉노기불교)
部曲이 精코 지즈로 놀나니 匈奴이 氣運이 驕慢티 몯 ㅎ놋다.
無由覩雄略大樹日蕭蕭(무유도웅략대수일소소)
雄흔 謀略을 볼 말미 업스니 큰 남기 나날 蕭蕭ㅎ도다.

[중간본]

嚴警이 치운 바믈 當ㅎ더니 앏 軍에 큰 벼리 디도다.
壯夫돌히 敢決호믈 스랑ㅎ고 슬픈 詔書는 精靈을 앗기시놋다
님그미 이제 사호미 업스니 書生은 ㅎ마 銘을 사기돗다.
諸侯 封히욜 쁘디 疎闊ㅎ니 엿건는 簡冊은 누를 爲ㅎ야 프르럿는고.
갈ㅎ로 춤 추미 사ᄅ미게 디나 絶等ㅎ고 활 우려 즘성 쏘몰 잘 ㅎ더니라
놀카온 놀핸 愜順호믈 行ㅎ고 미이 므로맨 누소슬 거시 일ㄴ니라.
블근 깃 사랜 千夫의 머굴 차반을 잡더니 黃河ㅅ 十月ㅅ 어르미러니라.
沙漠ㅅ 밧긔 빗기 드니더니 神速호믈 이제 니르리 일콛놋다.
슬픈 挽歌ㅣ 靑門으로 가느니 새 무덦 길흔 絳水ㅣ 아ᅀ라ㅎ도다.
길 녀는 사ᄅ미 어즈러이 비ㄱ티 우ᄂ니 하ᄂᆞᆯ 뜯도 스르르히 부룸 부놋다.
部曲ㅣ 精코 지즈로 놀나니 匈奴이 氣運ㅣ 驕慢티 몯ㅎ놋다.
雄흔 謀略을 볼 말미 업스니 큰 남기 나날 蕭蕭ㅎ도다.

---

1) 디도다 : 디다, 떨어지다 2) 앗기시놋다 : 앗기다, 아끼다 3) 사기돗다 : 새기다 4) 엿것는 : 엿다, 엮다 5) 즘싱 : 짐승 6) 울여 : 울다 7) 미이 : 매우, 몹시, 매 8) 므로맨 : 믈다, 물다(噬) 9) 누소슬 : 누솟다, 날아솟다 10) 일ㄴ니라 : 잃다 11) 차반 : 음식, 반찬 12) 빗기 : 가로 13) 아ᅀ라ㅎ도다 : 아득하다 14) 스르르히 : 스르르 15) 지즈로 : 인하여, 말미암아, 드디어 16) 놀나니 : 날타롭다 17) 말미 : 말미

存歿口號 二首
존몰구호 이수

每篇(매편)에 一存一歿也(일존일몰야) ㅣ니라

席謙不見近彈碁畢曜仍傳舊小詩(석겸불견근탄기필요잉전구소시)
席謙을 요ᄉᆡ예 彈碁호몰 보디 몯ᄒᆞ리로소니 畢曜ᄂᆞᆫ 지즈로 녯 小詩ㅣ
傳ᄒᆞᄂᆞ다.
玉局他年無限笑白楊今日幾人悲(옥국타년무한소백양금일기인비)
玉局으로 다ᄅᆞᆫ 히예 그지업슨 우ᅀᅮ미러니 白楊 오놄나래 몃 사ᄅᆞ미 슬허커뇨.
鄭公粉繪隨長夜曹霸丹靑已白頭(정공분회수장야조패단청이백두)
鄭公의 그림호미 長夜애 조차가고 曹霸의 그림호ᄆᆞᆫ ᄒᆞ마 머리 셰도다.
天下何曾有山水人間不解重驊騮(천하하증유산수인한불해중화유)
天下애 어느 일즉 山水ㅣ 이시료 人間애셔 驊騮를 重히 호몰 아디 몯ᄒᆞᄂᆞ다.

[중간본]

席謙을 <u>요ᄉᆞ이예</u> <u>彈碁호믈</u> 보디 몯ᄒᆞ리로소니 畢曜ᄂᆞᆫ 지즈로 녯 小詩ㅣ
傳ᄒᆞᄂᆞ다.
玉局으로 다ᄅᆞᆫ 히예 그지업슨 우으미러니 白楊 오놄나래 몃 사ᄅᆞ미 슬허커뇨.
<u>鄭公</u>이 그림호미 長夜애 조차가고 曹霸의 그림호ᄆᆞᆫ ᄒᆞ마 머리 셰도다.
<u>天下</u>애 어느 일즉 山水ㅣ 이시료 <u>人間</u>애셔 驊騮를 重히 호몰 아디 몯ᄒᆞᄂᆞ다.

---

1) 요ᄉᆡ예 : 요사이, 요새 2) 우ᅀᅮ미러니 : 우슴 : 웃음

-分類杜工部詩卷之二十四-

分類杜工部詩卷之二十五
(분류두공부시권지이십오)

雜賦

古詩十三首 律詩六首 絕句二十七首 謌九首行十七首

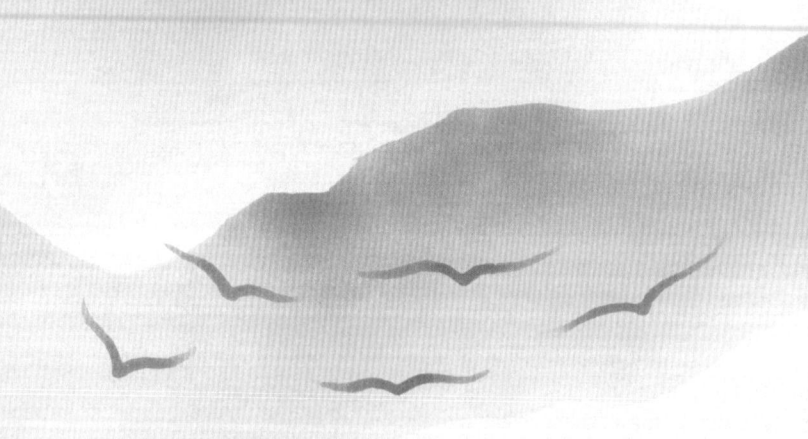

課伐木
과벌목
并序

課隸人伯夷辛秀信行等(과예인백이신수신행등)ᄒᆞ야 入谷斬陰木(입곡참음목)ᄒᆞ니 人(인)이 日四根止(일사근지)ᄒᆞ니 維條伊枚(유조이매)ㅣ 正直侹然(정직정연)을 晨征暮返(신정모반)ᄒᆞ야 委積庭內(위적정내)어늘 我有藩籬(아유번이)를 是缺是補(시결시보)ᄒᆞ고 載伐篠簜(재벌소탕)ᄒᆞ야 伊仗支持則旅次于小安(이장지지즉려차우소안)이로라. 山有虎(산유호)ㅣ라 知禁(지금)이니 若恃瓜牙之利(약지과아지리)ᄒᆞ면 昏黑(혼흑)에 搪突(당돌)ᄒᆞ리라 夔人(기인)이 屋壁(옥벽)에 列樹白菊(열수백국)ᄒᆞ야 鏝爲墻(만위장)호ᄃᆡ 實以竹(실이죽)ᄒᆞ야 示式遏(시식알)ᄒᆞᄂᆞ니 爲與虎(위여호)로 近(근)ᄒᆞ야 混淪乎(혼륜호)ㅣ니라 無良賓客憂害馬之徒ㅣ(무량빈객우해마지도)若活爲幸(약활위행)ᄒᆞᄂᆞ니 可嘿息已(사묵식이)아 作詩(시작)ᄒᆞ야 示宗武誦(시종무송)ᄒᆞ노라.

奴隸인 사ᄅᆞᆷ 伯夷 辛秀 信行ᄃᆞᆯ흘 課察ᄒᆞ야 묏고리 드러가 그ᄂᆞᆯ햇 남글 버히게 ᄒᆞ니 사ᄅᆞ미 ᄒᆞ르 네 나츨 버히니 읏듬과 가지왜 正直ᄒᆞ야 고든 거슬 새배 가고 나죄 도로 와 ᄠᅳᆯ 안해 사하ᄂᆞᆯ 내 울흘 이 헌 ᄃᆡ를 이 보타고

대룰 버혀 지여 괴오니 나그내로 머므러슈메 져기 便安ᄒ도다 뫼해 버미
이실시 禁止호믈 아롤디니 ᄒ다가 바톱과 니왜 놀카오믈 미드면 나조히
어듭거든 사르믈 다다르리라. 夔州ㅅ 사르미 짒 브르매 힌 ᄀ를 버려 셰여
훔 불라 다몰 밍ᄀ로더 대로 소ᄒ야 긋눌로믈 뵈ᄂ니 범과 갓가올시 섯글
가 爲ᄒ얘니라 어디디 몯혼 나그내 믈 害홀가 시름ᄒᄂ는 무리 苟且히 사로
믈 幸 삼ᄂ니 가히 좀좀ᄒ야 말리아 그를 지서 宗武를 뵈여 외오이노라.

[중간본]

奴隸인 사룸 伯夷 辛秀 信行돌흘 課察ᄒ야 뫼고리 드러가 ᄀ놀햇 남글 버
히게 ᄒ니 사르미 ᄒ르 네 나출 버히니 웃듬과 가지왜 正直ᄒ야 고든 거슬
새배 가고 나죄 도로 와 뜰 안해 사하놀 내 울흘 이 헌 더룰 이 보태고 대
룰 베혀 지여 괴오니 나그내로 머므러슈메 져기 便安ᄒ도다 뫼해 버미 이
실시 禁止호믈 아롤디니 ᄒ다가 바톱과 니왜 놀카오믈 미드면 나조히 어
듭거든 사르믈 다디르리라. 夔州ㅅ 사르미 짒 브르매 힌 ᄀ를 버려 셰여
훔 불라 다몰 밍ᄀ로더 대로 소ᄒ야 긋눌로믈 뵈ᄂ니 범과 갓가올시 섯글
가 爲ᄒ얘니라 어디디 몯혼 나그내 믈 害홀가 시룸ᄒᄂ는 무리 苟且히 사룸
을 幸 삼ᄂ니 가히 좀좀ᄒ야 말리아 그를 지어 宗武를 뵈여 외오이노라.

---

1) 묏고리 : 산골짜기 2) ᄀ놀햇 : 그늘에 3) 남글 : 나무를 4) 버히게 : 베게 5) 나출 : 낱(그루) 6) 웃듬 : 으
뜸, 밑둥, 근본 7) 사하놀 : 사햇다, 쌓였다, 쌓여 있다 8) 버미 : 범이 9) 바톱 : 발톱 10) 다다르리라 : 다디
르다, 들이받다, 대지르다 11) 브루매 : 바람벽에 12) ᄀ를 : 골을, 갈대를(글: 갈대) 13) 소ᄒ야 : 소ᄒ다, 외
(槐)를 얽다 14) 긋눌로믈 : 긋눌롬, 억누름 15) 섯글가 : 섞다 16) 뵈여 : 뵈이다, 재촉하다 17) 외오이노라 :
외오다, 외우다 18) 좀좀ᄒ야 : 좀좀ᄒ다, 잠잠하다

長夏無所爲客居課奴僕(장하무소위객거과노복)
긴 녀르메 ᄒᆞ욜 이리 업스니 나그내로 사로매 죵을 課察ᄒᆞ야
淸晨飯其腹持斧入白谷(쳥신반기복지부입백곡)
ᄆᆞᆯ곤 새배 그 ᄇᆡ예 밥 머겨 도치 가져 힌 묏 고ᄅᆞᆯ 드료라.
靑冥曾巔後十里斬陰木(쳥명증뎐후십리참음목)
묏 노푼 귿 뒤헤 十里예 ᄀᆞ늘햇 남글 버히게 호라.
人肩四根已亭午下山麓(인견사근이졍오하산록)
사ᄅᆞ미 네 나츨 메여 오고 마니 낫만 묏 그트로 ᄂᆞ려오도다.
尙聞丁丁聲功課各日足(샹문뎡뎡셩공과각일죡)
오히려 버히ᄂᆞᆫ 소리를 드르리로소니 功課ㅣ 제여곰 날로 足ᄒᆞ도다.
蒼皮成委積素節相照燭(창피셩위젹소뎔샹조쵹)
프른 거프를 사하시니 흰 마디 서르 비취엿도다.
籍汝跨小籬當仗苦虛竹(젹여과쇼리당쟝고허죽)
너를 依籍ᄒᆞ야 져근 울헤 ᄀᆞ로디르고 속 븬 대로 반ᄃᆞ개 지여 ᄡᅳ요리라.
空荒咆熊羆乳獸待人肉(공황포웅파유수대인육)
븬 거츤 ᄃᆡ셔 고미 우르ᄂᆞ니 삿기 치ᄂᆞᆫ 즘ᄉᆡᆼ이 사ᄅᆞ미 고기를 기들오ᄂᆞ니라.
不示知禁情豈唯干戈哭(불시지금졍기유간과곡)
禁止ᄒᆞ요ᄆᆞᆯ 아논 ᄠᅳ들 뵈디 아니ᄒᆞ면 엇뎨 오직 사호매 ᄲᅮᆫ 주거 울리오.
城中賢府主處貴如白屋(셩듕현부쥬쳐귀여백옥)
城中에 어딘 員이 貴혼 ᄃᆡ 이슈믈 새 지븻 사ᄅᆞᆷ ᄀᆞᆮ니라.
蕭蕭理體淨蜂蠆不敢毒(쇼쇼리쳬졍봉채불감독)
蕭蕭히 다ᄉᆞ리논 政體 淸淨ᄒᆞ니 蜂蠆ㅣ 그틔여 모디로ᄆᆞᆯ 아니ᄒᆞᄂᆞᆫ ᄃᆞᆺᄒᆞ도다.

虎穴連里閭隉防舊風俗(호혈연리려제방구풍속)
버믜 굼기 무 올히 니엣ᄂ니 므로믈 막줄오미 녯 風俗이로다.
泊舟滄江岸久客愼所觸(박주창강안구객신소촉)
滄江ㅅ 두들게 비를 미여셔 오란 나그내 버믜 다딜오믈 삼가노라.
舍西崖嶠壯雷雨蔚含蓄(사서애교장뢰우울함축)
집 西ㅅ녀긔 뫼히 壯大ᄒ니 울에옛 비를 해 머것도다.
墻宇資屢修衰年怯幽獨(장우자루수쇠년겁유독)
담과 지블 ᄌ조 修補호믈 資賴ᄒ노니 늘근 나해 幽獨호믈 전노라.
爾曹輕執熱爲我忍煩促(이조경집열위아인번촉)
너희 무리 더위를 므던히 너겨 나를 爲ᄒ야 煩促호믈 ᄎᆷᄂ다.
秋光近青岑季月當泛菊(추광근청령계월당범국)
ᄀᆞᅀᆞᆯ 비치 프른 묏 그테 갓갑거든 ᄆᆞᄎᆞᆷ ᄃᆞ래 반ᄃ기 菊花를 ᄯᅴ워
報之以微寒共給酒一斛(보지이미한공급주일곡)
가포ᄃᆡ 져기 서늘ᄒᆞᆫ 제 술 ᄒᆞᆫ 셔믈 다못 주리라.

[중간본]

긴 녀르메 ᄒᆞ욜 이리 업스니 나그내로 사로매 죵을 課察ᄒ야
몱곤 새배 그 비예 밥 머겨 도치 가져 ᄒᆞᆫ 묏 고러 드료라.
묏 노푼 곳 뒤헤 十里예 ᄀᆞ놀햇 남글 버히게 호라.
사르미 네 나츨 메여 오고 마니 낫만 묏 그트로 ᄂᆞ려오도다.
오히려 버히는 소리를 드르리로소니 功課ㅣ 제여곰 날로 足ᄒ도다.
프른 거프를 사하시니 흰 마디 서르 비취엿도다.
너를 依籍ᄒ야 져근 울헤 ᄀᆞ르디르고 속 뷘 대로 반ᄃᆞ개 지여 미요리라.
뷘 거츤 ᄃᆡ셔 곰ㅣ 우르ᄂᆞ니 삿기 치는 즘ᄉᆡㅣ 사르미 고기를 기들오ᄂᆞ

니라.

禁止ᄒᆞ요믈 아논 ᄠᅳ들 뵈디 아니ᄒᆞ면 엇뎻 오직 사호매 쓴 주거 울리오.

城中에 어딘 員ㅣ 貴ᄒᆞᆫ 디 이슈믈 새 지븻 사ᄅᆞᆷ ᄀᆞᅐᆞ니라.

蕭蕭히 다ᄉᆞ리논 政體 淸淨ᄒᆞ니 蜂蠆ㅣ 구틔여 모디로믈 아니ᄒᆞ논 듯ᄒᆞ도다.

버믜 굼기 ᄆᆞᅀᆞᆯ히 니엇ᄂᆞ니 므로믈 막ᄌᆞ로미 녯 風俗ㅣ로다.

滄江ㅅ 두들게 비를 ᄆᆡ여셔 오란 나그내 버믜 다딜오믈 삼가노라,

집 西ㅅ녀긔 뫼히 壯大ᄒᆞ니 울에옛 비를 해 머것도다.

담과 지블 ᄌᆞ조 修補호ᄆᆞᆯ 資賴ᄒᆞ노니 늘근 나해 幽獨호ᄆᆞᆯ 젼노라.

너희 무리 더위를 므더니 너겨 나를 爲ᄒᆞ야 煩促호ᄆᆞᆯ 춤ᄂᆞ다.

ᄀᆞᅀᆞᆯ 비치 프른 묏 그테 갓갑거든 ᄆᆞᄎᆞᆷ 드래 반ᄃᆞ기 菊花를 ᄭᅴ워

가포디 져기 서늘ᄒᆞᆫ 제 술 ᄒᆞᆫ 셤을 다뭇 주리라.

---

1) 도치 : 도끼 2) 낫만 : 한낮 3) 제여곰 : 제가끔 4) 거프를 : 거플, 껍질, 거푸집, 주형 5) 울헤 : 울에, 울타리
6) ᄀᆞ르디르고 : ᄀᆞᄅᆞ디르다, 가로지를다 7) 반ᄃᆞ개 : 반드시 8) 고미 : 곰이 9) 샷기 : 새끼 10) 즘ᄉᆡᆼ : 짐승
11) 그틔여 : 구태여, 억지로, 강제로 12) 굼기 : 구멍, 굴 13) 막졸오미 : 막즐옴, 막지름 14) 므로ᄆᆞᆯ : 믈오ᄆᆞᆯ, 물로 15) 다딜오ᄆᆞᆯ : 다딜어, 들어받다, 대질러 16) 울에옛 : 우레에 17) 젼노라 : 두려워 하다 18) 무던히 : 적이, 소홀히 19) ᄆᆞᄎᆞᆷ : 무참, 마지막 20) 가포디 : 갚다 21) 셔믈 : 섬을, 섬을 22) 다뭇 : 함께, 더불어

上後園山脚
상후원산각

朱夏熱所嬰淸旦步北林(주화열소영청단보북림)
블근 녀르메 더위예 버므러 몰곤 아츠미 北녁 수프레 거로라.
小園背高岡挽葛上崎金(소원배고강만갈상기금)
져근 위안히 노픈 묏부리룰 졋ᄂᆞ니 츩을 자바 머흔 뫼해 올오라.
曠望延駐目飄颻散疎襟(광망연주목표요산소금)
훤히 ᄇᆞ라셔 잇는 누늘 延引ᄒᆞ고 飄颻히 섯권 옷기즐 헤혀노라.
潛鱗恨水壯去翼依雲深(잠린한수장거익의운심)
줌ᄀᆞᆶ논 고기는 므릐 健壯호ᄆᆞᆯ 슬코 ᄂᆞ라가는 새는 구루믜 기푸믈 븓놋다.
勿謂地無疆劣於山有陰(물위지무강열어산유음)
ᄯᅡ히 ᄀᆞᆺ업시 크다 니르디 말라 묏 ᄀᆞ눌 잇는 ᄃᆡ와 ᄀᆞᆮ디 몯ᄒᆞ니라.
石櫬遍天下水陸兼浮沈(석원편천하수륙겸부침)
石櫬이 天下애 ᄀᆞ득ᄒᆞ얫ᄂᆞ니 믈와 뭇과로 ᄯᅳ며 ᄃᆞ마 가져가ᄆᆞᆯ 兼ᄒᆞ놋다.
自我登隴首十年經碧岑(자아등롱수십년경벽령)
내 隴首에 올오므로브터 열 ᄒᆡ롤 프른 뫼ᄒᆞ로 디나ᄃᆞ니노라.
劍門來巫峽倚薄浩至今(검문래무협의박호지금)
劍門으로셔 巫峽에 와 브터 훤히 이제 니르렛노라.
故園暗戎馬骨肉失追尋(고원암융마골육실추심)
故園에 사호맷 ᄆᆞ리 어드워시니 아ᅀᆞ믈 追尋호ᄆᆞᆯ 일후라.
時危無消息老去多歸心(시위무소식노거다귀심)
時節이 바ᄃᆞ라와 消息이 업스니 늘거가매 도라갈 ᄆᆞᅀᆞ미 하도다.

志士惜白日久客籍黃金(지사석백일구객적황금)
有志호 士ㅣ 白日을 앗기곡 오란 나그내는 黃金을 籍賴ᄒᆞᄂᆞ니라.
敢爲蘇門嘯庶作梁父吟(감위소문소서작양부음)
구틔여 蘇門엣 됫푸라믈 ᄒᆞ리아 거의 梁父吟을 ᄒᆞ노라.

[중간본]

블근 녀르메 더위예 버므러 물곤 아ᄎᆞ미 北녁 수포레 거로라
져근 위안히 노픈 묏부리를 졋ᄂᆞ니 츰을 자바 머흔 뫼해 올오라.
훤히 ᄇᆞ라셔 인는 누늘 延引ᄒᆞ고 飄颻히 섯권 옷기즐 헤혀노라
ᄌᆞᆷᄀᆞ랏는 고기는 므릐 健壯호믈 슬코 ᄂᆞ라가는 새는 구루믜 기푸믈 븟놋다.
짜히 ᄀᆞᆺ업시 크다 니르디 말라 묏 ᄀᆞ놀 인는 ᄃᆡ와 곧디 몯ᄒᆞ니라.
石櫬ㅣ 天下애 ᄀᆞ득ᄒᆞ얏ᄂᆞ니 믈와 뭍과로 ᄡᅳ며 ᄃᆞ마 가져가믈 兼ᄒᆞ놋다.
내 隴首에 오로모로브터 열 히룰 프른 뫼ᄒᆞ로 디나ᄃᆞ니노라.
劒門으로셔 巫峽에 와 브터 훤히 이제 니르런노라.
故園에 사호매 므리 어드워시니 아ᅀᆞ믈 追尋호ᄆᆞᆯ 일후라.
時節ㅣ 바ᄃᆞ라와 消息ㅣ 업스니 늘거가매 도라갈 모ᄋᆞ미 하도다.
有志호 士ㅣ 白日룰 앗기고 오란 나그내는 黃金을 籍賴ᄒᆞᄂᆞ니라.
구틔여 蘇門엣 됫푸라믈 ᄒᆞ리아 거의 梁父吟을 ᄒᆞ노라.

---

1) 버므러 : 얽매이다 2) 위안 : 동산, 전원 3) 졋ᄂᆞ니 : 지다 4) 머흔 : 험한, 궂다 5) 섯권 : 섯긔다, 성기다 6) 헤혀노라 : 헤혜다, 헤치다 7) ᄌᆞᆷᄀᆞ랏는 : ᄌᆞᆷᄀᆞ랏다, 잠기었다 8) 기푸믈 : 기품을, 깊음 9) 붇놋다(븟놋다) : 븟노다, 붓다, 의지하다 10) ᄀᆞ놀 : 그늘 11) 문과로 : 뭍과(육지와) 12) ᄃᆞ마 : 듬다, 담그다 13) ᄀᆞ득ᄒᆞ다 : 가득하다 14) 브터 : 의지하다 15) 니르렛노라 : 이르다 16) 아ᅀᆞ믈 : 아ᅀᆞᆷ, 겨레, 친족, 친척 17) 일후라 : 잃었도다 18) 바ᄃᆞ라와 : 위태롭다 19) 아기곡 : 앗기다, 아끼다 20) 됫푸라믈 : 됫푸람, 휘파람 21) 거싀 : 거의

又上後園山脚
우상후원산각

昔我遊山東憶戲東岳陽(석아유산동억희동악양)
녜 내 山東이 노로니 東岳陽애 노룻ᄒ던 이를 ᄉ랑ᄒ노라.
窮秋立日觀矯首望八荒(궁추립일관교수망팔황)
기픈 ᄀᆞ슬히 日觀애 셔셔 머릴 드러 八荒을 ᄇ라오라.
朱崖著毫髮碧海吹衣裳(주애저호발벽해취의상)
朱崖ㅣ 머리터리 브텃ᄂ 둣고 碧海ㅣ 내 옷 ᄀ외를 부더라.
蓐收困用事玄冥蔚强梁(욕수곤사용현명울강량)
蓐收ㅣ 일호믈 곳가 ᄒ고 玄冥이 蔚然히 세월더라.
逝水自朝宗鎭石各其方(서수자조종진석각기방)
흘러가ᄂ 므리 절로 朝宗ᄒ고 눌럿ᄂ 돌흔 제여곰 그 方所애 잇더라.
平原獨憔悴農力廢耕桑(평원독초췌농력폐경상)
平原이 ᄒ올로 憔悴ᄒ니 녀름짓ᄂ 히미 耕桑을 廢ᄒ도다.
非關風露凋曾是戍役傷(비관풍로조증시수역상)
ᄇᄅᆞᆷ과 이스레 뻐러듀메 關係혼 디 아니라 일즉이 防戍ᄒᄂ 役使애 傷ᄒ애니라
於時國用富足以守邊彊(어시국용부족이수변강)
그 ᄢᅴ 나랏 ᄡᅳᆯ 거시 가ᅀᆞ며러 足히 뻐곰 邊彊을 가져시리러니라.
朝廷任猛將遠奪戎虜場(조정임맹장원탈융노장)
朝廷이 勇猛혼 將軍을 뼈 되 싸홀 머리 가 아ᅀᆞ니라,
到今事反復故老淚萬行(도금사반복고로루만행)

이제 니르리 이리 反復ᄒᆞ니 늘근 사르미 눉므를 萬行으로 흘리놋다.
龜蒙不可見況乃懷故鄕(구몽불가견황내회고향)
龜蒙도 可히 보디 몯ᄒᆞ리로소니 ᄒᆞ물며 故鄕ᄋᆞᆯ ᄉᆞ랑ᄒᆞ리아.
肺萎屬久戰骨出熱中腸(폐위속구전골출열중장)
肝肺ㅣ 이우러 오란 사호매 다ᄃᆞ랫ᄂᆞ니 여위여 쎼 나 中腸ᄋᆞᆯ 덥다노라.
憂來杖匣劒更上林北岡(우래장갑검갱상림북강)
시르미 오거늘 匣 씬 갈ᄒᆞᆯ 디퍼 수플 뒷 뫼예 다시 올오라.
瘴毒猿鳥落峽乾南日黃(장독원조락협건남일황)
더운 毒氣예 납과 새왜 ᄠᅳᆮᄂᆞ니 山峽이 ᄆᆞᄅᆞ니 남녃 힛비치 누르도다.
秋風亦已起江漢始如湯(추풍역기기강한시여탕)
ᄀᆞᅀᆞᆶ ᄇᆞᄅᆞ미 ᄯᅩ ᄒᆞ마 니로ᄃᆡ 江漢ᄋᆞᆫ 비릇 더운 믈 ᄀᆞᆮ도다.
登高欲有往蕩析川無梁(등고욕유왕석천무량)
노폰 ᄃᆡ 올아 나가고져 ᄒᆞ나 헤여뎌 내해 ᄃᆞ리 업도다.
哀彼遠征人去家死路傍(애피원정인거가사로방)
슬프다 뎌 머리 征伐 갯는 사르미 지블 더디고 긼ᄀᆞᅀᅢ 주거
不及父祖塋纍纍塚相當(불급부조영루루총상당)
父祖 무든 ᄃᆡ 밋디 몯ᄒᆞ고 머흣머흐시 무더미 서르 當ᄒᆞ얏도다.

[중간본]

녜 내 山東이 노로니 東岳陽애 노룻ᄒᆞ던 이ᄅᆞᆯ ᄉᆞ랑ᄒᆞ노라.
기픈 ᄀᆞᅀᆞᆯ ᄒᆡ 日觀애 셔셔 머릴 드러 八荒ᄋᆞᆯ ᄇᆞ라오라.
朱崖ㅣ 머리터리 브텃는 둣고 碧海ㅣ 내 옷 ᄀᆞ외ᄅᆞᆯ 부더라.
蓐收ㅣ 일호ᄆᆞᆯ ᄀᆞᆺ바 ᄒᆞ고 玄冥이 蔚然히 셰윗더라.
흘러가는 므리 절로 朝宗ᄒᆞ고 눌럿는 돌흔 제여곰 그 方所애 잇더라.

平原ㅣ ᄒᆞ올로 憔悴ᄒᆞ니 녀름짓ᄂᆞᆫ 히미 耕桑ᄋᆞᆯ 廢ᄒᆞ도다.
ᄇᆞᄅᆞᆷ과 이스레 ᄠᅥ러듀매 關係혼 디 아니라 일즉이 防戍ᄒᆞᄂᆞᆫ 役使애 傷ᄒᆞ얘니라.
그 ᄢᅴ 나랏 ᄡᅳᆯ 거시 가ᄋᆞ며러 足히 ᄡᅥ곰 邊彊ᄋᆞᆯ 가져시리러니라.
朝廷ㅣ 勇猛ᄒᆞᆫ 將軍ᄋᆞᆯ ᄡᅥ 되 싸홀 머리 가 아ᄋᆞ니라,
이제 니르러 이리 反復ᄒᆞ니 늘근 사ᄅᆞ미 눉므를 萬行ᄋᆞ로 흘리놋다.
龜蒙도 可히 보디 몯ᄒᆞ리로소니 ᄒᆞ물며 故鄕ᄋᆞᆯ ᄉᆞ랑ᄒᆞ리아.
肝肺ㅣ 이우러 오란 사호매 다ᄃᆞ랏ᄂᆞ니 여위여 ᄢᅧ나 中腸ᄋᆞᆯ 덥다노라.
시르미 오거늘 匣 낀 갈홀 디퍼 수플 뒷 뫼헤 다시 올오라.
더운 毒氣예 납과 새왜 ᄠᅳᆮᄂᆞ니 山峽ㅣ 무ᄅᆞ니 南녁 힛비치 누르도다.
그ᅀᅳᆯ ᄇᆞᄅᆞ미 ᄯᅩ ᄒᆞ마 니로디 江漢ᄋᆞᆫ 비릇 더운 믈 곧도다.
노ᄑᆞᆫ 디 올아 나가고져 ᄒᆞ나 헤여뎌 내해 드리 업도다.
슬프다 뎌 머리 征伐 갓는 사ᄅᆞᆷㅣ 지블 더디고 깊ᄀᆡ 주거
父祖 무든 디 믿디 몯ᄒᆞ고 머훗머흐시 무더미 서르 當ᄒᆞ얏도다

---

1) 노ᄅᆞᆺᄒᆞ던 : 노ᄅᆞᆺᄒᆞ다, 놀이하다, 장난하다 2) 브텃ᄂ : 의지하는 3) ᄀᆞ외를 : 아랫도리옷을, 치마를 4) ᄀᆞᆺ가 : 가빠하여 5) 세웓더라 : 세웠다, 굳세다 6) 눌럿ᄂ : 누리다(鎭) 7) 제여곰 : 제가끔 8) 녀름짓ᄂ : 농사짓는 9) ᄢᅴ : 때 10) 가ᅀᆞ며러 : 가ᅀᆞ며다, 가멸다, 부하다, 부요하다 11) 아ᅀᆞ니라 : 아ᅀᆞ다, 빼앗다 12) 이우러 : 이울다, 시들다 13) 다ᄃᆞ랫ᄂᆞ니 : 다ᄃᆞ라다, 다다르다 14) ᄢᅧ : 뼈 15) 납 : 원숭이 16) ᄠᅳᆮᄂᆞ니 : ᄠᅳ든다, 든다, 떨어지다 17) 무ᄅᆞ미 : 무ᄅᆞ다, 마르다 18) 니로디 : 니르다, 일어나다 19) 헤여뎌 : 헤여디다, 헤어지다, 흩어지다 20) 내해 : 냇가에(시냇) 21) 더디고 : 더디다, 던지다 22) 머훗머흐시 : 줄줄이, 연이어, 잇달아

信行遠修水筒
신행원수수통

汝性不茹葷淸淨僕失內(여성불여훈청정복실내)
네 性이 내 나는 ᄂ믈홀 먹디 아니ᄒᆞᄂ니 죵이 셔리예 淸淨ᄒ도다.
秉心識本源於事少滯礙(병심식본원어사소체애)
ᄆᆞᅀᆞᆷ 자보믈 근원을 알시 일ᄒᆞ기예 ᄀ린 거시 젹도다.
雲端水筒折林表山石碎(운단수통절림표산석쇄)
구룸 그테 믈 흘리ᄂ 대筒이 뼈디니 수플 밧긔 뫼햇 돌히 븟어디도다.
觸熱藉子修通流如廚會(촉열자자수통류여주회)
더위를 다딜어 가 네 닷고믈 藉賴ᄒᆞ노니 스믓 흘려 브ᅀᅥ베 모다 오게 ᄒᆞ라.
往來四十里荒險崖谷大(왕래사십리황험애곡대)
가며 오미 四十里예 거츨오 險ᄒᆞᆫ 묏고리 크도라.
日曛驚未飡貌赤媿相對(일훈경미손모적괴상대)
나리 져므ᄃᆞ록 밥 몯 머거슈믈 놀라노니 양지 블그니 서르 對ᄒᆞ야셔 붓그리노라.
浮瓜供老病裂餠常所愛 (부과공노병열병상소애)
므레 외를 ᄯᅴ워 늘근 病ᄒᆞᆫ 나를 이받ᄂᆞ니 ᄧᅥᆨ 버혀 주믄 샹녜 ᄉᆞ랑ᄒᆞ논 배니라.
於斯荅忝謹足以殊殿最(어사답첨근족이수전최)
이 ᄧᅥᆨ 주므로 네의 恭謹을 對答ᄒᆞ노니 足히 뼈곰 殿最를 달이 호미니라.
詎要方士符何假將軍佩(거요방사부하가장군패)
어뎨 方士의 符呪을 조ᅀᆞ로이 너기며 어뎨 將軍의 ᄎᆞᆫ 갈홀 빌리오.

行諸直如筆用意崎嶇外(행제직여필용의기구외)
信行이 ᄆᆞᅀᆞᆷ 고도미 붇ᄀᆞᄐᆞ니 머흔 묏 밧긔 ᄠᅳ들 ᄡᅳ놋다.

[중간본]
네 性ㅣ 내 나논 ᄂᆞ믈홀 먹디 아니ᄒᆞᄂᆞ니 죵이 서리예 淸淨ᄒᆞ도다.
ᄆᆞᅀᆞᆷ 자보몰 근원을 알시 일ᄒᆞ기예 ᄀᆞ린 거시 젹도다.
구룺 그테 믈 흘리는 대筒ㅣ ᄲᅧ디니 수플 밧긔 뫼해 돌히 븡어디도다.
더위롤 다딜어 가 네 닷고몰 藉賴ᄒᆞ노니 ᄉᆞᄆᆞᆺ 흘려 브ᅀᅥ베 모다 오게 ᄒᆞ라.
가며 오미 四十里예 거츨오 險ᄒᆞᆫ 묏고리 크도라.
나리 져므ᄃᆞ록 밥 몯 머거슈믈 놀라노니 양지 블그니 서르 對ᄒᆞ야셔 븟그리노라.
믈에 외를 ᄯᅴ워 늘근 病ᄒᆞᆫ 나를 이받ᄂᆞ니 썩 버혀 주믄 샹녜 ᄉᆞ랑ᄒᆞ논 배니라.
이 썩 주므로 네의 恭謹을 對答ᄒᆞ노니 足히 뼈곰 殿最를 다리 호미니라.
어뎨 方士이 符呪을 조오로이 너기며 어뎨 將軍의 츤 갈홀 빌리오.
信行ㅣ ᄆᆞᅀᆞᆷ 고도미 붇 ᄀᆞᄐᆞ니 머흔 묏 밧긔 ᄠᅳ들 ᄡᅳ놋다.

---

1) 내 : 냄새 2) ᄂᆞ믈 : 나물 3) 셔리예 : 사이에 4) ᄀᆞ린 : 그리다, 가리다 5) ᄲᅧ더니 : ᄲᅧ디다, 터지다 6) 븡어디도다 : 븡어디다, 부서지다 7) 다딜어 : 들이받다, 대질리다 8) 브ᅀᅥ베 : 브섭, 부엌 9) 양지 : 모양, 모습 10) 븟그리노라 : 부끄러워하다 11) 이받ᄂᆞ니 : 이받다, 이바지하다, 잔치하다 12) 썩 : 떡 13) 달이 : 달리 14) 조ᄋᆞ로이 : 죵요로이 15) 츤 갈홀 (찬 갈홀) : 찬 칼율 16) 고도미 : 고ᄃᆞ미, 고듬, 곧음 17) 붇 : 붓 18) 머흔 : 험한 19) 배니라 : 바이니라 20) ᄲᅧ곰 : ᄲᅧ+ 곰, 써, -곰(강조의 의미를 지닌 접미사)

引水
인수

月峽瞿塘雲作頂亂石崢嶸俗無井(월협구당운작정란석쟁영속무정)
月峽과 瞿塘애 구루미 묏 그티 드외얏ᄂᆞ니 어즈러운 돌히 놉고 俗人이 우므리 업도다.
雲安沽水奴僕悲魚復移居心力省(운안고수노복비어복이거심력성) 고
雲安앤 므를 사 머글ᄉᆡ 奴僕이 슬터니 魚復애 올마 사로니 ᄆᆞᅀᆞᆷ과 히미 더눗다.
白帝城西萬竹蟠接筒引水喉不乾(백제성서만죽반접통인수후불건)
白帝城ㅅ 西ㅅ녀긔 萬竹이 서롓ᄂᆞ니 대롱올 니서 므를 흘려오니 모기 ᄆᆞᄅᆞ디 아니 ᄒᆞ도다.
人生留滯生理難斗水何直百憂寬(인생유체생리난두수하직백우관)
人生애 머므러슈메 生理 어려우니 ᄒᆞᆫ 말만ᄒᆞᆫ 므른 엇뎨 곧온 시르미 어윌ᄊᆞ니리오.

[중간본]

月峽과 瞿塘애 구루미 묏 그티 <u>드외얏ᄂᆞ니</u> 어즈러운 돌히 놉고 俗人이 우므리 업도다.
雲安앤 <u>믈을</u> 사 머글ᄉᆡ <u>奴僕ㅣ</u> 슬터니 <u>魚腹애</u> 올마 사로니 ᄆᆞ옴과 히미 더눗다.
白帝城ㅅ 西ㅅ<u>녁긔</u> <u>萬竹ㅣ</u> 서롓ᄂᆞ니 대롱올 <u>니어</u> 므를 흘려오니 모기 ᄆᆞᄅᆞ디 아니 ᄒᆞ도다.

人生애 머므러슈매 生理ㅣ 어려우니 흔 말만흔 므른 엇뎨 곧 온 시르미 어윌 쓴ㅣ리오

---

1) 우므리 : 우믈 2) 올마 : 옮아 3) 더놋다 : 더+ 놋다 (-놋다 : -는구나) 4) 서럿ᄂᆞ니 : 서리다(蟠) 5) 어윌 : 어위다, 넓다 6) 사 : 사다, 매매하다, 팔다(沽)

可嘆
가탄

天上浮雲如白衣須臾改變如蒼狗(천상부운여백의수유개변여창구)
하ᄂᆞᆯ 우흿 ᄯᅳᆫ 구루미 힌 옷 ᄀᆞᄐᆞ니 아니 한 더데 고텨 프른 가히 ᄀᆞᆮ도다.
古往今來共一時人生萬事無不有(고왕금래공일시인생만사무불유)
녜 디나가며 이제 오매 다ᄆᆞᆺ ᄒᆞᆫ ᄢᅴ ᄀᆞᄐᆞ니 人生애 萬事ㅣ 엇디 아니혼 거시 업도다
近者抉眼去其夫河東兒女身姓柳(근자결안거기부하동아녀신성류)
요주움 누넷 가시 아ᅀᅡ ᄇᆞ리ᄃᆞ시 그 샤옹ᄋᆞᆯ ᄇᆞᆼ으리와ᄃᆞ니 河東ㅅ 져믄 겨지비 모맷 性이 柳개니라.
丈夫正色動引經酆城客子王季友(장부정색동인경풍성객자왕계우)
丈夫는 ᄂᆞᆺ비츨 正히 ᄒᆞ야 뮈유메 經術을 혀ᄂᆞ니 酆城ㅅ 나그내 王季友ㅣ니라.
群書萬卷常暗誦孝經一通看在手(군서만권상암송효경일통간재수)

몯 글월 萬卷을 長常 외오고 孝經 훈 通을 소내 가져셔 보ᄂ니라.
貧窮老瘦家賣屨好事就之爲携酒(빈궁노수가매구호사취지위휴주)
貧窮ᄒ고 늙고 여위여 지븨셔 시놀 풀어든 일 즐길 사ᄅ미 나ᅀ가더 爲ᄒ야 수를 가지놋다.
豫章太守高帝孫引爲賓客敬頗久(예장태수고제손인위빈객경파구)
豫章員은 高帝ㅅ 孫子ㅣ니 혀다가 손 사마 恭敬호ᄆ 즈모 오래 ᄒ니라.
聞道三年未曾語小心恐懼閉其口(문도삼년미증어소심공구폐기구)
니ᄅ거늘 드로니 三年을 일즉 말 아니ᄒ고 ᄆᅀ물 져기 ᄒ야 저허 그 이블 다ᄃ니라.
太守得之更不疑人生反覆看亦醜(태수득지경불의인생반복간역추)
員은 어더다가 ᄯ 疑心 아니ᄒ야ᄂᆯ 人生애 두위힐호ᄆ을 보니 ᄯ 더럽도다.
明月無瑕豈容易紫氣鬱鬱猶衝斗 (명월무하기용이자기울울유충두)
明月珠ㅣ 허믈 업스니ᄅ 어느 수이 어드리오 블근 氣運이 鬱鬱ᄒ야 오히려 牛斗에 다딜엇도다.
時危可仗眞豪俊二人得置君側否(시위가장진호준이인득치군측부)
時節이 危亂혼 저긔 可히 眞實ㅅ 豪俊을 브톨더니 두 사ᄅ믄 시러곰 님금 겨틔 둘가 몯홀가.
太守頃子領山南邦人思之比父母(태수경자령산남방인사지비부모)
太守ㅣ 뎌주ᅀᅮᇝ 山南을 領ᄒ니 ᄀ옰 사ᄅ미 思慕ᄒ야 父母 ᄀ티 너기더라.
王生早曾拜顔色高山之外皆培塿(왕생조증배안색고산지외대배루)
王生이 일 일즉 顔色ᄋᆞᆯ 절ᄒ니 노푼 묏 밧근 다 효근 뫼히로다.
用爲羲和天爲成用平水土地爲厚(용위희화천위성용평수토지위후)
이 사ᄅ믈 뻐 羲和ᄅᆯ 히면 하ᄂᆞ리 爲ᄒ야 일오 뻐 水土ᄅᆞᆯ 平히오면 ᄯ히

爲ᄒ야 둗거우리로다.
王也論道阻江湖李也疑丞曠前後(광야론도조강호이야의승광전후)
王也ᄂᆞᆫ 道理를 議論ᄒ리어ᄂᆞᆯ 江湖애 벙으러 잇고 李也ᄂᆞᆫ 前疑後丞ㅅ 벼슬홀디어ᄂᆞᆯ 앏뒤히 뷔엿도다.
死爲星辰終不滅致君堯舜焉肯朽(사위성신종불멸치군요순언긍후)
주그면 星辰이 ᄃᆞ외야 ᄆᆞᄎᆞ매 업디 아니ᄒᆞ리니 님그믈 堯舜에 니르위리어니 엇뎨 서그리오.
吾輩碌碌飽飯行風后力牧長回首(오배록록포반행풍후력목장회수)
우리 무른 부ᄉᆞ차 밥 ᄇᆡ브르 먹고셔 ᄃᆞ니노니 風后와 力牧애 기리 머리를 둘어 ᄇᆞ라노라.

[중간본]

하ᄂᆞᆯ 우흿 ᄠᅳᆫ 구루미 힌 옷 ᄀᆞᆮ더니 아니 한 더데 고텨 프른 가히 ᄀᆞᆮ도다.
녜 디나가며 이제 오매 다ᄆᆞᆺ ᄒᆞᆫ ᄢᅵ ᄀᆞᄐᆞ니 人生애 萬事ㅣ 엇디 아니ᄒᆞᆫ 거시 업도다
요주움 누넷 가시 <u>아아 ᄇᆞ리ᄃᆞ시</u> 그 샤옹ᄋᆞᆯ 벙으리와ᄃᆞ니 河東ㅅ 져믄 겨지비 모맷 <u>性</u>ㅣ 柳개니라.
丈夫ᄂᆞᆫ ᄂᆞᆺ비츨 正히 ᄒᆞ야 뮈유메 經術을 혀ᄂᆞ니 鄠城ㅅ 나그내 王季友ㅣ니라.
묀 글월 萬卷을 長常 외오고 孝經 ᄒᆞᆫ 通ᄋᆞᆯ 소내 가져셔 보ᄂᆞ니라.
貧窮ᄒ고 늙고 여위여 지븨셔 <u>시늘 프르든</u> 일 즐길 사ᄅᆞ미 <u>나아가더</u> 爲ᄒ야 수를 가지놋다.
豫章員ᄋᆞᆫ 高帝ㅅ 孫子ㅣ니 혀다가 손 사마 <u>恭敬호믈</u> ᄌᆞ모 오래 ᄒᆞ니라.
니르거늘 드로니 三年을 일즉 말 아니ᄒ고 <u>ᄆᆞᄋᆞᄆᆞᆯ</u> 져기 ᄒᆞ야 저허 그 이

블 다두니라.

員은 어더다가 쏘 疑心 아니ᄒᆞ야놀 人生애 두위힐후믈 보니 쏘 더럽도다. 明月珠ㅣ 허믈 업스니를 어느 수이 어드리오 블근 氣運ㅣ 鬱鬱ᄒᆞ야 오히려 牛斗에 다딜엇도다.

時節ㅣ 危亂ᄒᆞᆫ 저긔 可히 眞實ㅅ 豪俊을 브톨더니 두 사ᄅᆞ미 시러곰 님금 겨틔 둘가 몯홀가.

太守ㅣ 져주움ᄢᅴ 山南을 領ᄒᆞ니 그옰 사ᄅᆞ미 思慕ᄒᆞ야 父母 그티 너기더라.

王生ㅣ 일 일즉 顔色을 절ᄒᆞ니 노푼 묏 밧근 다 효근 뫼히로다.

이 사ᄅᆞᆷ을 ᄡᅥ 羲和ᄅᆞᆯ 히면 하ᄂᆞᆯ히 爲ᄒᆞ야 일오 ᄡᅥ 水土ᄅᆞᆯ 平히오면 짜히 爲ᄒᆞ야 둗거오리로다.

王也는 道理ᄅᆞᆯ 議論ᄒᆞ리어늘 江湖애 병으러 잇고 李也는 前疑後丞ㅅ 벼슬홀디어늘 앏뒤히 뷔엿도다.

주그면 星辰ㅣ ᄃᆞ외야 ᄆᆞᄎᆞ매 업디 아니ᄒᆞ리니 님금을 堯舜에 니르위리어니 엇뎨 서그리오.

우리 무른 ᄇᆞᄋᆞ차 밥 비브르 먹고셔 ᄃᆞ니노니 風后와 力牧애 기리 머리를 도라 ᄇᆞ라노라.

---

1) 가히 : 개 2) 더뎨 : 덛에(덛 : 때, 동안) 3) ᄢᅴ : 때 4) 요주움 : 요즈음 5) 가시 : 가시 6) 아ᅀᅡ : 빼앗아 7) 샤옹 : 남편 8) 벙으리와ᄃᆞ니 : 벙으리왇다, 떠나게 하다 9) 혀ᄂᆞ니 : 혀다, 끌다 10) 플어든 : 풀다, 팔다 11) 조모 : 자못 12) 저허 : 저허ᄒᆞ다, 두려워하다, 저어하다 13) 두위힐호믈 : 두위힐호다, 엎치락뒤치락하다, 되풀이 하다 14) 브톨더니 : 브톰, 붙음, 의지함 15) 더주움ᄢᅴ : 그즈음께 16) 효근 : 작다 17) 둗거우리로다 : 둗거움, 두꺼움 18) 벙으러 : 벙으리다, 벌어지다, 벌리다 19) 니르위리어니 : 니르위다, 이르게 하다 20) 서그리오 : 석다, 썩다(朽) 21) ᄇᆞᄋᆞ차 : ᄇᆞᄋᆞ차다, 자질구레하다, 보잘것없다 22) 둘어(도라) : 도라 23) 다딜엇도다 : 다디르다, 들이받다, 대지르다

火
화

楚山經月火大旱則斯擧(초산경월화대한즉사거) 거
楚ㅅ 뫼해 흔 ᄃᆞ리 디나ᄃᆞ록 블 부티ᄂᆞ니 큰 ᄀᆞᄆᆞ리어든 이어롤 드러 ᄒᆞᄂᆞ니라.

舊俗燒蛟龍驚惶致雷雨(구속소교룡경황치뢰우)
녯 風俗이 蛟龍ᄋᆞᆯ ᄉᆞ라 놀래여 雷雨를 닐위ᄂᆞ니라.

爆嵌魑魅泣崩凍嵐陰昈(폭감이매읍붕동람음호)
바횟 굼긔 ᄧᆡ니 魑魅ㅣ 울오 언 ᄯᅡ히 므르드르니 雲嵐ㅅ 어드운 디 븕도다.

羅落沸百泓根源皆萬古(나락비백홍근원개만고)
버러 드러 온 므리 븕괴ᄂᆞ니 根源은 다 萬古적브테로다.

靑林一灰燼雲氣無處所(청림일회신운기무처소)
프른 수프리 ᄒᆞᆫ갈ᄋᆞ티 ᄌᆡ ᄃᆞ외니 구룸 氣運이 브터슐 ᄯᅡ히 업도다.

入夜殊赫然新秋照牛女(입야수혁연신추조우녀)
바미 드러 ᄀᆞ장 赫然ᄒᆞ니 새 ᄀᆞᅀᆞᆯ히 牛女ㅅ 벼레 비취옛도다.

風吹巨焰作河棹騰烟柱(풍취거염작하도등연주)
ᄇᆞᄅᆞ미 부러 큰 븘비치 니르와ᄃᆞ니 ᄀᆞᄅᆞ매 가ᄂᆞᆫ 비치 닛 기디 ᄂᆞ놋다.

勢欲樊崐崙光彌焮洲渚(세욕번곤륜광미흔주저)
양ᄌᆞᄂᆞᆫ 崑崙山ᄋᆞᆯ 브틸 ᄃᆞᆺᄒᆞ고 비츤 더욱 뭀ᄀᆞᅀᅴ ᄧᅬ엿도다.

腥至燋長蛇聲吼纏猛虎(성지초장사성후전맹호)
비린내 니르러 오니 긴 ᄇᆡ야미 블븥고 소리 우르니 모딘 버미 브레 버므릿도다.

神物已高飛不見石與土(신믈이고비불견셕여토)
神物이 ᄒᆞ마 노피 ᄂᆞ니 돌콰 흘글 보디 몯ᄒᆞ리로다.
爾寧要謗讟憑此近熒侮(이녕요방독빙차근형모)
네 엇뎨 ᄂᆞ미 구숑호믈 要求티 아니ᄒᆞ리오 이롤 브터호미 므던히 너교매 갓갑도다.
薄關長吏憂甚昧至精主(박관장이우심매지졍주)
關애 미처 오니 長吏 시름ᄒᆞ니 至極ᄒᆞᆫ 精誠이 읏드믠 고돌 甚히 아ᄃᆞ기 모ᄅᆞᄂᆞ다.
遠遷誰撲滅將恐及環堵(원천수박멸장공급환도)
머리 올마 가매 뉘 뎌 ᄢᅥ부리리오 내 지븨 미처 올가 將次ㅅ 젇노라.
流汗臥江亭更深氣如縷(류한와강졍경심기여루)
ᄯᆞᆷ 흘리고 ᄀᆞᄅᆞᆷ 亭子애 누워 이슈니 更點이 기프니 氣運이 실낫 곧도다.

[중간본]

楚ㅅ 뫼해 ᄒᆞᆫ ᄃᆞ리 디나도록 블 부티ᄂᆞ니 큰 ᄀᆞ모리어든 의이롤 드러 ᄒᆞᄂᆞ니라.
녯 風俗ㅣ 蛟龍올 ᄉᆞ라 놀래여 雷雨를 닐위ᄂᆞ니라.
바횟 굼긔 ᄢᅬ니 魑魅ㅣ 울오 언 ᄯᅡ히 므르드르니 雲嵐ㅅ 어드운 ᄃᆡ 붉도다.
버러 드러 온 므리 붑괴ᄂᆞ니 根源은 다 萬古적브테로다.
프른 수프리 ᄒᆞᆫ골ᄋᆞ티 지 드외니 구룺 氣運ㅣ 브터슐 ᄯᅡ히 업도다.
바미 드러 ᄀᆞ장 赫然ᄒᆞ니 새 ᄀᆞ올히 牛女ㅅ 벼레 비취엿도다.
ᄇᆞᄅᆞ미 부러 큰 블비치 니르와ᄃᆞ니 ᄀᆞᄅᆞ매 가는 비치 닛 기디 ᄂᆞᆺ다.
양ᄌᆞ는 崑崙山올 브틸 둣ᄒᆞ고 비츤 더욱 믉ᄀᆞ이 ᄢᅬ엿도다.
비린내 니르러 오니 긴 ᄇᆡ야미 블 븓고 소리 우르니 모딘 범ㅣ 브레 버므렷도다.

神物ㅣ ᄒᆞ마 노피 ᄂᆞ니 돌콰 홀글 보디 몯ᄒᆞ리로다.

네 엇뎨 ᄂᆞ미 구숑호ᄆᆞᆯ 要求티 아니ᄒᆞ리오 이롤 브터호미 므던히 너교매 갓갑도다.

關애 미처 오니 長吏 시름ᄒᆞᄂᆞ니 至極ᄒᆞᆫ 精誠이 웃드민 고ᄃᆞᆯ 甚히 아ᄃᆞ기 모로놋다.

머리 올마가매 뉘 뎌 뻐ᄇᆞ리리오 내 지븨 미처 올가 將次ㅅ 젼노라.

ᄯᆞᆷ 흘리고 ᄀᆞᇫ 亭子애 누워 이슈니 更點이 기프니 氣運ㅣ 실낫 ᄀᆞᆮ도다.

_____

1) ᄀᆞ모리어든 : ᄀᆞ믈, 가물, 가뭄 2) 이어를(이 이를) : 이 일을, '이어를'에서 '-어-'는 '-이'의 오기인 듯함 3) 소라 : 솔다, 사르다 4) 닐위ᄂᆞ니라 : 닐위다, 이루다(致) 5) 굼긔 : 구멍, 굴 6) ᄲᅩ니 : ᄲᅩ다, 쬐다 7) 므르드르니 : 므르듣다, 무너져 떨어지다, 무르게 되어 떨어지다 8) 버러 : 벌다, 벌이다, 늘어서다 9) 붑괴ᄂᆞ니 : 붑괴다, 끓어 뒤섞이다(沸) 10) ᄒᆞᆯ오티 : 한결같이 11) ᄌᆡ(灰) 12) 브텨슐 : 브터, 붙어, 의지하다 13) 니르와ᄃᆞ니 : 니르왇다, 일으키다 14) 비치 : 상앗대에, 노에 15) ᄂᆡᆺ : 연기, 안개 16) 기디 : 길, 기둥 17) 양ᄌᆞ : 자세, 모양, 태도 18) 브틸 : 브티다, 붙이다 19) 믌ᄀᆞᅀᅵ : 물가에 20) 쐬엿다 : 쐬다, 쬐다 21) 비야미 : 뱀 22) 버므릿도다 : 버므리다, 얽매다 달려들다, 걸리다 23) 블븓고 : 블ㅅ 다, 불붙다 24) 구숑호ᄆᆞᆯ : 구숑ᄒᆞ다, 꾸중하다 25) 웃드민 : 웃듬, ᄋᆞ뜸, 밑동, 근본 26) 아ᄃᆞ기 : 아득, 아득히 27) 뎌 : 치다 28) 뻐ᄇᆞ리리오 : 꺼버리다 29) 젼노라 : 두려워하다

曲江三章章五句
곡강삼장장오구

曲江蕭條秋氣高菱荷枯折隨風濤遊子空嗟垂二毛(곡강소조추기고릉하고절수풍도유자공차수이모)
曲江이 蕭條ᄒ고 ᄀᆞᆶ 氣運이 노ᄑᆞ니 말왐과 蓮ㅅ 고지 이우러 것거뎌 ᄇᆞᄅᆞ맷 믌겨를 좃ᄂᆞ니 노니는 子ㅣ 혼갓 두 터리 드려슈믈 슬노라.
白石素沙亦相蕩哀鴻獨叫求其曹(백석소사역상탕애홍독규구기조)
힌 돌콰 힌 몰애 ᄯᅩ 서르 헤여뎻ᄂᆞ니 슬픈 그려기 ᄒᆞ오ᅀᅡ 우러셔 제 무를 얻놋다.
卽事非今亦非古長歌激越捎林莽比屋豪華固難數(즉사비금역비고장가격월소림망비옥호화고난수)
곧 이른 이젯 이리 아니며 ᄯᅩ 녯 이리 아니가 긴 놀앳 소리 激越ᄒᆞ야 수프를 ᄀᆞ리텨 가ᄃᆞ니 니ᅀᅳᆫ 지븨 豪華호ᄆᆞᆯ 여믓혜요미 어렵더니라.
吾人甘作心似灰弟姪何傷淚如雨(오인감작심사회제질하상루여우)
나는 ᄆᆞᅀᆞ미 ᄌᆡᄀᆞ티 ᄃᆞ외요ᄆᆞᆯ 둘히 너기거시니 아ᅀᆞ와 아ᄎᆞᆫ아ᄃᆞᆯ룰 므슴 슬허 눉므를 비ᄀᆞ티 흘리가니오.
自斷此生休問天杜曲幸有桑麻田故將移住南山邊(자단차생휴문천두곡행유상마전고장이주남산변)
이 生올 내 決斷홀디라 하ᄂᆞᆯ긔 묻디 마롤 디니 杜曲애 幸혀 桑麻ㅅ 바티 잇ᄂᆞ니 무러 將次ㅅ 南山ㅅ ᄀᆞᅀᅢ 올마가 이슈리라.
短衣匹馬隨李廣看射猛虎終殘年(단의필마수이광산사맹호종잔년)
뎌른 옷과 ᄒᆞᆫ ᄆᆞ로 李廣올 조차 모딘 범 소물 보와셔 衰殘ᄒᆞᆫ 니홀 마초리라.

[중간본]

曲江이 蕭條ᄒ고 ᄀᆞᆳ 氣運ㅣ 노ᄑᆞ니 말왐과 蓮ㅅ 고지 이우러 것거뎌
ᄇᆞᄅᆞ맷 믌겨를 좇ᄂᆞ니 노니는 子ㅣ 훈갓 두 터리 드려슈믈 슬노라.
힌 돌콰 힌 몰애 ᄯᅩ 서르 헤여뎻ᄂᆞ니 슬픈 그려기 호오아 우러셔 제 무룰
언ᄂᆞ도다.
곧 이론 이젯 이리 아니며 ᄯᅩ 녯 이리 아니가 긴 노랫소리 激越ᄒ야 수프
를 ᄀᆞ리텨 가더니 ᄂᆞ은 지븨 豪華호믈 여믓혜요미 어렵더니라.
나는 모ᄋᆞ미 지ᄀᆞ티 두외요믈 돌히 너기거시니 아ᄋᆞ와 아ᄎᆞᆫ아들룰 ᄆᆞ슴
슬허 눈므룰 비ᄀᆞ티 흘리거니오.
이 生을 내 決斷홀디라 하ᄂᆞᆰ긔 묻디 마롤디니 杜曲애 幸혀 桑麻ㅅ 바티
인ᄂᆞ니 부러 將次ㅅ 南山ㅅ ᄀᆞ애 올마가 이슈리라
뎌른 옷과 훈 몰로 李廣을 조차 모딘 범 소믈 보와셔 衰殘훈 나홀 마초리라

1) 말왐 : 마름 2) 이우러 : 이울다, 시들다 3) 드려슈믈 : 드려슘, 들여(垂) 4) 헤여뎻ᄂᆞ니 : 헤여디다 5) 호오
아 : 홀로, 혼자 6) ᄀᆞ리텨 : ᄀᆞ리티다, 후리다, 공략하다, 후리치다 7) 여믓혜요미 : 여믓 + 혜요미, 여믓= 진실
로, 본디, 혜요미= 혜욤, 헤아림, 여믓혜요미 : 진시로 헤아림 8) 지 : 재(灰) 9) 돌히 : 달게(甘) 10) 아ᄋᆞ : 아우
11) 아ᄎᆞᆫ아들 : 조카 12) 뎌른 : 짧은 13) 소믈 : 솜올, 쏨을 14) 니홀(나홀) : 나이를 15) 언놋다 : 얻다, 구하다

三韻三篇
삼운삼편

高馬勿捶面長魚無損鱗(고마물추면장어무손린)
노폰 무룰 쌔물 티디 말며 긴 고기룰 비눌히야 부리디 말라.
辱馬馬毛焦困魚魚有神(욕마마모초곤어어유신)
무룰 辱ᄒ면 몰터리 고ᄉ믜오 고기룰 困히 오면 고기 神異호미 잇ᄂ니라.
君看磊落士不肯易其身(군간뢰락사불긍이기신)
그듸는 磊落ᄒᆫ 사ᄅᆞ믈 보라 제 몸 輕易히 호믈 즐기디 아니ᄒᄂ니라.
蕩蕩萬斛船影若搖白虹(탕탕만곡선영약요백홍)
큰 萬斛 싣는 ᄇᆡ 그르메 힌 므지게 이어는 둣ᄒᄂ니
起檣必椎牛掛席集衆功(기장필추우괘석집중공)
짒대 셸 제 반ᄃᆞ시 쇼룰 텨 주겨 이받곡 돗 둘제 모든 功ᄋᆞᆯ 뫼호ᄂ니라.
自非風動天莫置大水中(자비풍동천막치대수중)
스싀로 ᄇᆞᄅᆞ미 하ᄂᆞᆯ훌 뮈우는 저기 아니면 큰 믌 가온ᄃᆡ 두디 몯ᄒᄂ니라.
烈士惡多門小人自同調(열사오다문소인자동조)
烈士는 門 하믈 아쳗고 小人은 스싀로 ᄆᆞᄉᆞ미 ᄒᆞᆫ가지니라.
名利苟可取殺身傍權要(명리구가취살신방권요)
名利룰 진실로 可히 어들 거시면 모미 주글 ᄯᆞ니언뎡 權要룰 븓ᄂ니라.
何當官曹淸爾輩堪一笑(하당관조청이배감일소)
어느 저긔 마ᄉᆞ리 묽골고 너희 무른 ᄒᆞᆫ 번 우ᅀᅥᆷ직ᄒ도다.

[중간본]

노푼 므룰 싸몰 티디 말며 긴 고기룰 비눌히야 부리디 말라.
므룰 辱ᄒ면 몰터리 고ᄉ미오 고기룰 困히 오면 고기 神異호미 잇ᄂ니라.
그디ᄂ 磊落ᄒ 사ᄅ몰 보라 제 몸 輕易히 호몰 즐기디 아니ᄒᄂ니라.
큰 萬斛 싣ᄂ 비 그ᄅ메 ᄒᆫ 므지게 이어ᄂ 돗ᄒ니ᄂ
짒대 셀 제 반ᄃ시 쇼룰 텨 주겨 이받고 돗 둘제 모ᄃᆫ 功올 뫼호ᄂ니라.
스싀로 ᄇᆞ루미 하놀홀 뮈오ᄂ 저기 아니면 큰 믌 가온대 두디 몯ᄒᄂ니라.
烈士ᄂ 門 하ᄆᆞᆯ 아쳗고 小人은 스싀로 ᄆᆞᄋᆞ미 ᄒᆞ가지니라.
名利ᄅᆞᆯ 진실로 可히 어들 거시면 모미 주글 ᄲᆞ니언뎡 權要룰 븓ᄂ니라.
어느 저긔 마ᄋᆞ리 몰곧고 너희 물은 ᄒᆞᆫ 번 우엄즉ᄒ도다.

―――――――

1) 싸ᄆᆞᆯ : 샘, 뺨. 2) 고ᄉ미오 : 고ᄉ미다, 타다(焦). 3) 그ᄅ메 : 그림자 4) 므지게 : 무지개 5) 이어ᄂ : 흔들다 6) 짒대 : 돛대, 장대 7) 이받곡 : 이바디, 잔치 8) 뫼호ᄂ니라 : 뫼호다, 모으다 9) 아쳗고 : 아쳗다, 싫어하다 10) 마ᄋᆞ리 : 마을, 관청 11) 우엄직ᄒ도다 : 우어, 웃어, 우ᅀᅮᆷ, 웃음 12) 비ᄂᆞᆯ : 비늘

示獠奴阿段

시료노아가

獠ᄂ 夷種이라.

山木蒼蒼落日曛竹竿嫋嫋細泉分(산목창창낙일훈죽간뇨뇨세천분)
뫼햇 남기 퍼러ᄒ고 디ᄂ ᄒᆡ 어듭ᄂ니 댓나치 움즈기니 ᄀᆞᄂ 시믈 ᄂᆞ화

흘리놋다.

郡人入夜爭餘瀝稚子尋源獨不聞(군인입야쟁여력치자심원독불문)

ㄱ옰 사ᄅ미 바믜 드러나모 ᄠᅳ든ᄂ 므를 ᄃ토ᄂ니 져믄 아ᄒ 믌츌홀 ᄎ자 가니 ᄒ올로 듣디 몯ᄒ리로다.

病渴三更回白首傳聲一注濕淸雲(병갈삼경회백수전성일주습청운)

목 ᄆᆞ른 病ᄒ야 三更애 셴 머리를 횟돌아 ᄇ라다니 소리 傳ᄒ야 ᄒᆞᆫ 브ᅀᅥ 흘러오ᄂ 거시 프른 구루믈 저지놋다.

曾驚陶侃胡奴異怪爾常穿虎豹群(증경도간호노이괴이상천호표군)

陶侃이 되죵이 奇異호믈 일즉 놀라다니 네 長常 虎豹의 무를 들워 ᄃ뇨 믈 怪異히 너기노라.

[중간본]

뫼해 남기 퍼러ᄒ고 디ᄂ ᄒᆡ 어듭ᄂ니 댓낮치 움즈기니 ᄀᆞᄂ 심울 눈화 흘리놋다.

ㄱ옰 사ᄅ미 바믜 드러나모 ᄠᅳ든ᄂ 므를 ᄃ토ᄂ니 져믄 아ᄒ 믌츌홀 ᄎ자 가니 ᄒ올로 듣디 몯ᄒ리로다.

목 ᄆᆞ른 病ᄒ야 三更에 셴 머리를 횟도라 ᄇ라다니 소리 傳ᄒ야 ᄒᆞᆫ 브ᅀᅥ 흘러오ᄂ 거시 프른 구루믈 저지놋다.

陶侃이 되죵이 奇異호믈 일즉 놀라더니 네 長常 虎豹의 무를 들워 ᄃ뇨 믈 怪異히 너기노라.

---

1) 움즈기니 : 움즈기다, 움직이다 2) 시믈 : 심, 샘 3) 눈화 : 나누어 4) ᄠᅳ든ᄂ : 든ᄂ(떨어지는) 5) 믌츌 : 물의 근원 6) ᄇ라다니 : 바라다, 바라보다 7) 브ᅀᅥ : 부어, 붓다 8) 저지놋다 : 저지다, 적시다 9) 들워 : 뚫어

白露
백로

白露團甘子淸晨散馬蹄(백로단감자청신산마제)
힌 이스리 甘子애 돌랴오니 물곤 새배 물바롤 흐러 돌이노라.
圃開連石樹船渡入江溪(포개연석수선도입강계)
圃롤 여니 돌콰 남기 니엣ᄂ니 비로 건나 ᄀ롭과 시내로 드로라.
憑几看魚樂廻鞭急鳥樓(빙궤산어락회편급조루)
几룰 비겨셔 고기의 즐규믈 보고 채룰 횟돌아 새 기세 들어놀 썔리 오노라.
漸知秋實美幽徑恐多蹊(점지추실미유경공다혜)
ᄀ옰 여르믜 됴호믈 漸漸 아노니 幽深흔 길헤 해 길 낼가 전노라.

[중간본]

힌 이스리 甘子애 돌라오니 물곤 새배 물바롤 흐러 돌이노라.
圃롤 여니 돌콰 남기 니엇ᄂ니 비로 건나 ᄀ롭과 시내로 드로라.
几룰 비겨셔 고기의 즐규믈 보고 채룰 횟돌라 새 기세 들어놀 썔리 오노라.
ᄀ옰 여르믜 됴호믈 漸漸 아노니 幽深흔 길헤 해 길 낼가 전노라.

---

1) 물부롤 : 말발을 2) 흐러 : 흩어 3) 기세 : 깃에, 둥지에 4) 비겨셔 : 비기다, 의지하다, 기대다 5) 여르믜 : 여름, 열매 6) 전노라 : 두려워하다

擣衣
도의

亦知戍不返秋至拭淸砧(역지수불반추지식청침)
쏘 防戍ᄒ리 도라오디 몯호ᄆᆞᆯ 아라 ᄀᆞᅀᆞᆯ히 니르거늘 몰곤 방하ᄅᆞᆯ 슷놋다.
已近苦寒月況經長別心(이근고한월황경장별심)
ᄒᆞ마 심히 치운 ᄃᆞ리 갓갑거늘ᅀᅡ ᄒᆞ물며 기리 여희옛ᄂᆞᆫ ᄆᆞᅀᆞᄆᆞᆯ 디내요미ᄯᆞ녀.
寧辭擣衣倦一寄塞垣深(영사도의권일기새원심)
옷 디호ᄆᆞᆯ 굿부다 엇뎨 말이오 塞垣이 기픈 ᄃᆡ ᄒᆞᆫ 번 브텨 보내오져 ᄒᆞ놋다.
用盡閨中力君聽空外音(용진규중력군청공외음)
閨中엣 히믈 다 ᄡᅳᄂᆞ니 그듸는 虛空 밧긧 소리를 드르라.

[중간본]

쏘 防戍ᄒ리 도라오디 몯호ᄆᆞᆯ 아라 ᄀᆞ올히 니르거늘 몰곤 방하ᄅᆞᆯ 슷놋다.
ᄒᆞ마 심히 치운 ᄃᆞ리 갓갑거늘아 ᄒᆞ물며 기리 여희옛ᄂᆞᆫ ᄆᆞ음을 디내오미ᄯᆞ녀.
옷 디호ᄆᆞᆯ 굿부다 엇디 말이오 塞垣ㅣ 기픈 ᄃᆡ ᄒᆞᆫ 번 브텨 보내오져 ᄒᆞ놋다.
閨中엣 히믈 다 ᄡᅳᄂᆞ니 그듸는 虛空 밧ᄭᅴ 소리를 드르라.

---

1) 방하 : 방아 2) 슷놋다 : 슷다, 씻다, 닦다 3) 디내요미ᄯᆞ녀 : ᄯᆞ녀, 랴, 이랴 4) 디호무 : 짓다 5) 굿부다 : 굿부다, 가쁘다, 고단하다 6) 브텨 : 의지하다

少年行 二首
소년행 이수

莫笑田家老瓦盆自從盛酒長兒孫(막소전가노와분자종성주장아손)
녀름짓논 지븻 늘근 디새 盆을 웃디 말라 술 다마 머구므로브터 子孫이 주라거다.
傾銀注玉驚人眼共醉終同臥竹根(경은주옥경인안공취종동와죽근)
銀을 기우리며 玉으로 브어 사르미 누늘 놀래언마룬 다뭇 醉ᄒᆞ야 댓 불휘예 누워쇼믄 ᄆᆞᄎᆞ매 ᄒᆞᆫ가지니라.
巢燕養雛渾去盡江花結子已無多(소연양추혼거진강화결자이무다)
기셋 져비 삿기 쳐 다 나가몰 ᄆᆞᄎᆞ니 ᄀᆞᄅᆞ맷 고즌 여름 미즌 거시 ᄒᆞ마 하디 아니ᄒᆞ도다.
黃衫年少來宜數不見堂前東逝波(황삼년소래의수불견당전동서파)
黃衫 니븐 나 져믄 사ᄅᆞ미 오몰 조조 호미 맛당ᄒᆞ니 堂 알ᄑᆡᆺ 東으로 가는 믌겨를 보디 아니ᄒᆞᄂᆞᆫ다.

[중간본]

녀름짓논 지븨 늘근 디새 盆을 웃디 말라 술 다마 머구므로브터 子孫ㅣ 주라거다.
銀을 기우리며 玉으로 브어 사ᄅᆞ미 누늘 놀래언마논 다뭇 醉ᄒᆞ야 댓 불휘예 누워쇼믄 ᄆᆞᄎᆞ매 ᄒᆞᆫ가지니라.
기셋 져비 삿기 쳐 다 나가몰 ᄆᆞᄎᆞ니 ᄀᆞᄅᆞ맷 고즌 여롬 미즌 거시 ᄒᆞ마 하디 아니ᄒᆞ도다.

黃衫 니븐 나 져믄 사르믄 오물 즈조 호미 맛당하니 堂 알핏 東으로 가는
믌겨를 보디 아니하는다.

---

1) 녀름짓는 : 농사짓는 2) 디새 : 기와(지새) 3) 불휘 : 뿌리 4) 기셋 : 깃에, 둥지에 5) 여름 : 열매 6) 미즌 : 맺다 7) 나 : 나이

少年行
소년행

馬上誰家白面郎臨階下馬坐人床(마상수가백면랑임계하마좌인상)
물 우희 뉘 짓 ᄂᆞ친 郎고 階砌을 디러 물 브려 사ᄅᆞ미 床애 안ᄂᆞ다.
不通姓字麤豪甚指點銀瓶索酒嘗(불통성자추호심지점은병색주상)
姓字를 니르디 아니하야 멀티우미 甚하니 銀瓶을 ᄀᆞ르쳐 수를 달라 하야
먹ᄂᆞ다.

[중간본]

물 우희 뉘 짓 ᄂᆞ친 郎고 階砌를 디러 물 브려 사ᄅᆞ미 床애 안ᄂᆞ다.
姓字를 니르디 아니하야 멀티우미 甚하니 銀瓶을 ᄀᆞ르쳐 수를 달라 하야
먹ᄂᆞ다

---

1) 디러 : 임하여 2) 브려 : 부리다 3) 니르디 : 말하다 4) 멀티우미 : 멀티움, 거칢 5) ᄂᆞ : 낯

絶句 六首
절구 육수

日出籬東水雲生舍北泥(일출리동수운생사북니)
힌는 욼 東녁 므레셔 돋고 구루믄 집 北녁 흘기셔 나놋다.
竹高鳴翡翠沙僻舞鵾雞(죽고명비취사벽무곤계)
대 노프니 翡翠ㅣ 울오 몰애 幽僻ᄒ니 鵾雞ㅣ 춤츠놋다.
藹藹花蘂亂飛飛蜂蝶多(애애화예란비비봉접다)
藹藹ᄒᆞᆫ 곳부리 어즈럽고 飛飛ᄒᆞ는 버리와 나뵈왜 하도다.
幽棲身懶動客至欲如何(유서신라동객지욕여하)
幽深히 사로매 몸 뮈우믈 게을이 ᄒ노니 소니 오거든 엇뎨 ᄒ려뇨
急雨捎溪足斜暉轉樹腰(급우소계족사휘전수요)
ᄲᆞ른 비는 시냇 발로 ᄀᆞ리텨 가고 빗근 힛 비츤 나못 허리로 올마 가놋다
隔巢黃鳥並翻藻白魚跳(격소황조병번조백어도)
기슬 주움처 누른 새 글와 안잣고 말와매 두위이저 힌 고기 뛰놋다
鑿井交棪葉開渠斷竹根(착정교종엽개거단죽근)
우므를 ᄑᆞ고 棪나못 니플 서르 ᄭᅵᆯ오 渠를 여루려라 ᄒᆞ야 댓 불휘를 긋노라
扁舟輕裊纜小徑曲通村(편주경뇨람소경곡통촌)
져근 ᄇᆡ예 보ᄃᆞ라온 주리 가ᄇᆡ야ᄋᆞ니 져근 길흔 굽구뤼여 마ᄋᆞᆯ히 ᄉᆞᄆᆞᆺ찻도다.
舍下笋穿壁庭中藤刺簷(사하순천벽정중등자첨)
집 아래 竹笋이 ᄇᆞ르ᄆᆞᆯ 들윘고 ᄠᅳᆯ 가온ᄃᆡ 藤이 집 기슬글 뻴엇도다.
地晴絲冉冉江白草纖纖(지청사염염강백초섬섬)
ᄯᅡ히 개니 노는 시리 어른어른ᄒ고 ᄀᆞᄅᆞ미 희니 프리 ᄀᆞᄂᆞ랫도다.

江動月移石溪虛雲傍花(강동월이석계허운방화)
그루미 뮈니 돐비치 돌해 옮고 시내히 뷔니 구루미 고지 바랏도다
鳥樓知故道帆過宿誰家(조루지고도범과숙수가)
새 기세 녯 길훌 아라보노니 빗돗기 디나가 뉘 지븨 자려뇨

　　　　　　　　　[중간본]

히눈 옰 東녁 므레셔 돗고 구루믄 집 北녁 홀기셔 나놋다.
대 노푸니 翡翠ㅣ 울오 몰애 幽僻ᄒ니 鷓雞ㅣ 춤츠놋다.
譪譪ᄒᆞᆫ 곳부리 어즈럽고 飛飛ᄒᄂᆞᆫ 버리와 나뵈왜 하도다.
幽深히 사로매 몸 뮈우믈 게을ㅣ ᄒ노니 소니 오거든 엇디 ᄒ려뇨
ᄲᆞᄅᆞᆫ 비는 시냇 발로 그리텨 가고 빗긴 힛 비츤 나못 허리로 올마 가놋다
기슬 즈움쳐 누른 새 골와 안잣고 말와매 두위이저 ᄒᆞᆫ 고기 뛰놋다
우므를 프고 棕나못 니플 서르 쁠오 渠를 여루러라 ᄒ야 댓 불휘를 긋노라
져근 비예 보ᄃᆞ라온 주리 가ᄇᆡ야오니 져근 길흔 굽구뤼여 마ᄋᆞᆯ히 ᄉᆞ못찻도다.
집 아래 竹笋ㅣ 부ᄅᆞ믈 들웟고 뜰 가온ᄃᆡ 藤ㅣ 집 기슬글 뛜엇도다.
ᄯᅡ히 개니 노ᄂᆞᆫ 시리 어른어른ᄒ고 그루미 히니 프리 그누랏도다.
그루미 뮈니 돐비치 돌해 옮고 시내히 뷔니 구루미 고지 바랏도다
새 기세 녯 길훌 아라보노니 빗돗기 디나가 뉘 지븨 자려뇨

----
1) 곳부리 : 꽃부리(꽃을 이루는 가장 아름다운 부분으로, 한 송이 꽃의 꽃잎 전체를 이르는 말) 2) 버리 : 벌
3) 나뵈 : 나비 4) 뮈우믈 : 뮈다, 움직이다, 뮈움, 움직임 5) 그리텨 : 후려쳐 6) 빗근 : 비스듬한 7) 주슘쳐
: 주슘츠다, 격(隔)하다 8) 골와 : 가루어, 함께 나란히 하여 9) 두위이저 : 두위잇다, 번드치다 10) 뛰놋다
: 뛰다, 튀다 11) 쁠오 : 쁠다, 깔다 12) 여루러라 : 열우다, 열게하다 13) 긋노라 : 끊는다 14) 구굽뤼여 : 구
굽뤼다, 구부러지다 15) ᄉᆞ못찻도다 : ᄉᆞ못다, 통하다, 투철하다, 사무치다 16) 들웟고 : 들위다, 뚫어지다
17) 뜳 : 뜰, 뜰 18) 기슬글 : 기슭을, 산기슭, 처마기슭 19) 뛜엇도다 : 뛜어, 찔러 20) 노ᄂᆞᆫ : 노누다, 노르스
름하다, 노랗다 21) 그누랫도다 : 그누도다, 가늘도다 22) 바랏도다 : 바라다, 의지하다

絶句 四首
절구 사수

堂西長笋別開門塹北行椒却背村(당서장순별개문참북행초각배촌)
집 西ㅅ녀긔 竹笋 길우노라 門을 다른 ᄃᆡ로 여러니 굴헝 北녀긔 버럿ᄂᆞᆫ 椒木은 도로 ᄆᆞᄋᆞᆯ홀 졋도다.
梅熟許同朱老喫松高擬對阮生論(매숙허동주노끽송고의대완생론)
梅ㅣ 닉거든 朱老와 ᄒᆞᆫᄃᆡ셔 머굴이를 許ᄒᆞ고 소남기 놉거든 阮生과 對ᄒᆞ야셔 議論ᄒᆞ고져 너기노라.
欲作魚梁雲覆湍因驚四月雨聲寒(욕작어량운복단인경사월우성한)
구룸 두펏ᄂᆞᆫ 므레 魚梁을 ᄆᆡᆼ글오져 ᄒᆞ다가 四月에 빗소리 서늘호ᄆᆞᆯ 因ᄒᆞ야 놀라라.
青溪先有蛟龍窟木石如山不敢安(청계선유교룡굴목석여산불감안)
프른 시내헤 몬져 蛟龍이 굼기 잇ᄂᆞ니 돌콰 나모왜 뫼ᄀᆞ티 사하도 구틔여 便安티 몯ᄒᆞ리로다.
兩箇黃鸝鳴翠柳一行白鷺上青天(양개황리명취류일행백로상청천)
두 낫 곳고리는 프른 버드레셔 울오 ᄒᆞᆫ 즈ᇰ 하야로빈 프른 하놀 오ᄅᆞᆺ노다.
窓舍西嶺千秋雪門泊東吳萬里船(창사서령천추설문박동오만리선)
窓은 西嶺엣 즈믄 힛 누늘 머것고 門엔 東吳ㅅ 萬里옛 ᄇᆡ 브텃도라.
藥條藥甲潤青青色過棕亭入草亭(약조약갑윤청청색과종정입초정)
藥 가지와 藥 거플왜 저저 프러ᄒᆞ니 비치 棕나모 亭子로 디나 草亭에 드럿도다.
苗滿空山慙取譽根居隙地怯成形(묘만공산참취예근거극지겁성형)

어미 뷘 뫼해 ᄀ둑ᄒ니 기름 어두믈 븟그리고 불휘 뷘 ᄯᅡ해 사라시니 얼구리 일가 전노라.

[중간본]

집 西ㅅ녀킈 竹筍 길우노라 門을 다ᄅᆞᆫ ᄃᆡ로 여러니 굴헝 北녀킈 버럿는 椒木은 도로 모올홀 졋도다.
梅ㅣ 닉거든 朱老와 ᄒᆞᆫᄃᆡ셔 머그리롤 許ᄒ고 소남기 놉거든 阮生과 對ᄒ야셔 議論ᄒ고져 너기노라.
구룸 두펏는 므레 魚梁을 밍골오져 ᄒ다가 四月에 빗소리 서늘호믈 因ᄒ야 놀라롸.
프른 시내헤 몬져 蛟龍이 굼기 잇ᄂ니 돌콰 나모왜 뫼ᄀ티 사하도 구틔여 便安티 몯ᄒ리로다
두 낫 곳고리는 프른 버드레셔 울오 ᄒᆞᆫ 즁 하야로빈 프른 하ᄂᆞᆯ 오ᄅᆞᆺ노다.
窓은 西嶺엣 즈믄 힛 누늘 머것고 문엔 東吳ㅅ 萬里옛 비 브텃도라.
藥 가지와 藥 거플왜 저저 퍼러ᄒ니 비치 棕나모 亭子로 디나 草亭에 드럿도다.
어미 뷘 뫼혜 ᄀ둑ᄒ니 기름 어두믈 븟그리고 불휘 뷘 ᄯᅡ해 사라시니 얼구리 일가 전노라.

---

1) 굴헝 : 굴헝, 구렁 2) 버럿는 : 벌다, 벌이다, 늘어서다 3) 졋도다 : 지다(背) 4) ᄒᆞᆫᄃᆡ셔 : 한곳 5) 머굴이롤 : 먹을이를 6) 두펏는 : 두퍼, 덮어 7) 굼기 : 구멍, 굴 8) 사하도 : 사햇다, 쌓였다, 쌓여 있다 9) 곳고리 : 꾀꼬리 10) 하야로빈 : 해오라기 11) 머것고 : 머겠고, 머금어 있다. 머금다 12) 브텃도다 : 의지하다, 붙이다 13) 어미 : 움 14) 기름 : 기림 15) 더두믈 : 어듬, 얻음 16) 사라시니 : 살다 17) 젼노라 : 두려워하다

漫成 一首
만성 일수

江月去人只數尺風燈照夜欲三更(강월거인지수척풍등조야욕삼경)
ᄀᆞᄅᆞ맷 ᄃᆞᆯ비츤 사ᄅᆞ미게 벙으로미 오직 두서 자히오 ᄇᆞᄅᆞ맷 브른 바미 비취니 三更이 두외오져 ᄒᆞ놋다.
沙頭宿鷺聯拳靜船尾跳魚撥剌鳴(사두숙로련권정선미도어발자명)
몰앳 그테 자는 하야로비는 니서 발 쥐여 ᄀᆞ마니 잇고 빗 그테 ᄠᅱ노는 고기는 撥剌히 우놋다.

[중간본]

ᄀᆞᄅᆞ맷 ᄃᆞᆯ비츤 사ᄅᆞ미게 벙으로미 오직 두어 재히오 ᄇᆞᄅᆞ맷 브른 바미 비취니 三更ㅣ 두외오져 ᄒᆞ놋다.
몰앳 그테 자는 하야로비는 니어 발 쥐여 ᄀᆞ마니 잇고 빗 그테 ᄠᅱ노는 고기는 撥剌히 우놋다.

---

1) 벙으로미 : 벙을다, 떠나다, 떨어지다 2) ᄠᅱ노는 : 뛰노는 3) 우놋다 : 울다

絶句 三首
절구 삼수

聞道巴山裏春船正好行(문도파산리춘선정호행)
니르거놀 드로니 巴山 안해 봆 비 正히 됴히 녀놋다.
都將百年與一望九江城(도장백년여일망구강성)
百年엣 즐거운 ᄆᆞᅀᆞ믈 다 가져셔 九江城을 ᄒᆞᆫ 번 ᄇᆞ라노라.
水檻溫江口茆堂石笋西(수함온강구묘당석순서)
므렛 欄檻은 溫江ㅅ 이피오 지븐 石笋ㅅ 西ㅅ녀기로다.
移船先主廟洗藥浣花溪(이선선주묘세약완화계)
先主ㅅ 廟애 비를 옮기고 浣花ㅅ 시내해 藥을 싯노라.
謾道春來好狂風大放顚(만도춘래호광풍대방전)
봄 오매 됴타 쇽졀업시 니르놋다 어러운 ᄇᆞᄅᆞ미 키 업듣게 부놋다.
吹花隨水去飜却釣魚船(취화수수거번각조어선)
고줄 부러 믈 조차 가게 ᄒᆞ고 고기 낛는 ᄇᆡ를 두위티 놋다.

[중간본]

니르거놀 드로니 巴山 안해 봆 비 正히 됴히 녀놋다.
百年엣 즐거운 모ᄋᆞᆯ 다 가져셔 九江城을 ᄒᆞᆫ 번 ᄇᆞ라노라.
믈엣 欄檻은 溫江ㅅ 이피오 지븐 石笋ㅅ 西ㅅ녀기로다.
先主ㅅ 廟애 비를 옮기고 浣花ㅅ 시내해 藥을 싯놋다.
봄 오매 됴타 쇽졀업시 니르놋다 어러운 ᄇᆞᄅᆞ미 키 업듣게 부놋다.
고줄 부러 믈 조차 가게 ᄒᆞ고 고기 낛ㅅ는 ᄇᆡ를 두위치놋다.

---

1) 이피오 : 입 2) 키 : 크게 3) 업듣게 : 업듣다, 엎드리다 4) 부러 : 불어 5) 두위티 : 두위티다, 번드치다

答鄭十七郞 一絶
답정십칠랑 일절

雨後過畦潤花殘步屐遲(우후과휴윤화잔보극지)
비 온 後에 디나오는 받이러미 저즈니 고지 衰殘ᄒᆞ디 격지 신고 거로몰 더듸ᄒᆞ라.
把文驚小陸好客見當時(파문경소륙호객견당시)
그를 자바셔 小陸을 놀라고 손 ᄉᆞ랑호ᄆᆞ란 當時ᄅᆞᆯ 보노라.

[중간본]
비 온 後에 디나오는 받이러미 저즈니 고지 衰殘ᄒᆞ디 격지 신고 거로몰 더디ᄒᆞ라.
그를 자바셔 小陸올 놀래고 손 ᄉᆞ랑호ᄆᆞ란 當時ᄅᆞᆯ 보노라.

---

1) 받이러미 : 받이럼, 밭이랑 2) 저즈니 : 젖다 3) 격지 : 나막신 4) 거로몰 : 걸음을 5) 더듸ᄒᆞ라 : 더디게

三絶句
삼절구

楸樹馨香倚釣磯斬新花蘂未應飛(추수형향의조기참신화예미응비)
 래남기 곳다와 고기 낛 돌해 지엿니 장 새로왼 곳부리 노미 맛당티 아니 도다.
不如醉裏風吹盡可忍醒時雨打稀(불여취리풍속진가인성시우타희)
술 醉얏거든 브롬 부러 盡홈만 트니 업스니 씬 時節에 비 텨 드므러 가몰 可히 초마리아.
門外鸕鶿久不來沙頭忽見眼相猜(문외로자구불래사두홀견안상시)
門 밧긔 가마오디 오래 오디 아니더니 몰앳 그테 믄듯 보고 누네 서르 아쳐러 다.
自今已後知人意一日須來一百廻(자금이후지인의일일수래일백회)
이제로브터 後에 사미 들 알란디 룻날 모매 오디 一百 디위옴 하라.
無數春笋滿林生柴門密掩斷人行(무수춘순만림생시문밀엄단인행)
數업시 봆 竹笋이 수프레 득기 나거늘 柴門을 秘密히 다도니 사 녀미 긋도다.
會須上番看城竹客至從嗔不出迎(회수상번간성죽객지종진불출영)
모매 上番에 대 일어든 보리라 야 소니 오나도 믜요믈 므던히 너기고나 迎逢 아니노라.

[중간본]

 래남기 곳다와 고기 낛 돌해 지엿니 장 새로왼 곳부리 노미 맛당티 아니 ᄒ도다.

술 醉ᄒ얏거든 ᄇᆞᄅᆞᆷ 부러 盡홈만 ᄀᆞᆮ니 업스니 ᄭᆡᆫ 時節에 비 텨 드므러 가믈 可히 츠마리아.

門 밧긔 가마오디 오래 오디 아니ᄒ더니 모랫 그테 믄듯 보고 누네 서르 아텨려 ᄒᆞᄂ다.

의지로브터 後에 사ᄅᆞ미 ᄠᅳ들 알란디 ᄒᆞᆺ날 모로매 오디 一白 디위옴 ᄒᆞ라.

數업시 뵶 竹笋ㅣ 수프레 ᄀᆞᄃᆞ기 나거놀 柴門을 秘密히 다도니 사ᄅᆞᆷ 녀미 긋도다.

모로매 上番에 대 일어든 보리라 ᄒᆞ야 소니 오나도 믜요몰 므던히 너기고 나 迎逢 아니ᄒ노라.

---

1) 곳다와 : 향기로워 2) 지엿ᄂ니 : 지여다, 의지하다 3) ᄂ로미 : 날다 4) ᄭᅵᆫ : ᄭᅵ다, 깨다 5) 텨 : 쳐 6) 츠마리아 : 참다 7) 아처러 : 싫어하다 8) 모로매 : 모름지기 9) 디위 : 번 10) ᄀᆞᄃᆞ기 : 가득하게 11) 녀미 : 녀다, 가다 12) 오나도 : 오거든 13) 믜요몰 : 의욤, 미워함

解悶 二首
해민 이수

草閣柴扉星散居浪翻江黑雨飛初(초각시비성산거랑번강흑우비초)
새집과 삳짜기門이 별 흗드시 사ᄂᆞ니 믌겨리 두위잇고 ᄀᆞᄅᆞ미 어듭고 비

놀이는 처서미로다.
山禽引子哺紅果溪女得錢留白魚(산금인자포홍과계녀득전유백어)
뫼햇 새는 삿기를 혀 블근 과실을 머기고 시내햇 겨지븐 돈 받고 힌 고기를 주ᄂ다.
商胡離別下揚州憶上西陵故驛樓(상호이별하양주억상서릉고역루)
흥정ᄒᆞ는 되 여희오 揚州로 ᄂᆞ려가ᄂᆞ니 西陵ㅅ 녯 驛樓에 올로믈 ᄉᆞ랑ᄒᆞ노라.
爲問淮南米貴賤老夫乘興欲東遊(위문회남미귀천노부승흥욕동유)
淮南앳 ᄡᆞ리 貴ᄒᆞ며 賤호믈 爲ᄒᆞ야 문노니 늘근 노미 興心을 타 東으로 가 놀오져 ᄒᆞ노라.

[중간본]

새집과 살짜기門ㅣ 별 흣드시 사ᄂᆞ니 믌겨리 두위잇고 ᄀᆞ르미 어듭고 비 놀이는 처엄ㅣ로다.
뫼햇 새는 삿기를 혀 블근 과실을 머기고 시내헤 겨지븐 돈 받고 힌 고기를 주ᄂ다.
흥정ᄒᆞ는 되 여희오 揚州로 ᄂᆞ려가ᄂᆞ니 西陵ㅅ 녯 驛樓에 올로믈 ᄉᆞ랑ᄒᆞ노라.
淮南앳 ᄡᆞ리 貴ᄒᆞ며 賤호믈 爲ᄒᆞ야 문노니 늘근 노미 興心을 타 東으로 가 놀오져 ᄒᆞ노라

---

1) 새집 : 띠집, 초가집 2) 살짜기 : 사립문 3) 흣드시 : 흩어지듯 4) 처서미로다 : 처음이로다 5) 삿기 : 새끼
6) 혀 : 혀다, 끌다 7) ᄡᆞ리 : 쌀에

復愁 十一首
부수 십일수

人烟生處僻虎迹過新蹄(인연생처벽호적과신제)
사르미 니 나는 짜히 幽僻ᄒ니 버미 자최는 새 바리 디나도다.
野鶻翻窺草村船逆上溪(야골번규초촌선역상계)
미햇 매는 두위텨 프를 엿보고 ᄆᆞᄉᆞᆯ햇 ᄇᆡ는 거스려 시내로 오르놋다.
釣艇收緡盡昏鴉接翅稀(조정수민진혼아접시희)
고기 낫는 ᄇᆡ예 낫줄 가도몰 ᄆᆞᄎᆞ니 나죗 가마괴는 놀개 니어 ᄂᆞ로미 드므도다.
月生初學扇雲細不成衣(월생초학선운세불성의)
ᄃᆞ른 나 처엄 부채롤 비호고 구루믄 ᄀᆞᄂᆞ라 오시 이디 몯ᄒ놋다.
萬國尙防寇故園今若何(만국상방구고원금약하)
萬國이 오히려 도즈골 막ᄂᆞ니 故園은 이제 엇더ᄒᆞ고.
昔歸相識少早已戰場多(석귀상식소조이전장다)
녜 가니 서르 아논 사르미 젹더니 일 ᄒᆞ마 戰場이 할시니라.
身覺省郞在家須農事歸(신각성랑재가수농사귀)
모ᄆᆞᆫ 省郞이 이슈믈 아노니 지븨 모로매 農事로 가노라.
年深荒草徑老恐失柴扉(연심황초경노공실시비)
플 거츤 길히 ᄒᆡ 기프니 늘거셔 柴扉롤 일흘가 전노라.
金絲鏤箭鏃皁尾製旗竿(금사구전족조미제기간)
金실로 살 미틔 실 드리고 거믄 꼬리로 旗ㅅ 대예 밍ᄀᆞᆳ도다.
一自風塵起猶嗟行路難(일자풍진기유차행로난)

흔 번 風塵이 니루므로브터 둔니는 길희 어려우믈 오히려 슬노라.
貞觀銅牙弩開元錦獸張(정관동아노개원금수장)
貞觀젯 銅牙弩와 開元 젯 錦獸張이여
花門小箭好此物棄沙場(화문소전호차물기사장)
花門의 져근 사리 됴홀시 이 거슬 沙場애 브렷도다.
胡虜何曾盛干戈不肯休(호로하증성간과불긍휴)
胡虜는 엇뎨 일즉 盛ᄒᆞ거뇨 干戈ㅣ 마로믈 즐기디 아니ᄒᆞ놋다.
閭閻聽小子談笑覓封侯(여염청소자담소멱봉후)
ᄆᆞ술해 아히 마롤 드로니 말ᄉᆞᆷᄒᆞ며 우ᅀᅮᆷ 우서셔 諸侯 封호ᄆᆞᆯ 얻ᄂᆞ다.
今日翔麟馬先宜駕鼓車(금일상린마선의가고거)
오ᄂᆞᆯ날 翔麟엣 ᄆᆞ른 몬져 붑 시론 술위 메오미 맛당ᄒᆞ더니라.
無勞問河北諸將角榮華(무노문하북제장각영화)
河北ㅅ녀글 잇비 묻디 마롤디니 諸將이 榮華를 ᄃᆞ토ᄂᆞ다.
任轉江淮粟休添苑囿兵(임전강회속휴첨원유병)
江淮옛 조ᄡᆞᆯ 옮교ᄆᆞᆯ 任意로 ᄒᆞ고 苑囿에 兵馬를 더으디 마롤디어다.
由來貔虎士不滿鳳凰城(유래비호사불만봉황성)
녜로브터 오매 貔虎 ᄀᆞᆮᄒᆞᆫ 士卒은 鳳凰城에 ᄀᆞ둑게 아니ᄒᆞᄂᆞ니라.
江上亦秋色火雲終不移(강상역추색화운종불이)
ᄀᆞᄅᆞᆷ 우희 ᄯᅩ ᄀᆞᅀᆞᆯ 비치로ᄃᆡ 블 ᄀᆞᆮᄒᆞᆫ 구루믄 ᄆᆞᄎᆞ매 옮디 아니ᄒᆞ놋다.
巫山猶錦樹南國且黃鸝(무산유금수남국차황리)
巫山앤 오히려 錦 ᄀᆞᆮᄒᆞᆫ 남기오 南國엔 ᄯᅩ 곳고리 우놋다.
病減時仍拙吟多意有餘(병감시잉졸음다의유여)
病이 더니 그리 지즈로 踈拙ᄒᆞ고 이푸믈 해ᄒᆞ니 ᄠᅳ디 하도다.
莫看江摠老猶被賞時魚(막간강총노유피상시어)

589

江摠 늘근 소니 오히려 褒賞홀 젯 銀魚 니부믈 보디 아니ᄒᆞᄂᆞᆫ다.

[중간본]

사ᄅᆞ미 니 나ᄂᆞᆫ ᄯᅡ히 幽僻ᄒᆞ니 버믜 자최ᄂᆞᆫ 새 바리 디나도다.
미햇 매ᄂᆞᆫ 두위텨 프를 엿보고 ᄆᆞᄋᆞᆯ해 비ᄂᆞᆫ 거스려 시내로 오ᄅᆞ놋다.
고기 낫ᄂᆞᆫ 비예 낫줄 가도믈 ᄆᆞᄎᆞ니 나죗 가마괴ᄂᆞᆫ 놀개 니어 ᄂᆞ오미 드므도다.
ᄃᆞ린 나 처엄 부체를 비호고 구루믄 ᄀᆞᄂᆞ라 오시 이디 몯ᄒᆞ놋다.
萬國ㅣ 오히려 도ᄌᆞ글 막ᄂᆞ니 故園은 이제 엇더ᄒᆞᆫ고.
녜 가니 서르 아논 사ᄅᆞ미 젹더니 일 ᄒᆞ미 戰場ㅣ 할시니라.
모ᄆᆞᆫ 省郞ㅣ 이슈믈 아노니 지븨 모로매 農事로 가노라.
플 거츤 길히 히 기프니 늘거셔 柴扉를 일흘가 젼노라.
金실로 살 미틔 실 드리고 거믄 ᄭᅩ리로 旗ㅅ 대예 ᄆᆡᆼᄀᆞ랏도다.
ᄒᆞᆫ 번 風塵ㅣ 니ᄅᆞᄆᆞ로브터 ᄃᆞ니ᄂᆞᆫ 길희 어려우믈 오히려 슬노라.
貞觀젯 銅牙弩와 開元 젯 錦獸張ㅣ여
花門의 져근 사리 됴홀시 이 거슬 沙場애 ᄇᆞ렷도다.
胡虜ᄂᆞᆫ 엇디 일즉 盛ᄒᆞ거뇨 干戈ㅣ 마ᄅᆞ믈 즐기디 아니ᄒᆞ놋다.
ᄆᆞᄋᆞᆯ해 아히 마ᄅᆞᆯ ᄃᆞ로니 말ᄉᆞᆷ하며 우ᅀᅳᆷ 우어서 諸侯 封ᄒᆞ리ᄅᆞᆯ 엇ᄂᆞ다.
오ᄂᆞᆳ날 翔麟엣 ᄆᆞ른 몬져 븝 시론 술위 메요미 맛당ᄒᆞ더니라.
河北ㅅ녀클 잇비 묻디 말롤디니 諸將이 榮華를 ᄃᆞ토ᄂᆞ다.
江淮옛 조ᄡᆞᆯ 옮교ᄆᆞᆯ 任意로 ᄒᆞ고 苑囿에 兵馬를 더으디 마롤디어다,
녜로브터 오매 貔虎 ᄀᆞᄐᆞᆫ 士卒은 鳳凰城에 ᄀᆞ득게 아니ᄒᆞᄂᆞ니라.
ᄀᆞ룸 우희 ᄯᅩ ᄀᆞᆾ 비티로더 블 ᄀᆞᆮᄒᆞᆫ 구루믄 ᄆᆞᄎᆞ매 옮디 아니ᄒᆞ놋다.
巫山앤 오히려 錦 ᄀᆞᆮᄒᆞᆫ 남기오 南國엔 ᄯᅩ 곳고리 우놋다.

病ㅣ 더니 그리 지즈로 疏拙ᄒᆞ고 이프믈 해ᄒᆞ니 ᄠᅳ디 하도다.
江摠 늘근 소니 오히려 褒賞홀 젯 銀魚 니부믈 보디 아니ᄒᆞᄂᆞᆫ다.

---

1) 니 : 연기 2) 가도믈 : 가도다, 걷다, 거두다 3) 나죗 : 저녁 4) 이디 : 읻다, 있다 5) 일 : 일찍 6) 모로매 : 모름지기, 반드시 일홀가 : 잃다 7) 니루므르로부터 : 니름, 일어남 8) ᄇᆞ렷도다 : 버렸다 9) 우ᅀᅮᆷ : 웃음 10) 우ᅀᅥ셔 : 웃어 11) 붑 : 북 12) 시론 : 실은 13) 술위 : 수레 14) 메요미 : 매다 15) 잇비 : 가쁘게, 피곤하게, 수고롭게 16) 조ᄡᆞᆯ : 좁쌀 17) 더으디 : 더으다, 더하다 18) 이푸믈 : 읊음 19) 니부름 : 닙다, 입다, 당하다(被) 20) 지즈로 : 인하여, 말미암아, 드디어

乾元中寓居同谷縣作歌 七首
건원중우거동곡현작가 칠수

有客有客字子美白頭亂髮垂過耳(유객유객자자미백두란발수과이)
나그내 나그내 字ㅣ 子美니 셴 머리예 어즈러운 터리 드리여 귀예 디낫도다.
歲拾橡栗隨狙公天寒日暮山谷裏(세습상율수저공천한일모산곡리)
ᄒᆡ마다 도톨왐 주ᅀᅮ믈 나볼 조차 ᄃᆞ뇨니 하ᄂᆞᆯ히 칩고 ᄒᆡ 졈근 묏곬 소기로다,
中原無書歸不得手脚凍皴皮肉死(중원무서귀부득수각동준피육사)
中原에 音書ㅣ 업서 도라가물 得디 몯ᄒᆞ니 손바리 어러 ᄠᅳ고 갓과 솔쾌 주게라.
嗚呼一歌兮歌已哀悲風爲我從天來(오호일가혜가이애비풍위아종천래)

슬프다 첫 놀애 블로매 놀애 ᄒᆞ마 슬프니 슬픈 ᄇᆞᄅᆞ미 날 爲ᄒᆞ야 하ᄂᆞ로
브터 오ᄂᆞ다.

長鑱長鑱白木柄我生托子以爲命(장참장참백목병아생탁자이위명)

긴 鑱 긴 鑱이여 힌 나모 줄이니 내 너를 브터ᄡᅥ 목수믈 삼노라.

黃精無苗山雪盛短衣數挽不掩脛(황정무묘산설성단의수만불엄경)

黃精草ㅣ 어미 업고 뫼헤 누니 하니 뎌른 오ᄉᆞᆯ ᄌᆞ조 자바 ᄃᆞᆯ이요니 허튀
를 ᄀᆞ리오디 몯 ᄒᆞ리로다.

此時與子空歸來男呻女吟四壁靜(이시여자공귀래남신녀음사벽정)

이 ᄢᅴ 너와 다ᄆᆞᆺ 뷔여 도라오니 男呻女吟ᄒᆞ고 四面ㅅ ᄇᆞᄅᆞ미 괴외ᄒᆞ도다.

嗚呼二歌兮歌始放閭里爲我色惆悵(오호이가혜가시방ᄅᆞ리위아색추창)

슬프다 둘ᄎᆞᆺ 놀애 블로매 놀애를 비르수 펴니 ᄆᆞᅀᆞᆯ히 날 爲ᄒᆞ야 ᄂᆞᆺ 비치
슬허 ᄒᆞᄂᆞᆺ다.

有弟有弟在遠方三人各瘦何人强(유제유제재원방삼인각수하인강)

아ᅀᆞ와 아ᅀᆞ왜 먼 싸해 잇ᄂᆞ니 세 사ᄅᆞ미 제여곰 여위니 어느 사ᄅᆞ미 康
强ᄒᆞ뇨.

生別展轉不相見胡塵暗天道路長(생별전전불상견호진암천도로장)

사라셔 여희여 展轉ᄒᆞ야 서르 보디 몯ᄒᆞ니 되 드트리 하ᄂᆞᆯ해 어듭고 길히
기도다.

東飛駕鵝後鶖鶬安得送我置汝傍(동비가아후추곡안득송아치여방)

東녀그로 ᄂᆞᄂᆞ닌 駕鵝ㅣ오 뒤헨 鶖鶬이로소니 엇뎨 시러곰 나를 보내야
네 ᄀᆞ애다가 둘뇨.

嗚呼三歌兮歌三發汝歸何處收兄骨(오호삼가혜가삼발여귀하처수형골)

슬프다 세ᄎᆞᆺ 놀애 블로매 놀애를 세 번 브로노니 네 어드 도라와 兄의 뼈
를 어들다.

有妹有妹在鍾離良人早歿諸孤癡(유매유매재종리량인조몰제고치)
누의 누의 鍾離ㅅ ᄀᆞ올 잇ᄂᆞ니 남지니 일 죽고 여러 子息이 어리도다.
長淮浪高蛟龍怒十年不見來何時(장회랑고교룡노십년불견래하시)
長淮ㅣ 믌겨리 높고 蛟龍이 怒ᄒᆞᄂᆞ니 열 ᄒᆡ를 보디 몯ᄒᆞ니 어느 ᄢᅴ 올고.
扁舟欲往箭滿眼杳杳南國多旌旗(편주욕왕전만안묘묘남국다정기)
져근 ᄇᆡ 타 가고져 ᄒᆞ나 사리 누네 ᄀᆞ득ᄒᆞ얫ᄂᆞ니 아ᅀᆞ란 南國에 旌旗ㅣ 하도다.
嗚呼四歌兮歌四秦竹林猿爲我啼淸晝(오호사가혜가사진죽림원위아제청주)
슬프다 네차 놀애 블로매 놀애를 네 번 브르노니 대 수프렛 나비 날 爲ᄒᆞ야 ᄆᆞᆯᄀᆞᆫ 나지셔 우ᄂᆞ다.
四山多風溪水急寒雨颯颯枯樹濕(사산다풍계수급한우삽삽고수습)
四面ㅅ 뫼헤 ᄇᆞᄅᆞ미 하고 시냇므리 ᄲᆞᄅᆞ니 치운 비 颯颯ᄒᆞ니 이운 남기 젓놋다.
黃蒿古城雲不開白狐跳梁黃狐立(황호고성운불개백호도량황호립)
黃蒿ㅅ 녯城에 구루미 여디 아니ᄒᆞ얫ᄂᆞ니 힌 엿은 ᄠᅱ놀오 누른 엿은 셧놋다.
我生胡爲在窮谷中夜起坐萬感集(아생호위재궁곡중야기좌만감집)
나는 므스그라 기픈 묏고래 잇ᄂᆞ뇨 밦中에 니러 안조니 萬感이 몯ᄂᆞ다
嗚呼五歌兮歌正長魂招不來歸故鄕(오호오가혜가정장혼초불래귀고향)
슬프다 다ᄉᆞᆺ찻 놀애 블로매 놀앳소리 正히 기니 넉슬 블러도 오디 아니ᄒᆞ고 故鄕ᄋᆞ로 가ᄂᆞ다.
南有龍兮在山湫古木籠嵸枝相樛(남유룡혜재산추고목롱종지상규)
南녀긧 龍이 묏 모새 잇ᄂᆞ니 늘근 남기 놉고 가지 서르 굽도다.

木葉黃落龍正蟄蝮蛇東來水上遊(목엽황락룡정칩복사동래수상유)
나못니피 누르러 듣고 龍이 正히 蟄藏ᄒᆞ얫거놀 모단 비야미 東으로 와 믈 우희 노놋다.
我行怪此安敢出拔劒欲斬且復休(아행괴차안감출발검욕참차부휴)
내 녀 이거슬 怪異히 너기가니 어느 구틔여 나료 갈 싸혀 버히고져 ᄒᆞ다가 ᄯᅩ 마로라.
嗚呼六歌兮歌思遲溪壑爲我回春姿(오호육가혜가사지계학위아회춘자)
슬프다 여슷찻 놀애 블로매 놀앳 ᄠᅳ디 기니 溪壑이 날 爲ᄒᆞ야 봆 양ᄌᆞ를 횟돌아 뵈ᄂᆞ다.
南兒生不成名身已老三年飢走荒山道(남아생불성명신이노삼년기주황산도)
南兒ㅣ 나 功名을 일우디 믈ᄒᆞ고 모미 ᄒᆞ마 늘그니 세 ᄒᆡ를 거츤 묏길헤 주려 ᄃᆞ니노라.
長安卿相多少年富貴應須致身早(장안경상다소년부귀응수치신조)
長安앳 卿相이 져므니 하니 가ᅀᆞ멸며 貴호믄 당당이 모로매 모매 닐위요 ᄆᆞᆯ 일 ᄒᆞ야ᅀᅡ ᄒᆞ리로다.
山中儒生舊相識但話宿昔傷懷抱(산중유생구상식단화숙석상회포)
묏 가온딧 션비 녜 서르 아다니 오직 녯 이를 니르고 ᄆᆞᅀᆞᄆᆞᆯ 슬노라.
嗚呼七歌兮悄終曲仰視皇天白日速(오호칠가혜초종곡앙시황천백일속)
슬프다 닐굽찻 놀애 블로매 슬허 놀애를 ᄆᆞᆺ고 하ᄂᆞᆯ홀 울워러 보니 白日이 ᄲᆞᆯ리 가놋다.

[중간본]

나그내 나그내 字ㅣ 子美니 셴 머리예 어즈러운 터리 드리여 귀예 디낫도다.

히마다 도톨왐 주으믈 나볼 조차 돈뇨니 하놀히 칩고 히 졈근 묏곬 소기로다,

中原에 音書ㅣ 업서 도라가몰 得디 몯ᄒ오니 손바리 어러 ᄠ고 갓과 ᄉᆞᆯ괘 주게라.

슬프다 첫 노래 블로매 노래 ᄒᆞ마 슬프니 슬픈 ᄇᆞᄅᆞ미 날 爲ᄒᆞ야 하놀로브터 오ᄂᆞ다.

긴 鑱 긴 鑱이여 힌 나모 ᄌᆞᆯ리니 내 너를 브터써 목수믈 삼노라.

黃精草ㅣ 어미 업고 뫼헤 누니 하니 뎌른 오ᄉᆞᆯ ᄌᆞ조 자바 ᄃᆞᆯ이요니 허틔를 ᄀᆞ리오디 몯 ᄒᆞ리로다.

이 ᄢᅴ 너와 다못 뷔여 도라오니 男呻女吟ᄒᆞ고 四面ㅅ ᄇᆞᄅᆞ미 괴외ᄒᆞ도다.

슬프다 둘챗 놀애 블로매 놀애롤 비르소 펴니 ᄆᆞᄋᆞᆯ히 날 爲ᄒᆞ야 ᄂᆞᆺ비치 슬허ᄒᆞᆺ다

아ᄋᆞ와 아ᄋᆞ왜 먼 ᄯᅡ해 잇ᄂᆞ니 세 사ᄅᆞ미 제여곰 여위니 어느 사ᄅᆞ미 康强ᄒᆞ뇨.

사라셔 여희여 展轉ᄒᆞ야 서르 보디 몯ᄒᆞ니 되 드트리 하놀해 어듭고 길히 기도다.

東녀크로 ᄂᆞᄂᆞ닌 駕鵝ㅣ오 뒤헨 鶖鶬ㅣ로소니 엇디 시러곰 나를 보내야 네 ᄀᆞ애다가 둘뇨.

슬프다 세채 놀애 블로매 노래롤 세 번 브르노니 네 어듸 도라와 兄의 ᄲᅧ롤 어돌다.

누위 누위 鍾離ㅅ ᄀᆞ올 잇ᄂᆞ니 남지니 일 죽고 여러 ᄌᆞ식이 어리도다.

長淮ㅣ 믌겨리 놉고 蛟龍이 怒ᄒᆞᄂᆞ니 열 히롤 보디 몯ᄒᆞ니 어느 ᄢᅴ 올고.

져근 빅 타 가고져 ᄒᆞ나 살ㅣ 누네 ᄀᆞ득ᄒᆞ얫ᄂᆞ니 아ᄋᆞ란 南國에 旌旗ㅣ

하도다.
슬프다 네채 놀애 블로매 놀애로 네 번놀 브르니 대 수프렛 나비 날 爲ᄒ야 몰ᄀ 나지셔 우ᄂ다.
四面ㅅ 뫼헤 ᄇᆞᄅᆞ미 하고 시냇므리 ᄲᆞ르니 치운 비 颯颯ᄒ니 이운 남기 졋놋다.
黃蒿ㅅ 녯 城에 구루미 여디 아니ᄒ야ᄂᆞ니 힌 여ᅀᆞ 뛰놀오 누른 여ᅀᆞ 셧놋다.
나는 므스그라 기픈 묏고래 잇ᄂᆞ뇨 밠둥에 니러 안조니 萬感ㅣ 몯ᄂᆞ다
슬프다 다ᄉᆞᆺ챗 놀애 블로매 놀앳소리 正히 기니 넉슬 블러도 오디 아니ᄒ고 故鄕으로 가ᄂᆞ다.
南녀킷 龍ㅣ 뮛 모새 잇ᄂᆞ니 늘근 남기 높고 가지 서르 굽도다.
나못니피 누르러 듣고 龍ㅣ 正히 蟄藏ᄒ야거놀 모딘 ᄇᆡ얌ㅣ 東으로 와 믈 우희 노놋다.
내 녀 이거슬 怪異히 너기가니 어느 그트여 나료 갈 ᄲᅡ혀 버히고져 ᄒ다가 ᄯᅩ 마로라.
슬프다 여슷챗 놀애 블로매 노래 ᄠᅳ디 기니 溪壑ㅣ 날 爲ᄒ야 봄 양즈를 횟돌아 뵈ᄂᆞ다.
南兒ㅣ 나 功名을 일우디 몯ᄒ고 모미 ᄒᆞ마 늘그니 세 히롤 거츤 묏길헤 주려 ᄃᆞ니노라.
長安애 卿相이 져므니 하니 가ᄋᆞ멸며 貴호ᄆᆞᆫ 당당이 모로매 모매 닐위요 몰 일 ᄒᆞ야ᅀᅡ ᄒ리로다.
묏 가온딧 션비 녜 서르 아더니 오직 녜 이롤 니ᄅᆞ고 ᄆᆞᅀᆞᄆᆞᆯ 슬노라.
슬프다 닐굽챈 노래 블로매 슬허 노래롤 ᄆᆞᆺ고 하ᄂᆞᆯ홀 울워러 보니 白日ㅣ ᄲᆞ리 가놋다.

1) 도톨암 : 도토리 2) 주우믈 : 주음 3) 나볼 : 납을, 원숭이를 4) 졈근 : 졈그다, 저물다 5) 쁘고 : 쁘다, 트다
6) 갓 : 갖, 가죽 7) 주게라 : 죽다 8) 즐이니(즐이니) 9) ᄌᆞ로(柄) 자루 10) 어미 : 움, 싹 10) 돌이요니 : 돌이다, 당
기다 11) 허튀 : 다리, 종아리 12) 쁴 : 때 13) 괴외호도다 : 고요하다 14) 돌찻 : -찻, -째 15) 비르수 : 비로소
16) 아ᅀᆞ : 아우 17) 드트리 : 티끌, 먼지 18) 서러곰 : 능히 19) ᄲᅧ : 뼈 20) 어들다 : 얻다 21) 남지니 : 남진, 사
내, 남편 22) 아ᄋᆞ란 : 아득한 23) 나지셔 : 낮이셔, 낮에서 24) 이운(이온) : 시들다, 마른 25) 엇 : 여우 26)
뛰놀오 : 뛰놀고 27) 셋놋다 : 섯도다 28) 므스그라 : 무슨 까닭으로 29) 몯느다 : 몯다, 모이다 30) 비야미 :
뱀 31) 갈 : 칼 32) ᄲᅡ혀 : 빼다 33) 몰후고(몯후고) : 못하고 34) 주려 : 굶주려 35) 가ᅀᆞ멸려 : 부유하다 36)
닐위요믈 : 닐위다, 이르다 37) 후야ᄉᆞ : 하여금, 더불어, '-ᄉᆞ'는 강세 -야 38) ᄆᆞᅀᆞᆷ : 마ᅀᆞᆷ, 마음

相從歌贈嚴二別駕
상종가증엄이별가

我行入東川十步一回首(아행입동천십보일회수)
내 녀 東川에 드러와 열 번 걷고 혼 번 머리 돌아보노라.
成都亂罷氣蕭瑟浣花草堂亦何有(성도란파기소슬완화초당역하유)
成都애 亂ㅣ 무차 氣運ㅣ 蕭瑟ᄒᆞ니 浣花溪옛 草堂앤 ᄯᅩ 므스 것시 이시료.
梓州豪俊大者誰本州從事知名久(재주호준대자수본주종사지명구)
梓州엣 豪俊에 크니 누고 믿ᄀᆞ옰 從事롤 일훔 아론 물 오래 호다.
把臂開樽飮我酒酒酣擊劍蛟龍吼(파비개준음아주주감격검교룡후)
볼 잡고 樽을 여러 나롤 술 머거니 술 醉ᄒᆞ야 갈호로 튜니 蛟龍ㅣ 우르ᄂᆞ다.
烏帽拂塵靑螺粟紫衣將炙緋衣走(오모불진청라속자의장자비의주)
거믄 紗帽롤 드틀 쩌니 프른 螺앳 소홈 굳도소니 紫衣 니븐 將ㅣ 緋衣 니

본 디 뙤여셔 둔니놋다.
銅盤燒蠟光吐日夜如何其初促膝(동반소랍광토일야여하기초촉슬)
銅盤애 미레 블 브티니 비치 히롤 비왓논 둣ㅎ니 바미 어드록고 처엄 무루플 다혀 안조라.
黃昏始扣主人門誰謂俄頃膠在漆(황혼시구주인문수위아경교재칠)
어으르메 主人의 門을 비릇 두드료니 아니 한 더데 갓프리 오새 이시리라 뉘 너기료.
萬事盡付形骸外百年未見歡娛畢(만사진부형해백년미견환오필)
萬事롤 다 내 얼굴 밧긔 브튜니 百年에 歡娛 ㅁ ㅊ물 보디 몯홀 듯도다.
神傾意豁眞佳士久客多憂今愈疾(신경의활진가사구객다우금유질)
ㅁ ᅀᆞᆷ을 기우리며 ᄯᅳ디 훤ᄒᆞ야 眞實로 아ᄅᆞ다온 사ᄅᆞ미로소니 오란 나그내 시르미 하다니 오ᄂᆞᆯ 病이 됴ᄒᆞ라.
高視乾坤又可愁一軀交態同悠悠(고시건곤우가수일구교태동유유)
노피 乾坤을 보니 ᄯᅩ 可히 시름 디외니 내 ᄒᆞᆫ 모매 사괴논 양지 ᄒᆞᆫ 가지로 悠悠ᄒᆞ도다.
垂老遇君未恨晚似君須向古人求(수노우군미한만사군수향고인구)
늘구메 다ᄃᆞ라 그듸 맛나미 느주믈 뉘읏디 아니ᄒᆞ노니 그듸 곧ᄒᆞ닌 모로매 녯 사ᄅᆞ미게 向ᄒᆞ야 어둘디로다.

[중간본]

내 녀 東川에 드러와 열 번 걷고 ᄒᆞᆫ 번 머리 돌아보노라.
成都애 亂ㅣ 모차 氣運ㅣ 蕭瑟ᄒᆞ니 浣花溪옛 草堂앤 ᄯᅩ 므스 것시 이시료.
梓州엣 豪俊에 크니 누고 믿ᄀᆞᇇ 從事롤 일훔 아ᄅᆞ물 오래 호라.
블 잡고 樽을 여러 나롤 술 머거니 술 醉ᄒᆞ야 갈ᄒᆞ로 튜니 蛟龍ㅣ 우르ᄂᆞ다.

거믄 紗帽를 드틀 떠니 프른 螺앳 소홈 곧도소니 紫衣 니븐 將ㅣ 緋衣 니븐 디 쬐여셔 돈니놋다.

銅盤애 미레 블 브티니 비치 히를 비왓는 둣ᄒ니 바미 어드록고 처엄 무루플 다혀 안조라.

어으메 主人의 門을 비릇 두드료니 아니 한 더데 갓프리 오새 이시리라 뉘 너기료.

萬事를 다 내 얼굴 밧긔 브토니 百年에 歡娛 ᄆᆞᄎᆞ믈 보디 몯홀 둣도다.

<u>모옴</u>을 기우리며 ᄠᅳ디 훤ᄒ야 眞實로 아ᄅᆞᆷ다온 사ᄅᆞ미로소니 오란 나그내 시르미 하다니 오ᄂᆞᆯ <u>病</u>ㅣ 됴호롸.

노피 乾坤을 보니 ᄯᅩ 可히 시름 디외니 내 한 모매 사괴논 <u>양</u>지 한가지로 悠悠ᄒ도다.

늘구메 다ᄃᆞ라 그듸 맛나미 느주믈 뉘읏디 아니ᄒ노니 그듸 <u>곧톤닌</u> 모ᄅᆞ매 녯 사ᄅᆞ미게 向ᄒ야 어둘디로다.

---

1) 믿ᄀᆞ옰 : 본고을 2) 블 : 팔 3) 갈ᄒ로 : 칼로 4) 튜니 : 치니 5) 드틀 : 티끌, 먼지 6) **떠니** : 떠니 7) 소홈 : 소금 8) **쬐여셔** : 쬐다, 쪼개다 9) 미레 : 미레(밀에), 밀납 10) 비왓는 : 비왓다, 뱉다 11) 무루플 : 무릎 12) 어으메 : 어으름, 으스름 13) 비릇 : 비로소 14) 아니 한 더데 : 아니 한 때, 더데(덛에, 덛, 때) 15) 갓프리 : 갓풀, 갖풀, 아교 16) ᄆᆞᄎᆞ믈 : ᄆᆞ촘을, 마지막, 마침 17) 느주믈 : 느주우다, 늦추다 18) 뉘읏디 : 뉘읏다, 뉘우치다 19) 어둘디로다 : 어두리다, 얻으려고

戲贈閿鄉秦少府短歌
희증문향진소부단가

去年行宮當太白朝回君是同舍客(거년행궁당태백조회군시동사객)
니건 히예 行宮이 太白山올 當ᄒ야 겨시거늘 朝會롤 도라오니 그듸 이 혼 지븻 나그내 드외니라.
同心不減骨肉親每語見許文章伯(동심불감골육친매어견허문장백)
ᄆᆞᅀᆞᆷ 곧호미 骨肉 아ᅀᆞ매 디디 아니ᄒ니 미양 말ᄉᆞᆷᄒ매 나롤 文章앳 伯이라 許호ᄆᆞᆯ 뵈더라.
今日時青雨京道相逢苦覺人情好(금일시청우경도상봉고각인정호)
오ᄂᆞᆯ날 時節이 물ᄀᆞᆫ 두 셔욼 길헤 서르 마조 보아 人情의 됴호ᄆᆞᆯ 심히 아노라.
昨夜邀歡樂更無多才依舊能潦倒(작야요환락갱무다재의구능요도)
어젯 바ᄆᆡ 邀請ᄒ야 즐기던 이리 ᄯᅩ 업스니 지조 한 그듸는 녜롤 브터 能히 곱도다.

[중간본]

니건 히예 <u>行宮</u>ㅣ <u>太白山</u>올 <u>當</u>ᄒ야 겨시거늘 朝會롤 도라오니 그듸 이 혼 지븻 나그내 드외니라.
<u>ᄆᆞᄋᆞᆷ</u> <u>곧ᄐᆞ미</u> 骨肉 <u>아ᄋᆞ매</u> 디디 아니ᄒ니 미양 말ᄉᆞᆷᄒ매 나롤 文章앳 <u>伯</u> ㅣ라 許호ᄆᆞᆯ 뵈더라.
오ᄂᆞᆯ날 <u>時節</u>ㅣ 물ᄀᆞᆫ 두 셔욼 길헤 서르 마조 보아 人情의 <u>됴호ᄆᆞᆯ</u> 심히 아노라.

어젯 바믜 邀請ㅎ야 즐기던 이리 또 업스니 지조 한 그듸는 녜로브터 能히 곱도다.

---

1) 니건 : 지난 2) 아ᅀᆞ매 : 아ᅀᆞᆷ, 친족, 겨레 3) 셔욿 : 서울 4) 브터 : 의지하다 5) 곱도다 : 곱다, 굽다

同元使君舂陵行 幷序
동원사군용릉행 병서

覽道州元使君 結 舂陵行과 兼賊退後에 示官吏作二首ㅎ고 志之曰當天子ㅅ 分憂之地ㅎ야 效漢官ㅅ 良吏之目이니 今盜賊이 未息ㅎ니 知民疾苦를 得結輩十數公ㅎ야 落落然參錯天下ㅎ야 爲邦伯ㅎ면 萬物이 吐氣ㅎ야 天下ㅣ 少安을 可待矣리라 不意復見比興體制ㅣ 微婉頓挫之詞ㅎ다 感而有詩ㅎ야 增諸卷軸ㅎ야 簡知我者ㅣ오 不必寄元ㅎ노라.

道州ㅅ 元使君結의 舂陵行과 兼賊退後에 官吏 뵈노라 지손 두 마리를 보고 志錄ㅎ야 닐오디 天子ㅅ 시름을 눈호는 짜홀 當ㅎ야셔는 漢官ㅅ 어딘 員의 條目을 비홀디니 이제 盜賊이 긋디 아니ㅎ니 百姓의 疾苦 알리를 結의 무렛 열두서 사ᄅᆞ믈 어더 落落히 天下애 섯거 邦伯을 사ᄆᆞ면 萬物이 氣運을 비왙타 天下ㅣ 져기 便安호믈 어루 기들우리라. 比興體制로 지어 微婉頓剉ᄒᆞᆫ 말ᄉᆞ믈 다시 보믈 너기디 아니ᄒᆞ다니 感動ㅎ야 글 지어 卷軸

에 더어 날 아는 사ᄅᆞ미게 글월ᄒᆞ고 구틔여 元結의게 브티디 아니ᄒᆞ노라.

遭亂髮盡白轉衰病相嬰(조란발진백전쇠병상영)
亂을 맛니러 머리 다 셰니 ᄀᆞ쟝 衰老ᄒᆞ야 病이 서르 버므렛도다.
沉綿盜賊際狼狽江漢行(침면도적제랑패강한행)
盜賊의 ᄀᆞ새 오래 病ᄒᆞ고 江漢애 녀믈 狼狽히 호라.
嘆時藥力薄爲客羸瘵成(탄시약력박위객리채성)
時節을 嗟歎호니 藥 히미 엷고 나그내 ᄃᆞ외야 쇼매 시드러운 病이 이레라.
吾人詩家秀博采世上名(오입시가수박채세상명)
나는 글ᄒᆞ는 지븨 秀出호니 世上앳 일후믈 너비 키얏노라.
粲粲元道州前聖畏後生(찬찬원도주전성외후생)
빗난 元道州여 알ᄑᆡᆺ 聖人이 後에 나는 사ᄅᆞᄆᆞᆯ 저ᄒᆞ시니라.
觀乎舂陵作欻見俊哲情(관호용릉작홀견후철정)
舂陵에 지은 그를 보고 俊哲ᄒᆞᆫ 사ᄅᆞ미 ᄠᅳ들 믄득 보과라.
復覽賊退篇結也實國楨(복람적퇴편결야보실국정)
盜賊이 믈러 니거늘 지은 그를 ᄯᅩ 보니 元結은 眞實로 나라햇 楨幹이로다.
賈誼昔流慟匡衡常引經(가의석류통광형상인경)
賈誼ㅣ 녜 流涕ᄒᆞ야 슬코 匡衡이 샹녜 經術을 혀더니라.
道州憂黎庶詞氣浩縱橫(도주우려서사기호종횡)
道州ㅣ 百姓을 시름ᄒᆞ야 글 지으니 詞氣ㅣ 훤히 縱橫ᄒᆞ도다.
兩章對秋月一宇偕華星(양장대추월일우해화성)
두 글워리 ᄀᆞᅀᆞᆯ ᄃᆞᆯ 對ᄒᆞᆫ ᄃᆞᆺᄒᆞ고 ᄒᆞᆫ 字도 빗난 별와 곫도다.
致君唐虞際純朴憶大庭(치군당우제순박억대정)
님그믈 唐虞ㅅ ᄀᆞ새 니르위리로소니 純朴ᄒᆞᆫ 大庭 저글 ᄉᆞ랑ᄒᆞ놋다.

何時降璽書用爾爲丹靑(하시강새서용이위단청)
어느 제 天子ㅅ 印틴 글워를 느리와 너를 뻐 丹靑ᄒᆞ려뇨.
獄訟久衰息豈惟偃甲兵(옥송구쇠식기유언갑병)
獄訟이 衰殘ᄒᆞ야 그추미 오라니 엇뎨 오직 甲兵을 기우리혈 ᄲᅮ니료.
悽惻念誅求薄歛近休明(처측념주구박감근휴명)
슬히 百姓의게 誅求호ᄆᆞᆯ 思念ᄒᆞ니 賦歛을 져기호미 休明에 갓갑도다.
乃知正人意不苟飛長纓(내지정인의불구비장영)
正ᄒᆞᆫ 사ᄅᆞ믜 ᄠᅳ든 긴 긴홀 ᄂᆞᆯ요ᄆᆞᆯ 苟且히 아니호ᄆᆞᆯ 알와라.
凉飆振南岳之子寵若驚(량표진남악지자총약경)
서늘ᄒᆞᆫ ᄇᆞᄅᆞ미 南岳ᄋᆞᆯ 뮈우ᄂᆞ니 이 소니 榮寵애 놀라ᄂᆞᆫ ᄃᆞᆺᄒᆞ도다.
色沮金印大興舍滄溟淸(색저금인대흥사창명청)
ᄂᆞᆺ비츤 金印이 쿠메 沮喪ᄒᆞ고 興心은 滄溟이 몰고ᄆᆞᆯ 머겟도다.
我多長卿病日夕思朝廷(아다장경병일석사조정)
나는 長卿의 病이 하니 日夕에 朝廷을 ᄉᆞ랑ᄒᆞ노라.
肺枯渴太甚漂泊公孫城(폐고갈태심표박공손성)
肝肺ㅣ 이우러 消渴이 키甚ᄒᆞ니 公孫의 城에 브텃노라.
呼兒具紙筆隱几臨軒楹(호아구지필은궤임헌영)
아히 블러 죠히와 부들 ᄀᆞ초ᄒᆞ고 几를 비겨 軒楹을 臨호라.
作詩呻吟內墨淡字欹傾(작시신음내묵담자의경)
病ᄒᆞ야 입주리ᄂᆞᆫ 안해 그를 지우니 머기 흐리고 字ㅣ 기우도다.
感彼危苦詞庶幾知者聽(감피위고사서기지자청)
뎌의 危苦ᄒᆞᆫ 말ᄉᆞᄆᆞᆯ 感動ᄒᆞ노니 거의 알리 드르라.

[중간본]

道州ㅅ 元使君結의 春陵行과 兼賊退後에 官吏 뵈노라 지은 두 마리를 보고 志錄ᄒᆞ야 닐오ᄃᆡ 天子ㅅ 시르믈 눈호ᄂᆞᆫ 싸홀 當ᄒᆞ야셔는 漢官ㅅ 어진 員의 條目을 비홀디니 이제 盜賊ㅣ 긋디 아니ᄒᆞ니 百姓의 疾苦 알리를 結의 무렛 열두어 사ᄅᆞ믈 어더 落落히 天下애 섯거 邦伯을 사ᄆᆞ면 萬物ㅣ 氣運을 비왇타 天下ㅣ 져기 便安호ᄆᆞᆯ 어루 기들우리라. 比興體制로 지어 微婉頓剉ᄒᆞᆫ 말ᄉᆞᄆᆞᆯ 다시 보ᄆᆞᆯ 너기디 아니ᄒᆞ다니 感動ᄒᆞ야 글 지어 卷軸에 더어 날 아ᄂᆞᆫ 사ᄅᆞ미게 글월ᄒᆞ고 구틔여 元結의게 브티디 아니ᄒᆞ노라.

1) 지ᅀᅩᆫ : 만든, 짓다 2) 무렛 : 물엣 무리에 (물, 무리) 3) 섯거 : 섞다 4) 비왇타 : 비왇다, 뱉다 5) 어루 : 어
루, 가히(可히) 6) 더어 : 더하여 7) 브티디 : 의지하다

亂을 맛니러 머리 다 셰니 ᄀᆞ장 衰老ᄒᆞ야 病ㅣ 서르 버므렛도다.
盜賊의 ᄀᆞ애 오래 病ᄒᆞ고 江漢애 녀믈 狼狽히 호라.
時節 嗟歎ᄒᆞ니 藥 히미 엷고 나그내 두외야쇼매 시드러운 病ㅣ 이레라.
나는 글ᄒᆞᄂᆞᆫ 지븨 秀出ᄒᆞ니 世上앳 일후믈 너비 킈얏노라.
빗난 元道州여 알ᄑᆡᆺ 聖人ㅣ 後에 나ᄂᆞᆫ 사ᄅᆞ믈 저ᄒᆞ시니라.
春陵에 지온 그를 보고 俊哲ᄒᆞᆫ 사ᄅᆞ미 ᄠᅳ들 믄득 보과라.
盜賊ㅣ 믈러 니거ᄂᆞᆯ 지은 그를 ᄯᅩ 보니 元結은 眞實로 나라햇 楨幹ㅣ 로다.
賈誼ㅣ 녜 流涕ᄒᆞ야 슬코 匡衡ㅣ 샹녜 經術를 혀더니라.
道州ㅣ 百姓을 시름ᄒᆞ야 글 지으니 詞氣ㅣ 훤히 縱橫ᄒᆞ도다.
두 글워리 ᄀᆞᅀᆞᆯ 드를 對ᄒᆞᆫ ᄃᆞᆺᄒᆞ고 ᄒᆞᆫ 字도 빗난 별와 ᄀᆞᆺ도다.

님그믈 唐虞ㅅ 그애 니르위리로소니 純朴흔 大庭 저글 ᄉ랑ᄒ놋다.
어느 제 天子ㅅ 印틴 글워를 ᄂ리와 너를 뻐 丹靑ᄒ려뇨.
獄訟ㅣ 衰殘ᄒ야 그츄미 오라니 엇디 오직 甲兵을 기우리혈 ᄯᆞ니료.
슬히 百姓의게 誅求호믈 思念ᄒ니 賦歛을 져기호미 休明에 갓갑도다.
正흔 사ᄅ미 ᄡ든 긴 긴훌 눌요믈 苟且히 아니호믈 알와라.
서늘흔 ᄇᆞᄅ미 南岳을 뮈우ᄂ니 이 소니 榮寵애 놀라ᄂ 듯ᄒ도다.
ᄂ치츤 金印ㅣ 쿠메 沮喪ᄒ고 興心은 滄溟ㅣ 믈고믈 머겟도다
나ᄂ 長卿의 病ㅣ 하니 日夕에 朝廷을 ᄉ랑ᄒ노라.
肝肺ㅣ 이우러 消渴ㅣ 키 甚ᄒ니 公孫의 城에 브텃노라.
아이 블러 죠희와 부들 ᄀ초ᄒ고 几를 비겨 軒楹을 臨호라.
病ᄒ야 읍주리ᄂ 안해 그를 지우니 머기 흐리고 字ㅣ 기우도다.
뎌의 危苦흔 말ᄉᆞ믈 感動ᄒ노니 거의 알리 드르라.

---

1) 버므렛도다 : 버므리다, 얽매다 2) 녀몰 : 녀다, 가다, (념올, 념 =감, 감을) 3) 시드러운 : 고달픈, 피곤한 4) 이레다 : 이다, 이루어지다 5) 너비 : 널리 6) 키얏조라 : 키다, 캐다 7) 나는 : 나다, 태어나다 8) 저흐시니라 : 저흐다, 두려워하다 9) 니거늘 : 가거늘 10) 혀더니라 : 혀다, 끌다, 다리다, 잡아끌다 11) 긇도다 : 긇다, 나란히 하다, 맞서서 견주다, 겨루다 12) 니르위리로소니 : 니르위다, 이르게 하다 13) 저글 : 적, 때 14) 그추미 : 그춤, 그침 15) 기우리혈 : 기우리혀다, 기울어뜨리다 16) 긴훌 : 끈 17) 눌요믈 : 날다 18) 뮈우ᄂ니 : 뮈우다, 움직이게 하다 19) 쿠메 : 쿰, 큼 20) 머겟도다 : 머겟다, 머금어 있다, 머금다 21) 이우러 : 시들다 22) 브텃노라 : 의지하다 23) ᄀ초ᄒ고 : ᄀ초ᄒ다, 갖추다 24) 비겨 : 비스듬히 25) 머기 : 먹이 26) 입주리ᄂ : 입주리다, 읊조리다 27) 거싀 : 거의

春陵行 元結 次山
용릉행 원결 차산

癸卯歲예 漫叟ㅣ 授道州刺使호니 道州는 舊四萬餘戶ㅣ러니 經賊已來예 不滿四千이로디 大半이 不勝賦稅로다 到官이 未五十日에 承諸使의 徵求符牒二百餘封호니 皆曰失其限者는 罪至貶削이라ㅎ니 於戲라 若悉應其命則州縣이 破亂ㅎ리어니 刺史ㅣ 欲焉逃罪오리 若不應命이면 又卽獲罪戾ㅎ야 必不免也ㅣ니 吾將守官ㅎ야 靜以安人待罪而已로리라 此州는 是春陵故地故로 作春陵行ㅎ야 以達下情ㅎ노라.

癸卯 히예 漫叟ㅣ 道州ㅅ 員을 호니 道州는 녜 四萬餘戶ㅣ러니 도죽 디내야 오매 四千이 추디 몯호미 半나마 賦稅를 이긔디 몯ㅎᄂ다. 구의예 오미 쉰 나리 몯호디 여러 使臣의 徵求ㅎ는 符牒 二百 나ᄆᆞᆯ 바도니 게 다 닐오디 期限을 일흐닌 罪ㅣ 貶職削地호매 니르리라 ㅎ니 슬프다. 萬一 다 그 命令을 對答하면 ᄀ올히 破亂ㅎ리어리 員ㅣ 어느 罪를 逃避ㅎ리오 萬一 命令을 對答디 아니ㅎ면 ᄯᅩ 곧 罪 니버 반ᄃᆞ기 免티 몯ㅎ리니 나는 將次ㅅ 官職을 守ㅎ야 安靜ㅎ야 사ᄅᆞ믈 편안케 ㅎ야셔 罪를 기들우리라 이 ᄀ올ᄒᆞᆫ 이 春陵ㅅ 녯 싸힐시 春陵行을 지서 아랫 ᄠᅳᆮ들 通達ㅎ노라

軍國多所須切責在有司(군국다소수절책재유사)
軍國에 須求ㅎ는 배 하니 ᄀ장 責호미 有司이게 잇도다.
有司臨郡縣刑法竟欲施(유사임군현형법경욕시)
有司ㅣ ᄀ올해 來臨ㅎ야 刑法을 ᄆᆞᄎᆞ매 베프고져 ㅎᄂ다.

供給豈不憂徵歛又可悲(공급기불우징감우가비)
겻기호믈 엇뎨 시름 아니ᄒ리오마른 百姓의게 바도미 ᄯ 可히 슬프도다.
州小經亂亡遺人實困疲(주소경란망유인실곤피)
ᄀ올히 젹고 亂亡을 디내니 기텟ᄂ 사ᄅ미 진실로 곳가ᄒ놋다.
大鄕無十家大族命單羸(대향무십가대족명단리)
큰 ᄀ올히도 열 지븨 업고 큰 族屬도 性命이 외로외며 시드럽도다.
朝餐是木根暮食乃木皮(조찬시목근모식내목피)
아ᄎᆷ 먹논 거시 이 나못 불휘오 나죄 먹논 거시 나못 거프리로다.
出言氣欲絶意速行步遲(츌언기욕졀의속행보지)
말ᄉᆷ 닐우메 氣運이 그츨 ᄃᆺᄒ고 ᄯ디 ᄲᆞ라도 거름 거로미 더듸도다.
追呼尙不忍況乃鞭撲之(추호상불인황인혁박지)
조차 블로믈 오히려 ᄎᆷ디 몯ᄒ려니 ᄒ믈며 텨리아
郵亭傳急符來往迹相追(우정젼급부래왕젹상추)
역에셔 ᄲᆞᄅᆫ 符牒을 傳ᄒ니 오며 가ᄂ 자최 서르 조챗도다.
更無寬大恩但有促迫期(갱무관대은단유촉박기)
가ᄉ야 어위큰 恩惠ᄂ 업고 오직 뵈아ᄂ 期限이 잇도다.
欲令鬻兒女言發恐亂隨(욕령죽아녀언발공란수)
히여 아ᄒᆡ들ᄒᆞᆯ 풀라코져컨마ᄅᆞᆫ 마ᄅᆞᆯ 내면 亂이 조츨가 저프고
悉令索其家而又無生資(실령색기가이우무생자)
다 히여 그 지블 드위라코져 ᄒ나 ᄯᅩ 사롤 資産이 업도다.
聽彼道路言怨傷誰復知(쳥피도로언원상수복지)
뎌 길헷 사ᄅ미 마ᄅᆞᆯ 드르니 怨望ᄒ며 슬호믈 뉘 ᄯᅩ 알리오.
去冬山賊來殺奪幾無遺(거동산적래살탈기무유)
니건 겨ᅀᅳ레 묏도즈기 와 주기며 아ᅀᅡ 거의 기튼 거시 업도다.

所願見王官撫養以惠慈(소원견왕관무양이혜자)
저희 願ᄒᆞ논 바ᄂᆞᆫ 님금 官人을 보아 惠慈로ᄡᅥ 撫養과더여 ᄒᆞ거늘
奈何重驅逐不使存活爲(내하중구축불사존활위)
엇뎨 다시 모라 ᄧᅩ차 ᄒᆞ여 살에 ᄒᆞ디 아니하ᄂᆞ니오.
安人天子命符節我所持(안인천자명부절아소지)
사ᄅᆞᆷ 편안케 호ᄆᆞᆫ 天子ㅅ 詔命이오 符節은 내 가젯ᄂᆞᆫ 거시니
州縣忽亂亡得罪復是誰(주현홀란망득죄복시수)
ᄀᆞ올ᄋᆞᆺ 믄듯 亂亡ᄒᆞ면 罪 니부믄 ᄯᅩ 이 뉘리오.
逋緩違詔令蒙責固所宜(포완위조령몽책고소의)
ᄂᆞ주워여 詔令을 그르츠면 罪責 니부미 진실로 맛당혼 배니라.
前賢重守分惡以禍福移(전현중수분악이화복이)
녯 어딘 사ᄅᆞᆷ 職分을 固守호ᄆᆞᆯ 重히 너기고 禍福ᄋᆞ로ᄡᅥ 移易호ᄆᆞᆯ 아쳐러ᄒᆞ며
亦云貴守官不愛能適時(역운귀수관불애능적시)
ᄯᅩ 닐오디 官職을 固守호미 貴ᄒᆞ고 能히 時節 조차가ᄆᆞᆯ ᄉᆞ랑ᄒᆞ디 아니ᄒᆞ니라.
顧惟孱弱者正直當不虧(고유잔약자정직당불휴)
내 氣運 孱弱ᄒᆞ니는 正直호ᄆᆞᆯ 반ᄃᆞ개 이저ᄇᆞ리디 아니호리라.
何人採國風吾欲獻此辭(하인채국풍오욕헌차사)
어느 사ᄅᆞ미 國風을 採取홀고 내 이 말ᄉᆞᄆᆞᆯ 받줍고져 ᄒᆞ노라.

[중간본]

癸卯 ᄒᆡ예 漫叟ㅣ 道州ㅅ 員을 ᄒᆞ니 道州ᄂᆞᆫ 녜 四萬餘戶ㅣ러니 도ᄌᆞᆨ 디내야 오매 <u>四千</u>ㅣ 초디 몯호딕 半나마 <u>賦稅</u>를 이긔디 몯ᄒᆞᄂᆞ다. 구의예

오미 쉰 나리 몯호되 여러 使臣의 徵求ᄒᆞᄂᆞᆫ 符牒 二百 나ᄆᆞ닐 바도니 게다 니로되 期限을 일흐닌 罪ㅣ 貶職削地ᄒᆞ매 니르리라 ᄒᆞ니 슬프다. 萬一 다 그 命令을 對答하면 ᄀᆞ올히 破亂ᄒᆞ리어리 員이 어느 罪ᄅᆞᆯ 逃避ᄒᆞ리오 萬一 命令을 對答디 아니ᄒᆞ면 ᄯᅩ 곧 罪 니버 반ᄃᆞ기 免티 몯ᄒᆞ니 나ᄂᆞᆫ 將次ㅅ 官職을 守ᄒᆞ야 安靜ᄒᆞ야 사ᄅᆞᆷ을 편안케 ᄒᆞ야서 罪ᄅᆞᆯ 기들우리라 이 ᄀᆞ올ᄒᆞᆫ 이 春陵ㅅ 녯 ᄯᅡ힐ᄉᆡ 春陵行을 지어 아랫 ᄠᅳ들 通達ᄒᆞ노라

---

1) 구의: 관아 2) 나ᄆᆞ닐: 나머니, 나머지 3) 게: 모두 4) 일흐닌: 잃은 이 5) 니르리라: 이르다

軍國에 須求ᄒᆞᄂᆞᆫ 배 하니 ᄀᆞ장 貴호미 有司의게 잇도다.
有司ㅣ ᄀᆞ올해 來臨ᄒᆞ야 刑法을 ᄆᆞᄎᆞ매 베프고져 ᄒᆞᄂᆞ다.
겻기ᄒᆞ몰 엇뎨 시름 아니ᄒᆞ리오마ᄅᆞᆫ 百姓의게 바도미 ᄯᅩ 可히 슬프도다.
ᄀᆞ올히 젹고 亂亡을 디내니 기텟ᄂᆞᆫ 사ᄅᆞ미 진실로 굿가ᄒᆞᄂᆞ다.
큰 ᄀᆞ올히도 열 지븨 업고 큰 族屬도 性命ㅣ 외ᄅᆞ외며 시드럽도다.
아ᄎᆞᆷ 먹ᄂᆞᆫ 거시 이 나못 불휘오 나죄 먹ᄂᆞᆫ 거시 나못 거프리로다.
말ᄉᆞᆷ 닐우메 氣運ㅣ 그츨 ᄃᆞᆺᄒᆞ고 ᄠᅳ디 ᄲᆞᆯ라도 거름 거로미 더듸도다.
조차 브로ᄆᆞᆯ 오히려 춤디 몯ᄒᆞ려니 ᄒᆞ몰며 텨리아
역에서 ᄲᅢ론 符牒을 傳ᄒᆞ니 오며 가ᄂᆞᆫ 자최 서ᄅᆞ 조쳇도다.
가ᄉᆞ야 어위큰 恩惠ᄂᆞᆫ 업고 오직 뵈아ᄂᆞᆫ 期限ㅣ 잇도다.
히여 아히ᄃᆞᆯ홀 풀라코져컨마ᄅᆞᆫ 마ᄅᆞᆯ 내면 亂ㅣ 조출가 저프고
다 히여 그 지블 드위라코져 ᄒᆞ나 ᄯᅩ 사롤 資産ㅣ 업도다.

더 길헷 사루미 마룰 드로니 怨望ᄒᆞ며 슬호물 뉘 ᄯᅩ 알리오.
니건 겨으레 묏도ᄌᆞ기 와 주기며 아아 거의 기튼 거시 업도다.
저희 願ᄒᆞ논 바ᄂᆞᆫ 님금 官人을 보와 惠慈로ᄡᅥ 撫養콰뎌여 ᄒᆞ거늘
엇뎨 다시 모랄 ᄠᅩ차 히여 살에 ᄒᆞ디 아니하ᄂᆞ니오.
사ᄅᆞ믈 편안케 호ᄆᆞᆫ 天子ㅅ 詔命ㅣ오 符節은 내 가젯ᄂᆞᆫ 거시니
ᄀᆞ올옷 믄듯 亂亡ᄒᆞ면 罪 니부믄 ᄯᅩ 이 뉘리오.
느주워여 詔슈을 그르츠면 罪責 니부미 진실로 맛당ᄒᆞᆯ 배니라.
녯 어딘 사ᄅᆞᆷ 職分을 固守호ᄆᆞᆯ 重히 너기고 禍福으로ᄡᅥ 移易호ᄆᆞᆯ 아쳐러ᄒᆞ며
ᄯᅩ 닐오ᄃᆡ 官職을 固守호미 貴ᄒᆞ고 能히 時節 조차가ᄆᆞᆯ ᄉᆞ랑ᄒᆞ디 아니ᄒᆞ니라,
내 氣運殘弱ᄒᆞ니ᄂᆞᆫ 正直호ᄆᆞᆯ 반ᄃᆞ시 이저ᄇᆞ리디 아니호리라.
어느 사ᄅᆞ미 國風을 採取ᄒᆞᆯ고 내 이 말ᄉᆞ믈 받ᄌᆞᆸ고져 ᄒᆞ노라

---

1) 베프고져 : 베풀고자 2) 것기호ᄆᆞᆯ : 것기ᄒᆞ다, 겪이하다, 음식을 대접하다 3) 기텟ᄂᆞᆫ : 기티다, 끼치다, 남기다 4) 긋가ᄒᆞ놋다 : 긋가ᄒᆞ다, 가빠하다, 겨워하다, 힘들어 하다 5) 외로외며 : 외로외다, 외롭다 6) 시드럽도다 : 고달프다, 피곤하다, 가쁘다 7) 나죄 : 저녁 8) 닐우메 : 닐우다, 읽다 9) 거름 : 걸음 10) 터리애 : 터+리애(텨, 처,치다) -리아, -리오, 치리오 11) 조챗도다 : 좇다 12) 어위크 : 어위크다, 넓고 크다 13) 가ᄉᆞ야 : 다시 14) 히여 : 하여금 15) 플라코져컨마른 : 풀다(鸎), 코져(하고자), 컨마른(하건마는), 팔려고하고자하건마는 16) 저프고 : 저프다, 두렵다 17) 드위라코져 : 드위다, 뒤집다, 뒤지다 18) 겨ᅀᅳ레 : 겨울 19) 아ᅀᅡ : 빼앗다 20) 기튼 : 기트다, 남기다 21) 모라 : 몰다 22) ᄠᅩ차 : 쫓아 23) 느주워여 : 누주우다, 늦추다 24) 아쳐러ᄒᆞ며 : 아쳐러ᄒᆞ다, 싫어하다 25) 반ᄃᆞ개 : 반ᄃᆞ시 26) 이저ᄇᆞ리디 : 잊어 버리다 27) 뵈아ᄂᆞᆫ : 뵈아다, 재촉하다

退職示官吏 幷序 元結 次山
퇴직시관리 병서 원결 차산

癸卯歲예 西原賊이 入道州ᄒᆞ야 焚燒殺掠幾盡而去ᄒᆞ고 明年에 賊이 又攻永破邵호ᄃᆡ 不犯此州ㅅ 邊鄙而退ᄒᆞ니 豈力能制敵歟ㅣ리오 盖蒙其傷憐而已니라 諸使ᄂᆞᆫ 何爲忍苦徵歛고 故로 作詩一篇ᄒᆞ야 以示官吏ᄒᆞ노라.

癸卯 히예 西原ㅅ 도즈기 道州에 드러와 블 디르고 주기며 아ᅀᅩ몰 거의 다 ᄒᆞ야 가고 이듬히예 도즈기 ᄯᅩ 永州ᄅᆞᆯ 티며 邵州ᄅᆞᆯ 헤튜ᄃᆡ 이 ᄀᆞ옰 ᄀᆞᅀᆞᆯ 侵犯 아니ᄒᆞ야 믈러가니 엇뎨 우리 히미 能히 뎌편을 制禦ᄒᆞ리오 제 슬피 너교물 니베니라 여러 使臣은 엇뎨 ᄎᆞ마 심히 徵歛ᄒᆞᄂᆞ니오 故로 글 ᄒᆞᆫ 篇을 지ᅀᅥ 官吏ᄅᆞᆯ 뵈노라.

昔歲逢太平山林二十年(석세봉태평산림이십년)
녯 히예 太平ᄋᆞᆯ 맛나니 山林에 스믈 히ᄅᆞᆯ

泉源在庭戶洞壑當門前(천원재정호동학당문전)
시미 ᄯᅳᆯ와 門戶애 잇고 묏고리 門 알픠 當ᄒᆞ얏더니라.

井稅有常期日晏猶得眠(정세유상기일안유득면)
井田엣 賦稅ㅣ 덛덛ᄒᆞᆫ 期限이 이시니 나리 늣ᄃᆞ록 오히려 시러곰 조오더니라.

忽然遭世變數歲親戎旃(홀연조세변수세친융전)
믄드시 世變을 맛니러 두ᅀᅥ 히ᄅᆞᆯ 사호맷 旌旃을 親히 호라.

今來典斯郡山夷又紛然(금래전사군산이우분연)
이제 와 이 ᄀᆞ올ᄒᆞᆯ ᄀᆞᅀᆞᆷ아로니 뫼햇 되 ᄯᅩ 어즈럽도다.

城小賊不屠人貧傷可憐(성소적불도인빈상가련)
城郭이 져고티 도ᄌᆞ기 屠殺 아니ᄒᆞ니 사ᄅᆞ미 가난ᄒᆞ야 슬퍼 可히 어엿블
시니라.
是以陷隣境此州獨見全(시이함린경차주독견전)
이러ᄒᆞᆯᄉᆡ 이웃 ᄯᅡ훈 陷沒호ᄃᆡ 이 ᄀᆞ올히 ᄒᆞ오아 오ᄋᆞ라 이쇼믈 보니라.
使臣將王命豈不如賊焉(사신장왕명기불여적언)
使臣이 님금 命令을 가져쇼ᄃᆡ 엇뎨 도죽마도 곧디 몯ᄒᆞ니오
今彼徵斂者迫之如火煎(금피징감자박지여화전)
이제 뎌 徵斂ᄒᆞᄂᆞᆫ 사ᄅᆞ미 뵈아디 블로 달히는 ᄃᆞᆺᄒᆞ도다.
誰能絶人命以作時世賢(수능절인명이작시세현)
뉘 能히 사ᄅᆞ미 목수믈 그쳐 時世옛 어디로ᄆᆞᆯ ᄃᆞ외리오.
思欲委符節引竿自刺船(사욕위부절인간자자선)
員의 符節을 ᄇᆞ리곡 댓 나ᄎᆞᆯ 혀 내 ᄇᆡ를 딜어 져ᄉᆞ가고져 ᄒᆞ노라.
將家就魚麥歸老江湖邊(장가취어맥귀노강호변)
집사ᄅᆞᄆᆞᆯ 더브러 고기와 보리 밀 잇ᄂᆞᆫ ᄃᆡ 나ᅀᅡ가 江湖ㅅ ᄀᆞᅀᅵ 가 늘고리라.

[중간본]

癸卯 히예 西原ㅅ 도ᄌᆞ기 道州예 드러와 블 디르고 주기며 이오믈 거
의 다 ᄒᆞ야 가고 이듬히예 도ᄌᆞ기 ᄯᅩ 永州를 티며 邵州를 헤튜ᄃᆡ 이 ᄀᆞ옰
ᄀᆞᄋᆞᆯ 侵犯 아니ᄒᆞ야 믈러가니 엇뎨 우리 히미 能히 피편을 制禦ᄒᆞ리오 제
슬피 너교믈 니베니라 여러 使臣은 엇뎨 ᄎᆞ마 심히 徵斂ᄒᆞᄂᆞ니오 故로
글 ᄒᆞᆫ 篇을 지어 官吏를 뵈노라.

1) 아ᅀᅩ믈 : 빼앗음을 2) 헤튜ᄃᆡ : 헤툼, 헤침, 깨트림 3) 피편 : 적의 편, 상대편

녯 히예 太平을 맛나니 山林에 스믈 히를
시미 뜰와 門戶애 잇고 묏고리 門 알퓌 當ᄒ얏더니라.
井田엣 賦稅ㅣ 덛덛훈 期限ㅣ 이시니 나리 늣도록 오히려 시러곰 조오더
니라.
믄드시 世變을 맛니러 두어 히를 사호맷 旌旐를 親히 호라.
이제 와 이 ᄀ올홀 ᄀ음아로니 뫼헷 되 또 어즈럽도다.
城郭ㅣ 져고되 도즈기 屠殺 아니ᄒ니 사ᄅ미 가안ᄒ야 슬퍼 可히 에엿블
시니라.
이러훌신 이웃 싸훈 陷沒호되 이 ᄀ올히 ᄒ오아 오오라 이쇼믈 보니라.
使臣ㅣ 님긊 命令을 가져쇼되 엇뎨 도죽 마도 곧디 몯ᄒ니오
이제 뎌 徵歛ᄒ는 사롬ㅣ 뵈아뒤 블로 달히는 둧ᄒ도다
뉘 能히 사ᄅ미 목수믈 그쳐 時世옛 어디로믈 두외리오.
員의 符節을 ᄇ리고 댓 나츨 혀 내 비를 딜어 저어가고져 ᄒ노라.
집사ᄅ물 더브러 고기와 보리 밀 잇는 뒤 나아가 江湖ㅅ ᄀ이 가 늘고
리라.

---

1) 덛덛훈 : 덛덛ᄒ다, 떳떳하다, 한결같다 2) 조오더니라 : 조올다, 졸다 3) 맛니러 : 만나서 4) ᄀ움아로니 : ᄀ움알다, 가밀다, 맡은 일을 처리하다, 재량하다, 거느리다 5) 어엿블 : 불쌍하다 6) ᄒ오ᅀᅡ : 홀로, 혼자 7) 오ᄋ로 : 온전히, 전혀 8) 더브러 : 더불어

偪側行
핍측행

贈畢曜(증필요)

偪側何偪側我居巷南子巷北(핍측하핍측아거항남자항북)
어려우며 조모 어려우니 나는 굴형 南녀긔 살오 그듸는 굴형 北녀기로다.
可憐隣里間十日一不見顔色(가련린리간십일일불견안색)
可히 슬프다 무윲 수싀예셔 열흐레 ᄒᆞᆫ 번도 顔色을 보디 몯ᄒᆞ라.
自從官馬送還官行路難行澁如棘(자종관송환관행로난행삽여극)
구읫 ᄆᆞᆯ 구위예 도로 보내요ᄆᆞ로브터 녀는 길히 녀미 어려워 險澁ᄒᆞ미 가시 서리 ᄀᆞᆮ도다.
我貧無乘非無足昔者相過今不得(아빈무승비무족석자상과금부득)
내 가논ᄒᆞ야 톨 거시 업스나 바론 업디 아니컨마론 녜 서르 디나가던 짜홀 이제 몯ᄒᆞ노라.
實不是愛微軀又非關足無力徒步(실부시애미구우비관족무력도보)
眞實로 이 져근 모몰 ᄉᆞ랑호미 아니며 ᄯᅩ 바래 힘 업수매 關係혼디 아니라 거러가메
翻愁官長怒此心炯炯君應識(번수관장노차심형형군응식)
도로혀 官長이 怒홀가 시름ᄒᆞ노니 이 ᄆᆞᅀᆞ미 볼고ᄆᆞᆯ 그듸 당당이 아ᄂᆞ니라.
曉來急雨春風顚睡美不聞鍾鼓傳(효래급우춘풍전수미불문종고전)
새배 ᄲᆞᄅᆞᆫ 비예 봆 ᄇᆞᄅᆞ미 업듣게 부니 ᄌᆞ오로미 됴하 鍾鼓ㅅ 소리 傳호ᄆᆞᆯ 듣디 몯ᄒᆞ라.

東家蹇驢許借我泥滑不敢騎朝天(동가건려허차아니활불감기조천)
東녁 집 전나귀를 날 빌이건마른 홀기 믯그러워 구틔여 타 朝天ᄒ디 몯ᄒ라.
已今請急會通籍男兒性命絶可憐(이금청습회통적남아성명절가련)
ᄒ마 히여 通籍 모든 디 急을 請ᄒ니 南兒이 性命이 ᄀ장 可히 슬프도다.
焉能終日心拳拳憶君誦詩神凜然(언능종일심권권억군송시신름연)
엇뎨 能히 나리 뭇도록 ᄆᅀ매 拳拳ᄒ료 그듸를 ᄉ랑ᄒ야셔 그를 외오니 ᄆᅀ미 凜然ᄒ도다.
辛夷始花亦已落況我與子非裝年(신이시화역이낙황아여자비장년)
辛夷 첫 고지 ᄯ ᄒ마 디니 ᄒ믈며 나와 그듸왜 져믄 나히 아니로다.
街頭酒價常苦貴方外酒徒稀醉眠(가두주가상고귀방외주도희취면)
긼 머리옛 숤 비디 댱샹 심히 貴ᄒ니 方外옛 술 머글 무리 醉ᄒ야 ᄌ오로미 드므도다.
速宜相就飮一斗恰有三百青銅錢(속의상취음일두흡유삼백청동전)
ᄲᆞᆯ리 서르 나ᅀ와 ᄒᆞᆫ 마를 머구미 맛당ᄒ니 三百 낫 青銅 도니 마치 잇다.

[중간본]

어려우며 ᄌᆞ모 어려우니 나ᄂᆞᆫ 굴헝 南녀긔 살오 그듸ᄂᆞᆫ 굴헝 北녀기로다.
可히 슬프다 ᄆᆞᅀᆞᆳ ᄉᆞ이예셔 열흘레 ᄒᆞᆫ 번도 顏色을 보디 몯ᄒ라.
구위 므를 구위예 도로 보내요ᄆᆞ로브터 녀는 길히 녀미 어려워 險澁호미 가시 서리 ᄀᆞᆮ도다.
내 가ᄂᆞᆫ ᄒᆞ야 툴 거시 업스나 바른 업디 아니컨마른 녜 서르 디나가던 ᄯᅡ흘 이제 몯ᄒ노라.
眞實로 이 져근 모ᄆᆞᆯ ᄉᆞ랑호미 아니며 ᄯᅩ 바래 힘 업수매 關係혼디 아니라 거러가메 도로혀 <u>官長ㅣ</u> 怒홀가 시름ᄒ노니 이 <u>ᄆᆞ미</u> 볼고몰 그듸 <u>당당ㅣ</u> 아ᄂᆞ니라.
새배 ᄲᆞᆫ 비예 놊 ᄇᆞᄅᆞ미 업듣게 부니 ᄌᆞ오로미 됴하 鍾鼓ㅅ 소리 傳ᄒᆞ몰 듣디 몯ᄒᆞ라.
東녁 집 젼나귀를 날 빌이건ᄆᆞᆫ 훍기 믯그러워 구틔여 타 朝天ᄒᆞ디 몯ᄒᆞ라.
ᄒᆞ마 힁여 通籍 모든 디 急을 請ᄒᆞ니 南兒이 性命이 ᄀᆞ장 可히 슬프도다.
엇뎨 能히 나리 <u>ᄆᆞᆺ도록</u> ᄆᆞᄋᆞ매 拳拳ᄒᆞ료 그디롤 ᄉᆞ랑ᄒᆞ야셔 그를 외오니 ᄆᆞᄋᆞ미 凜然ᄒᆞ도다.
辛夷 첫 고지 ᄯᅩ ᄒᆞ마 디니 ᄒᆞ몰며 나와 그디왜 져믄 나히 아니로다.
긿 머리옛 숤 <u>비디</u> <u>뎌상</u> 심히 貴ᄒᆞ니 方外옛 술 머글 무리 醉ᄒᆞ야 ᄌᆞ오로미 드므도다.
ᄲᆞᆯ리 서르 <u>나아와</u> ᄒᆞᆫ 마롤 머구미 맛당ᄒᆞ니 三百 낫 靑銅 돈ㅣ 마치 잇다.

---

1) 굴헝 : 구렁 2) 구윗 : 관아 3) ᄉᆞᅀᅵ : 사이 4) 가싀 : 가시 5) 서리 : 사이 6) 블고몰 : 밝다 7) 업듣게 : 업듣다, 엎드리다 8) ᄌᆞ오로미 : 조롬 9) 훍기 : 흙이 10) 믯그러워 : 믯그럽다, 미끄럽다 11) ᄆᆞᆺ도록 : 마치도록 12) 비디 : 빚이

錦樹行
금수행

今日苦短昨日休歲云暮矣增離憂(금일고단작일휴세운모의증리우)
오눐나리 심히 뎌르고 어젯나리 업스니 歲ㅣ 느저가니 여의엿는 시르미 더으ᄂ다.

霜凋碧樹作錦樹萬壑東逝無停留(상조벽수작금수만학동서무정유)
서리예 프른 남기 뼈러뎌 錦ᄀᆞᆮ흔 남기 도외니 萬壑앳 므리 東녀그로 흘러가 머므로미 업도다.

荒戍之城石色古東郭老人住青丘(황수지성석색고동곽노인주청구)
거츤 防戍ᄒᆞ는 城에 돐 비치 놀ᄀ니 東郭앳 늘근 사ᄅᆞ미 프른 두들게 머므러쇼라.

飛書白帝營斗粟琴瑟几杖柴門幽(비서백제영두속금슬궤장시문유)
白帝城에 글워를 놀여 ᄒᆞᆫ 맔 조흘 營求호니 琴瑟几杖 잇는 디 섭나모 門이 幽深ᄒᆞ도다.

青草萋萋盡枯死天驥跛足隨犛牛(청초처처진고사천기파족수리우)
프른 플 萋萋ᄒᆞ던 거시 다 이우러 주거니 하ᄂᆞᆳ 驥馬ㅣ 바리 저러 犛牛를 조차 ᄃᆞ니놋다.

自古聖賢多薄命奸雄惡少封公候(자고성현다박명간웅악소봉공후)
녜로브터 聖賢은 命 사오나오니 하고 奸雄과 모딘 져므니ᅀᅡ 公候ᄅᆞᆯ 封히ᄂᆞ니라.

故國三年一消息終南渭水寒悠悠(고국삼년일소식종남위수한유유)
故國이 서 ᄒᆡ예ᅀᅡ ᄒᆞᆫ 번 消息을 보니 終南山과 渭水ㅣ 치워 머도다.

五陵豪貴反顚倒鄕里小兒狐白裘(오릉호귀반전도향리소아호백구)
五陵엣 豪貴ᄒ더닌 도르혀 갓ᄀ랏고 ᄆᅀᆞᆯ햇 아히돌히ᅀᅡ 엿이 힌 갓오ᄉᆞᆯ 니벳도다.
生男墮地要膂力一生富貴傾邦國(생남타지요려력일생부귀경방국)
아돌 나호ᄆᆞᆫ ᄯᅡ해 디다 가며 등어리옛 히미 조ᅀᆞᄅᆞ외니 一生애 가ᅀᆞ멸며 貴호미 나라ᄒᆞᆯ 기우리ᄂᆞ니다.
莫愁父母少黃金天下風塵兒亦得(막수부모소황금천하풍진아역득)
父母ㅣ 黃金 져구믈 시름 마롤디니 天下애 風塵 잇ᄂᆞᆫ 저긔 아히도 ᄯᅩ 얻ᄂᆞ니라.

[중간본]

오ᄂᆞᆳ나리 심히 뎌르고 어젯나리 업스니 歲ㅣ 느저가니 여의엿ᄂᆞᆫ 시르미 더으ᄂᆞ다
서리예 프른 남기 뻐러뎌 錦 ᄀᆞᆮ톤 남기 ᄃᆞ외니 萬壑앳 므리 東녀그로 흘러가 머므로미 업도다.
거츤 防戍ᄒᆞᄂᆞᆫ 城에 돐 비치 놀ᄀᆞ니 東郭앳 늘근 사ᄅᆞ미 프른 두듥게 머므러쇼라.
白帝城에 글워를 눌여 ᄒᆞᆫ 맋 조흘 營求호니 琴瑟 几杖 잇ᄂᆞᆫ 디 섬나모 門ㅣ 幽深ᄒᆞ도다.
프른 플 萋萋ᄒᆞ던 거시 다 이우러 주거니 하놄 驥馬ㅣ 바리 저러 犛牛ᄅᆞᆯ 조차 ᄃᆞ니놋다.
녜로브터 聖賢은 命 사오나오니 하고 姦雄과 모딘 져므니아 公侯ᄅᆞᆯ 封히ᄂᆞ니라.
故國에 세 히예아 ᄒᆞᆫ 번 消息을 보니 終南山과 渭水ㅣ 치워 머도다.

五陵엣 豪貴ᄒ더닌 도르혀 갓ᄀ랏고 모올햇 아히돌히아 여의 힌 갓오슬 니벗도다.
아돌 나호ᄆᆞᆫ ᄯᅢ해 디다 가며 등어리옛 히미 조ᄋᆞ로외니 一生애 가ᄋᆞ멸며 貴호미 나라홀 기우리ᄂᆞ니다.
父母의 黃金 져구믈 시름 마롤디니 天下애 風塵 잇ᄂᆞᆫ 저긔 아히도 ᄯᅩ 얻ᄂᆞ니라.

---

1) 뎌르고 : 뎌르다, 짧다 2) 더으ᄂᆞ다 : 더으다, 더하다 3) ᄲᅥ러뎌 : 떨어지다 4) ᄂᆞᆯ그니 : 늙다, 낡다 5) 두들게 : 언덕 6) 이우러 : 시들다 7) 져러 : 절다 8) 사오나오니 : 좋지 않은, 나쁜 져므니ᅀᅡ : 져므니, 젊은이, -ᅀᅡ(강세) 9) 갓ᄀ랏고 : 갓그라디다, 거꾸러지다 10) 엿 : 여우 11) 갓오슬 : 가죽 12) 조ᅀᆞ로외니 : 조ᅀᆞ로외다, 종요롭다 13) 가ᅀᆞ멸며 : 부유하다

嚴氏溪放歌
엄씨계방가

天下兵馬未盡消豈免溝壑常漂漂(천하병마미진소개면구학상표표)
天下앳 兵馬ㅣ 다 업디 몯ᄒᆞ니 溝壑애 長常 ᄠᅥ든뇨믈 어느 免ᄒᆞ료.
劒南歲月不可度邊頭公卿仍獨驕(검남세월불가도변두공격잉독교)
劒南앳 歲月을 可히 디내디 몯ᄒᆞ리소니 ᄀᆞᇫ 公卿둘ᄒᆞᆫ 지즈로 ᄒᆞ오ᅀᅡ 驕慢ᄒᆞ도다.
費心姑息是一役肥肉大酒徒相要(비심고식시일역비육대주도상요)

姑息호매 ᄆᆞᅀᆞᆷ 虛實호미 이 ᄒᆞᆫ 役事ㅣ로소니 슬진 고기와 큰 술로 ᄒᆞᆫ갓 서르 要求ᄒᆞ놋다.
嗚呼古人已糞土獨覺志士甘漁樵(오호고인이분토독각지사감어초)
슬프다 녯 어딘 사ᄅᆞ미 ᄒᆞ마 홀기 ᄃᆞ외니 志士이 고기 낫그며 나모 쥬믈 ᄃᆞᆯ히 너교ᄆᆞᆯ ᄒᆞ올로 아노라.
況我飄轉無定所終日慽慽忍羈旅(황아표전무정소종일쳑쳑인기려)
ᄒᆞ믈며 내 올마ᄃᆞᆫ녀 一定ᄒᆞᆫ ᄯᅡ히 업소니 나리 못ᄃᆞ록 슬허셔 나그내 ᄃᆞ외야쇼믈 ᄎᆞᆷ노라.
秋宿霜溪素月高喜得與子長夜語(추숙상계소월고희득여자장야어)
ᄀᆞᅀᆞᆯ히 서리 온 시내해 자매 힌 ᄃᆞ리 노ᄑᆞ니 그듸와 긴 바미 말ᄒᆞᆷ 어두믈 깃노라.
東遊西還力實倦從此將身更何許(동유서환력실권종차장신갱하허)
東으로 놀며 西로 돌아오매 히미 實로 굿ᄇᆞ니 일로브터 몸 가져 ᄯᅩ 어듸 가려뇨.
知子松根長茯苓遲莫有意來同煮(지자송근장복령지막유의래동자)
그딋 솘 불휘예 茯苓이 기루믈 아노니 늘거 와 ᄒᆞᆫᄃᆡ셔 글혀 먹고져 ᄠᅳ들 뒷노라

[중간본]

天下앳 兵馬ㅣ 다 업디 몯ᄒᆞ니 溝壑애 長常 ᄢᅥ든뇨믈 어느 免ᄒᆞ료.
劒南앳 歲月을 可히 디내디 몯ᄒᆞ리소니 그잇 公卿들ᄒᆞᆫ 지즈로 ᄒᆞ오와 驕慢ᄒᆞ도다.
姑息호매 ᄆᆞᅀᆞᆷ 虛實호미 이 ᄒᆞᆫ 役事ㅣ로소니 슬진 고기와 큰 술로 ᄒᆞᆫ갓 서르 要求ᄒᆞ놋다.

슬프다 녯 어딘 사르미 ᄒᆞ마 훌기 ᄃᆞ외니 志士이 고기 낫그며 나모짐을 둘히 너교몰 ᄒᆞ올로 아ᄂᆞ라.

ᄒᆞ물며 내 올마ᄃᆞ녀 一定ᄒᆞᆫ ᄯᅡ히 업소니 나리 못도록 슬허셔 나그내 ᄃᆞ외야쇼믈 춤노라.

ᄀᆞ올ᄒᆡ 서리 온 시내해 자매 힌 ᄃᆞ리 노푸니 그듸와 긴 밤의 말ᄒᆞᆷ 어드믈 깃노라.

東으로 놀며 西으로 돌아오매 히미 實로 굿브니 일로브터 몸 가져 ᄯᅩ 어듸 가려뇨.

그딋 솘 불휘예 茯苓ㅣ 기루믈 아노니 늘거 와 ᄒᆞᆫ듸셔 글혀 먹고져 ᄠᅳ들 듯노라.

---

1) 지즈로 : 인하여, 말미암아, 드디어 2) 둘히 : 달게 3) 쥬믈 : 쥬다, 주다 4) 몰마ᄃᆞ녀 : 옮겨 다녀 5) 못도록 : 끝나도록 6) 깃노라 : 기뻐하다 7) 굿브니 : 굿브다, 가쁘다, 고단하다 8) ᄒᆞᆫ듸셔 : 한데, 한곳 9) 글혀 : 글히다, 끓이다 10) 기루믈 : 기룸을, 김을 11) 듯노라 : 듯다, 두어있다, 두었다

虎牙行
호아행

秋風欸吸吹南國天地慘慘無顔色(추풍훌흡취남국천지참참무안색)
ᄀᆞᅀᆞᆶ ᄇᆞᄅᆞ미 ᄲᆞᆯ리 南國을 부ᄂᆞ니 天地 슬퍼 ᄂᆞᆺ비치 업도다.

洞庭揚波江漢回虎牙銅柱皆傾側(동정양파한회호아동주개경측)

洞庭이 믌겨리 부치고 江漢이 횟도로 혀는 듯ᄒᆞ니 虎牙와 銅柱ㅣ 다 기우리혓도다.
巫峽陰岑朔漠氣峯巒窈窕溪谷黑(무협음봉령사막기봉만요조계곡흑)
巫峽 어드운 묏부리엔 朔漠앳 氣運이로소니 묏부리 깁수위오 시냇 묏고리 검어듭도다.
杜鵑不來猿狖寒山鬼幽憂霜雪逼(두견불래원유한산귀유우상설핍)
졉동새 오디 아니ᄒᆞ고 나비 치우니 뫼햇 귓거시 幽深ᄒᆞᆫ ᄃᆡ셔 시름ᄒᆞ고 서리와 눈괘 갓갑도다.
楚老長嗟憶炎瘴三尺角弓兩斛力(초장노차억염장삼척각궁양곡력)
楚ㅅ 늘근 사ᄅᆞ미 기리 슬허ᄒᆞ셔 더위ᄅᆞᆯ ᄉᆞ랑ᄒᆞᄂᆞ니 석 자힌 ᄲᅳᆯ화리 두 셤만 ᄃᆞᆯ일 히미로다.
壁立石城橫塞起金錯旌竿滿雲直(벽립석성횡새기금착정간만운직)
石壁이 션 ᄃᆞᆺᄒᆞᆫ 돌城이 邊塞예 빗거 니럿ᄂᆞ니 金실 드린 旌旗ㅅ대 구루메 ᄀᆞᄃᆞᆨᄒᆞ야 고댓도다,
漁陽突騎獵青丘犬戎鎖甲間丹極(어양돌기렵청구견융쇄갑간단극)
漁陽앳 ᄃᆞᆯ이논 ᄆᆞᆯ 트니 靑丘에 와 畋獵ᄒᆞᄂᆞ니 犬戎이 鎖甲 니브닐 丹極에 와 쇼믈 드르리로다.
八荒十年防盜賊征戍誅求寡妻哭遠客中宵淚霑臆(팔황십년방도적정수주구과처곡원객중소루점억)
八荒이 열 ᄒᆡᄅᆞᆯ 盜賊을 마ᄀᆞ니 征戍ᄒᆞ야 軍糧 바도매 ᄒᆞ올겨지비 셜워 우ᄂᆞ니 먼 나그내 밦中에 누ᇇ므를 가ᄉᆞ매 저지노라.

[중간본]

ᄀᆞᅀᆞᆯ ᄇᆞᄅᆞ미 ᄲᆞᆯ리 南國을 부ᄂᆞ니 天地 슬퍼 놋비치 업도다.

洞庭ㅣ 믌겨리 부치고 江漢ㅣ 횟도로 혀는 둧ᄒᆞ니 虎牙와 銅柱ㅣ 다 기우리혓도다.
巫峽 어드운 묏부리엔 朔漠앳 氣運ㅣ로소니 묏부리 깁수위오 시냇 묏고리 검어듭도다.
졉동새 오디 아니ᄒᆞ고 나비 치우니 뫼햇 귓거시 幽深ᄒᆞᆫ 디셔 시름ᄒᆞ고 서리와 눈괘 갓갑도다.
楚ㅅ 늘근 사ᄅᆞ미 기리 슬허셔 더위ᄅᆞᆯ ᄉᆞ랑ᄒᆞᄂᆞ니 석 자힌 쓸화리 두 셤만 둘일 히미로다.
石壁ㅣ 션 둧ᄒᆞᆫ 돌城ㅣ 邊塞예 빗거 니럿ᄂᆞ니 金실 드린 旌旗ㅅ대 구루메 ᄀᆞ독ᄒᆞ야 고닷도다.
漁陽앳 돌이는 ᄆᆞᆯ 튼니 青丘에 와 畋獵ᄒᆞᄂᆞ니 犬戎ㅣ 鎖甲 니브닐 丹極에 와쇼ᄆᆞᆯ 드르리로다.
八荒ㅣ 열 ᄒᆡᄅᆞᆯ 盜賊을 마그니 征戍ᄒᆞ야 軍糧 바도매 ᄒᆞ올겨지비 셜워 우ᄂᆞ니 먼 나그내 밧中에 눖므를 가ᄉᆞ매 저지노라.

---

1) 부치고 : 부치다, 나부끼다 2) 혀는 : 끌다 3) 깁수위오 : 깁수위다, 깊숙하다 4) 검어듭도다 : 검어듭다, 검고 어둡다 5) 나비 : 원숭이 6) 귓거시 : 귓것, 귀신, 도깨비 7) 쓸화리 : 뿔활이 8) 둘일 : 둘이다, 달다 9) 빗거(비겨) : 비스듬히 10) 니럿ᄂᆞ니 : 니러나다, 일어나다 11) 고댓도다 : 도닷도다, 곧다 12) 돌이는 : 돌이다, 달리다 13) ᄒᆞ올겨지비 : 과부 14) 저지노라 : 적시다

負薪行
부신행

夔州處女髮半華四十五十無夫家(기주처녀발반화사십오십무부가)
夔州ㅅ 處女ㅣ 머리 반만 셰니 나히 마ᅀᆞᆫ 쉬네 샤옹의 지비 업도다.
更遭喪亂嫁不售一生抱恨堪咨嗟(갱조상란매불수일생포한감자차)
쏘 喪亂을 맛니러 샤옹 얼우믈 발뵈디 몯ᄒᆞ니 一生애 셜운 ᄆᆞᅀᆞ믈 아낫ᄂᆞ니 슬험직ᄒᆞ도다.
土風坐男使女立應當門戶女出入(토풍좌남사녀립응당문호녀출입)
그 風俗이 남지ᄂᆞᆫ 안잣곡 겨지브로 셔 ᄃᆞ녀 門戶애손ᄃᆡ 답ᄒᆞ야 겨지비 ᄉᆞ드나ᄃᆞᆫ놋다.
十猶八九負薪歸賣薪得錢應供給(십유팔구부신귀매신득전응공급)
열 사ᄅᆞ매 오히려 엳아홉곰 나모 져 오ᄂᆞ니 나모 ᄑᆞ라 돈 어더 겻기를 應當ᄒᆞ놋다.
至老雙鬟只垂頸野花山葉銀釵並(지노쌍환지수경야화산엽은채병)
늘고매 니르ᄃᆞ록 두 녃 머리 미존 거시 오직 모기 드렛ᄂᆞ니 미해 곳과 뫼헷 나못닙괘 銀빈혀에 글왓도다.
筋力登危集市門死生射利兼塩井(근력등위집시문사생사리겸염정)
힘뻐 노푼 뫼헤 올아 나모 져 져젯 門에 몯ᄂᆞ니 生死애 利ᄅᆞᆯ 어두디 우므렛 소고ᄆᆞᆯ 조쳐ᄒᆞ놋다.
面粧首飾雜啼痕地褊衣寒困石根(면장수식잡제흔지편의한곤석근)
ᄂᆞ치 불론 것과 머리 ᄭᅮ민 더 우룷 그제 섯것ᄂᆞ니 ᄯᅡ히 좁고 오시 치워 돐미틔 잇비 ᄃᆞ니놋다.

若道巫山女麤醜何得此有昭君村(약도무산녀추추하득차유소군촌)
ᄒᆞ다가 巫山앳 겨지비 더럽다 닐올뎬 엇뎨 시러곰 잉어긔 王昭君의 ᄆᆞᄋᆞᆯ히 이시리오.

[중간본]

夔州ㅅ 處女ㅣ 머리 반만 셰니 나히 마ᄋᆞᆫ 쉬네 샤옹의 지비 업도다.
ᄯᅩ 喪亂ᄋᆞᆯ 맛니러 샤옹 어로ᄆᆞᆯ 발뵈디 몯ᄒᆞ니 一生애 셜운 ᄆᆞᄋᆞᄆᆞᆯ 아낫ᄂᆞ니 슬험즉ᄒᆞ도다.
그 風俗ㅣ 남지ᄂᆞᆫ 안잣고 겨지브로셔 ᄃᆞ녀 門戶애손디 답ᄒᆞ야 겨지비아 드나ᄃᆞᆺ다.
열 사ᄅᆞ매 오히려 엳아홉곰 나모 져 오ᄂᆞ니 나모 ᄑᆞ라 돈 어더 겻기ᄅᆞᆯ 應當ᄒᆞᄂᆞ다.
늘고매 니르ᄃᆞ록 두 녒 머리 미존 거시 오직 모기 드렷ᄂᆞ니 미해 곳과 뫼헷 나못닙괘 銀빈혀에 골왓도다.
힘ᄡᅥ 노폰 뫼헤 올아 나모 져 져젯 門에 몯ᄂᆞ니 生死애 利ᄅᆞᆯ 어두디 우므렛 소고ᄆᆞᆯ 조쳐ᄒᆞᄂᆞ다.
ᄂᆞ치 보론 것과 머리 ᄭᅮ민 디 우룸 그제 섯것ᄂᆞ니 ᄯᅡ히 좁고 오시 치워 듨미틔 잇비 ᄃᆞ니놋다.
ᄒᆞ다가 巫山앳 겨지비 더럽다 닐올뎬 엇뎨 시러곰 이어긔 王昭君의 ᄆᆞᄋᆞᆯ히 이시리오.

---

1) 샤옹 : 남편 2) 맛니러 : 만나서 3) 얼루믈 : 얼룸을, 얼리다(시집보내다), 얼다(교합하다) 4) 발뵈디 : 발보다(售), 발보이다(재주를 자랑하느라고 일부러 드러내 보이다) 5) 아낫ᄂᆞ : 안다(抱), 안았나니 6) 슬험적ᄒᆞ도다 : 슬허하다, 슬퍼하다 7) 남지ᄂᆞᆫ : 남진, 사내 8) 門戶애손디 : -손디, -에게, -한테 9) 겨지비ᅀᅡ : 계집, -ᅀᅡ(강세) 10) 드나ᄃᆞᆺ다 : 드나들다, 드나들다 11) 엳아홉곰 : 여들아홉 12) 겻기 : 겨이, 음식대접 13) 드렷ᄂᆞ

니 : 드렛다, 드리워 잇다 14) 골왓도다 : 골와다, 함께 나란히 하다 15) 미존 : 뫼다, 매다 16) 어두다 : 어두리
다, 얻어려고 17) 그제 : 흔적, 허물, 흠, 자리 18) 잇비 : 가쁘게, 피곤하게, 수고롭게 19) 잉어긔(이어긔) : 여기

最能行
최능행

峽中丈夫絶輕死少在公門多在水(협중장부절경사소재공문다재수)
峽中엣 남진돌히 ᄀᆞ장 주구믈 므던히 너겨 구윗 門에 이슈믄 젹고 므레
이슈미 하도다.
富豪有錢駕大舸貧窮取給行艓子(부호유전가대가빈궁취급행접자)
가ᅀᆞ며러 돈 뒷ᄂᆞ니ᄂᆞᆫ 큰 비를 머여 트고 가난ᄒᆞ닌 給足호믈 取ᄒᆞ야 효근
비를 타 ᄃᆞ니ᄂᆞ다.
小兒學問止論語大兒結束隨商旅(소아학문지논어대아결속수상려)
져믄 아히ᄂᆞᆫ 글 비호미 論語 ᄲᅮ니오 큰 아히ᄂᆞᆫ 미우셔 흥졍ᄒᆞᆯ 나그내를
조차 ᄃᆞ니놋다.
欹帆側柁入波濤撇旅消漬無險阻(의범측타입파도별려소분무험조)
빗돗글 기우리며 ᄇᆡ츨 기우려 믌결에 드러가ᄂᆞ니 횟돈 ᄃᆡ로 디나며 믌ᄀᆞ
ᅀᆞᆯ ᄀᆞ리텨 가 險阻호ᄆᆞᆯ 업시 ᄒᆞ놋다.
朝發白帝暮江陵頃來目擊信有徵(조발백제모강릉경래목격신유징)
아ᄎᆞ미 白帝城의셔 나 나조히 江陵의 가ᄂᆞ다 ᄒᆞ더니 요조ᅀᆞᆷ 누네 보니 眞
實로 徵驗호미 잇도다.

瞿塘漫天虎鬚愁歸州長年與最能(구당만천호수수귀주장년여최능)
瞿塘ㅅ 므리 하ᄂᆞᆯ해 ᄀᆞ득고 虎鬚ㅅ 여흐리 老ᄒᆞ노니 歸州ㅅ 長年과 다뭇 最能괘 ᄃᆞ니놋다.
此州之人氣量窄誤競南風踈北客(차주지인기량착오경남풍소북객)
이 ᄀᆞ옰 사ᄅᆞᄆᆞᆫ 氣量이 조바 南風으란 외오 ᄃᆞ토고 北녁 나그내란 踈히 ᄒᆞᄂᆞ다.
若道士無英俊才何得山有屈原宅(약도토무영준재하득산유굴원댁)
ᄒ다가 이 ᄯᅡ해 英俊ᄒᆞᆫ ᄌᆡ죄업다 닐올뎬 엇뎨 시러곰 뫼헤 屈原의 지비 이시리오.

[중간본]

峽中엣 남진돌히 ᄀᆞ장 주구믈 므던히 너겨 구윗 門에 이슈믄 젹고 므레 이슈미아 하도다.
가ᅀᆞ며러 돈 뒷ᄂᆞ니ᄂᆞᆫ 큰 ᄇᆡᄅᆞᆯ 머여 ᄐᆞ고 가난ᄒᆞ닌 給足호ᄆᆞᆯ 取ᄒᆞ야 효근 ᄇᆡᄅᆞᆯ ᄐᆞ ᄃᆞ니ᄂᆞ다.
져믄 아히ᄂᆞᆫ 글 ᄇᆡ호ᄆᆞᆫ 論語 ᄲᅮ니오 큰 아히ᄂᆞᆫ 미ᄫᅳ어 흥졍홀 나그내를 조차 ᄃᆞ니놋다.
빗돗글 기우리며 비츨 기우려 믌결로 드러가ᄂᆞ니 횟돈 ᄃᆡ로 디나며 믌ᄀᆞᆯ ᄀᆞ리텨 가 險阻호ᄆᆞᆯ 업시 ᄒᆞ놋다.
아ᄎᆞ미 白帝城의셔 나 나조ᄒᆡ 江陵의 가ᄂᆞ다 ᄒᆞ더니 요조ᄋᆞᆷ 누네 보니 眞實로 徵驗호미 잇도다.
瞿塘ㅅ 믈ㅣ 하ᄂᆞᆯ해 ᄀᆞ득고 虎鬚ㅅ 여흐리 老ᄒᆞ노니 歸州ㅅ 長年과 다뭇 最能괘 ᄃᆞ니놋다.
이 ᄀᆞ옰 사ᄅᆞᄆᆞᆫ 氣量ㅣ 조바 南風으란 외오 ᄃᆞ토고 北녁 나그내란 踈히

ᄒᆞᄂᆞ다.
ᄒᆞ다가 이 ᄶᅢ해 英俊ᄒᆞᆫ 지죄 업다 닐올뎬 엇뎨 시러곰 뫼헤 屈原의 지비 이시리오.

---

1) 구윗 : 관아 2) 가ᅀᆞ며러 : 부요하다 3) 뒷ᄂᆞ니 : 뒷다, 두었다 4) 머여 : 메다 5) 효근 : 작은 6) 미우ᄲᅥ : 결속(매다) 7) 빗돗글 : 배돛 8) 비츨 : 노 9) 횟돈 : 횟도로 : 휘돌아, 휘돌게 10) 그리텨 : 그리티다, 후리치다, 공략하다 11) 요조숨 : 요즈뭄 12) 여흐리 : 여흘, 여울 13) 외오 : 외다, 거르다 14) ᄒᆞ다가 : 만약, 하다가

惜別行送向卿進奉端午御衣之上都
석별행송향경진봉단오어의지상도

肅宗昔在靈武城指揮猛將收咸京(숙종석재영무성지휘맹장수함경)
肅宗이 녜 靈武城에 겨샤 猛將ᄋᆞᆯ ᄀᆞᄅᆞ치샤 咸陽ㅅ 셔울흘 收復ᄒᆞ시니라.
向公泣血灑行殿佐佑卿相乾坤平(향공읍혈쇄행전좌우경상건곤평)
向公이 피 나게 우러 行殿에 ᄲᅳ리고 公卿宰相ᄋᆞᆯ 도아 乾坤ᄋᆞᆯ 푸케 ᄒᆞ니라.
逆胡冥寞隨烟燼卿家兄弟功名震(역호명막수연신경가형제공명진)
거슬ᄯᅳᆫ 되 아ᄃᆞᆨᄒᆞ야 니와 ᄌᆡ와ᄅᆞᆯ 좃거늘 그딋 짒 兄弟의 功名이 震動ᄒᆞ니라.
麒麟閣畵鴻鴈行紫極出入黃金印(기린각화홍안행자극출입황금인)
麒麟閣앳 그륜 양ᄌᆞ는 그려기 버럿 ᄃᆞᆺᄒᆞ니 紫極에 드나들 제 黃金印을 ᄎᆞ도다.

尙書勳業超千古雄鎭荊州繼吾祖(상셔훈업초쳔고웅진형쥬계오조)
尙書의 功業이 千古ㅅ 사ᄅᆞ미게 건내 ᄲᅱ도소니 荊州를 雄히 눌러쇼믈 내 한아비를 니엇도다.
裁縫雲霧成御衣拜詭題封賀端午(재봉운무셩어의배궤졔봉하단오)
雲霧를 ᄆᆞᄅᆞ아화 님금 오ᄉᆞᆯ ᄆᆡᇰᄀᆞ라 졀ᄒᆞ고 ᄡᅮ러 封ᄒᆞ고셔 端午애 進賀ᄒᆞᄂᆞ다.
向卿將命寸心赤靑山落日江湖白(향경쟝명촌심젹쳥산낙일강호ᄇᆡᆨ)
向卿이 命을 가져가매 져근 ᄆᆞᅀᆞ미 븕ᄂᆞ니 프른 묏 디ᄂᆞᆫ ᄒᆡ예 ᄀᆞᄅᆞ미 ᄒᆡ얫도다.
卿到朝廷說老翁漂零已是滄浪客(경도조졍셰노옹표령이시챵랑ᄀᆡᆨ)
그듸 朝廷에 가 늘근 한아비 이를 닐오ᄃᆡ ᄠᅥ러뎌 ᄃᆞ녀셔 ᄒᆞ마 이 滄浪애 나그내 ᄃᆞ외얫더라 ᄒᆞ라.

[중간본]

肅宗ㅣ 녜 靈武城에 겨샤 猛將을 ᄀᆞᄅᆞ치샤 咸陽ㅅ 셔울흘 收復ᄒᆞ시니라.
向公ㅣ 피 나게 우러 行殿에 ᄡᅳ리고 公卿宰相을 도아 乾坤을 平케 ᄒᆞ니라.
거슬ᄠᅳᆫ 되 아득ᄒᆞ야 니와 지와를 좃거늘 그딋 짒 兄弟의 功名ㅣ 震動ᄒᆞ니라.
麒麟閣앳 그륜 양즈는 그려기 버렷 ᄃᆞᆺᄒᆞ니 紫極에 드나들 제 黃金印을 찻도다.
尙書의 功業ㅣ 千古 사ᄅᆞ미게셔 건내 ᄲᅱ도소니 荊州를 雄히 눌러쇼믈 내 한아비를 니엇도다.
雲霧를 ᄆᆞᄅᆞ아화 님금 오ᄉᆞᆯ ᄆᆡᇰᄀᆞ라 졀ᄒᆞ고 ᄡᅮ러 封ᄒᆞ고셔 端午애 進賀ᄒᆞᄂᆞ다.

向卿] 命을 가져가매 져근 모ᅀᆞ미 블근니 프른 묏 디는 히예 그릇므리
히얫도다.
그듸 朝廷에 가 늘근 한아비 이롤 닐오디 뻐러뎌 ᄃᆞ녀셔 ᄒᆞ마 이 滄浪애
나그내 ᄃᆞ외얫더라 ᄒᆞ라.

---

1) 거슬쁜 : 거슬ᄡᅳ다, 거스르다 2) 뛰도소니 : 뛰다, 뛰다 3) 한아비 : 할아버지 4) 니엇도다 : 잇다 5) 믈ᄋᆞ
ᆽ화 : 므르다, 마름질하다, 재단하다, 말아(마름질하여, 재단하여) 6) 뻐러뎌 : 뻐러디다, 떨어지다

醉歌行贈公安顔少府請顧八題壁
취가행증공안안소부청고팔제벽

神仙中人不易得顔氏之子才孤標(신선중인불역득안씨지자재고표)
神仙ㅅ 가온딧 사ᄅᆞ몰 쉬이 얻디 몯ᄒᆞ리니 顔氏ㅅ 아ᄃᆞ리 지죄 외ᄅᆞ왼 양
지로다.
天馬長鳴待駕御秋鷹整翮當雲霄(천마장명대가어추응정핵당운소)
天馬ㅣ 기리 우러셔 멍에 메여 토몰 기들오며 ᄀᆞᅀᆞᆯ 매 ᄂᆞᆯ개를 고텨 구룸
낀 하ᄂᆞᆯ훌 當ᄒᆞᆫ ᄃᆞᆺ도다.
君不見東吳顧文學君不見西漢杜陵老(군불견동오고문학군불견서한두릉노)
그듸는 東吳앳 顧文學을 보디 아니ᄒᆞᄂᆞ다 그듸는 西漢ㅅ 杜陵엣 늘그니
를 보디 아니 ᄒᆞᄂᆞ다.
詩家筆勢君不嫌詞翰升堂爲君掃(시가필세군불렴사한승당위군소)

글ᄒᆞ논 집과 부듸 양ᄌᆞ를 그듸 아쳗디 아니홀ᄉᆡ 글 지시와 글 스기로 지븨 올아 그듸를 爲ᄒᆞ야 쓰러 브리노라.
是日霜風凍七澤烏蠻落照銜赤壁酒酣耳熱忘頭白(시일상풍동칠택오만락조함적벽주감이열망두백)
이 나래 서릿 ᄇᆞ르매 닐굽 모시 어니 烏蠻애 디는 힛비치 赤壁을 머것도소니 술 醉코 귀 더워 머리 셰유믈 니조라.
感君意氣無所惜一爲歌行歌主客(감군의기무소석일위가행가주객)
그듸의 意氣 앗기논 배 업소믈 感動ᄒᆞ야 ᄒᆞᆫ 번 歌行을 ᄒᆞ야 主人과 소놀 놀애 브르노라.

[중간본]

神仙ㅅ 가온딧 사ᄅᆞ믈 수이 엇디 몯ᄒᆞ리니 顔氏ㅅ 아ᄃᆞ러 지죄 외ᄅᆞ왼 양ᄌᆡ로다.
天馬ㅣ 기리 우러셔 멍에 메여 토믈 기들오며 그윲 매 놀애를 고텨 구룸 낀 하ᄂᆞᆯ홀 當ᄒᆞᆫ 듯도다.
그듸는 東吳앳 顧文學을 보디 아니ᄒᆞᄂᆞᆫ다 그듸는 西漢ㅅ 杜陵엣 늘그니를 보디 아니 ᄒᆞᄂᆞᆫ다.
글ᄒᆞᄂᆞᆫ 집과 부듸 양ᄌᆞ를 그듸 아쳗디 아니홀ᄉᆡ 글 지이와 글 스기로 지븨 올아 그듸를 爲ᄒᆞ야 쓰러 브리노라.
이 나래 서릿 ᄇᆞ르매 닐굽 모시어니 烏蠻애 디는 힛비치 赤壁을 머것도소니 술 취코 귀 더워 머리 셔유믈 니조라.
그듸의 意氣 앗기논 배 업소믈 感動ᄒᆞ야 ᄒᆞᆫ 번 歌行을 ᄒᆞ야 主人과 소놀 놀애 브르노라.

---

1) 외ᄅᆞ왼 : 외로이다, 외롭다 2) 고텨 : 고쳐, 거듭하여, 다시 3) 아쳗디 : 아쳗다, 싫어하다 4) 쓰러 : 쓸다 5)

닐굽 : 일곱 6) 모시 : 못이 7) 어니 : 얼다 8) 머것도소니 : 머겠다, 머금고 있다, 머금다 9) 앗기논 : 앗기다, 아끼다

白絲行
백사행

繰絲須長不須白越羅蜀錦金粟尺(조사수장부수백월라촉금금속척)
실 혀믄 모로매 길에 ᄒᆞ고 모로매 하야켄 아니홀디로다. 越ㅅ 羅와 蜀ㅅ 錦을 金粟 자ᄒᆞ로 자히놋다.
象床玉手亂殷紅萬草千花動凝碧(상상옥수란은홍만초천화동응벽)
象牙床애셔 玉 ᄀᆞᆮ톤 소내 블근 비치 어즈러우니 萬草와 千花왜 얼읜 프른 비치 뮈엣도다.
已悲素質隨時染製下鳴機色相射(이비소질수시염제하명기색상사)
하얀 읏드미 時節을 조차 믈드로ᄆᆞᆯ ᄒᆞ마 슬노니 우는 뵈트레 버혀 ᄂᆞ리오니 비치 서르 솃도다.
美人細意熨帖平裁縫滅盡針線迹(미인세의위첩평재봉멸진침선적)
고온 사ᄅᆞ미 細ᄒᆞᆫ ᄠᅳ드로 가히 디롤 다려 푸케ᄒᆞ야 ᄆᆞᆯ아화 바ᄂᆞᆯ 실 자최 업게 ᄒᆞ놋다.
春天衣著爲君舞蛺蝶飛來黃鸝語(춘천의저위군무협접비래황리어)
봆 하ᄂᆞᆯ해 니버 君을 爲ᄒᆞ야 춤 츠니 나븨 ᄂᆞ라오는 ᄃᆞᆺᄒᆞ며 곳고리 말ᄒᆞ는 ᄃᆞᆺᄒᆞ도다.

落絮遊絲亦有情隨風照日宜輕擧(낙서유사역유정수풍조일의경거)
디ᄂᆞᆫ 柳絮와 노ᄂᆞᆫ 실왜 ᄯᅩ ᄠᅳ디 잇ᄂᆞᆫ ᄃᆞᆺᄒᆞ니 ᄇᆞᄅᆞ믈 조ᄎᆞ며 ᄒᆡ를 비취여 가ᄇᆡ야이 들여슈미 맛당ᄒᆞ도다.
香汗淸塵汚顔色開新合故置何許(향한쳥진오안색개신합고치하허)
옷곳ᄒᆞᆫ ᄯᆞᆷ과 ᄆᆞᆯ곤 드트리 ᄂᆞᆺ비츨 더러여든 새롤 여러 내옥 놀그닐 뫼화 어디 두ᄂᆞ니오.
君不見才士汲引難恐懼棄捐忍羈旅(군불견재사급인난공구기연인기려)
그듸ᄂᆞᆫ 지조홀 사ᄅᆞ미 ᄭᅴ유미 어려우믈 보디 아니ᄒᆞᄂᆞᆫ다 ᄇᆞ릴가 저허 나그내 두외야슈믈 ᄎᆞᆷᄂᆞ

[중간본]

실 혀믄 모로매 길에 ᄒᆞ고 모로매 하야켄 아니홀디로다. 越ㅅ 羅와 蜀ㅅ 錦을 金粟 자ᄒᆞ로 자히놋다.
象牙床애셔 玉 ᄀᆞᆮᄐᆞᆫ 소내 블근 비치 어즈러우니 萬草와 千花왜 얼읜 프른 비치 뮈엿도다.
해얀 웃드미 時節을 조차 믈드로믈 ᄒᆞ마 슬노니 우ᄂᆞᆫ 뵈트레 버혀 ᄂᆞ리오니 비치 서르 뺏도다.
고온 사ᄅᆞ미 細ᄒᆞᆫ ᄠᅳ드로 가힌 디를 다려 平케ᄒᆞ야 믈ᄋᆞ아화 바ᄂᆞᆯ 실 자최 업게 ᄒᆞ놋다.
봆 하ᄂᆞᆯ해 니버 君을 爲ᄒᆞ야 춤 츠니 나비 ᄂᆞ라오ᄂᆞᆫ ᄃᆞᆺᄒᆞ며 곳고리 말ᄒᆞᄂᆞᆫ ᄃᆞᆺᄒᆞ도다.
디ᄂᆞᆫ 柳絮와 노ᄂᆞᆫ 실왜 ᄯᅩ ᄠᅳ디 잇ᄂᆞᆫ ᄃᆞᆺᄒᆞ니 ᄇᆞᄅᆞ믈 조ᄎᆞ며 ᄒᆡ를 비취여 가ᄇᆡ야이 들여슈미 맛당ᄒᆞ도다.
옷곳ᄒᆞᆫ ᄯᆞᆷ과 ᄆᆞᆯ곤 드트리 ᄂᆞᆺ비츨 더러여든 새롤 여러 내오 놀그닐 뫼화 어되 두느니오.
그뒤는 지조홀 사룸미 쁵유미 어려우믈 보디 아니ᄒᆞᄂᆞᆫ다 브릴가 저허 나 그내 ᄃᆞ외야슈믈 참ᄂᆞ니라.

---

1) 혀믄 : 혬, 셈   2) 모로매 : 모름지기, 반드시   3) 자후로 : 자로   4) 자히놋다 : 자히다, 재다   5) 얼인 : 얼의다 엉키다   6) 뮈옛도다 : 뮈다, 움직이다   7) 웃드미 : 웃듬, 으뜸, 밑동, 근본   8) 믈드로매 : 믈드리다, 물들이다   9) 뵈트레 : 뵈틀, 베틀   10) 버혀 : 버히다, 베다, 자르다   11) 솃도다 : 쏘았도다   12) ᄠᅳ드로 : 뜻으로   13) 가힌 : 가히다, 개다, 가혀다   14) 다려 : 다리다(熨)   15) 믈ᄋᆞ샤화 : 무르다, 마르다, 재단하다   16) 들여슈미 : 들여슘, 들렸음   17) 옷곳ᄒᆞᆫ : 옷곳ᄒᆞ다, 향기롭다   18) 더러어든 : 더럽히다   19) 내옥 : 내고서   20) 놀ㄱ닐 : 놁다(故)   21) 뫼화 : 뫼호다, 모으다   22) 쁵유미 : 쁵움, 쁵다, 쓰이다

百憂集行
백우집행

憶昔十五心尚孩健如黃犢走復來(억석십오심상해건여황독주복래)
ᄉᆞ랑혼딘 녜 열다ᄉᆞᆫ 제 ᄆᆞᅀᆞ미 오히려 아히라 健壯호미 누른 쇠야지 ᄃᆞ라락 도로 오락 홈 곧다라.
庭前八月梨棗熟一日上樹能千回(정전팔월이조숙일일상수능천회)
ᄠᅳᆯ 알ᄑᆡ 八月에 비와 대최 닉거든 ᄒᆞ ᄅᆞ 남긔 올오믈 能히 즈믄 디위옴 ᄒᆞ다라.
卽今倏忽已五十坐臥只多少行立(즉금숙홀이오십좌와지다소행립)
곧 이제는 믄드시 ᄒᆞ마 쉬니 ᄃᆞ외니 안ᄌᆞ며 누우미 오직 하고 녀며 셔며

호몬 져고라.
強將笑語供主人悲見生涯百憂集(강장소어공주인비견생애백우집)
고돌파 우숨과 말스믈 가져셔 主人을 供奉호니 生涯에 온 시르미 모도믈 슬허 보노라
入門依舊四壁空老妻覩我顏色同(입문의구사벽공노처도아안색동)
門의 드러 녜롤 브터 네 부르미 부엿느니 늘근 겨지비 나롤 보니 눗비치 흔가지로다.
癡兒未知父子禮叫怒索飯啼門東(치아미지부자례규노색반제문동)
어린 아히 父子이 禮롤 아디 몯호야 우르고 怒호야 밥 달라 호야 門ㅅ 東녀긔셔 우느다.

[중간본]

소랑혼된 네 열다슷신 제 무옵ㅣ 오히려 아히라 健壯호미 누른 쇠야지 드르락 도로 오락 훔 곧다라.
뜰 알픠 八月에 비와 대최 닉거든 흐르 남긔 올오믈 能히 즈믄 디위옴 호다라.
곧 이제는 믄드시 호마 쉬니 두외니 안즈며 누우미 오직 하고 녀며 셔며 호문 져고라.
고돌파 우움과 말스믈 가져셔 主人을 供奉호니 生涯에 온 실으미 모도믈 슬허 보노라
門의 드러 녜롤 브터 네 부르미 부엿느니 늘근 겨지비 나롤 보니 눗비치 흔가지로다.
어린 아히 父子이 禮롤 아디 몯호야 우르고 怒호야 밥 달라 호야 門ㅅ 東녀긔셔 우느다.

1) 쇠야지 : 송아지 2) ᄃᆞ로락 : ᄃᆞ르다, 달리다 3) 대최 : 대추 4) 디위 : 번 5) 쉬니 : 쉰 6) 우ᅀᅮᆷ : 웃음 7) 모도몰 : 모둠, 모둠 8) ᄇᆞ로미 : 바람벽, 바람 9) 부엿ᄂᆞ니 : 비다

莫相疑行
막상의행

男兒生無所成頭晧白牙齒欲落眞可惜(남아생무소성두호백아치욕락진가석)

男兒ㅣ 나 일운 이리 업고 머리 ᄒᆞ야 세니 니 ᄲᅡ디고져 ᄒᆞ니 眞實로 可히 슬프도다.

憶獻三賦蓬萊宮自怪一日聲輝赫(억헌삼부종래궁자괴일일성휘혁)

세 賦를 蓬萊宮에 받ᄌᆞᆸ던 저글 ᄉᆞ랑ᄒᆞ니 ᄒᆞᄅᆞ나래 소리 빗나믈 내 怪異히 너기다라.

集賢學士如堵牆觀我落筆中書堂(집현학사여도장관아락필중서당)

集賢殿ㅅ 學士ㅣ 담 ᄀᆞ티 횟도로 안자셔 中書堂애 내 븓 디요몰 보더라.

往時文彩動人主今日飢寒趨路傍(왕시문채동인주금일기한추로방)

니건 ᄢᅴ 빗나미 님그믈 뮈오ᅀᆞᆸ다니 오ᄂᆞᆯ나랜 주우리고 치워 긼ᄀᆞᅀᅢ ᄃᆞ니노라.

晚將末契托年少當面輸心背面笑(만장말계탁소년당면수심배면소)

늘거 그텟 사괴요몰 가져 나 져믄 사ᄅᆞ미게 브토니 ᄂᆞᆾ 當ᄒᆞ얀 ᄆᆞᅀᆞ믈 보내요ᄃᆡ ᄂᆞᆾ 도라ᄂᆞᆫ 웃ᄂᆞ다.

寄謝悠悠世上兒不爭好惡莫相疑(기사유유세상아부정호오막상의)

悠悠ᄒᆞᆫ 世上앳 아히 거긔 愧謝ᄒᆞ몰 브티노니 됴ᄒᆞ며 사오나모ᄆᆞᆯ ᄃᆞ토디 아니ᄒᆞ노니 서르 疑心ᄒᆞ디 말라.

[중간본]

男兒ㅣ 나 일운 이리 업고 머리 하야 셰니 니 ᄲᅡ디고져 ᄒᆞ니 眞實로 可히 슬프도다.
세 賦를 蓬萊宮에 받ᄌᆞᆸ던 저글 ᄉᆞ랑ᄒᆞ니 ᄒᆞᄅᆞᆺ나래 소리 빗나몰 내 怪異히 너기다라.
集賢殿ㅅ 學士ㅣ 담 그치 횟도로 안자셔 中書堂애 내 붇 디요몰 보더라.
니건 ᄢᅴ 빗나미 님그믈 뫼ᄋᆞᆸ다니 오ᄂᆞᆳ나랜 주우리고 치워 깁ᄀᆞᅴ ᄃᆞ노라.
늘거 그텟 사괴요몰 가져 나 져믄 사ᄅᆞ미게 브토니 ᄂᆞᆾ ᄂᆞᆾ 當ᄒᆞ얀 ᄆᆞᄋᆞᄆᆞᆯ 보내요ᄃᆡ ᄂᆞᆾ 도라는 웃ᄂᆞ다.
悠悠ᄒᆞᆫ 世上앳 아히 거긔 愧謝ᄒᆞ몰 브티노니 됴ᄒᆞ며 사오나모ᄆᆞᆯ ᄃᆞ토디 아니ᄒᆞ노니 서르 疑心ᄒᆞ디 말라.

---

1) 나 : 태어나 2) 니 : 이(牙) 3) ᄲᅡ디교져 : 빠지다 4) 저글 : 때를 5) 디요몰 : 디욤, 떨어짐 6) 주우리고 : 주리다 7) 치워 : 추워 8) ᄃᆞ노라 : 다니다 9) 브토니 : 붙어니, 의지하니 10) 도라는 : 돌려 11) 브티노니 : 부티다, 붙이다 12) 거긔 : 그곳, 거기, 것에, 곳에

短歌行贈王郞司直
단가행증왕랑사직

王郞酒酣拔劒斫地歌莫哀我能拔爾抑塞磊落之奇才(왕랑주감발검작지가막애아능발이억새뢰지기재)
王郞이 술 醉ᄒ고 갈 ᄲᅡ혀 ᄯᅡ홀 베티고 놀애ᄅᆞᆯ 노외야 슬픐 업시 브르ᄂᆞ니 내 能히 네의 抑塞磊落ᄒᆞᆫ 奇異ᄒᆞᆫ 지조ᄅᆞᆯ ᄲᅡ혀 내노라.

豫章飜風白日動鯨魚跋浪滄溟開(예장번풍백일동경어발랑창명개)
豫章 남기 ᄇᆞᄅᆞ매 두위이즈니 白日이 뮈오 고래 믌결레 ᄠᅱ니 바ᄅᆞᆯ 믈리여는 ᄃᆞᆺᄒᆞ도다.

且脫劒佩休徘徊西得諸侯棹錦水欲向何門趿珠履(차탈검패휴배회서득제후도금수욕향하문삽주리)
ᄎᆞᆫᄂᆞᆫ 갈ᄒᆞᆯ 바사 머므디 아니ᄒᆞ고 西ㅅ녀그로 諸侯를 어더 錦水에 빗 저어 가ᄂᆞ니 뉘 짓 門을 向ᄒᆞ야 구슬시놀 신고져 ᄒᆞᄂᆞ니오.

仲宣樓頭春已深青眼高歌望吾子眼中之人吾老矣(중선루두춘이심청안고가망자안중지인오노의)
仲宣의 樓ㅅ 머리예 봆비치 ᄒᆞ마 기프니 푸른 눈ᄋᆞ로 노폰 놀애 블러 그듸를 ᄇᆞ라오니 눈 가온딧 사ᄅᆞ맨 내 늙도다.

[중간본]

王郞] 술 醉ᄒ고 갈 ᄲᅡ혀 ᄯᅡ홀 베티고 놀애ᄅᆞᆯ 노외야 슬픔 업시 브르ᄂᆞ니 내 能히 네의 抑塞磊落ᄒᆞᆫ 奇異ᄒᆞᆫ 지조를 ᄲᅡ혀 내노라.
豫章 남기 ᄇᆞᄅᆞ매 두위이즈니 白日] 뮈오 고래 믌결레 ᄠᅱ니 바ᄅᆞᆯ므리 여

는 듯ᄒᆞ도다.
찻는 갈홀 바사 머므디 아니ᄒᆞ고 西ㅅ녀그로 諸侯를 어더 錦水에 빗 저어 가ᄂᆞ니 뉘 짓 門을 向ᄒᆞ야 구슬시놀 신고져 ᄒᆞᄂᆞ니오.
仲宣의 樓ㅅ 머리에 봀비치 ᄒᆞ마 기프니 프른 눈ᄋᆞ로 노폰 놀애 블러 그듸를 ᄇᆞ라오니 눖 가온딧 사르맨 내 늙도다.

---

1) 베티고 : 베티다, 베어 버리다 2) 노외야 : 노외다, 뇌다 3) 두위이즈니 : 두위잊다, 번드치다 4) ᄠᅱ니 : 뛰다
5) 바사 : 벗어 6) 구슬시놀 : 구슬신을

赤霄行
적소행

孔雀未知牛有角渴飮寒泉逢觝觸(공작미지우유각갈음한천봉저촉)
孔雀이 쇠쁠 이슈믈 아디 몯ᄒᆞ야 목 몰라 츤 시믈 마시다가 다딜오믈 맛나도다.
赤霄玄圃須往來翠尾金花不辭辱(적소현포수왕래취미금화불사진)
블근 하ᄂᆞᆯ콰 玄圃애 모로매 가며 오며 ᄒᆞᆯ시 프른 ᄭᅩ리와 金곳 ᄀᆞ튼 지치 辱을 마디 몯ᄒᆞ놋다.
江中淘河嚇飛燕銜泥却落羞華屋(강중도하혁비연함니거각락수화옥)
ᄀᆞᄅᆞᆷ 가온딧 淘河ㅣ 누는 져비를 픠ᄒᆞᆫ대 므럿던 ᄒᆞᆯ골 도로 디오 빗난 지븨 가셔 븟그리놋다.

皇孫猶曾蓮勺困衛莊見貶傷其足(황손유증연작곤위장견폄상기족)
皇孫이 오히려 일즉 蓮勺애 困히 돈니며 衛莊이 貶黜호믈 보아 그 바룰 히야ᄇᆞ리니라.

老翁愼莫怪年少葛亮貴和書有篇(노옹신막괴년소갈량귀화서유편)
늘근 한아비는 삼가나 져믄 사ᄅᆞ믈 怪異히 너기디 마ᄅᆞᆯ디니 諸葛亮이 和同호믈 貴히 너기논 글월 篇이 잇ᄂᆞ니라.

丈夫垂名動萬年記憶細故非高賢(장부수명동만년기억세고비고현)
큰 사ᄅᆞ믄 일후믈 드리워 萬年에 뮈여 가게 ᄒᆞᆯ디니 져근 緣故ᄅᆞᆯ 記錄ᄒᆞ야 ᄉᆞ랑호미 노푼 어딘 사ᄅᆞ미 아니니라.

[중간본]

孔雀】 쇠ᄯᅳᆯ 이슈믈 아디 몯ᄒᆞ야 목 몰라 츤 시믈 마시다가 다닐오ᄆᆞᆯ 맛나도다.
블근 하ᄂᆞᆯ콰 玄圃애 모로매 가며 오며 홀시 프른 ᄭᅩ리와 金곳 ᄀᆞᄐᆞᆫ 지치 辱ᄋᆞᆯ 마디 몯ᄒᆞ놋다.
ᄀᆞ롮 가온딧 海河】 ᄂᆞ는 져비를 ᄢᅵ 혼대 므럿던 홀골 도로 디오 빗난 지븨 가셔 붓그리놋다.

皇孫】 오히려 일즉 蓮勺애 困히 돈니며 衛莊】 貶黜호믈 보아 그 바ᄅᆞᆯ 히야ᄇᆞ리니라.

늘근 한아비는 삼가나 져믄 사ᄅᆞᆯ 怪異히 너기디 마롤디니 諸葛亮이 和同호믈 貴히 너기논 글월 篇】 잇ᄂᆞ니라.

큰 사ᄅᆞ믄 일후믈 드리워 萬年에 뮈여 가게 ᄒᆞᆯ디니 져근 緣故ᄅᆞᆯ 記錄ᄒᆞ야 ᄉᆞ랑호미 노푼 어딘 사ᄅᆞ미 아니니라.

1) 쇠ᄯᅳᆯ : 쇠뿔, 소뿔 2) 다닐오ᄆᆞᆯ : 다디르다, 들이받다 3) 지치 : 짓이(깃이), 짖+ㅣ, 짗(깃) 4) ᄢᅵ혼대 : ᄢᅵᄒᆞ다, 으르다 5) 므럿던 : 물었던 6) 붓그리놋다 : 부끄러워하다

去矣行
거의행

君不見鞲上鷹一飽則飛掣焉能作堂上燕銜泥付炎熱(군불견구상응일포즉비체언능작당상연함니부염열)
그듸는 보디 아니ᄒᆞᄂᆞ다 버러 우휫 매 ᄒᆞᆫ 번 비 브르면 ᄂᆞ라 ᄀᆞ리텨 가ᄂᆞ니 엇뎨 能히 집 우휫 져비 두외야 ᄒᆞᆯ 므러 더운 ᄃᆡ 브티리오.
野人曠蕩無靦顔豈可久在王侯間(야인광탕무전안기가구재왕후한)
미햇 사르ᄆᆞᆫ ᄆᆞᅀᆞ미 훤츨ᄒᆞ야 번득ᄒᆞᆫ ᄂᆞ치 업소니 엇뎨 可히 王侯ㅅ ᄉᆞᅀᅵ예 오래 이시리오.
未試囊中飡玉法明朝且入藍田山(미시낭중손옥법명조차입람전산)
ᄂᆞᄆᆡᆺ 안해 녀헛는 玉 먹논 法을 맛보디 아니ᄒᆞ얏노니 ᄂᆡᅀᅵᆯ 아ᄎᆞ미 藍田山으로 드러 가리라.

[중간본]

그듸는 보디 아니ᄒᆞᄂᆞ다 버러 우휫 매 ᄒᆞᆫ 번 비 브르면 ᄂᆞ라 ᄀᆞ리텨 가ᄂᆞ니 엇뎨 能히 집 우휫 져비 두외야 ᄒᆞᆯ 므러 더운 ᄃᆡ 브티리오.
미햇 <u>사름은 모음</u>ㅣ 훤츨ᄒᆞ야 번득ᄒᆞᆫ ᄂᆞ치 업소니 엇뎨 可히 王侯ㅅ <u>ᄉᆞᅀᅵ</u>예 오래 이시리오.
ᄂᆞᄆᆡᆺ 안해 녀헛는 玉 먹논 法을 맛보디 아니ᄒᆞ얏노니 <u>ᄂᆡᅀᅵᆯ</u> 아ᄎᆞ미 藍田山으로 드러 가리라.

---

1) 버러 : 버렁, 가죽토시(鞲) 2) 번득ᄒᆞᆫ : 번득ᄒᆞ다, 뚜렷하다 3) ᄂᆞᄆᆡᆺ : 주머니 4) 녀헛는 : 넣다 5) ᄂᆡᅀᅵᆯ : 내일 6) ᄀᆞ리텨 : ᄀᆞ리티다, 후리다, 공략하다, 후리치다

貧交行
빈교행

翻手作雲覆手雨紛紛經薄何須數(번수자운복수우분분경박하수수)
소놀 두위혀 구루믈 짓고 소놀 업더리혀 비를 ㅎ느니 어즈러운 가비얍고
열운 사르믈 엇뎨 구틔여 혜리오.
君不見管鮑貧時交此道今人棄如土(군불견관포빈시교차도금인기여토)
그듸는 管仲鮑叔의 가난흔 젯 사괴요믈 보디 아니 ㅎ는다 이 道를 이젯
사르믄 브료믈 흙ㄱ티 ㅎ느다.

[중간본]

소놀 두위혀 구루믈 짓고 소놀 업더리혀 비를 ㅎ느니 어즈러운 가비얍고
열운 사르믈 엇뎨 구틔여 혜리오.
그듸는 管仲 鮑叔의 가난흔 제 사괴요믈 보디 아니ㅎ는다 이 道를 이제
사르믄 브료믈 흙ㄱ티 ㅎ느다.

---

1) 두위혀 : 두위혀다, 번드치다 2) 업더리혀 : 업더리다, 엎드리다 3) 브료믈 : 브룜, 버림 4) 열운 : 엷은

短歌行送邛州錄事歸合州因寄蘇使君
단가행송공주록사귀합주인기소사군

前者途中一相見人事經年記君面(전자도중일상견인사경년기군면)
알픠 깋 가온디 훈 번 서르 보고 사루미 일로후야 히 디나두록 그딋 누출 무수매 記錄후요라.
後生相勸何寂寥君有長才不貧賤(수생상권하적료군유장재불빈천)
後生이 서르 勸勵호미 주모 괴외후니 그듸는 긴 지죄 이실시 貧賤티 아니 후리로다.
君今起柂春江流余亦沙邊具小舟(군금기타춘강류여역사변구소주)
그듸 이제 봆 그룸 흐르는 므레 비출 닐어 가누니 나도 쏘 몰앳 그새 져근 비롤 밍그라 뒷노라.
幸爲達書賢府主江花未落會江樓(행위달서현부주강화미락회강루)
幸혀 爲후약 어딘 府主의 내 글워를 通達후라 그루맷 고지 디디 아니후야셔 그룺 樓에 相會호리라.

[중간본]

앒픠 깊 가온대 훈 번 서르 보고 사루미 일로 후야 히 디나두록 그딋 누출 무우매 記錄후요라.
後生이 서르 勸勵호미 주모 괴외후니 그듸는 긴 지죄 이실시 貧賤티 아니 후리로다.
그듸 이제 봆 그룸 흐르는 므레 비출 닐어 가누니 나도 쏘 몰래 그애 져근 비롤 밍그라 둣노라.

643

幸혀 爲ᄒ야 어딘 府主ᄭᅴ 내 글워를 通達ᄒ라 그르매 고지 디디 아니ᄒ야셔 ᄀᆞ룺 樓에 相會호리라.

---

1) 괴외ᄒ니 : 괴외ᄒ다, 고요하다   2) 닐어 : 일으키어   3) 뒷노라 : 뒷다, 두어 있다, 두었다

-分類杜工部詩卷之二十五-

참고자료

국어자료고문서
박은용 김형수 공편
형설풀판사

참고문헌

두보 시와 삶, 이병주 지음, 민음사

조선어의 역사적 변화 연구, 최송호 지음, 역락

국어국문학총림 원본 두시언해, 한국학 연구원, 대제각 <중간본>

두시언해 권15. 권16, 권23. 권24. 권25, 통문관 <초간본>

21세기 세종 계획 말뭉치

한한대자전, 민중서림

고어사전, 남광우, 교학사

초간본과 중간본을 함께 읽는
두시언해

인쇄·발행	2023년 5월 15일
엮은이	황구태
펴낸 곳	꿈과비전
발행·편집인	신수근
편집디자인	나래
등록번호	제2014-54호
주소	서울 관악구 관악로 105 동산빌딩 403호
전화	02-877-5688(대)
팩스	02-6008-3744
이메일	samuelkshin@naver.com
사이트	www.globalmind.co.kr

ISBN 979-11-87634-30-0 부가기호 03820
정가 20,000원